KB111533

『철학』 별책 4권 1999년

철학사와 철학

— 한국철학의 패러다임 형성을 위하여

한국철학회 편

철학과현실사

■ 책을 펴내며

이 책은 1998년도 한국철학회 춘계 학술대회(1998년 5월 30일, 고려대학교 인촌기념관)에서의 발표 논문을 토대로 편집되었다. "철학사와 철학 : 한국철학의 패러다임 형성을 위하여"란 주제로 2편의 기조 논문과 16편의 분과별 논문이 발표되었으며, 각 분과 논문에는 지정 토론이 있었다. 여기에 실린 논문들은 각 논문의 필자들이 학술대회에서의 지정 토론 및 자유 토론, 종합 토론에서 논의된 내용을 바탕으로 추후 수정·보완한 논문들이다. 연구 발표회를 기획했던 연구이사 김남두 교수의 발제 논문에 기획의 취지가 정리되어 있다.

논문 발표 및 논평, 토론에 성심 성의껏 참가해주신 발표자, 토론자를 비롯한 한국철학회 회원 여러분께 감사드리며, 꼼꼼히 책의 편집 작업을 맡아준 한국철학회 연구간사 김영 군과, 어려운 시기에 흔쾌히 책의 출간을 맡아주신 <철학과현실사> 전춘호 사장님께도 이 자리를 빌어 감사의 말씀을 전한다.

한국철학회장　송 석 구

철학사와 철학

차 례

■ 책을 펴내며 ● 송석구
■ 발제 논문 :
　철학사와 철학 그리고 한국철학의 패러다임 ● 김남두

제 1 부
철학사와 철학

제 2 부
철학사의 철학

철학사와 철학

차 례

철학사와 철학

차 례

제 5 부
현대 철학과 철학사

철학사와 철학 그리고 한국철학의 패러다임

김 남 두(서울대 철학과 교수)

1

‘철학’이라는 이름 아래 한국에서 학문적 작업이 이루어진 것이 어언 한 세기의 연륜을 쌓게 되었다. 이 기간 동안 철학의 제반 분야에서 이루어져온 학문적 온축의 역사와 함께 연구나 교육에서 ‘철학’은 이제 한국에서도 하나의 제도로서 확고히 정착되고 있다. 철학이 하나의 제도로 정착된다는 것은 나름대로 작업이 수행되거나 성과가 산출되고 평가되는 방식이 확립된다는 것을 뜻하며, 또한 스스로 문제를 제기하고 대답을 추구하는 방식이 형성되어간다는 것을 의미한다. 하나의 학문 공동체가 그 이름에 값하는 것일 수 있기 위해서는 해당 영역에서 문제를 제기하고 답하는 방식이 나름의 전통으로 형성되어 있어야 할 것이다. 제도화란 단순히 형식화된 조직의 존재를 뜻하는 것이 아니라, 이런 전통이·구체적 모습으로 드러난 것이라 이해될 수 있기 때문이다.

오늘날 철학뿐만 아니라 학문 일반의 언술 방식은 논문이나 저술의 형태다. 논문에서건 저술에서건 모두 주제가 설정되고 이에 관한 필자의 주장이 여러 방식으로 개진된다. 주제의 설정이나 문제의 해명 방식에서 자주 등장하는 개념이나 문제의 그룹이 발견될 수 있으며, 이 같은 일련의 개념이나 주제 그룹은 논의의 결과로 나타나는 것이지만, 동시에 의식적으로 혹은 무의식적으로 학자 공동체의 논의 방식을 규정하게 된다. 이런 개념군이나 주제 그룹의 선택은 물론 의식적이겠지만 그 같은 개념이나 주제들이 의식적으로 자주 선택된다는 사실에 대해서는 의식하지 못하고 선택이 이루어질 수 있는 만큼 그 같은 선택은 무의식적인 측면을 지니기도 한다. 지난 한 세기간 철학의 영역에서 논의되어온 문제들을 점검해보면 실제로 그 사이 한국의 철학자들이 즐겨 다루어온 문제나 자주 사용하는 개념 또는 반복적으로 제기되는 주장이나 논의 방식들이 있었음을 발견하게 된다. 이 같은 논의의 주제나 개념들은 앞에 말한 대로 개별 필자들이 의식적으로 선택한 것이겠지만, 이같이 반복적으로 즐겨 선택함으로써 의미 있는 토포스들이 형성되며 실제 형성되어 왔다는 점에 대해서는 지금까지 한국철학의 논의에서 크게 주목되거나 논의가 있지 못했다. 문제 자체에 관한 논의를 넘어서 문제들의 제기 방식과 그 특징에 대한 상위 수준에서의 성찰이 충분하지 못했다는 말이다.

이미 한국철학에서 하나의 토포스가 되고 있다는 점이 충분히 의식되지 못한 채 비교적 빈번히 쟁점이 되어온 문제의 하나가 철학의 바람직한 패러다임이 어떠해야 하는가에 관한 문제다. 이 문제는 여러 방식으로 주제화되어 왔다. 때로는 '동, 서양 철학의 융합' 문제로 또는 '철학의 보편성과 역사성의 문제'로 주제화되었으며, '문제 중심과 철학사 중심의 철학'이라는 구분 아래 논의가 진행되기도 하였다. 이 주제들에 관해서 한국의 많은 철학자들이 본격적으로 혹은 다른 논의에 덧붙여 자발적으로 자신의 입장을 표명하였다.[1] 이 같은 자발적 입장 표명과 활발한 논의는 쟁점이 되고 있는 문제에 관한 참여자들의 자연스러운 관심을 드러내는 것으로, 이런 활발한 논의가

----

1) 그 사이에 발표되었던 여러 글들은 『한국에서 철학하는 자세들』(집문당, 1986)이라는 제목으로 심재룡 교수에 의해 편집되어 출판되기도 하였다.

이루지면서 한국철학 특유의 문제가 형성되고 한국철학의 전통이 형성되어가는 것인 만큼 매우 바람직한 일이라 평가될 수 있다.

철학의 패러다임 문제가 자주 쟁점이 되었던 것은 한국에서 지난 100년 철학 작업의 새로운 정체성이 형성 과정 중에 있었다는 점을 생각하면 당연한 일이었다고 할 수 있다. 불가, 유가 그리고 도가를 중심으로 진행되어온 전통 한국 사상에 서양철학의 여러 조류가 합류했다. 이와 같이 동서의 상이한 여러 전통들이 혼재하며 각축했던 것이 지난 한 세기 동안의 한국의 현대철학사라고 할 수 있다. 이런 여러 철학의 전통들은 오랜 기간에 걸쳐 형성된 개념 체계, 물음과 해답의 방식에 기반한 나름대로의 고유한 철학 이해를 지니고 있다. 그리고 이 상이한 철학 이해들은 단순히 철학적 내용에서 뿐만 아니라 철학의 방식과 목표에서 상이한 지향을 가지는 만큼 패러다임이라 불러도 큰 무리가 없을 것이다. '철학'이라는 하나의 이름 아래 불리지만 이 여러 입장들이 과연 동일한 이름으로 묶일 수 있는지조차가 물음의 대상이 될 수 있다. 그리고 바로 이런 점 때문에 현대 한국철학에서 패러다임에 관한 물음과 논의의 절실성이 이해될 수 있다. 지난 한 세기 동안 동서양의 상이한 여러 패러다임들이 공존하며 각축해왔다는 점에서 철학의 패러다임 문제는 현대 한국철학에 구조적으로 내재화되어 있는 문제며, 이곳에서 철학 작업을 하는 사람이라면 누구든 항시 부딪힐 수밖에 없는 문제라는 점에서 현대 한국철학에서 자생적으로 제기되는 문제라고 할 수 있다. 한 개인이 분열된 주체를 일상의 조건으로 받아들일 수 없는 것과 마찬가지로, 상이한 전통과 입장들이 갈등하는 경우, 갈등 속에 있는 주체가 갈등을 넘어 하나의 통일된 입장을 이루고자 하는 노력은 자연스럽고도 당연한 일이기 때문이다. 이런 관점에서 본다면 패러다임 문제에 관해 그간 현대 한국철학에서 논의가 많았던 것은 갈등하는 전통들 사이의 분열을 넘어 통일된 정체를 형성하고자 하는 노력의 일환으로 이해될 수 있을 것이다.

우리가 지난 100년간을 철학의 정체성 형성 과정이라고 이야기하는 것은 물론 지난 한 세기 이전에는 한국에 철학 작업이 없었음을 이야기하는 것은 아니다. 철학이라는 이름이 쓰인 것은 지나간 한 세기 사이의 일이지만, 우리에게는 2000년 가까운 길고 깊은 사유의 전통이 있다. 이 긴 사유의 전통은 17세기초 서학과의 접촉에서 시작된, 그리고 지난 100년 기간 동안 대학 제도를 통해 집중적으로 유입된 서양 사상의 전통과 상호 작용하면서 '철학'이라는 이름 아래 새로운 모습으로 탈바꿈되고 있다. 이 변화는 광범위하고 근본적인 것이어서 지난 500년간 조선조의 학문 활동을 이끌던 규범과 목표들, 예컨대 학(學)을 통해 자신을 닦고 천하를 평정한다는 유학의 실천적 이념은 이 제도 안에서 학문 활동의 이념으로 또는 그 결과를 평가하는 명시적 기준으로는 더 이상 작용하고 있지 않다. 그리고 이 같은 변화는 철학이라는 이름의 제도가 서양의 대학 제도와 함께 도입되면서 진행된 일이다.

　　사실 철학이라는 이름의 사용이 단순한 이름만의 변화는 아니다. 지난 100년간 대학이라는 제도를 중심으로 학적 작업이 이루어져 왔는데, 학문이 탐구되고 전수되는 이 제도가 가지는 기본적 전제들은 물론 철학에도 적용된다. 앎을 앎으로 규정하는 규범의 경우 서양 학문에서 앎을 체계화했던 기준들이 대학 안의 제반 학문들에 적용되고 있으며 연구의 방법이나 목표도 이에 수반하여 함께 규정된다. 학문의 작업을 일단 사태의 진상을 밝히는 이론(theoria)의 맥락에서 파악하는 서양 학문의 오랜 전통에 따라 오늘날의 대학에서는 유학이나 불교의 경우조차도 이 같은 이론적 연구의 대상이지, 이를 통해 자기 수행이나 열반이 추구되고 그 실행 수준이 평가의 대상이 되는 것은 아니다. 철학이라는 이름의 채용은 이 이름을 포함하는 학문 전체의 이념과 방법의 체계를 전제하는 것인 만큼 단순한 이름의 변화 이상을 함축한다. 조선조 500년 동안 선비 사회를 지탱해온 앎과 배움의 역할과 기준이 더 이상 앎을 추구하는 제도로서의 대학과 철학의 목표와 기준의 역할을 하지 않게 되고 새로운 앎의 이념과 역할이 제도화되는 시기로 지난 한 세기를 규정할 수 있다면, 신구의 두 상이한 앎과 배움 체계 사이의 갈등과 이 두 체계로부터 하나의 새로운 종합을 시도하려는 작업으로서 새로운 패러다임의 추구 작업은 한국철학이 피해갈 수도 없고 피해가서도 안 될 당면 문제가 아닐 수 없다.

철학이 무엇이며, 철학 작업이 어떠해야 하느냐에 관해 상이한 입장들이 각축한다는 것은 학문적으로 볼 때 문젯거리라기보다는 경하할 만한 일이라고 할 수 있다. 사상의 역사에서 대부분의 창조적인 사상들이란 상이한 사상들이 부딪치는 지점에서 열매를 맺어왔으며, 그 차이와 그에 따른 갈등이 크고 격심할수록 상호 교접에서 얻어지는 열매는 다양하고 풍요했다. 인류 문화가 이룩해왔던 여러 사상들이 오늘의 한국에서처럼 모두 모여 자신의 입장을 주장하며 논쟁하는 경우가 철학의 역사, 사상의 역사에서 그리 자주 있었던 것은 아니다. 문제는 오히려 어떻게 여러 입장들의 갈등을 이론적으로 선명하게 하면서 논쟁의 질과 깊이를 확보하느냐일 것이다. 입장들의 다양함과 상이함에서 비롯되는 갈등과 긴장을 어중간한 수준에서 화해시키는 것이 아니라 이론적으로 담지해내고 이로부터 생산적인 결과를 이끌어낼 수 있다면 바로 그런 곳에서 철학적 논의의 풍요함과 깊이를 기대할 수 있을 것이기 때문이다. 이론적 수준에서건 패러다임의 수준에서건 체계를 추구하는 사람들은 상이한 입장들을 하나로 통합하고자 하는 것이 자연스런 일이기는 하나, 하나로 통합된다는 것이 조건 없이 반드시 바람직한 것은 아니다. 갈등하는 입장들이 자신의 입장을 심화시키며 건강한 긴장을 유지할 수 있을 때 토론은 오히려 훨씬 생생하고 더욱 풍부한 생각들을 촉발할 수 있을 것이요, 갈등과 긴장의 깊이만큼 이루지는 통합 작업의 견고함이 기대될 수 있기 때문이다.

이 책은 이 같은 논의를 한국철학계가 좀더 분명히 의식화된 수준에서 진행할 필요가 있다는 생각에서 기획된 것이다. '철학'이라는 용어는 서양어의 번역에서 시작된 것이지만, 이 이름 아래 한국철학의 정체성을 형성하는 작업은 한국철학자들의 몫이며, 한글이라는 표현 수단을 통해 이루어지게 될 이 사유의 새로운 전통은 우리가 처한 이 같은 시대적, 지역적 특성을 분명히 의식하면서 수행될 필요가 있기 때문이다. 더욱이 지난 한 세기의 기간은 한글로 우리의 철학 작업이 이루어지기 시작하는 시기이기도 한데, 이 점에서도 지난 100년간은 이전의 시기와는 구분되는 의미 있는 시간의 단위를 형성한다.『철학사와 철학』이라는 제목 아래 우리는 이 같은 보다 의식적인 철학 작업이 이루어지기를 기대하면서 1998년도 한국철학회의 춘계 학술 대회를 기획하였으며, 이 책은 학술 대회의 토의를 거쳐 완성된 원고를 토대로 편집되었다.

2

『철학사와 철학』이라는 제목으로 한국철학에서의 패러다임 논의를 주제화한 데는 물론 이유가 있다. 철학의 새로운 학문적 정체성을 형성해가는 과정에서 우리의 전통을 형성하고 있는 철학사와의 관계에 관해 좀더 체계적이고 본격적인 검토가 필요하다는 점이 일차적인 이유로 지적될 수 있다. 이 점은 지난 한 세기 한국 현대 학문의 성립과 정착 과정이 지니는 특성 때문에 더욱 절실하다. 철학을 비롯한 서양 학문의 도입 과정이 왕조의 몰락 및 외세의 식민 지배를 받는 과정과 함께 진행되면서 학문 수용 과정에서 전통과 새로운 학문 사이의 역동적 긴장 그리고 이 긴장으로부터의 새로운 개념화 및 체계화의 과정이 제대로 이루어지지 못했다. 몰락한 왕조와 함께 전통은 몰락의 상징으로 치부되고 이질적인 새로운 체계가 삶의 모든 부문에 자리를 잡았다. 철학과 여타 학문의 이 같은 수입 과정이란 한국 사회 전체의 서구화 및 근대화 과정과 평행하게 진행된 것으로, 그 사이 우리가 도입했던 서구 제도의 토대가 되는 제반 이념과 이론들의 학습 및 내면화 과정으로 이해될 수 있다. 이 같은 학습 내용들은 물론 학습 내용에 머물지 않고 오늘 우리의 삶을 질서지우는 기본 틀을 이루게 되었으며, 이런 점에서 지난 한 세기는 서양의 제반 개념 체계들을 통해 우리의 삶과 사유가 재 주형(鑄型)되는 과정이었다고까지 이야기될 수 있다.

그러나 문화의 수용 과정이 정상적인 경우 이런 도입 과정에서도 자신의 전통과 수용되는 새로운 문화 사이의 긴장이 있게 마련이며, 사상은 이 같은 긴장을 다시 개념화하고 갈등하는 상이한 문화들 사이의 공존과 화해를 시도하게 된다. 스스로 문제를 제기한다는 것은 자신의 삶의 맥락에서 의미 있는 것들을 개념화하고 문제되는 것들을 물음으로 담아내며 해답을 추구하는 일이 될 것이다. 이 같은 물음과 문제 제기가 의미 있는 것일 수 있기 위해서는 이 문제와 문제를 표현하는 개념들이 갈등하는 사태의 현실 관계를 담아내야 할 것이다. 문제의 현지화 또는 토착화라 할 수 있을 이런 과정은 바로 사상의 토착화 과정이라고 할 수 있는데, 이 과정에서 당연히 자신의 전통에 대한 재점검이 따른다. 이런 재점검이 없이는 무엇이 왜 문제인지가 파악되지 않는 만큼 이 같은 과정은 불가결하다. 우리나라의 경우 지난 한 세기의 서양 문화 수용 과정에서 전통적 삶을 규정했던 전적들이 정규 교육 과정에서 읽히지 않게 됨으로써 이 개념 체계들이 대다수 교육받은 사람들의 반성적 사유 과정에서 의미 있는 개념적 성찰 도구의 역할을 하지 못하게 되었다. 이는 전통의 전적들이 주로 한문으로 되어 있고 새로운 교육 체제가 한글로 재구성된 사실과도 연관되어 있다.

지난 한 세기 동안의 한국 역사의 진행이 단절과 왜곡으로 특징지워짐에도 불구하고 전통이란 그렇게 쉽게 사라지거나 무력하게 되는 것이 아니어서, 우리는 현대 한국철학사의 진행 과정에서 전통의 요인과 새로운 요인 사이의 긴장과 갈등을 여러 방식으로 확인할 수 있다. 일상적 삶의 영역에서는 물론이려니와 철학과 같은 학문의 영역에서도 전통은 명시적으로나 잠재적인 모습으로나 계속 이어지고 영향을 발휘한다. 이 같은 긴장과 영향의 단적인 예로 우리는 현대

한국철학에서 지속적으로 '현실' 개념이 강조되어 왔던 점을 생각해 볼 수 있다. 철학에서 현실에 대한 강조는 양의 동서를 막론하고 어느 정도는 공통적인 현상이지만, 학문이 현실에 영향을 주고 현실을 변화시키는 것이어야 한다는데 대한 강조는 지난 한 세기 한국 현대 철학에서 대단히 유난스런 것이었다. 그리고 이런 강조는 일차적으로는 지난 한 세기 우리의 역사가 격심한 변화 과정이었다는 데서 그 원인이 찾아질 수 있을 것이다. 망국과 식민 통치, 해방과 분단, 전쟁과 혁명, 전통적 농업 사회에서 근대적 산업 국가로의 이행 등등 엄청난 변화 가운데 진행되어온 한국 역사의 상황에서 개개인들의 현실적 생존은 시시로 위협받았으며, 이런 불안정하고 불만스러운 현실을 넘어서고자 하는 염원이 현실 개념의 강조를 불러왔다고 할 수 있을 것이다.2) 그러나 이 같은 현실의 강조는 그 강조의 방식에서 전통과의 연관 아래서나 의미 있게 이해될 수 있는 한국적 특징을 드러내고 있는 것으로 보인다. 그 특징이란 이 현실 개념이 이론적 맥락에서보다 주로 실천적 맥락에서 생각되고 있다는 점이다. 이같은 실천적 맥락의 강조는 앞에 언급된 현대 한국사의 굴곡 이외에도 수신(修身)과 치국(治國)이라는 실천학으로서의 유학이나 경세치용(經世致用)을 주장하던 실학의 이념을 감안해본다면 이해하기 어려운 일은 아니다. 사태를 관상한다는 수준에서의 앎이 아니라 실천에서 비로소 제대로 드러나는 앎, 따라서 자기 목적적인 앎이 아니라 현실 세계에의 영향을 통해 모습을 드러내고 의미가 부여되는 앎을 추구했던 전통이 현대 한국철학에서 '현실'이나 '실천'의 강조로 나타났다고 보아 크게 틀림이 없을 것이기 때문이다.3)

'현실'이 지속적으로 강조되어 왔음에도 불구하고 사실 이 '현실'은

---

2) 이 같은 현실 강조는 신남철, 박치우, 박종홍 등 한국 현대 철학의 초창기에 활동 했던 이들의 철학 저술에서 쉽게 확인되며, 이런 전통은 1970∼1980년대의 운동권 철학에서부터 '철학의 현실화와 현실의 철학화'를 외치는『철학과 현실』같은 계간 지 그룹의 활동에서도 확인될 수 있다.
3) 이런 점은 앞의 주에서 언급된 세 사람의 글에서 공통적으로 간취될 수 있다.

필요한 만큼의 개념화 또는 개념의 명류하가 이루어졌다고 보기는
어렵다. 철학이 현실적이어야 한다는 주장은 반복되지만 철학의 수
준에서 가능한 현실적인 것이 어떤 것이며, 이것이 개념적으로 어떻
게 규정될 수 있는지에 관한 이론적인 탐구와 성찰은 초기 박종홍의
논의 수준을 크게 넘어서지 못하고 있다는 것이 나의 생각이다. 그
이유는 여러 측면에서 검토되어야 할 일이지만, 아마도 전통과의 관
계에 개재한 불투명성과 무의식성에서 그 일단이 찾아질 수 있으리
라 생각된다. '현실'이라는 말이 필요한 만큼의 개념화가 이루어지지
않았다는 것은 이 개념이 유난스레 강조만 될 뿐 일정한 이론적 역
할을 할 만한 서술적 내용이 주어지거나 체계화되어 있지 못하다는
말이다. 현실이라는 말이 충분히 개념화되고 이론화되어 있지 못하
다는 사실은 다른 면에서 보자면 유학적 전통이 이 같은 개념의 서
술적 내용을 명시하는 것보다 실제 어떤 상태에 이르는 것을 더욱
중시했으며, 어떤 사안에 이론적으로 접근하는 것보다는 현인이나
성인의 상태에 실제 이르는 것을 보다 높이 평가했던 점과 연관되어
있는 것으로 생각된다. 이치를 궁구한다는 유학의 궁리(窮理) 개념
도 내성외왕(內聖外王)의 실천적 맥락에서 그 의미를 지니며[4] 관상
(觀想)이라는 의미에서 이론 자체의 영역을 의미 있는 것으로 인정
하거나 설정하는 것은 아니다. 이론적 영역의 독자성을 인정하지 않
는다는 것이 반드시 부정적으로만 평가되어야 할 이유는 없을 것이
며, 그 평가는 보다 복합적인 역사적 연관 아래 이루어질 일이다. 그
러나 이론에 관한 바로 이런 입장은 '현실' 개념을 도입, 논의하는 데
특정한 성격과 방향을 부여하게 된다. 이 개념의 내포를 확정하고 다
른 개념들과의 연관을 따지기보다는 현실은 우리의 심정이나 일상
경험에 직접 와닿는 어떤 것, 그래서 '이게 현실이다'라고 마치 손으
로 가리킬 수 있을 어떤 것으로 설정된다.

전통과의 관계가 불투명하고 무의식적이라는 말은 이 같은 전통

---

4) 大學의 格物, 致知, 誠心, 正意라는 활동은 修身, 齊家, 治國, 平天下의 작업과 연
결되어 있다.

의 영향이 분명히 의식되어 있지 못하다는 것을 뜻하는데, 이것이 분명히 의식될 경우 비로소 '이론적'인 방향으로든 또는 전통을 잇는 '실천적'인 방향으로든 '현실' 개념의 이론화가 촉진되게 될 것이다. 명시적으로 개념화되지 않은 채 이루어지는 이 같은 전통의 영향은 더 명확해지고 개념화되어야 할 것이며 필요하다면 어떤 방식으로든 제도의 범위 안으로 편입되어 나름의 위치를 가지고 삶과 학문을 형성하며 규제해야 할 것이다. 예컨대 전통적 학의 이념에서 표방되던 수신(修身)과 평천하(平天下)라는 실천적 측면이 대학이라는 제도 안에서는 명시적 목표나 내적 규범으로 작용하지 않게 되었다는 사실이 어떤 방식으로 정당화될 수 있는지에 대해서는 한국철학에서 아직 본격적으로 주제화된 논의가 이루어지지 않은 상태다. 전통적 학이 추구하던 내성외왕의 이념이 대학 안 학문 작업의 실질적 규범으로서 제도화될 수 있는 것인지 아닌지와 같은 문제가 논의되고 그 근거가 추구되면서 우리의 전통과 그것의 보이지 않는 영향이 보다 개념화된 수준에서 철학적 논의의 대상이 될 것이다. 이 같은 논의거리와 방식의 형성에서 바로 한국철학의 패러다임 형성 작업을 보다 의식적인 수준에서 본격화하는 일이 시작될 것이다.

3

우리 자신의 철학적 전통과 현재의 철학 작업 사이의 연관에 관한 좀더 분명한 의식과 이해의 필요에 더하여 각국의 철학 전통이 자신의 철학사 전통에 깊이 구속되어 있다는 점에서도 철학사와 철학 사이의 관계를 보다 일반적으로 검토해볼 필요가 이야기될 수 있다. 한국철학계에서는 특히 지난 30년간 '철학사 중심의 철학'과 '문제 중심의 철학'이라는 구분 아래 비교적 자주 철학과 철학사의 관계에 관한 논의가 진행되었다. 이 구분은 한국 현대철학의 패러다임 문제를 부각시키는 데 일정한 역할을 해왔으나, 이 구분 아래 진행된 논의들은 적지 않은 경우 철학과 철학사의 관계에 대해 피상적인 이해 수준 이상을 보여주지 못했다. 이 같은 구분이 얼마나 분명하며 타당한 것인지에 관해 지금까지 보다 진전된 성찰 수준에서의 검토가 요구되며 논의의 틀을 좀더 생산적인 방식으로 개념화할 필요가 있다는 점이 '철학사와 철학'이라는 주제를 선정한 또 다른 이유가 될 것이다.

'철학사 중심'과 '문제 중심'의 선택적 설정은 양자가 상호 배제적임을 가정한다. 그러나 좀더 생각해 보면 이 같은 가정이 지니는 단순함과 무반성적 성격은 바로 드러난다. 어떤 문제가 과연 철학사적 맥락을 떠나서 제기될 수 있을까? 또 어느 누가 철학사를 문제에 관한 어떤 관심도 없이 논의하고 검토해볼 수 있을까? 예컨대 '흄은 어떤 방식으로 존재와 당위를 구분하고 있나? 그리고 이런 개념의 구분을 받아들이고서 이후 여러 문제들의 논의 방식이나 대답 방식이 어떻게 변화했을까?'를 따져 생각해보는 사람이 있다고 하자. 이때 이 사람은 철학사 중심일까 혹은 문제 중심일까? 18세기 흄의 철학을 개념적 연관과 영향사의 관점에서 본다는 면에서는 이 사람의 관심은 철학사적이다. 그러나 특정한 문제의 관점에서 역사적 텍스트에 접근한다는 점에서 보자면 이 사람은 문제 중심의 접근을 한다고 할 수도 있겠다. 여기서 철학사 중심이냐 문제 중심이냐는 별반 중요한 구분 사항이 되지 못한다. 중요한 것은 어떤 수준에서건 아직 불분명하거나 밝혀지지 않았던 사태가 좀더 분명하게 밝혀진다는 점일 것이다. 또 다른 예를 생각해보자. '인간의 인식이 자연적인가 혹은 원리나 토대로부터 정초될 수 있는 것인가?'라는 주제를 탐구하는 사람의 경우 인식의 문제가 논의의 토픽임에 틀림없다. 그러나 '자연적'이거나 '토대적'이라는 개념이나 양 개념을 통해 선언적으로 접근되는 '인식'이라는 개념이 2500년 서양철학의 역사를 등에 지고 있으며 이 틀 안에서 진행되는 논의라는 점은 인식론의 역사를 좀 들여다본 사람이라면 숙지하는 사실이기도 하다. 이런 사실의 지적은 물론 철학의 역사가 항시 반복적이며 새로움이란 없다는 것을 주장하려는 데 있는 것은 아니다. 이를 통해 이른바 '철학사 중심'과 '문제 중심'이라는 단순한 양분 도식으로는 논의 주제에 적절히 접근하기 어렵다는 사실은 분명해진다고 하겠다.

명시적으로 철학사의 인물이나 시대를 다루든 아니든 철학에서의 문제 제기는 역사를 통해 형성된 개념들과 체계 이념의 제약 아래 이루어지며 그런 한에서 철학사에 연루되어 있고 구속받는다. 이는 전통의 경신을 이야기하는 주장에서조차도 타당하며 이런 의미에서 인간이 역사에 구속되어 있듯이 철학도 철학사에 구속되어 있다.5) 철학의 문제 제기가 이렇게 역사에 조건지워져 있듯이 다른 한편으로 철학사를 탐색하는 작업도 탐색자가 가지는 현재의 관심에 의해 규정된다.6) 탐색자의 관심은 여러 수준에서 가능한 것이어서 오늘의 현실 문제를 해결하기 위해 역사를 탐색한다는 거창한 것에서부터 특정 입장의 논변 구조나 역사적 연관에 관한 지적 호기심에 이르기까지 다양할 수 있다. 현재의 관심이 당대의 현실과 관련되어야 한다는, 즉 '현실적'이어야 한다는 것이 현대 한국철학 논의에서 지배적인 견해를 이루어왔으나 철학적 탐구의 출발점이 반드시 거창하게 당대의 현실과 관계되어야 할 필요는 없다. 작은 문제에 관한 호기심과 궁금함이라는 개인적 차원도 거창한 현실적 요구에 못지 않게 훌륭한 출발점을 이룬다. 중요한 것은 현실 문제든 텍스트의 한 구절의 의미를 좀더 분명히 밝히는 작업이든 아직 해결되거나 밝혀지지 않았던 것이 해결되고 밝혀지는 일이지 관심이나 탐구 동기의 거창함이나 특정한 방식이 아니다.

철학사와 철학 문제의 이런 상호 구속성은 각 문화 단위나 국가별로 상이한 철학의 전통과 패러다임을 형성하게 하며, 이렇게 형성된 패러다임은 그 패러다임 속의 탐구자들이 문제를 제기하는 방식이나 답을 추구하는 방식을 규정한다. 문제에 관한 관심 자체가 그리고 문제를 문제로 인지하고 개념화하는 방식 자체가 언어나 교육 등에 의해 역사적으로 이미 선규정되어 있다. 그러나 이 같은 선규정에도 불구하고 이런 선규정이 모든 사람에 동일한 방식으로 작용하는 것

---

5) 이에 관한 자세한 이론적 논의를 이 책의 이태수 교수의 글에서 읽을 수 있다.
6) 역사와 현재의 상호 규정성에 관해서는 길희성 교수와 김상환 교수의 글을 참조할 수 있다.

도 아니고 모든 것을 동일하게 결정하지도 않는다. 집단이든 개이이든 한 주체를 기억의 총체라고 규정할 때, 현재란 이 총체로서의 기억에 대한 타자와의 대면이라고 할 수 있다. 이 타자는 주체가 지닌 여러 층의 기억에 의해 다시 기억 속으로 편입될 것인데, 이 편입 과정은 단순히 기억이라는 과거에 의해서만 규정되는 것이 아니라 타자가 지니는 다름을 받아들이는 만큼은 타자에 의해 규정되는 것이기도 하다. 생물학적 수준에서나 문화의 수준에서 공유되는 기억에도 불구하고 개체들의 기억은 상이하며, 개인적 혹은 집단적인 체험이 모두 동일할 수는 없는 만큼 이런 체험의 다양성과 차이가 가능하게 하는 해석의 작은 차이들이 축적되면서 의미 있는 차이들을 만들어낸다. 그리고 이 같은 차이들이 개인이나 집단의 철학적 주장이나 성향의 차이를 형성하게 된다. 철학의 역사 구속성에도 불구하고 철학사가 동일한 것의 반복으로 이어지지 않는 이유가 여기에 있다.

이 책에서 우리가 동서양 여러 나라의 상이한 철학 이해와 패러다임의 역사적 맥락을 점검하는 것은, 상호 충돌하는 여러 입장들이 무역사적으로 본래 있었던 것이 아니라 각 문화권 혹은 국가별로 특정한 역사적 과정을 거치며 생성된 것이라는 사실을 부각시키기 위해서다.[7] 철학에 관한 특정 입장이 역사적 맥락 가운데 형성되었다는 사실을 공유하면서 논의를 진행하는 것은 논의 성격의 올바른 이해에나 특정 입장의 불필요한 신화화를 피하는 데나 도움이 될 것이다. 그간 한국에서의 논의에 이런 인식이 필요한 만큼 충분하지 못했으며, 이런 이유로 자신이 수학했던 국가의 철학 패러다임을 당연한 것이거나 전체인 양 생각하는 태도는 이즈음에도 종종 볼 수 있는 모습이기도 하다.

철학사 중심과 문제 중심이라는 두 패러다임의 날카로운 구분은 주로 미국의 분석적 전통에서 교육받은 사람들에 의해 강조되어 왔다. 사실 이 같은 날카로운 대비 자체가 미국이라는 특정한 역사적

---

7) 이 책의 제2부와 제3부를 참조.

맥락 아래 형성된 것이라는 점은 충분히 인지되어 있지 못하다. 전통으로부터 비교적 자유로웠던 미국이라는 사회를 배경으로 1930년대 초 나치 체제를 피해 미국에 망명했던 과학자 출신의 논리실증주의자들이 중심이 되어 미국 특유의 문제 중심의 철학 패러다임이 형성된다.[8] 역사적 제약으로부터의 상대적인 자유로움과 실증과학과의 가까움이 가능하게 했던 20세기 초반 미국철학의 문제 제기 방식은 유럽 제국과 비교해볼 때 철학사에 덜 매인 미국철학 나름의 문제 제기 방식의 특징을 형성했다. 미국에서 교육을 받았던 초창기 미국 유학자들이 자신들이 접했던 모델을 그 나라의 역사와 맥락에 대한 특별한 고려 없이 철학의 보편 모델인 듯 이야기하며 철학사와 무관한 철학이라는 신기루가 그려지게 된다. 이들에 의해 철학사 중심의 철학은 때로 '가로대 철학'이라는 희화화된 이름으로 이야기되기도 하는데, 이 같은 언명 자체가 적지 않은 경우 철학이 미국식 문제 중심 모델이어야 한다는 입장을 별 생각 없이 반복하는 가로대 수준을 넘어서지 못하는 것이기도 하다. 메타윤리학이 문제되다가 롤즈나 노직의 이론이 논의되고 또 이어서 공동체주의가 논의되는 이유와 맥락이 미국에서 논의되기 때문이라는 것 이외에 별다른 이유가 없는 수준에서 문제 중심이니 철학사 중심이니를 논의하는 것 자체가 좀 섣부른 일일지 모른다. 이런 구분이란 스스로 문제를 제기할 능력이 있을 때 충분히 의미를 가지게 될 것인데, 스스로 의미 있는 문제 제기 능력이란 무색의 공간에서가 아니라 특정 문제를 문제로 만드는 역사적·사회적 맥락이 성립한 곳에서 제대로 이루어질 수 있는 일이기도 하다.

문제 중심의 접근이란 서양철학의 기본적인 접근 방식이라고 할 수 있다. 무엇을 의미 있는 문제로 인지하며 이 문제와 역사와의 관계를 어떤 식으로 설정하느냐에 관해서는 같은 서양이라도 국가에 따라 상이한 전통이 형성되어 왔다. 서양철학의 전통에서 볼 때 문제 중심의 접근이란 물론 미국철학에서 시작된 것은 아니다. '문제'라는

---

8) 김혜숙 교수의 글 참조.

개념은 고대 그리스의 기하학자들에 의해 명시적으로 개념화되고 이후 서양 학문사의 기본 개념화한 것으로 서양 학문사와 철학사를 두루 규정해왔던 개념이다. 이 개념이 철학 논의에서 주제화된 것이 아리스토텔레스에게서인데,[9] 그는 여러 분야에서의 학적 논의를 당시 지배적인 생각 혹은 이전 학자들의 논의의 검토에서 시작하는 것이 마땅하다고 했다. 선행하는 의견들을 아리스토텔레스는 '통념(通念. endoxon)'이라고 개념화했는데, 이것이 의미 있는 출발점이 된다고 그가 생각했던 것은 대다수 사람들이 그렇게 생각하고 있거나 이전의 현인들이 생각한 것들이 대체로 일리를 가지고 있다는 이유에서다. 출발점으로서 전통을 인정하면서 이에 대한 비판적 검토의 태도를 취하는 아리스토텔레스의 이런 입장은 이후 서양철학사의 중심적인 전통이 되며 시대나 국가에 따라 약간씩 다른 모습으로 나타난다. 헤겔의 '철학은 철학사다'라는 강력한 주장에서 대표되는 근대 독일철학의 전통은 철학사에 대한 보다 적극적인 입장에서 자신의 전통을 형성해왔으며 이런 전통은 철학의 역사 구속성을 강조하는 가다머의 해석학으로 이어진다.[10] 스스로 로마적, 중세적 유럽의 정통적 계승자임을 자임하는 프랑스철학은 데카르트의 기하학적 정신과 결합되어 철학사와 문제를 연결하는 독특한 철학 전통을 만들어 왔다. 이런 사정은 영국이나 이탈리아 같은 다른 나라들에서도 비슷해서 각 국가별로 철학사와 철학 작업의 관계에 대한 나름의 전통을 지니고 있다.[11]

동양철학의 경우도 한국, 인도, 중국, 일본 등이 동일하지는 않은 전통을 발전시켜 왔다. 인도철학의 전통이 요가 등의 명상 수행의 전통과 함께 강한 논리적 경향을 지녀왔음은 잘 알려져 있다.[12] 현대 일본의 철학은 실증적인 청대 고증학의 전통과 선불교의 사변적 전

---

9) 박희영 교수의 글 참조.
10) 임홍빈, 김상봉, 염재철 교수의 글 참조.
11) 박우석, 차건희, 김상봉, 김혜숙, 노양진, 김상환 교수의 글 참조.
12) 이지수 교수의 글 참조.

통을 이어받으며 역시 독자적인 입장을 구축해왔다.[13] 중국과 한국의 유가철학이나 불가철학에서는 나름대로의 체계 구축 전통과 더불어 각기 집주(集注)나 논(論), 소(疏)와 같은 특징적인 저술 형식을 발전시켜 왔다.[14] 이 같은 주(注)나 소(疏) 중심의 형식은 물론 나름대로의 철학 작업에 대한 이해를 지니고 있으며 지난 3000여 년의 기간 동안 이 방식대로 철학적 논의의 깊이와 이론적 경신의 역사를 전개해왔다. 문제 중심이 아닌 주소(注疏)의 형태로 되어 있어 의미 있는 철학적 작업이 이루어지지 않았다고 생각한다면 이는 물론 짧은 생각이다.[15]

앞서 '가로대 철학'이라는 말에 관해 이야기했지만, 생각해보면 철학을 포함한 인문학 전반이 가로대의 성격을 지니고 있다는 점을 부인하기 어려우며 또 애써 부인할 필요가 없지 않나 생각된다. 한 사회 안에서 인문학의 역할이 전통의 계승과 창신이라는 점을 생각한다면 전승하는 인문적 전통 가운데 어떤 것이 계속 이어져야 하며 어떤 점에서 새로운 논의가 필요한지를 성찰하는 일은 인문학의 가장 중요한 일에 속하게 될 것이다. 이즈음같이 변화가 격심한 시기에는 새로운 것이 추구되고 삶의 새로운 환경에 적응하는 일이 아주 급한 일이 되겠지만, 사람의 삶에는 온통 변화만 있는 것은 아니어서 변치 않는 것을 오늘의 사정에 맞게 다시 이야기하는 것 또한 항상 필요한 일이기도 하다. 무언가 새로운 이야기를 해야 한다는 것이 학문의 제도로서 요구되고 있는 것이 오늘의 사정이고 이 같은 요구가 자연과학이나 공학과 같은 학문의 모델에 따라 더욱 극심화되고 있지만, 이런 요구가 학문의 모든 분야에 동일한 정도로 요구되어야 할 성질의 것은 아니다. 아직 드러나지 않은 것을 드러내고 밝히는 일이야 학문 분야에 관계없이 행해져야 할 일이겠지만, 이것이 새로운 것

---

13) 오이환 교수의 글 참조.
14) 정병석, 이종철 교수의 글과 이지수, 오이환, 유초하, 허남진, 황희경 교수의 글 참조.
15) 특히 정병석 교수의 글을 참조.

에 관한 물신적 숭배나 추구와 동일시되어서는 안 될 것이다. 온고지신(溫故知新)이란 인문학에서 오늘도 의미 있는 작업이며 이즈음 같이 급격히 변화하는 시대에 자신의 위치와 변화의 방향을 가늠하기 위해서도 더욱 그러하다. 전통 한국철학의 작업이 많은 부분 이 같은 온고지신의 이념 아래 형성되었다면 철학의 역사와 문제에 관한 우리의 논의는 오늘날 철학사 중심이냐 문제 중심이냐라는 단순 구도보다는 좀더 숙고된 것이 되어야 할 것이다. 상고(尚古)를 중시했던 조선조 500년간의 철학의 패러다임이 문제 중심으로 전환되는 과정이 단순히 중국 추수(追隨)에서 미국 추수로의 변화가 되어서는 안될 것이기 때문이다.

4

문화나 국가에 따라 상이한 철학 이해와 패러다임이 있었음을 보여주는 것이 반드시 문화의 상대주의를 함축하는 것은 아니다. 여러 입장 가운데 특정 입장을 지지하거나 비판하는 것은 얼마든지 가능하다. 그러나 선호하거나 비판하는 입장이 역사적으로 조건지워졌음에 대한 반성적 시각은 자신의 입장에 대한 분명한 이해를 촉진하는 것으로, 반성을 특징으로 하는 철학의 기본적 미덕이라고 할 수 있다. 반성적 시각이란 활동을 하는 자기 자신을 다시 검토의 대상으로 삼는 작업인데, 자신의 활동 자체를 대상화하는 이런 반성적 작업도 반성 주체에게 역사로부터 자유로운 초월적 입장을 확보해주는 것은 아니다. 그러나 이 같은 역사에 구속된 주체를 이 구속으로부터 얼마간 벗어날 수 있게 하는 것은 역사의 망각이나 무지가 아니라 바로 보다 넓은 역사적, 공간적 지평 가운데 자신을 놓고 보는 일이며, 이런 점에서 철학사를 보는 반성적 작업의 의미가 찾아질 수 있을 것이다.

제 1 부
철학사와 철학

.

.

.

.

.

철학과 철학사 ● 길희성
역사 속의 철학 ● 이태수

철학과 철학사 : 해석학적 동양철학의 길

길 희 성(서강대 종교학과 교수)

1. 전통이란 무엇인가?

역사는 언제나 새로이 씌어진다. 교조주의적 실증주의의 신봉자가
아닌 한 역사 기술에서 사가가 처한 역사적 환경과 그의 주관적 시
각이 역사 서술에 개입된다는 사실을 부정할 사람은 아무도 없을 것
이다. 물론 이것이 역사 기술과 해석의 무제한적 자유 내지 자의성을
정당화하는 것은 아니다. 역사 기술에 관한 카(E. H. Carr)의 다음과
같은 말은 매우 적절한 관찰이다 :

하나의 산이 각기 다른 각도에서 볼 때 서로 다른 모습으로 비친다고
해서 그 산이 객관적으로 아무런 모습도 없다거나 무한히 많은 모습을 가
지고 있다고 말할 수는 없다. 역사의 사실들을 수립하는 데 필수적으로 해
석의 과정이 개입한다고 해서, 그리고 그 어느 해석도 전적으로 객관적일
수 없다고 해서 모든 해석이 다 옳다고 말할 수 없으며, 역사적 사실들에
대한 객관적 해석이 원칙적으로 불가능하다고 말할 수 없다.[1]

역사 기술에서 극단의 회의주의나 상대주의에 빠질 필요는 없지

---

1) E. H. Carr, *What is History* (New York, 1961), pp.30-31.

만, 객관적 역사 기술이라는 것도 실제상 존재하지 않는다는 것을 인정하는 말이다. 인간의 지성은 결코 초연한 관찰자가 아니다. 더군다나 역사를 대할 때는 인간의 관심과 정열, 희망과 이상, 비판과 심판이 개입하기 마련이다. 역사를 다루는 인간 존재 자체가 유한성을 벗어날 수 없는 역사적 존재이기 때문이다.

과거는 단순히 과거로서 존재하지 않는다. 과거는 과거를 대하고 문제 삼는 인식 주체의 관심을 떠나서 논해질 수 없기 때문이다. 과거는 현재의 관심과 문제 의식, 미래를 향한 기투(企投)와 희망 속에서 인식되고 정리되며, 현재 또한 과거에 의해 제약받고 미래에 의해 추동되는 현재며, 미래 역시 과거의 제약 가운데서 현재적 관심이 투영되는 미래다.

이것은 철학사의 경우에도 마찬가지다. 아니, 철학사야말로 이러한 일반적 관점이 더욱 타당한 영역일 것이다. '사실'의 제약을 받는 역사 연구에서조차도 현재적 관심과 미래적 기투가 개입된다면, 사상과 관념의 영원한 가치를 논하며 초역사적 진리를 추구하고자 하는 철학자들에 의해 씌어지는 철학사의 경우, 과거의 사상이라도 단순히 과거의 것으로 대할 수 없으며, 필연적으로 현재의 문제 의식 속에서 조명하고 평가하기 마련이다. 철학사가 과거 사상을 문제 삼는 것은 거기서 과거라는 특수한 시간적 제약을 넘어서는 현재와 미래를 위한 진리를 얻기 위함이지, 결코 단순한 '역사적' 혹은 호고적 관심에서 하는 것은 아니다.

루이 뒤프레는 말하기를 철학에서는 단순히 지나간 것으로서의 '과거'란 존재하지 않는다고 한다. 영원한 진리, 보편적 관념을 추구하는 철학에서는 단순한 과거로서의 철학사는 존재하지 않는다는 말이다. 과학에서는 '발전'이라는 것이 있으며, 하나의 이론은 더 발전된 이론에 의해 대체되고 폐기된다. 그러나 철학에서는 상이한 철학적 체계와 사유는 있어도 하나의 철학이 다른 철학에 의해 대체(replace)되거나 능가(surpass)되는 일은 없으며, 단지 발전의 한 단계로서 자리매김되는 일도 없다. 이것이 철학사와 사상사(history of ideas)의 가장 뚜렷한 차이라고 뒤프레는 지적한다.2) 헤겔 철학에 대

해서 언급하면서 하이데거는 다음과 같이 말하고 있다 :

> 철학에서는 전임자도 없고 후계자도 없다. 이것은 각각의 철학자에게
> 다른 모든 철학자들이 등가적임을 뜻하는 것이 아니라, 오히려 그 반대로
> 참된 철학자는 다른 어느 철학자와도, 그가 가장 깊은 의미에서 자기 시대
> 의 말이라는 점에서, 동시대적임을 뜻한다.[3]

진정한 철학자에게 모든 철학들이 동시대적(contemporary)이라
면, 이것은 철학사를 연구하는 철학자가 다른 철학이 배태되었던 과
거로 돌아가서 그 철학과 동시대적이 된다는 것을 뜻하는 것이 아니
다. 그것은 현재가 과거화되는 것이 아니라 과거가 현재화된다는 것
을 뜻한다. 다시 말해서, 철학자는 과거 철학을 제약하고 있는 역사
적이고 우연적인 요소들의 배후에서 시간과 공간의 제약을 초월하
여 오늘을 위한 진리와 가치를 발견하기 위해 과거의 철학을 문제
삼는 것이다. 철학자에게는 과거가 단순히 과거로서만 남아 있을 수
없다. 그에게는 영원한 진리를 추구하는 현재만 있을 뿐이다. 그러나
물론 이 현재는 어떤 신비적이고 초시간적인 '영원한 현재(eternal
now)'가 아니라 철학자가 몸담고 사는 구체적인 역사적 현실로서의
현재다. 그가 철학적 문제를 안고 고민하며 미래의 사상을 잉태하기
위해 고심하고 있는 구체적 삶의 시간으로서의 현재다. 따라서 그가
추구하는 영원하고 보편적인 진리도 현재를 위한 것이요 현재적 관
심과 미래적 기투 속에서 추구될 수밖에 없다. 현재와 미래를 위한
관심 속에서 그리고 현재를 규정하고 있는 과거의 제약 속에서, 철학
자는 보편적 진리를 위해 과거를 더듬고 과거와 대화하는 것이다. 그
는 결코 과거를 역사가로서 혹은 사상사가로서 있는 그대로 재현하
고자 하는 것이 아니다. 역사가에게도 과거의 단순한 재현이 불가능
하고 무의미한 일일진대, 하물며 철학자에게는 말할 것이 있겠는가?

---

2) Louis Dupre, "Is the history of philosophy philosophy?", *Review of Meta-
physics*, 42 (March, 1989), pp.463-482.
3) 같은 논문, 480쪽에서 재인용.

과거는 그저 주어져 있는 것이 아니라 오늘을 사는 우리들에 의해 만들어지고 구성된다. 영국의 문예비평가 레이몬드 윌리암스는 전통은 과거의 잔재가 아니라 현재에 활동중인 문화적 힘으로 보아야 한다고 주장한다. 전통은 과거에 대한 이미지가 현재의 특정 상황과 사회적 구조와의 관계를 통해서 형성되는 '문화 창조의 과정'이라는 것이다. 따라서 윌리암스는 말하기를 우리가 보아야 할 것은 "전통 그 자체가 아니라 선택적 전통"이라고 한다.[4]

이러한 관점이 일반적으로 타당하다면, 우리는 결코 과거와 전통을 물상화하거나 우상화해서는 안 된다. 철학적 전통이란 고정적으로 주어진 물체가 아니라 현재를 살고 있는 우리들에 의해 항시 새롭게 '구성'되는 유동적인 것이며, 동시에 이미 현재 우리들의 철학함을 규정하고 있는 현재의 일부이기도 하다. 우리가 철학사를 문제 삼는 이유도 바로 여기에 있다.

전통은 살아 있는 현실의 일부다. 전통과의 교섭은 싫든 좋든 우리에게 피할 수 없는 운명과도 같다. 특히 동양 사상의 전통, 그 가운데서도 유교 전통은 아직도 한국인은 물론이요 동아시아인들 모두의 삶의 방식과 사고 방식, 인생관과 가치관을 지배하고 있다 해도 과언이 아니다. 문제는 우리가 전통을 어떻게 대하느냐, 즉 살아 있는 생명체로 대하느냐 아니면 죽은 물체로 대하느냐에 있다. 전통을 죽은 물체로 대하는 것은 현재의 문제 의식을 떠나서 과거를 과거로서 대하려는 그릇된 역사주의, 그릇된 객관주의적 태도에 기인한다. 철학사의 경우 현대의 철학적 문제 의식을 떠나서 철학사를 하나의 '역사적 지식'으로 탐구하려는 비철학적 자세다. 이것은 철학과 철학사를 분리하는 태도며, 결국은 철학사를 무의미하게 만드는 일이다. 과거의 철학을 현대에 살고 있는 우리와는 무관한 '대상'으로 만들어버리기 때문이다. 역사주의적 인식 태도를 비판하는 니체의 말대로, 그것은 철학사를 한낱 역사의 박물관에 가두어버리는 일이 되고 만다. 지식의 추구로 영위되는 철학사적 탐구란 결국 학자들의 논문 수

---

4) 김성례, 「무속 전통의 담론 분석 : 해체와 전망」, 『한국문화인류학』 22집(1990), 211쪽에서 재인용.

를 증가시켜 업적을 인정받고 대학에서 지위를 공고히 하는 데는 도움이 될지 모르나 결코 옛 철인들의 학문적 자세는 아니었다. 거기에는 초시간적 진리를 추구하는 철학자의 정열도, 현대의 문제를 안고 고민하는 진지함도 없다. 그것은 현재의 주어진 사회 질서, 세계 질서 속에 안주하면서 철학을 밥벌이 수단이나 출세의 방편으로 삼는 것에 지나지 않는다. 현재의 '철학 함'과 분리된 과거 철학사의 연구는 사상사 학자의 몫은 될지언정 철학자의 몫은 아니다. 불행한 것은 오늘날 우리 학계에서 이루어지고 있는 동양철학 내지 한국철학 연구가 주로 이러한 부류의 철학사적 연구라는 사실이다.5)

철학적 전통을 물상화하는 이러한 역사주의적 연구 못지 않게 위험한 또 하나의 자세는 전통에 대한 맹목적 집착이다. 이것은 전통에 대한 진정한 사랑이 아니다. 진정한 전통은 언제나 시대에 따라 변해온 살아 있는 것이지 전통주의자들의 '수호'의 대상이 되는 것은 아니다. 레븐슨의 날카로운 지적대로, 후자는 이미 참다운 전통으로 소외된 지식인들이 자기들의 정서적 욕구를 충족시키기 위해 만들어 낸 인위적인 것이며 더 이상 우리들의 삶과 사유 속에 살아 움직이는 진정한 전통은 아니다.6) 전통과 전통주의는 전혀 다른 차원에 속한다. 전통을 숭상하는 전통주의도, 전통을 단순히 역사적 연구의 대상으로 삼는 동양학도 전통을 대하는 올바른 태도는 못된다. 양자 모두 전통을 대상화하고 물상화하는 오류를 범하기 때문이다.

그러나 전통에 대한 이러한 '역사적(geschichtliche)' 시각은 어디까지나 현대적 관점이지 과거 전통 사회에서 통용되던 시각은 아니라는 반론이 있을 수 있다. 확실히 인도나 중국, 한국 혹은 일본을 막론하고, 그리고 불교나 유교 혹은 도가 사상을 막론하고, 동양철학

---

5) 이승환의 표현을 빌리자면, "모든 것을 과거형으로 기술하려는 '사상사'의 입장"으로서 "그래서 어떻다는 말이냐?"라는 반응을 자아내는 동양철학 연구 태도다. 이승환, 『유가 사상의 사회철학적 재조명』(고려대 출판부, 1998), ii..
6) Joseph Levenson, *Confucian China and Its Modern Fate: A Trilogy* (Berkeley: University of California Press, 1958), Introduction, xxx.

에 하나의 공통적 특징이 있다면 그것은 바로 과거를 존중하고 숭상하는 상고적 태도다. 이러한 태도는 일반적으로 모든 전통 사회의 특징이지만, 특히 동양철학의 경우 이러한 전통성이 매우 강한 것이 사실이다. 동양의 사상가들에게는 진리란 이미 과거의 성현들에 의해 결정적이고 권위적으로 주어져 있는 것으로서, 후학들이 할 일은 다만 성현들이 깨달았던 그 영원한 진리를 이해하려고 노력하고 끊임없이 반추하며 음미하는 일이었다. 그들에게는 새로운 진리를 발견하는 창조성이란 결코 자랑할 만한 덕목이 아니었다. 그들은 성현들의 말씀을 전하는 경전의 권위에 대하여 거의 절대적 믿음을 가지고 있었다.

그러나 이것은 결코 그들의 믿음이 권위에 대한 맹신이었다거나 그들의 사상이 새로움을 모르고 단순히 과거를 반복하는 것에 지나지 않았음을 뜻하는 것은 아니다. 진정한 권위란 결코 강요되는 것이 아니며 자발적인 이해와 순종을 수반한다. 동양의 선철들은 결코 과거를 맹목적으로 답습하지 않았다. 그들은 자기들이 처한 시대의 문제를 안고 진지하게 고민했으며 새로운 해결책을 모색하고 제시했다. 그렇지 않았다면, 동양철학에는 '철학사'란 애당초 존재하지도 않았을 것이다. 다만 그들은 새로운 사상을 주장할 때도 언제나 전통의 권위를 업고 했으며, 경전에 대한 주석 혹은 주석의 주석을 통해 자신들의 주장을 폈다. 공자는 '술이부작(述而不作)'과 동시에 '온고이지신(溫古而知新)'을 말했으며, 전통을 배우는 '학(學)'과 배우는 자의 주체적 '사(思)'를 똑같이 강조했다. 실제로 공자 사상에는 강한 전통성과 창조성이 동시에 발견된다는 것은 주지의 사실이다. 송대 신유학의 창시자들 또한 『대학(大學)』이나 『중용(中庸)』같이 한당(漢唐) 유학에서는 거들떠보지도 않던 경전들을 새로이 부각시키거나 독창적 해석을 가함으로써 자신들의 새로운 사상을 전개했다. 주자학과 양명학을 공리공론으로 매도했던 청대 고증학자들 또한 경전에 대한 신뢰만은 탈피할 수 없었으며 바로 경전의 권위를 빌려서 그들의 비판을 전개했다. 정통 성리학적 전통을 비판하고 극복하고자 했던 다산 정약용 역시 주자의 주를 대신할 새로운 주석 작업을 통해 원시 유학 사상으로 되돌아가고자 했던 것이다. 이렇게 새로운 것을 주장하기 위해 전통에 의탁하는 탁고개제(託古改制)의 정신이야말로 동양적 창조성의 특징이라고 할 수 있다. 동양에서는 전통의 거부도 전통의 이름으로 행해졌던 것이다. 사실 이것은 서양에서도 어느 정도 마찬가지였다. 루터의 종교 개혁은 성서로 돌아가자는 정신에 의거했으며, 르네상스 철학은 플라톤 등 고대 그리스철학으로 돌아가려고 했으며, 플라톤 이래 서구 철학 전체를 존재 망각의 역사로 비판하는 하이데거 또한 소크라테스 이전의 철학에 사유의 줄을 대고 있는 것이다.

이렇게 보면, 인간이 역사적 존재라는 사실은 동서고금을 막론하고 진리다. 제아무리 전통성이 강한 문화라 해도, 심지어 원시 문화라 해도, 과거를 문자 그대로 반복하는 문화란 존재하지 않는다. 동양 사상이나 동양 사회를 정체적으로 보는 일부 서구 학자들의 시각은 확실히 편견이다. 제 아무리 전통 파괴적인 사상이라 해도 그 연원과 배경을 자세히 들여다보면 과거와의 연속성이 있음을 우리는 발견한다. 다만 동양의 경우 경전에 대한 신뢰만은 거의 불변적 요소였으며, 이것이 동양 사상의 급진적 창의성과 자유로운 발전에 어느 정도 제약을 가했음도 우리는 솔직히 인정하지 않을 수 없다.

서양 철학의 경우 처음으로 전통과의 날카로운 단절을 의식적으로 주장하고 실천한 사람은 데카르트였다. 진리의 인식에서 모든 특수하고 우연적인 문화적 관습과 인습을 배제하고 오직 자신의 투명한 의식에 근거하여 명석하고 명확한 관념들(clear and distinct ideas)만을 인식의 목표로 삼음으로써 그는 인식의 객관성을 확보하고자 했다. 그러나 그가 표방했던 전통과의 단절은 그리 간단하고 단순한 것이 아니었다. 우선 그의 철학에는 스콜라철학의 영향이 강하게 남아 있었다. 그뿐만 아니라 오늘날 우리가 폭넓은 비교 문화적, 비교 철학적 안목에서 바라볼 때, 그는 갈 데 없는 서구 사상가로서 그와 같은 존재가 서구의 철학적, 문화적 전통 외의 다른 문화권에서 출현했을 가능성이란 상상조차 하기 어렵다. 그 어느 철학도 문화적 전통을 초월하지 못한다.

데카르트의 정신은 그후 계몽주의로 이어져서 전통과 이성의 날카로운 대립적 구도를 낳았으나, 이것 역시 헤겔철학, 낭만주의, 역사주의, 실존주의 그리고 현대 해석학적 철학이나 포스트모더니즘 철학에 의해 도전을 받아 해체되기에 이르렀다. 현대 서구 철학의 한 가지 공통된 증언이 있다면, 그것은 인간이 철두철미 역사적 존재라는 점이다. 언어, 공동체, 전통, 문화, 삶의 양식들(forms of life)과 실천을 떠난 절대적 인식과 윤리는 존재하지 않는다는 사실이다. 추상적 개인, 보편적 인간은 어디에도 존재하지 않는다. 존재하는 것은 다만 특정한 사회와 문화, 인간 관계와 삶의 방식들 속에서 특정한 언어를 통해 사고하면서 삶을 영위하고 있는 구체적 인간들뿐이다. 모든 철학이 영원하고 보편적인 진리를 추구하지만, 특정한 역사와 전통을 떠난 초시간적 사유는 그 어느 인간에게도 허락되지 않는다.

이제 서구 철학은 계몽주의가 표방하고 나섰던 보편적 이성의 허구와 획일적 이성의 횡포를 자각하게 되었으며 근대성의 허와 실, 득과 실을 더욱 성숙한 시각으로 바라볼 수 있게 되었다. 전통과 공동체로부터 소외된 개인, 어떤 것에도 구애받지 않는 자유로운 인간은 실제로 존재한다 해도 오히려 전통의 속박보다도 더 무서운 속박의 위험에 봉착한다는 자유의 역설을 현대 서구 지성은 깨닫기 시작했다. 극도의 개인주의가 낳는 소외와 고독, 권위와 방향성의 상실을 목도하면서 일부 서구 지성인들은 원자화되고 파편화된 인간 관계 속에서 전통의 힘과 공동체의 가치를 새롭게 회복시킬 방도를 모색하고 있다. 최근 서구에서 일고 있는 유교에 대한 새로운 관심, 즉 가족주의, 권위주의, 초월적 비판의 결여 등 종래의 비판적 관점을 극복하고 유교를 긍정적 시각에서 새롭게 바라보기 시작한 것은 이와 같은 사회-문화적 맥락에서 이해되어야 할 것이다.7)

물론 이와 같은 유교 전통에 대한 서구적 담론과 유교 전통 그 자체는 엄연히 구별되어야 한다. 전통적 유교의 담론이 제일차적 담론이라

---

7) 켄트주립대 이광세의 논문들은 서구에서 일고 있는 유교에 대한 재평가의 경향을 잘 보여주고 있다. 그의 『동양과 서양 : 두 지평선의 융합』(서울 : 도서출판 길, 1998)에 실려 있는 「유교를 다시 생각한다」, 「근대화, 근대성 그리고 유교」를 볼 것.

면, 그 현대적 가치와 의미를 누하는 서구적 담론 — 그리고 그것에 의해 촉발되고 영향을 받은 동양 지성인들의 담론 — 은 제이차적 담론에 속할 것이다. 하나는 주로 타문화의 도전을 받기 이전에 형성되고 신봉되어 왔던 문화 전통이며, 다른 하나는 근대성(modernity)의 도전을 통해 전통으로부터 이미 단절과 소외를 경험한 사람들의 탈 근대적(postmodern) 담론이다. 그러나 이러한 차이도 지나치게 강조되어서는 안 된다. 이미 동양의 지성인들도 서구 사상과의 만남을 통해 근대성의 도전을 경험했으며 자신들의 전통으로부터 소외되어 그것을 대상화하는 과정을 거쳤기 때문이다. 그럼에도 불구하고 그들이 동양 사상을 붙들고 있는 것은 단순히 자기 것에 대한 향수와 집착만은 아니다. 아직도 서구 사상만으로는 풀리지 않는 문제들이 있으며 거기서는 그들의 '가슴'을 충족시킬 만한 만족감을 발견하지 못하기 때문이다. 여하튼 동서양의 사상계는 이제 전통과 이성을 적대적으로 보는 계몽주의적 구도를 넘어서서, 인간이 전통의 지배를 벗어나기 어려운 역사적 존재며 전통은 우리가 벗어야 할 무거운 짐이기보다는 끊임없는 대화와 재해석을 통해 우리의 삶을 인도해줄 지혜의 원천이라는 인식을 공유하게 되었다.

2. 단절된 전통 : 근대성의 도전

그러나 전통에 대한 이러한 인식에도 불구하고 여전히 석연치 않은 점이 남아 있다. 서양 철학은 부단히 철학사적 전통과 대화하면서 현대의 살아 있는 철학으로 계속되고 있는 반면, 동양철학은 아무래도 과거의 것으로만 보이지 현재 우리가 '하는' 철학은 아니며 그렇게 될 수도 없다는 생각이 지워지지 않기 때문이다. 다시 말해서 동양철학은 전통만이 존재할 뿐 살아 있는 현대 철학은 아니라는 인상이 널리 퍼져 있기 때문이다. 따라서 동양철학은 철학사적 '연구'의 대상은 될지언정 현대를 살고 있는 '우리의' 철학은 더 이상 아니라는 것이다. 또 다른 말로는, 동양철학은 고대 혹은 중세 철학만 존재할 뿐 근세 혹은 현대 철학은 존재하지 않는다는 생각이 보편화되어 있다. 그렇다면 과연 동양철학은 현대 사회가 직면하고 있는 온갖 현실적 문제들을 안고 씨름하는 '철학함'의 행위 속에서 그 주류 혹은 주체로서 자리를 차지할 수 있을 것인가? 위에서 논한 인간의 역사성에도 불구하고, 현대 인류가 당면한 문제들과 현대 철학이 다루어야 할 주제들은 단순히 동양철학적 전통과의 대화나 그 연속선상에서 흡수하고 소화하기에는 너무나도 이질적이어서 오히려 전통과의 급격한 단절을 요구하고 있는 것은 아닐까 하는 의문이 생긴다. 이것은 동양철학이 과거와의 연속성을 통해 자기정체성을 유지하면서도 현대의 살아 있는 철학적 대안이 될 수 있을까라는 물음이다. 만약에 동양철학이 오늘의 철학이 될 수 없다면, 동양철학을 연구하기 위해 퍼붓는 그 많은 시간과 정력은 한낱 역사적 지식의 축적에는 도움이 될지 모르나 철학적으로는 무의미한 일이 되고 말 것이다.

이러한 의문이 제기되는 이유는 한마디로 말해 동양철학의 경우 전통과 현대 사이의 단절이 너무 심하다고 여겨지기 때문이다. 동양철학은 진정한 의미에서 근대성의 세례를 받지 못한 것이나 아닌지, 그리하여 '근대적' 철학이라는 것을 아직 형성하지도 못한 터에 어떻게 현대적 문제들을 다룰 수 있을까 하는 의구심이 들기 때문이다. 따라서 동양철학이 진실로 현대의 철학적 대안이 되기 위해서는 과거와는 전혀 다른 패러다임을 요구받고 있는 것은 아닐까? 만약 그렇다면, 동양철학의 '전근대성'이란 과연 무엇이며, 도대체 동양 사상의 어떤 면이 과학 기술 시대를 살고 있는 우리들에게 그렇게도 먼 것으로 여겨지게 하는 것일까?

나는 그 근본적인 이유가 한마디로 말해서 동양철학, 특히 유가 철학의 '통전적 세계관(統全的 世界觀)'에 있다고 본다. 통전적 세계관이라 함은 자연과 인간, 자연과 문화, 존재와 의식, 존재론과 윤리, 사실과 당위, 형이상학과 과학, 종교와 윤리, 정치와 도덕, 자연과 사회 혹은 역사가 구별되지 않고 혼연일체를 이루고 있는 세계관을 말한다. 서양 근대성의 특징은 한마디로 말해 종교와 도덕과 학문(과학)이 분리되어 독자적 노선을 걷게 되었다는 데에 있다. 바로 이러한 분리와 분화(differentiation)의 과정, 이른바 '세속화(secularization)'의 과정이 동양에는 존재하지 않았다는 것이다. 그리하여 자연의 탈성화(desacralization)나 세계의 탈주술화(disenchantment of the world), 사회와 윤리의 세속화, 이성과 학문의 자율성 내지 독자성이 동양에서는 찾아보기 어렵고, 그러한 경향이 있었다 해도 지극히 미약했다는 것이다. 그나마 불교 사상과 도가 사상이 아직도 현대를 살고 있는 동양인들에게, 그리고 소수이기는 하지만 서구인들에게도 사상적 대안이 될 수 있는 것은, 그것이 유교 사상과는 달리 이러한 분화를 본질적으로 쉽게 수용할 수 있으며 사회와 문화의 세속화와 비교적 쉽게 병존할 수 있기 때문인 것으로 보인다. 불교와 도가 사상은 기본적으로 개인의 인생관적 선택의 대상이며 그것으로 족할 수 있는 반면, 유교의 도덕적 세계관과 인간관, 형이상학과 사회 윤리 등은 민주주의와 과학적 사고에 젖은 현대인들로서는 통째로 삼키기 어렵게 되었다.

그러나 동양 사상에도 그러한 분화 과정이 전혀 없었다고는 말할 수 없다. 사실 청대 고증학이나 우리 나라의 실학 그리고 마루야마가 밝히고 있듯이 18세기 일본의 소라이가쿠(徂徠學)에서 그러한 분화가 어느 정도 발견되는 것이 사실이다. 김영호는 그의 논문「실학의 개신 유학적 구조」에서 주자학의 통전적 세계관을 거론하면서 그 해체가 실학에서 일어나고 있음을 다음과 같이 논하고 있다:

> 이 팔조목(八條目)을 다시 분류하면 격물(格物), 치지(致知)하는 자연의 논리와 성의(誠意), 정심(正心), 수신(修身)하는 인간의 논리와 제가(齊家), 치국(治國), 평천하(平天下)하는 사회의 논리, 즉 자연의 논리, 인간의 논리, 사회의 논리가 연속적으로 일체화되어 있다. 여기에는 자연 법칙과 도덕 규범, 사회 질서가 연속적으로 통합되어 있다. 물리(物理)와 도리(道理), 자연과 당연의 일체화다. 인간 규범과 사회 질서는 자연의 원리 위에서 이루어지는데, 자연은 이기론(理氣論)에 의하여 추상적, 사변적으로 파악됨으로써 인간과 사회는 선험적인 중세 교의(敎義)에 철저히 구속된다. …… 서양의 중세에는 자연 밖에 존재하는 초월적인 신이 인간을 규제하는 중세적 질서의 틀을 이루고 있었으므로 자연은 중세적 속박을 벗어나

는 해방의 원리였다. 그러나 신유학에서는 초월적 신에 의하여 인간과 사회가 규제되는 것이 아니라 바로 자연 그 자체와 인간 사회를 일체화시킴으로써 자연은 해방의 원리가 아니라 규제의 원리가 되었다. 그러므로 서양의 계몽 사상은 '자연으로 돌아가자'는 명제로 표현되었으나 실학에서는 오히려 '자연에서 벗어나자'는 형태로 전개되는 경향을 보이고 있었던 것이다. 결국 실학은 자연의 원리와 인간 사회의 원리를 별개로 성립시킴으로써 객관적 자연관을 이룩하고 그 위에서 선험적인 인간관이 극복되어 경험적인 실천 윤리가 강조되고 나아가 평등적인 사회관 내지 국가관이 모색되었던 것이다.[8]

또 마루야마는 그의 유명한 『일본정치사상사연구』에서 오규 소라이(荻生徂徠. 1666~1728의 유학 사상)과 그 이전의 이토 진사이(伊藤仁齋. 1627~1705)와 같은 사상가에서부터 시작하여 천도(天道)와 인도(人道)의 연속성이 분해되고 우주론과 윤리가 길을 달리 하며, 도(道)를 자연 규범이 아니라 단순히 인간의 규범이나 제도로 보며, 수신제가의 개인 윤리와 치국평천하의 정치가 분리되고 공과 사의 영역이 분리되는 과정을 논하고 있다.[9]

위와 같은 견해들이 얼마나 공정하고 정당한 것인지는 더 논의의 여지가 있을지 모르나, 분명히 문화의 분화 과정의 움직임이 적어도 사상적으로만은 동양에도 있었던 것은 부정하기 어려울 것 같다. 그리고 부분적으로는 그러한 사상적 움직임의 도전을 통해서 정통 주자학적 세계관이 붕괴되기 시작한 것이다. 그러나 물론 이것이 서구에서처럼 주로 자연과학적 세계관의 발달에 의해 촉진된 것이 아니고 이성적 비판에 입각한 자율적 윤리나 정치 사상으로 나타난 것도 아니다. 유가철학에 관한 한 자연의 완전한 탈성화나 윤리와 정치의 완전한 세속화는 이루어지지 않았다고 보는 것이 타당하다. 불교나 도가 사상은 유가적인 통전적 세계관으로부터는 자유로웠지만 자연

8) 김영호, 「實學의 改新儒學的 구조」, 『韓國 思想의 深層 探究』(서울 : 도서출판 우석, 1983), 293-294쪽.
9) 마루야마 마사오, 『日本政治思想史硏究』, 김석근 옮김(서울 : 통나무, 1995), 제2절 「주자학적 사유 양식과 그 해체」, 제3절 「소라이가쿠(徂徠學)의 특질」을 볼 것.

의 질서나 이법의 관소에 인산을 종속시킨다는 짐에서는 근본적으로 마찬가지였으며, 인간의 권리를 주장하며 자연을 지배하고 사회 질서를 변혁하는 능동적 주체로서의 인간관은 역시 찾아보기 어려운 것이 사실이다.

하지만 우리는 동양 사상을 너무나 서구적 관점을 잣대로 하여 평가해서는 안 된다. 동양에서 형성된 사상이 서구 사상과 동일한 것이 되기를 기대하는 것이 처음부터 무리라면, 양자의 차이성만을 강조하는 것이 결코 능사가 아니다. 섣불리 두 사상을 비교하여 유사성을 부각시키려는 것도 위험한 일이지만, 양자가 다르다는 것이 거의 선험적 자명성을 지니고 있는 마당에 굳이 양자의 차이점만을 자꾸 강조하는 것은 서구 사상을 규범으로 하여 동양 사상을 평가하려는 생각이 암암리에 작용하고 있는 것으로 보인다. 근거 없는 유사성 내지 동일성의 강조가 열등 의식의 소산이라면, 차이성의 지나친 집착 역시 또 하나의 열등 의식의 발로다. 불교나 도가의 평등 사상은 물론이요 공맹으로부터 시작하여 유가에서도 줄곧 인간의 존엄성과 평등성을 주장하는 특유의 논리가 있어 왔다. 인간의 존엄성과 평등성의 주장이 반드시 그리스도교적 인간관이나 서구적 합리주의의 형태를 띨 필요는 없다. 율곡(栗谷)에서 동학 사상과 증산 강일순(姜一淳)에 이르기까지 한국 사상사에서 사회적 신분 차별을 극복하려는 평등 사상의 흐름을 일별한 후 박종홍은 다음과 같이 결론을 짓는다:

민주다 해방이다 하여 우리는 오늘에 이르러 비로소 느끼며 알게 된 것이 아니요, 이 땅의 백성들의 혈관 속에서 두고두고 그의 절실한 요구의 싹이 터서 자라 나오고 있었다. 민주 평등의 사상도 자유 해방의 사상도 그저 남의 것만은 아니다.[10]

근대화가 곧 서구화를 뜻하지는 않으며 또 그래서도 안 된다. 동양의 사상적 전통에도 그 나름대로의 근대적 요소들이 발견되며, 이러한 토착적 근대 사상을 발굴하고 창조적으로 살려나가는 일이야

10) 『韓國의 思想的 方向』(서울 : 박영사, 1975), 27쪽.

말로 현대 동양철학을 하는 사람들의 중요한 임무 가운데 하나일 것이다. 중국 신유학 사상가들에서 발견되는 자유주의(liberal)적 전통을 설득력 있게 제시해준 드 베리 교수는 다음과 같이 말하고 있다 :

　서양인들이 '자유주의'라는 말을 지나치게 협소하게 혹은 문화 제약적으로 정의하는 것은 중국에서 신유학의 정통을 한 특정한 학파에 국한시키는 것과 마찬가지로 스스로 무덤을 파는 일이 될 것이다. 자유주의를 오직 서양의 과거에만 뿌리를 가진 것으로 보는 것은 그것을 제한함으로써 그 미래를 점점 박약하게 만드는 일이다. 그러나 다른 한편, 중국인들이 그것을 자신들의 삶과 문화에는 동화시킬 수 없는 이질적인 것으로 보는 것 또한 그것이 그들 자신의 뿌리로부터 자라나는 일 혹은 오늘날 [모두가] 함께 살고 있는 현대 세계의 자연적 산물인 문화 혼합에 의해 자라나는 일을 저해하는 것이 될지 모른다.11)

　중국 사상, 특히 유가 사상을 자체의 비판적 역량이 결여된 정체적인 것으로 보는 헤겔과 막스 베버 그리고 조셉 레븐슨 등에 의해 주도되어온 서구의 지배적 담론은 이미 서구 학자들 스스로에 의해 교정되고 있다. 동양 사상가들은 끊임없이 전통의 이름으로 전통을 비판하고 재해석해왔으며 새로운 사상을 제시해왔다. 방금 인용한 드 베리 교수의 연구들은 흔히 가장 보수적이고 획일적인 사상 체계로 간주되고 있는 중국 신유학 사상의 주도적 인물들이 얼마나 자유롭고 창의적인 주체적 사상가들이었는가를 보여주고도 남음이 있다. 그들은 결코 전통을 고정적이고 획일적인 것으로 보지 않았다.12) 또한 메츠거의 연구는 베버의 유교관을 비판하면서 신유학 사상 안에도 현실과의 갈등과 긴장이 개혁적 요소로 작용하고 있음을 설득력 있게 보여주고 있다.13)

---

11) Wm. Theodore de Bary, *The Liberal Tradition in China* (Hong Kong: The Chinese University Press; New York: Columbia University Press, 1983), p.106.
12) *The Liberal Tradition in China*, p.64. 이 책을 위시하여 신유학 전통에 관한 그의 다른 저서들 모두가 신유학 사상의 다양성과 역동성을 보여주고 있다.
13) Thomas A. Metzger, *Escape from Predicament: Neo-Confucianism and China's Evolving Political Culture* (New York: Columbia University Press, 1977).

'선동과 서구의 충격'이라는 도식 아래 마치 동양 사상이 변화를 위한 자체의 역량이 전혀 없이 무기력과 혼돈에 빠져 있다가 서구 사상이 그 것을 덮쳐서 정복이라도 한 듯 문제를 보는 것은 잘못된 시각이다. 종교 학자 월프레드 캔트웰 스미스는 '서구의 충격(Western impact)'이라는 말 자체가 지닌 잘못된 뉘앙스를 비판한다. 그는 '충격'이라는 말이 마 치 전통 사회가 능동성을 결여한 무기력한 물체와도 같이 일방적으 로 당한다는 인상을 주기 때문에 전통 사회의 성격과 인간에 대한 올바른 이해를 왜곡시킨다고 비판한다.14) 전통을 부정해도 동양 사 람들이 하는 행위요, 서양 사상과 문물을 받아들여도 어디까지나 동 양인들 스스로가 하는 행위다.

오늘날 우리는 서구화-근대화-합리화라는 시각을 주축으로 전개 되어온 동양 사상에 대한 지배적 담론을 넘어서서 서구 근대화가 초 래한 심각한 문제점들을 너무나도 분명하게 의식하기에 이르렀다. 굳이 포스트모더니스트들의 철학적 비판을 거론할 필요도 없이, 우 리는 동양 사상 자체가 근대 서구적 가치들에 대하여 던지는 심각한 질문들을 직시해야만 한다. 기독교라는 특수한 종교 전통을 배경으 로 하여 전개되었던 서구식 세속화와 문화의 파편화가 초래한 결과 는 과연 무엇이며, 그것이 인류의 보편적 운명이 되어도 좋을 만큼 바람직한 일인가? 동양 문화도 반드시 서구적 전철을 밟아야 한다는 말인가? 자연과 초자연의 대립, 존재와 당위, 사실과 가치, 형이상학 과 윤리의 괴리, 몰가치적 지식의 추구, 도덕과 정치의 분리, 자연의 탈성화, 개인주의적 인간관이 초래하는 제반 문제들, 도덕적 목표를 도외시한 채 개인의 무제한적 이익 추구와 권리 주장만을 축으로 하 여 움직이는 사회, 대립과 투쟁으로 과열된 역사, 도구적 이성의 획 일적 지배, 이 모든 것은 이제 더 이상 맹목적 선망의 대상이 되어서 는 안 될 서구적 근대화의 유산들이다15) 동양의 통전적 세계관, 공

---

14) Wilfred Cantwell Smith, "Traditional Religions and Modern Culture", *Religious Diversity*, ed. by Willard G. Oxtoby (New York: Harper & Row, 1976), pp.59-76을 볼 것.
15) 이승환은 그의 논문 「유가는 자유주의와 양립 가능한가?」, 『유가 사상의 사회철

동체적 인간관과 윤리 그리고 동양적 자연주의 — 초자연적 요소를 배제하고 쟁취한 물질주의적이고 기계론적인 서구의 자연주의와는 구별되는 — 와 자연 정향적 삶의 이상 등은 과거의 억압적 요소 못지 않게 새로운 현대적 가치를 지니고 있음을 현대 동양 철학자들은 인식하고 철학적으로 주제화해야 할 것이다.

물론 우리나라가 현재 당하고 있는 IMF 사태는 이른바 '아시아적 가치들(Asian values)'이라는 것에 대하여 다시금 회의를 제기하게 만든 것이 사실이다. 도구적 이성으로 전락한 서구 합리주의가 경제적 효율성과 투명한 자본의 논리를 앞세워 전세계를 지배하게 된 것이 무시할 수 없는 오늘의 현실이고 보면, 아직도 아시아적 가치를 거론하는 일은 무책임한 감상주의 아니면 전통에 대한 맹목적 향수로 들릴지 모른다. 하지만 힘이 정의는 아니며 획일적 이성은 인간의 생명을 말살하고 문화를 빈곤하게 만든다는 사실을 우리는 외면할 수 없다. 경제가 획일화되고 세계화되면 될수록 거기서 파생하는 문제들을 극복할 대안적 가치들이 모색되어야 하며 문화적 다양성은 더욱 존중되어야 하지 않을까?

3. 해석학적 전통은 계속되어야 한다

나는 1984년 봄에 『철학』에 실린 글에서 현대 동양철학이 직면하고 있는 근본 문제를 다음과 같이 제기한 바 있다.

그렇다면 과연 현대의 동양인들은 아직도 동양의 철학을 살아 있는 사유로서 계속할 수 있을 것인가라는 물음이 제기된다. 다른 말로 바꾸어 묻는다면, 현대에서도 진정한 의미의 동양철학자들이 배출될 수 있을 것인가 하는 점이다. 물론 이 문제에 대한 가장 안이한 대답은 서양철학도 동양인이 하면 동양철학이라는 식의 생각일 것이다. 하지만 아직도 '동양적'

학적 조명』(서울 : 고려대 출판부, 1998)에서 서구의 자유주의와 유가의 사회철학을 대비하면서 양자의 장단점을 수렴한 제3의 길이 모색되어야 함을 지적하고 있다.

철학을 고집하는 사람이 있다고 한다면 이와 같은 대답은 아무런 만족도 주지 못할 것이다. 그렇다고 그는 단순히 동양철학을 과거의 유산으로 돌려버리고 역사적 연구의 대상으로 삼는 것에 만족할 수도 없을 것이다. 동양철학의 연구자가 곧 동양철학자는 아니기 때문이다. 아마도 이것이 현대 동양철학이 처한 근본적인 위기며 딜레마가 아닐까? 그리고 이것이 참으로 딜레마로서 인정되는 한, 이 딜레마에서 빠져나오는 길은 오직 한 길 밖에 없을 듯싶다. 즉, 오늘날도 동양철학을 '할' 수 있는 길을 모색하는 것이다.16)

그리고 나는 이러한 길로서 전통과 끊임없이 대화하는 해석학적 태도를 제시했다. 전통과의 지평 융합(Horizontverschmelzung)을 통해 전통이 끊임없이 새롭게 이해되고 전수되는 과정 자체가 현대에서 동양철학을 '하는' 가장 좋은 태도요 방법이라는 주장이다. '철학과 철학사'의 문제를 다루는 이 시점에서도 나의 이러한 생각에는 근본적인 변화가 없다. 해석학적 활동으로서의 철학적 사유는 동양철학의 전통 자체에 내재한 '철학함'의 방법이기 때문이다. 서구와 중국의 문학 전통과 이론을 가다머의 철학적 해석학의 관점에서 고찰하고 있는 짱 롱시는 그의 『도와 로고스』에서 다음과 같이 지적하고 있다 :

비록 이론으로서의 해석학이 독일의 철학 전통에서 전개된 것이기는 하지만, 사실상 중국의 문화적 전통을 해석학적인 것으로 성격을 규정하는 것도 가능한 일이다. 왜냐 하면 중국의 문화적 전통 역시 서구 해석학 이론의 초석을 제공한 성서 주석의 전통과 비견되는, 정전(正典)적 텍스트들 및 풍부한 주석서들을 둘러싸고 전개된 장구한 해석의 전통을 지니고 있기 때문이다.17)

---

16) 심재룡 외, 『한국에서 철학하는 자세들』(서울 : 집문당, 1986), 197-226쪽에 재수록.
17) 짱 롱시, 『도와 로고스 : 해석적 다원주의를 위하여』(서울 : 도서출판 강, 1995), 12쪽.

이것은 동양철학에도 타당한 관찰이다. 철학은 철학사적 전통과 부단히 대화적 교섭을 하면서 진행되어야 한다. 현대 동양철학은 오늘의 관심과 오늘의 물음을 가지고서 전통의 문을 두드려야 한다. 이 오늘의 관심이, 아직도 우리들 가운데 남아서 우리들의 삶을 규정하고 있는 전통적 물음일 수도 있고 서구적 관심 혹은 서구 철학적 물음일 수도 있다. 그래도 지평의 융합은 이루어진다. 서구적 문제 의식도 오늘을 사는 우리들의 삶의 일부이기 때문이다. 이러한 면에서 이제 동양철학과 서양철학의 이분법적 경계는 무너져야 한다. 철학사의 연구라면 몰라도 적어도 철학을 함에 있어서는 경계를 허물어야 한다.

이러한 지평 융합으로서의 동양 근대 내지 현대 철학은 이미 중국이나 인도 그리고 한국과 일본의 지성인들이 서구 사상과 접촉한 이래 다양한 형태로 진행되어 왔으며, 현재도 진행되고 있다. 특히 최근에는 근대성의 문제점을 비판하고 나선 철학적 해석학이나 포스트모더니즘의 영향 아래 전통에 대한 새로운 자각과 평가가 서구 사상계에서 이루어지고 있으며, 이와 함께 동서양의 철학적 만남도 활발해지고 있다. 이 만남이 동양 철학자들에 의한 동양 사상의 새로운 자기 확인 혹은 해석으로 이어지든, 혹은 동서양 사상의 차이를 드러내거나 상보성을 강조하는 것이든, 혹은 두 사상이 어우러져 사상적 융합 내지 종합으로 나타나든, 아니면 동양 사상의 서구 철학적 해명 내지 옹호 혹은 동양 사상에 대한 서구 철학적 메타 담론으로 나타나든, 혹은 동양 사상의 새로운 이해 내지 조명으로 이어지든 상관없다. 모두가 현재 우리의 지평에서 동양 사상에 대한 우리의 시야와 이해를 넓혀주며 그 현대적 의의를 새롭게 자각하도록 해주기 때문이다. 다만 이러한 동서양 철학의 만남에서 우리가 피해야 하는 두 극단이 있다면, 그것은 바로 레븐슨이 현대 중국 사상에 대하여 지적하는 두 가지 경향이다 :

　　서양의 영향을 받는 시기인 현대 중국의 지성사는 두 개의 상호적 과정들로 요약될 수 있다. 즉 전통 타파론자들에 의한 점증하는 전통의 포기와

전통주의자들에 의한 선동의 화석화다.[18]

해석학적 전통의 연장으로서의 동양철학은 바로 이러한 두 극단, 즉 전통의 포기와 전통의 화석화를 피하고자 하는 것이다.

동양철학 내지 한국철학의 전개를 위해서는 사상과 사상의 만남, 철학과 철학의 만남도 중요하지만 현재 우리가 당면하고 있는 시대적 문제들과 관심을 안고서 전통의 목소리에 귀기울이는 일도 못지 않게 중요하다. 우선 동양의 전통적 윤리관과 근대 서구적 가치관의 갈등에서 오는 도덕적 혼란은 쉽게 사라질 것 같지 않다. 또한 환경 위기는 전세계적, 범인류적 문제로서, 동양의 자연관과 자연 친화적 삶의 이상이 새롭게 주목을 받고 있다. 또한 공동체의 해체와 이에 따른 개인의 고독과 소외의 문제, 문화의 파편화, 학문과 지식의 지나친 전문화와 몰가치론적 담론, 민족 분단의 고통, 경제 발전과 사회 정의의 문제, 성 차별의 문제, 인간의 가치와 인성 교육의 문제 등 수많은 과제들이 철학자들의 지혜를 기다리고 있다.

동양철학이 '동양적' 철학이 되려면 그리고 한국철학이 '한국적' 철학이 되려면 과거 한국의 철학사적 전통이나 주제들과의 역사적 연속성이 필요하다. 김재권은 「한국철학이란 가능한가?」라는 글에서 다음과 같이 말하고 있다 :

······ 중요한 것은 역사적인 문맥 속에서 우리 선조들의 철학적 업적을 이해하고 평가하는 일이다. 또한 이러한 작업은 오늘의 한국철학을 일종의 단순한 역사적 탐구로 전락시킬 수도 있다. 물론 과거의 철학 전통에 대한 주석은 가치 있는 일이다. 하지만 단순한 주석에 그칠 경우가 문제인 것이다. 그럴 경우 전통이라는 것은 역사적 탐구의 대상일 뿐, 살아 있는 전통은 못된다. 그 전통을 살아 있는 철학적 전통으로 유지하기 위해서는, 또 현대의 철학적 작업들이 이러한 전통과 연속성을 갖기 위해서는 우리의 문제와 방법이 전통적인 문제나 방법과 연속성을 지녀야 한다. 사실 이 연속성이 유지되려면 우리의 여러 문제가 철학적 선구자들의 문제, 이론, 논의로부터 역사적으로 발전되었어야 했다.[19]

---

18) Joseph R. Levenson, *Confucian China and its Modern Fate*, Introduction, xxx.

이러한 올바른 지적에도 불구하고 김재권 자신은 과연 이러한 역사적 연속성이 가능할지에 대해서 다소 회의적인 듯하다는 인상을 준다. 아마도 그에게는 전통적인 동양철학의 주제 — 이기론을 예로 들고 있지만 — 가 현대적 문제 의식과 너무도 동떨어진 것으로 느껴지기 때문인 것으로 보인다. 하지만 지평의 융합은 단순한 연속성 속에서만 이루어지는 것은 아니다. 그것은 시간과 공간의 엄청난 간격을 두고서도 얼마든지 일어나며, 바로 이러한 지평의 융합 자체가 역사적 단절을 극복하는 행위다. 이기론을 예로 든다면, 현대 동양 철학자가 논하는 이기론이 수백 년 전 우리 조상들이 논했던 이기론 그대로일 수는 없다. 그러나 이기론이 제기하고 있는 문제 의식과 주제(Sache), 그 '세계'는 여전히 우리의 관심을 사로잡기에 충분하고 현대적 대응을 필요로 한다. 과연 성리학적 유산인 도덕적 인간관과 세계관이 현대라고 해서 쉽게 포기될 수 있을까?

철학함에는 동서양이 있을 수 없다는 보편주의적 철학관을 가진다면 모르지만, '동양적' 철학, '한국적' 철학을 하고자 한다면 어떻게든 동양의 철학사적 전통 속에서 함이 필수적이다. 그리고 그 가장 좋은 방법은 과거 동양철학의 해석학적 전통을 계속하는 차원에서 철학적 작업을 수행하는 일이다. 근대 서구와의 조우가 비록 이러한 전통에 급격한 단절을 초래한 듯하지만, 우리의 해석학적 노력은 그 단절을 소화해내면서 전통을 이어나갈 것이다.

나는 현대 동양 철학자가 동양의 해석학적 전통을 계승하는 차원에서 철학을 해야 하는 이유를 다음과 같이 정리해본다.

1) 해석학적 활동으로서의 철학은 동양철학의 전통적 방법으로서, 외부로부터 동양철학에 부과된 이질적 방법이 아니라 자연스러운 내재적 방법이다.

2) 해석학적 활동으로서의 철학함은 역사적 존재로서의 인간 이해와 전통의 이해에 부합한다.

---

19) 김재권, 「한국철학이란 가능한가?」, 심재룡 외, 『한국에서 철학하는 자세들』, 94쪽.

3) 해석학적 활동으로서의 철학함은 전통과의 대화를 통해 이루어지는 철학으로서, 철학사와 철학함의 괴리를 극복한다.

4) 과거와 현재, 동양과 서양의 지평 융합을 통해 이루어지는 해석학적 활동으로서의 철학함은 현대 세계의 다양한 관심과 문제들을 폭넓게 수용할 수 있는 신축성과 탄력성을 지닌다.

철학사와 철학함이 함께 이루어져야 한다는 말은 결코 양자의 구별이 무시되고 마구잡이로 혼합되어도 좋다는 말은 아니다. 과거와 현재, 전통과 현대 사이에 엄연히 존재하는 거리와 단절에 대한 역사적 의식을 무시한 채 철학사를 연구하는 사람은 오늘날 아무도 없을 것이다. 철학사 연구와 현재의 철학적 문제를 안고 씨름하는 철학함 사이에는 불가피하게 일정한 거리감과 긴장이 존재하며, 이러한 거리감은 해석학적 만남의 전제이기도 하다. 그러나 동시에 철학자가 과거의 사상을 논할 때는 단순히 지나가버린 과거란 존재하지 않는다. 그는 결코 과거를 과거로서만 대하는 역사주의적 연구에 만족할 수 없으며, 그의 현재의 철학적 사유와 문제 의식 또한 과거 철학사를 떠난 진공 상태에서 진행될 수도 없다. 이러한 의미에서 철학은 철학사적 철학이어야 하고 철학사는 철학적 철학사여야 한다.

우리는 '학(學)'과 '사(思)'를 동시에 중시하는 공자와 다산의 예에서 오늘의 한국에서도 여전히 철학함의 올바른 자세를 확인할 수 있다. 다산은 한편으로는 청대 고증학의 영향 아래 훈고학적 방법을 통해서 성리학에 의해 왜곡되지 않는 순수한 원시 유교 사상을 회복하고자 한 반면, 다른 한편으로는 진리에 대한 진지한 관심 없이 자구 해석에 치우친 훈고학을 비판하면서 오히려 공맹 사상의 깊은 뜻을 드러낸 주자의 철학을 높이 평가했다. 그는 "배우기만 하고 생각하지 않는 것은 허사요, 생각만 하고 배우지 않는 것은 위태롭다"는 공자의 정신에 따라 양극을 피하고 고전에 충실하면서도 창의적인 사상을 전개했던 것이다.[20] 오늘의 상황에서 말하자면 이것은 객관적,

20) Mark Setton, *Chong Yagyong : Korea's Challenge to Orthodox Neo-Confucianism* (Albany, New York: State University of New York Press, 1997),

역사적, 철학사적 연구와 더불어 전통과의 주체적 만남으로서의 철학적 사유를 동시에 추구해야 한다는 말이다. 이것이 전통과의 역사적 거리에도 불구하고 전통을 현재화하여 살려나가는 철학사적 철학함의 길이다. 문화혁명의 초기에 중국 사상에 대하여 드 베리가 보여준 다음과 같은 관찰은 우리 동양인들이 나아가야 할 철학적 방향에 시사하는 바가 크다 :

　　중국인들은 도(道)를 성장하는 과정이자 팽창하는 힘으로 생각했다. 동시에 그들은 맹자와 같이, 이 도가 자신들의 본성 밖에 존재하는 낯선 것이면, 즉 자기 자신들 안에서 발견할 수 있는 것이 아니면, 참되고 실재하는 것이 아니라고 느꼈다. 그들의 근대적 경험의 불행한 면은, 일시적인 자긍심의 상실로 인해, 그리고 새로운 경험을 과거의 것과 통합하여 자기 것으로 만드는 자신들의 권리를 부정함으로 인해, 이러한 건전한 본능이 좌절되었다는 점이다. 모든 가치들이 오직 서양으로부터 오거나 단지 미래로만 향해 펼쳐 있으며 그들 자신의 과거로부터는 자라는 것을 경험하지 못한 것이, 최근 그들이 이 도를 자기 자신들 안에서 발견하는 일을 저해했다. 이 소외의 결과들과 그 폭력적 후유증은 문화혁명에 너무나도 분명하게 보인다. 그러나 우리는 [도의] 성장 과정이 멈춘 것이 아니고 단지 숨어 있을 뿐이며 중국인들의 새로운 경험은 결국 상당 부분 단지 외부로부터 고취된 혁명이 아니라 내부로부터 자라나는 것이 될 것이라는 점을 확신해도 좋다.21)

4. 두 가지 의문

　급격한 근대적 단절의 경험에도 불구하고 현대 동양철학의 길은 해석학적 전통의 연속이어야 한다는 견해에 대하여 두 가지 반론이 예상된다. 하나는 '해석학적 관심'과 '해방적 관심' 사이에 존재하는 긴장의 문제며, 다른 하나는 지평의 융합 속에서 이루어지는 '이해

p.125. 123-128쪽의 논의를 참조할 것.
21) *The Liberation Tradition in China*, pp.106-107.

(Verstehen)'의 해석학적 관심과 진리의 문제다. 하나는 인간 해방이라는 근대적 이념으로부터 제기되는 비판이며, 다른 하나는 이해라는 것이 철학이 마땅히 추구해야 할 진리에 대한 관심과 모순되는 것이 아닌가 하는 문제다.

전통의 권위를 인정하고, 나아가서 현대적 복권까지 논하는 해석학적 관심과 전통의 타파와 체제의 억압으로부터 인간 해방을 추구하는 해방적 관심은 대립적이고 상호 배타적이 아닌가? 오늘날에도 전통과의 해석학적 연속성을 강조하는 것은 시대착오적이고 반동적인 일이 아닐까? 이와 같은 질문은 가다머류의 해석학 일반에 대한 비판이기도 하거니와[22] 흔히 유대-그리스도교적 전통의 예언자적 정신(prophetic spirit)과 합리주의적 비판 정신, 그리고 개인의 자유와 인권 개념 등이 결여되었다고 지적되는 동양 사상, 특히 유교 사상을 염두에 둘 때 매우 심각한 문제가 아닐 수 없다.[23]

이에 대하여 우리는 이미 지적하였듯이 동양의 사상적 전통 안에도 비판과 초월의 정신이 없는 것이 아니며, 해방적 관심과 요소들이 존재한다는 사실을 지적해야 한다. 도덕적 주체성을 강조하는 유가적 인간관이나 임제선의 '인(人)' 사상은 좋은 예들이다.[24] 물론 동양적 비판 정신 — 가령 권력 앞에서도 자기 주장을 굽히지 않고 불의에 대항하는 정신이나 인간의 도덕적 존엄성을 바탕으로 한 비판 정신 등 — 이 서양의 유대-그리스도교적 혹은 합리주의적 비판 정신과 동일할 리 만무하다. 그러나 바로 이러한 차이 때문에 동양적 비판 정신과의 해석학적 대화가 중요한 의미를 지니는 것이다. 그뿐만 아니라 전통의 권위를 인정하는 해석학적 관심이 무조건 전통을 옹

---

22) 하버마스의 가다머 비판이 이러하다. 이에 대한 간단한 논의로는 길희성, 앞의 논문, 220-224쪽을 참조할 것.

23) 유교 사상에 대하여 비교적 우호적인 Tu Wei-Ming도 이 점을 어느 정도 수긍한다. 그의 "Family, Nation and the World : The Global Ethic as a Modern Confucian Quest", 『21世紀의 挑戰, 東洋 倫理의 應答』(서울 : 아산사회복지사업재단, 1998), pp.35-37.

24) 임제선의 '人' 사상에 대하여는 길희성, 「선과 민중 해방」, 『포스트모던 사회와 열린 종교』(민음사, 1994), 181-199쪽을 참조할 것.

호하는 것은 아니다. 해석학적 반성도 전통과의 거리를 전제로 하며 해방적 요소를 포함하고 있다. 전통으로부터 오는 편견도 물론 문제 이지만 계몽주의 이래 상투화된 전통에 대한 맹목적 불신이나 거부 역시 또 하나의 편견이다. 해석학적 관심은 이러한 편견을 극복하고 전통에 대한 올바른 태도를 정립함으로써 오히려 전통이 현대적으로 재해석되고 되살아나는 길을 모색한다. 현대를 사는 우리의 삶이 엄연히 해방적 관심에 의해 주도되는 한, 전통을 대하는 우리의 시각과 지평 또한 과거 사람들의 것과 다를 수밖에 없다. 그러나 전통의 문제점을 극복하는 일은 어떤 추상적 이성이나 초역사적 지성을 통해서보다는 전통의 힘으로부터 그리고 전통과의 진지한 대화와 대결을 통해 이루어지는 것이 더 바람직하다. 인간의 존엄성은 과연 어디에 근거한 것이며, 목숨까지 걸고 불의에 항거하는 인간의 도덕적 힘은 과연 어디서 오는 것일까? 이상적 사회를 건설하고자 하는 인간의 혁명적 정열은 또 어디서 오는 것인가?

　다음으로 우리는 해석학적 관심과 진리에 대한 관심이 과연 양립할 수 있는가 하는 문제를 검토해보아야 한다. 이해가 자연히 관용으로 이어지는 것이라면 그것은 선택과 배제를 요구하는 진리에 대한 관심에 배치되는 것이나 아닌지 하는 의문이 생긴다. 우선 이러한 의문 역시 계몽주의의 유산인 보편적 이성에 대한 신뢰에서 제기된다는 점을 지적해야 한다. 니체와 푸코에도 불구하고 그러한 신뢰가 아직도 정당화된다 하더라도, 자연과학의 이론조차 상대성이 문제가 되는 판국에 철학이나 사상에서 문화간의 장벽을 뛰어넘는 하나의 보편적 진리 기준을 발견할 수 있을지는 극히 의심스럽다. 철학의 정신이 제아무리 문화적 제약을 벗어나 보편적 진리를 추구하는 것이라 해도, 실제로 철학은 문화적 특수성과 언어적 제약 혹은 삶의 양식들의 차이를 벗어나기 어렵다. 철학자들이 사용하는 다양한 언어와 개념들 그리고 상이한 삶의 양식들을 배경으로 하는 동서양의 철학 사상들은 그야말로 '통약 불가능한(incommensurable)' 패러다임의 차이를 지닌 것일지도 모른다. 따라서 우리가 보편적 진리에 대한 열망을 포기하지 않는다 해도, 우리의 작업은 우선 동서양 철학에서 말하는 진리의 기준 자체가 다양하며 상대적이라는 사실에 대한 뚜렷한 자각으로부터 출발해야 한다. 우리에게 필요한 것 그리고 우리가 바랄 수 있는 최상의 진리론은 어느 특정한 시각을 절대화한 하나의 획일적 진리론이 아니라 상이한 문화간에 해석학적 대화를 통해 얻어지는 간-문화적 진리론(a cross-cultural theory of truth)일 것이다.

지평의 융합을 통해 얻어지는 이해는 해석자의 값싼 동의나 관용을 뜻하는 것이 아니라, 이미 낯설고 이질적인 것이 되어버린 전통과의 대면 속에서 발생하는 하나의 치열한 싸움이며 새로운 창조를 위한 진통을 수반한다. 그것은 해석자의 끊임없는 자기 비판을 요구하며 그로 하여금 감당하기 어려운 자기 상실의 위험마저 강요할 수도 있다. 이 모든 과정 자체가 철학적 사색이 아니고 무엇이겠는가? 오늘의 동양적 철학, 한국적 철학은 성급히 어떤 사상 체계를 구축하려하기 전에 이러한 끈질기고 다각적인 해석학적 작업이 온축되는 과정 속에서 자연스럽게 형성되어갈 것이다. 해석학적 관심에 의해 주도되는 철학은 결코 손쉽게 보편적 진리를 포기하는 상대주의의 벗이 아니다. 다만 철학함에 있어서 진리의 문제가 얼마나 복잡한 것인지를 의식하면서 타자와 과거와의 대화를 통해 겸손하게 진리를 추구하고자 할 따름이다.

역사 속의 철학

이 태 수(서울대 철학과 교수)

철학이라는 학문 활동은 다른 분야에 비해 철학의 역사 연구와 교육에 특별한 비중을 두고 있는 두드러진 특징이 있다. 이 점은 당장 대학이라는 제도의 틀 안에서 실제로 철학의 교육과 연구가 이루어지는 방식을 잠깐 살펴보아도 어렵지 않게 확인된다. 대학의 강의는 꼭 고대철학사나 근세철학사와 같은 제목을 달고 있지 않아도 그 대부분이 과거 철학사에서 그 주제를 꺼내온다. 학위 논문이나 학술지에 기고되는 글도 마찬가지다. 예를 들자면 "칸트에 있어서 오성 범주의 연역에 관한 고찰" 같은 유의 제목을 단 논문이 단연 압도적으로 많다. 제목을 너무 고식적이고 상투적인 방식으로 달지 않으려고 약간의 변형을 시도한다고 해도 사정이 근본적으로 달라지지는 않는다. 가령 제목에 어떤 특정한 철학자의 이름이 등장하지 않는 논문을 쓰는 수도 있겠지만, 그런 논문도 대체로는 어떤 특정한 철학자의 이름이 등장하는 부제를 달아주어도 크게 상관이 없을 내용으로 시종하는 경우가 보통이다.

다른 학문 분야, 특히 과학의 경우에는 사정이 이와는 상당히 다르다. 의학을 공부하는 것과 의학사를 공부하는 것은 명확히 다른 것으로 인식되고 있다. 과학도가 과학사에 대한 지식을 갖는 것은 바람직한 일이기는 하지만, 그것이 과학의 본업에 속하는 것이라고 생각하는 사람은 없다. 대학에서도 물리학과와 화학과를 두고 그와는 별도로 물리악사나 화학사를 연구, 교육하는 과학사 학과를 설치하는 것은 자연스럽게 받아들여질 수 있다. 그러나 철학과를 두고 또 따로 철학사학과를 설치하면 누구나 고개를 갸우뚱할 것이다. 이런 차이를 우리는 어떻게 이해하여야 할까? 혹자는 대학의 철학과가 교육과 연구에서 철학사에 그렇게 큰 비중을 부여하는 것은 단순히 철학 교수들의 독창성 결여와 무능을 증거해주는 일일 뿐 철학 자체와 철학사 사이에 다른 학문의 경우와는 구별되는 별난 관계가 있는 것은 아니라는 주장을 하기도 한다. 이 주장에 이어 만일 우리나라의 철학계가 독자적인 실력을 충분한 정도로 갖추게 되면, "플라톤 가라사대 ……"나 "칸트 가라사대 ……"를 되뇌지 않을 것이라는 희망과 전망이 피력되기도 한다.

과연 그럴까? 필자는 그와는 반대로 우리 철학계가 앞으로 좀더 플라톤과 칸트와 같은 과거의 철학자들에게 밀착할 것이고, 그렇게 하는 것만큼 좀더 전문성을 확보한 발전된 모습을 보이게 될 것이라고 전망하며 희망한다. 필자는 철학과 철학사가 별개의 것이 아니라는 헤겔의 통찰이 계속 유효하다고 믿는다. 즉 현재 현상으로 확인되고 있는 철학과 철학사의 밀접한 관계는 그저 우연한 것이 아니라, 그럴 만한 당연한 이유가 있어서 그렇게 된 것이란 말이다. 사실 우리 철학계에 문제가 있다면, 그것은 철학사에 너무 치중하고 있다는 것이 아니다. 오히려 겉모양으로는 철학사에 절대적인 비중을 두어 연구하고 교육하는 것 같지만, 대개가 철학사를 떠난 철학의 구름 속을 부유(浮遊)하고 있는 것을 스스로의 작업 내용이라고 이해하고 있어서, 정작 철학과 철학사의 관계에 대해서는 무반성적인 수준에 머물러 있다는 것이 문제라는 지적을 하고 싶다. 왜 이와 같은 지적이 정당한지는 이 글이 진행되어가면서 철학과 철학사의 관계를 좀더 밝게 조명하게 되면 자연스럽게 알려질 수 있을 것이라고 생각한다. 이제 철학과 철학사의 관계를 논하면서 철학이란 활동의 핵심적인 특징이 무엇인지에 대해서 좀더 확실한 인식을 얻도록 노력해보기로 하자. 시작 단계에서 군말처럼 들리겠지만, 철학에서는 철학이 무엇인지를 알아내는 것이 중요한 과제 중의 하나라는 점을 미리 말해두겠다.

철학과 철학사의 관계에 대한 필자의 생각은 다음 두 개의 명제에 기반하고 있다. 첫째, 철학은 인간의 자기 인식이다. 둘째, 인간은 역사다. 이 두 명제에 함께 묶어보면 철학이란 활동은 역사가 역사를 인식하는 것이라는 말을 할 수 있게 된다. 역사가 역사를 인식하면 그 결과는 무엇이 될까? 그 결과는 다시 역사일 수밖에 없다는 것이 필자의 생각이다. 만일 그 결과가 역사 이상의 것이라면 그래서 역사 밖으로의 — 그곳이 어디든 — 탈출을 가능하게 하는 것이라면, 그것은 철학이 철학사와 원칙적으로 분리될 수 있음을 의미할 것이다. 그러나 인식 주체와 대상의 유서 깊은 구분을 받아들여 추론하자면, 인식의 결과는 일단 대상의 한계와 동시에 인식 주체의 한계를 넘어서지 않으리라는 결론을 내릴 수 있을 것이다. 물론 이에 대해서는 역사와 같이 포괄적인 개념을 문제 삼으면서 인식 주체와 대상의 낡은 구분에 의거한 단순한 인식 모델을 적용하여 결론을 그토록 쉽게 얻을 수 있겠느냐는 이의가 제기될 수 있다. 그리고 그 이전에 도대체 결론이 근거하고 있는 전제가 과연 수긍할 만한 것인지에 대한 의문도 당연히 제기될 수 있을 것이다. 필자는 이제 전제를 이루고 있는 두 명제의 내용을 좀더 상술하면서 문제의 결론이 그렇게 단순하게 얻어진 것이 아니라는 점을 보여주도록 노력하겠다.

우선 인간은 역사라는 주장부터 점검해보자. 이 주장은 내용의 진위는 어쨌든간에 당장 듣기에 좀 어색한 점이 있다. 예수는 "나는 진리다"라고 말했다고 한다(요한복음 14.6). 이 말은 참으로 장중한 내용을 담고 있기는 하지만, 일상적인 어법의 기준으로는 이상한 말투가 아닐 수 없다. 인간이 역사라는 말도 예수의 그 말이 이상하게 들리는 것과 유사한 이유로 이상하게 들린다. 즉 우리의 일상적인 의사소통이 전제하는 기본적인 범주의 구분에 따르면 '역사'나 '진리'나 다 마찬가지로 소위 실체 범주에 속하는 '인간'에 대해서 술어로 말할 수 있는 것이 아니다. 자동차 사고를 낸 사람을 붙잡고 "너는 차 사고다"라고 말한다면, 우리는 그것을 일종의 범주 혼동의 오류로 취급할 것이다. 만일 예수가 알아듣기 쉽게 "나는 항상 진리만을 이야기하는 사람이다"라고 표현했다면 어땠을까? 상황은 비교적 평범하게 되었을 것이다. 적어도 아주 기본적인 수준에서의 범주 혼동은 없었을 터이니까 말이다. 하지만, "나는 진리다"라는 말이 수사학적인 멋부림이 아니라, 아예 범주 혼동을 적극적으로 딛고 선 언명으로서 문자 그대로 받아들여야 할 것이라고 한다면, 그 말은 참으로 간단치 않은 지적 긴장을 불러일으킬 것이다.

중요한 생각이 종종 일상적 의사 소통의 수준에서 전제되고 있는 기본적인 범주 구분의 규칙을 벗어나야 제대로 전달될 수 있는 경우는 적지 않다. 시인들의 머릿속에는 아마 그런 생각들이 그득할 것이다. 그래서 그들은 그렇게 항상 언어와 씨름을 하는 것처럼 보일 것이다. 시인만이 그런 것은 아니다. 오늘날의 철학도들도 "구조가 생각한다"느니 "언어가 말을 한다"느니 하는 종류의 이상한 말을 유수한 철학자 또는 사상가들의 입을 통해 자주 듣게 된다. 그러다보니 사실은 그런 투의 말이 친숙하게 느껴질 정도가 된 것 같기도 하다. 그런 예에 비하면 "인간은 역사다"라는 말은 차라리 싱거운 맛이 날지 모르겠다. 이 말을 이해하기 위해서는 전통적으로 실체의 범주에 속하는 것에 대해 가지고 있던 관습적인 생각의 내용을 약간 수정하기만 하면 된다. 아리스토텔레스가 대변하고 있는 서양철학의 전통에 의하면, 세계는 그 세계의 주인공 역할을 하는 일정한 종류의 실체들이 모여 이루어져 있다. 이 세계에는 여러 가지 것이 있고 여러 가지 일이 일어나지만, ─ 가령 하늘에 구름도 떠가고 아름다운 붉은색 황혼도 있는가 하면 또 차 사고가 나기도 하지만, ─ 그 모두가 존재한다고 할 수 있는 것은 결국 우리가 보통 사물이라고 부르는 실체의 존재가 뒷받침해주고 있기 때문이다. 실체 이외의 것들은 실체가 갖는 속성이거나 겪는 일로서 실체 의존적인 존재인 것이다. 그러니까 실체의 존재가 부정되면, 즉 없어지면 곧 실체 이외의 모두가 다 같이 없어지리라는 것이다.

그런데 이렇게 세계의 중심적인 존재라고 할 수 있는 실체가 실체

노릇을 할 수 있는 것은 각 실체에 그것에 고유한 어떤 본질적인 특성이 갖추어져 있어 그것이 실체의 정체성(identity)을 이루어주기 때문이다. 우리가 세계에 대해 개념적으로 정돈된 인식을 가질 수 있는 것도 바로 실체가 본질적 규정에 의해 동정(同定. identify)되기에 가능한 일이 된다. 결국 세계 속을 살아가며 다른 실체와 접촉을 하지 않으면 안 될 인간의 입장에서 보자면 실체의 본질적 규정이라는 것이 곧 그것들과 관계를 맺을 수 있는 통로의 역할을 하는 것이라고 할 수 있다. 그런데 인간 자신도 물론 하나의 실체로서 본질적 규정을 지닌 존재이고, 그 규정의 특성에 의해 여타 것들과 구별되는 것으로 간주된다. 그리고 그 본질적 특성은 역시 아리스토텔레스에 의거해 대체로 '이성적 동물'이란 개념으로 포착될 수 있다고 생각하는 것이 적어도 서양 철학사에서는 강력한 주류를 형성해왔다. 그러나 이와 같은 주류의 생각에 대해서는 다 알다시피 끊임없는 시비가 있었다. 어떤 특정한 규정성에 의거해서 인간을 동정(同定)하기에는 인간이 너무나 열린 가능성의 존재이기 때문이다. 특히 이성의 작동 방식과 구조 등을 자세히 규명하면서 정의항에 나오는 '이성적 동물'이란 개념의 내용을 좀더 구체화하고 명확하게 하려 들면, 인간에 대한 본질 정의는 피정의항인 인간을 가두어두기에는 너무 답답한 울타리로 여겨지게 되는 것이 보통이다. 그리고 그렇게 되면 아예 인간을 실체의 철학 틀 안에서 파악하려는 시도 자체가 잘못된 것이 아닌가 하는 의심도 들게 되는 것이다. 그 의심은 한 걸음 더 나아가 실체철학의 정당 근거 전체를 의문시하는 데까지도 이어질 수 있다. 실제로 반본질주의 철학의 역사도 본질주의의 역사만큼이나 길고, 특히 지난 한 세기 동안은 반본질주의 철학의 목소리가 철학계를 압도하는 듯이 보였다.

"인간은 역사다"라는 명제는 이렇게 실체철학에 입각한 인간 이해에 대한 끈질긴 이의 제기를 염두에 두고 제안된 것이다. 이 명제에서 '역사'란 일단 인간이 이 지구상에 등장한 때기부터 지금까지 행한 모든 것을 다 포괄해서 가리키는 말로 이해하면 된다. 그렇게 되면 '인간'이란 개념의 내용은 어쨌든 인간이 행한 것 이상도 이하도 포함하지 않는다. 우리는 보통 어떤 한 사람의 정체는 그가 지금까지 행한 것의 전부에서 드러난다고 말하곤 한다. 인간이 역사라는 명제는 일단 그런 생각을 연장한 것이라고 생각하면 된다. 다만, 이 경우에 '인간'이란 개념의 외연(外延)이 어떤 것인지는 미리 확정되어 있는 것처럼 이야기를 하고 있는데, 그러기 위해서는 먼저 개념의 내용이 정해져야 하는 것이 아니냐는 질문이 제기될 수 있다. 이런 식의 질문은 원칙적으로는 다른 경우에도 제기될 수 있는 것이지만, 필자의 명제에서 '역사'라는 개념이 매우 포괄적인 뜻을 가지고 있기 때문에 특별히 무게를 가질 수 있다. 주어가 지시하는 것에 대해서는 아무 정보 없이 술어부에서 주어에 해당하는 것이 행하는 전부가 그 정체라는 식의 이야기가 아닌가? 그렇다면 먼저 어떻게 주어로 지시된 실체의 범위를 특정할 수 있는지 문제가 될 수 있는 것이다.

　여기에 대한 답으로 필자는 같은 '인간'이란 말이 서로 구별되는 두 가지 다른 수준에서 쓰일 수 있다는 점을 지적하겠다. 개가 개끼리 서로 알아보는 것은 개념적인 인식과는 거리가 아주 먼 생물학적인 수준에서 일어나는 일이다. 사람이 사람을 알아보는 것도 사실은 마찬가지다. 어린애가 '사람'이란 말을 배우기 시작할 때는 몇 가지 지각에 포착되는 외양을 근거로 해서 눈앞의 대상에 그 말을 적용할 것인지 아닌지를 가리게 되는데, 이때 말의 사용은 — 의사 소통에 별 문제가 없을 만큼 성공적인 사용이라고 하더라도 — 꼭 그 말의 뜻에 대한 명확한 이해가 전제되어야 가능한 것은 아니다. 이런 단계에서 사용되는 어휘는 그 상당수가 그에 해당하는 개념들의 외연이 개념의 뜻에 대한 이해가 선행하지 않은 상태에서 대충 확정되는 것이다. 정확한 말의 뜻에 대한 이해가 말의 사용을 통제하는 것은 개념적 인식의 단계에서 일어나는 일이다. 이때는 전(前)개념적 인식 단계와는 달리 말의 뜻, 즉 개념의 내포(內包)에 대한 이해에 따라 개념의 외연이 확정된다. 이것은 마치 사전에 조회해서 말의 사용을 표준화하는 것에 비유할 수 있는 일이다. "인간은 역사다"라는 명제에서 '인간'은 뒤의 단계가 아니라 앞의 단계에서 그 외연이 정해진 그런 개념으로 생각하면 된다. 그러니까 말하자면 사전에 등재되기 전 상태의 어휘로 생각해 달라는 것이다.[1] 그 때문에 혹시 뜻과 지시 범위가 불명확하다는 불평이 있을 수 있겠는데, 그러면 어떠한가? 그 때문에 우리의 의사 소통이 심각하게 방해받는 것은 아니다. 가령 반인반수와 같은 존재들이 있다거나 또는 어떤 이상한 원시 종족은 아이들을 인간으로 보지 않거나 아예 '인간'이란 어휘를 가지지 않을 수도 있겠는데, 이런 어수선한 사정 등은 이 단계에서는 굳이 염두에 둘 필요가 없다. "인간은 역사다"라는 명제의 '인간'이란 말은 어디까지나 한국어이니까, 이 명제를 받아들여 논의할 상대는 일단 이 글을 읽는 한국인의 범위로 애당초부터 한정하고 들어가고 있으며, 그 이상의 무슨 초문화적 보편성에 대한 욕심은 내지 않는다.

이제 "인간은 역사다"라는 명제에서 주어 부분에 대한 이상과 같은 해설로써 일단 이 명제에 대한 일차적 이해의 길은 닦였다고 본다. 이 명제에서 '인간'이란 말을 설명하고 있는 '역사'라는 개념에 대한 설명은 잠시 뒤로 미루고, 다음은 철학이 인간의 자기 인식 활동이라는 명제에 대해서도 일단 초벌구이 단계의 이해를 도모해보기로 하자. 이 명제는 앞의 명제와는 달리 유행도 좀 지난 것 같은 고투이고 내용도 모호하고 무겁게 들린다. 그러나 필자는 근본적으로 이 명제의 유효함을 확신하고 있다. 우선 필자는 철학이 근본적으로 인문학의 한 분야로서 다른 인문학의 분야와 마찬가지로 인간에 대

---

1) 개념의 내포에 따라 외연을 결정하는 단계의 인식은 사전에 등재된 말의 뜻을 기준으로 일상적 어법을 규제하는 것과 비슷한 일이다. 개념을 정의하는 일은 사실 기술적(descriptive)인 일만은 아니다. 그것은 규제적(prescriptive)인 일이기도 하다. 가령 우리가 "여자는 역시 여자야"라고 했을 때 그 말이 단순한 동어 반복이 되지 않을 수 있는 이유는 주어부의 '여자'와는 달리 술어부의 '여자'는 명확히 정의된 개념으로서 규제적인 힘을 가진다는 데에 있다. 그래서 우리는 어떤 사람이 여자이기는 하지만, 술어부에서 제시된 기준에 따르면 정말 여자라고 할 수 없다는 식으로 예의 문장과 반대의 내용을 가진 문장도 의미 있게 쓸 수 있는 것이다. 위에서 말하는 '인간'의 경우도 마찬가지로 일단 사전에 등재되어 있지 않은 수준에서 말을 도입했지만, 개념적 인식의 단계에서 그 뜻을 명확하면서도 좁게 정의하여 쓰게 되면 그 말은 불가피하게 외연 결정에 규제적인 힘도 구사하게 되는 것이다. 이 단계에서 성립하는 '인간'이란 말에 해당하는 개념은 A. MacIntyre가 기능적 개념(functional concept)이라고 부르는 것과 실질적으로 같은 것이다(*After Virtue*, 1981, pp.55-56).

한 관심을 특징으로 하는 학문 활동이라고 생각한다는 점을 확실히 해야겠다. 민찬홍 교수는 인문학을 인간이 일기를 쓰는 것과 같다는 비유를 한 적이 있다(『현대 사회 인문학의 위기와 전망』, 127쪽, 민속원, 1998). 너무 적절한 비유여서 나로서는 아예 문자 그대로 그렇다고 인정하고 싶을 정도다. 우리는 일기에 우리가 한 일을 기록하면서 그것을 해석하기도 하고 또 아직 하지는 않았지만 할 일 또는 하고 싶은 일 또는 덧없는 공상까지도 적어 넣는다. 거기에는 사실을 기술하는 문장 이외에도 매우 다양한 진술 양태가 등장한다. 그렇지만 모두가 우리가 들여다보는 거울 속에 비춰지는 스스로의 모습이라고 할 수 있는 것들이다. 물론 비가 온다거나 안개가 끼었다거나 하는 기상 상황까지 적어 넣기도 하지만, 그것은 기상관측소에서 기록하는 기상 일지의 경우와는 달리 내가 하는 일의 배경으로서 의미를 가진다. 나의 일기의 주인공은 어디까지나 나인 것이다. 인간이 쓰는 일기인 인문학에서도 주인공은 인간이다. 그것은 인간이 인간 아닌 대상 세계에 대한 기록을 할 때도 잊지 않는 핵심 사항이다. 인간이 고급 동물인 것은 이렇듯 자기 자신을 거울에 비춰보면서 스스로에게 관심을 가질 수 있기 때문인 것 같다.

인문학의 한 분야로서 철학도 인간이 일기를 쓰는 일에 한 몫을 담당하고 있다. 일기를 쓰는 일은 어차피 반성적인 작업이다.[2] 그러나 그 중에서도 철학은 특별히 의식적으로도 반성적이고자 하는 활동이다. 서양철학의 이 정신을 소크라테스는 "따져보지 않는 삶은

[2] 인문학이 반성적인 성격을 가지고 있다는 언명만으로는 물론 인문학의 성격이 만족스럽게 드러나지 못한다. 필자는 인문학의 반성적 성격을 좀더 자세히 규명하기 위해 직지향(直志向. intentio recta)과 사지향(斜志向. intentio obliqua)이라는 개념을 구분하고 전자를 과학적 인식 태도로, 후자를 인문학 특유의 인식 태도로 설명하려는 시도를 해보았다. 「학문 체계내에서 인문학의 위치」(『현대의 학문 체계』, 민음사, 1996). 사지향적 접근이란 대상의 진상을 향해 일방적으로 주의를 기울이는 것이 아니라, 대상 인식에 개입하는 주체의 역할과 주체에 주어지는 대상의 인식의 의미를 아울러 관심의 영역 안에 끌어들이는 태도를 말한다. 반성적 지식 활동이라고 하더라도 만일 지식의 주체를 다시 대상화하는 것만으로 끝나면 그것은 인문학적 태도일 수 없다. 메타 수준에서 주체를 대상화하여 직지향적 접근을 한다면 그것은 또 하나의 과학이 되는 길이다.

살 가치가 없다"는 말로 가장 극명하게 표현했다.[3) 철학을 한다는 것은 이 소크라테스의 언명을 삶의 표어로 삼고 그저 끝없이 따지고 캐고 하는 일이라고 해도 과언이 아니다. 철학이 인간이 쓴 일기에 기록한 문장은 그래서 문법적인 형태로는 의문문이 가장 특징적인 것이라고 할 수 있다. 그런데 이렇게 따져나가는 일은 질문이 어디에서 시작되든 인간에 대한 물음에 도달하지 않을 수 없다. 이 점은 인간의 삶과 관련된 소위 실천적, 윤리적 문제에서는 별도의 설명이 필요 없는 명백한 사항이다. 그러나, 얼른 보기에 인간의 문제를 괄호 안에 묶어놓고 성립하는 것 같아보이는 자연과학적인 이론적 지식의 경우도 마찬가지다. 이런 지식도 따지고 캐는 철학적인 질문의 대상이 될 수 있는데, 일단 그렇게 되면 철학의 끈질김은 결국 인간의 문제에까지 질문을 연결해나간다. 인간이 우주의 진상에 대해 관심을 가지고 탐구하여 우주의 모든 것을 샅샅이 훑어내고 드디어 그 경계의 끝까지 인식이 도달했으며, 시간적으로 우주의 시작에서 종말에 이르는 전우주의 생성사를 전부 꿰뚫게 되었다고 가정해보자. 그러면 인간은 드디어 더 이상 따지고 캘 것이 없는 궁극에 도착했을까? 철학의 입장에서 보면 그렇지 않다. 이번에는 어찌하여 전우주의 공간 속에서는 티끌보다도 작은 크기의 인간이, 그것도 우주의 전체 역사 속에서는 찰나에 불과한 시간만을 존속하는 아주 미세한 부분인 인간이, 부분일 뿐이면서도 자신이 들어 있는 전체를 머릿속에 포착해낼 수 있는지 문제가 되지 않을 수 없다. 우주의 여러 신비가 다 풀려도 그 중에도 신비스러운 이 문제가 남아 있는 한 궁금증이 풀릴 수 없다. 그래서 철학은 인식의 주체로서 인간을 다시 인식의 대상으로 하려 드는 것이다. 왜 이미 고대에 인간이 생각할 수 있는 가장 완성된 형태의 활동은 인식을 인식하는 것(gnosis gnoseos)이라는 생각이 피력되었는지 그 까닭을 이해할 수 있을 것 같다. 그런데 만일 인식을 인식하는 것이 가능하다면 그것은 인간이 곧 신과

---

3) *Apologia* 38a. 최근 Nussbaum은 이 정신을 인문 교육의 이념을 논의하면서 철학만 아니라 인문학 일반에 공통된 것으로 부각시키고 있다(*Cultivating Humanity*, Harvard, 1997).

다를 바 없는 존재가 된다는 것을 뜻한다 인간이 과연 그런 활동을 성공적으로 할 수 있는 존재인지도 전혀 확실한 것이 아니다. 그 가능성 자체가 하나의 문제다. 그러니까 어쨌든 인간에게는 인간이 끈질기게 골치 아픈 문제로 남게 되며, 그 골치 아픈 문제, 과연 풀릴 수 있을지도 확실치 않은 그 문제와 씨름하는 것이 학문 세계에서는 특히 철학에게 분담된 몫이다.

이제 철학이 인간의 자기 인식이라는 명제에 대해서도 일차적인 이해의 길이 열렸다고 보고 다음으로는 필자의 두 명제를 함께 묶어 그것이 함축하는 바를 상술하기로 하겠다. 우선 인간이 자기 인식을 하기 위해서는 역사를 통해 드러난 자신의 모습을 들여다보는 것밖에 다른 도리가 없다는 것이 이 두 명제에서부터 얻어지는 결과다. 그런데 이 작업은 참으로 간단치 않은 것이다. 우선 앞에서 '역사'라는 개념 자체는 별 설명이 없이 인간이 해온 일이라고 간단히 규정해놓고 그냥 지나왔는데, 기실 '역사'라는 것이 그렇게 간단히 말해버릴 수 있는 것은 아니다. 인간이 해온 일의 총합은 한 장소에 아무렇게나 모아져 있는 것이 아니다. 그것들은 서로 복잡하게 얽힌 관계를 맺고 있다. 특히 그것들은 시간 속에서 앞과 뒤의 위치를 가지고 서로 연결되어 있다. 그 연결이 꼭 엄격한 인과 관계는 아니라 하더라도 전체적으로 과거에 행해진 것의 바탕 위에 현재의 것이 성립하는 방식의 관계임에는 틀림없다. 그런데 존재의 어떤 의미로는 오직 현재에 있는 것만이 인간에게는 정말 존재하는 것이다. 과거는 이미 없어져버린 것이라는 말이 말이 되는 것은 존재의 의미 안에 시간 지표가 들어가 있는 것으로 생각할 수도 있기 때문이다. 실제로 시간 속을 살아가는 인간에게는 과거로 흘러가버린 것은 마치 무의 심연 속으로 빠져버린 것과 같은 것이다. 영어를 사용하는 사람들은 사실을 "fact"라고 부른다. "fact"는 라틴어 "facere"의 과거분사형으로 문자 그대로의 뜻은 이미 행해진 것이란 말이다. 사실이란 것이 이미 행해진 것이라면 그것은 현존하는 것이 아니다. 행위의 완결과 더불어 사실은 눈앞에서 없어지고 만다. 그러니까 어떤 의미에서는 허구나 공상물만 없는 것이 아니라 사실까지도 이미 없는 것이다. 우리가 현재에서 확인하는 것은 언제나 그 없어진 것이 남긴 흔적일 뿐이다.[4] 이렇게 생각하면 인간이 한 일의 총합이라는 뜻으로의 '역사'는 우리에게는 실제적인 의미를 가진 것이 아니라는 점을 확인하게 된다. 실제적인 의미를 지닌 역사란 바로 무의 심연 속으로 빠져버리는 것을 거꾸로 건져내는 활동, 즉 기억의 결과라고 할 수 있다. 우리가 사료라고 부르는 것은 말하자면 이 기억의 물리적 구현이라고 할 수 있다. '역사'를 이렇게 이해하고 보면 '인간은 역사다'라는 명제는 그렇게 정적인 그림을 보여주는 것이 아니다. 인간이 가만히 있으면 역사가 확보되지 않는다. 인간은 무화(無化)의 방향으로 흘러가는 시간의 힘을 거스르는 비상한 노력을 통해 역사를 확보하는 것이다. 그런 노력이 없으면 인간은 역사가 없는 동물의 세계의 일원이 되고 말았을 것이다.

인간이 다른 것이 아니라 바로 역사라면 역사를 확보하는 일은 바로 자신의 정체성을 확보하는 일과 다른 것이 아니다. 쉽게 말하면 인간이 스스로 인간을 만들어내는 것이라고 해도 좋을 것이다. 앞서 언급한 "인간은 이성적 동물이다"라는 명제가 바로 그렇게 스스로의 정체성을 확보한 결과를 표현한 예라고 할 수 있다. 그런데 그렇게 스스로를 만들어내는 일은 역사가 정지한다면 모를까, 그렇지 않는 한 완결되지 않을 것이다. 즉 인간은 항시 새롭게 스스로의 정체성을 확보해가는 노력을 끊이지 않고 계속해나갈 것이란 말이다. 역사가 역사를 인식하는 것으로 이해된 철학도 그런 계속적인 노력의 일환

---

4) 물론 일반적으로는 '사실'이란 말을 이런 뜻으로 쓰지는 않는다. 보통 우리는 '사실'과 '사건'을 구별하는데, 후자는 시간 속에서 사라져버리는 것이지만, 전자는 그와 달리 초시간적 또는 몰시간적인 것으로 인정되고 있다. 가령 1998년 5월 22일 서울 지역에서 5시 20분에 해가 뜨는 사건이 일어났다고 할 때, 그 **사건** 자체는 현재는 없어진 것이지만, 바로 그때 그 지역에서 그런 사건이 있었다는 것은 지금도 여전히 **사실**이다. 사실은 사건 의존적으로 존재한다는 점에서 사건에 비해 존재론적으로 약화된 위상을 가진 것이라고 할 수 있다. 사실과 사건을 구분하고 사실의 존재론적 위상을 인정하는 것은 필자의 역사에 관한 위의 논점과는 직접적인 상관이 없는 일이다. 사실과 사건의 구분이 정히 필요한 맥락에서라면 위에서 '사실'이라고 한 것을 '사건'으로 바꾸어 말해야 함은 당연하다.

이라고 할 수 있다. 그리고 물론 그 인식 역시 답을 얻고나서 종견되는 그런 것이 아니라, 역사를 확보하는 일, 즉 스스로의 정체성을 확보하는 일이 완결되지 않듯이 역시 완결될 수 없는 일일 것 같다. 그러나 완결되지는 않지만, 그 일을 통해 인간이 다시 새롭게 확보하는 정체성의 내용은 자꾸 풍부해질 수 있다. 바로 거기에 철학의 기여가 소중한 까닭이 있다. 역사가 역사를 인식하는 일이 어떻게 이루어지는가를 좀더 자세히 살펴보면 이 점은 자연스럽게 확인될 수 있을 것이라고 생각한다.

역사의 확보를 통해 스스로의 정체성을 확보한 인간이 다시 역사를 인식하려 든다는 것은 자신이 어떻게 스스로의 정체성을 확보했는지를 돌아보는 것을 의미한다. 스스로의 정체성을 확보하는 일이 동시에 그 정체성이 어떻게 확보되었는지에 대한 인식을 포함하게 될 때 그 인식은 전형적인 반성적 인식이 된다. 그리고 스스로 어떻게 정체성이 확보되었는지를 알면서 확보된 정체성은 그런 인식이 동반되지 않는 확보의 결과와 같은 것일 수 없다. 이것이 바로 역사가 역사를 인식하는 일이 새롭게 확보되는 정체성의 내용을 한층 풍부하게 해준다는 의미다. 그런데 여기서 어찌 역사를 확보하면서 그것을 위해 거친 과정을 인식하지 않을 수 있겠는가라는 질문이 제기될 수 있겠다. 그러니까 정체성을 확보하는 일은 정체성을 확보하는 과정에 대한 인식을 포함하는 것이 당연하지, 철학과 같은 특별한 노력을 또 따로 해야 한다는 것이 오히려 이해하기 어려운 일이라는 생각이 들 수 있는 것이다. 그런 생각이 들면 반성적 인식의 결과가 정체성의 내용을 풍부하게 한다는 식의 이야기는 더욱 받아들이기 어려울 것이다.[5]

---

5) 다른 한편, 역사가 역사를 인식하면서 새로운 정체성을 확보하는 일을 마치 늪 속에 빠져 있는 사람이 자신의 장화를 위로 끌어당기면서 늪 밖으로 나가려는 일이나 더러운 걸레를 더러운 물에 빨아 깨끗이 하려는 일에 유비하여 그 가능성의 한계를 지적할 수 있을 것이다. 여기서는 이 유비가 지시하고 있는 해석학적 상황을 자세히 논의할 필요는 없다고 본다. 기왕에 그에 대한 논의가 워낙 많이 되었기 때문이다. 다만, 역사를 다시 보는 것은 다음에 곧 언급하게 될 망각을 푸는 일로서, 몰랐던 것을 아는 것과 마찬가지 효과를 지닌 것이라는 간단한 사실만은 언급해두겠다. 그 사실만

여기에 대해서는 찰스 테일러(C. Taylor)가 말한 '역사적 망각
(historical forgetting)'이 답으로 제시될 수 있다. 테일러는 철학사
연구에 대해 망각을 푸는 일(undoing the forgetting)로 설명했다.6)
망각을 푸는 일이라면 바로 기억해내는 일이겠다. 그가 그것을 군이
기억이라는 말보다 망각을 푸는 일이라고 표현한 것은 인간이 영위
하는 현재의 삶이 그만큼 큰 망각의 힘에 의해 지배받고 있다는 생
각을 했기 때문이다. 인간이 스스로 역사를 확보하며 그 일을 통해
스스로의 정체성을 확보하는 것은 사실이지만, 인간은 그 과정을 자
꾸 잊게 될 수밖에 없다. 그것은 어찌 보면 피할 수 없는 일이다. 앞
서 지적한 대로 인간이 시간 속을 살아가며 항상 현재에 집중하게
되어 있는 것이 본원적 한계로 주어져 있는 한 다른 도리가 없을 것
같다. 특히 인간의 사회적인 삶의 방식이 역사적 망각을 부추기는 면
이 있다. 그 까닭은 역사 확보의 과정을 망각하여 현재에 통용되는
관행이나 상식 등속을 그것의 역사적인 근원과 전승 과정과 분리시
키고 그 결과만 천하에 없이 당연한 것으로 받아들일 때 그런 관행
이나 상식이 그만큼 더 안정된 힘을 발휘할 수 있다는 데에 있다. 과
거의 근원을 잊는 것만큼 현재에 대한 믿음이 확고하다는 증거가 된
다. 바꾸어 말하면, 현재 당연하다고 믿고 있는 것의 근거가 무엇인
지를 묻는 것은 어쩌면 믿음이 확고하지 못하다는 증거일 수 있다.
가령 이제 새삼스럽게 왜 어쩌다가 우리가 '효'라는 윤리 가치를 절
대적인 것처럼 대접하게 되었는지 그 경위를 따져보겠다고 나서는
사람이 있다면 주변 사람들이 그를 어떤 눈으로 볼 것인가? '효'는
적어도 동양인에게는 그 정체성의 확고한 일부가 되었기 때문에 행
여 '효'를 문제 삼는 것은 인간이기를 포기하는 위험에 빠지는 일이
다. 안정을 희구하는 인간은 거쳐온 역사의 과정을 망각의 늪 속에

염두에 두어도 역사에 의해 제약된 인식의 틀로 역사를 다시 본다고 해서 건질 수
있는 것의 한계가 미리 정해질 수밖에 없다는 논리를 격파할 수 있을 것이다.
6) "Philosophy and its history 21", in *Philosophy in History*, Cambridge, 1984. 테
일러는 여기서 철학이 아니라 철학사 연구의 의의를 말하고 있다. 그러나 그에게도
철학사는 철학의 핵심을 이루고 있어 철학과 철학사는 뗄 수 없는 관계를 가진 것으
로 인정되고 있다.

묻어버리고 현재 안에 안주하기를 서로 종용하면서 산다. 어차피 인간에게 망각이 어쩔 수 없는 것이라면, 그리고 과거사를 계속 머릿속에 담아두는 것이 지적인 긴장을 필요로 하는 피곤한 일이라면, 그와 같은 종용을 받아들이는 것이 일상의 대세가 되지 않을 수 없다.

현재에 안주하는 것은 편협을 낳는다. 현재의 내가 몸담고 있는 세계가 세계의 전부이고 내가 지금 당연하다고 여기는 것은 시간을 넘어서는 유효성을 가지고 있다고 믿으면서 추호도 불편함이 없이 지내는 것이 바로 그 편협이다. 그것은 나의 세계와 다른 세계, 내가 당연하다고 여기는 것과 다른 것이 통용되는 세계가 있다는 사실에 신경을 전혀 쓰지 않거나 어쩌다 조우하게 되더라도 그것은 비정상적인 곳, 이상한 곳 또는 미개한 곳이라고 치부해버리고 마는 마음가짐이다. 특별히 역사 연구에 호의적이지 않은 지식인들도 이런 마음가짐을 옹호하고 싶지는 않을 것이다. 데카르트의 말을 들어보자. "나는 언어를 배우고 옛날 사람들의 책 속에서 그들의 역사와 신화를 읽는 데 충분히 많은 시간을 썼다고 생각한다. 지난 시대의 사람들과 대화하는 것은 여행을 하는 것과도 같다. 다른 민족의 관습에 대해서 알아두는 것은 좋은 일이다. 그것을 통해서 우리는 우리 자신의 관습에 대해 더 적절한 판단을 하고 우리의 방식에 어긋나는 것은 우스꽝스럽고 비합리적이라고 단정하지 않을 수 있게 된다. 허나 견문이 없는 사람들은 그렇게 한다"(Descartes, Discours de la méthode, 7). 낯선 것과 만나는 체험은 열린 가능성의 존재인 인간이 편협을 벗어나 한층 더 풍부한 내용을 갖춘 존재로 발전하게끔 해주는 계기가 될 수 있음을 데카르트도 잘 알고 있는 것 같다.

그러나 역사에 대한 데카르트의 모처럼의 긍정적인 발언에서 바로 우리는 역사적 망각의 결과를 확인하게 된다. 자신의 정체성을 이루는 역사를 알아보는 것을 낯선 지방으로 여행하는 것에 비유하게끔 된 것이 바로 그 결과인 것이다. 그 비유가 틀렸다는 것은 아니다. 그것이 그렇게 된 사정에 주목하자는 것이다. 방금 인용한 데카르트의 말은 다음과 같이 이어진다. "그러나 여행하는 데에 너무 많은 시간을 보내지는 말아야 한다. 그러다가는 정작 자신의 나라에 대해 이방인이 될 수 있다. 과거의 관행에 너무 흥미를 가지게 되면 현재의 관행에 대해서는 무지해지는 것이 보통이다"(위와 같은 곳). 역사의 지난 시대는 단지 낯선 것으로 현재와 마주 서 있는 것이 아니다. 그 것은 낯선 것이지만 동시에 낯익은 현재의 밑에 그 근거로 깔려 있 는 것이다. 그래서 역사는 낯선 나라이지만 동시에 그 나라는 남의 나라가 아니라 내가 지금까지 몰랐던 나의 일부, 아니 그 대부분인 것이다. 그런 사실 자체가 잊혀졌기 때문에 역사는 그저 신기한 것에 불과한 것이 될 수밖에 없으며, 역사의 탐구는 견문을 넓히는 관광 여행 정도의 의미만 가지게 된 것이다.

　데카르트의 이런 생각은 당연히 그의 인간관과 직접적으로 연결 되어 있다. 데카르트에게 인간은 너무나 투명한 존재다. 데카르트적 인간의 정체는―적어도 그 지적인 모습의 거의 전부는―그가 원 래부터 소유하고 있다는 관념들에 의해 명확하게 드러난다. 가만히 앉아 들여다보기만 해도 그 기저에 모든 인식의 아르키메데스적 지 렛대 역할을 하는 것까지 명석 판명하게 보인다. 그러니까 데카르트 의 인간, 즉 res cogitans는 근본적으로는 어느 시간에 태어나도 상 관없는 초역사적, 몰역사적 존재다. 이런 인간의 정체성은 확보되는 것도 아니고 역사와 관련 없이 결정되어 있는 것이다. 이런 경우 철 학, 즉 인간의 자기 인식은 자신 속에 들어 있는 소위 본유 관념의 목록을 뒤져보면서 그것들의 게임을 감상하는 것으로서 할 일을 끝 낼 수 있다. 지난 시대의 역사로 여행하는 것은 철학에서는 처음부터 군더더기에 지나지 않는 일이다. 데카르트류의 이런 철학이 바로 전 형적인 영원의 철학이라고 할 수 있는 것이다. 철학에 고유한 영원한 문제(perennial questions)가 있어서 그에 대한 정답으로 제시된 진 리의 문장들이 모여 체계를 이루면 그것이 곧 영원의 철학일 것이다. 영원한 문제가 있으며 따라서 원칙적으로 영원의 철학도 있을 수 있 다는 생각은 꼭 데카르트만의 생각은 아니다. 겉으로는 '본유 관념' 과 같은 것을 낡은 것이라고 공언하든 안 하든 또 다른 무슨 말을 하든 그것과는 상관없이 자신의 철학은 역사를 관통하는 영원한 문 제에 대한 답이라고 생각하고 또 그 답이 시공을 뛰어넘는 진리라고 믿는 사람이 있다면 그는 영원 철학의 신봉자인 것이다.

그러나 영원의 철학이라고 제시된 어떤 이론이든간에 그것의 어휘는 모두 특정한 자연어에 소속되어 있는 것이다. 본유 관념의 이름이라고 이해되는 말들도 물론 그러하다. 영원 철학이 그 답으로 제시된 영원한 문제도 물론 그 특정한 자연어로 던져진 것이다. 그렇지 않고서는 이해가 되지 않았을 것이다. 그런데 그 자연어는 모두 역사 속에서 형성되어 나온 것이다. 역사 속에서 형성되어 나온 자연어에 영원한 문제와 그 답을 담을 수 있다고 주장하는 사람은 매우 무거운 논증의 짐을 지고 있는 것이다. 아니 그 논증은 불가능한 것이다. 사실은 본유 관념의 이름과 마찬가지로 본유 관념 자체가 전승된 관념이라는 것이 진상이다. 전승된 관념들간에는 인간 진화의 긴 과정을 거치면서 어느 단계에서 형성 습득된 것이냐에 따라 차이가 있을 수 있다. 그리고 그 중 오래된 것일수록 마치 형성 전승, 과정과는 상관없이 선차적(apriori)으로 결정된 의미 내용을 가진 것 같은 심리적 확신을 주는 경향이 있다. 그러나 그런 차이에도 불구하고 근본적으로는 그 모두가 형성과 전승의 역사적 과정을 추적해서 그 내용을 밝혀야 하는 것들이다. 데카르트에 의해 서양철학에서 그렇게 중요한 역할을 하는 개념으로 부각된 '물체'니 '정신'이니 '실체'니 하는 것들도 바로 역사적인 추적을 통해 그 내용을 알아보아야 할 전승 개념의 대표적인 예다. 이런 개념들은 오늘날도 철학적인 논의의 마당이나 웬만한 수준의 일상 대화에서도 아주 친숙하게 쓰인다. 이런 개념들은 그것이 친숙하다는 바로 그 이유로 전승되었다는 사실이 사람들에게 별로 선명하게 의식되지 않고 있다. 이런 사실은 논증을 통해서보다는 실제 철학사의 연구를 통해 확인되는 것이다.

철학사에서 그 중 이해하기 쉬운 간단한 예를 들어 그와 같은 확인의 맛보기를 해보자. 우리는 보통 아리스토텔레스의 권위에 의거해서 철학사의 시작을, 만물은 물로 되어 있다는 주장을 했다는 밀레토스의 탈레스의 등장으로 잡고 있다. 철학사의 바로 이 첫 대목에서부터 곁길로 빠져 철학사 연구의 의의를 전면 무효화시킬 수 있는 가능성이 있기 때문에, 뻔한 말이지만 경계의 말 한마디를 하고 나가겠다. 지금 탈레스가 했다는 이 말을 듣고 만물이 과연 물로 되어 있을까 아니면 다른 무엇으로 되어 있을까를 갑자기 고민하기 시작하는 철학도가 있다면 참으로 대책이 없는 일이 아닐 수 없다. 그는 철학사를 철학사가 아니라 무슨 유사 과학쯤으로 여기고 있는 것이다. 진정한 철학사 연구는 탈레스의 주장보다는 탈레스가 던진 질문에 더 주목한다. 그는 세계의 질료는 무엇인가를 묻고 있는데, 철학사적으로 중요한 것은 그 답이 물이냐 불이냐 또는 다른 무엇이 맞느냐가 아니라, 도대체 이제 인간의 지성이 사물의 성립에서 질료적인 측면을 개념화해서 문제의 지평 속에 끌어들이기 시작했다는 대목에 있다. 질료(hyle, matter)라는 개념은 그러니까 역사의 이 단계에서 던져진 질문이 응축되어 있는 것이라고 할 수 있다. 중요한 철학적인 개념일수록 답보다는 질문을 염두에 두어야 그 내용을 이해할 수 있는 것이다.

세계가 무엇으로 되어 있느냐는 질문에 대해 사람들이 이런저런 답을 놓고 왈가왈부하는 동안 도대체 그와 같은 질문의 의의 자체에 의문을 가지고 그보다는 세계가 어떻게 구성되어 있고 어떤 모양인가를 더 중요한 질문이라는 생각을 한 사람들이 나타나게 된다. 피타고라스학파나 플라톤 같은 이들의 형상(eidos, form)이란 개념이 바로 그런 질문을 담고 있는 것이다. 이렇게 해서 질료와 형상이란 개념이 서로 대치하는 국면을 맞게 되는데, 이것은 세계가 물로 되었느니 또는 불로 되었느니 하고 서로 진위 판정을 겨루며 대립하는 것과는 또 다른 차원에서 성립하는 대립이다. 일단 질문이 주어져야 맞거나 틀린 답이 있을 수 있다고 보면, 서로 다른 이 두 질문의 대립은 한층 더 깊은 수준에 위치하고 있는 것이라고 할 수 있겠다. 그런데 형상의 개념은 곧 "그것의 정체가 무엇이냐?(ti esti)"라는 질문으로 연결되면서 문제 상황을 좀더 심중한 것으로 만든다. 평범한 것 같아보이는 이 질문은 사실은 요구하는 바가 어떤 것인지 파악하는 것이 간단치 않은 어려운 질문으로서, 사물에 대한 질료적 측면의 이해와 형상적 이해의 대립을 또 다른 심급(審級)에서 재판하는 역할을 수행하기 위해 등장한 것이다. 이 질문이 바로 실체니 본질이니

하는 서양철학사에서 그 짝이 드물 만큼 무거운 개념을 형성한 출발점이 된 것이다. 이 글의 모두에서 인간은 역사라는 명제를 해설하면서 겪었던 어려움도 아직 이 개념 자체에 대한 이해가 종료된 것이 아니라는 사실을 시사한다고 볼 수 있다. 이와는 달리 이제는 사람들에게 아주 친숙해져서 이해에 어려움이 없는 것처럼 생각되는 개념인 '물체', 즉 데카르트의 'res extensa'는 이 단계에서 등장한 '질료'와 '실체'라는 개념이 합쳐지면서 성립된 개념이다. 그러니까 이 개념은 그 친숙하고 비교적 단순해보이는 외양에도 불구하고 복잡한 과거를 가지고 있는 것이다.

이제 소략한 대로 데카르트 이래 그 중 역할이 두드러졌던 개념의 과거를 들추어보았는데, 이 이야기를 꺼낸 의도는 우선 철학적인 개념이 등장하는 역사적 맥락에 주의를 환기시켜, 그 개념들이 역사의 어느 단계에서 실제로 형성되고 전승된 개념이라는 것을 보여주고자 하는 것이었다. 그리고 나아가 그 사실이 왜 그렇게 쉽게 감추어질 수 있는지, 즉 왜 역사적 망각이 그렇게 쉽게 사람들의 의식을 점령할 수 있는지 그 깊은 사정을 밝혀보이고 싶었다. 그 사정 중에 필자가 특히 주목해야 한다고 생각하는 것은 그런 개념들의 대부분이 인간이 제기한 문제를 내용으로 담고 있다는 사실이다. 그 개념들을 표현한 어휘들은 가령 '책상'이나 '물컵'과 같은 대상을 지시하는 말과는 달리 어떤 고정된 대상을 지시하지 않는다. 그것들은 대상이 아니라 바로 인간 자신이 질문을 던지고 또 던지고 했던 역사를 내용으로 담고 있는 다큐멘터리다. 이 복잡한 다큐멘터리가 시간의 힘을 견뎌가며 선명하게 보존되기 어려운 것은 당연한 일이 아닐 수 없다. 이만큼 이야기해도 문제의 사정이 대충 이해될 수 있다고 보나, 좀더 자세한 이야기를 조금만 더 붙이겠다. 철학의 시작 단계에서 확인된 다큐멘터리가 보여주듯이 철학사의 핵심적인 흐름은 내내 문제가 문제를 낳고 그것이 또 새로운 문제를 낳는 과정이다. 그것은 철학 자체가 문제를 문제 삼는 활동이기 때문에 그렇게 될 수밖에 없는 일이다. 철학은 앞서 말했듯이 끊임없이 근거를 따지고 캐는 성격의 학문인 것이다. 그래서 진정한 철학자는 맞는 답을 찾는 일에만 관심이 묶여 있을 수 없다. 인간이 던지는 질문은 — 그 질문이 어떤 대상에 관한 것이든 — 전제 없이 성립하기는 어렵다. 전제를 지닌 질문을 던지는 것을 우리는 복합 질문의 오류를 범하는 일이라고 한다. 그런데 과연 인간이 던지는 질문 중 어느 것이 복합 질문의 오류에서부터 완전히 자유로울 수 있단 말인가? 그래서 따지고 캐는 철학도는 질문에 답을 하는 일에 말려들어 가기보다는 질문이 은연중 전제한 것을 찾아내어 새로운 질문을 던지고 새로운 관점을 확보하는 쪽으로 관심이 옮겨가게 되는 것이다.

그러나 그것은 철학의 사정이고 현실 속의 인간은 항상 질문만 던지며 살아갈 수는 없다. 인간이 처한 문제 상황은 그 대개가 해결을 자꾸 뒤로 미루는 것을 허용하지 않는다. 그럴 때는 당연히 철학적인 문제를 추구하는 것을 유보하는 수밖에 없다. 그리고 철학의 성과는 경우에 따라 철학의 본업과는 상관이 없는 영역인 종교나 과학 또는 특정한 이데올로기에 이용되어 — 바람직한 방식으로든 그렇지 않든 간에 — 소위 현실 문제에 대한 해답을 얻는 데 기여하기도 한다. 그런 과정에서 자연히 애당초 질문의 구체적인 맥락은 과거 속에 파묻혀버리게 된다. 그런 중에도 남은 흔적은 추상적인 개념 속에 생략된 형태로 전승되므로 그 유래를 알아보기가 보통 어렵지 않을 것은 당연하다. 도대체 역사 속에서 그 한 부분을 살아가는 인간은 그 유래가 불투명한 개념들의 안개에 둘러싸여 있다. 그렇기 때문에 근원을 묻는 철학은 그저 앞으로만 진행해나갈 수 없으며, 별 도리 없이 과거를 향해 눈길을 보내게 되는 것이다. 과거를 캐내서 최대한도로 안개를 걷어내야 갈 길이 제대로 보이는 것이다. 그래서 필자가 해설한 철학의 시작 단계에서는 질문에 질문을 던지며 앞으로 향해 가는 것이 곧 근원을 향해 전진해가는 것처럼 보였으나, 시작 단계를 벗어나면 근원을 향해 던지는 질문은 역사를 들여다보는 일이 되지 않을 수 없게 되는 것이다.

이제 철학과 철학사의 관계에 대한 필자의 견해를 정리해서 말해야 할 단계에 온 것 같다. 필자의 견해는 한마디로 철학사를 떠난 철학, 즉 영원의 철학은 없다는 것이다. 필자의 생각으로는 철학은 답보다는 질문이 중요한 지적 활동이니까 철학에 고유한 소위 영원한 문제는 없다는 점을 더 강조하고 싶다. 영원한 문제가 없는데 그에 대한 영원의 답이 있겠는가? 질문을 넘어서는 답은 없는 법이다. 하지만 영원의 문제, 즉 시공을 초월한 보편의 문제가 없다고 해서 특수한 개별적인 문제들이 시간 속에 산재해 있다는 것은 아니다. 철학사는 문제가 문제를 낳는 식으로 문제들이 연결된 하나의 다큐멘터리다.7) 그렇다고 철학사와 구별된 '철학'이란 말을 쓰는 것을 금지할 필요까지는 없다는 것이 필자의 생각이다. '철학'이란 말을 의미 있게 쓸 수 있다는 것은 아마도 시간상에 위치한 현재의 순간을 이야기하는 것이 허용되는 것과 비슷한 경우로 생각해서 이해할 수 있을 것이다. '철학'은 현재의 순간에 비교될 수 있는 것이다. 그러나 그렇다고 해서 철학에 철학사와 독립된 별도의 내용이 있는 것은 아니다. 현재의 순간이 시간을 이끌고 앞으로 진행해나가는 것으로 생각할 수 있지만, 그렇다고 순간에만 고유한 내용이 따로 있을 수 없는 것과 마찬가지다. 순간에 고유한 내용은 곧 연속된 시간 속에서 모습을 나타낸다. 철학의 내용은 우리가 이해할 수 있게끔 표현되자마자 그것이 곧 철학사의 한 부분으로 확인된다. 철학의 존재를 상정하는 것은 우리의 역사 중에 철학사에 해당하는 부분을 들여다보면서 자기 인식을 하려는 노력의 능동성을 인정하기 위한 것이다. 그러나 그 능동성의 결과와 내용은 곧 철학사에 편입된다는 것, 그렇지 않다면 그 노력은 이해 불가능한 공허한 것일 뿐이라는 점은 잊지 말아야 한다.

철학에 대한 이와 같은 이해가 가지는 함축을 한가지만 더 이야기하고 끝내겠다. 그것은, 철학에서 역사성을 이처럼 핵심적인 것으로 생각하면 '철학'은 보통명사가 아니라 고유명사일 것이라는 이야기다. '철학'은 고대 그리스 사람들 중 어떤 괴짜들이 제기한 질문들이

---

7) 철학사의 이런 모습을 표현하기에는 W. Welsch의 'transversal'이란 표현을 빌려 쓰는 것이 좋을 것 같다. 그는 많은 경우에 이 말을 전통적인 'universal'에 대치해서 쓰는 것이 훨씬 더 적합하다는 사실을 보여주는 노력을 했다. 'transversal'은 보편과는 달리 특수한 것으로부터의 추상을 통해 나온 일반적인 것이 아니라 특수한 것들이 서로 연결되어 (열린) 전체를 이루는 양태를 일컫는다(*Vernunft*, 356, Suhrkamp, 1996).

역사의 전승 과정을 거쳐 또 다른 질문으로 연결되어가면서 이루어진 하나의 다큐멘터리를 지시하는 고유명사인 것이다. 그렇다면 한국인이 철학을 한다는 것은 어떤 일일까? 오늘날 우리가 철학을 하는 것은 그리스에서 시작된 특별한 물음의 과정을 서양을 거쳐 수용하고 그 물음의 과정을 이어가는 특별한 역사적 사건이라는 것이 필자의 주장이다. 이것부터 명확히 의식하는 것이야말로 제대로 철학을 하는 것이다. 철학은 역사가 역사를 인식하는 것이라는 말을 또 한 번 강조하고 싶다. 그래야만 고유명사의 철학이라는 특별한 역사에 우리 한국인, 즉 한국의 역사가 제대로 진입하는 사건이 일어날 것이다. 통칭 '한국철학' 또는 '동양철학'이라는 말이 있다는 사정은 다분히 우연적인 것이다. 한국인으로서 철학을 하는 것이 '한국철학' 또는 '동양철학'이라고 불리는 우리의 역사 안에 머무르는 것은 아니다. 그것은 의식적으로 과거의 서양철학을 내 것으로 승계하는 일이다. 그리고 그것은 두 역사를 접목시키는 일이자, 인간의 한층 더 풍부한 새로운 정체성을 확보하는 일이 되는 것이다. 그런 일을 혹시 반민족적, 반주체적 사고의 반영이라고 비난하려 든다면, 그런 종류의 비난이 바로 우리의 정체성을 작위적으로 빈곤하게 만드는 결과를 초래할 위험을 내포한 것이라는 걱정을 대답으로 돌려주고 싶다.

□ 참고 문헌

Descartes, R. : *Discours de la méthode*. [1637]. T. Vrin 1967.

Hegel. G. W. F. : Einleitung in die Geschichte der Philosophie (1816-1830). *Hegel Werke in 20 Bänden*, Suhrkamp, 1971.

Hegel. G. W. F. : Vorlesungen über die Geschichte der Philosophie I, II, III(1832-1845). *Hegel Werke in 20 Bänden*, Suhrkamp, 1971.

MacIntyre, A : *After Virtue*. Notre Dame, 1981.

MacIntyre, A : "The relationship of philosophy to its past" in

Philosophy in History ed. R. Rorty, J Schneewind and Q. Skinner, Cambridge, 1984.

Nussbaum, M : *Cultivating Humanity*. Harvard, 1997.

Taylor, C. : "Philosophy and its history" in *Philosophy in History* ed. R. Rorty, J. Schneewind and Q. Skinner, Cambridge, 1984.

Welsch, W : *Vernunft*, Suhrkamp, 1996.

제 2 부
철학사의 철학

．

．

．

．

．

논소(論疏)의 전통에서 본 불교철학의 자기 이해

이 종 철(한국정신문화연구원 교수)

1. 들어가는 말

철학이 다룰 수 있는 경험 세계의 영역은 그 경계선을 어디까지 잡아야하는가. 일상적인 경험 세계가 그 전부라고 한다면 불교를 포함한 인도철학 전반은 철학이라고 하기에는 너무도 종교적이다. 인도의 사상가들은 일상 경험의 영역뿐만 아니라 명상 체험의 영역 또한 경험 세계의 영역 안에 두었고, 자신들의 철학 체계 안에 명상 체험마저 용해시켜 이를 체계적인 학설 속에 '당연한' 자리매김을 했기 때문이다.[1] 실상 '철학'에 딱 들어맞는 말을 산스크리트 문헌에서 찾아내기는 어려운 일이다. 어설프게나마 유사어를 배당해본다면, '다르샤나(darśana, 觀)'란 개념이 가장 가까운 용어가 될 것이다. '다르샤나'에서 철학과 종교의 엄밀한 구별은 존재하지 않는다. 철학이든 종교든 세계를 바라보는 '~관(觀)'에 속하기 때문인데, 이 또한 인도철학에서 문제시하는 '경험'이 일상 경험뿐만 아니라 명상 체험까지 포괄하는 넓은 의미로 쓰이고 있다는 사실에 기인한다.

---

[1] 인도 논리학에서 직접 지각(pratyakṣa)의 여러 유형 가운데 '요기의 직접 지각(yogipratyakṣa)'을 꼽고 있음을 상기하자.

불교의 철학적 논서(論書)를 '텍스트에게 듣는다'는 자세로 분석해 들어갈 때, 우리는 당혹스럽게도 '경험 세계의 확장' 문제에 또다시 맞닥뜨리게 된다. 인도의 사상가들이 당연하게 받아들였던 그 문제가 예외 없이 분석자의 시야를 가려버리는 것이다. 우리에게 주어진 선택지는 두 가지밖에 없는 것으로 보인다. 하나는 경험 세계를 일상 경험의 영역에 한정하여 "이건 철학이 아니다"고 내팽개쳐버리는 길이고, 또 하나는 명상 체험까지도 아우르는 경험 세계를 용인함으로써 철학의 대상이 확장 가능함을 인정하는 길이다. '불교철학'이란 용어를 불교적인 컨텍스트에 맞춰 사용하기 위해서는 우리는 나중 길을 택할 수밖에 없을 것이다. 명상 체험의 영역, 더 나아가 성자(聖者)와 범부(凡夫)의 경험 세계의 차이[2]를 인정하지 않고서는 불교의 철학적 논서에게 아무 것도 들을 것이 없기 때문이다.

'불교(佛敎)'란 자구적인 해석을 가한다면 '붓다의 가르침(佛說. buddhavacana)'[3]이다. 붓다의 가르침은 우리가 불교 텍스트에서 확

---

[2] 『구사론』(AKBh p.329, 11-15) 및 나가르주나의 『중론송』에 대한 찬드라키르티의 『明瞭義(Prasannapadā)』(PP p.476, 11-14)에서, 無常한 것을 보고 苦를 느끼는 聖者의 태도를 다음과 같이 비유하고 있다. "우리의 손바닥 위에 머리카락이 떨어졌다고 하자. 손바닥은 아무런 고통도 느끼지 못한다. 하지만 똑같은 머리카락이 눈동자에 떨어졌다고 하면, 눈동자는 커다란 고통을 느끼게 된다." 여기서 머리카락은 無常에, 눈동자는 聖者에, 손바닥은 凡夫에 비유된다.

苦集滅道의 사제(四諦)를 사성제(四聖諦)로 부르는 이유도 실은 凡夫와 聖者의 구별과 연관된다. 흔히 사성제를 '네 가지 성스러운 진실'로 옮겨 '성(聖)'을 진실을 수식하는 형용사로 풀이하고 있지만, 이는 漢譯에만 의존해서 잘못 이해한 경우에 해당한다. 『俱舍論』(AKBh p.328, 15)에서 성제(聖諦. āryasatya)는 'āryāṇām satyam (聖者들의 진실)'으로, 곧 六格(Tatpuruṣa)으로 해석하고 있으며 'āryam satyam(성스러운 진실)'식의 Karmadhāraya로 해석하고 있지는 않다. 다시 말하면 '사성제'의 올바른 어의는 '聖者들에게서의 네 가지 진실'로, 사성제의 '성(聖)'은 '聖者'를 의미하는 것이다. 따라서 사제는 '聖者의 경험에 비추어본' 네 가지 진실인 것이지 결코 凡夫의 경험 세계에서 이해된 네 가지 진실은 아닌 것이다.

[3] 『發智論』(大正藏 26권, 981a) : 佛敎云何. 答謂, 佛語言評論唱詞語路語音語業語表, 是謂佛敎. 여기서 쓰이고 있는 '佛敎'의 원어는 야쇼미트라의 Sphuṭārthā와 대조해볼 때 'buddhavacana'다. Cf. SA(p.52, 15-17) : katamad buddhavacanaṃ. tathāgatasya yā vāg vacanaṃ vyāhāro gīr niruktir vākpatho vāgghoṣo vākkarma vāgvijñaptiḥ.

인하는 한, 크게 나누어 두 가지 방식으로 전달되고 있다. 하나는 소위 '십사난무기(十四難無記)'4)로 대표되는 침묵의 형태며 다른 하나는 교설(敎說)의 형태다. 역대의 불교사상가들은 자신의 해석학적 지평에 따라 붓다의 침묵과 교설의 의미를 천착했고, 그 결과를 '논소(論疏)'의 형태로 세상에 물었다. 예외 사항이 있기 때문에 일률적으로 말하기는 어렵지만, 일반적으로 『아함경』이나 대승경전 등 '경(經)'에는 문학적 요소가 많은 반면, '논소'에는 철학적 요소가 지배적이다. '논(論)'을 철학적 저서라 한다면 '소(疏)'란 경전이나 논서에 대한 주석서를 가리킨다. 인도 불교의 영역에 한정한다 하더라도 자기 자신의 이름으로 철학적 논서를 남긴 불교사상가가 극히 드물다는 사실을 상기한다면, '소'로 대표되는 '주석의 전통'이 인도 사상계의 지배적인 흐름이었음을 쉽게 알 수 있는데, 그 가운데 특출난 몇몇 위대한 사상가만이 '논'을 남겨 우뚝선 거봉처럼 인도 사상사의 대간(大幹)을 형성한다. 이 점에서 보면, 불교사상사는 붓다의 메시지에 대한 '해석학의 역사'5)라고 해도 과언이 아니다. 하지만 해석학적 전통 그 자체가 많은 철학적 논쟁거리를 마련해 오히려 독창적인

---

4) DN. Vol.1, 9(Poṭṭhapāda-sutta), Vol.3, 29(Pāsādika-suttanta) ; MN. Vol.1, 63 (Māluṅkya-suttanta), Vol.1, 72(Vacchagotta-suttanta) ; SN. Vol.3, 33 (Vacchagotta-saṃyutta) ; etc..

  소위 형이상학적 난문에 대한 붓다의 침묵을 의미한다. 텍스트에 따라 질문이 열 개의 문항으로 이루어지는 등 열네 개의 문항이 정형화돼 있지는 않지만 여기서는 편의상 그러한 세세한 텍스트의 異同을 언급하지 않고 열네 개의 문항을 열거해놓는다.

  (ㄱ) (1) 세계는 영원한가 (2) 無常한가 (3) 영원하면서 無常한가 (4) 영원하지도 무상하지도 않은가.

  (ㄴ) (5) 세계는 무한한가 (6) 유한한가 (7) 무한하면서 유한한가 (8) 무한하지도 유한하지도 않은가.

  (ㄷ) (9) 영혼과 육체는 같은 것인가 (10) 다른 것인가.

  (ㄹ) (11) 如來는 死後 존속하는가 (12) 존속하지 않는가 (13) 존속하면서 존속하지 않는가 (14) 존속하지도 존속하지 않는 것도 아닌가.

5) 붓다의 다양한 언명 가운데 어느 것을 진리의 시금석으로 삼아야 할 것이냐는 문제는 불교사상사에서 언제나 중요한 이슈로 등장한다. '了義經(nītārtha-sūtra)'과 '未了義經(neyārtha-sutra)'의 개념을 예로 들 수 있다.

사상가의 출현을 부추겼다는 점을 더불어 잊지 않는다면, 우리는 해석학적 전통이 사상사에 혼입되는, 인도 사상계의 문화적 컨텍스트를 읽어낼 수도 있는 것이다.

　불교를 포함한 인도 사상 일반에 보이는 이 같은 두 가지 특징—경험 세계의 확장과 해석학적 전통이 사상사에 혼입돼 있다는 점—을 인정하고나서 우리는 비로소 주최측이 제시한 발표 주제 '논소의 전통에서 본 불교철학의 자기 이해'에 접근할 수 있는 준비를 갖추게 된다. 이 논문에서 우리는 역대의 불교사상가들의 논소 속에서 침묵과 교설이라는 두 가지 형태로 전달돼온 붓다의 메시지를 어떤 식으로 '해석'하였는가, 그리고 그러한 해석 과정 속에 어떠한 사상이 표현되었는가 하는 문제를 다루게 될 것이다. 논의의 편의를 꾀하기 위해서, 소위 '이제(二諦. 두 가지 진리)'를 붓다의 두 유형의 메시지 전달 방식을 대변하는 개념으로 상정하겠다. 붓다의 침묵은 소위 '승의제(勝義諦. 궁극적 진리)'에, 붓다의 교설은 '세속제(世俗諦. 일상적 진리)'에 대비시켜볼 수 있기 때문이다. 어디까지나 '작업 가설'로 제시한 것일 뿐이기 때문에 아직 검토 단계에 있는 생각이지만, 작업 가설 없이 논의를 진전시킨다는 것도 무모한 일이다.

　내 작업 가설은 두 가지 사항으로 정리할 수 있다.

　(1) 삼장(三藏)의 결집 이후 전개되는 아비다르마불교 시대에 붓다의 침묵에 관한 본격적 논의는 보이지 않는다. 대략 기원 전후에 편찬된『대비바사론』은 이 시대의 다양한 철학적 체계화 작업을 총집결시킨 논서로서 이후 불교사상가들에게 사색의 보고(寶庫) 노릇을 하지만, 이 텍스트에서 붓다의 침묵이 상징하는 '불가설(不可說)의 궁극적 진리'에 대한 비중 있는 논의는 전개되지 않는다. 비록 먼 후대인 AD 4C에 속하지만, 기본적으로는 설일체유부(說一切有部. 이하 '유부'로 略)의 교학 체계의 강요서로 저술된, 와수반두(Vasubandhu. 世親)의 『구사론』에서도 사정은 마찬가지다. 이는 곧 아비다르마불교 시대에 불교사상가의 주된 관심사가 붓다의 교설, 곧『아함경』의 소설(所說)을 철학적으로 해명하는 데 있었음을 보여준다.

　(2) 기원 전후로 대승경전이 편집되면서 붓다의 메시지는 침묵쪽

으로 그 비중이 높아진다. 이러한 경향은『반야경』의 공(空) 사상을 비롯하여『유마경』에서 극적으로 묘사하고 있는 '유마 거사의 침묵'에서 절정에 달한다. 대승경전, 특히『반야경』계통의 경전이 유포되기 시작하면서 침묵의 메시지는 철학적 논서에서도 중심 논제로 등장하기 시작한다. AD 2~3C경에 활약했던 중관(中觀)사상가 나가르주나(Nāgārjuna. 龍樹)는『中論頌』귀경게(歸敬偈)에서 이를 '희론적멸(戲論寂滅)'로 묘사하고 있다. AD 4C경에 편찬된『해심밀경』,[6]『능가경』등 유식 사상계(唯識思想系)의 소의(所依) 경전에서도 붓다의 침묵은 여전히 중시되며, 거의 동시에 저술된 아상가(Asaṅga. 無着) 및 와수반두의 유식 사상계의 논서에서는 침묵의 메시지를 '무분별지(無分別智)', '무상(無相)' 등 다양한 용어로 표현하고 있다.

이후에 개진되는 각 절에서 우리는 '이제(二諦)'를 축으로 삼아 위의 작업 가설을 검토해보기로 하겠다.

2. 설일체유부(說一切有部)의 교설 위주의 학설

2-1.『구사론(俱舍論)』,「현성품(賢聖品)」제4게와 자석(自釋) 시역(試譯)

"어떤 것을 산산조각 냈을 때 또는 생각으로 [그것을 형성하고 있는] 다

---

6)『解深密經』에 나오는 다음 게송은 붓다의 침묵의 메시지와 관련된, 한 해석을 전하고 있다. 이 게송은『成業論』에서도 인용될 정도로 와수반두의 유식 사상에 커다란 영향을 끼친 중요한 게송이다.『解深密經』,「心意識相品」(大正藏 16권, 692c) : "阿陀那識甚深細　一切種子如暴流　我於凡愚不開演　恐彼分別執爲我"(아다나識(ādāna-vijñāna)(=알라야識)은 심오하며 미세하다. [아다나識]은 一切種子[識]으로 폭류와 같이 轉變한다. [어리석은 범부가 이 아다나識을] '나'로 알까봐 두려워, 어리석은 범부에게는 나는 설명하지 않겠다.)

cf. *Saṃdhinirmocanasūtra*(Lamotte ed. p.58) :

ādānavijñāna gabhīrasūkṣmo / ogho yathā vartati sarvabījo / bālāna eṣo mayi na prakāśi / mā haiva ātmā parikalpayeyuḥ //

른 [제 현상]을 배제했을 때, '그것'이란 생각이 없어지는, 그 같은 것은 항아리나 물과 같이, '일상적 존재(世俗有. saṃvṛtisat)'다. '궁극적 존재(勝義有. paramārthasat)'는 [그와는] 다른 방식으로 [존재한다]"(AK 6-4).

어떤 것 x를 [물리적으로] 조각조각 쪼개놓았을 때, 그것이 'x'라는 인상(印象. buddhi)이 없어지는, 그 같은 것 x는 '일상적 존재'다. 항아리를 예로 들 수 있는데, 그 [항아리]는 조각조각 쪼개놓았을 때, '항아리'란 인상이 없어지기 때문이다. 또한 어떤 것 y에 대해서 생각으로(buddhyā) [그것을 형성하고 있는] 다른 제 현상을 배제하고난 뒤, 그것이 'y'라는 인상이 없어지는, 그 같은 것 y도 '일상적 존재'임을 알아야 한다. 물을 예로 들 수 있는데, 그 [물]에 대해서 생각으로 [물을 형성하고 있는] 형색(形色) 등 제 현상을 배제하고난 뒤, '물'이란 인상은 없어지기 때문이다.

바로 그 같은 것들[=항아리나 물 등]에 대해서 ['항아리'라든가 '물'이라든가 하는] '세상의 언설(言說. 世俗想. saṃvṛtisaṃjñā)'이 이루어지기 때문에, 세상의 언설을 좇아(saṃvṛtivaśāt) "항아리가 있다"고 하거나 "물이 있다"고 말하는 사람들은 그야말로 진실을 말하는 것이지, 거짓을 말하는 것은 아니다. 그러므로 ["항아리가 있다" 또는 "물이 있다"는] 이러한 [언명]은 '일상적 진리(世俗諦. saṃvṛtisatya)'다.

그 ['일상적 진리']와는 다른 방식으로 '궁극적 진리(勝義諦. paramārthasatya)'[가 존재한다]. 어떤 것 z를 산산조각 냈다 하더라도, 생각으로 [그것을 형성하고 있는] 제 현상을 배제했다 하더라도, 그것이 'z'라는 인상이 [없어지지 않고] 존속하는, 그 같은 것 z은 '궁극적 존재'다. 물질 현상 일반(色. rūpa=色蘊)을 예로 들 수 있는데, 그 [물질 현상 일반]은 하나 하나의 원자로 쪼개놓았다 하더라도, 또는 생각으로 [물질 현상 일반을 형성하고 있는] 맛, [감촉] 등의 제 현상을 배제했다 하더라도, [그것이] 물질 현상 일반의 '본질(自性. svabhāva)'이라는 인상은 [없어지지 않고] 존속한다. 감정 일반(受. vedanā=受蘊) 등도 마찬가지라고 보아야 한다. [곧 감정 일반을 형성하고 있는 즐거움 등의 제 현상을 생각으로 배제한다 하더라도 감정 일반의 본질에 대한 인상은 존속한다.] [물질 현상 일반 등은] '궁극적 존재'로 서 있기 때문에, ["물질현상 일반이 있다"와 같은] 이러한 [언명]은 '궁극적 진리'다.

2 2. 유부의 '두 가지 진리(二諦)'

앞으로 전개될 논의의 기초가 되기 때문에 상당히 긴 분량의 인용
문을 번역, 소개하였다. 와수반두가 제시하고 있는 유부(有部)의 이
제론(二諦論)에 따르면, 우리가 '있다'고 말할 수 있는 대상에는, '일
상적 존재'(x, y)와 '궁극적 존재'(z)의 두 가지 유형이 있다. '일상적
존재'는 다시 두 유형으로 구분할 수 있는데, 한 유형(x)은 항아리와
같이, 물리적 조작을 가해 파괴했을 때 그것에 대한 인상이 없어지는
것이며, 다른 한 유형(y)은 물과 같이, 물리적 조작이 아닌 지적 조작
을 통해서만 그것에 대한 인상이 없어지는 것이다.[7]

'궁극적 존재'(z)는 소위 '5온(蘊), 12처(處), 18계(界)'의 카테고리
로 분류되는 제 현상(dharma. 法)을 가리키는데, 물리적 조작이나
지적 조작을 가해도 그 본질(svabhāva. 自性)에 대한 인상이 사라지
지 않고 일관성을 유지하는 존재다. 따라서 본질에 대한 인식이 가능
한가 불가능한가 하는 기준을 적용해본다면, 궁극적 존재를 '본질적
대상'으로, 일상적 존재를 '비본질적 대상'으로 구분해볼 수도 있을
것이다. '일상적 진리'나 '궁극적 진리'는 각각 일상적 존재나 궁극적
존재에 대한 올바른 언명으로 이해할 수 있겠다.

두 유형의 존재를 구분하는 유부의 의도가 궁극적 존재에 주안점
을 두기 위한 점에 있다는 것은 명백한 것 같다. 하지만 궁극적 존재
가 강조되고 있다 하더라도 일상적 존재 그 자체가 무시되거나 또는
더 나아가 거짓된 존재로 격하되고 있지는 않다는 사실에도 착목할
필요가 있다. 항아리나 물과 같은 일상적 존재에 대한 올바른 언명,
곧 '일상적 진리'도 진리의 한 부분으로서 정당한 위치를 차지하고

---

7) 야쇼미트라(SA p.524, 10-16)는 양 유형의 일상적 존재를 명확히 구별하기 위해
서, 전자를 '물리적 파괴의 대상(upakramabhedin)' 또는 '다른 세상의 언설에 의존하
는 것(saṃvṛtyantara-vyāpāśraya)'이라 명명하고, 후자는 '지적 파괴의 대상
(buddhibhedin)' 또는 '다른 실체에 의존하는 것(dravyāntara-vyāpāśraya)'으로 명
명한다. 한편 스티라마티(TA Tho 347b, 1-2)는 전자를 形狀 世俗(dbyibs kyi kun
rdsob, saṃsthāna-saṃvṛti/ ākṛti-saṃvṛti)으로, 후자를 聚集 世俗(tsogs paḥi kun
rdsob, samudāya-saṃvṛti)로 명명한다.

있는 것이다. 이는 붓다를 비롯한 불교사상가 일반이 공통적으로 지녔던, 일상 언어를 존중하는 태도에 연유한다고 생각할 수 있다. 흥미로운 사실은 야쇼미트라(Yaśomitra)가 구사론의 동게(同偈)에 대한 주석에서[8] 일상적 진리의 소용(所用)을 강조하기 위해서 『중론송』(MK 24-8)을 인용하고 있다는 점이다.[9]

dve satye samupāśritya buddhānāṃ dharmadeśanā / lokasaṃvṛtisatyaṃ ca satyaṃ ca paramarthataḥ //(MK 24-8).
제불(諸佛)은 두 가지 진리에 의거해서 설법한다. ('두 가지 진리'란) '세간의 일상적 진리'와 '궁극적 진리'다.

'일상적 진리'라 하지만 일상적 인식 가운데는 많은 부분 허위나 그릇된 인식이 숨어 있는 것도 사실이다. 『중론송』에서 '일상적 진리' 앞에 '세간(世間)의'라는 수식어를 두고 있는 것도 이 때문이다. 『중론송』에 대한 찬드라키르티의 주석 Prasannapadā에 의하면 '세간(loka)'은 '비세간(aloka)'과 구별된다. 비세간은 비문증(飛蚊症)이나 황달에 걸린 사람처럼 정상적인 인식 능력을 갖고 있지 않은 사람을 가리킨다. 그러므로 '세간의 일상적 진리'는 정상적인 인식 능력을 갖고 있는 사람의, 일상적 존재에 대한 올바른 언명을 의미한다. 야쇼미트라가 이곳에서 『중론송』을 인용하고 있는 의도를 고려한다면, 유부가 생각하고 있는 '일상적 진리'는 '세간의 일상적 진리'임을 알 수 있다.

2-3. 유부의 '삼세실유설(三世實有說)'에 대한 재해석

그렇다면 유부는 왜 5온(蘊), 곧 물질 현상 일반(色蘊), 고락 등의

---

8) SA(p.524, 23-24).
9) 야쇼미트라는 자신을 經量部의 一員으로 말하지만, SA 곳곳에서 대승불교 논서에 대한 지식을 원용하고 있다. 지금의 예와 같이 나가르주나의 『중론송』에서 차용한 예도 있지만, 그 외로 '四依(catuṣ-pratisaraṇa)'에 대한 언급(SA p.704, 20-22), 五蘊論 등 유식 논서에 대한 언급(SA p.64, 25-28 etc.) 등을 들 수 있다.

감정 일반(受蘊), 심상 일반(想蘊), 외지 등이 협석력 일반(行蘊), 인식 일반(識蘊), 이 다섯 범주의 제 현상만을 '본질적 대상'으로 또는 '궁극적 존재'로 보았을까. 구사론의 위 인용 개소에는 명시돼 있지 않지만, 유부가 '궁극적 존재'로 상정하고 있는 것은 비단 5온뿐만 아니다. 현상을 분류하는 또 다른 범주 체계인 12처나 18계, 이 모두를 궁극적 존재로 상정하고 있는 것이다. 실상 이러한 태도는 나중에 대승불교 사상으로부터 소위 '법집(法執)'으로 공격받게 되는 표적이 되는데, 왜 그러한 논박이 가능했던가 하는 문제와도 관련지어 논의해보기 위해서는 유부가 말하는 '현상(dharma. 法)' 및 '본질(svabhāva. 自性)'에 대한 명확한 선이해가 필요하리라고 본다.

'설일체유부(說一切有部. sarvāstivādin)'라는 부파명이 보여주듯, 유부는 "일체는 존재한다"는 학설을 주장한다. 이때 '일체'란 '5위(位)75법(法)'(色, 心, 心所, 心不相應行法, 無爲의 다섯 가지 범주로 포섭되는 75가지 현상)을 뜻하고, '존재한다'는 단순히 '있다'가 아닌 '실체로서 존재한다(dravyato 'sti)', 곧 '실재한다'를 의미한다. 따라서 유부의 학설에 따르면, 우리의 삶의 세계를 구성하고 있는 75가지 현상은 모두 실재, 곧 '실체적 존재(實有. dravyasat)'다. 하지만 이 가운데 세 가지 '인연에 따라 구성되지 않는 현상(無爲. asaṃskṛta)'을 제외한, 72가지의 '인연에 따라 구성되는 현상(有爲法)'은 현재의 현상만이 아닌 과거나 미래의 현상까지도 포괄하는, 넓은 의미의 '인연소생법(因緣所生法)'이다. 이 점에서 유위법을 대상으로 삼을 때, 유부의 학설은 '삼세실유설(三世實有說)'로 불린다.

'삼세실유설'은 "과거·현재·미래의 유위법은 실재한다"는 주장이다. 문제의 발단은 이 같은 유부의 주장이 얼른 보더라도 불교의 기본 틀인 무상(無常)의 원리에서 벗어난다는 점에 있다. 유부가 불교의 한 부파인 한, 무상의 원리를 지키지 않을 리는 없을 것이다. 그렇다면 삼세실유설을 자체 모순을 배제한 유의미한 주장으로 재구성할 수 있는 방도는 없겠는가. 이 문제에 대한 해결책으로 유부는 '본질(svabhāva. 自性)'이란 개념을 제시한다.

현상 그 자체는 작용(kāritra)의 유무에 따라 현재나 과거·미래에 위치하는 생멸법(生滅法)이다. 하지만 유부가 철학적 고찰의 대상으로 삼고 있는 현상은 어디까지나 삶의 세계를 구성하고 있는 '근원적인' 제 현상으로, 이들 현상은 그 하나 하나가 다른 현상과 구별되는 고유한 특질(自相. svalakṣaṇa)을 지니고 있다. 구사론 제1장 「界品」에 나오는 'dharma(法)'에 대한 정의 ─ 고유한 특질을 지니고 있으므로(svalakṣaṇadhāraṇāt. 任持自相故) 'dharma'다 ─ 를 상기해보자. 현상 그 자체가 무상한 생멸법이라는 사실을 유부는 부정하지 않는다. 하지만 시점을 자상(自相)에 맞추면 어떻게 되는가. 인식에 의해 포착된 현상의 '고유한 특질'이 시간에 따라 자기동일성을 잃고 흔들린다면 우리는 그러한 인식의 정낭성을 주상할 그 어떠한 근거도 확보하지 못할 것이다. 그렇다면 다양한 제 현상간의 관계 구조를 정립하기 위해서, 또는 그 인식의 정당성을 확보하기 위해서는, 우리는 인식에 의해서 포착된 하나 하나의 현상에 '자기동일성'으로 언표 가능한 그 어떤 '본질'을 상정할 수 있을 것이다. 유부가 '자상(svalakṣaṇa)'이나 '자성(自性. svabhāva)'으로 명명하고 있는 것은 바로 그러한 본질인데, 단지 인식쪽에 초점을 맞출 때는 '자상'으로, 인식 대상인 현상쪽에 초점을 맞출 때는 '자성'으로 표현될 뿐이다.

유부의 법 체계로 돌아가자. 72가지 유위법 그 자체는 생멸하는 무상한 현상이지만, 과거·현재·미래의 삼시(三時)에 걸쳐 영원한 '본질'을 지니고 있다는 점에서, 또한 그러한 본질이 현상의 '고유한 특질'로서 인식된다는 점에서, 그러한 현상은 '본질적 대상'이고 '궁극적 존재'다. 다시 말하면, 유부는 인식에 의해 포착된 현상의 본질 그 자체는 영원히 자기동일성을 유지하는 '실체'라고 보는 것이다.

따라서 우리는 유부의 삼세실유설을 우리말로 다음과 같이 재구성할 수 있을 것이다. "과거·현재·미래의 72가지 유위법, 곧 '인연에 따라 구성되는 근원적 현상'은 과거·현재·미래의 삼시에 걸쳐서 자기동일성을 유지하는 본질을 지니고 있으므로, '실체적 존재'다."[10]

---

10) 有部의 三世實有說은 흔히 "三世實有, 法體恒有"란 정형구로 표현되고 있지만, 내 해석의 요점은 '三世實有'를 주장 명제로 '法體恒有'를 근거로 재구성한 데 있다.

2-4. 유부의 본질주의와 교설 중시 태도

앞에서 재구성해본 유부의 삼세실유설은, 'dharma(현상)'와 'svabhāva(본질)'를 'dravyasat(실체적 존재)'와 'dravya(실체)'로 구분하는 데 그 요체가 있다. 그런데 우리가 이미 살펴보았듯이, 유부는 우리의 삶의 세계를 구성하고 있는 다양한 근원적 현상을 'paramārthasat(궁극적 존재)'라고 명명하고 있다. 그렇다면 유부의 전문 술어 가운데 '실체적 존재'와 '궁극적 존재'는 동일한 의미 대상을 가리키는 데 쓰이고 있다는 말이 된다. 실제로 구사론 도처에서 5온, 12처, 18계는 '실체적 존재'로 기술되고 있거니와, 같은 맥락에서 야쇼미트라도 AK(6-4)에 대한 주석에서(SA p.524, 17-20), 5온은 '실체적 존재'라는 점에서 '궁극적 존재'라고 설명한다.

야쇼미트라의 주석을 빌리면(SA p.524, 30), '실체적 존재'의 판명 기준은 '자상으로서 존재하는 것(svalakṣaṇataḥ sat)'이다. 한편 인식론적인 개념인 '자상'은 존재론적인 개념인 '자성'으로 대체할 수 있다. 따라서 물리적 조작이나 지적 조작을 가해도 인식상의 자기동일성, 곧 본질을 유지하는 현상이 '실체적 존재'며 동시에 '궁극적 존재'임을 알 수 있다. 예를 들어 물질 현상 일반(色蘊)의 본질은 변괴성(變壞性. rūpaṇa)이다. 감정 일반(受蘊)의 본질은 고락 등의 향수(享受. anubhava)다. 심상 일반(想蘊)의 본질은 차별상을 취하는 것(nimittodgrahaṇa)이다. [의지 등] 형성력 일반(行蘊)의 본질은 인과적 현상의 원인이다. 인식 일반(識蘊)의 본질은 대상 하나 하나의 식별이다. 이 같은 5온의 본질에 대한 인식은 물리적 조작이나 지적 조작으로도 없어지지 않고 존속하기 때문에, 5온은 '실체적 존재'며 또한 '궁극적 존재'인 것이다.

반면에 '일상적 존재(saṃvṛtisat)'에는 본질이 없어서 본질 인식이 불가능하기 때문에 '실체적 존재'라고 칭할 수 없는 존재다. 이 점에서 '일상적 존재'는 본질이 없는 '이름뿐인 존재'라 할 수밖에 없는데,

---

곧 "三世實有. ∵法體恒有"로 해석한다.

이는 '실체적 존재'와 대비시켜 '언어적 존재(prajñapti-sat)'로 표현된다.

궁극적 존재를 실체적 존재에, 일상적 존재를 언어적 존재에 대비시키는 구도는 구사론 제9장 「파아품(破我品)」의 다음 구절[11]에서 확인 가능하다.

　　그 [犢子部의 사람]들은 [뿌드갈라를] 실체로서 존재한다고 주장하는가, 아니면 은유적 표현으로서 존재라고 주장하는가. 다시 말하면 이 [뿌드갈라]는 실체적 존재인가 아니면 언어적 존재인가. 형색(形色), [소리] 등과 같이 별개의 존재(bhāva=현상. dharma)라면 실체적 존재다. 우유 등과 같이 집합물이라면 언어적 존재다. 그래서 어떻다는 말인가. 우선 [뿌드갈라가] 실체적 존재라면, 5온이 각각 그런 것처럼 [또 다른 실체적 존재의 본질과는] 별개의 본질을 지니고 있기 때문에(saṃbhinnasvabhāvatvāt), [뿌드갈라는] 5온과는 다른 [또 하나의 실체적 존재]라고 해야 할 것이다. 그렇다면 [5온이 '인연에 따라 구성된 현상(有爲法)'이듯이 뿌드갈라 또한 인연에 따라 형성된 현상일 것이므로, 뿌드갈라가 생기(生起)한] 원인을 해명해야 할 것이다. 아니면 [뿌드갈라는] '인연에 따라 구성되지 않는 현상(無爲)'이라고 해야 할 것이다. 따라서 [5온과 무위 이외에 뿌드갈라와 같은 별개의 실체적 존재를 상정하는 일은] 외도(外道)의 사견(邪見)에 빠지는 오류를 범하게 되고, 또한 부질없는 짓이다. 다음으로 [뿌드갈라가] 언어적 존재라면, 우리도 또한 그와 같이 ['뿌드갈라'란 언어적 존재라고] 말하겠다.

---

11) 犢子部(Vātsīputrīya)는 윤회의 주체로서 푸드갈라(pudgala)가 "있다"고 주장하는데, 이 부분은 "있다"의 의미 규명을 통해 독자부의 설을 논박하는 초입부에 해당한다. AKBh(p.461, 14-18):

　　kiṃ te dravyata icchanty āhosvit prajñaptitaḥ / kiṃ cedaṃ dravyata iti kiṃ vā prajñaptitaḥ / rūpādivat bhāvāntaraṃ cet dravyataḥ / kṣīrādivat samudāyaś cet prajñaptitaḥ / kiṃ cātaḥ /

　　yadi tāvat dravyataḥ / saṃbhinnasvabhāvatvāt skandhebhyo 'nyo vaktavya itaretaraskandhavat / (中略)

　　atha prajñaptitaḥ vayam apy evaṃ brūmaḥ /

여기서 외수반두는 명백히 우유와 같은 '일상적 존재'를 '언어적 존재'로, 5온과 같은 '궁극적 존재'를 '실체적 존재'로 치환해 사용하고 있다. 또한 여기서 '실체적 존재'는 다른 실체적 존재와 자신을 구별짓는 고유한 본질을 지니고 있는 현상을 의미하므로, 본질의 있고 없음이 언어적 존재와 실체적 존재 또는 일상적 존재와 궁극적 존재의 판명 기준이 되고 있음을 쉽게 알 수 있다.

이상과 같은 고찰을 통해서, 유부의 존재관이 '스와바와(svabhāva)'라는 철저한 '존재론적인 본질'에 그 근거를 두고 있음이 어느 정도 해명되었다고 본다. 이 점에서 우리는 유부의 학설 경향을 '본질주의'라 이름 붙일 수 있지 않을까 한다. 유부의 이러한 본질주의적 경향은 『아함경』의 형태로 전승돼온 붓다의 교설을 절대시했던 초기 아비다르마불교 시대의 사상적 경향과 무관하지 않다.

이제 우리는 유부가 5온, 12처, 18계를 '궁극적 존재'로 상정하게 된 계기는 무엇인가 하는 물음을 던져야 한다. '궁극적 진리'에 대한 유부의 해석 방식은 "5온(또는 12처나 18계)이 일체다. 이 이외에 그 어떠한 것도 없다"는, 무아(無我)를 천명하기 위해 『아함경』에서 정형구(定型句)로 빈번하게 사용하고 있는 붓다의 교설을 연상시킨다. 곧 유부는 "5온이 있다"는 붓다의 말을 '궁극적 진리'로 인정함과 동시에 '있다(asti)'를 '실체로서 존재한다(dravyato 'sti)'는 의미로 해석하여 5온을 '궁극적 존재'에 배당시킨다. 12처, 18계에 관해서도 사정은 마찬가지다. 이렇게 볼 때 유부가 상정한 '궁극적 존재'는 직접적으로는 붓다의 교설을 중시하는 태도에 연유한다고 말할 수 있을 것이다.

앞에서 간략하게 언급한 정도로 넘어갔지만, 유부의 현상 분류 방식은 전통적으로 '5위 75법'으로 묘사된다. '법(dharma)'을 '현상'으로 이해하는 내 해석에 따르면, 유부는 우리의 삶의 세계를 구성하고 있는 근원적 현상을 75가지로 보았다는 말이 된다. 물론 '근원적' 현상을 무엇으로 설정하느냐 하는 시점의 차이에 따라 이 숫자는 얼마든지 늘어날 수도 줄어들 수도 있을 것이다. 유식 사상에서 '5위 100법'의 분류 체계를 상정하고 있다는 사실을 상기한다면, '5위 75법'의 분류 체계가 확정적인 것이라고 보기는 어렵다. 그렇다면 유부가 굳이 '75법'만을 선정하여 이를 철학적 고찰의 대상으로 삼은 이유는 무엇인가. 불교사상사에 관한 개괄서에서 이 문제에 관한 명쾌한 해설을 찾아보기는 어렵고, 또 지금 시점에서는 75법의 선정 과정을 하나 하나 추적해보는 별도의 연구를 기대해볼 수밖에 없을 것이다. 내 자신의 잠정적인 결론으로는, 아마도『아함경』곳곳에서 산견(散見)되는, 제 현상에 관한 붓다의 교설이 75가지로 집결된 것은 아닌가 하는 생각이다. 다시 말하면 붓다의 교설에 대한 절대적인 존중이 '근원적' 현상의 선정 과정에 깊이 관여했고, 따라서 붓다의 교설을 근거로 '75법'의 현상 세계가 구성되었다는 것이다.

3. 대승불교의 침묵 위주의 공(空) 사상

기원 전후로『반야경』계통의 대승경전이 편찬됨에 따라 불교사상사에 일대 전환이 일어난다. 공(空) 사상의 대두가 그것이다. '공(空)'이란 흔히 '무자성공(無自性空)'으로 표현되듯이 현상에 자성, 곧 본질/자기동일성이 없다는 사태를 뜻한다. 공 사상은 아비다르마 불교 시대에 유부를 비롯한 제 부파가 현상의 존립 기반으로 보았던 자성을 그 뿌리부터 부정하는 혁신적인 사고의 틀을 제공한다.

유부의 인식론에서 무소연심(無所緣心. 존재하지 않는 것을 인식 대상으로 삼는 마음)은 부정된다. 이는, 우리가 '어떤 것'을 인식한다면 그 '어떤 것'은 어떤 양상으로든 반드시 존재한다는 주장이다. 똑같은 논법을 현상에 대해 적용하면, 현상에 대해 본질 인식이 가능하다는 것은 그 본질이 현상 속에 반드시 존재하기 때문이라는 유부특유의 '존재론적 본질' 개념에 이르게 된다. 하지만 구사론에서 와수반두가 비판하고 있듯이 무소연심이 꼭 부정되는 것만은 아니다. '네모난 삼각형'이나 '토끼뿔'과 같이 현실적으로 존재하지 않는 대상도, 우리의 인식은 인식 대상으로 삼을 수 있기 때문이다.

그렇다면 본질 인식은 어떻게 가능하며 '본질'이란 무엇인가. 공 사상에 입각한 본질관은 이렇게 정리해볼 수 있겠다. 현상을 인식 대상으로 삼을 때, 현상의 '본질'은 그 인식 대상을 바라보는 인식 주관의 언어적 사유에 의해 구성되는 것일 뿐, 결코 유부가 상정하는 바와 같이 현상 그 자체 안에 유령처럼 도사리고 있는 불변의 실체가 아니다. 곧 주관에 따라 본질은 달리 상정될 수 있는 것이다. 이 점에서 우리가 '본질'이라 말할 수 있는 것은 '인식론적 본질'이지 '존재론적 본질'은 애초에 존재하지 않는다.

본질의 실체성을 부정하는 시각은 유부의 존재관을 전면적으로 부정하는 태도로 직결된다. 앞에서 지적했듯이 유부는 5온, 12처, 18계에 속하는 제 현상을 '실체적 존재'/'궁극적 존재'로 상정하였다. 그리고 그 근본적인 이유는 이들 현상에 본질이 내재한다고 보기 때문이다. 하지만 이제 본질의 실체성이 부정될 때, 더 이상 현상은 '궁극적 존재' 또는 '실체적 존재'의 위상을 차지할 수 없게 된다.『반야경』의 공 사상을 학설의 토대로 삼고 있는 중관(中觀)학파나 유식(唯識)학파가 5온, 12처, 18계를 '언어적 존재'/'일상적 존재'로 간주하는 결정적 이유도 바로 이 점에 있다고 생각한다.

3-1. 나가르주나의 '공성(空性)' — '존재론적 본질'의 부정

3-1-1.『중론송』의 '두 가지 진리(二諦)'

유부가 상정했던 '실체적 존재'가 공 사상을 거치며 '언어적 존재'로 격하됨에 따라 '궁극적 진리'의 의미 내용에도 큰 변화가 일어난다. 우리의 삶의 세계를 구성하는 근원적 제 현상에 관한 올바른 언명은 더 이상 궁극적 진리의 지위를 차지하지 못하고 세상의 언설에 근거한 '일상적 진리'로 된다. 일상적 진리와 궁극적 진리, 이 양자가 열반에 이르기 위해 필수 불가결한 두 요소인 점은 나가르주나도 인정한다. 그렇다면 이 양자의 관계는 어떠한가. 구사론에서 이 의문에 대한 해답을 찾기는 어렵다. 나가르주나는 양자의 관계를『중론송』에서 다음과 같이 표현하고 있다.[12]

이들 두 가지 진리를 구분해서 알지 못하는 자들, 그들은 붓다의 가르침에 담긴 심오한 실상을 알지 못한다(MK 24-9).

세상의 언설(=일상적 진리)에 의거하지 않고서는 궁극적인 진실(=궁극적 진리)을 설할 수 없다. 궁극적인 진실(=궁극적인 진리)에 도달하지 못하고서는 열반을 증득(證得)할 수 없다(MK 24-10).

여기서 '궁극적인 진실'로 옮긴 'paramārtha'는 '궁극적 진리(paramārthasatya)'와 동의로 쓰이고 있다.[13]

'일상적 진리'란 관점에 설 때, "항아리가 있다", "항아리가 깨졌다"는 말은 항아리의 무상함을 드러내주는, 유의미한 언명이다. 붓다에 대해서도 마찬가지 언설이 적용될 수 있을 것이다. "여래는 앓고 있다", "여래는 열반에 들었다"와 같은 말도 붓다라는 '일상적 존재'의 무상함을 드러내주는 언명이라는 점에서 유의미하다. 한편, 나가르주나의 공 사상은 일상적 존재의 확충을 꾀하기 때문에, "형색과 눈을 인연으로 삼아 시각이 생긴다"는 말도 '일상적 진리'로 유의미한 언명에 속한다. '형색(色. rūpa)', '눈(眼. cakṣus)', '시각(眼識. cakṣurvijñāna)'은 유부의 학설에 따르면 '실체적 존재'이기 때문에 위 언명은 '궁극적 진리'라 할 것이지만, 나가르주나는 이들 현상을 '언어적 존재'로 보기 때문에 위 언명은 '일상적 진리'로 된다.

'궁극적 진리'란 관점에 설 때, '항아리'나 '붓다' 그리고 '형색', '눈', '시각' 등은 모두 존재론적 본질이 없는, 단지 말뿐인 존재(saṃvṛtimātra.

---

12) ye'nayor na vijānanti vibhāgaṃ satyayor dvayoḥ / te tattvaṃ na vijānanti gambhīraṃ buddhaśāsane //(MK 24-9)

vyavahāram anāśritya paramārtho na deśyate / paramārtham anāgamya nirvāṇaṃ nādhigamyate//(MK 24-10)

13) 야쇼미트라와 찬드라키르티 사이에 'paramārtha'에 대한 語義 解釋은 다르지만, 둘 다 'paramārthasatya'를 *Karmadhāraya*로 語義 解釋하여 'paramārtha'와 동일시하고 있다는 사실에 주목하자.

SA(p.524, 25-26) : paramasya jñānasyārthaḥ paramārthaḥ, paramārthaś ca satyaṃ ca tat paramārthasatyam.

PP(p.494, 1) : paramaś cāsāv arthaś ceti paramārthaḥ, tad eva satyaṃ paramārthasatyam.

唯世俗), 곧 '언어적 존재'다. 다시 말하면 "항아리가 깨졌다", "형색과 눈을 인연으로 삼아 시각이 생긴다"는 언명은 그 어떤 실체적 존재를 가리키는 직설적 표현이 아니고, '은유적 표현(upacāra. 假設)'에 지나지 않기 때문에 '궁극적 진리'의 관점에 설 때는 무의미한 말이 되는 것이다. 그렇다면 일상적 언설이나 전문 술어를 사용하는 학문적 언설도 '궁극적 진리'의 영역에서는 무의미한 말이 되므로, 궁극적 진리에 설 때 우리는 침묵할 수밖에 없을 것이다. 이는 궁극적 진리를 '가설(可設)의 영역'에 두는 유부의 관점과 상치된다.

궁극적 진리가 침묵의 영역에 속한다 하더라도 우리는 세상의 언설 외에는 그것을 기술할 방도가 없다. 공 사상에서 '궁극적 진리'는 '공성(空性=諸法無自性)'으로 표현되는데, 이 경우 "제 현상에는 존재론적인 본질이 없다"는 언명은 비록 그것이 전문 술어로 표현되었다 하더라도 세상의 언설, 곧 '일상적 진리'다. '내가 형색을 본다'란 말을 쓰면서 '형색'을 '실체적 존재'로 바라본다면 이는 '법집(法執)'이며, 인식 주체인 '내'가 '실체적 존재'로서 있다고 보면 이는 '아집'이다. 하지만 아집·법집이 없는 상태에서 이러한 언설을 쓴다면, 그러한 언설은 '일상적 진리'라 할 수 있을 것이다. 곧 일상적 진리는 공성이라는 궁극적 진리에 관한 세상의 언설이지만, 그 언설은 결국 그 궁극적 진리의 세계로 건너가는 '뗏목'의 역할을 할 뿐, 침묵의 영역인 궁극적 진리 그 자체의 체득 문제는 여전히 해결되지 않은 채로 남아 있는 것이다.

3-1-2. '삼제게(三諦偈)'의 재해석

'궁극적 진리'의 관점에 설 때, 유부가 '실체적 존재'로 간주했던 제 현상(諸法)은 '언어적 존재(假有 / 施設有. prajñapti-sat)'일 뿐이다. 이 같은 컨텍스트 안에서 우리는 『중론송』 가운데 소위 '삼제게(三諦偈)'로 불리는 게송을 재해석해 볼 수 있겠다. 여기서 '제 현상(諸法)'은 '은유적 표현(因施設. upādāya-prajñapti)'으로 묘사된다.

yaḥ pratītyasamutpādaḥ śūnyatāṃ tāṃ pracakṣmahe / sā prajñaptir
upādāya pratipat saiva madhyamā // 24-18 /

인연으로 말미암아 생기는 제 현상14)을 [본질이] 비어 있는 것이라고
우리들은 말한다. [본질이 비어 있는 제 현상] 그것은 ['궁극적 진리'의 관
점에서는 존재한다고 할 수 없지만, 세상의 언설에 따라 '형색', '눈(眼)',
'시각'······ 라고] 은유적으로 표현되는 것이다. [본질이 비어 있는 제 현
상] 바로 그것은 [제 현상이 본질을 지닌 실체적 존재라고 보는 '유변(有邊
/增益邊)'과 인연소생의 제 현상마저 없다고 보는 '무변(/損減邊)'의 양 극
단적 견해(二邊)를 벗어난] 중도다.

공(空)-가(假)-중(中)의 삼제게(三諦揭)로 불리는 이 유명한 게송을 둘
러싸고 많은 해석이 있을 수 있겠다. 이 게송은 직역하면, "연기(緣起)는
공성(空性)이라고 우리들은 말한다. '공성'은 은유적 표현(假名)으로 바로
그것이 중도다"가 돼 연기를 주제로 연기=공성=가명=중도의 동격 관계를
규정하는 게송으로 보인다. '연기(pratītyasamutpāda)'라는 추상명사는
『중론송』 귀경게(歸敬偈)에서 '희론적멸(戲論寂滅. prapañcopaśama)'로
묘사되듯이, 현상에 존재론적인 본질이 내재돼 있다고 보는 실재론적
접근 방식이 철저히 차단되는, 제 현상간의 인과 관계 그 자체다. 따
라서 '연생법(緣生法. pratītyasamutpanna)'과 '연기'는 엄연히 구별
된다. 연기를 '인과 관계'라 할 수 있다면 연생법, 곧 인과 관계 속에
서 생멸하는 제 현상은 '관계내 존재'라 할 수 있을 것이다.

문제는 연기를 '은유적 표현'과 동일시할 수 있는가 하는 점에 있
다. 왜냐 하면 '은유적 표현'으로 우리가 번역한 '가명(假名. 因施設.
upādāya-prajñapti)'은, 내가 지금까지 확인해본 바로는 각 학파의
학설 체계에 따라 그 외연의 진폭에 차이가 있다 하더라도, 이름뿐인
존재인 '일상적 존재' / '언어적 존재'에만 적용되는 개념이기 때문이
다. 따라서 연기를 은유적 표현과 동격 관계로 설정한다면 궁극적 진
리여야 할 연기가 일상적 진리로 전락해버리게 되는, 해석상의 난점

---

14) 게송에 쓰인 원문은 'pratītyasamutpāda(緣起)'(인연에 따라 생겨남)이지만, 구마
라집은 이를 '衆因緣生法'으로 번역하여 'pratītyasamutpanna(緣生法)'으로 이해하고
있다. 여기서 내 해석은 기본적으로 구마라집의 이해에 따른 것이다.

을 안게 되는 것이다.

이 문제에 대한 해결의 실마리는 의외로 가까운 데 있는 것 같다. 구마라집은 원문의 '연기'를 '연생법'으로 한역(漢譯)하고 있는데, 이 점에서는 '언기'를 고수하는 찬드라키르티의 주석과 그 경향을 달리하는 것 같다. 하지만 산스크리트어에서 추상명사는 보통명사의 대용으로도 쓰일 수 있다는 점을 고려하면 구마라집의 한역은 한문의 뉘앙스를 살리고자 하는 데서 오는 것이 아닌가 한다. 그렇다면 구마라집의 해석 방식에 따라, 삼제게에서 쓰인 '연기'는 '연생법'으로 대체 가능하다고 볼 수 있으며, 또한 똑같은 설명 방식을 '공성'에도 적용하여 원문의 '공성'은 '공(空)한 연생법'으로 이해할 수 있게 된다. 위에서 제시한 내 나름의 삼제게 해석은 연기=공성=가명=중도의 동격 관계를 연생법=무자성공='언어적 존재(prajñapti-sat)'=중도의 동격 관계로 바꾸어놓은 것이다.

유부가 '실체적 존재'로 설정했던 현상을 '언어적 존재'/'일상적 존재'로 변질시키는 의도는 '중도'란 말로 명백히 표현된다. 즉 유무(有無)의 양 극단적 견해를 떠난 중도를 강조하기 위함이다. '중도'는 양 극단적 견해를 부정하는 길이기 때문에 나가르주나는 한편으로는 현상에 본질이 내재돼 있다는 '본질주의적' 견해를 폐기하고, 다른 한편으로는 '관계내 존재'인 현상의 존재성마저 부정하려드는 '허무주의적' 견해를 폐기한다.

본질이 배제된 제 현상이 서로 인과 관계 속에서 얽혀 있는 모습을 나가르주나는 우리의 삶의 세계의 실상으로 간주한다. 이는 유부가 상정한 법상 체계(法相體系), 즉 제 현상이 자기 자신의 고유한 본질(自相)과 공통적인 특질(共相)을 통해 서로 인과 관계를 맺고 있는 모습과는 사뭇 이질적인 세계관이다.

3-1-3. '공성'의 불가설성과 침묵 중시 경향

유부가 이해한 '궁극적 진리'가 붓다의 교설에 그 원천을 두고 있는 데 반해, 나가르주나는 '궁극적 진리'를 붓다의 침묵에 연결시켜서 이해한다.

『중론송』 제24장 「관사체품(觀四諦品)」 12번째 게송에서, 우리는 이 문제와 관련된 중요한 시사점을 얻을 수 있다.

atas ca pratyudāvṛttaṃ cittaṃ deśayituṃ muneḥ / dharmaṃ matvāsya dharmasya mandair duravagāhatām //

이 때문에 어리석은 자들이 이 진리(法. dharma=saddharma)를 이해하기 어렵다고 생각하고나서, 모니(=붓다)는 진리(法)를 설하려는 마음을 억눌렀다.

전후 문맥을 대조해보면 이 게송에서 쓰이고 있는 '진리(dharma)'15)는 『반야경』에서 설해진 진리, 곧 공성(空性. śūnyatā)을 뜻한다. 따라서 인연에 따라 형성된 현상에는 본질 / 자기동일성이 없다는 사태가 '궁극적 진리'로 등장하게 되는데, 여기서 '이해하기 어려운 것 (duravagāhatā)'으로 궁극적 진리를 묘사하고 있다는 점은 우리의 주의를 끌기에 족하다.

'이해하기 어려운 것'의 구체적 성격은 찬드라키르티가 주석 가운데 인용하고 있는 경전의 한 구절을 통해 자세히 드러난다. "깨달음을 얻고나서 바로 세존은 다음과 같이 생각했다. 내가 증득한 진리 (dharma)는 심오한 것(gambhīra)으로, 심오하게 보이며, 사변(思辨)이 미치지 못하며(atarka), 사변의 인식 영역에 속하지 않으며 (atarkāvacāra), 미세한 것(sūkṣma)으로, 지자(智者)나 현자(賢者)만 알 수 있는 것이다. 만약 내가 이를 다른 사람에게 설명해도 다른 사람이 나를 이해하지 못한다면, 나는 상처를 입고 피로만 쌓이고 침울해질 것이다. 그렇다면 차라리 한적한 숲 속에 홀로 머물며, '진리를 깨닫고 즐겁게 지내는 경지'에 도달한 사람으로서 살아야겠다"(PP

---

15) '다르마(dharma)'의 미묘한 의미 변화에 주의하자. 有部의 'dharma' 해석은 '고유한 본질을 지닌 현상'이었지만, 『中論頌』에서 dharma는 '현상에 고유한 본질 / 자기동일성이 없다는 진리'를 뜻하는 개념으로 탈바꿈한다. 'dharma'는 多義的인 개념이므로 그 의미를 둘러싸고 여러 가지 논란이 있을 수 있겠지만, 여기서는 'saddharma(妙法)'란 개념으로 대치할 수 있으리라고 보아 '진리'로 번역하였다.

p.498, 9-p.499, 1).

붓다가 체득한 '궁극적 진리'에 대한 묘사는 'gambhīra(深奧한 것)', 'sūkṣma(아주 미세하여 알아차리기 힘든 것)'이라는 수식어를 동반하고 있는데, 여기서 우리가 주목하고 싶은 것은 그것이 'atarka', 'atarkāvacara(思辨의 대상이 아닌 것)'로 언급되고 있다는 점이다. 이는 곧 '궁극적 진리' 또는 공성의 영역은 언어적 사유로서는 접근하기 어렵다는 말이다. 그렇다면 '궁극적 진리'는 '불가사의(acintya)'며 동시에 '불가설(不可說. anabhilāpya)'의 영역에 속하기 때문에, 자연히 붓다의 교설보다는 붓다의 침묵에 연결될 수밖에 없을 것이다. 이 같은 사정을 반영한 탓인지, 찬드라키르티는 단적으로 다음과 같이 표현한다.[16)

"paramārtho hy āryāṇāṃ tūṣṇīmbhāvaḥ"
궁극적 진리에 관해서 제 성자들은 침묵한다.

3-2. 와수반두의 '유식성(唯識性)' — '본질'의 변용과 공 사상 계승

3-2-1. 『해심밀경』의 등장과 '삼전법륜'의 관념

AD 4C경에 성립한 『해심밀경(解深密經)』은 텍스트의 성격상, '경(經)'이라기보다는 '논(論)'의 성격이 강하다. 때문에 일부 학자는 '논경(論經)'이란 용어를 적용하기도 한다. 『해심밀경』의 제7장 「무자성상품(無自性相品)」 말미에는 소위 '삼전법륜(三轉法輪)'의 관념이 개진돼 있는데, 이 '삼전법륜'의 관념은 아상가나 와수반두를 비롯한 유식사상가가 공 사상을 해석함에 있어서 『해심밀경』을 소의 경전으로 삼은 계기가 되므로 그 핵심만을 간추려 정리해볼 필요가 있다.

『해심밀경』에 따르면 법륜(法輪), 곧 붓다의 설법은 역사상 세 단계 과정을 거친다. 제일법륜은 '성자의 네 가지 진실(四聖諦)'로 『아함경』이 주무대다. 제이법륜은 '무자성공'으로 『반야경』이 주무대가 된다. 하지

---

16) PP(p.57, 7-8).

만『반야경』은 직설적인 언표 방식을 취하고 있지 않기 때문에『반야경』의 공 사상은 말 그대로의 의미로 해석해서는 오해만 부를 소지가 크다. 이 점에서『반야경』은 '미료의경(未了義經. neyārthasūtra)'이며, 그 진의를 올바르게 해석하기 위해서는 별도의 해석 방식을 채택하지 않으면 안 된다. 제삼법륜은 '삼성(三性)'과 '삼무성(三無性)'으로 『해심밀경』이 주무대가 된다.『해심밀경』에 이르러 비로소『반야경』의 공 사상의 진의가 남김없이 직설적으로 언표되고 있으므로『해심밀경』은 '요의경(了義經. nītārthasūtra)'이다.

이상이『해심밀경』의 '삼전법륜설'의 요점이지만,『해심밀경』의 편찬자가『반야경』을 미료의경으로 간주했다는 점은 불교사상사에 큰 전기를 마련한다. 공 사상에 대한 새로운 해석 방식이 이미 준비됐다는 선언과 다름없기 때문이다.

3-2-2. 유식 사상의 '두 가지 진리'

앞 절에서 소개한 구사론 제6장 현 성품 제4게송에 대한 자주(自註)에 뒤이어, 와수반두는 '선궤범사(先軌範師. pūrvācārya)', 곧 아상가를 비롯한 초기 유식사상가의 이체론을 소개하고 있다. 이 구절은 우리가 유식 사상 관련 문헌 중에서 확보할 수 있는, '두 가지 진리'에 관한 최적의 정의 가운데 하나다.

> "yathā lokottareṇa jñānena gṛhyate tatpṛṣṭhalabdhena vā laukikena tathā paramārthasatyam / yathānyena tathā saṃvṛtisatyam" iti pūrvācāryāḥ /
> "(어떤 것이) 출세간지(出世間智)에 의해서 혹은 출세간후(出世間後)에 얻게 된 세간(正智)에 의해서 파악될 때, 그런 방식으로 (파악된 것은) '궁극적 진리'다. (어떤 것이) (출세간지나 출세간후득 세간정지와는) 다른 (세간지)에 의해서 (파악될 때), 그런 방식으로 (파악된 것)은 '일상적 진리'다"라고 선궤범사들은 설명한다.

유부의 '두 가지 진리' 해석 방식과 대비시켜볼 때, 유식사상가가 두 가지 진리를 각각 상이한 차원의 인식 주관에 배당하고 있다는 점이 두드러진다 유부의 '두 가지 진리' 판정 기준은 본질이 유무에 근거한 '궁극적 존재'와 '일상적 존재'의 존재론적인 구분에 있다. 하지만 공 사상을 계승하고 있다고 표방하는 유식 사상에서 그 같은 존재론적인 이분법은 설 자리를 잃게 된다. 문제의 초점은 인식 대상을 바라보는 다차원적인 인식 주관으로 이동하여, 동일한 대상일지라도 그것을 바라보는 인식 주관의 인식론적인 차원에 따라 다른 방식으로 인식된다. 그렇다면 유식 사상에서 말하는 '대상(對象)'은 언제나 '인식 대상'이며 대상의 본질이라 하더라도 대상 그 자체의 존재론적 본질이 아닌 다차원적인 인식 주관에 대응하는 '인식론적 본질'을 의미하게 된다.

위에서 인용한 구사론의 한 구절로부터 유식 사상에서 본 인식 주관과 '두 가지 진리'의 대응 관계를 [표-1]로 정리해볼 수 있을 것이다. 3조로 구성되는 양자의 대응 관계가 유식 사상의 '삼성론' 및 '삼무성론'과 묘한 대응을 보이고 있음에 주목할 필요가 있겠다.

[표 - 1]

인식 주관	인식 대상
세간지(世間智)	일상적 진리
출세간지(出世間智)	궁극적 진리
출세간후득지(出世間後得智)	궁극적 진리

3-2-3. 삼성(三性)·삼무성론(三無性論)을 통한 공 사상의 재해석

유부의 '삼세실유설'의 토대는 현상에 내재돼 있는 존재론적인 본질에 있었다. 다시 말하면 현상을 현상으로서 존립할 수 있게 하는 '존재론적인' 본질 — 비록 그것은 인식에 의해 파악되는 것이지만 — 이 유부의 법상 체계의 이론적 전제다. 나가르주나의 공 사상은 그러한 존재론적인 절대 본질이 존재하지 않는다는 강력한 부정적 어법을 취한다. 하지만 절대적 본질은 부정되더라도 인식 활동이 존속하는 한, 우리는 비록 상대적일지라도 본질을 인식하고자 하는 노력을 포기할 수는 없을 것이다. 현상에 절대 본질은 없다는 존재론적인 해법만으로는, 우리의 삶의 세계를 구성하고 있는 제 현상이 어떤 성격의 것인가 하는 인식론적인 갈증은 여전히 해소되지 않기 때문이다.

유식 사상이 현상의 '인식론적인 본질'을 구성하려 들었던 이유는 바로 이 점에 있다고 보이는데, 소위 '삼성론(三性論)'이 그러한 노력의 결과로 대두된다. 다른 한편, 『반야경』의 공 사상을 계승하는 유식 사상에서, 『반야경』에 기술된 '무자성공'의 속뜻(密意. abhiprāya)을 해명하려는 해석학적 노력이 소위 '삼무성론'을 통해 이루어진다.

앞에서 '삼전법륜'의 관념을 살펴보았듯이, 『해심밀경』은 『반야경』의 언명 "제법무자성(諸法無自性. 제 현상에는 본질이 없다)"이 그 자체 완결된 의미 구조를 지니고 있지 않은, 새로운 해석을 필요로 하는 불완전한 언명이라는 판단에 경전적 근거를 제공한다. 『해심밀경』에서 제시된 삼성, 삼무성에 의거한 『반야경』의 재해석 구도는, 와수반두의 『유식삼십송』 제23게송에서 적확하게 표현된다.

trividhasya svabhāvasya trividhāṃ niḥsvabhāvatāṃ / sandhāya sarvadharmāṇām deśitā niḥsvabhāvatā // 23 //
"세 가지 유형의 본질(三性)이 바로 [각각 그에 대응하는] 세 가지 유형의 무본질(三無性)"이라는 속뜻을 담고 [『반야경』에서] "모든 현상들에는 본질이 없다(一切諸法 無自性)"고 설했다(k.23).

유식 사상은 우리의 현상적(現狀的) 인식 주관을 분별심(vikalpa)으로 규정한다. 따라서 인식 주관이 인식 대상의 본질을 천착하여 그것을 실체로 여긴다 해도, 그러한 인식 대상의 '인식론적인 본질'은 '허망 분별한 것(遍計所執性. parikalpitasvabhāva)'이다. 현상적 인식 주관에게는 '본질상 허망 분별한 것'에 그 어떤 자상(自相. 고유한 특질)으로 반영되는 자성(自性. 고유한 본질)이 있는 것처럼 여겨지지만, 실제로 그러한 자성은 아지랑이를 물로 착각하는 것처럼 존재하지는 않는 것이다(相無自性. lakṣaṇaniḥsvabhāva). 곧 현상적 인식의 눈에 비치는 인식 대상은 그 어떤 불변의 본질을 지닌 실체적 존재가 아닌 것이다. 따라서 현상적 인식의 세계에서 우리가 "있다"고 언표할 수 있는 실재는 분별심일 뿐이다. 이 같은 사태는 "삼계유식(三界唯識. idam traidhātukaṃ vijñaptimātrakam)"으로 표현된다.

이 점에서 유식 사상은 '주관적 관념론'의 계통으로 분류될 소지가 크다. 하지만 유식 사상의 탐구 영역이 여기에서 그치는 것은 아니다. 유식 사상이 다음으로 문제 삼는 것은 현상적 인식 주관, 곧 분별심의 '인식론적 본질'이다. 하지만 분별심이 자기 자신을 인식 대상으로 삼는다면, 그 결과는 또 다른 허망 분별한 것의 양산밖에 없다는 데 문제의 심각성이 있다. 스티라마티는 『유식삼십송』 제22계송에 대한 주석에서 분별심을 인식 대상으로 삼는 인식 주관의 차원을 출세간후득지로 설정하여 이 문제를 해결하려 하는데, 이러한 발상은 이미 인식 주관이 범부의 차원을 넘어서 성자의 차원으로 이동하는 명상 체험의 경험 영역을 전제로 한다.

출세간후득지의 관점에서 바라본 분별심은 우리의 현상적 인식 세계를 구성하는 근원적인 실재이지만, 그것의 '인식론적인 본질'은 그 자체 자기 원인적인 존재가 아니고 '다른 것에 의존하는 것(依他起性. paratantrasvabhāva)'이다. 이때 '다른 것(para)'이란 '인연(因緣)'을 말하므로, 분별심은 인연에 따라 형성된 현상(因緣所生法)으로 파악되며, 이 점에서 분별심은 자생적인 존재가 아니다(生無自性. utpattiniḥsvabhāva).

분별심을 인연소생법으로 인식할 때 분별심은 제거될 수 있는 존재로 된다. 분별심에서 분별 작용, 곧 인식 주관과 인식 대상의 실체성에 대한 집착(二取)이 사라질 때, 그 마음의 '인식론적 본질'은 '완전한 것(圓成實性. pariniṣpannasvabhāva)'으로 표현된다. 이 경우 인식 주관은 출세간지로, 인식 대상은 '궁극적 진리(勝義無自性. paramārthaniḥsvabhāva)'다. 궁극적 진리는 '출세간지의 인식 대상(paramārtha. 勝義)'으로 진여(眞如. tathatā), 법성(法性), 법계(法界), 공성(空性), 실제(實際), 무상(無相), 불이성(不二性), 무분별계(無分別界), 불가언성(不可言性), 불생불사(不生不滅), 무위(無爲),

열반(涅槃) 등의 이명(異名)으로 불리는데, 이를 유식 사상은 '유식 성(唯識性. vijñaptimātratā)'이라 명명한다. 이상과 같은 삼성, 삼무 성과 인식 주관의 대응 관계는 [표-2]로 정리해볼 수 있다.

[표 - 2]

인식 주관	인식 대상	공 사상에서 본 진의
분별심(識)	편계소집성(遍計所執性)	상무자성(相無自性)
출세간후득지	의타기성(依他起性)	생무자성(生無自性)
출세간지	원성실성(圓成實性)	승의무자성(勝義無自性)

인식 주관이 이 유식성에 머무를 때, 인식은 식(識=分別心)의 상태 에서 벗어나 지(智=無分別智)로 변하게 되는데, 이러한 인식 주관의 전식득지(轉識得智)의 과정을 '전의(轉依. āśrayaparāvṛtti)'라 한다. 하지만 유식성이 '불가언성(anabhilāpya)'으로도 불리듯이, 유식성이 나 전의의 과정 그 자체는 사변의 대상이 아니고 성자 스스로 체험 해야 하는 자내증(自內證)의 영역이기 때문에 불가사의(acintya)의 영역이기도 하다. 여기서 유식 사상의 궁극적 진리인 유식성은, 중관 사상(中觀思想)의 '공성'과 마찬가지로 붓다의 침묵의 세계다.

『중론송』의 삼제게에서 공 사상이 중도의 실천으로 연결되듯이, 유식 사상의 삼성·삼무성론도 실은 공 사상에 토대를 둔 중도의 실 천을 강조하기 위해 제시된 것이다. 와수반두는 『석궤론(釋軌論)』 (VY P.125a5-b3)에서, 허망 분별의 세계가 실재한다고 집착하는 증 익변(增益邊 / 有邊)과 불가언성의 세계가 있다는 사실을 부정하는 손감변(損減邊 / 無邊)을 배척하고 중도를 선양하기 위해 삼성론과 삼무성론이 전개된다고 해설한다. 중관 사상과 대비시켜볼 때, 유변 (有邊)의 내용에는 별다른 차이가 없어보이고 또한 유부의 '법집'과 같은 본질주의적 경향이 이 유변 안에 포섭될 수 있을 것이다. 하지 만 무변에 대한 인식에는 큰 차이를 보이는 것 같다. 중관 사상에서 '무변'은 인연소생법의 현상마저 부정하려드는 허무주의적 견해다. 곧 존재론적 본질이 없는 현상의 존재를 정립하는 것이 중관 사상적인 중도의 실천이다. 이에 비해 유식 사상은 붕가언섯의 '궁극적 진리'의 실재성을 부정하는 견해를 '무변'으로 규정하고, '의타기성'의 영역 속에 중관 사상의 '중도' 개념을 포섭한다.

양자의 차이는 궁극적 진리의 존재를 강조하느냐 언급을 회피하느냐의 차이에 있는 것 같은데, 유식 사상이 대두되기까지 공성에 대한 오해, 곧 '공'을 '전무(全無)'로 보아 궁극적 진리의 존재마저 부정해버리는 극단적 견해가 있었으리라는 상황 설정을 할 수 있다면, 유식 사상의 무변 파기는 '사이비 중관론자'를 겨냥한 것일 수도 있을 것이다.

3-2-4. '유식성'의 불가설성과 침묵 중시 경향

유식 사상에서 궁극적 진리로 간주하는 유식성이 공성, '불가언성'의 세계로 묘사되고, 성자의 자내증의 명상 체험과 결부되듯이, 유식 사상에서 '궁극적 진리'는 붕다의 침묵과 직결된다.

『유식이십론』(제22게송)과 『유식삼십송』(제30게송)에서 와수반두는, 유식성은 오직 붕다의 인식 영역임을 강조하고 '궁극적 진리'의 '불가설성'의 전통에 선다.

먼저 『유식이십론』의 기술[17]을 보자.

확정지어야 할 논항(論項)은 끝없고, 심오하기 이를 데 없는 '오직 알음알이뿐이라는 사태(唯識性)'에 대해, 나는 내 자신의 능력껏 이 『유식성의

---

17) VK(Levi ed. p.10, 28-p.11, 5):
  anantaviniścayaprabhedāgādhagāṃbhīryāyāṃ vijñaptimātratāyāṃ /
    vjñaptimātratāsiddhiḥ svaśaktisadṛśī mayā/
    kṛteyaṃ sarvathā sā tu na cintyā
  sarvaprakārā tu sā mādṛśaiś cintayituṃ na śakyate / tarkāviṣayatvāt//
  kasya punaḥ sā sarvathā gocara ity āha /
    buddhagocaraḥ//22//
  buddhānāṃ hi sā bhagavatāṃ sarvaprakāraṃ gocaraḥ sarvākārasarvajñeyajñānāvighātād iti//

논증』[이란 논서]를 지었다. 하지만 [내가] 모든 유형의 [논항을 다] 고려
한다는 것은 불가능한 일이다. 하지만 그 '오직 알음알이뿐이라는 사태'는
[실제로] 일체 모든 유형[의 논항]이 담겨 있는 것인데. 사변의 대상이 아
니기 때문에, 나와 같은 [범부]가 [그 '오직 알음알이뿐이라는 사태'를] 사
유의 대상으로 삼는다는 것은 불가능한 일이다. 그렇다면 누가 그 ['오직
알음알이뿐이라는 것']을 완전하게 인식 영역으로 삼는가. 붓다의 인식 영
역이다. 그 ['오직 알음알이뿐이라는 사태']는 다름 아닌 제불세존의 인식
영역이다. 왜냐 하면 [오직 불세존만이] 일체 모든 유형의, 일체 모든 앎의
대상에 대해 걸림 없이 알기 때문이다.

유식성이 "사변의 대상이 아니다"는 와수반두의 기술은 중요한 시
사점을 던져준다. 이 부분에 대한 주석에서 위니타데와는 "유식성은
'궁극적 진리(勝義. paramārtha)'이고, '궁극적 진리'는 언어적 사유
의 대상이 될 수 없다"고 한다.18) 궁극적 진리를 붓다의 침묵의 세계
로 연결시키려는 전통의 연장선상에 서 있다고 보아야 할 것이다.
　비슷한 내용이 와수반두의『유식삼십송』에서 다음과 같이 나온다.

　　　acitto 'nupalaṃbho 'sau jñānaṃ lokottaraṃ ca tat / āśrayasya
　　parāvṛttir dvidhā-dauṣṭhulyahānitaḥ // 29 //
　　　sa evānāsravo dhātur acintyaḥ kuśalo dhruvaḥ / sukho vimuktikāyo
　　'sau dharmākhyo 'yaṃ mahāmuneḥ // 30 //
　　　이 [오직 알음알이일 뿐이라는 상태에 머무는 인식]은 [능취(能取), 곧
　　인식 주체에 대한 집착이 없으므로] 무심이며, [소취(所取), 곧 인식 대상
　　에 대한 인지, 곧 집착이 없기 때문에] 무인지며, [능취와 소취에 대한 집
　　착이 없기 때문에, 곧 무분별지이기 때문에] 그것은 출세간지이기도 하다.
　　[이것이] [번뇌장(煩惱障)과 소지장(所知障)이라는] 두 유형의 추중(麤重.
　　dauṣṭhulya. 알라야식에 깃든 열반을 저해하는 힘 또는 종자)을 단멸하기
　　때문에, 의지처(=알라야식)의 대변혁(轉依)이다(k,29).
　　　바로 그 [알라야식의 대변혁]은 [추중이 없으므로] 무루(無漏)이고 [성
　　법의] 계(界. dhātu=원인. hetu)며, [(1)사변의 대상이 아니기 때문에 (2)성

─────────────────────
18) VKT(Śi 195a7) :
　　rnam par rig pa tsam ni don dam pa yin na ji ltar rtog geḥi yul du ḥgyur/

자가 각자 스스로 체험해야 하기 때문에 (3)예시가 있을 수 없으므로] 불가사의며, [(1)청정심의 인식 대상이기 때문에 (2)안은(安隱) 상태이므로 (3)무루법으로 이루어진 것이기 때문에] 선이며, [무진(無盡. akṣaya)이란 뜻으로 영원하기(nitya) 때문에] 견실하다. 이것은 [다름 아닌 영원하기 때문에] 즐거움이며, [번뇌장을 단멸하기 때문에 성문승(聲聞乘)이 말하는] 해탈신(解脫身)이다. 이것은 '대모니(大牟尼)의 법[身](dharmakāya)'이란 것이다(k.30).

스티라마티의 주석을 참조하여 문장을 보충하였지만 '궁극적 진리'가 사변의 대상이 아니고 성자가 스스로 체득해야 하는 명상 체험의 영역이라는 점, 따라서 불가사의며 오직 출세간지의 대상이라는 점 등은 상투적으로 등장하는 문구라는 사실을 알 수 있을 것이다.

4. 맺음말

지금까지 우리는 '이제(二諦)'를 축으로 삼아, 불교사상사의 큰 맥을 형성하고 있는 중요한 사상의 갈래로서, 아비다르마불교 시대의 대표 주자인 유부(有部)의 삼세실유설, 대승불교 시대의 쌍벽을 이루는 중관 사상과 유식 사상을 재정리해보았다. 문제의 초점은 '궁극적 진리'를 어디에 설정하는가 하는 점에 있었다. 근본적으로 소위 '진리론'에 관련된 문제이지만, '궁극적 진리'에 대한 유부와 대승불교의 상이점이 명백하게 드러났다고 생각한다.

유부는 붓다의 교설에 언급된 제 현상(法. dharma)을 '실체적 존재'로 간주하여 이 같은 실체적 존재에 관한 올바른 언명, 곧 『아함경』의 기술이나 아비다르마 논서의 기술을 '궁극적 진리'로 본다. 유부에 있어서 궁극적 진리는 언명 가능한 것이었고, 아비다르마불교 시대에 저술된 '논서'도 기본적으로는 '가설(可說)의 궁극적 진리'라는 방향성 위에서 저술된다.

한편, 기원 전후에 시작된 대승불교의 흐름은 유부로부터 '대승비

불설(大乘非佛說)'이란 비판을 받으면서도, 아비다르마 논서의 진리성을 의심하였고 나아가 『아함경』의 재해석 가능성을 인정하였다. 이는 붓다의 메시지에 대한 새로운 해석학적 지평, 곧 공 사상으로 연결되는 바, 대승불교 사상가들은 '궁극적 진리'를 붓다의 교설보다는 붓다의 침묵에서 찾았다. '궁극적 진리'는 사변의 대상이 아니었고 따라서 불가설의 영역이었다. 대승불교의 '논서(論)'나 '주석서(疏)'도 이러한 '불가설의 궁극적 진리'라는 방향성 위에서 저술된다. 우리가 고찰해본 니기르주나의 '공성(空性)'이나 와수반두의 '유식성'은 '궁극적 진리'의 이명(異名)이기 때문에, 이러한 방향성을 대변하는 대표적 실례로 꼽을 수 있을 것이다.

붓다의 메시지를 교설쪽에 두느냐 침묵쪽에 두느냐 하는 차이는 해석자 나름의 사상 체계, 곧 '해석학적 지평'에 깊이 결부된다.

"과거와 미래의 유위법(有爲法)은 있다"는 『아함경』의 기술을 예로 들어보자. '본질주의적' 세계 해석을 해석학적 지평으로 삼는 유부는, 이 구절을 요의경(=별다른 속뜻이 없이 말 그대로 화자의 의도가 드러나 있는 경전)으로 간주하여 '있다(asti)'를 '실체로서 존재한다(dravyato 'sti)'고 해석하여 삼세실유설의 '경전적 근거(敎證)'로 삼는다.

하지만 공 사상을 해석학적 지평으로 삼는 대승불교의 사상가는, 기본적으로 현상에 '존재론적 본질'이 있다는 견해를 '법집(法執)'으로 부정하기 때문에 이 구절을 전혀 다른 식으로 해석할 수 있을 것이다. 대승불교의 사상가가 볼 때, 이 구절은 과거와 현재의 유위법 간의 인과 관계 및 현재와 미래의 유위법간의 인과 관계를 부정하는 자를 설법 대상으로 한 미료의경(=말 뒤에 화자의 의도가 숨어 있어 별도의 해석이 필요한 경전)으로, "과거와 미래의 유위법은 각각 현재의 유위법의 원인과 결과가 된다는 점에서 있다"는 의미다. 곧 『아함경』에서 쓰인 '있다(asti)'는, 산스크리트 문법학의 용어를 빌리면 '동사 3인칭 단수 현재'가 아닌 니파타(nipāta)로, 비실재에도 적용될 수 있는 말이다. 따라서 대승불교 사상가는 『아함경』의 재해석을 통해 유부가 취한, 과거·미래의 유위법이 '실체적 존재'라는 견해를 부정하고 오직 현재의 유위법만이 '실체적 존재'라고 주장하게 되며, 다른 한편으로『아함경』의 숨은 의도(密意. abhiprāya)를 되살려 인과 관계를 부정하는 견해에 대해서 현재의 유위법이 '인과 관계내 존재'임을 주장한다. 물론 이 경우 현재의 유위법을 '실체적 존재'로 표현한다 하더라도 유부가 상정하듯이 '존재론적 본질을 지닌 실체적 존재'가 아닌 것은 명백하다. '공(空)'이라는 해석학적 지평을 새로 획득한 대승불교 사상가에게 현상의 '존재론적 본질'은 존재하지 않기 때문이다.

다음으로 남는 문제는, 공 사상이라는 공통된 해석학적 전통을 지니고 있는 중관 사상과 유식 사상의 차이를 어떻게 설정해야 하는가 하는 문제일 것이다. 본론에서는 간단한 시사에 그쳤지만, 나는 양자의 차이가 기본적으로 공 사상의 논의 방식이 서로 다른 데서 시작한다고 본다. 나가르주나의 논의 방식은 주로 '존재론적 본질'의 해체라는 존재론적 차원에서 행해진다. 그에 비해 아상가 및 와수반두에 의해 창시된 유식 사상은 그 논의 방식을 존재론적 차원에서 인식론적 차원으로 바꾼다. '삼성론'으로 유부의 존재론적 본질 추구를 인식론적 본질 추구로 방향을 틀고, 인식론적 본질을 축으로 다차원적인 인식 주관과 그에 대응하는 인식 대상의 관계로 우리의 삶의 세계를 구성한다. 이 과정에서 유부의 현상 인식 체계(法相體系)가 채용된다. 한편, 공 사상의 계승 측면은 중관 사상과 마찬가지로 존재론적 본질의 부정으로 이어지는데, 이는 '삼무성론'으로 구체화한다. AD 6C경에 소위 '공유(空有)의 논쟁'으로 일컬어지는, 중관 사상과 유식 사상의 대립상이 보이지만, 이러한 대립도 실은 양자의 논의 방식의 차이에 대한 오해에서 비롯된 것으로 보인다. 이 점에 관해서는 이후에 다른 논문에서 다룰 기회가 있을 것이다.

디그나가와 다르마키르티에 의해 대표되는 불교 인식 논리학에서 '두 가지 진리' 및 붓다의 침묵과 교설의 비중 여하 문제가 어떻게 다루어졌는가 하는 논의도 필요하리라 생각하지만, 지면 관계상 생략하지 않을 수 없다. 읽는 분들의 너그러운 아량을 바란다.

□ 약호 및 참고 문헌

대정장(大正藏) : 『대정신수대장경(大正新脩大藏經)』.

AK : *Abhidharmakośakārikā.*

AKBh : Vasubandhu : *Abhidharmakośabhāṣya*, Pradhan, Prahalad(ed.), TSWS Vol.8, Patna,1967; rev. 1975.

PP : Candrakīrti : *Mūlamadhyamakakārikās de Nāgārjuna* avec la Prasannapadā commentaire de Candrakīrti. de La Vallée Poussin, L.(pub.). Bibliotheca Buddhika 4. St.-Pétersburg. 1903-1913.

SA : Yaśomitra : *Sphuṭārthā Abhidharmakośavyākhyā by Yaśomitra.* Wogihara, U.(ed.). Tokyo, 1932-1936 ; repr. Tokyo, The Sankibo Press, 1971.

TA : *Chos mṅon paḥi mdsod kyi bśad paḥi rgya cher ḥgrel pa don gyi de kho na ñid ces bya ba* (Abhidharmakośa-bhāṣya-ṭīkā Tattvārthā-nāma)(P. Vol.147, No.5875) of Sthiramati..

VK : Vasubandhu : *Viṃśatikā.* Lévi, Sylvain (ed.). Vijñaptimātratās-iddhi, Deux traités de Vasubandhu, Viṃśatikā(la Vingtaine) accompagnée d'une explication en prose, et Triṃśikā(la Trentaine) avec le commentaire de Sthiramati. Bibliothéque de l'École des Hautes Études, Librairie Honoré Champion. Paris. 1925.

VKT : Vinītadeva : *Prakaraṇa-viṃśatikā-ṭīkā.* (P. No.5566, D. No.4065).

VY : Vasubandhu : *Vyākhyāyukti.* (P. No.5562, D. No.4061).

VYṬ : Guṇamati : *Vyākhyāyukti-ṭīkā.* (P. No.5570, D. No.4069).

공자의 상고주의 및 주자철학에서 철학의 정체

정 병 석(영남대 철학과 교수)

1. 문제의 제기

자신만의 특별한 관점으로 철학을 연구하거나 진리를 존중하고, 자기 독립적인 연구를 수행하는 어떤 철학자라도, 결코 과거의 전통 속에서 진리를 연구한 결과나 유산과 분명한 단절 관계를 가질 수는 없을 것이다. 철학을 하는 사람이라면 누구나 과거의 철학적 유산들을 섭렵, 이해, 평가하지 않을 수 없다. 이것이 바로 철학적 전통 또는 철학사가 가지고 있는 중요성이다. 물론 철학의 존재는 철학자들에게 있는 것이지만, 철학자가 말하는 철학적 내용들은 모두 다른 사람 혹은 다른 것에서 얻은 것을 기초로 하고 있다. 말하자면 다른 사람들에 의해 연구된 철학사의 내용이 자기 철학을 하는 자료와 전제가 된다는 말이다. 그러나 철학사가 진리를 연구한 과정들을 논의한 것이기는 하지만, 철학사 혹은 철학적 전통이 진리 자체는 아니다. 왜냐 하면 모든 철학자는 각각 자기의 관점에서 진리를 구하기 때문이다. 여기에서 우리는 '철학적 전통'과 현재의 '철학함'이라는 둘 사이의 긴장과 조화의 관계를 생각하지 않을 수 없다.

본 논문은 위에서 제기한 '철학적 전통'과 현재의 '철학함'이라는 문제를 중국의 유가철학의 경우를 적용하여 살펴보려고 한다. 어떤 의미에서 이러한 시도는 단순한 '철학적 전통'과 '철학함'이란 문제에 대한 유가적 이해에만 그치지 않을 것으로 보인다. 이 문제에 대한 분석은 오히려 공자(孔子)에서 시작하여 주자(朱子)에 이르는 유가의 철학적인 전통과 본질을 더욱 선명하게 보여줄 가능성이 있다. 왜냐 하면 우리가 유가철학사의 연구에서 주의하여야 할 문제 중의 하나가 바로 유가철학이 가지고 있는 특유의 철학적, 문화적 연속성(連續性)에 대한 인식과 해석의 문제이기 때문이다. 이른바 철학적, 문화적 연속성이란 의미는 하나의 문화적 단계에서 다른 단계로 들어서는 과정 속에서 이전의 원시적 의식 구조를 파괴하지 않은 상태로 계속 발전해가는 것으로, 급격한 단열(斷裂)이 없는 연속성을 지닌 유기적 전체라는 기본 구조를 의미한다. 그러므로 유가의 철학사 속에서 말하는 철학의 '창조적 발전' 혹은 '창조적 해석'이란 문제는 하나의 '연속성'이란 배경 위에서 성립되는 것으로, 연속성을 벗어난 '창조적 해석' 또는 '철학적 발전'이란 발견할 수 없을 것이다. 여기에서 모든 유가철학자들은 스스로의 전통에 대한 '역사적 책무(歷史的責務)'와 '계승 정신(繼承精神)'을 자임(自任)하고, 그 바탕 위에서 손익(損益)이라는 방식을 통하여 '창조적 발전'을 시도하는 것이다.

'철학적 전통'과 현재의 '철학함'이라는 대립의 관계를 공자의 상고주의적(尙古主義的) 관점과 신유학(新儒學)을 집대성한 주자철학을 통하여 분석해보려고 한다. 이러한 분석을 위하여 본 논문이 우선 논의해야 할 문제는 철학적 전통에 대한 공자의 기본적인 시각을 '술이부작(述而不作)', '온고지신(溫故知新)'의 관점을 통하여 점검하고, 공자가 '전통'과 '스스로의 창조적인 철학 활동'을 어떤 식으로 조화하고 있는지 살펴보려고 한다. 또 유가의 철학적 전통에 대한 주자의 관점을 '도통(道統)'이 가지고 있는 철학적 의미와 '사서(四書)'의 선택이라는 문제를 통하여 논의하고, 주자철학에서 철학의 정체성을 진리의 자득(自得)과 성인지도(聖人之道)의 현실화(現實化)라는 관점을 통하여 논의하려고 한다.

2. '전통'에 대한 공자의 기본 관점 : '역사적 언속성'과 '술고(述古)'

공자가 생존하였던 혼란의 시기, 즉 춘추(春秋) 시대로 지칭되는 중국 고대철학의 시작은 첫 걸음부터 냉혹한 문화적 선택을 강요받는 운명 속에 처해 있었다. 그것은 기존의 질서를 유지해왔던 주(周)나라의 예(禮)가 형식화되면서 시의성(時宜性)과 실효성(實效性)을 상실하면서 생겨난 결과다. 유가, 묵가, 도가, 법가라는 중요한 제자백가의 직접적 출현 배경 역시 주나라 문화의 병폐에 대한 해결 방식에서 그들의 정체성을 형성하였던 것이다. 예악(禮樂)의 붕괴에 따른 기존 질서의 혼란은 전체적인 문화의 위기를 초래하여, 자신의 역사적 선견(先見)을 형성하여 온 전통 문화를 포기하거나 혹은 새로운 형태의 문화를 취하여야 하는 두 가지 방식 가운데에서 어느하나를 선택하여야 하는 기로에 서게 만들었다. 그러나 그들은 스스로의 선택을 포기하거나 외면할 수도 없었다. 왜냐 하면 선택을 두려워하여 그것을 회피하거나 지연시킬 수 없는 역사적 긴박성이 그들을 짓누르고 있었기 때문이다. 그들이 역사와 사회적 환경의 변화에 따라 어쩔 수 없이 하나의 선택을 해야 한다는 사실은 단순한 문화적 형태의 선택에만 한정되지 않았다. 그것은 다름 아닌 세계관, 도덕, 인생관을 포함하는 전체 철학과 문화의 패러다임을 선택하는 중요한 결단이었기 때문이다.

공자의 철학이 가지고 있는 근본적 문제 의식 역시 주대의 예악문화의 붕괴에 따른 사회적 혼란(無道之世)의 구제에 있다. 공자가이런 역사적 상황 속에서 제기한 문화적 선택 혹은 전환의 논리는무엇인가? 전통 문화를 보는 관점은 제자백가들을 상반된 두 가지의모습으로 갈라놓고 있었다. 하나의 관점은 전통 문화를 인정하고 받아들이자는 보수적인 입장이고, 다른 하나의 관점은 전통 문화를 더이상 실효성이 없는 유물로 간주하여 그것을 폐기하고 완전히 새로운 패러다임을 만들어야 한다는 입장으로 나눌 수 있을 것이다. 그러나 관점이 그렇게 달라도 어떤 면에서 그 둘은 똑같은 공통점을 가지고 있다. 그것은 바로 혼란의 충격을 창조적으로 전환시키려는 노력일 것이다.

만약 위의 두 가지 경향 중에서 공자가 어느 편에 속하는가를 묻는다면 공자는 아마도 보수적인 전통주의자에 속한다고 대답하여야 할 것이다. 그러나 공자는 결코 그렇게 단순한 전통주의자가 아니다. 왜냐 하면 공자가 취한 방식은 전통 문화의 옹호와 철저한 변혁이라는 두 가지 선택 가운데서 어느 하나를 선택하는 양자택일(兩者擇一)의 방식이 아닌 그 둘을 모두 선택적으로 취하는 '비판적 계승'의 방식을 말하기 때문이다. 이런 관점에 대한 공자의 논리는 지극히 해석학적이다.

공자는 양자택일의 방식으로는 현실을 위기에서 근본적으로 탈출시킬 수 없을 것으로 보았다. 왜냐 하면 공자는 인간의 문화를 하나의 유기적 정체(整體)로 보아, 옛날 사람과 오늘날의 사람이 문화의 흐름 속에 있으면서 시간적으로는 선후가 다른 공동의 작업을 하는 것으로 말한다. 그러므로 공자는 수시로 옛날 사람을 찬미하였고, 결코 고금(古今)을 단절하려는 생각을 하지 않고 있다.[1] 즉 문화는 연결된 흐름 속에서 계속적으로 성장하고 자기 변혁을 하고 있다고 말한다.

> 공자가 말하였다. 은나라는 하나라의 예를 이어받았다. 거기엔 빼버린 것과 보탠 것이 있음을 우리는 알 수 있다. 주나라는 은나라의 예를 이어받았다. 거기에도 빼버린 것과 보탠 것이 있음을 우리는 알 수 있다. 아마도 주나라를 이어갈 나라는 그것이 비록 백 세대 이후라 할지라도 우리는 알 수 있다.[2]

위에서 인용한 공자의 말에 근거하면, 하나라에서 은나라를 거쳐 주나라로 이어지는 예제(禮制)는 발전 과정중에 있는 하나의 유기적

---

1) 勞思光 著, 鄭仁在 譯, 『中國哲學史』, 「古代篇」(서울, 탐구당, 1990, 제6판), 103쪽.
2) 『論語』, 「爲政」, "子曰, 殷因於夏禮, 所損益可知也. 周因於殷禮, 所損益可知也. 其或繼周者, 雖百世可知也."

전체 과정이다. 공자의 입장에서 전통 문화 혹은 사상은 단순한 과거의 사장물(死藏物)이 아니라, 현재도 여전히 살아 움직이며 영향을 주면서 작용하고 있는 것이다. 그러므로 어떤 누구도 전통의 영향을 벗어나 존재할 수 없다. 바로 하나라에서 은나라를 거쳐 주나라로 이어지는 예제의 유기적 발전 과정은 단절이 없는 역사적 연속성을 표현하고 있다. 그러나 역사적 연속성을 통하여 공자가 말하려는 것은 결코 앞선 고대 문화와 역사를 무조건적, 무비판적으로 수용해야 한다는 의미는 아니다.

　이러한 공자의 전통에 대한 역사 의식을 가장 분명하고도 적절하게 보여주는 것이 바로 『주역』의 「계사전」에서 말하는 "역의 도리는 궁하면 변화하고, 변화하면 통하고, 통하면 항구한다(易窮則變, 變則通, 通則久)"는 구절이다. 이 말은 시간 혹은 역사가 가지고 있는 변통무궁(變通無窮)한 특성을 통하여 하나의 역사적, 문화적 전통이 성립되어가고 있는 과정을 매우 적절하게 설명하고 있다. '궁하면 변한다'의 궁(窮)은 역사의 끊임없는 흐름을 말하는 것으로, 한 시대를 풍미한 문화가 계속적으로 발전하여 거의 정점에 도달한 상태를 의미하고, "변하면 통하고"의 변(變)은 창신(創新)의 성격을 말한다. 그러나 변화, 즉 창신이 의미하는 것은 결코 기존의 전통적인 것과는 근본적으로 다른 단열적(斷裂的)인 혁명적 변화를 의미하는 것이 아니라, 연속성이라는 범위 속의 손익(損益)을 말한다. '손익'이란 말이 가지고 있는 의미는 '가감(加減)한다'는 뜻으로 현재의 시점에서 손질을 가한다는 말이다. 공자는 한 시대가 지나가고 나중의 한 시대가 뒤이어 오는 것이 비록 차이가 있을지 모르지만, 그것은 분명히 연속성을 가지고 있는 것으로 보고 있다. 이런 근거에서 공자는 앞선 시대뿐만 아니라 비록 백 세대 이후라 할지라도 충분히 알 수 있다고 말하는 것이다. '변하면 통하는' 통(通)'이 바로 역사적 연속성을 형성한다. '통하면 항구한다'의 '구(久)'가 바로 역사 혹은 시간의 계속적인 누적(累積)에 의해서 형성된 '전통'을 의미한다. 역사는 궁하지 않을 수 없고, 또 변하지 않을 수 없고, 통하여 다시 궁하지 않을 수 없는(窮→變→通→窮→變→通) 반복을 보여주고 있다.

위에서 말한 관점들은 결코 단절된 역사 의식에서는 드러나지 않는다. 공자는 역사의 누적(累積) 혹은 전통을 단순한 유산(遺産)의 모음이나 갖가지 견해의 모음으로 보지 않고, 미래를 새롭게 연결시켜주는 살아 있는 근거로 간주하고 있다. 즉 과거의 전통은 '그 자체 어떤 새로운 것으로'[3] 계속적으로 살아서 움직여(生生) 새로운 것을 만들어낼 수 있는 창신성(創新性)을 담고 있다. 그러므로 공자가 배우려는 대상은 "(선인의 말씀을 본받아서) 서술하여 밝히되 창작하지는 않으며, 믿어 옛것을 좋아한다."[4] 또 "나는 태어나면서부터 아는 사람이 아니라 옛것을 좋아하며 힘써 그것을 구하는 사람이다"[5]라고 말하는 고대의 전통 바로 그것이었다.

여기에서 공자의 전략은 매우 분명하다. 그것은 단순한 고대의 전통을 파기하고 다른 새로운 것을 추구하는 방식이 아니라, 오히려 전통을 올바로 인식한 바탕 위에서(述古) 그것을 다시 새롭게 해석하여 현실에 새로운 이념을 제공하려는 것이다. 그러므로 공자가 과거의 전통을 강조하여 술고하는 이유는 전통을 현재를 반성하는 잣대로 삼고, 의식의 원천으로 전환하여 과거와 동일한 새로운 철학을 정립하려는[6] 의도에서 찾아야 한다. 과거와 동일한 새로운 철학이 의미하는 것은 과거의 철학적 전통을 맹목적으로 답습하는 것이 아니라, 영원한 진리의 반복과 그것의 완결성에 대한 지향을 의미한다. 여기에서 필요한 것은 단순한 재생이나 뜻풀이가 아니라 해석자의 상황에 따라 나오는 창의적이고 생산적인 해석이다. 그러므로 공자가 전통을 중시하는 의도는 바로 역사적인 전통 속에서 현실의 시대적 요구와 미래의 전망을 찾아내고, 아울러 시대적 요구와 미래의 전망 속에서 역사와 전통을 밝히려는 것이다.

---

3) Karl Jaspers(translated by Ralph Meinheim), *Socrates, Buddha, Confucius, Jesus* (New York, A Harvest Book, 1962) p.43.
4) 『論語』,「述而」, "述而不作, 信而好古."
5) 위와 같은 곳, "我非生而知之者, 好古敏以求之者也."
6) Karl Jaspers, 위의 책, 43쪽.

3. 공자의 '온고지신'의 철학적 태두와 진리의 완견성에 대한 지향 : 상고주의(尙古主義)와 성인지도(聖人之道)

공자는 자신이 생존하고 있었던 현실을 올바른 도가 실현되지 못하는 '혼란의 시대'로 규정하고 있다. 그는 이런 시대적 상황을 "군주가 군주답지 못하고 신하가 신하답지 못하고 ⋯⋯ 아들이 아들답지 못하다"[7]는 말로 형용하고 있다. 공자는 이런 혼란의 원인을 상고시대에 완벽했던 원래의 예(禮)가 시간이 흐름에 따라 올바른 기능을 발휘하지 못하여 도덕적, 정치적인 혼란을 가중시킨 것에서 찾았다. 이런 상황 속에서 공자의 현실 구제 방식은 결코 상고 시대의 완벽한 예를 현실에 그대로 복원시키는 단순한 복고(復古)가 아닌, '술고(述古)'를 통한 '창신(創新)'의 방식에서 해법을 찾고 있다. 공자가 '술고'를 말하는 의도가 '창신'에 있다면, 그러면 '술이부작'에서 말하는 '작(作)'의 내용은 무엇인가?

'술(述)'의 의미를 주자는 옛것을 전술(傳述)하는 것이고, '작'은 성인(聖人)이 아니면 불가능한 것이기 때문에[8] 공자는 겸손하여 감히 '창작'하지 않았다고 말한다. 주자의 관점이 완전히 방향을 달리하고 있는 것으로 비판할 수 없지만, 이런 분석은 매우 피상적일 뿐만 아니라, 어떤 점에서는 공자가 말하고 있는 본질적 의도를 완전히 드러내주지 못하고 있다는 느낌이 든다. 이 문제는 역시 공자 자신의 직접적인 언급을 통하여 분석하는 것이 가장 분명할 것이다. 다행스럽게 「술이(述而)」편에서 이런 단서가 나타난다. "대개 모르면서 그것을 (멋대로) 지어내는 사람이 있으나, 나는 그런 것이 없다"[9]고 말

---

7) 『論語』, 「顏淵」, "君不君, 臣不臣, 父不父, 子不子."
8) 朱熹, 『朱子集註』, 「述而」, "述傳舊而已, 作則創始也, 故作非聖人不能, 而述則賢者可及."
9) 『論語』, 「述而」, "蓋有不知而作之者, 我無是也." 이 문장에서 말하는 '作'의 의미는 '행동을 마음대로 한다(妄作)'는 의미로 볼 수도 있으나, 여기에서는 『十三經注疏』의 "時人有穿鑿妄作篇籍者,故云然."의 '妄作篇籍'의 뜻으로 해석하였다. 이 문제에 대해서는 楊伯峻의 『論語譯注』(中華書局香港分局,1987,홍콩)의 73-74쪽과 來可泓의 『論語直解』(復旦大學出版社,1996,上海)194-195쪽에서 잘 설명하고 있다.

하고 있다. 공자가 여기에서 말하는 "잘 모르면서 (멋대로) 짓는다"
는 뜻은 결코 인간의 창작 혹은 창조성을 부정하는 것이 아니라, 어
떤 문제에 대해 올바른 앎(知)을 가지고 있으면 언제든지 새로운 창
작이 가능하다는 의미다. 공자의 이 말은 그의 철학함의 태도와 학문
에 대한 진지한 자세를 매우 잘 보여주는 관점이다.

공자가 『논어』 속에서 말하는 '앎(知)'에 관한 언급 중에서 가장 대
표적인 것은 "유야, 너에게 앎이 무엇인지를 가르쳐줄까? 아는 것을
안다고 하고 모르는 것을 모른다고 하는 것, 이것이 앎이다"10)라고
말하는 부분이다. 공자가 여기에서 말하는 '지'의 의미는 단순히 '아
는 것'과 '모르는 것'을 구분할 수 있는 능력으로만 한정하지 않는다.
'지'의 의미를 그런 의미로만 한정한다면 지식의 확대는 불가능할 것
이다. 공자가 여기에서 말하려고 하는 '지'의 본질을 분명하게 파악
하기 위해서 우리는 자로(子路)와 공자 사이에 진행된 '지'에 관한 일
련의 대화들을 분석하여야 한다. 자로가 공자에게 귀신 섬기는 문제
에 대해 묻자 공자는 "아직 살아 있는 사람을 잘 섬기지도 못하는데
어떻게 죽은 조상의 신을 섬기는 일을 잘 할 수 있겠는가"라고 대답
하였다. 자로가 다시 죽음에 관해서 묻자 공자는 "아직 삶조차 알지
못하는데 어떻게 죽음을 알겠는가"라고 대답하였다.11) 자로의 질문
에 대한 공자의 이런 대응 방식은 단순한 즉답을 회피하려는 수단으
로만 볼 수 없다. 공자의 이런 대답 속에서 우리는 그가 위에서 자청
하여 자로에게 말한 "아는 것을 안다고 하고 모르는 것을 모른다고
하는 것, 이것이 앎이다"라고 말하는 '지'에 대한 기본 관점을 조금도
벗어나지 않고 있을 뿐만 아니라, 또한 그의 '지'에 대한 깊은 성찰을
발견할 수 있다. 사실상 공자가 자로에게 하고 싶은 말은 '지'란 '이
미 알고 있는 것', '알 수 있는 것'을 근거로 하여 '알지 못하는 영역의
것'을 탐구하여 나가는 단계가 있음을 강조하려는 것이다. 공자는 당
연히 이런 단계를 무시한 자로를 비판할 수밖에 없는 것이다.

---

10) 『論語』, 「爲政」, "由, 誨女知之乎, 知之爲知之, 不知爲不知, 是知也."
11) 위와 같은 책, 「先進」 "季路問事鬼神, 子曰未能事人, 焉能事鬼, 敢問死, 曰未知生,
焉知死."

위의 분석을 통하여 우리는 공자가 강조하고 있는 '술고'의 목적을 이해할 수 있는 단서를 발견할 수 있었다. 공자가 말하려는 '술이부작'은 결코 창조 혹은 창작을 무조건 반대한다는 의미가 아니라, '이미 알고 있는 것', '알 수 있는 것'을 근거로 하여 '알지 못하는 영역의 새로운 것'을 탐구하여 나가는 하나의 방법적 과정으로 보고 있는 것 같다. 공자가 "옛것을 더듬어 되살려 새것을 알 수 있는 사람은 참으로 스승이라 할 수 있다"[12]고 한 것은 바로 우리가 이미 알고 있는 고대의 전통을 반성하고 추론함으로써 현대와 미래에 새로운 관점을 발견하여 제공하는 일이라고 해석하는 것이 타당할 것이다. 여기에서 공자가 좋아했던 '전통(古)'의 내용은 무엇인가? 물론 그것은 『시(詩)』와 『서(書)』 등의 고전과 예(禮)다. 그러나 공자는 단순히 고전과 그것을 생활화한 세계에만 머무르지 않고, 이를 만든 성인들의 위대한 인격을 흠모하고 있다. 말하자면 그의 상고주의는 결코 골동품 애호가의 취미 같은 것도 아니고 죽은 고대 문화의 단순한 부활이 아니라, 위대한 인간성에 대한 존경이었다.[13] 이른바 상고(尙古)의 '고대'가 의미하는 것은 과거의 황금 시대로서 현재와 미래의 모델이다. 이 모델이 가진 유토피아적 비전은 결코 종교적, 계시적인 비전을 통한 직선적인 진보관에 의해 이루어진 것은 아니다. 과거의 황금 시대를 이상 사회로 설정하여 그것을 다시 회복할 수 있다고 생각하는 '상고주의'는 분명히 '순환적' 시간 개념을 강하게 보여준다. 그러면 이것은 역사 발전을 무시하고 현실과는 동떨어진 고대 문화로 돌아가려고 하는 복고주의적 입장을 말하는 것인가? 공자와 유가의 고대에 대한 숭상은 단순히 옛날의 원시적 생활 방식으로의 복귀가 아니라, 황금 시대를 가능하게 하였던 성인의 도덕적 인격성에서 찾고 있다. 왜냐 하면 과거의 황금 시대로 돌아가려는 유가적 유토피아를 실현하는 관건은 단순한 고대 문화로의 완전한 복귀에 의해서 가능한 것이 아니라, 관건은 어디까지나 도덕의 함양과 군주의 신중한 선출에 있는 것으로 보기 때문이다. 이런 점에서 공자의 상고

---

12) 『論語』, 「爲政」, "溫故而知新. 可以爲師矣."
13) 카이즈카 시게키(박연호 옮김), 『孔子』(서광사, 1991), 69쪽 참조.

주의는 오히려 과거에 대한 단순한 인습(因襲)을 말하는 것이 아니라 오히려 전통에 대한 비판(批判)에서 시작하고 있다.

그러나 공자의 전통에 대한 비판은 결코 자신의 주관적 판단에서 나온 것이 아니라, 고대에서 연속되어온 역사적 발전을 통하여 추론할 수 있는 현재와 미래의 발전에 관련해서 이루어진다. 그러므로 여기에서 말하는 '비판적'이란 의미는 '좋은 것과 나쁜 것을 구별하고 가치 있는 것을 선택하는 손익의 방식을 통하여 현실화하는' 것이다. 그러므로 '현실화'의 구체적 방법은 감춰진 고대 문화를 만든 성인의 정신과 인격의 진리를 발견하여 지금의 자신들의 생활 방식으로 표현하려는 것이다. 왜냐 하면 실제로 아무 것도 외적인 형식에서 고대와 동일하게 회복될 수는 없기 때문이다. 그렇게 하려는 자는 마치 "오늘날의 시대에 태어나서 옛날의 길로 거꾸로 돌아가려는 자로 (어리석은 자로) 불행하게 되는"[14] 사람과 같다. 공자가 주장하려는 것은 "과거의 것을 그대로 모방하는 것이 아니라, 영원한 진리를 반복하려는 것이다."[15] 이른바 '영원한 진리'는 인간 구제의 길인 성인의 정신과 인격을 담고 있는 '성인지도(聖人之道)'를 말한다.

이런 '성인지도'의 전형을 공자는 주공(周公)에서 찾았다. 공자는 주대(周代)의 예의 창시자로 알려진 주공에 대한 존경을 잠시도 버리지 않았다. 이런 사실은 "심하구나! 나의 노쇠함이여! 오래 되었구나, 내가 꿈에서 주공을 뵈온 지가?"[16]라는 탄식을 통하여 짐작할 수 있다. 그러나 공자가 좋아했던 주공에 대한 애정과 존경은 단순한 예악에 한정되어 있지 않다. "사람이 인(仁)하지 아니하면 어떻게 예(禮)를 대할 것이며, 사람이 인하지 아니하면 어떻게 악(樂)을 대할 것인가?"[17]라고 하여 공자는 주공이 제창한 예악을 부차적인 것으로 말하고 있는 것 같다. 공자가 주공을 흠모한 것은 단순히 예악 문화만을 사랑하고 이해하는 것에 그치는 것이 아니라, 더 나아가 이

---

14) 『中庸』, "生乎今之世, 反古之道, 如此者. 災及其身者也."
15) Karl Jaspers, 위의 책, 44쪽.
16) 『論語』, 「述而」, "甚矣, 吾衰也. 久矣, 吾不復夢見周公."
17) 위와 같은 책, 「八佾」, "人而不仁如禮何, 人而不仁如樂何?"

예악의 창시자인 주공의 인격을 흠모한다. 즉 고대의 주공에 있어서 더욱 명료하게 실천되었던 예악이 이런 혼란의 결과를 빚은 것은 올바른 인격의 갖춤이 없는 형식적 예악의 실천 때문이라고 공자는 말한다. 여기에서 공자는 인간이 실천하는 모든 문화 활동과 덕목은 '인(仁)'을 전제 조건으로 삼아야 한다는 사실을 강조하고 있다. 자하(子夏)와의 대화 중에서 "공자께서 그림 그리는 일은 흰 비단을 마련하는 것보다 뒤에 하는 것이라고 말씀하시자, 자하가 그러면 예가 뒤겠군요라고 말했다."18) 위의 인용문에서 말하는 '예보다 앞서는 것', 즉 '예보다 더욱 본질적인 것'은 무엇인가? 그것은 인간의 바탕을 이루는 '인'을 말하는 것으로 보인다.19) 인은 인간에 내재한 가치 있는 인문 활동의 근거다. 가치 있는 인문 활동은 모두 '인'에 근거하고 있다.

이처럼 공자의 상고주의는 단순한 고대의 전통을 복구하는 것이 아니라, 전통이 가지고 있는 영원한 진리의 연속성을 통해 자기 자신을 원만하게 실현하고, 동시에 자기 자신을 통해 그것들을 새로이 빛나게 하려는 것이다. 이처럼 공자에서 전통은 "인간의 본성과 그의 자율적, 능동적인 능력에 대한 근본적으로 새로운 통찰에 근거를 둔 새로운 이념을 제시함에 있어서 하나의 신화적인 과거의 이야기로 사용되고"20) 있다. 공자는 성인지도의 현실화라는 영원한 진리의 완결성에 대한 지향을 통하여, 전통을 새로운 의미를 산출해내는 앎의 대상으로 간주한다. 이처럼 공자의 상고주의에서 말하는 '전통'은 결코 '과거'로의 완벽한 복귀를 요구하지 않고, 오히려 혼란한 현재를 인간답게 하고 조화롭게 할 수 있는 새로운 해석과 참신한 영감을 제공해주고 있다.

---

18) 위와 같은 곳, "子曰, 繪事後素. 曰, 禮後乎. 子曰, 起予者, 商也, 始可與言詩已矣."
19) 『四書集註』에서 朱子는 그것을 "마치 사람이 아름다운 자질이 있어야 장식을 할 수 있음과 같은 것이다. 예는 반드시 忠信을 바탕으로 삼으니, 이는 그림 그리는 일에 반드시 흰 비단을 우선으로 삼는 것과 같다(猶人有美質然後可加文飾, 禮, 必以忠信爲質, 猶繪事必以粉素爲先)."
20) 허버트 핑가레트 저, 송영배 옮김, 『공자의 철학』(서광사, 1993), 108쪽.

4. 유가의 '철학적 전통'에 대한 주자의 관점 :
도통(道統)과 사서(四書)

중국유학사 속에서 주자철학이 가지는 위치를 종종 하나의 큰 호수로 비유하는 경우가 있다. 왜냐 하면 이전의 유학 사상들은 모두 주자라는 큰 호수에 유입(流入)되어 정리와 소화(消化), 비판을 통하여 다시 새로운 생명을 부여받아 조리와 체계를 형성하기 때문이다. 또한 주자 이후의 중국 유학 역시 그의 입장에 찬동하든 반대하든 모두 여기에서부터 출발한다. 주자는 유학을 다시 새롭게 해석하여 집대성하는 데 가장 중요한 인물이기도 하지만, 중국철학사 속에서도 유일하게 공자에 비견할 수 있는 위대한 철학자다. 왜냐 하면 그가 없었다면 유학은 자신의 본질을 고스란히 가지면서 새로운 모습으로 부흥할 수도 없었고, 주자 이전의 여러 유학자들을 하나의 역사적 초점 속에 가지런하게 모아놓은 하나의 새로운 전통을 정립할 수 없었기 때문이다.21) 이처럼 주자철학의 기본적인 성향은 한마디로 말하여 '전통적'이다. 주자가 말하는 '전통'의 의미는 전통의 인습(因襲)에만 머무는 것이 아니라, 그것을 현실에 맞게 흡수, 소화, 재현(再現)하여 공자가 말하는 '손익'의 관점을 그대로 계승하고 있다.

주자는 공자의 '손익'의 관점을 매우 중시하여, '철학적 전통' 혹은 '역사적 전통'에 대해 가지고 있어야 할 점에 대하여 설명하고 있다. 주자는 삼대(三代) 문화에 대해 다음과 같이 말한다.

삼대가 서로 이어받은 것은 서로 인습하여 변할 수 없는 것도 있고, 서로 손익하여도 불변할 수 없는 것도 있다. 그러나 또한 오직 성인만이 그 이치의 소재를 관찰하여 그것을 인혁(因革. 변천)시킬 수 있다. …… 22)

---

21) 韋政通, 『中國思想史』(水牛出版社, 臺北, 1986, 제7판), 『下冊』, 1154-1155쪽 참조.

22) 朱熹, 『朱子大全』, 卷七十二, 「古史餘論」 "三代相承, 有相因襲而不得變者, 有相損益而不可常者. 然亦唯聖人爲能察其理之所在, 而因革之……."

주자는 위의 인용문을 통하여 '변해야 하는 것'과 '절대 불변하는 것'을 구별하고 있다. '변해야 하는 것'은 시대와 현실의 변천에 따라 변해야 하는 것이고, 시대와 현실이 변천하여도 '절대 불변하는 것'은 여전히 계속적으로 이어가야 한다는 것이다. 그러면 구체적으로 주자는 무엇을 '변해야 하는 것'과 '절대 불변하는 것'으로 나누어 말하고 있는가? 이 문제에 대한 주자의 관점을 매우 분명하게 보여주는 곳이 있다.

처음 옛날 사람들이 살았던 때는 물론 예의(禮義)의 형식(禮義之文)이란 것은 없었다. 그러나 낳아주고 길러주는 부자 관계가 생기면서 상애(相愛)의 은(恩)이 있음을 알게 된다. 그들이 서로 보호하고 함께 살게 되면서 군신의 관계가 생기고 여기에서 서로 공경하는 의(義)가 있음을 알게 되는 것이다. 이런 입장에서 보자면 어찌 예의의 본질(禮義之實)이 없다고 말할 수 있겠는가?[23]

주자가 말하는 '예의지문(禮義之文)'이라는 것은 예의의 형식적인 측면 혹은 제도를 의미하고, '예의지실(禮義之實)'은 예의의 형식 체계가 가지고 있는 예문 정신(禮文精神) 혹은 예가 가지고 있는 본질을 지칭한다. 예의의 형식적인 측면 혹은 제도라는 것은 '변하는 것'으로 시대적 상황에 따라 변통되는 것이다. 예문 정신 혹은 예가 가지고 있는 본질적인 의미는 시대가 변하여도 '절대 불변하는' 진리로 계속 발전시켜나가야 하는 것이다. 주자의 이런 관점은 도통(道統)의 확립과 사서(四書)에 대한 새로운 의미 부여라는 문제를 통하여 분명하게 나타난다.

주자는 신유학자들 중에서 '도통'이라는 말에 본격적으로 철학적 의미를 부여한 학자다. 주자가 '도통'을 강조하는 이유는 역사적인 권위나 불교에 대한 모방에서 나온 것이 아니라, 신유학이라는 하나의 새로운 철학적 체계의 형성과 발전에 요청되는 매우 필요한 요소

---

23) 위와 같은 곳, "民生之初, 固未始有禮義之文. 然自其相生養而有父子, 則知有相愛之恩矣. 自其相保聚而有君臣, 則知有相敬之義矣. 是則禮義之實, 豈可謂之無哉."

이기 때문이다. 이것은 정통성의 계승(道統相承)이라는 표면적인 의미에만 머무는 것은 아니다. 만약 '도통'이라는 문제를 단순한 역사적 권위나 정통성의 권위라는 측면으로만 본다면, 그것은 스스로의 한계만을 보여주기 때문이다. 주자는 도통이 전수되는 과정을 언급하면서 '도통'은 이미 『상서』에 기록되어 전해지고 있고, 『상서』에서 말하는 '도통'의 핵심 내용인 16자심전(十六字心傳)은 요임금이 순임금에게 전하고, 순이 다시 그것을 우임금에게 전하여 문, 무, 주공과 공자를 거쳐 맹자에까지 전하지만 맹자 이후 실전(失傳)되었다고 말한다. 그후 이정(二程) 형제가 출현하여 천 년 동안이나 전해지지 않았던 도가 다시 연결되었다는 것이다.24) 만약 이 문제를 실증적인 측면에서 말한다면 이런 도통전수의 이론은 상당히 많은 문제점을 보여줄 것이다. 그러나 오히려 이런 이유에서 우리는 '도통설'이 가지고 있는 '철학적 성격'을 발견할 수 있을 것이다. 그것은 바로 주자가 선진유가 특히 공자의 철학적 '전통'을 계승하면서25) 동시에 자신의 철학을 형성하려는 시도로 나타난다.

주자가 정립하려고 하였던 도통의 단서는 기본적으로 철학성의 체계이지 역사 혹은 경전 등의 전수 체계를 말하는 것은 아니다. 공자가 자신의 시대적 상황에서 '전통'에 대한 '술고'와 '창신'을 말한 것과 마찬가지로, 주자 역시 신유학 발전에 필요한 철학성의 내재적 수요를 '도통'이란 관점을 통하여 해결하려고 한다. 즉 멀리는 공자와 내재적 관련을 맺어 성인들이 서로 이어가고 있는 마음(心) 혹은 도(道)의 본질을 파악하고, 가까이는 이정(二程)을 통하여 그의 새로

---

24)『朱子大全』, 卷七十六,「中庸章句序」, "道統之傳有自來矣. 其見於經, 則允執厥中者, 堯之所以授舜也. 人心惟危, 道心惟微, 惟精惟一, 允執厥中者, 舜之所以授禹舜也. ……自是以來, 聖聖相承, 若成湯文武之爲君, …… 若吾夫子則雖不得其位, 而所以繼往聖開來學, 其功反有賢於堯舜者. …… 又再傳以得孟氏. …… 故程夫子兄弟者出, 得有所考, 以續夫千載不傳之緒."

25) 왜냐 하면 16자심전이 기록된『尙書』의 부분은『위고문상서(僞古文尙書)』의 부분이고, 요순 또한 역사 이전의 신화 시대의 인물이기 때문에 '도통'을 역사적 정통성이라는 관점으로 말하기는 곤란한 것이다. 劉述先,『朱子哲學思想的發展與完成』(學生書局, 1982, 臺北), 420-421쪽 참조.

운 이(理)의 철학을 정립하는 데 필요한 것들을 가져오려고 한다. 이를 통하여 주자는 전통을 계승하여 술(述)만 한 것이 아니라 작(作)도 하여 유학을 새롭게 해석하고 있다. 주자의 도통전수(道統傳授)의 관점은 표면적으로는 마치 역사적 권위에 기초하고 있는 것 같지만, 실은 철학적 수요에 의해 이루어진 것이다. 여기에서 주자는 한 걸음 더 나아가 유가의 경전 역시 이런 방식으로 처리하고 있다.

주자가 전통적인 '오경(五經)'이 아닌『논어』와『맹자』등의 '사서'를 강조하여 주석한 것은 주자 자신의 철학적 성격과 직접적으로 관련된다. 특히 어떤 학자들은 주자 철학에서 가장 큰 혁명적인 사건을 '사서'의 편찬과 주석에서 찾기도 한다.26) 주자가 '사서'를 강조하는 이유는 단순한 개인적 기호나 주관에서 나온 것이 아니라, '오경'과는 분명한 철학적 차이가 있기 때문이다. 그 이유 중의 하나는 특히 『논어』나『맹자』는 공맹의 말을 직접 기록하여 성인의 본의를 직접 얻을 수 있지만 '오경'은 어디까지나 간접 자료에 불과하다는 점이다. 또 '사서'는 주자가 정립하려고 하는 이철학(理哲學)의 원천으로 성(性), 심(心), 인(仁), 의(義) 등의 중요한 철학적 개념이 모두 여기에서 출현할 뿐만 아니라, 새로운 하나의 철학적 방법을 제공해주기 때문이다. 이것이 바로 격물(格物)이다. 주자는 그의 철학의 핵심인 수신치학(修身治學)의 근본 모델을 격물을 통하여 말한다. 이런 이유로 그는『대학』을 제일 앞에 둔다.27)

이러한 주자의 근본적인 혁신은 결코 전통을 벗어나려는 시도가 아니라, 오히려 유가의 정통을 계승하여 고대 유가의 철학자들이 말하려고 하는 철학적 의미를 올바로 해석하려는 것이다. 말하자면 주자가 '사서'를 '오경'보다 강조한 것은 '오경'을 부정하려는 것이 아니라, '사서'가 '오경'보다 철학적으로 중요할 뿐만 아니라 선행되어야 한다는 의미다.

---

26) Wing-Tsit Chan, *A Source Book in Chinese Philosophy*(Princeton University Press, New Jersey, 1973), p.589.
27) 陳榮捷,『朱學論集』(臺北, 學生書局, 1982), 22쪽 참조.

5. 주자 철학에서 철학의 정체 : 진리의 자득(自得)과 성인지도의 현실화

주자가 '사서'를 주석하고 체계화하여 새로운 의미를 부여하였다는 사실은 단순히 주목받지 못했던 경서를 주석하였다는 사실에 그치는 것은 아니다. 그것은 오히려 유학이라는 철학적 전통을 발전적인 관점에서 새롭게 해석하고 현실화하려는 것을 의미한다. 왜냐 하면 주자가 '오경'이 아닌 '사서'를 선택하였다는 사실은 나름 아닌 주자철학이 가지고 있는 철학의 정체와 방향을 스스로 선택한 것을 의미하기 때문이다. 즉 주자가 '사서'를 선택하였다는 사실은 내용적으로는 형이상학적인 이기심성(理氣心性)의 철학적 체계를 세우려는 그의 의도가 숨어 있는 것일 뿐만 아니라, 주자 자신의 독특한 철학함을 선언하는 것이나 마찬가지이기 때문이다.

주자가 전통적인 유가철학을 형이상학적인 체계를 갖춘 철학 체계로 세우려고 하였을 때, 가장 먼저 해결하여야 하는 일은 전통적인 '경학(經學)'과 자신의 독창적인 '철학'을 어떤 방식으로 모순 없이 연결하는가 하는 문제였다. '경학'은 주로 경전을 주해(注解)하고 이 경전의 주해를 통하여 자신의 철학 사상을 발휘하는 학문 체계다. 그러므로 '경학'은 기본적으로 경전의 테두리를 벗어나지 못하기 때문에 개인의 자유로운 철학 활동은 다분히 제한될 수밖에 없는 것이다. 여기에서 주자는 경학과 철학의 모순이라는 딜레마에 빠지게 된다. 사실상 이것은 공자를 위시한 모든 유가철학자들이 해결하여야 하였던 '상고(尙古)'와 '창신(創新)'의 문제이기도 하다. 주자는 결과적으로 이 딜레마를 성공적으로 해결한다. 주자가 이 문제를 해결하는 방식은 '사서'라는 경서의 권위를 빌어오면서 동시에 자신의 독특한 철학을 발휘하는 것이다.

주자가 의도하고 있는 '이기심성'의 형이상학은 기본적으로 당시 지식인들의 정신적 요청에 적응하여 출현한 것으로, 불교와 도교의 체계적인 형이상학적 이론들을 넘어설 수 있는 것이어야 한다. 이런 이유에서 주자는 형이상학적인 이론들을 심지어 불교와 도교에서도 빌어올 뿐만 아니라, 동시에 유가의 경전을 통하여 연역해내려고 하였다. 그러므로 주자가 『논어』와 『맹자』 등의 '사서'를 주석한 것은 다만 경서의 형식을 빌려 자신의 철학 사상을 발휘하는 것으로, 사실상의 자각적인 진리 인식을 강조하는 '자득(自得)'28)이라고 할 수 있다. 심지어 주자는 경전이 가지고 있는 절대적 필요성에 대해서 회의적인 관점을 보여주기도 한다.

> 경전을 빌려서 이치에 통할 뿐이다. 이치를 얻으면 더 이상 경전에 기댈 필요가 없다.29)

> 만약 이치를 완전하게 이해하면 경전은 비록 없어도 될 것이다.30)

표면적으로 보면 주자의 이런 언급은 전통적인 유학과 유가의 모든 경전을 부정하는 것으로 보일지도 모른다. 그러나 여기에서 주자가 말하려고 하는 의도는 결코 전통적인 유가 경전을 부정하려는 것이 아니라 오히려 유가의 핵심 내용을 계승하여, 성인이 말하려고 하는 이치, 즉 진리를 이해하는 데 있다. 여기에서 주자가 비판하려고 하는 대상은 진한(秦漢) 이래의 경학적 전통이다. 그는 진한 이래의 경학적 전통이 본질을 오도하고 있는 것으로 비판하고, 경전이 가지고 있는 본질적 의미는 분명히 스스로의 '자득'을 통한 이해에 있음을 강조하고 있다.31) 위의 인용문에서 말한 이치(理)는 결코 주자가 새롭게 창조한 것이 아니고, 공자와 맹자 등의 성인이 말한 진리다. 주자는 성인들이 수많은 말들을 하지만, 그 말하는 내용들은 다만 하

---

28) '自得'이란 관점은 송대 유학자들이 경전과 주석에 대한 새로운 경향으로, 이것은 주자에게 많은 영향을 준 것으로 보인다. 이 문제에 대해서는 陳榮捷의 『朱學論集』, 21쪽 참조 바람.
29) 『朱子語類』, 卷11, "借經以通乎理耳, 理得則無俟乎經."
30) 위와 같은 책, 卷103, "若曉得理, 則經雖無亦可."
31) 위와 같은 곳, "讀書, 不可只專就紙上求理義, 須反來就自家身上推究. 秦漢以後無人說到此, 亦只是一向去書冊上求, 不就自家身上理會……自家只借他言語來就身上推究, 始得."

나의 진리일 뿐이라고 말한다. 주자는 그 하나의 진리를 인간이 마땅히 실천해야 하는 당연지리(當然之理)라는 것으로 규정할 수 있지만, 혹시 사람들이 그것을 이해하지 못할까 우려하여 책에 기록하였다[32]고 말한다. 그러므로 주자철학에서 철학의 출발점과 목표는 이 하나의 진리에 집중되어 있고, 그의 철학 체계는 당연히 이것을 중심으로 전개된다. 중요한 것은 고대의 성인이 말하는 진리를 끄집어내어 어떻게 현실화하고 자기화할 수 있는 것인가 하는 문제다.

수자철학의 '자득'적 성격은 결코 전통을 벗어나려고 기도하는 것이 아니라, 오히려 유가 전통이 말하고 있는 핵심적인 내재 의미를 끄집어내어 '현실화(現實化)'하려는 데 초점이 놓여 있다. 주자는 고대 유가의 핵심적인 철학 문제를 "어떻게 자아의 노력을 통하여 성인(聖人)이 되는가"라는 것에서 찾고 있다. 즉 성현들의 수많은 말들, 예를 들면 '극기복례(克己復禮)', '존덕성(尊德性)', '명명덕(明明德)' 등은 하나같이 모두 '천리를 밝히고 인욕을 없애는' 것을 가르치는 것이기 때문이다.[33] 주자의 말은 유가의 가장 핵심은 '성인지도의 완성[成聖]'이라는 문제에 집중되어 있음을 말하는 것이다.

주자는 결코 고대의 '성인지도(聖人之道)' 혹은 '성덕지교(成德之敎)'를 무조건 옮겨놓는 것이 아니라, 그 속에 담겨 있는 진리를 현실화하고 스스로의 '생활 방식'으로 표현해낸다. "현실화하여 스스로의 '생활 방식'으로 표현한다"는 것은 무슨 의미인가? 그것은 바로 여전히 살아서 움직이는 진리의 완결성에 대한 주자의 참여와 자임(自任)을 의미하는 것으로, 송대의 유가들이 가지고 있었던 문제 의식 및 현실적 요청과 관련된다. '송명이학(宋明理學)' 혹은 '신유학(新儒學)'이 가지고 있었던 일차적인 과제는 정미로운 형이상학적인 철학 체계를 갖추어 불교의 출세적(出世的) 관점을 이론적으로 비판할 수 있는 '천인합일'의 일원론적 인극(人極)을 확립하는 것에 있다. '인극

---

32) 위와 같은 책, 卷11, "聖人千言萬語, 只是說箇當然之理. 恐人不曉, 又筆之於書."
33) 위와 같은 책, "孔子所謂克己復禮, 中庸所謂致中和尊德性道問學, 大學所謂明明德, 書曰人心惟危, 道心惟微, 惟精惟一, 允執厥中, 聖賢千言萬語, 只是教人明天理, 滅人欲."

의 확립을 통하여 인간의 가치 창조와 존재의 의미를 하나의 체계적인 이론 속에서 설명해내야 하는 것이다. 이런 철학적 요청에 대해 주자는 우주의 본체와 인성의 근원에 대한 하나의 보편적 원리를 설명해야 하는 책임을 자각하고 '성리학' 혹은 '이학(理學)'34)을 정립한다.

주자철학의 발전적인 측면은 만물의 생성을 본체론적 차원에서 정립해줌과 동시에 인간의 마음에서 인간이 된 소이(所以)인 성(性)을 확인하고,35) 성의 근원인 천리(天理)를 확립하여 우주 안에서의 인간의 지위와 의미를 일원론적 견지에서 체계화하려는 것이다. 이것은 바로 우주가 단절되지 않고 생생(生生)하는 까닭과 인간이 생물적 존재면서도 도덕적 이상을 창조하고 실현할 수 있는 근거를 형이상학적인 체계를 통하여 확립하는 것이다. 특히 우리는 이런 관점을 그의 「인설(仁說)」을 통하여 가장 분명하게 발견할 수 있을 것이다. 주자는 다음과 같이 말한다.

"천지는 만물을 낳는 것을 그 마음으로 삼고, 사람과 만물이 생겨나는 데 그들은 각각 천지의 마음을 받아서 자신의 마음으로 삼았다. 그러므로 마음의 특성은 …… 한마디로 말하여 인(仁)이라고 할 수 있다."36)

주자는 마음(心)의 특성을 인이라고 말하고 인의 본질을 생(生)하는 것으로 규정하고 있다. 물론 마음의 본성을 인으로 규정하는 것은 공자 이래의 전통적인 관점이다. 그러나 주자는 여기에서 한 걸음 더 나아가 마음과 인을 우주의 생생지리(生生之理)로 구체화하여 인성론과 윤리학을 고도의 형이상학적인 체계 위에서 논의하고 있다. 이

---

34) '이(理)'를 중국철학사에서 가장 중요한 지위로 만든 사람은 이정(二程) 형제지만, 이정의 '이'를 받아들여 체계적인 철학으로 완성한 것은 주자다. '이'뿐만 아니라 북송 시기의 신유학자들이 말한 태극, 이, 기, 성(性), 격물과 인(仁)의 관념은 주자의 손을 통하여 철학적으로 체계화되고 종합된다. 특히 주자는 주돈이(周敦頤)의 '태극' 개념과 이정의 '이' 개념을 결합하여 방대한 형이상학적 체계를 구조한다.
    Wing-Tsit Chan, *A Source Book in Chinese Philosophy*, pp.589-590 참조.
35) 『朱子語類』卷5, "性便是心之所有之理……."
36) 朱熹, 『朱子文集』卷67, "天地以生物爲心者也, 而人物之生, 又各得夫天地之心爲心者也, 故言心之德,……然一言以蔽之曰仁而已矣."

러한 주자의 윤리학, 즉 '사람됨의 방식'은 고도의 형이상학적인 기초 위에서 해석되어 종래의 것들과는 매우 큰 차별을 가진다. 이런 주자의 시도는 선진 유가와 초기 신유가의 관점을 계승하는 한편, 또한 '인'에 형이상학적인 근거를 부여하는 발전적인 관점을 보여준 것이라고 할 수 있다.

주자가 '이학'이라는 형이상학적 체계를 세운 것은 결코 사변적이거나 경험과학적 체계를 세운 것이 아니라, 시종일관 '성인지도의 실현'이라는 목표를 벗어나지 않는다. 왜냐 하면 주자철학에서 매우 중요한 위치를 차지하고 있는 '격물치지(格物致知)'의 개념은 얼른 보면 사변적이거나 경험과학적 앎(知)으로 보일 가능성이 매우 높다. 그러나 이것은 경험과학적 개념이라기보다는 도덕적 개념에 더 가깝다. 주자는 "격물은 이 마음을 밝히기 위한 것이다"[37]라고 누차 말하고 있다. 주자철학에서 말하는 '앎'은 순수 이론 혹은 개념 지식을 지향하지 않는다. 이것은 전통적인 유가철학의 앎 혹은 지식이 가치나 실천과 연관되는 것과 맥을 같이 하고 있다. "치지는 어떤 하나의 목적을 가지고 있다. 그것은 가치, 자아 완성 심지어 전면적인 진리로 이끌어져 궁극적인 진실을 깨닫게 한다. 유학의 전통은 지식 문제를 인류 가치와 자아 완성의 문제로 집중하게 만드는"[38] 것이다. 즉 주자 철학의 출발점은 인간이 만약 자신의 본성을 안다면 자연히 진리를 알 수 있다는 것으로 이것은 '지인(知仁)' 혹은 '지성(知性)'에 해당하는 것이며, 이런 종류의 지식은 '원초적 지(primary knowledge)'[39]라고 말할 수 있을 것이다.

주자철학이 '사람됨의 방식'을 고도의 형이상학적 기초 위에서 체계화한 것은 주자 스스로 그 하나의 진리를 자각적으로 인식하고 그것을 발전적으로 현실화하였기 때문이다. 말하자면 이런 철학의 체계화는 바로 진리의 발전과 완결성에 대한 자각적 사유와 지향을 통하여 나온 것이라고 할 수 있을 것이다. 우리가 주자의 철학을 '이학'으로 규정하는 것은 주자의 철학적 방법 혹은 체계가 '이'나 '격물'을

---

37) 『朱子語類』, 卷118, "格物所以明此心."
38) 成中英, 『知識與價値』(聯經出版社, 臺北, 1986), 275쪽.
39) 위와 같은 곳.

중심으로 해석하고 있다는 의미이지, 그의 철학적 주제가 '이'이 확립을 궁극 목표로 하고 있다는 의미는 아니다. 주자철학의 궁극적 목표와 근본 성격은 어디까지나 '성인지도(聖人之道)의 실현'이라는 하나의 진리에 놓여 있다. 다만 주자는 '성성지도(成聖之道)'라는 영원한 진리를 '이'라는 형이상학적인 성격을 통하여 현실화하고 구체화함으로써 '스스로의 전통의 창조자'가 되는 것이다.

6. 맺음말

공자를 위시한 유가들은 보기에 전통 문화만을 변호하는 복고주의자로 보일 가능성이 많지만, 실제의 그들은 하나같이 모두 위대한 개혁가들이다. 공자가 예의 기존 개념을 바꾸어 '인'의 이념을 제기하였듯이, 주자 역시 '이(理)'의 형이상학적 체계를 통하여 중국철학을 변혁시켰다는 점에 우리는 주목해야 한다. 그들은 이런 점에서 새로운 창조자이지 결코 낡은 이상의 변호인은 아니었다. 다만 그들은 철학적 전통을 새로운 의미 산출의 근거로, 새로운 해석을 얻어낼 수 있는 원천으로 보는 '온고지신'의 태도를 보여주고 있다.

공자는 학문하는 태도에 대해서 "단지 공부만 하고 사고하지 않으면 어둡고, 단지 생각만 하고 공부하지 않으면 믿음이 부족하게 된다(學而不思則罔, 思而不學則殆)"고 하였다. 공자의 이 말은 바로 철학적 전통을 어떻게 대해야 하고, 철학을 어떻게 해야 하느라는 문제를 잘 말해주고 있다. 즉 철학적 전통을 잘 전수받음과 함께 그 의미를 스스로 생각하고 사색하여 자기화하지 않으면 안 되는 것으로, 배움과 사색의 양쪽이 종합되어야 진정한 철학이 성립된다고 생각한다. 그러므로 공자는 전통에 맹종하는 일 없이 오히려 전통에 비판을 가함으로써 진정한 지식이 성립한다고 생각했다. 전통에 대한 공자의 비판은 자기의 주관적 판단에 따라서 행해진 것이 아니라, 고대로부터 이어져온 발전의 과정 속에서 행해지는 진리의 완결성에 대한 지향이어야 한다는 것이다.

중국의 유가철학은 모두 역사적 연속성 속에서 서로 호응하고 상관하여 유기적 연계성을 가지고 있기 때문에 고립된 철학을 발견하기는 힘들다. 유가의 이런 역사적 연속성을 가장 분명하게 보여주는 것이 바로 '도통설'이다. 주자는 도통 개념에 하나의 철학적 구조를 제공하여 자신과 공자와의 철학적 연속성을 확인하고 있다. 주자가 철학적 연속성을 확인한다는 의미는 단순한 계승의 차원에만 머문다는 의미가 아니라, 도(道) 또는 진리의 계속적인 발전을 자임함을 (自任於道) 의미한다. '자임'이라는 말의 뜻은 일단 상속된 전통이라는 '유산(遺産)'에 대한 권리 행사를 의미하여, 전통적 유산을 더욱 구체적으로 발전시켜 풍요롭게 보존하려는 것을 말한다.

주자의 이런 도통에 대한 '자임'은 유가철학을 혁신적인 차원으로 발전시킨다. 그는 '오경'의 지위를 '사서'로 대치하고, '이(理)'를 통하여 유학을 해석하는, 이전과는 매우 다른 독창적인 경향을 보여주고 있다. 보통 주자철학을 '이(理)의 철학'으로 규정한다. 그러나 '이학(理學)'이라는 말이 상징하는 것은 결코 주자의 철학적 성격이 고전 유가와 전혀 다른 본질을 가지고 있다는 것을 의미하는 것이 아니라, 다만 고전 유가의 이념을 계승하면서도 방법적으로 철학적 체계화 혹은 이론적인 보충을 하고 있다는 것을 의미한다. 기본적으로 '신유학'의 '신(新)'이 의미하는 것은 본질적인 변화라는 의미가 아니라, 새로운 이론의 체계화 혹은 발전적 보완을 의미하는 것이기 때문이다. 이것은 바로 주자의 철학적 진리에 대한 '자각적 인식'이고 '현실화'로, 종래의 유학 체계에 우주론과 형이상학을 가미하여 철학적인 이론화, 체계화를 지향하고 있다. 그러나 주자의 철학적 전통에 대한 혁신은 여전히 "어떻게 자신의 노력을 통하여 성인이 되는가?"라는 절대 불변의 유가적 진리에 충실하고 있다. 주자의 혁신은 결코 전통을 벗어나려고 기도한 것이 아니라, 다만 전통적인 유가철학의 발전을 자기화하여 그것의 진정한 의미를 사유하고 구체적으로 이해하려는 것이다. 또한 주자는 유가의 철학적 전통(철학사)에 대한 전술(傳述)과 해석 방법을 절묘하게 형성하였기 때문에 어떤 의미에서 그는 동시에 '스스로의 전통의 창조자'인 것이다.

서양 고대 철학에서의 철학함과
우리의 철학함의 전형
― 아리스토텔레스의 철학함에 대한 분석을 중심으로

박 희 영(한국외국어대 철학과 교수)

1. 서 론

무릇 한 문화의 발달은 다른 문화(가치관, 전통, 언어, 법률, 사상 등)와 접촉을 하는 가운데, 다른 문화라는 거울 속에 비친 자기 문화의 모습을 정확히 바라보고, 그 대자적 모습이 이상에 못 미친다고 느낄 때, 자기 문화를 더욱 더 완벽하게 만들기 위해 노력함을 통해 이루어지기 마련이다. 따라서 삶의 현장에서 부딪치는 숱한 문제들을 해결하는 과정에서 발생하게 되는 철학적 사유도 문화의 한 부분이기 때문에, 몸체인 문화와 마찬가지로 다른 사상들과 접촉하는 가운데 자신의 사유를 끊임없이 갈고 다듬어감을 통해 발달하게 된다.

지금까지 우리는 우리의 전통 철학적 사유가 서양철학에 의해 고사되어버렸고, 마치 한국 철학자들은 자신들의 독창적 사유는 생산해내지 않고 서양 철학자들의 사상을 수입하여 소개하는 일에만 만족하는 지식의 중개상 역할밖에 못하고 있다는 자조적 평가를 많이 들어왔다. 그러나 모든 위대한 사상이 많은 다른 사상들의 영양분을 섭취하여, 새로운 사유의 꽃을 피움을 통해 이루어졌다는 점을 생각한다면, 그러한 평가는 지나치게 조급한 자기 비하적 평가임을 알 수 있다. 사실 새로운 사상의 출현은 단순히 만드는 원리만 터득하면 곧장 새로운 것을 만들어낼 수 있는 상품 생산과는 질적으로 달라서, 수많은 사유들이 역사 속에서 축적되고 개념 및 표현 체계가 발달하며, 문제 의식을 지닌 사람들끼리 자신의 생각들을 서로 교환하면서 끊임없이 사유하는 노력들이 함께 어우러졌을 때만 가능한 것이다. 따라서 우리는 한국철학이 메말라가고 있다고 자조하기보다는, 그 메말라 있는 지적 풍토를 비옥하게 바꾸기 위하여 사유라는 야생림을 개산하는 경작술을 개발하려고 노력해야 할 것이다. 그렇다면 우리는 어떠한 경작술을 통하여 우리 자신의 철학함의 전형을 형성하고, 더 나아가 새로운 사상을 창출해낼 수 있는가?

일반적으로 우리는 사유 경작술의 가장 고전적인 모델을 선현들의 사상이라는 구체적 데이터를 이용하여 철학함 내지 학문함 일반의 방법을 훌륭하게 정립하였던 아리스토텔레스의 철학적 작업의 모형 속에서 찾는다. 따라서 본 논문은 그의 철학적 작업의 모형에 대한 고찰을 바탕으로, 우리의 철학함의 전형을 확립하기 위한 방법을 찾고자 함에 그 목적이 있다. 그러한 목적을 달성하기 위해 본 논문은 사유함 일반 또는 철학함이 문화와 맺고 있는 상관 관계를 밝히고, 아리스토텔레스가 철학적 사유를 위해 철학사를 활용한 방법과, 그러한 방법에 기초하여 자신의 고유한 형이상학 이론과 학문의 방법론을 정립하게 되는 과정을 살펴본 다음에, 우리의 철학함의 전형을 확립하기 위한 구체적 방법을 모색해보고자 한다.

2. 본 론

2-1. 도시국가 문화와 철학

서양 고대 철학에서 철학함이 의미하는 바가 무엇이고, 더 나아가 우리의 철학함의 전형을 확립할 수 있는 방법이 무엇인지 탐구하기 위해서, 우리는 무엇보다도 먼저 인류 문화에서 최초로 철학적 사유를 잉태시킨 고대 그리스의 문화적 조건들을 살펴볼 필요가 있다. 그 이유는 그러한 고찰이 우리로 하여금 모든 철학함의 발전이 일부 전문 철학자들의 상아탑 안에서의 연구뿐만 아니라, 사회 구성원들 전체의 철학적 통찰과 그러한 통찰에서 찾아낸 가치들을 실현하려는 노력이 함께 병행될 때 비로소 가능하게 된다는 사실을 자각시켜줄 것이기 때문이다.

무릇 모든 철학적 사유는 정치적, 사회적, 언어적, 문화적 구조 속에서 잉태되기 마련이다. 즉 그것은 광범위하게는 그 사회의 구성원들이 지니고 있는 가치관, 인생관, 우주관 등의 개념 체계와, 세부적으로는 구체적인 사회 생활의 양태나 언어의 화용론적 실제 등과 밀접하게 연결되어 있다.[1] 이 같은 논거에서 4대 문명의 발상지도 아니었던 그리스에서 철학이 발생하게 된 이유에 대한 설명들이 다양한 관점에서 개진된 것은 당연한 현상이라 할 수 있다. 실제로 벤베니스트 (Benveniste)나 칸(Kahn), 스넬(Snell) 등은 그리스어의 언어 구조 자체 때문에, 버넷(Burnet)은 대상을 있는 그대로 바라보는 관조 정신 (Theoria) 덕분에, 베르낭(Vernant)이나 비달 나케(Vidal-naquet) 등은 정치적, 경제적 광장 문화 덕분에, 그리스인들이 철학적 사유를 발달시킬 수 있었다고 주장한다.[2]

그러나 어느 누구도 이러한 요인들 중 어느 하나만이 철학을 잉태시키는 데 절대적 역할을 수행했다고 생각하지는 않는다. 따라서 그리스에서 철학이 발달하게 된 원인을 종합적으로 이야기하자면, 우리는 첫째로 자신의 의사를 자유롭게 표현하고 국가의 일들을 하나의 공적인 일(Res Publica)로 처리하는 광장 안에서 꽃핀 정치 문화, 둘째로 구체적 삶 속에서 생활화된 대화 및 토론의 습관을 이론적 차원에서의 진리 탐구로 승화시킨 정신, 셋째로 어떻게 사는 길이 최

---

1) 박희영, 「Polis의 형성과 Aletheia의 개념」, 참조.
2) E. Benveniste, *Problèmes de linguistiques générales*, C. H. Kahn, *The Verb 'Be' in Ancient Greek*, B. Snell, *The Discovery of the Mind*, (특히 11장) J. P. Vernant, *Les Origines de la pensée grecque*, P. Vidal-naquet, *Le chasseur noir*, 참조.

선의 길인가를 모색하고 그 길을 실천하려는 가치론적 세계관 및 노력 때문이었다고 말할 수 있을 것이다. 사실 베르낭이 지적하고 있듯이, 그리스의 광장(Agora)은 전리품을 공정하게 나누고 전쟁의 논공행상을 정확히 가려내는 군사적, 정의적 공간, 국가의 제도들을 제정하고 집정관을 선출하기 위한 민회가 열리는 정치적 공간, 경제적 교환이 일어나고 서로의 의사가 소통되는 경제적, 언어적 공간, 민법 및 형법상의 재판이 열리고 누가 옳고 그른지 검증되는 법률적, 윤리적 공간, 의식을 통해 삶의 의미를 되새겨보게 해주는 종교적 공간들이 공존하는 다치적(多値的) 공간이었다.

그러나 그러한 다치적 공간으로서의 광장에서 꽃핀 정치적, 사회적 문화 속에 숨어 있는 더욱더 깊은 의미는, 그러한 여러 차원의 공간들을 모두 주관성과 객관성의 보자기에 의해 하나로 묶어주는 철학적 공간 속에 깃들여 있다. 사실 그리스인들은 그러한 광장 문화를 통해 일상 생활 속에서 일어나게 되는 주장 및 행동들을 무조건 옳다고 인정하고 받아들이는 것이 아니라, 오직 합당한 근거(logos)가 제시되었을 때만 옳은 것으로 인정하는 습관을 형성하게 되었다.[3] 그러나 그들의 진정한 위대성은 근거를 중시하는 그러한 태도를 단순히 무의식적 습관 속에만 고착화시키지 않고, 철학적 사유 내지 학문적 이론을 구축하는 데에, 근거지움(Hypothesis)과 증명(Apodeiksis)의 정신으로 승화시켰다는 점에 있다.

사실 단순히 억견(doxa)의 차원에서 옳고 그름을 따지는 습관이 현실적 공간에서 상대방의 주장을 논파하는 기술로서의 변증술(Dialektike)을 발달시키고, 더 나아가 학문적 차원에서는 올바른 판단과 원리들을 도출하고 찾아내는 방법을 다루는 기술로서의 증명술(Apodeiktike)을 창출하게 되면서, 그리스인들은 학문과 철학함의 방법론을 정착시키게 되었다고 볼 수 있다. 그러나 우리는 방법론의 발달이 곧장 철학적 사유의 발달을 가져온다고 믿지는 않는다. 사실

---

3) 사유의 개방성에서 발생했다고 볼 수 있는, 근거를 중시하는 그리스인들의 이러한 태도의 예들은 특히 다음의 책 속에 자세히 기술되어 있다. A. Andrewes, 『고대 그리스사』, pp.387-417.

그리스인들의 철학적 사유를 이끈 원동력은 우주아 인생의 의미기 무엇인지 그리고 인간이 인간답게 사는 길은 어떠한 것인지에 대한 끊임없는 탐구 정신 속에 들어 있다. 신체적 탁월성(Arete)을 기르려는 호메로스적 영웅들의 노력, 사회적 염치심을 일반인들에게 가르치려는 소피스트들의 노력, 비극 작가들의 인간 내면의 정신적 탁월성에 대한 탐구, 깨달음에 도달하고자 하는 수많은 종교 의식들(피타고라스 종교, 테스모포리아 의식, 엘레우시스 의식, 디오니소스 의식 등)의 노력들이 없었다면, 어떻게 그리스인들이 철학적 탐구의 궁극적 목적이 무엇인지에 대하여 자각할 수 있었겠는가? 바로 그러한 자각에 근거하여 피타고라스학파의 철학자들은 지혜 사랑(philosophia)의 목적을 정신 순화(catharsis)를 통한 영혼 윤회의 굴레에서 벗어나려 함에 두었고, 엘레우시스 비밀 의식에 참여한 자들(Mystes) 또한 개체로서의 삶(bios)이 우주의 영원한 생명력(zoe)에 연결되어 있다는 진리에 대한 직관(Epopteia)을 기초로, 그 진리를 자신의 삶에 묶어(Symbolon) 구체적으로 실천하고자 노력하였으며,[4] 플라톤과 아리스토텔레스는 '인간이 어떻게 살아야 하는지(Modus Vivendi)', 그 최선의 삶의 방식을 밝혀내려고 함에 자신들의 주체 철학적 탐구의 목표를 두게 되었다고 할 수 있다. 그러한 목표 의식에서 철학적 사유를 진행하였기에, 그들은 일상 생활에서 보통 사람들이 지니게 되는 가치관, 인생관, 세계관 등을 철학적 이론으로 승화시킬 수 있었던 것이다.

2-2. 철학과 철학사

일상 생활 속에서 마주치게 되는 그 어떠한 주장이나 생각에 대해서도 그것이 어떤 정당한 근거를 지니고 있을 때만 진리로서 받아들이고자 하였던 그리스인들의 습관과 사유 방식이 그리스철학을 잉태시킨 문화적 조건이었다면, 사유를 형이상학의 차원에까지 고양시키고 더 나아가 학문의 방법론에 대한 정립에까지 발달시킨 원동력

---

4) 박희영, 「엘레우시스 비밀 의식의 철학적 의미」, 참조.

은 그 당시 철학자들 및 지성인들의 학문적 노력이었다고 볼 수 있다. 그 중에서도 특히 철학적 사유를 진행시키는 데 기존의 사상을 어떻게 활용해야 되는지 그 방법론 자체를 의식적 차원에서 최초로 주제화시키고, 그러한 방법에 따라 자신의 철학 체계를 완성시킨 사람은 아리스토텔레스다. 물론 우리는 자연 철학자들, 소피스트들, 소크라테스, 플라톤 등도 자신들보다 앞선 사람들의 견해를 인용하였고, 그 견해들에 대한 비판을 통해 자신들의 사상을 발전시켰다는 사실을 알고 있다. 또한 우리는 대부분의 사람들이 자신의 생각이 옳다는 것을 주장하기 위해, 일반적으로 과거 선현들의 견해를 인용하여 그 권위에 호소하는 방법을 쓰고 있음도 잘 알고 있다. 그러한 사실에도 불구하고 우리가 아리스토텔레스를 최초의 사상사가 또는 철학사가라고 부르는 이유는 무엇인가? 그것은, 스티겐이 이야기하고 있듯이, 그가 첫째로 자료 수집의 단계에서 선현들의 사상을 자세히 인용하거나 그 진술들을 정교하게 편역하여 인용하고, 둘째로 선현들의 원리들을 형식적 유형으로 분류하여 정리하고, 셋째로 그 원리들이 서로에게 끼칠 수 있는 영향을 추적하고 또 그 영향 자체에 대해서 고찰하였으며, 넷째로 그러한 탐구들과 구축된 이론들의 근저에 깔려 있는 동기들이 무엇인지를 묻는 과정들을 상세하게 언급하고 있기 때문이다.5)

그러나 다른 한편, 아리스토텔레스는 엄격한 의미에서의 철학사가로 규정될 수 없는 면도 지니고 있다. 사실 그는 과거의 역사를 자신의 철학적 목적을 위하여 활용하였지, 역사적 사실 그 자체로서 인용하지는 않았다. 즉, 아리스토텔레스는 과거의 사람들이 갖고 있는 관념들에 대한 역사적 탐구를 자신의 주된 관심사인 사물의 본성에 대한 탐구에 도움이 되는 한에서만 진행하였다. 따라서 우리는 그를 철학사가라기보다, 철학사를 단지 자신의 철학적 사유의 수단 또는 도구로 가장 잘 활용한 철학자라고 표현하는 것이 더 정확할 것이다.

그렇다면 과연 철학사를 철학적 사유의 도구로 이용하는 아리스토텔레스의 태도는 철학적 사유함의 전형이라고 할 수 있는가? 사실

---

5) A. Stigen, *The Structure of Aristotle's Thought*, p.53.

그러한 태도는 자신의 이론을 정당화하기 위하여 다른 사람의 사상을 그 전체적 맥락에서가 아니라 부분적 구절만을 취사 선택하여 인용할 가능성이 매우 높기 때문에, 상대방의 의견을 왜곡시킬 위험성도 내포하고 있다. 그러한 위험성에도 불구하고 우리는 철학사를 철학적 사유함의 도구로 활용한 아리스토텔레스의 이러한 태도를 철학함의 가장 효과적인 방법으로 인정한다. 그 이유는 어디에 있는가?

아리스토텔레스는 '자신이 선현들의 견해를 참조하는 목적을, 올바르게 말해진 것은 받아들이고 잘못된 것에 대해서는 경계하기 위한 것'이라고 명백하게 밝히고 있다.6) 사실 그는 자신의 주장이 옳음을 증명하기 위해서라기보다는, 자연의 본성을 탐구하는 데에 활용하기 위해 과거의 사상을 참조하려고 하였기 때문에, 앞선 전문가들의 견해뿐만 아니라 상식적인 견해 일반에 대해서도 검토를 게을리하지 않았고, 더 나아가 그 주어진 자료들에 대해 엄정한 심판관이되고자 하였다.7) 결국 우리는 아리스토텔레스의 철학함의 방식이 두가지 효율성 — 어떤 주제에 대하여 이미 사유된 것을 모르고 똑같은 내용을 생각해내기 위해 필요 없는 노력을 기울이는 것을 방지해주는 사유 경제상의 효율성과, 이미 사유되고 진리로서 인정된 것에 대한 선이해를 바탕으로 새로 사유하고 해결해야 할 문제가 무엇인지 정확하게 규정하고 탐구를 진행시키게 해주는 인식론적, 방법론적 유용성 — 을 지니기 때문에, 철학함의 전형으로 받아들이게 되었다고 할 수 있다. 바로 그 같은 이유에서 그의 철학함의 방법은, 오늘날 기존의 이론들을 먼저 검토하고, 그 바탕에서 자신의 이론을 새로이 정립(Thesis)하는 학문적 연구의 기본적 태도를 확립시켰다고 평가되고 있다.

그러면 아리스토텔레스는 과거의 사상들을 실제로 어떤 방식으로 다루었는가? 그가 철학함의 단초를 자연 현상에 대한 놀라움(thaumazein)에서 벗어나고자 하는 노력에 기인하는 것으로 본 점은 플라톤과 같은

---

6) Aristoteles, *De Anima*, I, 2, 403 b 20-24.
7) Aristoteles, *Ethica Nicomachea*, I. 8, 1098 b 9-12, V. 1, 1129 a5-6, X. 2, 1172 b36-1173 a4.

입장이지만,8) 그 놀라움 내지 당황함(aporia)의 상태에서 빠져나오는 길(methodos)을 찾아내는 작업 자체를 주제화시키고, 그 방법론을 확립했다는 점에서는 그의 스승보다 한 걸음 더 나아갔다고 볼 수 있다. 즉 그에 따르면, 어떤 문제에 대해 본격적인 사유를 하기 전에, 우리는 어떤 현상이 일어나는 원인을 설명하지 못해 당황함 또는 어려움을 느끼고(aporein), 그 상태에서 벗어나기 위해서 무엇이 해결해야 할 문제인지 확정하는(diaporein) 단계를 거친 후, 그 답을 찾아내는 (euporein) 예비적 과정들을 거쳐야 한다는 것이다.9) 아리스토텔레스는 이러한 예비적 방법론적 작업을 다루는 기술을 문답술 또는 변증술 (dialetike)이라 하여, 탐구의 최종적 목표인 학문적 지식을 획득함에 주로 쓰이는 기술로서의 증명술 또는 논증술(apodeiktike)과 구별한다. 사실 학문은 엄밀한 의미에서의 증명의 결과물인 참된 지식들로 이루어져 있고, 참된 명제들만 원리로서 취한다는 점에서, 일반적 견해들을 대상으로 하는 변증법적 추론과 근본적으로 다르다. 게다가 학문은 각 분과에 고유한 대상과 원리들을 지니고 있고, 그것들을 고유한 방법으로 다룬다는 점에서, 방법론 일반을 광범위하게 다루는 변증술과 방법적인 면에서도 크게 다르다고 할 수 있다.10)

그런데 아리스토텔레스는 양자 사이에 존재하는 이러한 근본적인 차이점에 대해 명확하게 밝히고 있으면서도, 다른 한편으로 그 두 기술이 학문적 사유를 형성함에 상호 보완적 기능을 수행한다는 사실을 그 어느 누구보다도 더 잘 인식하고 있었다. 따라서 그는 변증술이 아포리아를 정립하고, 찬반을 개진하며, 문제 해결에서 올바르게 판단할 수 있도록 해주고,11) 또한 '원리들을 인식할 수 있도록 만들어준다'는 점에서,12) 학문적 연구에 매우 중요한 역할을 수행함을 역설한다. 그의 이러한 태도는 일반인의 상식적 견해(doxa 또는 endoxa)에 대하여,13) 파르메니데스나 소크라테스 그리고 플라톤이 견지하고 있는 태

---

8) Platon, *Theaetetus*, 155 d3.
9) Aristoteles, *Metaphysica*, I. 9, 991 a9, III. 1, 995 a28, 995 b5.
10) Aristoteles, *Analytica priora*, II, 16, 65, a, 35. Topica, I, 1, 100, a, 27.
11) Aristoteles, *Topica*, I, 2, 101, a, 34.
12) 같은 책, I, 2, 101, a, 36.

도보다 훨씬 더 유연한 입장을 취하고 있기 때문이다. 사실 파르메니데스에게서 어견와 길운 진리의 실이 아니라는 이유에서 전혀 무시되어버렸고, 소크라테스에게서도 그러한 엄격한 이분법적 사유의 경향은 그대로 유지되고 있다. 플라톤에 와서 비로소 억견은 낮은 단계의 지식으로서 어느 정도 그 가치가 상대적으로 인정된다.14) 그러나 그에게서도 억견은 근거를 지닌 올바른 견해(alethe doxa meta logou)의 수준에서조차도 참된 지식으로서 받아들여지지 못한다. 반면에 학문에 대한 정립은 변증술과 논증술을 상호 역동적으로 관계 맺어줌을 통해서만 이루어질 수 있다고 보는 아리스토텔레스에게서는, 일반인의 견해들은 그것이 개인적 억견이든 현자들의 상식적 견해든 모두 끊임없이 진리 인식에 관여하는 긴장감을 지니게 된다. 사실 철학적 사유의 소재 자체가 만인들이 생활 속에서 품고 있는 생각들에서 나올 수밖에 없는 것이라면, 보편성이나 필연성, 원인성만으로 이루어지는 엄밀한 의미에서의 논리적이고 형이상학적인 학술지는 감각지, 기억지, 경험지, 기술지들의 두꺼운 층으로 다져진 토대 위에서만 견고하게 세워질 수 있는 건축물과 같은 것이다.15) 바로 이 같은 이유에서 아리스토텔레스는 사람들의 견해들 자체에 대한 고찰 및 검토 작업을 중시하게 된 것이라 할 수 있다.

실제로 아리스토텔레스가 자연의 본성에 관한 탐구의 예비적 단계로서 선현들의 철학적 견해들을 문제 제기의 맥락에서 분석한 예는 그의 전작품 속에 두루 나타난다. 그 중에서도 가장 대표적인 예를 우리는, 원인(aitia)들에 대한 선현들의 처리 방식에서 나타나는 문제들을 다루는『형이상학』1권, 이 문제들을 그 다음 단계의 탐구를 위해 체계적으로 형식화시키는 작업을 수행하는『형이상학』3권,

---

13) 일반적으로 endoxa는 doxa보다 권위에 호소하는 측면이 훨씬 더 강할 때 쓰인다(Le Blond, *Logique et methode chez Aristote*, p.12, 주1). 아리스토텔레스에게서 상식적 견해들이 학문적 사유를 발아시킴에 어떻게 작용하고 있는지에 대한 고찰은 같은 책에 잘 기술되어 있다(pp.9-20).

14) Platon, *Theaetetus*, 187 b-210 a.

15) Episteme의 아래에 여러 종류의 담론의 층들이 존재함을 주장하는 푸코의 생각도, 아리스토텔레스의 바로 이 같은 생각과 그 뿌리를 같이하고 있다고 볼 수 있다.

영혼의 기능은 무엇이며, 그것이 어떻게 정의되어야 하는가에 대해 선현들이 주장한 원리들을 다루는『영혼론』1권, 운동과 운동의 원리들에 관한 그전 철학자들의 견해들을 검토하는『자연학』1권 속에서 찾아볼 수 있다. 이론과 원리들에 대한 이러한 예비적 고찰은 관찰과 사실들에 대한 탐구라는 직접적이고, 적극적인 방법에 의해 이루어지는 것이 아니라, 사실들에 대한 설명 중 옳지 않다고 판단되는 이론들을 하나 하나 제거해나가는 간접적이고 소극적인 방법(via negativa)에 의해 이루어진다. 물론 이러한 간접적 방법은 자연의 본성을 적극적으로 규정하고 기술하기에 적합한 방법은 아니다. 그러나 그 방법은 하나의 주제에 대해 있을 수 있는 모든 면에서의 고찰들을 미리 검토함을 통해 해결된 것과 해결되지 않은 것을 밝혀줌으로써, 본격적으로 탐구해야 할 주제가 무엇인지를 선명하게 드러내준다는 점에서 탐구의 필수적인 과정이라고 할 수 있다.

아리스토텔레스의 철학함에 대한 이러한 고찰을 통해, 우리는 어떠한 철학적 사유도 철학사적인 지식과 그 지식에 대한 비판적 고찰이라는 예비적 단계의 작업을 거치지 않으면 훌륭한 결과를 얻을 수 없음을 알 수 있게 되었다. 그렇다면 새로운 철학함의 전형을 과거와의 단절 속에서 전통적 사유 체계를 깨뜨림을 통해서만 이루어질 수 있다는 몇몇 학자들 ― 쿤, 바슐라르, 푸코, 데리다 등 ― 의 주장은 어떻게 해석해야 할까? 사실 그러한 주장은 피상적인 관점에서만 보면, 철학사를 활용하여 철학적 사유를 할 것을 권유한 아리스토텔레스의 주장과 완전하게 모순되는 것으로 보일 수도 있다. 그러나 우리가 한 차원 더 깊이 들어가 사유 작용과 진리에 대한 발견 사이에 존재하는 연관성 자체를 생각해보면, 그 두 진영의 주장들이 사유 작용의 과정 중에서 어느 부분을 강조하느냐의 차이만 지녔을 뿐 본질적으로는 같은 내용을 이야기하고 있음을 알 수 있다.

사실 새로운 이론들은 모두 기존의 전통적인 설명 및 이론에 의해서는 충분히 설명되지 않는 것들을 문제로 설정하고, 그 문제를 설명하기 위해 기존의 사유 방식 및 개념 체계 자체를 검토한 다음에, 그것과는 다른 새로운 관점에서 사유 및 설명의 틀 자체를 만들어내려고 노력할 때 비로소 성립하게 되는 것이다. 예를 들어 오늘날 차이성 또는 타자성을 중시하는 태도16)에서 나오게 되는 '현상, 무의미, 비이성, 주변적인 것'의 가치에 대한 재인식은, 동일성을 중시하는 입장에서 '실체, 본질, 의미, 이성, 중심적인 것'에 지나치게 가치 부여를 해온 전통적 사유를 정명제로 일단 놓지 않았다면,17) 어떻게 가능하였겠는가? 그리고 앞 단계(르네상스 시대와 근대라는)의 에피스테메들이 인식론적 문턱(seuil)에까지 연결되어 있지 않았다면, 탈근대적 에피스테메는 어떻게 나올 수 있겠는가?18) 결국 철학사에 대한 연구 및 이해의 기본이 갖추어져 있고 그것을 충분히 활용할 수 있을 때만, 우리는 기존의 개념 체계 및 사유의 틀을 그대로 이용해서든 아니면 그것을 깨뜨림을 통해서든 새로운 시각에서 문제를 바라볼 수 있게 될 것이다.

2-3. 학문의 정립

철학사적 탐구가 새로운 사유를 창출하는 데 그렇게 필수적인 작업이라는 사실을 깨닫게 되는 순간, 우리는 철학사 자체를 전혀 새로운 각도에서 바라볼 수 있게 된다. 즉 철학사는 이제 단순히 과거 선현들의 생각을 기록한 불연속적 단편들이 아니라, 자연 및 세계에 대한 인간 지성의 설명 및 해석의 흐름으로서 오늘날의 우리의 개념 체계와 상호 교통되는 살아 있는 언설과 같은 것이다. 그리스 철학사를 이러한 관점에 입각하여 그 사유 체계의 기본 구조를 통시적으로 꿰뚫어본다면, 우리는 그 사유의 틀이 자연 전체를 대상으로 거시론적 관점에서 설명하려는 단계에서 시작하여, 거시적 관점에 미시적 시각을 종합하여 자연 전체뿐만 아니라 개별적인 것들에 대해서까지도 그 존재 이유를 설명해주는 단계를 거쳐, 사유의 내용을 표현할 언어 체계 및 방법론 자체를 형성하는 단계에까지 이르고 있음을 알

---

16) G. Deleuze, *Différence et répétition*, 참조.

17) J. Derrida, *L'ecriture et la différence*, 참조.

18) M. Foucault, *Les mots et les choses*, 참조.

수 있다.

사실 초기의 자연 철학자들이 우주를 이루고 있는 근본적 물질 또는 그러한 물질을 지배하는 원리로서의 Arche 개념을 찾으려고 한 것은, 만유를 그 하나 하나의 개별적 고유성 내지 특성을 지닌 개별적 일자의 관점에서 관찰하려는 것이 아니라, 모든 존재자에 공통적인 어떤 성질을 지니고 있다는 점에서 하나라고 할 수 있는 바의 전체적 일자로서의 만유를 사유의 대상으로 삼는 태도에 기인한다고 볼 수 있다. 즉 물, 불, 공기, 수, 원자 중 그 어느 것을 우주의 근본적 물질 또는 원리로 보든 상관없이, 그 각각의 철학이 만유 전체에 해당하는 보편적 성질을 규정하려고 함은 우주 현상을 설명하는 데 거시론적 관점의 사유 구조 속에서 사유하고 있기 때문이다.

역사적으로 탈레스에서 비롯된 것으로 알려져 있는 그러한 시각은 아낙시만드로스의 무한정자(apeiron) 개념을 거쳐, 절대무가 아닌 한에서의 모든 존재자를 — 다와 운동마저 포함하여 — 하나의 존재 개념 속에 포괄시키는 파르메니데스에 이르러 그 극치를 이루게 된다. 사실 파르메니데스적 존재는 모든 존재자를 존재라는 측면에서 단일하게 묶어주는 성질을 대상화시킴을 통해 얻어진 것이기 때문에 불생불멸, 유일불가분으로 규정될 수밖에 없다. 반면에 피타고라스의 수, 플라톤의 이데아, 아낙사고라스의 종자(spermata)들은 모든 것들이 얽혀 있어(syneches) 서로 구별될 수 없는 파르메니데스적 일자의 차원에서 벗어나, 타자와 관계를 맺으면서도 자기동일성을 그대로 유지하고 있는 여러 일자들이 공존하는 차원에서 성립하는 일자들이다. 그러나 플라톤의 이데아들도 파르메니데스적 일자성에서 벗어났다는 점에서는 자신들의 독립성을 확보하고 있는 셈이지만, 동일한 이데아가 현전(parousia)함으로써 존재하게 되는 각각의 개별자들이 서로 왜 다른지 그 차이점을 설명해주기에는 부족한 점을 지니고 있다.[19] 그 이유는 아리스토텔레스의 주장에 따르자면,

---

19) 아리스토텔레스는 플라톤의 이데아론이 만물의 변화를 설명하기에 부적합함을 여러 곳에서 주장한다. *Met.* VII. 8. b 19-29, *DE gen. et Corr.* I. 2. 315, a 29-33, II. 9, 335b 9-16, 17-24.

그것들이 형상에서만 일자일 뿐이기 때문이다.[20] 따라서 개별자들 간의 차이성을 설명하기 위해서는 수에서의 일자, 즉 질료상 서로 다른 일자의 개념을 끌어들일 필요가 있다. 바로 그러한 필요성 때문에 아리스토텔레스는 형상에서의 일자의 성격과 질료상의 일자의 성격을 함께 지닌 개별자 Tode ti를 상정하게 되었다. 그의 '여기 있는 이것'으로서의 Tode ti는 질료상으로 이 세상에 하나뿐인 고유한 존재자면서도 동시에 형상에서는 다른 존재자들과 공통적인 성질을 나누어 가질 수 있는 보편적 존재자인 것이다. 질료상으로 유일하지만 형상에서는 보편적 성질을 공유하고 있기 때문에, 그의 개별자들은 학문의 대상이 될 수 있다. 바로 그러한 일자들을 학문의 대상으로 삼음으로써, 아리스토텔레스는 형이상학이나 수학과는 다른 여러 개별 과학들의 존립 근거를 마련할 수 있었다. 일자를 그 유일한 하나로만 봄으로써 그 일자의 개별성을 확보해주면서도 그 일자를 그것이 속해 있는 류(類)의 한 부분인 종(種)으로 간주함을 통해, 만유를 학문적 설명의 그물망 속에 집어넣을 수 있게 된 아리스토텔레스에 이르러, 인간의 사유 체계는 만유를 서로 공통적인 성질을 지니고 있다는 점에서 전체적 하나로만 보려는 거시적 시각에만 머무르지 않고, 같은 성질의 기반 위에 서 있으면서도 각자가 고유하게 자신의 차이성을 나타낼 수 있는 특수한 성질도 동시에 지니고 있음을 설명해줄 수 있는 미시적 시각도 종합하는 사유 체계로 발전하게 된다. 따라서 그의 설명 체계는 한편으로 공통성과 특수성을, 다른 한편으로 동일성[21]과 차이성을 동시에 설명해줄 수 있었기에 당연히 학문적 체계의 모델이 될 수밖에 없었다.

  사실 파르메니데스적 일자의 차원에서는 형이상학만이 가능하게 되고, 플라톤적 일자의 차원에서는 모든 학문이 수학으로 환원될 수

---

20) 반면에 아리스토텔레스는 一者에 네 가지 종류가 있음을 주장한다. *Met*. V.6. 1060. b 31-35, *Top*. I. 7. 103. a8-13.
21) 아리스토텔레스는 동일성을 수적 동일성, 종적 동일성, 유적 동일성으로 나눈다 (*Top*. I, 7. 103, a 25-31). 그러한 동일성 개념에 대한 정확한 이해의 바탕에서만, 정의를 내림에 있어 주어와 술어의 같은 점과 다른 점이 무엇인지를 정확히 구별할 수 있게 된다(*Top*. I, 5. 102, a 6, *Met*. *Δ*, 9, 1017b 27-1018a 11).

밖에 없으나, 아리스토텔레스적 일자의 차원에서는 각각의 개별적 대상을 다루는 여러 개별 과학들이 성립할 수 있게 된다. 이렇게 개별 학문의 성립 자체의 가능 근거를 제공한 아리스토텔레스는 다시 일자가 여러 차원에서 논의될 수 있다는 사실에 근거하여, 그 일자들 각각에 대응되는 학문들의 차원을 구별한다. 그에 따르면 사물들의 각 류(類)에는 일련의 원리들이 존재하고, 학문은 단 한 가지의 류에만 제한되어질 수는 없으므로, 여러 대상들에 대한 여러 종류의 학문들이 공존하게 된다. 따라서 각각의 학문에는 그것들이 다루는 특수한 대상들이 정해지고, 또한 각각의 특수한 주제들을 다루는 데 적합한 방법과 원리들이 정해지게 된다. 바로 이러한 근거에서 아리스토텔레스는 학문을 이론학, 실천학, 제작학, 방법론(organon)으로 대별하고, 이론학 자체를 다시 제1철학(형이상학), 수학, 자연학으로 세분하고 있다. 그러한 구분을 토대로 그는 또한 여러 학문들을 다루는 데 지켜야 할 규칙들을 정하게 된다. 즉 형이상학 또는 제1철학은 개별 과학들간의 관계들을 결정하고 모든 학문들의 공통적인 제1원리들을 다루어야 하고, 개별 과학들은 그것들이 다루는 대상들과 상관된 특수한 정의, 주제, 용어들, 원리, 방법들의 범위에만 충실해야 한다. 이 같은 원칙에 입각하여 하나의 개별 과학에만 고유한 원리와 방법을 다른 개별 과학에 속하는 대상들을 다룰 때 무조건적으로 확대 적용해서는 안 된다는 규칙이 또다시 정해질 수 있다.

학문의 기본적인 태도와 방법을 제시한 아리스토텔레스의 이러한 사상은 18세기 프랑스 백과전서파의 실증 과학 사상을 잉태시키고, 오늘날 그 수많은 분과 과학들을 산출해내는 근거가 된다. 우리는 그러한 결과를 낳은 아리스토텔레스의 톡특한 학문관 자체가 학문에 대한 선현들의 견해를 단계별로 비판하고 검토하는 지루한 과정을 통해 형성된 것임을 다시 한 번 상기해볼 필요가 있다. 그러한 추론 과정이야말로 학문하는 사람 모두가 배워야 할 모델이기 때문에, 우리는 그가 실제로 어떤 방식으로 추리를 하였는지 그 실례를 살펴볼 필요가 있다.

Arche 개념들에 대한 고찰의 예를 살펴보면, 그는 어떤 학자들은 질료인 또는 형상인만을 주장했다고 해서 비난하고, 어떤 학자들은 한 걸음 더 나아가 운동인, 목적인까지 사유했다고 해서 칭찬을 한다. 그리고 일자 개념과 관련해서 그는 파르메니데스적 일자는 비록 형이상학적 차원에서는 의미를 지니지만 현상계의 존재자들을 설명해주기에 부적합하고, 데모크리토스와 플라톤의 일자는 다의 성립을 가능케 해주기 때문에 수학적 관점에서는 훌륭하지만 자연학적 관점에서 운동과 변화를 설명해주기에 부적합하다고 평가한다. 그러한 역사적 평가를 내린 다음에, 그는 운동하고 변화하는 일자들을 설명함에 부적합한 면을 드러낸 앞선 사상들을 넘어서, 사원인설이라는 운동의 원리 개념을 정교하게 이론화하고, 형상 질료설에 근거한 일자 개념을 주장하게 된다.

일자에 대한 그의 새로운 설명에 따르면, 개체는 이제 수적으로 (질료상으로) 하나여서 개별자이지만, 형상에서도 하나이기 때문에 제2실체(플라톤의 이데아)의 보편적 성질을 동시에 지닐 수 있게 되어 학문적 탐구의 대상이 될 수 있다. 따라서 그 일자는 형이상학적 관점에서의 불변성과 수학적 논리적 관점에서의 동일성 이외에도 자연학적 관점에서의 변화성을 동시에 지니는 것으로 규정된다. 그러나 그러한 규정은 다른 한편으로 '영원 불변한 실체가 어떻게 시간(운동) 속에서 변화하면서도, 자기동일성을 유지할 수 있는지'를 설명해주어야 하는 문제를 야기시킨다.[22]

그러한 물음에 답하기 위해 아리스토텔레스는 인간 지성이 파악하고 학문적 언어로 표현해온 사물의 변하지 않는 속성으로서의 본질을, 시간성이 사상되어 논리적 동일성만을 나타내는 To ti einai 개념이 아니라, 시간성 속에서도 사실적 동일성을 유지하는 면을 잘 나타내주는 To ti en einai 개념으로 표현한다. 여기에서 우리는 아리스토텔레스가 파르메니데스의 형이상학적 자기동일성과 플라톤의 이데아적 동일성이라는 전통적 개념에 대해 깊은 통찰을 해본 후에,

---

22) 그러한 문제는 실제 3차원의 세계 속에서 연장성을 지닌 사물에 대해, 인간이 어떻게 비연장성의 수학적 개념들 또는 언어를 이용하여 파악하고 설명할 수 있는가라는 학문 자체의 성립에 대한 형이상학적 물음과 연결되어 있다.

그러한 개념들로 나타내주지 못하는 '시간 속에서도 자기동일성을 유지함'의 측면을 지시해주기 위해 To ti en einai로서의 본질 개념을 창출해내었다고 볼 수 있다.[23)

이렇게 일자 개념에 대한 고찰을 통하여 학문을 분류하고 시간성을 자신 안에 포함하는 본질 개념을 새롭게 형성한 것 이외에, 아리스토텔레스가 기존의 사상을 정리 비판하여 자신의 독창적 이론으로 발전시킨 가장 극적인 예는 그의 올바르게 사유하고 추론하는 법 자체에 대한 이론적 분서 속에서 찾아볼 수 있다. 소위 본격적 탐구를 위한 도구로서 쓰인다는 의미에서 도구론(Organon)으로 불리는 그의 논리학적 작품들(범주론, 명제론, 분석론, 소피스트 논박론 등)은, 그 당시 그리스인들의 구체적 생활 속에서 실제로 사용되고 있었던 수사학, 변론술, 수학적 증명법 등을 검토 발전시킨 것이라 할 수 있다. 즉 그는 '있을 법한 것, 그럴 듯한 것'으로서의 일반적 견해들을 이용하여 상대방을 설득하기만 하면 되는 소피스트적 기술을 뛰어넘어, '필연적인 것, 원인이 되는 것, 보편적인 것'을 찾아내기 위해 주어진 명제들에서 필연적이고 참인 결론을 추론해내는 기술로서의 삼단논법을 발전시켰던 것이다.[24)

사실 어느 사회에서도 어떤 문제에 대해 대립된 견해들을 지닌 당사자들은 서로 자기가 옳다는 것을 증명하기 위해 자신들의 주장을 가능한 한 치밀하게 논리적으로 구성하여 표현하고자 노력하기 마련이다. 그러나 그러한 노력들이 단순히 목소리를 크게 하는 데서 끝

---

23) 그러한 의미에서의 본질은 이론 과학의 대상뿐만 아니라 실천 과학의 대상에서도 마찬가지의 성격을 띤다. 즉 사회적·역사적 동물로서의 인간은 선천적으로 선인과 악인으로 결정되어 태어나는 것이 아니다. 인간은 자신의 삶을 살아가는 동안 정치적, 윤리적으로 훌륭한 삶을 영위하기 위한 노력을 기울임 여하에 따라, 선인이될 수도 있고 악인이 될 수도 있는 가능태적 존재인 것이다. 즉 윤리학적 관점에서보자면, 인간은 시간성 속에서 자신의 본질을 실현시킴 여부에 따라 선인이 되기도하고 악인이 될 수도 있다.
24) 그의 도구론이야말로 논리학 발달의 근본이 되었다는 주장은 논리학사를 다루는 대부분의 학자들에 의해 합의된 것이다. Le Blond, 앞의 책, Guthrie, *A History of Greek Philosophy*, VI, pp.135-202, 참조.

나지 않고 논리적 이론의 정립에까지 이르게 된 것은, 그리스인들이 다른 어떤 나라의 사람들보다도 합당한 이유에 근거한 논리적 추론을 통해 승패를 판가름내는 논쟁의 기회를 실제 생활 속에서 유달리 많이 가질 수 있었기 때문이다. 즉 그리스인들은 로이드(Lloyd)가 지적하고 있듯이, 의회에서 집정관으로 당선되기 위해 또는 법정에서 억울하게 죄인으로 몰리지 않기 위해 또는 외교적 회담에서 국가에 유익한 결과를 최대한 얻어내기 위해, 자기 주장을 논리 정연하게 개진하고 상대방의 대립된 주장을 설득할 수 있는 연설과 변론 그리고 토론의 기회를 많이 가졌다.[25] 따라서 그리스 현자들의 변증술은 바로 삶의 구체적 현장에서 훈련된 의사 표현의 기술에서 발달한 것이고 아리스토텔레스의 논증술은 바로 그러한 변증술을 더욱 정교하게 이론화시킨 것이기에, 그것은 오늘날까지도 실생활의 영역에서 많이 쓰이는 그럴 듯한 것들에 기인한 추론 및 약식 추론 등에 직접적인 영향을 미치고 있는 것이다.

2-4. 새로운 철학함의 전형

새로운 사상의 출현이, 처음 부딪치는 문제들을 개인 홀로 사유함을 통해서가 아니라 과거의 사유가 축적되어 이루어진 철학사적 전통에 대한 비판적 고찰과 주관적인 의사 소통의 장에서 교환되는 여러 사상들에 대한 토론 및 숙고를 통해서 이루어지는 것이라면, 전통적인 것에 대한 반성과 돌봄을 소홀히 하고 일상적 문제에만 국한된 토론과 대화의 문화가 점차 강해져가고 있는 우리의 사회에서, 어떻게 하면 일반인의 수준에까지 철학적으로 사유하는 문화적 분위기를 형성하고, 더 나아가 한국적 철학함의 전형을 확립할 수 있는가? 혹자는 인문학의 존립 자체가 위협받고 있는 오늘날의 우리 현실에서 철학적 사유의 보편화를 운운함은 너무 비현실적인 이야기라고 조소할 수도 있다. 그러나 인간의 지성은 자신이 해결해야 할 문제가

---

25) G. E. R. Lloyd, *Methods & Problems in Greek Science*, p.121.

많이 주어지면 주어질수록, 그것들을 해결하기 위해 더 많은 궁리를 하게 되고, 그 결과 더 많은 발전을 하게 되기 마련이다.

그러한 관점에서 보면 정치, 경제, 사회 등 모든 분야에서 숱한 난제들에 부딪쳐 있는 우리의 현실은 오히려 새로운 철학적 사유를 잉태시킬 여건을 더욱 성숙시켜주는 것으로 해석될 수 있다. 사실 진리와 도덕의 절대주의가 근본적으로 의심받고, 도시국가의 존립 여부가 위험시되었던 시대에 아테네에서 철학이 발생되고, 구체제 전체의 정체성이 뿌리째 흔들리던 혁명기에 프랑스에서 새로운 철학 사상이 잉태되었듯이, 무릇 철학적 사유는 아무런 문제도 던져지지 않는 평온기보다도 문제들이 수없이 발생하는 혼란기에 발달할 수 있는 가능성을 더 많이 가지고 있다. 물론 그러한 발달은 문제를 문제로서 정확히 설정하고, 그 문제 해결을 위한 방법을 논리적으로 냉정하게 찾아낸 다음에, 그 방법에 따라 차근차근 실천해나가는 노력이 경주될 때만 가능한 것이다.

그렇다면 철학의 분야에서 우리가 해결해야 할 문제는 무엇인가? 그것은 어떻게 하면 철학적 사유를 일반인의 수준에까지 보편화시켜서 한국에서 새로운 철학이 나올 수 있게 만들 것인지 그 방법을 찾아내는 일이라 할 수 있다. 그러한 탐구는 정규 교육 제도를 활용하여 학생들에게 논리적 사유와 철학적 명상을 할 수 있는 능력을 함양해줄 방법을 찾는 것과, 그러한 능력을 일반인들도 갖출 수 있도록 우리 사회의 문화적 풍토를 어떻게 바꿔줄 것인지 그 방법을 찾는 두 가지 문제로 집약될 수 있다.

가. 학교 교육을 통한 철학함의 훈련

주어진 것을 토대로 새로운 것을 오류에 빠짐이 없이 추론해내는 논리적 사유의 방법을 터득하고 그러한 방법에 따라 철학적으로 명상을 하는 능력을 학교 교육을 통하여 함양시킴의 성공 여부는 적절한 교육의 목표 설정과 학습자가 지닌 능력에 따라 만들어진 단계별 교과 과정의 개발에 달려 있다. 그러나 사유 능력을 개발시키기 위한 교육의 목표는 어떻게 설정해야 하는가? 사실 논리적 사유와 철학적 명상에 대한 교육은 학문적 사유의 최고 경지에서 수행되는 교육이기 때문에, 본질주의적인 교육론에 입각한 교육 목표가 설정되기 쉽다. 그러나 우리는 대중 교육의 시대인 오늘날, 과거 서양의 귀족 계급이나 우리나라의 양반 계급과 같은 소수 엘리트 집단만을 위한 그러한 교육철학적 이론에 입각하여 교육 목표를 정할 수는 없다. 따라서 현실적 맥락에 맞는 교육 목표는 전문적 지식과 교양을 겸비한 학생을 양성해내는 데 두어야 하는 바, 그때의 교양인이란 것은 지 · 정 · 의의 모든 면에서 완전한 신사(gentleman, gentilhomme) 또는 군자는 못되더라도 적어도 민주 시민이 되기 위해 기본적으로 갖추고 있어야 할 판단력과 인격을 지님을 의미하는 것이라 할 수 있다.

그러나 목표를 아무리 훌륭하게 설정하여도 그 목표를 수행할 방법론이 뒷받침되지 않는다면 그러한 목표는 무용지물이 될 수밖에 없다. 그런데 방법론의 확립은 항상 현실적 여건에 대한 고려가 선행되어야 한다. 사실 입시 위주의 교육이 교육의 현장과 실제를 지배하고 있는 우리의 현실은 많은 사람들로 하여금 합리적 사유를 길러줄 수 있는 방법에 대한 토론 자체를 불가능하게 만들고 있다. 게다가 설령 교육 현장에서 일부의 교사들이 그러한 교육의 필요성을 인식하고 있다 하여도, 교사 대 학생의 비율이 너무 높은 우리의 교육 여건은 우리로 하여금 그러한 교육에 필수적인 토론식 강의 자체를 생각하지도 못하게 만든다. 물론 최근에 어린이의 논리적 사유를 기르기 위한 책과, 중고등학생들의 철학적 사유 훈련을 인도해주는 책들이 많이 출간되고 있다. 그러나 그러한 책들을 사는 학생과 학부모의 의식은 대학의 논술 고사 대비의 전략 속에 자리잡고 있는 것이기 때문에, 비판 정신과 논리적 사고력을 기르는 진정한 의미에서의 철학 교육과는 아직 많은 거리를 지니고 있다. 게다가 창의적 사고력과 논리적 추리력을 함양시킬 목적으로 도입된 대학 논술 고사 제도도, 일선 고등학교 교사 및 수험생 그리고 학부모들에게는 단순히 예상 문제에 대해 좋은 점수가 나올 수 있는 고정된 예상 답을 외워서 쓰기만 하면 되는 시험 과목이 하나 더 추가된 것으로밖에 여겨지지 않기 때문에, 그 본래의 목적이 달성되기는 매우 어려운 실정이다.

이 같은 문제점을 해결하기 위하여 우리는 무엇보다도 철학적 사유를 보편화시킬 수 있는 방법론 자체에 대한 연구를 철학의 한 분과로 정하고서, 앞으로의 연구 과제로 설정할 필요가 있다. 그러한 연구는 고등학교 철학 교과서를 분석하는 정도를 넘어서, 각 단계의 교육 수준에 맞는 논리적 추론과 비판적 사고를 할 수 있는 능력을 함양해줄 수 있는 교과 과정에 대한 개발, 그러한 교과 과정을 실제 교육 현장에 실현시킬 수 있는 교사 교육 및 이를 뒷받침해줄 수 있는 교육 정책에 대한 연구 등을 포함해야 할 것이다.

학문적 연구의 형태를 취하게 될 그러한 연구들은, 철학을 공부한다는 것이 현실적인 문제와 아무 상관이 없는 추상적 이론만을 배우는 것이 아니라, 삶의 현장에서 부딪치는 모든 문제들을 해결하는 구체적인 방법 자체를 배우는 것이라는 사실을 무엇보다도 먼저 교육을 실제 담당하고 있는 교사들에게 인식시켜줄 수 있는 방법을 찾아내는 데 그 목표를 두어야 한다. 그러한 목표는 한편으로 예비 교사들에 대해서는 교육대 및 사범대 교과 과정에 철학 과목의 시수(?)를 증가시키고, 다른 한편으로 기존의 교사들을 위해서는 재교육 프로그램을 통하여 철학적 사유를 함양시켜주는 교육법 자체를 가르쳐줌으로써 가능할 것이다. 그런데 재교육 프로그램의 교과 과정은 실제 교사가 전공 과목으로서 가르치는 내용과 전혀 상관없는 철학적 전문 이론을 따로 가르치는 과목으로 구성하기보다는, 교사의 전공과 연관하여 논리적 사고 능력을 함양시킬 수 있는 과목으로 구성해야 한다. 그 이유는, 만약에 교사가 자신이 가르치는 과목의 교과 내용 중에서 창의성과 논리성을 기를 수 있는 질문들을 학습자의 수준에 맞게 던지고, 학생의 답이 논리적으로 타당한지 평가해주며, 그 답이 논리적이지 못한 경우 앞서의 질문보다 더 기초적인 물음을 던짐으로써 학생의 논리성을 길러주는 수업을 진행할 수 있다면, 굳이 그러한 능력을 지닌 교사에게 철학 과목에 대한 재교육을 실시할 필요가 없기 때문이다.

사범대학교 학생에 대한 철학 교육의 강화와 기존의 교사들에 대한 재교육 외에, 우리가 해결해야 할 또 하나의 과제는 교육 현장에서 사용할 철학 문답서 또는 지침서를 개발하는 것이다. 그러한 지침서는 각 과목의 교과 내용과 관련하여 논리적이고 철학적인 사고력을 길러줄 수 있는 문항들로 구성되어야 한다. 그러한 문항들이 구체적 과목의 내용과 연관되어 수업이 진행될 때, 학생들은 지식을 그저 수동적으로 받아들이기만 하는 것이 아니라 자신들 스스로 진리를 찾아내려는 능동적 탐구를 하게 된다. 그것은 마치 소크라테스의 산파술처럼 문제의 답을 알려주는 것이 아니라, 학생들 스스로가 답을 찾아내도록 안내해줌으로써 지식 분만의 고통도 스스로 느끼도록 해주는 것과 같다.

역사적으로 그러한 지침서의 기본을 이루는 문답법은, 키케로에 따르면 그리스에서 소크라테스 훨씬 이전부터 쓰여왔고, 소크라테스와 플라톤을 거쳐 아리스토텔레스에 이르러(*Topica* 8권) 최초로 코드화되었다.26) 사실 아리스토텔레스의 문답법은 학교 교육의 현장에서 교사가 학생에게 학습 내용의 이해를 돕기 위해 사용하는 오늘날의 학습용 문답법과 전혀 다른 동기에서 만들어진 것이다. 즉 그것은 아리스토텔레스가 밝혔듯이, 어떤 주제에 대한 탐구를 위하여 상대방에게 질문을 할 순서(taxis)와 방법(pos)을 명시해주기 위한 것이다. 그가 제시한 세 가지 방법에 따르면 질문자는 우선 어디에서부터 상대방을 공격해야 할지 그 장소(topos), 즉 요점을 찾아내고, 그 다음에 질문의 내용을 문제 해결과 관계지어 차례 차례로 하나씩 논리적 순서에 따라 자신의 마음 속에서 정리하여 형성한 뒤, 마지막으로 그 정리된 질문을 상대방에게 말해야(제시해야) 한다.27)

이처럼 아리스토텔레스의 문답법은 상대방의 주장은 틀리고 자신의 주장이 옳다는 것을 증명하기 위해서 현실적으로 어떠한 전략도 가리지 않고 모두 활용하려는 정신 속에서 발생한 것이다. 바로 그 같은 이유에서 아리스토텔레스는 추론을 하는데 실제로 사용할 필

---

26) M. Nancy, "Philosophie et institution", in *L'Univers philosophique*, p.792, 재인용.

27) Aristoteles, *Topica*, VIII, 155, b 1-5.

연적 명제들을 처음부터 직접적으로 제시하지 않고, 그것으로부터 가능한 한 가장 먼 명제로부터 출발해야 한다든가, 자신이 생각하고 있는 결론은 앞 단계에서는 감추고 먼저 전 단계의 명확한 것부터 상대방을 설득하는 과정을 거쳐 궁극적으로 결론을 받아들일 수밖에 없도록 유도해야 한다는 등의 일견 비학문적인 태도로 보이는 변증론적 방법의 전략까지도 명시하고 있다.[28]

일견 비학문적인 태도로 여겨질 수도 있는 요소를 지니고 있음에도 불구하고 아리스토텔레스의 문답법은 오늘날 학교 교육에서 활용되는 문답법의 기초를 이룬다. 그 이유는, 그것이 무엇보다도 주제를 분명히 설정하고 그 주제에 대하여 나올 수 있는 여러 상이한 견해들을 철저히 따져보는 능력을 훈련시켜주는 지침서 역할을 하기 때문이다. 바로 이러한 점 때문에 초등학교에서 고등학교에 이르는 전교육 과정에서 어떤 주제에 대해 토론해보고 자신의 주장을 개진하는 능력을 함양시키는 교육이 전혀 이루어지지 않고 있는 우리의 교육 현실에서 철학적 주제에 대한 문답 지침서의 개발은 매우 절실하게 요구된다 하겠다. 사실 어떤 문제를 문제로서 인식하고, 그 문제를 해결하기 위하여 가장 자명한 것 또는 보편적인 명제를 전제로 놓고 그것을 기준으로 하여 특수한 사실에 관한 명제의 진위 여부를 가릴 수 있는 능력을 함양하는 것은 학문의 모든 분야에서 예전이나 지금이나 모두 진리 발견의 가장 기초적인 단계라 할 수 있다.

물론 그러한 문답법은 지나치게 도식화되면 사유의 주제와 범위를 경직화시키기 때문에, 오히려 어떤 주제에 대해 끊임없이 물음을 던지는 작용 속에서 피어날 수 있는 철학의 생명력을 고사시켜버릴 수도 있다. 그러나 아직 그러한 문답법을 담은 지침서를 하나도 지니지 못하고 있는 우리로서는 끊임없이 묻지 못하게 되지 않을까 걱정하기에 앞서, 첫번째 물음이라도 던질 수 있도록 촉발시키기 위해 철학적 사유를 안내해줄 지침서를 개발할 필요가 있다.

---

28) 같은 책, Ⅷ, 155, b 29-31.

나. 문화적 풍토의 개선을 통한 철학함의 보급

학교 교육을 통한 철학함의 훈련을 강화시키는 방법을 개발함 외에, 우리가 해결하기 위해 노력해야 할 또 하나의 과제는 우리의 문화적 풍토를 쇄신하는 것이다. 무릇 문화라는 것은 한 나라의 정치, 경제, 문화적 역사와 여러 구체적 조건들에 따라 수십 세기를 거쳐 형성된 것이기 때문에, 그 풍토를 바꾼다는 것은 개념 및 가치 체계 자체를 바꾸는 일이기 때문에 매우 어려운 일이다. 그럼에도 불구하고 우리가 그러한 쇄신의 작업에 도전해야 함은, 그리스의 예에서 보았듯이 문화적 분위기가 철학적 사유의 발달 여부를 결정짓는 중요한 요소이기 때문이다.

사실 우리의 정신적 가치관이 물질주의에 완전히 젖어 있고, 사유와 행동 양식도 비논리적 감정에 따라서만 움직이는 것으로 고착화되어버렸다면, 그러한 작업은 근본적으로 불가능한 일일 것이다. 그러나 우리의 전통적 가치관을 살펴보면 돈과 권력, 명예를 좇는 세속적 흐름의 다른 한편에는, 삶의 의미가 무엇인지 깨닫고자 노력하고 도덕적으로 옳고 그름, 좋고 나쁨을 꼼꼼히 가려내려는 정신적 가치를 존중하는 흐름이 도도히 흘러오고 있음을 알 수 있다. 그런데 그 두 흐름은 대립적이면서도 또 다른 한편으로는 서로에게 영향을 주면서 발전시키는 측면도 지니고 있다. 즉 문제가 많이 주어지면 주어질수록 그것을 해결하려는 방안들이 더 발달하게 되듯이, 세속적 가치관이 팽배해지면 팽배해질수록 우리는 오히려 그것에 대한 대자적 반성을 통하여 훨씬 더 깊은 정신적 가치관을 성숙시키는 계기로 이용할 수 있다. 그러나 모든 어려움이 성공을 가져오는 모체가 되지는 못하듯이, 그러한 정신적 가치관을 쇄신시키는 일을 완수하기 위해서는 특별한 노력을 필요로 한다.

그러한 가치론적 전환은 사회의 각 분야에서 많은 사람들이(구성원 전체가 불가능하다면 몇 명의 엘리트만이라도) 자신의 전존재를 투여하는 노력을 기울일 때만 가능한 것인 바, 그 이유는 문화라는 것 자체가 자연적인 것 또는 본능적인 것을 인간적인 것 또는 이성적인 것으로 일구어내려는 작업, 즉 레비스트로스나 비달-나케의 표현을 빌리자면, 날것(le cru), 야성의 것, 자연적인 것을 구운 것(le cuit), 기른 것, 인위적인 것으로 바꾸는 노작을 통해서만 이룩될 수 있기 때문이다.29) 그러나 그러한 가꿈의 기술은 시대와 장소의 여건에 알맞게 개발되어야 한다. 사실 기술 문명과 후기 산업 자본주의 속에서 살아가고 있는 오늘날의 우리가 기원전 5세기의 그리스 경우처럼 모든 사람이 함께 모이는 하나의 커다란 광장을 형성할 수는 없다. 그렇지만 우리가 많은 사람이 직접 모이는 공간을 가질 수 없다고 해서 토론 문화를 형성할 수 없는 것은 아니다. 실제로 그리스인들의 경우에서도 토론 정신은 광장에서의 대규모 모임보다는 각종 소규모 모임 등을 통해서 발달된 것이라고 할 수 있다.30) 그들의 모임은 그것이 종교적 모임이든 세속적 모임이든 간에, 직업상의 이익보다는 종교적, 철학적 관점에서 가치가 있는 삶은 무엇인지에 대해 서로 토론을 하고 그 실천 방법에 대해 이야기를 나누는 모임이었다.

이러한 관점에서 볼 때 중요한 것은 모임이 일어나는 장소의 종류(신전의 공동 식탁이든 가정집의 식탁이든)나 크기가 아니라 모임에서 행해지는 일의 내용 그 자체이라고 할 수 있다. 사실 우리는 오늘날의 생활 속에서 자연스럽게 가질 수 있는 일상적 모임들 — 종교적 모임이나 가족 모임, 직장 동료 모임, 동창회 모임, 동호인 모임, 학술 및 정치적 모임 등 — 과 기술 문명이 가능하게 해주는 인위적 모임들 — 컴퓨터 대화방이나 화상 회의 등 — 을 어느 나라 사람 못

---

29) P. Vidal-naquet, *Le chasseur noir*, pp.21-23.
30) 대부분의 그리스인들은 각종의 소규모 모임들에 자주 참석한 것으로 알려져 있다. 그 모임들은 종교적인 것과 세속적인 것들로 대별되고, 세속적인 것들은 다시 정치적 모임, 직업적 모임, 사교적 모임 등으로 나뉜다. 그러나 그들의 모임은 어떠한 종류의 것이 되었든지간에 주로 종교적, 철학적 관점에서 가치로운 삶에 대한 규정과 실천의 문제에 대하여 토론하는 모임이었다. 바로 그러한 종교적, 철학적 특성을 지닌 모임이 일상들의 차원에서 생활화되어 있었던 문화적 조건을 생각해보면, 그리스에서 철학이 최초로 발생하게 된 것은 결코 우연이 아니라 할 수 있다. Platon의 *Symposium*과 Murray의 *Sympotica*, 참조.

지 않게 많이 갖고 있다. 그러나 그 모임들의 내용 내지 성질들이 단순히 세속적 즐거움이나 일상사들과 연관된 것들뿐이기 때문에, 우리는 그 모임의 내용들을 한층 더 높은 수준으로 끌어올릴 필요가 있다. 즉 우리는 오늘날의 우리 사정에 맞는 범위 안에서 그러한 수 많은 작은 광장들을 철학적 대화와 토론을 나누는 지적 공간 또는 사이버 공간으로 전환시키려고 끊임없이 노력해야 한다. 사실 우리가 세계에서 가장 빈번히 갖는 종교적 모임(법회, 미사, 예배식 등)을 개인의 복만을 기원하는 곳이 아니라 삶의 의미를 생각하고 가치 있는 삶을 행동으로 옮기기 위한 명상과 실천의 공간으로, 돈과 자동차 그리고 골프 이야기와 화투 놀이로 가득 찬 가족이나 직장, 동창 모임을 현실적 문제들을 해결하기 위한 정치, 경제, 사회적 토론을 나누는 심포지엄의 공간으로, 익명성이 가져오는 허위 의식 속에서 허구적 대화만을 나누기 쉬운 컴퓨터 대화방을 대화자 서로의 의식을 끊임없이 더 높은 단계로 변증법적으로 이끌어주는 플라톤적 의미의 진정한 대화를 나누는 사이버 공간으로 바꾸어준다면, 철학적 대화를 나누는 문화적 분위기는 얼마든지 형성될 수가 있다. 손님과 이야기를 정답게 나누는 우리의 전통적 사랑방의 분위기를 철학적 담론이 꽃피는 이야기판으로 되살려낼 수만 있다면, 프랑스의 철학 카페와 살롱 문화를 부러워할 필요가 어디에 있겠는가? 그러한 이야기판들이 형성되었을 때 비로소 철학적 사유가 일반인 수준에도 보편화될 수 있고, 더 나아가 일반인들의 철학적 사유들이 축적되고 그러한 축적된 사유를 바탕으로 우리가 삶의 현장에서 발생하는 모든 종류의 문제들을 해결하기 위해 많은 생각을 곰삭을 때, 새로운 철학적 사유의 싹이 움트게 될 것이다.

3. 결 론

지금까지 우리는 그리스에서 철학이 발생하게 된 배경과, 아리스토텔레스가 자신의 고유한 철학을 정립하게 된 과정에 대한 고찰을 통하여 새로운 철학함 내지 사유의 출현을 가능케 하는 총체적 문화 조건이 무엇인지 살펴보았고, 더 나아가 그러한 문화적 조건과 연관 지어 우리의 새로운 철학을 싹트게 만들 수 있는 몇 가지 방책을 제안하여 보았다.

그러한 고찰과 제안을 통해 우리는 새로운 것에 대한 창출이 결국은 이미 주어진 것들을 자신들의 특성에 맞게 새롭게 만들어내려는 기술과 노력에 달려 있음을 알 수 있었다. 사실 페니키아의 음절 문자를 새롭게 알파벳 문자로 바꾸고, 이집트의 측지술을 기하학적 증명 체계로 전환시킨 그리스인들의 기술이야말로, 아리스토텔레스가 일상인들의 논쟁술을 학문적 증명법으로 승화시키는 기본적 토대가 되었다. 그러나 그러한 기술은 그리스인 못지 않게 우리도 갖고 있는 것이 사실이다. 구석기와 신석기 시대의 자연력 자체에 대한 원초적 표상으로서의 원시 불교적 부처의 모습을 인간과 개인적 관계를 지니는 부처 모습으로 기하학적 균형미와 인자한 미소를 통해 새롭게 표현하고, 지시체 하나 하나에 대해 그렇게 많은 상형적 대응물을 만들어내야 하는 한자에서 기본적 자음과 모음의 결합만으로 무수한 단어를 조립해낼 수 있는 한글을 빚어냄이야말로 주어진 것을 현실에 맞게 새로 창조해내는 기술이 아니고 무엇이겠는가?

그러면 주어진 것을 현실에 맞게 새로 빚어내는 탁월한 기술을 지니고 있는 우리가 어째서 사유 및 표현의 체계에서는 그만큼 훌륭한 것을 만들어내지 못했는가? 그것은 깨달음 자체에 우위성을 부여하는 불교 문화와, 장유유서의 규범과 신분의 위계 질서가 강조되어 모든 사람이 동등하게 자신의 의사를 표현할 수는 없었던 유교 문화의 분위기에서, 우리는 서로의 생각을 있는 그대로 표현하고 상대방의 견해를 공격하면서 어느 것이 옳고 그른지 밝혀내기 위해 하나 하나 따지는 습관을 형성하기 어려웠기 때문이라 할 수 있다. 사실 그러한 분위기는 암자나 사랑방에서 염화시중의 선문답을 주고받거나, 도덕적 충고나 덕담을 나누며 또는 자연을 벗 삼아 술을 마시면서 시를 읊조리는 경우에서처럼 종교적, 도덕적, 예술적 담론을 나누기에 적합한 것이었지, 주관적 의사 소통의 공간에서 사물의 본성이나 우주의 근원에 대해 토론하는 철학적 담론을 나누기에 적합한 것은 아니었다.

물론 우리는 그러한 종교적, 도덕적, 예술적 담론이 합리성을 약화시키는 직접적 원인으로 생각하지는 않는다. 조선시대의 유학자들이 그러한 분위기 속에서도 우주의 이치에 대해 꼼꼼히 따졌던 사실이 바로 그 증거라 할 수 있다. 따라서 우리는 한편으로 은근과 함축의 미를 존중하는 우리의 전통적 가치를 그대로 유지하면서도 다른 한편으로 논리성과 객관성이 지배하는 과학과 기술의 시대에 적응하기 위하여 또 다른 변신을 할 필요가 있다. 즉 대상과 합일(sympathos)할 수 있는 감정과 초논리적 깨달음을 중시하는 전통은 철학적 사유를 촉발시키기 때문에 그 나름대로 존중을 하고, 철학함의 방법론적 차원에서는 지금의 감정적이고 비논리적인 사유와 대화의 습관을, 어떤 근거를 가지고 이치에 맞게 차근차근 따져나가는 사유와 대화의 습관으로 바꿔준다면, 우리의 예술적 멋과 은근함에 합리성이 어우러져 영롱한 빛을 뿜어낼 우리의 독특한 철학 사상을 빚어낼 수 있을 것이다.

□ 참고 문헌

박희영, 「Polis의 형성과 Aletheia 개념」, 『삶의 의미를 찾아서』, 이문출판사, 1994.

박희영, 「엘레시우스 비밀 의식의 철학적 의미」, 한국외국어대학교 논문집(제30권), pp.221-236, 1994.

Andrewes. A., 『고대 그리스사』, 김경현 옮김, 이론과 실천, 1991.

Aristotelis Opera(1980) ; *Analytica priora, Analytica posteriora, De Anima, De generatione et corruptione, Ethica Nicomachea, Metaphysica, Physica, Topica*, Oxford U.P. 1980.

Benveniste. E : *Problemes de linguistiques generales*, Gallimard. 1974.

Deleuze. G : *Diffirence et repetition.* P.U.F 1985.

Derrida. J, *De la grammatologie, l'ecriture et la différence,* Edition du Seuil. 1967.

Guthrie. W. K. C, *A History of Philosophy.* Vol.VI, Cambridge. U.P. 1981.

Kahn. C. H, *The Verb 'Be' in Ancient Greek,* D. Reidel Publishing C. 1973.

Le Blond. J. M., *Logique et méthode chez Aristote.* Librairie J. Vrin. 1973..

Lloyd. G. E. R, *Methods and Problems in Greek Science.* Cambridge. U.P. 1991.

Platonis Opera ; *Symposium, Theaetetus.* Oxford U.P. 1972.

Snell. B, *The Discovery of the Mind.* Harper and Row. N.Y. 1960.

Stigen. S, *The Structure of Aristotles' Thought,* Scandinavian U.B. 1966.

Vernant. J. P, *Les Origines de la pensee grecque,* P.U.F. 1988.

Vidal-naquet. P., *Le chasseur noir,* La Decouverte. 1991.

Foucault. M., *Les mots et les choses,* Gallimard. 1966.

Murray. O., *Sympotica,* Clarendon Press. 1990.

Nancy. M. : "Philosophie et institution", in *L' univers philosophique.* P.U.F. 1989.

헤겔의 사변적 철학 이념과 철학사의 문제*

임 홍 빈(고려대 철학과 교수)

1. 존재의 역사성과 철학의 이념

일반적으로 헤겔의 변증법적 사변 철학은 역사적 사유의 전형으로 알려져 있다. 헤겔은 철학뿐만 아니라 인간의 의식과 경험, 사회와 정치적 제도, 종교와 예술 등 거의 모든 정신적 유산을 생성론적(生成論的) 관점에서 분석하고 서술했다는 점에서 20세기 초반 이후 일정 기간 동안 기세를 떨쳤던 실증주의적 이론들과 구별되는 것이 사실이다. 만약 구조주의나 후기구조주의 등을 함께 고려한다면 현대 철학은 역사적 사유와 탈역사적 사유의 갈등으로 점철되었다고 해도 지나치지 않을 것이다. 그런데 여기서 관점을 바꾸어보면 변증법적 사변 철학이나 데카르트 이후 현대의 자연주의적-분석적 유물론에 이르는 과학적 합리성의 이론은 한결같이 회의주의나 상대주의와의 대결을 통해서 스스로의 정체성을 형성해왔음이 드러난다.

* 이 논문의 대부분은 필자가 호주국립대학(Australien National University)의 초빙교수로 체류하는 동안에 작성되었으며, 이 기회에 본인을 초빙한 문과대학 학장 P. Thom 교수와, 기타 본인의 연구 활동을 지원해준 철학과 학과장, Peter Roepper 교수와 철학과 비서 Mrs. Shallcross 그리고 귀중한 자료들을 접할 수 있게 허용한 Chiefley 도서관에 대해서 감사를 표한다.

헤겔의 역사적 사유 역시 일부 '역사주의'의 전통에 경도되어온 회의주의적 결론을 극복하려는 하나의 인상적인 노력으로 간주될 수 있을 것이다. 사유의 역사성에 대한 헤겔의 견해가 다분히 종래의 철학적 입장들에 대한 비판적이며, 구성적인 관심에 의해서 주도되는 한에서 그의 철학을 19세기 후반부터 등장한 역사주의의 흐름과 동일시하는 것은 무리다. 나는 이 글의 제1, 2절에서 철학사에 대한 헤겔의 견해를 검토한 후에, 제3절에서는 '철학사의 사변적 서술'을 통해서 회의주의를 극복할 수 있는 충분한 논거가 제시될 수 있는지의 여부를 검토할 예정이다. 또한 앞서 언급한 현대 철학의 이론적 갈등 역시, 철학의 이념과 형이상학에 대한 비판적이며 사변적인 서술을 통해 궁극적으로 해소될 수는 없겠지만, 최소한 새로운 국면을 맞이할 수 있을 것으로 기대된다. 철학의 역사성에 대한 철학적 논란은 이 점에서 볼 때 단순한 철학적 방법을 둘러싼 갈등으로 국한되지 않으며, 인간적 존재와 삶에 대한 자기 이해의 성격과 관련한다.

실상 현대의 철학적 이론들이 형이상학이나 철학의 역사성으로 도피할 수 있다고 믿는다면 그것은 자기 자신에 대한 오해에 지나지 않을 것이다. 사유의 기능성, 형식적 타당성 등에 대해서만 관심을 두고 사유의 근거에 대한 물음을 외면하는 태도는 바로 현대의 일상 세계에서도 쉽게 찾아볼 수 있는 탈역사적 태도와 상응한다. 만약 기술 시대의 한 본질적인 징표로서 탈역사성을 거론할 수 있다면 철학의 역사에 대한 — 역사적이 아닌 — 철학적 이해를 시도하는 작업은 철학의 정체성에 대한 메타적 반성의 기회와 연결될 수 있을 것이다.

철학의 정체성에 관한 메타적 반성은 철학의 역사를 통해 단지 유용한 몇몇 생각들이나, 새로운 이론적 발상의 자료를 발굴해내려는 통상적인 노력과 다른 작업으로 이해되어야 할 것이다. 헤겔 역시 자신의『철학사 강의』를 '철학의 역사에 대한 통상적인 표상들'에 대한 비판적 서술로 시작한다. 철학의 역사는 흔히 다양한 '철학적 견해들(philosophische Meinungen)'의 저장소 정도로 여겨져 왔다는 것이다.1) 철학적 견해들을 집대성할 경우, 그것은 철학의 역사에 대한 철

---

1) G. W. F. Hegel, Bd. 18, (Werke in zwanzig Bänden : Frankfurt, 1971), 28면 이

학적 서술이 아닌 역사적 기록물(가령 doxography)의 성격을 띠게 될 수밖에 없다. 이때 철학의 역사는 다른 개별 학문들(수학, 물리학 등)의 역사와 마찬가지로 학문 자체의 정체성과 깊이 관련된 물음을 야기하지 않을 것이다. 물론 역사적 사유가 왜, 어떠한 근거에서 체계적 사유에 대한 관심과 연결될 수 있는지도 이해되지 않을 것이다. 한편 '철학적 견해들'의 저장소라는 헤겔의 표현은, 이미 그 당시에 읽히고 있었던 기존의 철학사 서술 방식들(가령 Wilhelm Gottlieb Tennemann이나 Thomas Stanley, Johann Jakob Brucker, Dietrich Tiedemann, Johann Gottlieb Buhle 등)[2]에 대한 단순한 불만을 토로하기 위한 것처럼 보일 수 있다. 그러나 이 같은 인상은 철학의 역사에 관한 회의주의적 오용의 가능성에 주목할 때 피상적인 생각에 지나지 않음이 드러난다. 다시 말해서 철학의 역사를 철학적 대상(예를 들면 신과 정신, 자연 등을 헤겔은 언급하고 있다 : Ibid., 29면)에 대한 다양한 견해들이 전개된 것으로 보는 관점은 계속 이어지는 회의주의적 논변을 도입하기 위한 포석이다. '개념적 인식(begreifendes Erkennen)'으로서의 철학의 객관성과 필연성을 근본적으로 위협하는 것은 철학의 역사 대한 이 같은 상투적인 표상의 배후에서 작용하는 회의주의다. 회의주의는 기본적으로 철학의 역사성과 철학의 정체성을 서로 대립하는 것으로 간주한다. 즉 철학의 역사적 '상이성'은 철학적 인식의 허구성을 보여주는 구체적 사례라는 주장이다. 이 같은 회의주의적 관점은 이미 Sextus Empiricus에 의해 정리된 Pyrrhonism에 의해 제기된 바 있다.[3] 특히 Agrippa에 의해 정리된 다섯 개의 논변은 무시 못할 무게를 지니며, 이는 변증법적 사변 철학의 이론 형식에 심층적인 영향력을 행사한다고 볼 수 있다.

『철학사 강의』의 마지막 부분에 이르면 사변 철학의 이념은 더욱 분명

하.

2) Ibid., Bd. 18, 132-136면.
3) Pyrrhonism과 헤겔의 사변 철학의 관계에 대해서는, H. Röttges, *Dialektik und Skeptizismus*, Frankfurt, 1987과 임홍빈, 『근대적 이성과 헤겔철학』, 서울, 1996. 제2장을 참조.

한 모습으로 드러난다. 즉 '철학적 체계들의 상이성(Verschiedenheit der philosophischen Systeme)'은 철학사의 변증법을 통해서 "전혀 다른 의미로(in einem ganz anderen Sinn)"[4] 받아들여진다는 것이다. 여기서 사변 철학의 이념은 단순히 인식론적 차원에서 회의주의적 관점을 논박하고, 또 이를 철학적 일탈로 비판하는 단계를 넘어서 '정신의 형이상학(Metaphysik des Geistes)'으로 전개된다. 다시 말해서 사변적 정신의 형이상학과 회의주의에 대한 비판적 문제 의식, 그리고 철학의 역사성에 대한 체계적 서술 등은 서로 별개의 철학적 작업이라기보다는 동일한 철학적 이념의 결과로 나타난다. 흔히 — 이미 Düsing도 언급한 것처럼 — 철학사의 이론을 '절대자의 철학'이라는 체계에 속한 것으로 간주할 때도 우리는 그 배경에 회의주의의 반론에 대한 배려가 전제되어 있음을 간과할 수 없다.[5] 헤겔에 대한 발생사적 연구들이 보여주는 것처럼, '철학적 체계들의 상이성'에 관한 비판적, 사변적 서술이 적극적 의미를 지니는 것은 최소한 1805년 이후의 사태로 여겨진다.[6] 문제의 관건은 왜, 어떠한 이유에서 헤겔이 자신의 초기 입장을 수정했는가에 관해 답하는 것이다. 다시 말해서 1801년 발표한 Differenzschrift(Differenz des Fichte'schen und Schelling'schen Systems der Philosophie)에서 견지했던 philosophia perennis의 이념이 정신과 시간의 형이상학으로 구체화되어가는 과정은 체계적 사유와 역사적 사유의 통일성에 대한 헤겔의 근본적 신념을 떠나서는 이해될 수 없을 것이다. 헤겔의『철학사 강의』역시 철학의 역사를 통해서 관철되어온 진리의 통일성을 입증하려는 의도에서 출발한다.[7] 진리의 통일성은 단순한 추상적, 형식적 명제로서가 아니라 역사의 구체적 시

---

4) Hegel, Bd. 20, 473면.
5) Düsing의 다음 글은 왜 헤겔이 철학사를 절대 정신의 체계 속에 포함시키려 했는지 자세히 논하고 있지는 않지만, '철학사 강의'에 관한 연구 경향들을 비교적 자세히 소개하고 있다. K. Düsing, *Hegel und die Geschichte der Philosophie*, Darmstadt, 1983.
6) 이에 대해서는 H. Kimmerle, *Das Problem der Abgeschlossenheit des Denkens*, Bonn. 1970.
7) Hegel, Bd. 20, 473면 이하.

가을 통해서 드러난다는 것이다. 그러나 역사를 통해서 드러나는 진리의 통일성은 '철학사의 철학'뿐만 아니라 '논리학의 학'이나 '정신현상학' 등과 같은 작업에서도 중요한 서술 원칙으로 작용한다.8)

정신의 형이상학에서 드러나는 정신의 역사성은 정신의 현존재인의식의 변증법적 경험을 통해서 구현되는데, 이는 주로 회의주의적 오류와 갈등을 정신적 성숙의 계기로 수용함으로써 가능해진다. 즉 철학의 역사란 기존의 철학적 체계와 이론에 항상 새로운 내용들이 첨가되는 단순한 지식 축적의 과정이라기보다는 정신의 성숙과 유사한 유기적 성장의 과정을 의미한다. 여기서 철학은 정신이 구체화되는 여러 유형들 중의 하나로서가 아니라 정신의 가장 탁월한 자기 인식의 방식으로 간주되고 있다. 우리는 이 지점에서 헤겔과 쉘링 혹은 로고스의 철학과 탈로고스의 철학중심주의의 대립이 비롯됨을 짐작할 수 있다. 철학으로 구현되는 인간적 정신의 자기동일성은 자신의 역사성에 대한 인식을 수반하며, 이 점에서 역사성은 회의주의적 논변의 경우처럼 결코 영원성의 철학과 대립하는 계기로서 인식되지 않는다.

그렇다면 체계적 사유는 정신의 어떠한 구조적 특징에 의해서 가능한가? 철학적 이념의 어떠한 특징이 사유의 필연적 진보를 약속해주는가? 헤겔은 정신의 근본적 특징을 스스로 인식하려는 근원적 활동성에서 찾는다. 자기 자신을 인식의 대상으로 설정하면서도 이를 다시 극복하는 자기 준거적 활동성이 정신의 본질이라는 것이다. 자기 구별을 통해서만 정신의 자기정체성, 자기동일성은 가능하다는 사변적 주체성의 형이상학은 일부 통속적인 유물론자들의 예상과 달리 단순히 추상적 관념에 근거하는 순수 인식의 단계에서 완성되지 않는다. 정신의 자기인식이 순수한 의식의 자기 반성에만 의존하지 않고 구체적인 노동과 욕망, 언어적 의사 소통과 인간들간의 다양한 상호 작용을 통해서 전개되는 것처럼, 철학의 역사 역시 구체성과 우연성의 계기로 설명되는 현실의 조건들에 의해 매개된다.9) 정신의

---

8) Düsing의 앞의 책, 18면 이하.
9) Hegel, Bd. 18, 71면 참조.

자기 인식이 추상적인 차원이 아닌 구체적인 경험 속에서 추구된다는 사실은 사변 철학의 역사적 사유가 "시간의 형이상학"임을 가리킨다. "모든 철학은" 구체적 시간으로서 "그 시대의 철학이다. 그것(즉 모든 철학)은 정신적 발전의 모든 연계 속에서 한 계기며, 따라서 그 시대에 적합한 관심들을 만족시킬 뿐이다."[10] 이 점에서 헤겔의 철학사는 현실 사회의 조건들을 반영하지 못한 추상적 관념의 역사에 불과하다는 비판은 온당치 못하다. 게다가 그 같은 비판은 '정신의 형이상학'에서 역사성의 차원이 지니는 의미를 설명하지 못한다.[11]

오히려 헤겔은 사유의 형식에 의존하는 철학도 시대적 조건의 변화에 근거해서 이해되어야 한다고 말한다. 좀더 구체적으로 표현하면 철학 자체는 한 민족의 내부에서 계층적 균열이 발생하거나, 민족의 운명이 위험에 처한 위기 상황에서 추구된다는 것이다. 자신의 내면적 정체성에 충실한 삶을 현실이 더 이상 허용하지 않음으로써 소외된 삶이 강요될 때, 그리고 기성의 종교나 전통적인 인륜적 체계가 이러한 소외된 현실을 극복하는 데 기여하지 못할 때 철학에 대한 욕구가 되살아난다는 것이다.[12] 이 같은 문제 의식을 염두에 둘 때 비로소 우리는 왜 헤겔에게 철학과 종교의 관계가 그의 많은 저작과 강의에서 중요한 서술의 고비마다 등장하는지 이해할 수 있다. 마찬가지로 그리스의 원초적 규범 체계와 소크라테스 및 플라톤이 대표하는 철학 정신의 '계층적' 대립 역시 새로운 의미를 지닐 수 있다. "사유라는 요소(im Element des Denkens)"에 의거하는 철학은 그 자체로서 이미 현실의 균열과 소외, 삶과 사유의 분리에 의해서 촉발된 역사적 결과로서 나타나기 때문에 초기의 헤겔에게서도 발견되는 philosophia perennis의 이념은 이제 새로운 방법적 이념에 의해서 구체화될 수밖에 없는 것이다.

역사적 사유가 복고주의나 일반적인 의미의 역사주의와 동일시될

---

10) Ibid., 65면 참조.
11) 그 중 대표적 사례 하나는 E. Bloch, *Subjekt-Objekt : Erläuterungen zu Hegel*, Frankfurt, 1962.
12) Hegel, Bd. 18, 71면.

수 없다는 것은 분명하다. 그렇다면 시대의 개념적 파악을 과제로 설정한 철학의 이념은 어떤 의미에서 보편성의 진보로 이해될 수 있는가? 또 철학의 역사를 진보의 과정으로 이해할 수 있다면 과연 진보의 기준은 무엇인가? 만약 여기서 우리가 목적론적 이론 형식을 자명한 논거로 받아들인다면 앞서 제기한 물음들은 규명되는 것이 아니라 단지 재서술되는 데 그칠 것이다. 목적론적 이론 형식은 이미 진보와 함께 진보의 기준을 전제하기 때문이다. 헤겔의 사변 철학을 철학적 이념의 궁극적 단계로 설정한다는 것은 철학사에 대한 더욱 비판적 검토뿐만 아니라, 철학사의 방법적 전제들에 대한 분석을 요구한다는 점이 한층 더 분명해진다. 방법적 전제들에 대한 이해를 통해서 철학사에 대한 관심은 단순한 역사적 자기 이해의 차원을 넘어서 철학적, 체계적 관심으로 구체화될 수 있을 것이다.13) 이와 관련해서 헤겔이 제시하고 있는 논거들은 그다지 단순하지 않은 여러 형태의 철학적 동기들에 의해 좌우되고 있음이 드러난다.

2. 역사적 사유와 체계적 사유

철학적 이념이 시간 속에서 전개(Entwicklung in der Zeit)된다고 헤겔이 말할 수 있는 것은 이념(Idee)을 더 이상 시간 초월적인 순수 직관의 대상으로 규정하지 않았기 때문이다. 이념은 이제 더 이상 플라톤 이후 칸트와 셸링에 이르기까지 견지되어온 정태적 규정의 대상일 수 없으며, 역동적인 개념으로 변화되는 것이다. "그러나 이념은 주체적이며 …… 본질적으로 직관이 아니라 자기 내부의 구별이다."14) 이념이 그 자체의 내부에서 구별을 한다는(Unterscheidung in sich) 표현

---

13) J. Mittelstraß, "Die Philosophie und ihre Geschichte", in : *Geschichtlichkeit der Philosophie : Theorie, Methodologie und Methode der Historiographie der Philosophie*, (hrsg.) H. J. Sandkühler, Frankfurt, u. a., 1991. 참조. Mittelstraß의 불만은 역시 이 문제로부터 비롯한다.
14) Hegel, Bd. 20, 481면.

은 다름 아니라 이념의 절대적 부정성(absolute Negativität)을 가리킨다. 이념은 스스로 차이들을 산출해내면서, 이 차이들 속에서 스스로를 인식함으로써 시간-내적-존재(In-der-Zeit-Sein : 헤겔 자신의 표현임)로15) 규정된다.

"시간의 형이상학"은 철학이 왜 역사를 지니는가에 관한 물음과 관련해서 좀더 구체화되어야 할 것이다. 그리고 여기서 역사성이 어떤 방법적 원칙들에 근거해서 체계적 사유의 가능성으로 연결될 수 있는지에 대해서도 물어져야 할 것이다. 실상 진리는 보편적이다. 이 점에 대해서는 비판 사변 철학자들뿐만 아니라 일반인들의 견해도 일치할 것이다. 그러나 "이념이 그 자체의 내부에 서로 구별되는 것을 절대적으로 통일시키고 있다(daß die Idee in ihr selbst die absolute Einheit Unterschiedener ist)"는 주장은16) 사변적인 것에 속하며, 헤겔 자신도 이를 잘 알고 있었다. 그래서 이성적 인식과 평범한 지성의 인식(Verstandeserkenntnis)을 구별하고, 나아가서 후자를 전자의 단계로 고양시키는 작업이 이미 『정신현상학』에서 수행되었던 것이다. 이념의 절대적 부정성(absolute Negativität)에 의해서 철학은 역사성을 지니게 될 뿐만 아니라 일종의 "유기적 체계(ein organisches System)"로 간주되는 것이다. 헤겔의 이 같은 표현 방식은 일견 자연철학적 규정과 정신철학적 규정을 혼용하고 있는 것처럼 보인다. 유기적 체계로서 철학의 이념은 단지 역사적 단계들로 구성될 뿐만 아니라 이 모든 단계들 속에서 철학적 이론을 관통하는 원리로도 작용한다. 형이상학 이념을 서술하는 과정에서 당시 괴테 등에 의해서도 나름대로 천착된 유기체적 자연관이 전제되어 있다. 형이상학의 개념 역시 예외는 아니다. 즉 형이상학은 일상의 표상이나 직관을 관통하는 의미의 그물망(das Netz라는 표현은 Hegel, Bd. 20, 494면에 등장함)으로 이해되고 있다.

그렇다면 '의미의 그물망'으로서의 형이상학은 어떠한 서술 형식들에 의존하는가? 헤겔은 자신의 철학적 체계를 구축하는 과정에서

---

15) Ibid., 481면.
16) Ibid., 474면.

방법적 관점에 근거하여 형이상학적 이념의 경험적 현시과 논리적 형식을 구별했는데, 이 같은 서술의 원칙은『철학사 강의』에 선행하는 기준으로도 작용한다. 즉 논리적 세계의 의미론적 그물망에 대한 사변적 서술이『논리학의 학(Wissenschaft der Logik)』이라면, 자연과, ― 철학적 이념의 역사를 포함하는 ― 정신의 세계에 대한 서술은 '경험적 형식(empirische Form)'에[17] 의거한다고 볼 수 있다. 또한 철학사의 서술이 경험적 형식을 따른다는 것은 철학의 형성 과정에 ― 이미 앞에서 논한 것처럼 ― 정치나 종교 등의 세계사적 조건들이 함께 작용한다는 것을 뜻한다.

그러나 여기서 이념의 논리적 형식과 경험적 형식에 의거한 서술 방식들은 병렬적인 관계 속에 놓여 있는가? 여기서 헤겔은 비교적 대담하다고 여길 수밖에 없는 입장을 견지한다. 즉 그에 따르면 이념의 논리적 형식과 경험적 형식에 대한 서술은 서로 상응한다는 것이다. "이 이념에 따라서 나는 역사 속에서 전개되는 철학 체계들의 연속되는 과정이 이념의 개념 규정들을 논리적으로 연역하는 데 따르는 일련의 과정과 동일하다고 주장한다."[18] 만약 "철학사의 탐구가 철학 자체의 탐구"[19]라는 결론을 뒷받침하기 위해서라면 여기 제시된 논거 외에 좀더 변호하기 용이한 다른 이유들이 제시될 수도 있었을 것이다. 철학사의 근본적 개념들이란 한 철학을 체계화시켜주는 기본적 구성 원리를 뜻하며 구체적 역사 속에서 이는 은폐되거나 변형될 수 있다. 논리적 '연역'과 경험적 '연역'의 통일성을 일련의 전제들 중의 하나로, 즉 철학사 서술의 전제로 받아들일 수 있다면, 그것은 단지 세계 해석의 기본적 원리에 국한될 수밖에 없을 것이다. 즉 철학적 이론들의 역사를 서술하는 과정에서 배려가 가능한 이론의 차원은 형이상학과 존재론으로 국한된다는 주장이다.[20]

바로 이 점에 착안해서 Düsing은 철학사와 철학의 상응 관계에 대

---

17) Ibid., Bd. 20, 478면.
18) Hegel, Bd. 18, 49면 참조.
19) Hegel, Bd. 20, 479면.
20) Düsing의 앞의 책, 26면.

한 헤겔의 강한 주장을 변호한다. 나아가서 그는 철학사의 서술에서 이미 전제되고 있는 이 같은 방법적 원칙들이 철학의 역사뿐만 아니라 범주들의 의미론적 분석이 시도되고 있는『논리학의 학』에서도 견지되고 있다고 지적한다.21) 이는 목적론이나 자연철학에서 빌려온 유기체론적 개념들 못지 않게 사변적 철학사의 이념을 수긍하기 어렵게 만드는 요인이기도 하다. 잘 정돈된 철학 체계들간의 동일성이나 상호 조응 관계를 전체로서 파악하고 수용하지 않는 한, 사변적 관점에서 서술된『철학사 강의』는 쉽게 정당화될 수 없는 것처럼 여겨진다.

이 같은 우려와는 정반대로『철학사 강의』의 이론적 자기 주장은 '철학사의 탐구가 곧 철학의 탐구'라는 명제를 견지한다. 결국 철학의 역사에 대한 사변적 이해는 이미 사변적 논리학에서 '입증된' 형이상학적 이념의 적용에 지나지 않는다고 주장할 수 없는 것이다. 다시 말하면 사변 철학 자체가 시간 속에서 형성되는 과정은 철학 이념의 경험적 '연역'으로 간주되는 것이다. 동시에 만약 '절대 정신'과 '정신의 현존재'가 시간 속에서 구현된다는 자기 실현의 필연성을 염두에 둔다면, 시간과 정신의 형이상학은 불가분의 연관 속에 놓여 있다고 볼 수 있다. 통상적인 의미의 형이상학 개념인 philosophia perennis가 시간과 시대로부터 벗어난 추상적 보편성의 차원이라면 사변 철학적 형이상학의 이념은 시간의 형이상학으로 나타나는 구체적 보편성의 이념이다. 이 점에서 사변적『논리학의 학』이나『정신현상학』,『철학사 강의』등이 시간성과 형이상학의 초월성을 분리해서 이해하고 있는 전통 형이상학의 관점들을 일관되게 비판하고 있다는 사실을 주목해야 할 것이다. 만약 사변적 형이상학이『논리학의 학』의 경우처럼 전통적 형이상학에 대한 비판에 의해서 서술될 수 있었다면, 이 같은 비판의 동기는 정신의 역사성에 대한 인식의 차이에 의해서 설명된다. 철학사의 사변적 이념은 진리와 역사성, 이성과 시간을 추상적으로 대립시키지 않고 상이한 철학적 체계들의 필연적 연관성을 서술함으로써 성립한다. 따라서 헤겔은 회의주의나

---

21) Ibid., 31면.

역사주의의 논거로 작용한 역사의 차원을 형이상학의 기획에 포함시킨 결과 전통적 형이상학의 개념들을 비판적으로 수용할 수 있었다. 철학의 역사에 등장한 이론적 체계들의 원리는 그 자체의 고유한 개별성과 관련해서 하나의 고립된 철학적 입장으로 검토되는 것이 아니라, 그 같은 입장이 철학 체계로서 성립할 수 있는 배경 및 문제의 지평과 관련해서 서술된다. 개별성이나 개체성의 범주로 분류되어온 역사성의 개념은 사변적 형이상학에서 배제된다기보다, 사변적 논리학의 한 양상 범주(Kategorie der Modalität)로서 포섭된다. 즉 철학적 이념의 전개 과정에 기여하는 방식에 따라서 특정한 시대의 철학은 양상의 범주에 의해서 분류된다. 예를 들어 여러 대안적 가능성들을 동시에 허용하는 철학적 견해들은 우연성의 범주에 귀속되거나 철학의 역사에서 등장할 수도 사라질 수도 있는 입장으로서, 즉 단순한 가능성 혹은 불가능성 범주에 귀속되는 입장들로 규정된다. 역사성의 한 중요한 차원인 우연성과 개별성의 의미를 이렇게 해석할 경우 다음과 같은 사태는 거의 불가피해진다. 즉 이미 Düsing도 지적한 것처럼, 첫째로 서로 다른 시기에 속한다고 여겨지는 철학적 체계들의 구조적 유사성은 선형적인 발전과 진보의 이념에 의해 상대적으로 은폐되거나 처음부터 서술 대상에서 배제될 수밖에 없을 것이다. 또 다른 한편으로 철학사에서 종종 발견할 수 있는 독창적이고 창조적인 철학 체계의 의미가 상대화되거나, 최소한 그 의미가 축약될 수밖에 없는 상황이 전개될 것이다.22) 이 같은 상황들은 이미 철학사의 서술에서 뿐만 아니라 세계사의 역사철학에서도 발견된다. 역사성의 의미는 결국 사변적 형이상학의 기획을 통해서 모두 드러난다고 보기 어렵다. 다시 말해서 진리의 역사성에 대한 물음은 실천적인 관심과 무관하지 않을 수 있다. 가령 Kimmerle가 자신의 발생론적 연구에서 잘 지적한 것처럼 철학의 역사에 대한 관심은 시대의 문제를 규명하고 해결하기 위한 작업의 일환으로 간주될 수 있다.23) 철학의 역사가 지니는 성격은 철학이 답해야 하는 시대의 과제를 통

---

22) Ibid., 39면.
23) Kimmerle의 앞의 책, 306면 이하.

해서 더욱 구체적으로 드러날 수도 있다. 이 같은 의도는 이미 전통적 형이상학에 대한 비판을 통해서 구체화되는 시간의 형이상학에 의해서도 드러난다. 사변 철학의 이 같은 이념은 오성과 이성의 대립이나, 유한성과 무한성의 갈등을 지양하려는 데서도 나타난다. 다시 말해서 사변적 형이상학의 우선적인 비판의 대상은 진리와 역사성을 상호 배타적인 관점에서 규정해온 전통적 관점이다.

지금까지 우리는 사변적 형이상학의 이념이 성공적으로 서술되었는가의 여부에 대한 판단을 일단 유보한 채, 사변적 형이상학의 동기 자체를 부각시키려고 시도했다. 사실상 사변적 형이상학의 성격에 대한 적절한 이해는 당시의 시대적 상황을 고려하도록 요구한다. 헤겔이 『철학사 강의』에서 언급하고 있는 철학함에 대한 욕구는 시대의 분열을 기성의 종교나(기독교의 實定性. Positivität der christlichen Religion) 반성 철학이 극복할 수 없다는 분석과 맞물려 있다. 즉 헤겔이 욕구들의 체계(System der Bedürfnisse)로 규정한 당시의 시민사회의 팽창은 계몽 시대의 긍정적 유산을 일부분 계승했지만 동시에 인륜성의 해체라는 문제에 직면한다. 특히 인륜성과 도덕성의 균열은 헤겔에 의해서 시민사회의 핵심적 주제로 부각된다. 사변적 형이상학은 역사적 사유와 체계적 사유를 통합함으로써 근대의 탈역사적 사유를 극복하려는 동기에서 출발한 것이다.

여기서 근대에 대한 칸트적 입장과의 차별성이 노출된다. 칸트 역시 근대성의 문제를 새로운 관점에서 접근했으나, 그는 주로 서로 상이한 세계 해석들간의 상대적 자율성을 강조하는 방향으로 나아갔다. 그러나 칸트 자신도 의식했지만, 근대 사회의 기능적 체계들이 분화되는 과정을 이론적으로 정당화하는 과제가 달성되었다고 하더라도 철학에 대한 욕구, 즉 형이상학의 가능성에 대한 물음은 해결되지 않은 채 남아 있는 것이다. 오히려 한층 더 심층적인 차원에서 칸트적 사유는 인식 주체의 능동적 세계 해석을 정당화함으로써 객관적 관찰 대상으로서의 세계를 넘어서 조작적 절차에 의거한 세계의 역동적인 구성을 승인했다고 여겨진다. 세계의 역동적 구성을 칸트는 단지 선험적 주체의 인식과 행위를 관통하는 능동적 자율성의 원리를 통해서 설명하려고 시도한 반면, 이 같은 원리는 이제 헤겔에 이르러 역사 자체의 역동성을 주도하는 정신의 원리로 간주된다. 따라서 주체성의 원리라는 개념은 선험적 기획과 사변적 형이상학에서 제각기 다른 위상과 역할을 부여받는 것이다. 특히 인식과 행위의 주체는 제각기 다른 원리에 의해서 — 물론 스스로 이 같은 원리를 설정하고 나아가서는 정당화할 수 있다는 것이 칸트의 확신이었다 — 설명되는 데 그치지 않고 역사 속에서, 즉 역사를 통해서 스스로의 정체성을 경험하는 역사적 주체의 개념으로 변화된다.

역사의 전개 과정에서 '정신'은 스스로의 위상을 상대화시키며, 이는 『정신현상학』에서는 정신의 외화(外化, Entäußerung) 혹은 소외 (Entfremdung)의 형태로 구체화된다. 따라서 정신의 자기 실현이 '시간의 형이상학(Metaphysik der Zeit)'에 의거해서 서술되는 한에서, 그리고 정신의 외화(外化)가 정신의 결함이나 우연적인 계기의 결과가 아니라 정신 자체의 내재적, 구조적 특징으로 인정되는 한에서 역사성과 철학적 사유의 체계성은 통합될 수 있는 것이다. 이 같은 통합의 가능성과 그 필연성이 여러 형태의 서술 형식을 통해서 시도되리라는 것은 쉽게 짐작할 수 있으며, 이 같은 기본적인 기획을 실천하는 과정에서 헤겔이 자신의 서술 전략을 더욱 긴밀한 형태로 재구성했다는 사실은 이미 앞서 언급한 Kimmerle 등의 발생론적인 연구를 통해서도 드러난다. 결국 정신의 역사화라는 과정에서 소외와 외화, 분열은 그 필연적인 의미를 회복하게 되는 것이다. 그리고 이러한 부정성의 범주에 속하는 현상들은 그 자체로서 자기 부정적인 정신의 내재적 특징으로 간주되며, 이를 통해서 정신은 한층 더 고양된 단계로 이행해가는 것이다.

정신의 개념은 헤겔의 사변적 형이상학에서 일반적으로 가장 많은 논란과 오해를 불러일으킨 개념들 중의 하나다. 그것은 '정신' 개념을 데카르트의 주체 개념이나 칸트의 선험적 주체의 개념 혹은 전통적 형이상학에서 등장하는 자기 충족적 실체의 개념과 동일한 차원에서 이해하려는 데서 비롯한다. 정신의 형이상학은 오히려 전자의 탈역사적 혹은 역사 초월적 위상과 달리 역사 속에서 스스로 소외시킴으로써 자신의 경험을 성숙시키고, 이를 통해서 스스로 발견하는 존재로 부각되고 있다. 정신의 형이상학은 당연히 자기 충족적 실체나 선험적 주체의 세계를 자명한 사태로 전제하는 근대의 다른 경쟁적인 이론들과 동일한 차원에서 비교될 수 없는 것이다. 그러나 정신의 경험에는 근세적 주체 개념을 둘러싼 담론들에 대한 반성이 포함된다. 이 점에서 칸트에 뒤이은 헤겔의 변증법적 사변 철학은 근대적 사유에 전개 과정에서 나타난 제2의 '혁명'적 전환이며, 그 배경에는 역사에 대한 ─ 종래의 선험주의와 헤겔 당시와 이후에 확산된 역사주의를 넘어서는 ─ 근본적으로 새로운 관점이 전제되어 있는 것이다.

필연적으로 역사 속에서 전개되는 정신의 형이상학은 ─ 일반적으로 오해받는 것처럼 ─ 개별적 주체성의 자유와 자율적 공간을 억압하는 반개인주의적이며 집단주의적 이론을 지향하는 것이 아니다. 오히려 정신의 형이상학은 개인의 인식과 행위에 이미 항상 전제되어 있는 역사적 경험의 결과를 규명하고 체계적으로 서술함으로써 일련의 "역사적 자기 계몽"에 해당하는 작업을 수행한다. 정신의 현존재적 의식은 구체적인 시간 속에서 삶을 영위하는 과정에서 과거로부터 흘러내려 현재 속에 심층적으로 침전된 '무의식적' 메커니즘에 의존할 수 있는데, 이를 분석하는 것이 역사적, 생성론적 사유의 과제다. 종종 헤겔은 이 같은 "역사적 계몽"의 작업이 철학자인 자기 자신에 의해서 주도되는 것이 아니라 '정신'이라는 사변적 주체에 의해 수행하는 듯한 인상을 주려고 노력한다. 이는 단지 서술상의 자의성을 배제하고 서술되는 사태 자체의 분석에 근거한다는 철학적 방법에 기인한 것이다. 헤겔은 자신의 철학도 역사적 경험의 결과로 간주한다. 여기서 역사성은 철학에게도 우연한 계기이거나 혹은 심지어 초월해야만 하는 차원이 아니다. 역사를 통해서 철학이 스스로의 정체성을 경험하고 성장해가는 한 철학의 역사 속에서 발견되는 "내적" 모순은 정신의 구체성에 의해서 나타나는 필연적인 특징이며, 오히려 이를 통해서 철학의 이념은 발전 과정을 겪는 것이다.24) "철학은 추상적인 것에 대해서 가장 적대적이며 (철학은) 구체적인 것으로 놀아간다."25) 여기서 철학의 이념이 구체적이라 함은 이념 자체의 내재적 생명성, 즉 철학적 사유가 항상 스스로 새로운 사유의 형식을 요구하며, 이 같은 사유의 운동을 통해서, 즉 사유의 역사적 전개 과정을 통해서 구체적 통일성(konkrete Einheit)을 확보한다는 것이다. 그러나 이 구체적인 통일성을 단계적으로 구성하는 계기들, 즉 즉자적 존재(Ansichsein)나 대자적 존재(Fürsichsein)와 같은 표현들은 독자적인 방법적 개념으로서의 위상을 지닌다. 이러한 개념은 potentia와 actus의 개념들처럼 어떤 사태의 변화를 서술하는 데 동원되는 것이다.

정신의 구체적 전개 과정을 서술하는 방법적 개념과 달리 철학이 직면하는 문제 자체는 시대에 따라 변화한다. 가령 헤겔은 자연의 본성이나 악의 근원 등과 같은 물음들이 플라톤의 철학에 의해서는 결코 만족스럽게 답해질 수 없었다는 것이다.26) 철학과 시대와의 연관성은 물음 자체의 역사적 성격에만 국한되지 않으며, 그것은 종종 전혀 예상하지 않았던 결과들을 부각시키기도 한다. 물론 여기서 전제된 관점은 역사의 특정한 시기에 속하는 행위자의 관점이며 징신에게도 마찬가지 의미로 동일한 사건이 파악되는 것은 아니다. 즉 철학의 역사에 대한 전체적인 조망과 관련해서 철학의 과제가 규정된다. 그러나 전체적 조망이 철학을 모든 유한한 존재자들로부터 분리시키고 어떤 특권을 지닌 절대적 존재의 관점을 의미하는 것은 아니다.27)

이를 다시 위에서 소개한 개념들을 통해서 설명하면 사태가 좀더 분명해질 것이다. 가령 시대 정신의 개념적 인식을 철학함의 과제로 규정한다면, 이는 현실 속에 은폐되어 있는 무의식적, 역사적 의미의 잔재를 밝혀내거나, 현재 즉자적 상태로 잠복해 있는 미래와의 연관

---

24) Hegel, Bd. 18, 44면.

25) Ibid., 43면.

26) Ibid., 28면.

27) 헤겔의 역사철학과 철학사의 관계에 대한 해석은 다음 글을 참조. R. Bubner, "Geschichtsverstehen in Abschlußformen", in : *Innovationen des Idealismus*, Göttingen, 1995. 110면 이하.

을 부각시키는 노력으로 이어질 수밖에 없다. 이점에서 사변적 형이상학이 결코 미래와의 연관을 의도적으로 차단하거나 배제한다는 종래의 — 주로 마르크스주의에 의해서 제기된 — 비판은 다소 일면적이다. 확실히 우리는 여기서 역사의 의미가 본질적으로 과거의 완결된 결과나 사건을 중심으로 경험된다는 점을 감안해야 할 것이다. 마찬가지로 철학사의 철학에 대한 서술도 이미 완결된 철학적 체계들을 — 즉 헤겔로서는 피히테와 셸링에 이르는 — 대상으로 삼는다는 것은 의문의 여지가 없다. 그럼에도 불구하고 "역사적 계몽"은 시간과 정신, 철학적 이념의 연관을 부각시킴으로써 단지 역사에 대한 해석의 차원에 그치지 않으며 미래와 관련된 인간의 실천적 행위에 영향을 미치는 것이다. 결국 사변적 형이상학의 서술 대상이 현재적 시간에 국한된 경우에도, 그 역사적 결과로서의 과정을 중시한다는 점을 함께 고려하면, 현재 속에 이미 즉자적 계기로 주어진 미래와의 관련성이 원천적으로 배제된 것은 아니다. 이점에서 변증법적 이론 형식은 기독교적 종말론이나 마르크시즘에서 비롯하는 유토피아적 사유와는 또 다른, 더욱 심층적인 차원에서 전개되는 역사성의 이론으로 이해될 수 있으며, 철학사의 서술에서도 동일한 방법적 태도가 견지되고 있다고 보아야 할 것이다. 이 같은 구조적, 역동적 관점들을 통합적으로 파악할 때 철학사의 사변적 서술은 소박한 목적론적 이론으로 — 즉 헤겔 자신의 철학 체계에서 정점에 달하는 — 간단히 정리될 수 없을 것이다.

지금까지 역사적 사유의 의미는 주로 정신의 형이상학을 중심으로 논의되었다. 그러나 이 같은 형이상학적 관점이 어떠한 철학 내적 동기에 의해서 촉발되었는지는 아직 분명히 드러나지 않았다. 여기서 철학 내적 동기란 다름 아니라 이미 앞서 언급한 회의주의로부터 비롯한다. 결국 회의주의가 사변적 형이상학의 전제들을 거부할 경우 어떠한 결과가 예상되는지 검토해야 할 것이다. 즉 철학의 역사에 대한 사변적 서술이 철학적 회의주의에 대한 대응으로서 어떤 의미를 지니는지 드러나지 않는 한, '시간의 형이상학'은 성립 불가능한 기획으로 간주될 수밖에 없을 것이다.

3 퓌로니즘과 사변 철학

사변 철학의 형성 과정에서 회의주의가 지니는 의미는 이미 여러 관점에서 분석되었다.[28] 가령 헤겔이 왜 Aanesidemos나 Schulze 등이 대표하는 근대의 흄(Hume)적인 회의주의보다 고대의 Sextus Empiricus에 의해 정리된 퓌로니즘(Pyrrhonism)을 더욱 중시했는지에 관해 묻는다는 것은, '시간의 형이상학'의 철학 내적 동기를 이해하는 첩경이기도 하다.[29] 회의주의와 사변 철학의 관계를 떠나서 역사적 사유의 의미를 묻는다는 것은 거의 불가능하다.

따라서 나는 『논리학의 학』에서 체계화된 사변적 형이상학과 『정신현상학』 그리고 『철학사 강의』 등이 최소한 고대 회의주의의 문제를 떠나서는 온전하게 파악될 수 없다고 생각한다. 물론 이 같은 관점은 이미 Fulda와 Röttges 등의 선구적 작업에 의해 상당 부분 타당한 것으로 밝혀졌다. 즉 고대의 회의주의에 대한 논구는 변증법의 세계로 이어지는 첩경일 뿐만 아니라 역사적 사유와 체계적 사유를 '시간의 형이상학'으로 통합하려는 기획과도 밀접하게 관련된다. 제1절에서도 언급한 대로 철학적 체계들의 상이성을 헤겔은 회의주의적 논변의 논거로 활용하기보다 오히려 철학적 이념의 발전 과정에서 나타나는 필연적 계기로 해석한다.

그런데 "어떤 철학도 반박된 적이 없다"는[30] 다소 도발적인 주장역시 회의주의에도 적용될 수 있다면, 그리고 『정신현상학』의 서론(Einleitung)에서 등장하는 회의주의의 개념을 고려한다면, 철학적회의주의는 변증법적 철학에 의해서 단순히 극복되어야 할 대상이아니라, 그 자체로서 철학적 사유, 즉 헤겔이 염두에 두고 있는 체계적 사유의 구성적 계기이자 단계임이 드러난다고 볼 수도 있다. 그러

---

28) 주 3에서 언급한 문헌들을 참조.
29) 고대 회의주의와 근대 회의주의에 대한 헤겔의 대조적 평가에 대해서는 ; M. Forster, "Hegel on Superiority of ancient over modern Skepticism", In : *Skptizismus und spekulatives Denken*, (hrsg.) H. F. Fulda, R. P. Horstmann, Stuttgart, 1996. 64-82면.
30) Hegel, Bd. 4, 56면.

나 이 같은 주장은 회의주의자들의 의도와는 배치된다. 회의주의는 무엇보다 스스로의 입장을 어떤 이론이나 명제로 확정하기를 거부하는 데 반대 명제나 논변을 제시함으로써 가능해진다. 즉 회의주의자들이 추구하는 isostheneia의 목표는 판단 중지를 통해 마음의 평정을 추구하려는 것이다.[31] 고대 회의주의자들은 심지어 어떤 주장을 제기하는 자기 자신의 심리 상태의 실재성에 대해서도 확신을 가지지 않고, 이를 일종의 phantasia로 간주한다. 따라서 심적 상태가 외부 세계를 제대로 재현(represent)하는지의 여부에 대해 논란을 벌여온 고대의 회의주의자들은 근대의 인식론적 회의주의자들보다 더 급진적이라는 것이 헤겔의 견해다.

따라서 어떤 특정한 이론이나 명제, 구체적 사태에 대한 논변 혹은 이를 지닌 인식 주체의 심정 상태 등의 존재 여부나 그 확실성의 정도에 대해 의심하는 고대 회의주의(주로 Pyrrohonist를 의미하나 그 급진성의 정도는 서로 다를 수 있다)들을 '철학사의 사변적 서술'이라는 기획 하에 수렴하기는 쉽지 않다. 다시 말해서 철학의 역사 속에서 나타난 철학적 체계들의 상이성을 철학이 보편적 학문으로서 정당화될 수 없다고 '주장'하기 위한 논거로 사용하는 고대의 회의주의는 어떤 특정한 철학적 입장으로 확정하기 어렵다.

따라서 『정신현상학』이나 『철학사 강의』(주로 II권)에서 등장하는 고대 회의주의에 대한 사변 철학의 대응 방식을 통해서 회의주의가 '극복'되었다고 보기는 어렵다. 특히 회의주의의 입장을 체계적인 주장이나 이론으로 확정할 경우, Agrippa가 정리한 논변들, 가령 무한 소급이나 순환 논변, 아니면 독단적 전제의 논변에 해당됨으로써 결국 isosthenia가 아닌 독단적 입장만이 남게 될 것이다. 따라서 고대 회의주의의 특징이자 장점은 어떤 특정한 주장과 자신의 입장을 일치시키는 것이 아니라, 어떠한 논변이나 주장이 제기되더라도 그에 대한 반대 논변(counterargument)을 제안함으로써 독단적 입장을 거부하는 것이다. 다시 말하면, 철학적 체계들의 역사 속에서 차

---

31) Sextus Empiricus, *Outlines of Phrrhonism*, (tr.) R. G. Bury, London, 1976. Bk. 1, Ch. 6.

지하는 회의주의의 —그것도 고대 회의주의의 위상이 회의주의 자체의 성격을 고려할 때 의심스러워지는 것이다. 고대 회의주의의 가장 핵심적인 논변 형식인 isosthenes는 후에 칸트의 '선험적 변증법'에서도 발견된다. 특히 신(神)과 자유, 영혼의 개념 등을 둘러싼 갈등은 동등한 권리를 지니고 자신의 정당성을 주장하는 논변들간의 대립(Antinomien)에서 절정에 달하며, 이는 선험철학적 이론을 탄생시키는 계기가 된다. 헤겔은 그러나 이 같은 변증법적 구조가 모든 개념 규정에서 발견되며, 모든 개념은 그 자체로서 서로 대립하는 계기들을 통일시킨 것이라는 주장을 제기함으로써, 칸트의 '이율배반론'을 보편화한다. 반면 칸트는 자신의 선험적 인식론에서 대상 자체에 대한 philosophia perennis를 주장한 것이 아니라, 이미 타당한 것으로 받아들여지는 수학, 자연과학적 대상 인식이 정당화되기 위해서는 인식 주체의 인식 조건들이 알려져야 한다고 보았다. 즉 고대 회의주의자들은 독단주의자들의 '존재(Sein)' 개념에 맞서서 존재의 가상(Schein)이란 표현에 만족해야 한다고 주장한 반면, 칸트는 존재 자체에 대한 인식은 불가능하지만, 현상(Erscheinung)으로서의 대상에 대한 인식은 가능하다고 보았다. "회의주의는 모든 지식의 주체성의 관점을 완성시켰다. 그리고 보편적으로 지식 속에서 존재를 대신해서 가상(Scheinen)이라는 표현을 설정했다. …… 회의주의는 모든 시대에 걸쳐서 그리고 아직 오늘날에도 철학에게 가장 무서운 적대자로 통한다. 그리고 회의주의는 모든 규정된 것(alles Bestimmte)을 해체하고 그것의 허무함을 보여주는 기술을 지녔기 때문에 무너뜨릴 수 없는 것처럼 알려져 있다. 그래서 동시에 그것은 그 자체로서는 함락시킬 수 없는 것처럼 여겨져 왔다. 오직 여기서 (회의주의에 대한 : 역자 첨가) 입장의 차이를 찾는다면, 개별적으로 회의주의를 택하거나 아니면 긍정적인 독단 철학을 선택하는 길만이 주어진 것처럼 여겨진다."[32] Schulze 등에 의해서 알려진 근세의 회의주의나 이와 관련된 흄 등의 인식론적 회의주의에 대한 평가와 달리 고대 회의주의는 철학사의 서술에서도 높게 평가된다.

---

32) Hegel, Bd. 19, 358면.

그렇다면 고대 회의주의에 대한 헤겔의 평가는 사변적 형이상학 자체가 전제하는 조건들을 받아들이는 한에서만 타당할 것인가? 이는 곧 고대 회의주의에서도 거론하고 있는 petitio principii에 해당할 것이다. 가령 존재론적 패러다임에서 의식철학으로 "이행"해간 서구 철학의 전개 과정을 헤겔은 일면 '진보'로 받아들이면서도—그 논거는 철학적 이념의 자기 인식이나 자유의 형이상학이라는 관점이 역사적으로 관철되어갔다는 점에서 찾을 수 있을 것이다—동시에 존재와 사유의 분리에서 연유하는 철학적 문제 의식의 '손실'로 받아들일 수도 있다. 헤겔의 철학사 서술의 기준과 관련해서 제기되는 순환 논변의 문제는 단순히 이론적 타당성이나 개별적 이론들에 대한 평가들간의 정합성에만 국한해서 제기되지는 않을 것이다. 철학의 이념과 역사는 극단적인 경우 자기 정합적이면서 동시에 순환 논변들의 계기들을 구성하는 부분적 담론으로 간주될 수 있을 것이다. 철학의 역사와 철학의 이념을 하나의 체계적인 이론 하에 통합시키려고 시도할 때 이 같은 문제는 거의 필연적으로 제기될 것이다.

따라서 회의주의는 이제 특정한 철학의 단계에 등장한 후에 다시 극복되고 지양되는 계기로서만 간주되지 않고 진리 개념의 개방적 이해를 촉구하는 철학의 변증법으로 부각된다. 그것은 어떤 입장이나 명제가 아니며, 더구나 이론적 체계로 구체화될 수 있는 성질의 것도 아니다. 물론 고대회의주의나 Berkeley 등에 의해 주도된 근대 이후의 회의주의 등이 모두 특정한 실천적, 역사적 동기들로부터 자유로운 것은 아니다. 오히려 후자로부터 회의주의적 태도가 더욱 강조되었다고 보는 것이 타당하다고 여겨진다. 나아가서 만약 회의주의를 단순한 의심의 기술(Technik des Zweifels)로 보지 않고 일련의 잘 정돈된 논변들로 구성된 기획으로 규정할 수 있다면 우리는 이를 헤겔의 '철학사의 강의'에서도 전제된 사변적 변증법과 구별할 필요가 없을지도 모른다.

결국 체계적 사유와 역사적 사유의 매개는 헤겔적인 '철학사의 사변적 서술'을 통해서 '역사적으로' 완결되었다고 보기는 어렵다. 마찬가지로 철학의 역사를 배제한 순수한 이론적 구성의 가능성을 추구하는 경우에도, 이 같은 시도가 이미 항상 근본적인 형이상학의 범주들에 의존하는 한, 역사를 통한 자기 분석의 필요성을 인정하지 않을 수 없을 것이다. 따라서 사변적 형이상학과 회의주의의 관계에 대한 서술에서 드러나는 것처럼 철학의 역사를 통한 철학적 계몽이 반드시 진리와 역사의 동일성이라는 단순화된 명제로부터 출발할 필요는 없을 것이다. 이는 오히려 사변 철학적 동기에 대한 오해를 심화시키며, 철학을 시대 속에서 전개되는 정신의 자기 인식으로 이해한 이념과도 배치된다. 결국 탈역사성의 시대에 진리의 역사성은 역사로의 도피나 회귀를 통해서—그것이 헤겔철학적인 경우도 마찬가지다—드러나는 것이 아니라, 역사의 일탈을 의식적, 무의식적으로 심화시키는 현실적 힘들에 대한 비판적 분석에 의해서 규명될 것이다. 헤겔의 사변적 철학사의 서술은 이 같은 작업과 관련해서 한 중요한 이론적 모형으로 간주될 만하다.

제 3 부
동양철학 전통의 특징과 역사적 맥락

.

.

.

.

.

인도철학의 논리적 전통과 실천적 전통

이 지 수(동국대 인도철학과 교수)

1. 머리말

문자적 의미에서 '인도철학'이란 인도 아대륙(亞大陸)에서 인도인에 의해 2000년 이상 수행되어온 철학적 활동과 그 소산인 다양한 학파의 철학적 체계들로서, 본고에선 특히 범어(梵語) 문헌으로 전해지고 있는 고전 인도철학(Classical Indian Philosophy)을 뜻한다. 고전 인도철학은 '베다'의 권위를 인정하는 유파(有派. āstika)와 그것을 부정하는 무파(無派. nāstika)로 크게 이분되며, 전자엔 힌두의 여섯 학파인 니야야(Nyāya. 正理), 와이세시카(Vaiśeṣika. 勝論), 상캬(Sāṃkhya. 數論), 요가(Yoga. 瑜伽), 미망사(Mīmaṃsā), 베단타(Vedānta)가 포함되고, 후자는 인도 유물론인 차르와카(Cārvāka), 불교철학, 쟈이나철학으로 갈라진다.

범어엔 '지혜에 대한 사랑'이라는 의미의 'philosophy'에 정확히 대응하는 말은 없으나, 실재와 인식, 언어의 의미, 가치 등 세계와 인간의 근본적이고 일반적인 문제에 대한 지적 탐구라는 의미에서의 철학적 활동을 가리키는 말은 여러 가지 있다. 가장 일반적으로 사용되는 것은 '보다(to see)', '지각하다(to perceive)', '탐구하다(to investigate)'라는 의미를 갖는 어근 √dṛś에서 파생된 명사인 'darśana(다르샤나)'로서 '지각(perception)', '통찰(insight)', '직관(intuition)', '탐구(investigation)', '관점(point of view)' 그리고 '철학 체계(system of philosophy)' 등을 뜻한다.[1] 또 다른 말로서 실재 혹은 진리(tattva)에 대한 인식(jñāna)을 뜻하는 'tattva-jñāna'가 있다. 어원적 의미만 놓고 본다면 희랍의 'philosophia'란 감각으로 파악되지 않는 보편적인 진리, 즉 이데아에 대한 에로스로서, 이성(nous)에 의한 이데아에의 끝없는 탐구를 의미한다. 그에 대해 '다르샤나' 혹은 '타트와・갸나'는 다만 진리에 대한 에로스에 추동된 끝없는 탐구가 아니라 '실재를 직접 보는 것', '실재를 깨달음', '실재와 하나가 됨'을 암시하고 있다. 다르샤나의 목적은 감각적 경험과 이성적, 개념적 사고를 넘어 실재를 직관적으로 체험하는 것이다. '다르샤나'와 '타트와・갸나'는 인도철학의 직관적, 신비주의적 특성을 사시하는 말이다.

그리고 직관적 체험은 일상적 의식을 더 높은 존재의 차원으로 변형시키는 수행, 즉 요가적 방법(yogic method)에 의해 가능하며, 인도철학의 직관적 특성은 동시에 인도철학의 실제적, 처방적(soteriological), 치유적(therapeutic) 특성과 연관되는 것이기도 하다. 희랍의 플라톤은 '경이(wonder)'에서 철학이 시작된다고 말했지만 인도철학은 실존의 고(苦)에 대한 자각과 그로부터 벗어나려는 해탈에의 요구(mumukṣatva)에서 출발한다. 인도철학은 고(苦)와 속박(束縛)의 근원이 실재에 대한 무지, 즉 존재의 뿌리로부터의 소외라고 보며, 고(苦)에서 벗어나는 길은 실재 체험과 존재의 바탕으로의 복귀에 있다고 생각한다. 다르샤나는 실재에 대한 직접 체험과 자아 회복을 통해 고와 속박에서 벗어나기 위한 수단이다. 인도철학의 목적은 다만 실재와 세계에 대한 사변과 해석이 아니라 실재에 대한 바른 인식을 통한 의식의 근원적인 변혁이다.

그런데 인도철학엔 그러한 직관적, 실제적, 치유적 측면과 대조되는 또 다른 측면이 있으며, 그런 측면을 시사해주는 개념이 'ānvīkṣikī'다.

---

1) Varman Shivram Apte, *The Practical Sanskrit-English Dictionary* (Delhi: Motilal Banarsidas, 1978). p.508.

이 말은 '~후에(after)'를 뜻하는 접두사 'anu-'와 '보다', '숙고하다'를 뜻하는 어근 '√īkṣ'가 복합된 명사로서, 경험이나 권위(경전이나 믿을 만한 사람의 말)에 의해 알려진 지식을 자료로 삼아 그것을 다시 논리적으로 검토하고 비판적으로 반성하는 것이다. 'ānvīkṣikī'는 'nyāya-vidyā(正理學)'라고도 불리며, 직관이나 실재 전체에 대한 사변(speculation)보다도 의심받는 주제에 대한 주장자(vādin. proponent)와 반론자(prativādin. opponent)사이의 토론(vāda)과 논쟁(dialectic)을 철학함의 방법으로 삼는다. 인도철학의 형이상학적, 직관적, 실천적 측면에 대해 '안빅시키'는 인도철학의 논리적, 인식론적, 비판적, 분석적 측면을 나타내는 단어이다.

인도철학의 실천적, 처방적 측면이 실존의 고(苦. duḥkha)에 대한 자각에서 출발하여 고와 속박, 즉 윤회적 생존(saṃsāric existence)으로부터의 해방(apavarga, mokṣa)을 지향한다면, 인도철학의 논리적, 비판적 측면은 의심(saṃśaya)으로부터 출발하여 토론, 논증에 의해 의심을 제거하고 진리를 개념적으로 확정지음(nirṇaya)을 목표로 한다. 인도철학의 이 두 측면은 각각 yoga적 방법과 nyāya적 방법에 의해 수행된다. yoga적 방법에 의해 인도철학의 '인도다움'이 드러나고 nyāya적 방법에 의해 인도철학의 '철학다움'이 드러나며, 양자는 배타적이 아니라 상호 보완적 관계로 인도철학을 구성하고 있다. 본고는 3절에서 인도철학의 논리적 전통을, 그리고 4절에서 인도철학의 실천적 전통을 각각 정리학파(正理學派)의 nyāya적 방법과 불교, 요가학파, 불이적(不二的) 베단따의 요가적 방법으로 대표하여 설명하고자 한다. 그에 앞서 2절에서 먼저 서양철학에 비교한 인도철학의 특성을 간략히 서술한다.

2. 인도철학의 특성

고전 인도철학에 대해 먼저 느낄 수 있는 특성은 그 내용의 다양성과 복잡성, 풍부함이다. 서양철학사에서 논의되었던 거의 모든 문제들과 그에 대한 다양한 대안과 답변들을 고전 인도철학 속에서도 발견할 수 있다. 존재론적으로 일원론(Advaita Vedānta. 대승불교), 이원론(상캬, 요가학파), 다원론(정리·승론학파, 미망사학파, 아비달마 불교), 형이상학적 관념론, 유물론(차르와카), 보편실재론(정리·승론), 유명론(불교논리학파), 인식론적 실재론(정리·승론, 미망사), 표상적 실재론(經量部), 주관적 관념론(호법·현장계 唯識學派), 착각론, 지각론, 추리론, 논리적 오류론, 진리의 문제, 의미의 문제 등 철학의 거의 모든 주제들에 대한 논의를 인도철학에서 발견할 수 있다.

한 민족의 철학의 특징은 그 민족이 추구하는 궁극적 가치를 반영한다. 인도인은 전통적으로 사회적 윤리(dharma), 재물(artha), 쾌락(kāma), 해탈(mokṣa)을 삶의 네 가지 목적 혹은 가치(artha)로 보았고, 그 가운데서도 마지막의 해탈이 최고선(最高善. niḥśreyasa= summum bonum)으로서 다르샤나의 목적은 해탈의 성취라고 생각한다. 그러므로 인도철학의 특성은 해탈 정향적(解脫 定向的. mokṣa -orientation)이라는 것이다.[2] 궁극적 가치의 실현과 궁극적 실재의 체험을 동일시하는 인도철학은 그런 의미에서 종교적인 철학이다. 인도철학은 종교적이고 인도종교는 철학적이다. 인도에서 철학과 종교는 이론과 실천의 관계, 지목행족(知目行足)의 관계로서, 철학 없는 종교는 맹목이고 종교 없는 철학은 공허하다. 서양에선 철학은 이성을 중시하는 희랍에서 기원되었고, 종교는 신앙을 중시하는 셈족으로부터 기원되어 이질적인 요소의 만남으로 인해 서로 대립하기도 하고 화해하기도 하는 갈등 관계이지만, 인도에선 철학과 종교가 하나의 연원에서 나와 불가분적으로 연관되어 있다. 인도의 종교는 실재와의 통합의 경험이라는 신비적 성향이 강하며, 그것은 곧 실재의 직관(Tattva-jñāna)이라는 철학의 동기이기도 하다. 기독교의 원죄에 대응하는 인도철학적 개념은 무명(avidyā) 혹은 실재에 대한 형이상학적 무지(ajñāna)나 착각(mithyā-jñāna)이며, 철학은 실재에 대한 직관 혹은 실재 체험에 바탕하여 그것을 합리적으로 해석하려

---

2) T. W. Organ, *Western Approaches To Eastern Philosophy* (Ohio : Ohio University Press, 1975). p.20.

는 시도의 산물이자 실재 체험을 위한 여행의 안내도이기도 하다.

인도철학사는 서양철학사가 인물 중심의 직선적 형태를 보임에 비해 학파 중심의 병행적이고 방사적인 형태를 띠고 있다.[3] 서양철학사가 A → B → C → …… 와 같이 후대의 철학자가 선대의 철학자의 사상을 공박하고 극복하여 새로운 사상 체계를 만들어가는 과정인데 비해 인도철학은 다양한 관점과 입장에서 실재를 해석하는 다양한 학파들이 서로 대화하고 토론, 논쟁하면서 병행적으로 발전해왔다. 철학자는 자신이 철학 체계를 만들어낸다고 생각하는 대신 이미 언제나 있어왔던 진리를 다만 발견할 뿐이라고 생각하므로, 인도철학사에선 철학자 개개인의 생애에 바탕한 연대기를 만들기 어렵다.

인도의 철학자는 선대 철학자의 통찰을 중시하며, 진리에 대한 최초의 통찰을 담은 '베다'나 깨달은 사람(覺者)의 가르침(=佛經) 혹은 '수트라'를 계승하여 그 속에 담긴 의미를 더욱 상세히 천명하고 해석하고 체계화시키고 정교하게 다듬는 주석적, 해석학적 방법이 요가적 방법 그리고 nyāya적 방법과 더불어 인도철학의 중요한 방법이다. 과거의 유산을 보존하고 계승한다는 점에서 보수성이 인도철학의 특징 가운데 하나이긴 하나, 그렇다고 과거의 생각을 맹목적으로 숭배하고 지키는 것이 아니라 시대에 따라 매우 자유롭고 창조적인 해석이 이루어졌고, 한 학파 안에서도 사상의 다양하고 역동적인 변화와 발전을 보이고 있다. 그러므로 정리학파는 구정리와 신정리로 갈라졌고, 미망사는 밧타파와 프라바카라파로, 베단타는 다섯 개의 학파로 분열되었으며, 불교는 20개의 부파에서 다시 대승불교의 중관(中觀), 유식(唯識), 여래장(如來藏) 등으로 관점에 따른 다른 해석이 나타났다.

최초의 직관과 통찰을 존중하고, 진리는 르시(ṛṣi. the seer)나 각자(覺者)에 의해 과거에 이미 발견되었다는 믿음은 '베다'나 성전(聖典) 같은 전승(傳承. āgama), 곧 믿을 만한 사람의 언어를 인식의 원천(śabda pramāṇa. 聖言量)으로 인정하는 사고 방식과 연관된다.[4]

---

3) Ibid. p.24.
4) Ibid. pp.24-5.

서양철학은 인식의 원천으로서 경험과 이성의 둘 외에는 인정하지 않으나 인도철학은 감각적 경험이나 이성보다 더 높은 인식 방법으로서 요가적 직관(anubhava, intuitiona)과, 과거의 르시나 선각자의 통찰과 직관적 체험에 대한 증언(verbal testimony)을 담은 전승(āgama)을 인정하고 있는 것이 두드러진 특징이다. 이것은 또한 철학과 종교가 분리할 수 없는 관계에 있는 인도철학의 특징과도 연관된다.

마지막으로 인도철학의 또 다른 특징을 하나 더 든다면, 서양철학이 비교적 향외적(extroversive), 과학적이고, 중국철학이 또한 사회적, 윤리적인 데 대해 인도철학은 향내적(向內的. introversive)이고 심리학적이라는 점이다.5) 인도철학은 궁극적 가치와 실재를 인간의 내면 최심저에서 발견했고, 그것을 아트만 혹은 열반, 불성(佛性) 등으로 불렀다. 인도철학은 프로이트보다 훨씬 이전에 무의식을 인정했고, 무의식에 쌓인 과거 업의 잠재력(vāsanā. 훈습 혹은 bīja 종자, saṃskāra 인상)을 드러내서 소멸시키지 않는 한 무의식의 속박에서 벗어날 수 없음을 알았다. 무의식에 쌓인 잠재 세력을 소멸시키는 방법이 바로 요가다. 그러므로 요가의 이론은 정교한 심리학적 분석을 중심으로 한다. 파탄잘리의 고전 요가나 대승불교의 유가행 유식학파(瑜伽行 唯識學派)가 그 대표적인 예다. 그리고 무의식과 더불어 초의식(Super-consciousness)의 발견도 인도철학의 중요한 기여로서 근래에 들어 심리학의 제3세력, 제4세력으로 불리는 A. 마슬로우의 초개인 심리학(Transpersonal psychology)학파와 관련하여 많은 연구 과제를 제공해주고 있다.

3. 논리적 전통과 nyāya적 방법

인도철학의 인도다운 특성은 직관적, 실제적, 종교적, 처방적인 측

---

5) P. T. Raju의 *Introduction To Comparative Philosophy*는 이러한 관점에서 세 철학을 비교하고 있다.

면에 있지만, 인도철학이 철학이기 위해선 논리적 정당화와 비판을 통한 주장이어야만 한다. 세계 철학사에서 논리적 혹은 추론적 사고를 반성적으로 검토하여 학적으로 체계화시킨 민족은 서양의 희랍과 동양의 인도 두 민족뿐이다. 변증술이나 논리학은 논쟁과 토론을 즐기는 전통에서만 발전될 수 있으며, 인도는 고대부터 고행자, 요기와 나란히 전문적인 논쟁가, 변증가(tarkin, haituka)가 있었다. 이런 전통은 고대 의학서인 '차라카·상히타'나 기원 전의 문헌으로 추정되는 『방편심론(方便心論)』에 반영되어 있다.

고대 인도의 인식론, 논리학, 변증술에 관한 사상들을 체계적으로 정리한, 현존하는 가장 오래된 문헌은 가우타마(혹은 악샤파다 '足目'이라고도 부름)가 저자로 전해지는 『정리경(正理經. Nyāya-sūtra)』이다. 『정리경』은 모두 16개의 주제(padārtha)를 열거(uddeśa)하여 정의(lakṣaṇa)를 내린 뒤 그 정의가 바른가 그른가를 검토(parīkṣā)하는 것이 그 내용이다.[6]

16개 주제의 내용을 통해 nyāya 방법을 해명하기 전에 먼저 nyāya(正理)의 의미를 알아보자. 'nyāya'는 사전에선 '표준(standard)', '공리(公理. maxim)', '규칙(rule)', '방법(method)', '바른 길(correct way)', '정의(justice)', '토론술', '추론' 등의 의미로 규정하고 있다.[7] 이 말은 원래 미망사학파에서 제행(祭行. karma)의 바른 수행을 위해 제사와 관련된 '베다' 텍스트를 올바로 해석하는 규칙을 뜻하였으나 후에 좁은 의미에서 추론, 넓은 의미에선 인식론(pramāṇa-vāda), 더 나아가 인식론, 논리학을 주제로 삼는 학파의 명칭으로 바뀌었다.

세계 최초로 문법서를 쓴 문법학자 파니니(Pāṇini. BC 5~4세기)는 nyāya란 어떤 '목표로 이끄는 수단'이라고 어원적으로 의미를 풀이했고,[8] 와차스파티 미쉬라(AD 9~10세기)는 파니니의 어원적 의미에 바탕하여 '그것을 수단으로 논구하려는 대상의 증명으로 나아

---

6) Trividhā 'sya śāstrasya pravṛttiruddeśo lakṣaṇaṃ parīkṣā ceti. *Vātsyāyana Nyāyasūtra-bhāṣya* (Delhi : Sri Satguru Publication, 1984). p.9.
7) V. S. Apte. 같은 책. p.573.
8) nīyate anena ity nyāyaḥ.

가는 것(nīyate), 즉 도달(인식)하는 것(prāpyate)이라고 풀이하였
다.9) 또 『정리경』에 대한 주석인 『정리소(正理疏. Nyāya-bhāṣya)』
의 저자 와차야나(AD 400년경)는 'nyāya'를 다음과 같이 설명한다.

무엇이 'nyāya'인가?
인식 수단(pramāṇa)들에 의해 대상을 검토하는 것이다. 지각(pratyakṣa)
과 경전(āgama)에 바탕한 추리(anumāna), 그것이 anvīkṣā다. 지각과 경전
에 의해 알려진 대상에 대한 비판적 검토(anvīkṣaṇa)가 anvīkṣā다. 그에
의해 활동하므로 'ānvīkṣikī'라고 하며, 그것이 곧 정리학(nyāya-vidyā, 혹
은 nyāya-śāstra)이다.10)

'nyāya'를 흔히 인도논리학(Indian Logic)이라고 번역하지만,
'nyāya'에 대한 이상의 풀이를 보면, 그것이 감각적 경험계에서 독립
된 순수한 사유의 형식적, 규범적 법칙을 다루는 서양의 'logic'과 다르
다는 것을 알 수 있다. nyāya는 대상에 대한 바른 인식을 목표로 하여
바른 인식을 얻는 도구나 수단, 즉 pramāṇa가 무엇인가를 탐구하고 그
것으로써 대상(prameya)에 대한 인식의 확실성에 도달하고자 하는 활
동이다. 그런데 확실한 인식의 원천은 일차적인 것(primary sourse)과
이차적인 것(secondary sourse)의 두 가지로 크게 구분된다. 일차적 원
천은 감각적 경험(pratyakṣa)과 믿을 만한 사람, 즉 진리를 알고 있다고
공인된(권위를 가진) 사람의 증언(verbal testimony. āgama 혹은 śabda)
이다. 일차적 원천으로부터 얻어진 대상에 대한 인식을 자료로 삼아 그
들을 다시(anu-) 검토하고 비판적으로 반성하여(anvīkṣaṇa) 재인식하
고 재확인하는 활동이 nyāya, 곧 ānvīkṣikī다.

『정리경』에서 열거된 16개 주제의 각 항목은 다음과 같다.11)

---

9) nīyate prāpyate vivakṣitārthasiddhir anena iti nyāyaḥ *Nyāya vārttika-tātparya*
ṭīkā
10) kaḥ punar ayam nyāya? pramāṇair artha-parīkṣaṇam pratyakṣāgamāśritam
cānumānam. sānīkṣa. pratyakṣāgamābhyām īkṣitasyārthasyāvīkṣaṇam anvīkṣā.
tayā pravartata ityānvīkṣikī nyāyavidyā nyāyaśāstram. Vātsyāyana. Ibid. p.3.

1. 인식 수단(pramāna)	2. 인식 대상(prameya)
3. 의심(saṁśaya)	4. 동기(prayojana)
5. 범례(dṛṣṭānta)	6. 정설(siddhānta)
7. 논증식(avayava)	8. 가정적 논증(tarka)
9. 확정(nirṇaya)	10. 토의(vāda)
11. 논쟁(jalpa)	12. 논파(vitaṇḍā)
13. 사인(似因. hetvābhāsa)	14. 궤변(chala)
15. 무용한 답변(jāti)	16. 패배의 근거(nigrahasthāna)

16개 주제는 크게 1~2와 3~9, 10~16의 세 부분으로 나누어볼 수 있다. 먼저 1~2는, '정리(正理)란 인식 수단에 의한 대상의 검토다'라는 와차야나의 말에 나타나 있듯이, 정리의 가장 일반적이고 기본적인 요소인 인식 수단(pramāṇa. 量)과 인식 대상(prameya. 所量)이다. 정리학파는 지각(pratyakṣa), 추리(anumāna), 비교(upamāna), 증언(śabda)의 네 가지를 인식을 얻는 도구로 인정하며, 이 가운데 단어의 의미를 인식하는 특수한 방법인 비교를 제하면 지각(現量), 추리(比量), 증언(聖言量)의 셋은 대부분의 인도철학 학파들이 인정하는 인식 수단이다. 증언은 진리를 인식했다고 믿어지며, 또 진실을 전달하고자 하는 의도를 가진 사람(āpta)의 말(śabda)로서, 증언의 대상엔 보통 사람도 지각할 수 있는 감각적 대상(dṛṣṭārtha)과 요가 수행의 결과로 획득된 능력에 의해서 인식되는 초감각적, 초월적 대상(adṛṣṭārtha)으로 나뉘며, 르시나 붓다의 증언은 특히 초감각적 실재에 대한 직관적, 직접적 인식(sākṣātkāra, anubhava)으로서 일반적인 지각과 다른 차원에서 또 다른 지각으로 간주된다. 이렇게 보면 증언(聖言量)은 초월적 실재를 지각한 믿을 만한 사람의 말을 통해 그것을 듣고 이해한 사람도 똑같이 그 초감각적 실재를 지각하기 위한 수단이라고 볼 수 있다. 추리가 지각과 증언으로 얻어진 인식을

11) Nyāya sūtra. I. i .1.

졸고. 「正理學派의 네 가지 인식 방법(pramāṇa), 『正理經』 I .1 수트라 1-8에 대한 Vātsyāyana(疏)의 譯註」. 『印度哲學』 제3집(인도철학회, 1993). pp.29-54 참조.

자료로 하는 것도 지각과 증언이 인식의 일차적 소스라는 점에서 같은 범주에 속하기 때문이다.

　인식 대상(prameya)은 1) 자아(ātman) 2) 신체(śarīra) 3) 오관(五官. indriya) 4) 의(意. manas) 5) 대상(artha) 6) 인식(buddhi) 7) 행동의지(pravṛtti) 8) 과오(doṣa) 9) 재생(pretyabhāva) 10) 과보(phala) 11) 고(duḥkha) 12) 해탈(apavarga)의 열두 가지다.[12] 인식 수단과 인식 대상이라는 두 범주 가운데 나머지가 다 포섭될 수 있으므로 둘만으로 충분한데 왜 의심(saṃśaya) 등 열네 가지 주제로 별도로 다루어야 하는가라는 논적의 반론에 대해 와차야나는, 만약 의심으로 시작되는 나머지 주제가 별도로 다루어지지 않는다면 그것은 '우파니샤드'와 같은 자아에 관한 형이상학적 학문(adhyātma-vidyā)과 같은 것이 된다고 답함으로써 비판적인 학문인 ānvīkṣikī의 특성을 명시하고 있다.[13]

　3) nyāya는 전혀 알려지지 않은 대상이나 반대로 확실히 알려진 대

---

12) Nyāya sūtra I. i.9, 정리학파에 따르면 인간 혹은 현상적 자아(the empirical self)는 영구 불변의 실체(nitya-dravya)의 하나인 아트만이 과거의 업이 남긴 不可見力(adṛṣṭa)에 따라 경험의 場(bhoga-āyatana)인 신체(śarīra)와 결합되어 이루어진다. 신체에는 다섯 가지의 외적 감관(bāhya-indriya)이 의존해 있고 안으로는 사고, 기억, 판단, 추리하는 내적 감관(antar-indriya)인 마나스(意)가 있다. 외적 감관이 대상(artha)과 접촉하고 다시 마나스, 아트만과 접촉될 때 지각이라는 인식 현상이 일어나고 그 다음엔 과거의 경험에 비추어 快, 苦 따위의 느낌이 일어나고 다시 그에 따라 快를 주는 대상에 대해서는 취하려는(upādāna) 의지가, 苦의 대상에 대해선 피하려는(hāna) 의지가 일어난다. 이로부터 업과 그 과보로서의 재생(윤회)과 苦가 일어난다. 정리학파는 16주제에 대한 바른 인식(tattva-jñāna)에 의해 미혹(mithya-jñāna. 착각)이 소멸되면 탐욕, 미움이라는 과오(doṣa)가 소멸되고, 그로부터 행동 의지(pravṛtti=業)과 재생과 苦가 차례로 소멸되어 해탈(apavarga)이 성취된다고 한다(졸고 「정리학파의 네 가지 인식 방법」, 같은 책 pp.41-3 참조).

13) saṃśayādayaḥ padārthaḥ teṣāṃ pṛthagvacanamantareṇādhyātmavidyāmātram -iyaṃ syāt yathopaniṣadaḥ Vātsyāyana. 같은 책. p.3.

　카우틸야의 '實利論(Artha-śāstra)'에서는 학문을 베다학(Trayī), 農商學(Vārttā), 정치학(Daṇḍanīti), 철학(ānvīkṣikī)의 넷으로 구분하고 있는데,『正理經』의 저자인 와차야나는 이 중 네 번째인 ānvīkṣikī가 곧 正理學(nyāya-vidyā)이며, 이것은 의심(saṃśaya)으로 시작된다는 점에서 우파니샤드와 같은 內我에 관한 학문과 다르다고 말한다.

상에 대해서가 아니라 의심스러운 대상에 대해서 일어난다.14) nyāya
의 활동은 의심에서 출발한다. 멀리 있는 물체에 대해 그것이 기둥인
가 사람인가 하는 식으로 하나의 대상에 대해 서로 대립되는 둘 이상
의 속성이 인식되는 불확정적 인식(anavadhāraṇa-jñāna)이 의심이다.
의심스런 대상에 대해 주장(pakṣa)과 반대 주장(pratipakṣa)이 맞설
때 정리의 작용(nyāya-pravṛtti)이 일어난다.15)

4) 그런데 모든 유의적 행동엔 반드시 동기(prayojana)가 있고, 정
리 작용도 마찬가지다. 바람직하지 않으며 실패와 고(苦)를 가져오
는 대상을 피하고, 바람직하고 성공과 행복을 초래하는 대상을 획득
하고자 하는 것이 정리 활동의 동기다.16) 정리는 의심과 동기 이 두
가지에 의해 작용한다.

5) 다음의 범례(範例. dṛṣṭānta)란 주장자(論主. vādin)건 반론자
(論敵. prativādin)건 일상인이건 전문가건 누구나 인정하는 관찰 가
능한 자료다. 토론과 논증은 범례에 근거할 때만이 바른 것이 되며,
그렇지 않은 것은 추상적인 사변이나 공리, 공론에 떨어진다.17)

6) 정설(定說. siddhānta)은 한 학파에서 확립된 결론이다. 싯단타
에 대해 타학파에서 반론을 제기하면 논쟁이 일어난다. 관찰된 자료
와 정설은 토론(debate) 혹은 논증(argument)의 토대다. 이 두 가지
에 어긋나는 논쟁은 패배로 끝나게 된다.

---

14) tatra nānupalabdhe na virṇīte 'rthe nyāyaḥ pravartate kiṃ tarhi saṃyayite
'rthe.

Vātsyāyana. Ibid. p.3.

15) vimarśaḥ saṃśayaḥ pakṣapratipakṣau nyāyapravṛttiḥ arthāvadhāraṇam
nirṇayas-tattvajñāna-iti. [(이것인가 저것인가) 흔들리는 생각이 의심이다. (의심스
런 주제에 대해) 논주의 견해와 논적의 견해가 대립될 때 정리가 작용한다. 대상을
결정지음이 확정(nirṇaya)이고 그것이 眞知(tattva-jñāna)다.] Ibid. p.3.

16) yam-artham-abhīpsan jihāsan-vā karmārabhate tenānena sarve prāṇinaḥ
sarvāṇi karmāṇi sarvāś-ca vidyā vyāptāḥ tadāśrayaś-ca nyāyaḥ pravarttate. Ibid.
p.3.

17) pratyakṣa-viṣayo 'rthaḥ yatra laukika-parikṣakāṇāṃ darśanam na vyāhanyate
······tadāśrayāvanumānāgamau tasmin sati syātām-anumānāgmau-asati ca na
syātām. Ibid. p.4.

7) 의심과 동기로부터 시작된 정리 작용은 범례와 정설을 토대로 하여 주장(pratijñā. 宗), 이유(hetu. 因), 실례(udāharaṇa. 喩), 적용(upanaya. 合), 결론(nigamana. 結)의 다섯 요소(pañca-avayava. 五支作法)로 구성된 추론(anumāna)을 수행한다. 이것이 nyāya 작용의 핵심이며, 좁은 의미의 nyāya는 바로 이 추론 혹은 논증(anumāna)을 가리킨다. 예를 들면 다음과 같다.

1. 宗 : 저 산에 불이 있다.
2. 因 : 왜냐 하면 [저 산엔] 연기가 있기 때문에.
3. 喩 : 연기 있는 곳엔 반드시 불이 있다. 예를 들면 부엌의 아궁이와 같다.
4. 合 : 그런데 [저 산도] 그와 같다(=불과 불변적 수반 관계 vyāpti를 갖는 연기가 있다).
5. 結 : 그러므로 [저 산에도] 그러하다(=불이 있다).

아리스토텔레스의 삼단논법(syllogism)과 같이 오지작법(五支作法)도 세 요소로 이루어져 있다. 즉 중명사(中名辭. middle term)에 대응하는 인(因) 혹은 능증(能證. hetu, sādhana=연기)과 소명사(小名辭. minor term)에 대응하는 종(宗. pakṣa=산)과 대명사(大名辭. major term)에 대응하는 소증(所證. sādhya=불)이 그것이다. 그러나 큰 차이는 삼단논법이 S와 P, 명사(term)와 명사(term)의 관계 논리라고 한다면, 오지작법은 기체(基體. dharmin. 有法)와 속성(dharma. 法)이라는 물(物)과 물(物)의 관계 논리다. 연기라는 능증법(能證法. sādhana-dharma)을 가진 산이라는 기체는 동시에 불이라는 소증법(所證法. sādhya-dharma)의 기체이기도 하다는 것을, 연기 있는 곳엔 반드시 불이 있다는 연기=소증과 불=능증 사이의 불변적 수반 관계(vyāpiti. 遍充)를 토대로 증명하고자 한다.

삼단논법이 연역법(deductive method)이라면 오지작법은 아궁이 따위의 실례로부터 귀납된 '연기 있는 곳엔 불이 있다'는 연기와 불 사이의 불변적 수반 관계(vyāpti. 遍充)를 근거로 저 산의 불을 추리하는 귀납-연역법(inductive-com-deductive method)이다.

삼단논법이 인위적, 비실제적 논리라면 오지작법은 자연적, 실제적 논리다. 오지작법은 논주와 논적이 만나 토론하는 실제 상황에서 사용되는 논리다. 실제 상황에서처럼 먼저 의견을 주장하고 그에 대한 근거를 삼단논법에서 각각 소전제, 대전제에 대응하는 인(因)과 유(喩)로써 뒷받침한다. 그리고 네 번째 합(合)에서 인과 유를 결합하여 토론의 주제인 저 산에 적용한 후 처음 주장의 정당성을 단정 짓는다. 처음의 종(宗)과 마지막 결(結)은 같은 내용의 반복처럼 보이나 논증이 상대방에게 나의 인식을 전달하는 것이므로, 상대방의 입장에서 볼 때, 종이 의심스런 내용이라면 결은 의심이 제거된 확정(nirṇaya)이다.

8) 오지작법이 인식 수단의 하나인 anumāna-pramāṇa라면 가정적 논증(tarka)은 그 자체로선 pramāṇa가 아니며, anumāna를 도와서 좀더 확실한 인식을 얻는 데 보조적인 역할을 한다.[18] 오지작법으로 증명된 후에도 여전히 의심을 갖는 사람이 있을 때, 입증하고자 하는 견해와 반대되는 견해를 가정하여 그로부터 연역된 결과가 불합리하다면 처음의 가정이 틀린 것이 된다. 예를 들어, '만일 저 산에 불이 없다면 연기도 없어야 한다. 왜냐 하면 원인이 없는 곳엔 결과도 없어야 하기 때문이다. 그런데 저 산엔 연기가 있다. 따라서 저 산에 불이 없다고 하는 가정은 틀린 것이다'라는 것이 가정적 논증이다. 견해를 직접 증명하기보다 상대방을 논리적 곤경에 빠뜨림으로써 간접적으로 논증하는 타르카 논법은 인도철학에서 널리 사용되는 논법이다.

9) 추론이라는 pramāṇa와 타르카 두 방법에 의해 마침내 의심이 제거되고 인식이 확정된 상태가 nirṇaya다. nirṇaya와 더불어 nyāya의 작용도 그치게 된다.

3~9의 여섯 가지는 정리(正理)의 기본 요소며 나머지 10~16은 실전에서 사용되는 논쟁의 기법과 지식을 다루고 있다. 먼저 10~12

---

18) tarko na pramāṇa-saṃgṛhīto na pramāṇāntaraṃ pramāṇānām-anugrāhakas-tattvajñānaya kalpate. Ibid. p.5.

는 논쟁의 분류며, 그 중 10. 'vāda'는 승패와 관계없이 진리를 탐구하려는 순수한 의도에서 수행되는 논쟁이다. 스승과 제자 사이의 논쟁이 그 대표적 예다. 11. 'jalpa'는 승리를 목적으로 한 논쟁이다. 그러므로 바른 방법뿐만 아니라 속임수도 사용할 경우가 있다. 법정이나 국회에서 흔히 쓰는 논쟁은 이런 부류에 속한다. 12. 'viṭaṇḍā'는 jalpa와 같이 승리를 목적으로 하되, jalpa는 자기 주장을 갖고 있음에 반해 이것은 자기 주장 없이 오직 상대방의 견해를 논파하기 위한 논쟁이다. 13. 'hevābhāsa'는 인(因)이 갖추어야 할 조건 중 어느 하나를 결여한 거짓 이유로서 부정인(不定因), 상위인(相違因), 불성립인(不成立因) 등이 있다. 14. 'chala'는 상대방의 말의 의미를 의도적으로 왜곡시키는 것이며, 15. 'jāti'는 유사성에만 근거한 효과 없는 답변이나 논박으로서 여기에는 스물네 가지가 있다. 그리고 마지막 16. 'nirgrahasthāna'는 논쟁에 패하는 근거로서, 다시 스물두 가지로 세분된다.

nyāya 방법에 따라 인도의 철학자들은 자기 주장에 앞서 먼저 논적의 견해(pūrva-pakṣa)를 그들이 내세우는 근거와 더불어 제시하고, 다음에 그에 대해 논박(khaṇḍana)을 가한 후, 마지막으로 자기의 견해를 근거와 더불어 제시하는(uttara-pakṣa) 형식으로 논의를 전개한다. 그러므로 고전 인도철학의 텍스트들은 장황하리만치 치밀한 변증론으로 가득 차 있어 비전문가의 접근을 어렵게 하는 원인이 되기도 한다. nyāya의 또 다른 방법은 열거 → 정의 → 비판의 3단계로 이루어진 논의 전개다. 미리 논의될 주제의 명칭만을 나열한 후 그 하나 하나에 대해 개념을 명료히 하기 위해 정의를 내리며, 만일 주제의 외연이 너무 넓으면 다시 작은 개념으로 분류(vibhāga)하여 정의를 내린다. 정의된 개념은 다시 바른 정의가 피해야 할 세 가지 결함(과소주연, 과대주연, 불가능)이 있는가 없는가 검토(parīkṣā)된다.[19]

와차야나는 카우틸야의 말을 인용하여, 정리학은 '등불처럼 다른

---

19) tatra nāmadheyena padārthamātrasyābhidhānam-uddeśaḥ tatroddiṣṭasya tattvavyavacchedako dharmo lakṣaṇam. laukṣitasya yathālakṣaṇam-upapadyate na veti pramāṇair-avadhāraṇam. parīkṣā. Ibid. p.9.

모든 학문을 비추어주며, 모든 행동에 대한 수단을 제공하고, 모든 규범(dharma)을 지탱해준다'고 말하고 있다.[20] 이것은 오늘날 우리들이 철학을 공부하는 목적이기도 할 것이다.

정리학파는 초기 유식불교를 형성시킨 미륵, 무착, 세친에게 커다란 영향을 주었고, 세친의 제자인 진나(陳那. Dignāga. AD 5~6C)는 정리학파의 영향에서 완전히 벗어나 불교(經量部)의 찰나생멸적 존재론(刹那生滅的 存在論)에 바탕한 불교인식론과 논리학의 체계를 정립시켰다.

불교논리학파는 정리학파의 16개 주제 가운데 첫번째 인식 수단(pramāṇa) 하나만을 논구의 과제로 삼았고, 지각(現量)과 추리(比量) 둘만을 pramāṇa로 보았으며, 정리학파의 5단 논법 대신 추론식의 요소를 종(宗), 인(因), 유(喩)의 셋으로 줄였다.

10세기경 불교가 여러 원인으로 인도에서 소멸되자 논쟁의 상대를 잃어버린 힌두정리학파도 창조적인 생명력을 상실해갔고, 마침내 10세기경에 강게샤(Gaṅgeśa)가 나타나 신정리학파(Navya-nyāya)의 시조가 되었다. 강게샤는 불교논리학의 영향으로 '인식 수단'이라는 한 주제만을 다루었고, 개념의 정확한 정의, 개념과 개념 사이의 관계를 정밀하게 규정하는 여러 가지 논리적 기법을 발전시킴으로써, 논리학이 형식화되고 전문가의 언어 게임으로 변질되어 갔다.

4. 실천적 전통과 요가적 방법

인도철학은 실존의 상황에 대한 반성에서 시작되었다. 실존의 무상함(죽음, 허무), 자아 상실과 자기 소외, 그에 뒤따르는 불안, 절망, 고독, 속박, 불만족 등 한마디로 윤회적 실존(saṃsāric existence)의 고(苦. duḥkha)에 대한 자각과 그러한 실존의 한계를 초극하고 고로부터 벗어나려는 욕망(mumukṣatva)이 철학함의 동기였다. 인도철

---

20) pradīpaḥ sarvavidyānāmupāyaḥ sarvakarmaṇām / āśrayaḥ sarvadharmāṇāṃ vidyoddeśe prakīrttitā // Ibid. p.7.

학은 처음부터 실존의 철학이었으므로 인도에는 따로 실존철학이라는 조류가 없다.

인도철학은 실존의 상황을 고로 규정한 점에선 염세적(pessimistic)이나, 인간이 윤회적 실존에 영원히 구속된 존재가 아니라 그 윤회적 실존의 근본 원인인 무지(無智. avidyā) 혹은 마야(형이상학적 착각)를 실재에 대한 지(智. Tattva-jñāna)에 의해 소멸시킴과 더불어 새로운 존재의 차원으로 다시 태어날 수 있다고 믿는 점에선 낙관적(optimistic)이다. 인도철학, 즉 다르샤나는 실재를 있는 그대로 직관함으로써 윤회적 실존의 고와 속박에서 벗어나 세계와 인간의 본질(essence)로 계합함을 목적으로 한다. 그 본질 혹은 궁극적 실재를 베단타는 브라흐만, 아트만이라고 부르고, 상캬-요가학파는 푸루샤(Puruṣa)라고 부르며, 불교는 진여(眞如. Tathatā) 혹은 법계(法界. Dharma-dhātu)라고 부른다. 무한자(the Infinite)나 절대자(the Absolute) 혹은 궁극적 실재(the Ultimate Reality)와 계합된 상태를 해탈(mukti), 열반(nirvaṇa) 혹은 희열(ānanda)라고 부르며, 그것이 인도철학이 지향하는 최고선(niḥśreyasa, summum bonum)이다.

그런데 이렇게 여러 가지로 명명되는 궁극적 실재는 단지 논리적 일관성에 바탕한 사변(speculation)의 산물이나 관념이 아니라 직접적 체험(aparokṣānubhūti)이나 직관(sākṣātkāra)의 내용이라는 것에 인도 형이상학의 특징이 있다. 철학은 직접적 체험(experience. anubhava)을 자료로 하여 그것을 개념적으로 설명, 해석하고 논리적으로 체계화하는 데서 성립된다. 르시(ṛṣi. the seer)나 붓다(覺者)는 궁극적 실재를 직접 본 사람이고 그들의 증언이 담긴 '베다'나 경전은 철학적 탐구의 기본적 자료(聖言量. āgama)가 된다. '베다'의 일부인 '우파니샤드'에 대한 해석으로부터 베단타철학이 성립되었고 초기 불전에 대한 해석에서 아비달마철학이, 그리고 대승경전에 대한 해석으로부터 중관학파, 유식학파가 형성되었다.

그러나 다르샤나는 다만 기존의 실재 체험을 해석하고 비판, 검토할 뿐만 아니라 철학하는 주체 스스로가 실재 체험에 이르도록 돕기 위한 것이기도 한다. 그러므로 인도철학의 모든 학파들은 실재와 세계, 인간 그리고 인식과 논리, 언어에 관한 이론과 너불어 실재 체험을 위한 방법과 과정에 관해서도 탐구한다. 그 실재 체험을 위한 수련 방법을 넓은 의미에서 '요가(yoga)'라고 부른다.

인도의 형이상학은 요가적 체험에 바탕하고 있으며, 또한 요가에 의해 실험적으로 실증되어야 하므로 형이상학적 도그마나 추상적 사변에 빠질 위험이 적다고 볼 수 있다. 서양적 의미의 religion에 대응하는 개념이 바로 yoga며, 인도철학이 요가적 수행법과 불가분적 관계에 있다는 것은 인도철학의 실천적이고 종교적인 특성과도 연관되는 것이다.

요가 수행 자체는 철학이 아니지만 요가적 방법에 대한 이론이나 요가적 체험에 대한 해석은 그 자체가 철학적인 것으로서 인도철학의 일부다. 요가는 단일한 방법이나 체계가 아니라 학파에 따라 힌두 요가, 불교 요가, 자이나 요가, 탄드라 요가 등 다양한 종류의 요가가 발전되었고, 같은 힌두 요가 안에서도 상캬 학에 바탕한 파탄잘리의 고전 요가(혹은 라자 요가라고도 함), 베단타철학에 바탕한 갸나(智) 요가, 이기적 욕망과 결과에 대한 집착이 없이 행동(karma)을 신에 대한 제사(yajña. 자기 희생)로 삼는 카르마 요가, 신에 대한 헌신과 사랑(bhakti)을 해탈의 방법으로 삼는 박티 요가, 쿤달리니라고 불리는 성적 에너지를 영적 힘으로 승화시키는 쿤달리니 요가, 신체적 훈련을 주로 하는 하타 요가 등이 있다. 여기서는 불교 요가, 파탄잘리의 라자 요가, 불이적(不二的) 베단타의 갸나 요가에 대한 간략한 설명을 통해 인도철학의 실제적, 실천적 특성을 보이고자 한다.

yoga는 '말에게 마구를 씌우다', '결합하다', '노력하다' 등의 의미를 갖는 어근 √yuj에서 파생된 명사며, 최초의 출전인 '리그·베다'에서도 말에게 마구를 씌우다는 의미로 사용되고 있다. 이 의미는 요가 행법과 관련하여 적절한 상징성을 갖고 있다. 마치 서로 흩어진 말들을 수레에 연결시켜 힘을 모으고 통제할 때 비로소 전투에서 쓸모가 있는 전차가 될 수 있듯이, 요가는 흩어지기 쉬운 몸과 마음의 에너지를 통제하여 정신을 통일하고 마침내 삼매(三昧) 속에서 진아(眞我) 혹은 궁극적 실재를 발견하는 방법이고 길이다.[21]

요가 행법은 인도 아리안족이 인도반도로 침입하기 이전 인더스 문명을 건설한 인도 원주민으로부터 기원되었다고 보이므로 그 역사는 매우 오랜 것이나, 잘 정비된 최초의 형태는 초기 불전에서 발견된다. 실존의 세 특징을 무상(無常), 무아(無我), 고(苦)로 규정지은 석존(釋尊)은 고와 고의 원인(集=무명과 渴愛), 고의 소멸(滅=열반), 고의 소멸의 방법(道=8正道)이라는 사성제(四聖諦)로써 불교적 요가행(行)의 틀을 만들었다. 사성제는 고대 인도의 의학에서 환자의 병을 진단하고 원인을 발견하여 처방하고 치유하는 네 가지 절차와 일치하며, 사제 중 마지막 도제(道諦), 즉 팔정도(八正道)는 고라는 실존의 병을 치유하는 불교적 요가 행법이다. 팔정도는 ① 바른 인식(正見) ② 바른 의도(正思) ③ 바른 말(正語) ④ 바른 행위(正業) ⑤ 바른 생계 수단(正命) ⑥ 바른 노력(正精進) ⑦ 바른 정신 집중(正念) ⑧ 바른 삼매(正定)의 여덟 가지로서, ③~⑤는 계(戒. śīla), ⑥~⑧는 정(定. samādhi), ①~②는 혜(慧. prajña)의 삼학(三學)에 대응된다.[22] 대승불교는 만물의 연기(緣起)와 공성(空性)을 직관하는 무분별지 혹은 반야(般若. prajña)의 획득을 곧 진여(眞如)와 해탈의 실현으로 보았고, 그 방법으로서 ① 보시(布施) ② 지계(持戒) ③ 인욕(忍辱) ④ 정진(精進) ⑤ 선정(禪定) ⑥ 지혜(智慧)의 육바라밀(六婆羅密)을 요가 행법으로 삼았다. 팔정도에 비교하면 보시와 인욕이라는 더욱 이타적이고 사회적인 요소를 수행의 항목으로 포섭한 것이 대승적 요가의 특징이다.

　'고전 요가' 혹은 '라자 요가(Rāja-yoga)'라고 불리는 파탄잘리의 요가 체계는 푸루샤(Puruṣa)와 프라크르티(Prakṛti)라는 서로 대립되는 두 원리로 세계의 생성과 소멸 그리고 인간의 속박과 해탈을 해석하는 상캬의 이원론적 형이상학을 이론적 배경으로 삼는다. 푸루샤와 프라크르티는 데카르트식의 마음-신체(body-mind) 이원론

21) Jean Varenne, *Yoga and The Hindu Tradition* (Delhi: Motilal Banarsidass, 1989). p.78.
22) Karel Werner, *Yoga and Indian Philosophy* (Delhi: Motilal Banarsidass, 1989). pp.120-30.

이 아니라 주체-객체(subject-object) 이원론이다. 푸루샤는 순수 의식이자 정신(Spirit)이고, 진아(眞我. the real Self)이자 움직임이 없는 고요한 관조자며, 시간과 공간에 제약받지 않는 초월적 실재다. 반면에 프라크르티는 의식이 없고(jaḍa) 끊임없이 운동하며, 절대 주관인 푸루샤에 대한 대상이자 몸과 마음의 복합체인 현상적 자아(jīva)와 세계가 그로부터 전개(evolution. pariṇāma)되는 제일원인(pradhāna)이다. 프라크르티는 사트와(투명성, 밝음), 라자스(動性), 타마스(무거움, 어두움)의 세 요소(tri-guṇa)로 이루어져 있으며, 푸루샤의 영향으로 세 요소 사이의 균형이 깨질 때 미전개의 상태(avyakta)에서 그 안에 가능태로 있던 23가지의 현상계의 구성 요소들이 현실태로 변형된다. 23가지 변형 가운데 가장 처음의 buddhi(知)는 사트와의 요소가 지배적이므로 푸루샤의 빛(의식)을 반사하며, 마치 달빛을 반사한 수면이 스스로 빛을 가진 듯 보이듯이 푸루샤의 빛이 반사된 프라크르티의 변형인 감관(indriya), 마나스(意), 에고 의식(아함카라), 붓드히를 '나'라고 착각하기에 이른다. 그러나 푸루샤와 프라크르티의 관계는 대립적 관계만은 아니며, 발을 가진 장님(=프라크르티)이 눈을 가진 절름발이(=푸루샤)를 업고서 목적지로 가듯이, 양자는 상호 보완적 관계에 있다. 프라크르티는 푸루샤로 인해 세계로의 전개가 가능하며, 반면에 푸루샤는 프라크르티로 인해 세계의 경험, 즉 윤회와 속박과 고를 경험하게 된다. 프라크르티의 목적은 그러한 푸루샤를 도와 궁극적으로 독존(獨存. kaivalya=해탈)을 이루도록 하는 것이다.

상캬학파는 푸루샤의 독존, 즉 해탈을 이루는 방법을 '푸루샤와 프라크르티의 차이에 대한 명상'이라는 정도로 간략히 언급하는 데 그치고 있으나, 파탄잘리의 '요가·수트라'는 실재의 직관과 진아의 회복에 이르는 방법과 과정 그리고 결과에 관해 상세히 설명하고 있다. '요가·수트라'는 처음에 요가를 '치타(心)의 동요의 제어(citta-vṛtti-nirodha)'라고 정의내린다.[23] 여기서 치타(citta)란 프라크르티의 변형 중 사트와의 요소가 지배적인 붓드히(知), 아함카라(我慢), 마나스(意)의 셋, 즉 내적 기관(內的器官. antaḥkaraṇa)을 가리키며, 치타의 동

---

23) yogaś-cittavṛtti-nirodhaḥ. *Yogasūtra.* Ⅰ. 2.

요(vṛtti)로 푸루샤는 자기 본성에 확주하지 못하고 프라크르티의 변형을 '나'라고 착각한다. 치타의 동요가 완전히 제어된 상태가 무분별 삼매(nirvikalpa-samādhi)며, 이와 더불어 푸루샤의 독존이 성취된다. 그러므로 요가를 '삼매'로 정의하기도 한다.[24] 요컨대 요가는 삼매와 그리고 그에 이르는 과정과 방법을 뜻한다.

요가는 파탄잘리의 고전 요가 체계건 불교의 유가행-유식학파(瑜伽行-唯識學派. Yogācāra-vijñāna-vāda)건 프로이트보다 훨씬 이전에 인간의 의식에 표층 의식 외에 심층적 의식이 있음을 인정했고, 표층 의식의 작용은 심층 의식에 잠재적 인상(saṃskāra 혹은 bīja=종자)을 남기며, 이 잠재적 인상이 다시 표층 의식에 영향을 줌으로써 순환의 고리로 맺어진다고 보았다. 무지에 가까운 일상적 의식에서 궁극적 실재에의 직관이 가능한 초의식(super-consciousness)으로 변형하기 위해서는 잠재 의식의 구속력에서 벗어나야 하며, 요가적 방법이 요구되는 것도 그 때문이다.

'요가·수트라'는 치타의 동요를 야기시키는 것을 번뇌(kleśa)라고 부르며, 그것을 ① 무지(avidyā) ② 아집(asmitā) ③ 탐욕(rāga) ④ 증오(dveśa) ⑤ 생에 대한 애착(abhiniveśa)의 다섯 가지로 구분지었다.[25] 이러한 번뇌가 일으킨 치타의 동요를 제어하는 것이 요가의 목적이며, 요가의 최종 단계인 무분별 삼매 속에서 현상적 자아와의 혼동이 제거되고 진아가 실현됨과 더불어 번뇌도 완전히 소멸된다.

치타를 제어하는 방법은 이욕(離欲. vairāgya)과 수련(abhyāsa)으로 크게 이분된다.[26] 전자는 소극적인 측면으로서 유한한 대상에 대한 집착을 버리는 것이고, 후자는 이욕에 의해 비워진 의식을 무한으로 채우는 적극적인 수행이다. 이욕과 수련은 요가의 일반적이고 공통된

---

24) Hariharānanda Āraṇya, Yoga Philosophy of Patañjali (Albany: State University of New York Press. 1981). p.1.
 Yogasūtra-bhāṣya의 저자 Vyāsa는 Yogasūtra I.1.에 대한 주석에서 'yogaḥ samādhiḥ'라고 정의내린다.
25) avidyāsmitāragadveṣābhiniveśāḥ kleśaḥ. Yogasūtra II.3. (M. R. Yadri, The Yoga of Patañjali (Poona: Bhandarkar Oriental Research Institute, 1979). p.135.
26) Yogasūtra. I. 12.

요소며, 그것을 더욱더 구체적으로 체계화시킨 것이 고전 요가의 팔지행법(八支行法. aṣṭāṅga-yoga)으로서 ① 금제(禁制. yama) ② 권제(勸制. niyama) ③ 좌법(坐法. āsana) ④ 조식(調息. prāṇāyāma) ⑤ 제감(制感. pratyāhāra) ⑥ 집지(執持. dhāraṇa) ⑦ 정려(靜慮. dhyāna) ⑧ 삼매(三昧. samādhi)의 여덟 단계로 구성된다.

　팔지 요가는 다시 ①~⑤의 외지(外支. bahiraṅga)와 ⑥~⑧의 내지(內支. antaraṅga)로 이분되며, 전자가 신체나 호흡, 감관 등 의식의 활동이 의존하는 외적 요소들을 통제하는 훈련이라면, 후자는 잠재된 인상(saṃskāra) 혹은 습기(習氣. vāsanā)를 간직하고 있는 무의식의 세력을 제거시키는 방법이다. 통속적으로 '요가'라고 하면 좌법(아사나)과 조식을 가리키나 이것은 요가의 목적을 위한 준비 단계에 불과하며, 참다운 의미의 요가란 집지와 정려를 통해 삼매라는 특수한 의식 상태에 이르는 방법이다. 평소에 우리 마음은 한 대상에서 다른 대상으로 끊임없이 옮겨다니는 불안정한 동요 상태에 있는데, 집지(dhāraṇā)는 신체의 특정 부위(보통 코끝이나 미간 등)와 한 대상에 주의를 집중시키는 것이며, 정려(dhyāna)는 집지의 의식 상태를 중단 없이 계속 유지하는 단계다. 삼매는 정려의 절정에서 도달된다.

　samādhi 혹은 samāpatti(三昧)는 '함께 모이다(coming together)', '만남(encounter)', '재결합(reunion)' 등의 의미를 갖는 말로서 주관과 대상, 인식 과정의 삼자가 하나로 융소되어 주객의 이원적 대립이 사라진 초월적 의식 상태다.[27] 그러나 무의식적 세력(bīja 혹은 vāsanā)과 그로 인한 치타의 동요(citta-vṛtti)가 제어된 정도에 따라 삼매도 여러 단계로 구분된다.

　파탄잘리의 '요가·수트라'는 삼매를 유종자삼매(有種子三昧. sabīja-samādhi)와 무종자삼매(無種子三昧. nirbīja-samādhi)의 둘로 나누며, 전자는 다시 대상에 대한 분석적 활동이 있는 것(savitarka=有尋과 savicāra=有伺)과 없는 것(nirvitarka=無尋과 nirvicāra=無伺)으로 구분된다.[28] 무심(無尋), 무사삼매(無伺三昧)에선 언어(śabda)와 인식

27) Ibid. I.41에서 samāpatti를 정의하고 있다.

(jñāna) 그리고 개념 작용(vikalpa)이 사라지고 오직 대상만이 빛난다 (arthamātra-nirbhāsa)[29]. 심(尋. tarka)은 거친 대상(sthūla-viṣaya)에 대한 분석적 활동이고 사(伺. vicāra)는 미세한 대상(sūkṣma-viṣaya)에 대한 분석적 활동인데, 무사삼매에선 의식이 수정처럼 투명하며 언어나 개념적 작용이 없이 내적 고요(adhyātma-prasāda) 가운데[30] 한 대상에만 의식이 물들어 있게 된다. 이런 상태에서 바로 진리 자체인 직관지(直觀知. prajñā)가 나타난다.[31] 이것은 대상을 그 특수성에서 전체적으로 인식한다는 점에서 언어나 개념을 통해서 대상의 일반성을 인식하는 언어적 인식(śruti-prajñā. 聞慧)이나 추리적 인식(anumāna-prajñā. 思慧)과 다른 차원의 인식이다.[32]

그러나 무사삼매에서 나타나는 직관지도 푸루샤가 아니라 프라크르티의 범주에 속하는 대상의 인식인 만큼 치타의 작용의 일종이며 따라서 무의식에 잠재적 세력, 즉 종자(bīja)를 생성시키게 된다. 그러나 이 직관지가 낳은 잠재적 세력은 다른 잠재적 세력을 결박시키는 작용을 하며, 직관지가 낳은 잠재적 세력마저 제거될 때 치타를 동요시키는 무의식의 모든 세력이 제어된 무종자삼매(nirbījasamādhi)에 도달하게 된다.[33] 모든 심적 동요가 제어된(sarva-nirodha) 무종자삼매에서 절대 주관이자 순수 의식이고 진아인 푸루샤가 자기의 본성에 확주하게 된다.[34]

파탄잘리의 라자·요가가 상캬의 이원론적 형이상학을 이론적 배경으로 하고 있음에 대해 상카라의 불이적(不二的) 베단타(Advaita-vedānta. AV.로 略)는 갸나(智)·요가를 수행법(sādhana)으로 삼는다. AV.에 따르면 브라흐만만이 유일한 실재(Pāramārtha-sat)며, 개

---

28) Yogasūtra I. 42-51은 삼매의 종류와 단계에 따른 변화 과정을 설하고 있다. I. 42-47은 유종자 삼매와 그에 속하는 savitarka, nirvitarka, savicāra, nirvicāra를 다루고, 마지막 I.51은 모든 심작용이 지멸된 단계인 무종자 삼매에 대해서 설한다.
29) Ibid. I.43.
30) Ibid. I.47.
31) Ibid. I.48.
32) Ibid. I.49.
33) Ibid. I.51.
34) Ibid. I.3.

아(個我. jīva, individual or empirical self)와 세계(jagat)는 무지(avidyā) 혹은 마야의 힘에 의해 가현(假現)된(vivarta) 현상적 존재(vyāvahārika-sat)로서 궁극적으로는 브라흐만지(Brahma-vidyā)의 획득과 더불어 파기되는 것(bādhita)이다. 궁극적 실재인 브라흐만을 탐구하던 '우파니샤드'의 르쉬(ṛṣi=seer)들은 그것이 인간 내면의 최심저에 은폐되어 있는 개아의 본질인 아트만(眞我)과 동일하다는 것을 발견하였고, 이것이 'Tat-tvam-asi(그대가 바로 그것이다)', 'Aham Brahmo 'smi(내가 브라흐만이다)'라는 위대한 언어(Mahāvākya)로 명칭되는 '우파니샤드'의 비밀스런 가르침(gūhya-ādeśa)이다.

인간은 본 바탕에 있어서 순수 의식(Cit)이고 실재(Sat)며, 희열(ānanada)인 브라흐만=아트만이지만, 마치 어둠 속에서 새끼줄이 뱀으로 착각되듯이, 무지의 은폐력(āvaraṇa-śakti)과 투사력(vikṣepa-śakti)으로 인해 진아가 가려지고 그 위에 비아(非我)가 가탁(假託. adhyāsa, superimpositon)된다. 신체, 감관, 마나스(意) 등 비아를 아와 동일시함으로써 비아를 '나', '나의 것'이라고 집착하는 것이 고와 속박의 근본 원인이다.

고와 속박의 근본 원인이 실재를 있는 그대로 보지 못하는 무지이므로 고와 속박으로부터의 자유는 오직 진아의 인식(jñāna)으로부터만 성취될 수 있다. 무지로 인한 비아의 가탁과 그릇된 동일화를 제거(apavāda)하여 망각되고 소외된 '참 나'를 회복하는 방법이 갸나·요가다.

갸나·요가의 지망자는 다음의 네 가지 예비 조건을 갖출 때 비로소 학생으로서의 자격이 주어진다. ① 변치 않는 영원한 존재와 무상한 사물을 구분할 것(nityānityavastu-viveka) ② 현세에서건 내세에서건 대상이나 과보(果報)를 향수하려는 욕망을 버릴 것(ihāmutrār-thaphalabhogavirāga) ③ 평정(śama), 감관의 제어(dama), 베단타의 목적 이외의 것을 버림(uparati), 인내(titikṣā), 베단타의 목표에 마음을 집중함(samādhāna), 믿음(śradhā)의 여섯 가지 덕을 갖출 것(śamādiṣaḍkasampatti) ④ 해탈에의 원(願. mumukṣatva), 이 네 조건을 갖추었다고 인정될 때 스승(guru)은 지망자를 갸나·요가의 제자(śiṣya)로 받아들인다. 갸냐·요가는 ① 배움(śravaṇa) ② 사고 (manana) ③ 명상(ninidhyāsana)의 3단계로 이루어져 있다. 첫째, '쉬라마나'는 브라흐만을 직접 체험하고 해탈을 얻은 스승의 가르침을 듣거나 과거의 스승의 체험과 가르침을 기록한 경전(āgama)을 읽음으로써 언어를 통해 진리를 인식하는 방법이다. 둘째, '마나나'는 배운 것을 다만 수동적으로 받아들이고 무비판적으로 따르는 것이 아니라 합리적 사고에 의해 논리적 근거를 묻고 nyāya적 방법에 의해 그 확실성을 검토함으로써 수동적으로 받아들인 지식을 능동적으로 소화시키는 단계다. 셋째, '니디드흐야사나'는 '마나나'에 의해 지적, 논리적으로 확인된 지식을 다만 논리적, 개념적 지식으로부터 직관적 체험(aparokṣa-anubhūti)으로 변화시키는 단계다. 철학적, 형이상학적 지식이 삶과 실존 전체를 변화시키는 실천적 지혜로 바뀌는 것이다. '그대가 곧 그것이다(Tat-tvam-asi)'라는 교시적 언어 (upadeśa-vākya)를 스승으로부터 듣고, 그 의미를 논리적으로 분석하고 검토 확인한 후, 그에 대한 명상을 통해 주객 이원성을 넘어선 무분별 삼매 속에서 자신이 곧 궁극적 실재(브라흐만)임을 스스로가 체험하고 직관할 때 무지와 속박이 소멸된다고 한다.35)

5. 맺음말 — 전통과 현재

이상으로 인도철학의 논리적 전통을 nyāya적 방법으로, 실천적 전통을 yoga적 방법으로 대표시켜 인도철학의 특성을 이해하고자 시도했다. 인도철학은 한가한 학자의 호기심을 만족시키기 위한 지적 게임이 아니라 실존의 곤경(苦)에 직면한 위기의 인간이 그로부터 벗어나려는 시도라는 실제적이고 실용적인 성격을 갖는다.

인도철학은 다만 '지혜에 대한 에로스와 동경'이 아니라 실재(tattva)를 직접 보는(darśana) 지혜(jñāna)를 성취하고자 함을 목적으로 한

---

35) 졸고 「브라흐마수트라(catuḥsūtri)」에 대한 샹카라의 해석(Ⅰ)」 참고. 『印度哲學』 제7집(인도철학회, 1997). pp.89-138.

다. 이것을 불교에선 자내증(自內證)이라 부르고 베단타에선 직관직
체험(aparokṣānubhūti)이라고 부른다.

그러나 실재를 직접 보는 자내증은 그 이전의 길고 어려운 준비
과정을 요구한다. 그 과정을 베단타에선 'śravaṇa', 'manana',
'nididhyāsana'의 3단계로, 불교에선 문(聞. śrota), 사(思. cinta), 수
(修. bhāvanā)로 구분한다. śravaṇa=문(聞)이 언어적 인식 방법(聖言
量. 敎證)이라면 manana=사(思)는 논리적, 추리적 인식 방법(比量.
理證)이며, nididhyāsana=수(修)는 yoga적, 직관적 인식 방법(現量.
自內證)이다.

실재에 대한 가장 확실한 인식 방법은 직접 봄, 즉 현량=자내증이
지만, 그에 이르기 위해선 교증(āgama)과 이증(yukti), 즉 언어적 인
식 방법과 논리적 인식 방법이라는 간접적 인식의 수단을 빌려야 한
다. 문=성언량=교증(聞=聖言量=敎證)은 실재를 직접 보았고, 또 그
것을 거짓없이 있는 그대로 전달할 뜻을 가진 신뢰할 만한 사람
(āpta)의 말(śabda)을 인식의 원천(parmāṇa. 量)으로 인정하는 데 근
거한다. 르쉬(見者)나 붓다(覺者)의 가르침을 담은 경전이나 스승의
가르침 혹은 어떤 분야에서 오랫동안 공부를 한 전문가의 말은 진리
인식에 권위(authroity)로서 인정된다. 그러므로 인도철학의 중요한
방법은 과거로부터 전해져오는 권위 있는 텍스트를 이해하고 해석
하고 주석하는 해석학적, 주석학적 방법(hermeneutical method)이
다. 믿을 만한 사람의 진술이나 경전을 진리 인식의 원천(śabda-
pramāṇa)으로 보기 때문에 인도철학은 고대부터 의미론, 문법학
(vyākaraṇa), 어원학(nirukta), 해석학(mīmāṃsā), 언어의 형이상학
(Bhartṛhari의 언어 브라흐만론) 등 언어에 대한 탐구를 계속해왔다.

논리적, 변증적 방법, 즉 사=비량=이증(思=比量=理證)은 서양철학
과 공통된 것이지만, 선대의 경험의 전승(āgama)을 인식의 원천으
로 인정하고 그에 대한 해석과 이해를 진리 인식의 기본적 방법으로
인정하는 것은 인도철학의 특징 중 하나다. 그와 같이 언어와 논리로
써 간접적으로 인식한 것을 스스로 직접 보고 체험함으로써 인식을
관념적, 사변적, 개념적 차원에서 실존적, 직관적 차원으로 변화시키

려는 요가적 방법은 해석학적 방법과 더불어 인도철학의 또 다른 특징이다. 요가적 방법은 현대 서양철학에서 논의되고 있는 현상학적 방법에 비교될 수 있다.

그러면 전통적 인도철학은 현대라는 특수한 상황에서 어떻게 반응해왔고 또 앞으로 나아갈 방향에 대해 인도철학자들은 어떻게 생각하고 있는가? 아시아의 전통은 서구의 과학과 기술 문명의 수입 그리고 자유와 평등에 바탕한 새로운 정치적, 경제적, 사회적 이데올로기의 실험으로 특징지워지는 현대의 도전에 대해 극단적인 수구주의로부터 극단적인 탈전통주의에 이르기까지 다양한 방식으로 반응해왔다.

인도는 150년간의 영국 식민 통치 하에서 아시아에서 최초로 서구식 대학 제도가 도입되었고, 일찍부터 서양식 교육과 서양철학에 접할 수 있었다. 그러면서 한편으로는 서양적인 것에 매료되어 전통을 망각해가기도 했지만, 다른 한편으로는 서양에 의한 동양의 발견에 자극을 받고 서양과의 만남이 가져다준 충격이 민족주의적 자각으로 이어졌다. 람 모한 로이, 비베카난다, 타고르, 오로빈도, 라다크리쉬난 등 서구식 교육을 받은 현대 인도 사상가들은 인도의 전통을 재발견하고 그것을 현대적 상황에 맞게 재해석함으로써 화석화되어가는 전통을 부활시키는 데 노력했다. '힌두르네상스'라고 불리는 인도 전통의 부활은 서양과의 만남이 불러일으킨 현상이었다. 현대 인도철학의 두드러진 특징은 전통적 철학(=다르샤나)과 서양철학(=philosophy)의 만남과 그에 따르는 다양한 반응으로 규정할 수 있다.

바깥 세계의 변화와 무관하게 옛 문헌의 내용을 이해하는 것에 만족하는 보수적인 구식 철학자들이 있지만, 이들의 숫자는 급속히 줄어들고 있다. 반면에 서양식 교육을 받은 인도철학자들은 서양철학의 도전에 대해 뭔가 대처해야 할 의무를 느끼고 있으며, 그들의 반응 양식은 다양하다.[36]

---

36) J. S. R L. Narayana Moorty. "Indian Philosophy at the Crossroads". *Indian Philosophy: Past and Future* ed. by S. S. Rama Rao Pappu & R. Pulogandla, (Delhi: South Asia Books, 1983) pp.260-.

① S. 라다크리쉬나, T. M 마하데완으로 대표되는 인도철학자들은 인도철학의 정신주의적(spiritualistic)이고 이상주의적(idealistic) 전통을 강조하고 변호함으로써 서양의 우수한 과학 기술 문명에 대응하는 인도적 정체성을 찾고자 한다. 서양의 인도철학 학도들이 인도의 전통에 강하게 끌리는 것도 인도철학의 신비주의적, 정신주의적 전통(spiritualistic tradition) 때문이다.

② 인도철학의 정신주의적 전통과 연관된 것이지만, 20세기초 영국에서 F. H 브레들리, B. 보상케트, E. 맥타가트에 의해 신헤겔파가 유행할 때 인도철학자들은 '우파니샤드'나 샹카라의 불이적(不二的) 베단타 체계 가운데서 유사한 사상을 찾는 데 열을 올리기도 했고, 네오플라토니즘과의 유사성을 찾기도 했다.

③ 서양철학의 분석적 혹은 현상학적 방법에 경도된 철학자들 중에는 전통적 인도철학 가운데서 그러한 사고 체계에 비견할 만한 것을 찾아서 서양철학적 개념으로 재해석 내지 재구성하고자 한다. 분석적 방법의 경우엔 B. K. 마틸랄이, 현상학적 방법의 경우엔 J. N. 모한티가 대표적 예다.

④ 마르크시즘의 변증법적 유물 사관의 관점에서 전통적 인도철학을 비판적으로 검토한 철학자들이 있으며, D. 챠토파드야가 대표적 예다.

⑤ 대부분의 인도철학자들은 전통적 인도철학을 해석하는 데에 서양철학적 개념을 빌리거나 서양철학과 비교하는 방법을 즐겨 사용하며, 특히 비교철학적 방법을 강조하는 철학자로는 P. T. 라주를 들 수 있다.

⑥ 인도적 직관에 바탕하여 독자적인 철학 체계를 서양적 외양으로 표현한 철학자들로서 K. C. 바타차르야, 칼리다사 바타차르야, K. S. 무르티가 있으며, 각각 칸트적, 현상학적, 실존주의적 방식으로 철학하였다.

⑦ 아카데믹한 철학계의 바깥에 대중의 인기를 끄는 전통적인 구루(영적 스승) 타입의 철학자들이 적지 않다. 라마나 마하르시, 스와미 비베카난다, 스리 오로빈도, 오쇼 라즈니쉬, J. 크리슈나무르티 등

이 그 예다. 특히 오로빈도는 베단타철학을 요가적 체험에 바탕하여 새롭게 해석하여 독자적인 철학 체계를 세운 철학자로서 아카데믹한 철학자들도 관심을 갖고 연구하고 있다.

⑧ 어떠한 방식으로 인도철학을 하건 인도철학의 바탕이 되는 것은 텍스트에 대한 이해와 해석이다. 그러므로 많은 인도철학자들은 범어나 팔리어, 티벳어로 기록된 텍스트들을 현대어로 번역하고 해석하는 작업을 계속해왔다.

현대 인도철학의 특징을 한마디로 요약한다면 서양과의 만남이라는 현대적 상황에서 범어 텍스트 속에 묻혀 있는 전통적인 철학적 사상들을 현대 언어(특히 영어)와 서양철학적 용어를 빌려 재표현하고 재해석하는 것이다.

현대 인도철학자들은 인도철학의 전통이 나아가야 할 방향에 대해 다음과 같이 말한다. 라젠드라 프라샤드는 극단적인 진보 진영에서 인도철학자들이 이른바 '정신주의적 전통'에서 과감히 벗어나 창조적, 모험적 사고를 할 수 있는 철학적 자유를 회복해야 한다고 주장한다. 서양적 의미의 철학적 정신에 투철한 그는 단지 그것이 인도의 전통이기 때문이 아니라 철학적으로 값어치가 있을 때만 철학적 전통을 이용해야 한다고 말한다. 그것이 토착적인 것이든 외국의 것이든 전통에 대한 속박은 언제나 철학적 자유를 파괴한다는 것이다. 그리고 철학적 자유를 얻는 방법의 하나는 우리의 전통이 아닌 다른 철학 체계로부터 자극을 얻는 것이라고 말한다.[37]

B. N. 마틸랄은 고대 철학자들이 논의한 문제와 현대 철학자들이 논의한 문제의 상당 부분이 차이가 없다고 생각하며, 오늘날의 인도철학도로서 갖추어야 할 두 가지 조건을 제시한다. 첫째는 고전적 텍스트에 접근하기 위한 문헌학적 지식이 요긴하며, 둘째는 고전적 텍스트에서 논의되고 있는 철학적 문제가 무엇인가에 대한 충분한 이해다. 후자의 경우엔 현대 철학계에서 논의되는 관련 문제에 대한 어느 정도 철저한 공부가 병행되어야 한다고 말한다.[38]

---

37) Rajendra Prasad, Tradition, "Freedom and Philosophy Creativity". Ibid. p.312.
38) Bimal K. Matilai, "Indian Philosophy : Is there a Problem Today?" Ibid. p.259.

비교철학자인 P. T. 라쥬는 더 이상 동도 서도 아니 지구촌 시대에서 인도철학이 계속 성장하기 위해서는 지방주의나 민족주의에서 벗어나 그 기원이 어디에 있든 다른 철학들과 다른 진리들을 동화하고(assimilate) 흡수해야(absorb) 한다고 역설한다. 지구촌 시대에선 한 나라가 바깥 세계나 다른 세계로부터 고립되어선 생존할 수 없듯이, 철학도 진실한 것이라면 무엇이건 흡수하고 동화시킬 때만이 살아서 발전해나갈 수 있다고 말한다. 동과 서가 만나는 하나의 세계 속에서 철학도 세계 철학을 지향해야 하며, 그것은 인도의 철학적 전통과 서양의 철학적 전통의 종합이어야 한다. 라쥬는 서양철학이 객관성 혹은 향외적 태도가 지배적임에 대해 인도철학의 특징을 향내적(inwardness)이라 보고, 두 전통은 상호 보완될 때 비로소 더욱 완전하고 균형이 잡힌 철학으로 발전할 수 있다고 믿는다. 그러므로 인도철학이 바깥의 다른 사상들을 흡수하듯이 서양철학도 인도철학과 종합되기까지는 완전하지 못하다고 말한다.[39]

현상학자인 J. N. 모한티는 전통(tradition)과 정통(orthodoxy)의 개념을 구분하여, 정통이 전통을 생명이 없고 변하지 않는 구조로 실체화한 것임에 반해, 전통이란 의미의 창조와 보존의 생동하는 과정이며 전통이 살아있을 땐 새로운 상황과 도전에 반응하면서 지속적으로 성장하고 창조해간다고 말한다. 반대로 전통이 더 이상 살아 있지 않을 땐 그 순수성을 유지하고자 정통성을 요구하게 된다는 것이다. 합리적인 비판은 진공 속에서가 아니라 전통 안에서만 일어날 수 있고, 전통은 현대성과의 대결과 비판을 통해서 성장하며 여러 갈래로의 발전도 가능하다. 그러기 위해서는 전통 안에만 갇혀 있어선 안 되고 '현대성(contemporaneity)'에 대한 감수성을 가지고 창조적인 대화에 대해 개방되어 있어야 한다.[40]

'인도철학'에서 **인도**란 배타적인 경계가 아니라 편의적인 이름으로서 한층 더 근본적인 것은 인도**철학** 속에 있는 인류 전체에 적용

---

39) P. T. Raju. "The Western and the Indian Philosophical Tradition" Ibid. p.100.
40) J. N. Mohanti, "Indian Philosophy Between Tradition and Modernity". Ibid. p.238.

될 수 있는 보편성이다. 오늘날에 '인도철학'이란 더 이상 인도라는 지리적 조건이나 인도인이라는 혈통에 한정된 것이 아니라 다르샤나 텍스트 속에 담겨 있는 철학적 주제, 문제들에 대한 탐구로서[41] 그것을 해석하고 창조적으로 발전시키는 데 종사하는 인도철학자(반드시 인도인이 아니라)는 세계 철학의 전통에 참여하고 또 그에 기여하고 있는 것이다.

우리나라의 경우 어떤 의미에서 1500년 전 중국을 통한 불교의 전래와 더불어 인도철학의 세 유파(힌두, 불교, 자이나 다르샤나) 가운데서 하나가 수입되어 유교와 더불어 우리의 전통적 철학을 이루어왔다고 볼 수 있다. 그러다가 현대에 들어서 대학 차원에서 공식적으로 인도철학을 연구, 교수하게 된 것은 인도철학 자체에 대한 철학적 관심 때문이라기보다 불교를, 그 발생지인 인도의 역사적, 언어적, 사상적 배경에 비추어 근본적으로 정확히 이해하고자 하는 의도에서였다. 그러나 인도의 고전적 텍스트에는 많은 철학적 문제들과 그에 대한 다양한 해결의 시도가 풍부하게 저장되어 있으므로 우리나라에서도 순수한 지적, 철학적 관점에서 접근하는 인도철학자들이 활동할 수 있는 발판이 마련된다면 한국철학계는 그만큼 풍성해질 것이라고 믿는다.

---

41) Ibid. p.235.

청대 철학의 혁신과 중국철학의 전통

유 초 하(충북대 철학과 교수)

1. 북경의 고전 연구 풍토

1-1. 실학 개념 등장의 배경

1985년 7월에 베이징(北京)에서는 매우 특이한 행사가 열렸다. 1970년대에 대만대학 교수로 있다가 미국을 거쳐 1984년에 돌아온 진고응(陳鼓應)의 제안과 기획에 따라 이루어진, 명청(明淸)시대 사상에 관한 대규모 학술 대회였다. '명청 실학 사조 학술 토론회'라고 이름 붙여진 그 행사는 1986년 8월에 다시 한 번 열리게 된다. 두 번에 걸친 학술 토론회에는 대만해협 양안(兩岸)에서 30여 명의 학자들이 모여듦으로써 인문사회과학 영역에서의 합작 연구의 효시를 이룬다. 그들은 명청 실학 사조의 내용과 특징에서 그 발전 단계와 역사적 지위의 문제에 이르기까지 두루 격렬한 쟁변을 펼쳐낸다.

두 차례의 대규모 학술 토론회와 그 결과의 수정-보완을 거쳐 1988년 봄에는 모든 원고가 완성되고 1989년 여름에는 총 150만 자에 이르는 세 권의 책이 출간된다. 그 책의 이름은『명청실학사조사(明淸實學思潮史)』다. 책의 완간에 이르기까지 이어진 일련의 공동

연구 작업이 지닌 특징을 진고응은 네 가지로 지적한다.

첫째, '명청 실학'이라는 개념을 처음 공식적으로 제출했다. 중국 사에서 16~19세기(아편전쟁 이전)를 대표하는 진보적 사상 조류를 '실학'1)이라고 부를 것을 제창한 것이다. 이를 예전에는 주로 '고증학' 또는 '고거학(考據學)'이라 불렸고, 근년에 와서는 '조기 계몽 사조', '자아 비판 사조', '경세치용 사조', '개성 해방·인문주의 사조' 등으로 학자 그룹마다 다르게 불렀다.

둘째, 그 동안 알려지시 않았던 새로운 사상사적 인물들을 많이 발굴했고, 사상사 해명을 위한 자료로서 문헌 이외의 요소들을 광범위하게 채택했다. 예컨대 인물들의 고향을 방문하고, 족보와 지방지(邑誌 등)를 조사하고, 각종 유품들을 수집하는 등 간접적 활동이 사상사 해명에 도움이 된다는 것을 행동적으로 시인하게 되었다.

셋째, 철학사적 해명에 중점을 둔 연구가 아니라 사상 일반에 걸친 종합적 학술 연구다. 연구의 내용과 방법에서 두루 학제적·통합학문적 지향을 지닌다. 철학은 물론 역사, 문학, 정치학, 자연과학, 고거학 등 다양한 학문 영역에 걸친 연구자들이 함께 참여함으로써 실학 사조의 전모를 밝히고자 한 것이다.

넷째, 사상가 자신의 명제와 개념을 충실하게 해석하여 그 사상적 특징점들을 밝히는 데 중점을 두었다. 현재의 정치색과 연관된 해석을 가능한 한 벗어나도록 힘썼으며, 과거 역사에 대한 평가에서의 표준형적 문장 표현 방식도 쓰지 않도록 노력했다.

---

1) 실상 그들은 명청의 개혁적 신사상을 '실학'이라 부르기보다는 주로 '실학 사조'로 부른다. 여기에는 두 가지 이유가 있다고 나는 생각한다. 우선, 이는 중국 연구자 사회에서 '실학'이라는 말이 일종의 고유명사로 정착되기에는 아직 익숙하지 않은 면이 있음을 드러낸다. 다음, 중국인들의 이러한 언어 사용 관행에는 다시 한국에서의 조선실학연구사의 전통과 실적에 대한 고려가 암암리에 작용했을 수 있다. '실학'은 17세기에 일어난 성리학 비판의 기운이 확대, 심화되어 18~19세기를 통해 본격적으로 펼쳐진 학문 운동–사회 운동으로 한국 학계에서 정착된 개념이기 때문이다.

1-2. 여구 태두에 나타난 특징

명청 실학에 대한 대규모의 연구 행사가 한두 사람의 발상과 기획에서 시작하여 원로 학자의 동의를 얻고 나아가 대륙과 대만의 30여 명이 참가하는 규모로 두 차례씩이나 성사된 것은 민족 유산에 대해 주목하는 중국인들의 최근 경향과 맞물림으로써만 가능한 일이었다. 1966년에서 시작하여 10년의 세월에 얼룩을 남겼던 문화혁명에 대해 등소평 중심의 개혁주도파가 1982년에 제12차 전국대표대회를 열기에 이르기까지 후유증을 정리하는 정치적 과업을 완결함으로써만 1985~1986년의 실학 연구 토론회는 가능했다.

사회주의 중국에서 민족 유산에 적극적인 조명을 던진다는 것은 민족 문화와 인류 문화가 서로를 고무하는 긍정적 상호 관계에 놓여 있음을 전제한다. 이제 과거 사상을 유물론과 유심론으로 단순 이분화하는 도식적인 분석·평가틀(模式化的 文風)을 벗어나 과거 사상 자신의 관점에서 더욱 정확히 해석하고 재표현해야 함을 인정하는 것이다. 이를테면 현재적 관점에 억눌려 있던 과거 사상을 과거 자신에게 돌려주자는 것이다.

전통 사상에 대한 탐구의 개방은 문화혁명의 파동을 정리했다는 자신감의 표출이자 동시에 민족 문화에 대한 긍지의 표현이며, 민족 문화의 미래 발전을 향한 관심의 발로다. 족보와 유물을 조사하는 등의 일은 중세와 근대의 제 가치를 현대에서도 부정하지 않는 태도와 연결되며, 나아가 미래 문화 의식을 계발하는 데 전통 사상에 대한 고려가 의미 있다는 것을 인정하는 것이 된다.

전통 사상에 대한 중국인들의 최근 관심은 과거에 대한 적극적 평가의 수준을 넘어 인류의 미래 사상에서 중국적인 것이 점유할 위치를 긍정적으로 상정하는 데까지 이른 감이 있다. 예컨대 천도(天道) / 성명(性命) / 천인합일(天人合一) 등 상고 시대의 개념 구도에 담긴 '오묘한 의미'를 강조하기도 한다. 이는 중국의 현재적 정치 구도가 전반적으로 보수화되어가는 사전·사후적 징후가 아닐까 한다.

2. 중국 실학의 사상적 특징

갈영진(葛榮晋)이 밝힌 명청 실학 사조의 총체적 특징은 '실질적인 것을 숭상하고 공허한 것을 축출하려는 것(崇實黜虛)'에 있다. 실학자들은 성리학이나 심학이 자연적·사회적 현실을 담아내지 못하여 '텅 빈 것'이라고 보고 개인적·사회적 삶을 제대로 밝히고 이끌 수 있는 '꽉 찬 것'을 일구어내고자 함께 노력했던 것이다.

중국사에서 '실학'이라는 개념은 오랜 역사를 지니고 있어서 북송(960~1126) 시대의 이학가(理學家)들에게까지 소급된다. 물론 그들의 '실학'은 현대 중국의 연구자들이 말하는 '실학'과는 다르다. 성리학자들은 주로 노장(老莊)과 불가(佛家)의 사상이 인간의 세속적·사회적 삶을 경시하거나 부정하는 경향을 보인 데 비해 성리학은 정치적 질서의 확립과 윤리적 선의 실현을 중시한다는 점에서 '실학'임을 천명한 것이었다.

명청 실학이 보이는 "빈 것으로부터 찬 곳으로 나아가기"의 정향은 이학(理學)과 심학(心學)의 텅 빈 담론을 떨구어버리고 일체의 사회 문화 영역에서 꽉 찬 것을 높이기를 제창하는 것이었다. 명청 실학자들이 말하는 '숭실(崇實)'에서의 '실', 곧 '꽉 찬 것'에는 다양한 양태가 포함된다. '실체(實體)', '실천(實踐)', '실행(實行)', '실공(實功)', '실심(實心)', '실언(實言)', '실정(實政)', '실사(實事)', '실풍(實風)' 등이 그것이다. 이러한 실질성 중시의 태도는 구체적으로는 사상·문화 영역에서의 다양한 비판과 사회·정치 수준에서의 전반적인 개혁에의 지향으로 나타난다.[2]

●비판 정신 : 명청 실학은 폐해로 가득 찬 현실과 그 배경인 전통에 대해 강력한 비판을 수행한다. 사회 정치적 수준에서 그들은 봉건 체제 아래 쌓인 부패 부정(黑暗)와 통치 계급의 무도·무능을 폭로하

---

2) 1987년의 『明淸實學思潮學術討論會』가 이루어지게 된 단초 내지 계기도 陳鼓應이 反道學적 이단 사상을 보인 李贄(1527~1602)에 대해 특별한 호감을 가지고 연구하다가 그것이 진전되어 실학 사조 전반에 걸친 연구 계획으로 나아가게 된 데에 있었다.

고, 인간성을 억압하는 각종 제도와 관행을 비판하다 사상 문학의 영역에서 그들은 정주(程朱)의 이학(理學)과 육왕(陸王)의 심학(心學) 그리고 도가·불가의 탈윤리적·초세속적 관념 체계를 부정하고, 철학·사학·문학을 비롯한 다양한 분야에서 새로운 사상을 제출한다.

●**개혁·실천 지향**: 실질 숭상의 실학 정신은 다방면에서의 현실 개혁 방안의 제출로 나타난다. 명 왕조(1368~1644) 시기에 나흠순(羅欽順), 왕정상(王廷相), 최선(崔銑), 황관(黃綰), 진건(陳建), 고공(高拱), 장거정(張居正), 여곤(呂坤), 당학징(唐學徵), 진제(陳第) 등은 토지 제도, 관개, 수상 운송, 부세 제도, 국방, 요역, 관리 기강, 과거 제도 등의 방면에서 각종 폐단을 폭로하고 대안적 개혁안을 제출하며, 때로는 사회 정치적 개혁 활동에 직접 참여하기도 한다. 명청 교체기에 안헌성(顔憲成), 고반룡(高攀龍), 진자룡(陳子龍), 고염무(顧炎武), 황종희(黃宗羲), 왕부지(王夫之) 등은 위기 극복을 향한 사대부의 선도적 수범, 후세대들을 위한 사회 체제의 모델 제시, 권력 배분과 민본주의의 주창, 청 왕조에 대한 무장 봉기 등으로 다양한 실천적 삶을 영위했다.

●**과학 지향**: 공리공담을 배척하는 실학 정신은 자연에 대한 구체적 탐구로 나아갔다. 농업, 의약, 지리, 수학, 음악 등 각 분야에서 실험·실증을 통한 지식을 추구하고 그 결과를 실생활에 응용하고자 한 것이다. 여기에는 16세기 이래 등장한 자본주의의 맹아 및 17세기 이래 진행된 서양 문물의 유입이 요인으로 작용했다고 평가된다.

●**계몽 의식**: 산업에서의 자본주의 맹아 출현과 함께 의식상으로는 일종의 인간해방론이 등장했다. 과거의 금욕적 이념(存天理遏人欲)을 "이(理)로써 사람을 죽이는 것"이라고 격렬히 반대하면서 개인의 주체성을 중시하고 욕구를 긍정하는 주장을 편 것이다. 공자를 '성인'으로 받들고 그 말씀을 모두 진리로 받아들이는 우상 숭배를 조소하고(李贄), 천자도 시대적 진리 판정의 기준이 될 수 없다고 천명했다(黃宗羲).

●**평등 지향**: 전통적 신분 체제에 대한 비판 의식은 농본주의 이데

올로기를 배격하고 "공상개본(工商皆本)"(왕원 등)의 주장으로 나아 갔고, 일인 통치(獨治)에 반대하는 다수 통치(衆治), "이천하지권기 지천하지인(以天下之權寄之天下之人)"(고염무), "천하(天下＝人民)위 주(爲主), 군위객(君爲客)"(黃宗羲) 등의 주장으로 이어졌다. 오륜 규 범 중 군신 관계를 제외한다거나(唐甄) 붕우 관계가 다른 관계들을 조정하고 평가하는 기준이 된다고 보기도 한다(이공). 이들 측면은 전통 질서의 해이와 붕괴라는 현실을 긍정하고, 그 변화를 주도하는 신흥 계급의 입장을 옹호하는 것으로 평가된다.

3. 명청 실학의 대두 배경과 발전 단계

3-1. 대두 배경

16세기 이후 19세기에 이르는 시기 동안 중국에서 실학이 발생하 게 된 연원은 사회 정치적 측면과 사상 문화적 측면에서 찾아진다.
사회 계층의 관점에서 중국 실학은 당시 지배 계급의 현실 비판·자기 반성과 피지배 계급 출신인 신흥 계층의 계몽 의식·자기 무장 이 어울려 나타난 것으로 판단된다. 명 왕조의 쇠망에 대한 사대부 계층의 비판은 일차적으로 과거 지배 사상의 공론성·관념성을 겨 냥한다. 이(理) / 기(氣), 심(心) / 성(性)에 대한 동/이, 선/후, 대/소 등 의 분석과 논변은 "뱃속 가득 글로 채우고 화살 한 대 날리지 못한 채 간과 뇌로 땅바닥에 칠하는 패배를 불렀고, 나라 종사(宗社)가 텅 비고 인민이 전멸하는 재앙에 이르도록 만들었다"고 비판된다(이 공). 실질성을 존중하는 정신으로 무장했을 때만 망국의 비극은 방 지될 수 있었다고 보는 것이다. 한편, 자본주의 맹아의 성장은 신흥 계급의 진출과 기존 질서에 대한 저항으로 이어진다. 농업-수공업이 결합된 자연 경제는 16세기 이래 수공업의 분화·독립으로 진전되 고, 그와 함께 임 노동에 의한 토지 경작이나 고용 노동에 의한 상품 생산이 이루어지고, 일정한 고용주가 없이 떠도는 유랑 공인(無主之

匠)이 출현한다. 이처럼 공업의 발전과 상업 자본의 형성은 함께 진행되었다. 16~17세기에 이미 공인들과 상인들이 생존권을 위해 폭동을 일으키거나 가게를 닫아버리는 등 집단적으로 저항하는 모습을 역사는 다수 기록하고 있다.

이상의 사회적 요인들과 함께 문화적 요인에도 두 가지 측면이 있다. 우선, 명청 실학은 성리학과 심학 등 과거 사상에 대해 그것들은 계승하는 동시에 극복하는 관계에 놓인다. 성리학이 존재 해명의 형이상학, 선실현의 수양론, 윤리 중심의 정치론 등에서 당 왕조의 귀족주의의 모순과 불교의 탈현실적 공허성을 지양하고자 한 '실학'적 측면을 명청 실학은 계승한다. 다만, 중국 중세 사회가 부패와 모순이 관념적 철학으로는 더 이상 치유될 수 없는 지경에 이른 이후의 공론성을 명청 실학은 극복하고자 한 것이다. 다음, 명청 실학은 중국 고전 정신의 부흥을 표방하면서 다른 한편으로는 서양의 다양한 지식과 기술을 받아들인다(立足中學 博採西學). 역법(曆法)과 천문학, 지리학, 수학, 물리학, 의약학 등 광역에 걸친 서양 문화 요소는 '국가의 융성과 태평에 기여하는 방책'으로 인정되었고(徐光啓, 梅文鼎), 중서 문화의 교류와 융합은 실학 사조의 발전에 의미 있는 조건을 조성하였다.

3-2. 발전 단계

명청 실학은 사회 역사적 상황의 변천에 따라 대체로 세 단계의 발전을 거친다. 먼저, 16세기 중후반까지의 명 왕조 시기는 사회적 모순과 정치적 위기가 전개되는 초기로서 실학의 대두기에 해당한다. 다음, 명의 만력(1573~1615) 시기에서 청의 강희(1662~1722) 중기까지는 중화족 역사의 일대 위기이자 봉건 사회 붕괴 요인의 성장기며 한족과 만주족의 민족 투쟁의 극점기이자 서학의 유입과 흡수가 가장 왕성한 시기로서 실학 사조 발전의 전성기에 해당한다. 끝으로, 18세기 초반에서 아편전쟁(1842) 직전에 이르는 시기는 자본주의 맹아가 좌절되고, 서학 탐구 열풍이 휴면하며, 청 왕조가 복고

적 학문 정책과 전제 통치를 다시 강화하는 시기로서 실학 사조의
저조(低潮-曲折)의 과정을 거쳐 쇠락하는 시기다.

3-3. 한국에서의 조선 실학 연구와의 차이

이상에서 본, 명청 실학에 대한 중국 학자들의 주류적 평가에는
한국에서의 조선 실학 연구와 공통된 측면과 함께 상이한 측면이 있
다. 여기서의 공통점보다는 상이점이 우리의 관심을 더욱 끄는 것은
당연할 것이다.

첫째, 한국 연구자들의 조선 실학 해명에서와 달리 중국 연구자들
의 명청 실학 해명은 지배 계급의 자기 비판적 측면과 함께 신흥 피
지배 계급의 자기 각성을 부각시키고 있다. 이는 조선 실학과 명청
실학이 담당 계층의 특성이나 사회 정치적 사상 정향의 관점에서 볼
때 크게 다를 것이 없다는 점에서 주목할 만한 현상이다.

둘째, 명청 실학은 송명 성리학에 대해 그 문자적 의미에서의 '실
학'적 측면을 '계승하는 것'으로 평가된다. 이는 조선 실학을 연구해
온 한국 학계가 성리학과 실학 사이의 단절성과 계승성에 관한 오랫
동안의 깊이 있는 토론을 통해 일정한 합의 내지 정론에 도달한 데
에 어느 정도 힘입은 바 있다고 생각한다.[3]

셋째, 조선 실학의 형성과 발전에 끼친 외래적 요소의 비중이 부
차적인 것으로 평가되는 데 비해 명청 실학의 발전에 끼친 서학의
역할은 매우 긍정적인 것으로 평가된다. 이는 조선과 청 왕조의 당시
정책상의 차이와 함께, 외래적 요인들에 대한 현대 중국 연구자들의
평가 자세가 한국의 경우와 다른 데에도 이유가 있을 것이다.

넷째, 조선 실학에 비해 명청 실학은 훨씬 앞서는 것으로 설정되
고, 또한 더욱 일찍이 쇠퇴기를 맞는 것으로 규정된다. 이는 명청 실

---

3) 여기서 드러난 중국 학자들의 태도에는 실학의 '개념'에 대한 의미 부여에서 논리
성과 사실성에 주는 비중의 문제 그리고 실학의 '현상'에 대한 학문적 접근에서 철학
적-의미론적-형식적 방식과 역사적-실천론적-실질적 방식의 차이라는 문제가 원만
하게 설정되고 처리되지 않았다고 보인다.

학을 중세 사조로 한계 짓고 아편전쟁과 태평천국운동 등을 중국적 근대의 계기로 규정하는 태도와 관련되는 것으로 보인다.

한국／중국의 실학 연구에서 드러나는 상이점에는 물론 한국과 중국의 근현대사가 서로 다른 길을 걸었다는 역사적 사실이 선결 요인으로 작용할 것이다. 그러나 필자가 보기에는 조선 실학과 명청 실학의 차이보다 한국의 조선 실학 연구와 중국의 명청 실학 연구 사이의 차이가 더욱 뚜렷하면서도 의미 있는 것으로 드러난다. 한편, 한국의 조선 실학 연구와 중국의 명청 실학 연구에서 차이를 드러내는 사실에는 전자가 후자에게 영향을 줌으로써 후자의 논쟁점을 상당히 줄여주었다는 데에도 그 원인이 있을 것이다.[4]

4. 중국 문화와 세계 문화

4-1. 중국 문화 발전의 기초 정신

탕일개(湯一介)에 따르면 1980년대 중반 이후 중국 문화 발전의 문제는 종적 횡적으로 절박한 시대적 요구가 되어 있다. 역사 발전의 시각에서 중국의 현실을 볼 때 현대화·선진화를 실현하기 위해서는 경제 정치적 체제 개혁이 필요하며, 여기에는 다시 중국 문화와 서방 문화의 질적 통합이 요구된다. 공간적 시각에서 볼 때 1980년대부터 가까운 미래의 일로 다가온 홍콩의 반환은 '한 나라 두 체제'가 현실로 예상되며, 여기에서 두 체제의 병존을 유지하는 일종의 '관념 형태상의 공동 기초'를 상정하지 않을 수 없다.

요컨대 세계인 의식(全球意識)과 민족 의식(尋根意識)의 질적 통합이 필요하다. 전세계적 수준에서 문화 발전을 논하고 시대적 요구

---

4) 실상 중국인들이 그 동안 '고증학'을 비롯한 여러 가지 이름으로 부르던 일련의 역사적 사상 조류를 '실학'이라고 이름짓게 된 것부터가 조선 시대 실학에 대한 한국의 연구 업적에 힘은 것이라는 점은 陳鼓應을 비롯한 중국 실학 연구자들도 부인하기 어려울 것이다.

에 부응하기 위해서는 세계인 의식이 필수적이다. 전지구적 의식을 담아내지 않는 문화는 미래에 살아남는 활력을 갖출 수 없다. 한편, 뿌리 찾기 의식이 없는 민족 문화는 특색 있는 문화를 창조하기 어렵고, 아무런 특색이 없는 민족 문화는 인류 문화에 크게 기여하기 어렵다. 현대화된 새로운 중국 문화를 창출하고 미래에 기여하는 사회주의 문화를 발전시키기 위해서는 이들 두 갈래 의식을 결합해내는 방식이 모색되어야 한다.

여기서 특히 주의할 점은 '세계적'-'전지구적' 의식·문화가 '유럽적'-'서양적' 의식·문화와 혼동되어서는 안 된다는 것이다. '인류'와 '인류 문화'를 바라보고 규정하는 방식과 기준이 새롭게 모색되어야 하는 것이다. 한국과 중국을 비롯한 동북아-동양의 전통 문화가 서방 세계의 관심을 계속 끌고 있는 것은 이 점에서 자연스럽고 당연하다.

4-2. 중국 문화에 대한 서양적 관심의 배경

서양쪽에서 중국 문화의 추이와 발전 방향을 중시하는 데에는 몇 가지 상황적 요인이 있다.

첫째, 동양 특히 동북아의 산업·경제·기술의 발전이 미국·유럽의 수준을 바짝 뒤쫓고 있다(고 서양인들은 본다.) 이러한 경이감과 경계심이 서양인들로 하여금 동양의 지혜, 특히 인문학적 지혜에 대한 관심으로 나타난다.

둘째, 서양의 기독교적 인문주의와 중국 전통 문화의 인문주의가 사상 의식과 생활 실천의 양 수준에서 문화적 교차점을 형성한다. 사유 의식을 중심으로 인간을 파악하고 인간 존재를 정신주의의 관점에서 바라보는 문화 전통과, 인격적 절대자와 무관히 인간성에 내재한 선가치의 실현을 지향하고 인격성을 지성-감성-의지의 통일체로 상정하는 문화 전통 사이의 상호 융화 / 삼투 / 확산의 가능성이라는 인류사적 문제가 여기서 제기된다.

셋째, 서방 세계가 겪고 있는 정신적·문화적 위기 의식이 동양 문화에서 새로운 처방 또는 그 단서를 찾고자 하는 시도로 이어진다. 그들이 '처방' 또는 '단서'로서 주목하는 중국철학의 특징은 대체로 ① 자연을 존중하거나 자연과 화해하는 점 ② 존재 일반을 생명 지속으로 바라보는 점 ③ 인간 덕성의 실천을 다른 기초 가치로 인정하는 점 등으로 나타난다.

넷째, 과학의 발전을 통해 서양 지성이 자신의 사유 방식을 동양 문화-중국철학의 취향으로 돌아보게 하기도 한다. 특히 현대 물리학은 "동양 사상이 사물 세계의 현상적 통일성과 우주 자연의 내재적 운동을 상정하는 경향이 있다"는 점에 주의를 기울이며, 과학의 첨단 이론과 동양 사상이 상호 지지하거나 전자가 후자에 빚진 바 있다는 점을 인정한다.

5. 중국 사상의 미래 개척을 위한 고려

5-1. 중국철학사 연구의 새로운 진전

● **철학사의 중심 주제** : 철학사를 구성하는 것은 일차적으로 개별 철학자들의 사상이다. 그러나 철학사가 수행해야 할 과제는 이론적 사유가 형성하는 역사적 발전의 모습을 그려내는 일이다. 이는 역사적 방법과 논리적 방법의 상호 결합이라고 표현된다(馮契).

● **개념 범주에의 주의** : 중국 전통 철학을 구성하는 주요 개념 가운데는 서양어로 번역되기 어려운 것들이 적지 않다. 체(體) / 용(用), 천(天) / 인(人)을 비롯한 개념들은 서양철학적 사유 구조에 비추어 그 함의를 밝히기 어려운 만큼 그 독특한 의미 연관을 제대로 밝혀낼 필요가 있다.

● **비교 분석의 중요성** : 표면상 같거나 비슷한 개념 구도들도 그 형성 발전의 시공적 상황이 다름에 따라 구체적 의미가 다르게 마련이다. 따라서 단순한 논리 분석은 물론 마르크스철학의 구도 또한 동양철학의 개념을 재는 잣대가 될 수 없는 경우가 많다. 이에 비교철학적

방법이 중요하다. 이때 비교의 방향은 쌍방적이어야 한다.

●체계 건설 방법의 시대별 특성 : 중국 전통 철학은 사상 유파와 시대에 따라 각자의 체계를 건설하는 방법이 거시적 관점에서 다르다. 예컨대 유가는 경험성·단계성을 중시하는 데 비해 도가·현학은 관념적 사변을 중시한다. 또한 한대(漢代)에는 실증성을 중시하고, 위진 시대에는 직관을 존중하며, 송명 시대는 이들 양대 계통을 통합한다. 이들 방법적 특성은 내용적 특성 못지 않게 주목되고 깊이 있게 해명되어야 할 요소다.

5-2. 해외에서의 중국철학 연구에 대한 관심

1980년대 이후 홍콩과 미국을 비롯한 중국 이외 지역에서의 중국철학 연구에서 주목할 만한 측면들이 있다.

첫째, 중국철학의 개념·범주에 대한 번역과 의미 분석의 문제를 중시하는 모습을 본다. 예컨대 체(體)／용(用)에서의 '체'에 대한 번역 내지 해석으로 사람에 따라 'substance', 'Noumenon', 'thing-in-itself', 'body' 등 서로 다른 여러 단어가 동원된다.

둘째, 총체적 중국철학에 대한 분석과 평가가 중시되고 있다. 성중영(成中英)은 중국철학의 중요성으로 ① 인간성의 내재적 가치와 자아 실현력의 긍정 ② 이성과 실용에 기초한 비판력과 창조력의 발현 ③ 서양과 대조되는 인간성／관계／변화／구체성에의 지향 ④ 전체성의 강조와 사회 현실에의 응답 기능 등을 꼽는다.[5]

셋째, 세계 철학에서 중국철학이 지닌 지위를 깊이 있게 검토하기 위해서는 중국철학과 서양철학의 비교 연구가 더욱 진전되어야 한다는 인식이 확대되고 있다. 존재 해명의 형이상학에서 의학에 이르는 다방면적 주제의 상호 비교를 통해 중국철학과 서양철학은 서로의 성장·발전에 기여할 것으로 기대된다(湯一介).

---

5) 서양 세계, 특히 앵글로색슨 계통의 학자들 가운데 동북아의 사상, 특히 유교와 유학에 대해 깊이 있는 논구를 내는 경우가 많지 않은 것은 주로 유학 내지 동북아 사상의 원천적 세속성 또는 현실 대응 지향에 그 원인이 있다고 논자는 본다.

일본철학의 훈고적 전통과 사변적 전통

오 이 환(경상대 철학과 교수)

1. 서 언

아마도 한국철학계의 학술 행사에서 일본철학이 주최측이 마련한 공식 주제의 하나로 포함되게 된 것은 이번이 처음일지도 모르겠다는 생각이 든다. 이에 관한 자료가 수중에 없어 확인하기는 어렵지만, 적어도 아주 드물게 있는 일임은 대체로 공감할 수 있는 바일 것이다.[1] 그것은 일본어 문학에 관한 국내의 학술 문헌이 단행본과 논문을 합하여 이미 6000건을 넘어서고 있음과 비교해볼 때,[2] 철학 사

---

[1] 필자에게 입수된 자료에 의하면, 한국일본학회가 창립 20주년을 맞아 그 기관지인『일본학보』제30집(1993. 5.)에 특집으로서 수록한 「한국의 일본 연구 어디까지 왔는가」에 각 분야에서의 일본 연구 현황이 소개되어 있다. 그 중 洪顯吉이 쓴 「한국에서의 일본 사상 연구」에 의하면, 이 분야는 "연구 논문의 양은 물론 질에서도 매우 부족"한 실정이라고 하며, 이 학회가 주최한 세 차례의 국제학술발표회, 즉 1976년 일본인의 미의식(『일본학보』 5, 1977 所收), 1990년 일본의 철학 사상(소 25), 1991년 일본의 國學 思想(소 27)에 관한 大主題 하에 발표된 논문 등, 주로『일본학보』에 게재된 글들을 언급하고 있다. 그 집필자들은 대부분 "일본어문학·민속학·역사학 전공에 편중되어 있"다고 하며, 통상적 의미에서 이른바 철학의 범주에 속하는 것은 더욱 적다.

[2] 李漢燮, 「韓國內 日語日文學 關係 學術 文獻 分析」(韓國日本學會冬季學術發表會

상 분야의 일본 영역에 대한 관심과 인력의 부족을 실감할 수 있는 터다.

그런데 일본이 명치유신(明治維新) 이후로 차지해온 세계사적 비중과 오늘날 세계 2위로 평가되는 경제력 그리고 그것을 뒷받침하고 있는 괄목할 만한 산업 기술 수준 등으로 말미암아, 미국을 비롯한 서양 세계의 동아시아 연구에서는 일본은 중국과 거의 비슷한 비중을 차지하고 있으며, 그러한 상황이 일본과 국경을 접하고 있어 지리적으로 가장 가까운 나라면서도 정서적으로는 가장 먼 나라라고 하는 한국에도 점차 파급 효과를 미쳐오고 있다고 할 수 있을 것이다. 일본 사상에 대한 연구가 이처럼 빈약한 수준에 머무르고 있는 이유 중의 하나로서, 전통적으로 우리 민족은 일본에 대해 어떤 문화적 우월감 같은 것을 지녀왔으며, 특히 철학 사상의 영역에서는 고대에서 불교나 유교의 전파와 근세에서 성리학 및 퇴계 사상의 영향 등을 들어 우리가 문화적 선진국이라는 의식을 가져온 듯하므로, 일본 자체에 어떤 주목할 만한 학문이나 철학·사상 같은 것이 있다고는 인정하려 하지 않아온 점을 들 수 있을 것이다. 그런데, 작년에 한국일본사상사학회가 결성되어, 이 영역에 관한 연구도 어느 정도 활성화의 조짐을 보이기 시작했다. 이 학회는 대체로 일본 유학 경험자들을 중심으로 하여 문학·사학·철학 등 인문학의 영역 전반을 망라한 인적 구성을 보이고 있는데, 그 중에서도 철학 분야의 연구 인력은 아직 현저히 적은 편이라고 할 수 있다.

서양에서와 마찬가지로, 일본에서 일반적으로 철학이라고 할 때는 서양철학만을 의미하며, 중국에 대해서도 그러하지만 자국을 포함한 동아시아 세계의 정신사에 대해서는 철학이라는 말을 별로 쓰지 않고 사상(思想)으로 통칭해오고 있는 터다. 그것은 철학이란 단어 자체가 그리스에서 유래하는 서양어의 여러 가지 번역어 중 하나로 정착된 것으로서, 이 지역에서는 그것에 해당할 만한 전통적 학문이 따

發表 要旨, 1998. 2. 7.) 참조. 해방 이전부터 1998년 1월까지의 조사분으로서, 단행본 256, 논문 5755, 총계 6011이며, 그 중 일어학이 3191건, 일문학이 2820건으로 되어 있다.

로, 존재하지 않았던 것이며, 현실 혹은 실천의 문제를 중시해온 동아시아 세계에서는 서양에서 철학이라고 부르는 것에 상당할 만한 논리적·추상적인 사변의 전통이 별로 풍부하지 않다는 점에 기인한다고 볼 수 있다. 그러므로 필자가 주최측으로부터 받은 이 제목도 다소 생소하여 요구에 부응하기가 쉽지 않다고 느껴지는 바이지만, 필자는 이를 일본 사상사에서의 고전 해석 및 창조적 사유의 전통 정도의 의미로 이해하고서 논의를 전개하고자 한다. 그런데 필자는 '동아시아의 철학 사상'이라는 교양 강좌를 다년간 꾸려오고 있듯이 동아시아 지역의 사상사를 거시적으로 바라보려는 태도를 지녀왔다고는 하겠으나, 일본 사상의 전공자라고 할 수는 없을 뿐만 아니라 배정된 주제 자체가 꽤 포괄적인 것이기도 하므로, 자신이 이해하는 정도의 수준에서 일본 사상사 혹은 현대 일본에서 철학 및 철학사 연구의 특성을 개략적으로 드러내는 정도로서 그치고자 한다.

2. 일본주의

먼저 일본 사상사 전반에서 관찰될 수 있는 두드러진 현상에 대해서부터 언급해보고자 한다. 일본인들은 흔히 스스로를 일러 '섬나라 근성(島國根性)'이라는 말을 하고 있다. 그것은 일본의 영토가 이른바 화산열도로 이루어져 바다에 의해 대륙으로부터 고립되어 있는 까닭에 고대로부터 근세에 이르기까지 외국과의 교섭이 상대적으로 활발하지 못했고, 그런 결과로 동아시아 대부분의 나라들이 이 지역의 강대국인 중국에 대해 조공(朝貢) 관계를 기반으로 하는 이른바 책봉 체제(冊封體制)의 틀을 유지해온 데 비하여, 일본은 고대 및 중세의 일정한 시기를 제외하고서는 그러한 질서 속에 들어가지 않고서 천황제를 바탕으로 하는 독자적인 정치 체제를 지속해온 데서 유래하는 것이라 하겠다. 이러한 지리적·역사적 배경은 민족 정신인 사상의 전통에서도 폐쇄적 자국 중심주의의 강한 자취를 남기고 있거니와, 이러한 경향은 일본이 근세 도쿠가와(德川) 막부(幕府)의 오랜 쇄국 시대를 지나 이른바 문명 개화의 시기로 들어간 이후인 현대에서도 기본적으로 일본인의 의식 성향을 특징짓고 있는 것이라 할 수 있다.

최근 한국에 체재하고 있는 한 일본 사상사가는 근대 일본에서 일본 사상 연구의 경향을 설명하여, 명치 시대로부터 제2차 세계대전의 종결에 이르기까지 일본의 아시아 침략을 뒷받침했던 국가주의적 이데올로기를 고취한 학자들뿐만 아니라, 당시 그와는 경향을 달리했던 것으로 간주되어온 즈나 소키지(津田左右吉)·외츠지 데츠로(和辻哲郎) 등이나, 전후기(戰後期) 일본 사상 연구의 대표적 존재 중 한 사람으로서 거론되는 마루야마 마사오(丸山眞男) 같은 사람들에게서도 국가주의적 논조를 표면화시키지 않는다고는 하지만, 일본이 동아시아 국가들 가운데서 최초로 서구적 모델을 수용하여 근대화를 달성한 사실을 절대적 가치 기준으로서 인정하여, 그것을 가능케 한 원인을 일본적 사유 전통에 고유한 특성 속에서 찾아내어 이를 서양의 것과 결부시킴으로써, 그러한 성취는 오로지 일본이기 때문에 가능했던 것이라고 하는 "타자가 들어갈 수 없는 닫혀진 영역(閉止域)"을 확립시키고 있다 한다.[3]

---

3) 澤井啓一, 「'日本'という閉止域—「日本儒學」研究の回顧と展望—」(韓國中國學會 第17次中國學國際學術大會 發表論文, 1997) ; 「脫中心/領有/土着化—東アジアにおける新儒教の展開を理解するための方法論的試論—」(경상대학교 남명학연구소 정기 학술 심포지엄 발표 논문, 1997) 참조. 丸山眞男에게서 이러한 측면은 1940년부터 1944년 사이에 각각 독립된 논문으로서 발표되어 1952년에 단행본으로 간행된 그의 主著『日本政治思想史研究』(金錫根 譯, 통나무, 1995)에 분명하게 나타나 있는데, 金容沃 씨가 그 해제에서 일본 학계의 天皇으로 소개한 丸山의 문제 의식은 유럽 역사의 발전 단계에 의한 시대 구분을 세계사에 보편적으로 적용될 수 있는 원리로서 인정하여, 존재와 당위를 일관된 理의 원리에 따라 설명하는 朱子學을 중세적 자연법 사상으로 규정하고, 이러한 사상 체계를 비판한 荻生徂徠의 '作爲' 개념에 나타난 자연과 인간 사회의 분리를 동양에서 근대성의 출현으로 파악하고자 함에 있었던 것이다. 그리고 이러한 연구의 궁극적 목적은 "어찌 하여 중국은 근대화에 실패해 半식민지가 되고 일본은 明治維新에 의해 동양에서는 유일한 그리고 최초의 근대 국가가 되었는가 하는 과제를 사상사적 측면에서 추구하"(「저자 후기」)는 데 있었다고 한다.

일본주의라고두 할 수 있을 이와 같은 자국 중심의 폐쇄적 득성은 흔히 말해지는 바와 같이 안과 밖을 구분하는 일본인의 의식 구조를 잘 반영하고 있는 것이라고 하겠는데, 사상사에서는 불교나 유교와 같은 외래 사상을 수용하여 이를 토착화하는 과정에서도 두드러지게 나타나 있다. 한국이 그러한 것처럼, 일본 사상사에서도 불교의 비중은 매우 큰 것이어서 고중세(古中世) 사상사의 근간을 이루고 있으며, 근세 사상의 주축은 역시 유학이라고 할 수 있다. 민족 종교로 일러지는 신도(神道)는 고대적 토속 신앙이 이러한 외래 사상들과 밀접한 유착 관계를 이루면서 형성되고, 또한 서로 영향을 주고받으면서 병존해왔던 것이다.

　제정일치적(祭政一致的) 존재인 천황에 의한 중앙 집권적 통치 시대인 나라 시대(奈良朝)까지의 불교는 왕권과 밀접히 결합되어 있어서, 쇼무천황(聖武天皇)의 국분사(國分寺) 건립령(建立令)(741년)에서 보는 바와 같이 사찰이란 국가를 진호(鎭護)하는 기능을 가진 관립 기관이었으므로 일반 민중은 거의 출입할 수가 없는 곳이었다. 불교가 민중의 신앙 생활과 유리되어 있었던 이러한 시대에서는 전국 각지에 세워진 국분사들을 통괄하는 기능을 가진 동대사(東大寺)의 대불(大佛) 조영(造營)과 같이 국력을 기울인 대규모의 건축이나 불사(佛事)가 있었다고는 하지만, 철학적 사유의 면에서는 주목할 만한 성과를 찾아보기가 어렵다.

　일본에서 오늘날까지 많은 신도를 얻고 있는 유력한 불교 종파들은 대체로 수도를 지금의 교토(京都)인 헤이안쿄(平安京)로 옮긴 이후부터 성립된 것인데, 자국 안에서의 그 개조(開祖)에 해당하는 인물에 대한 개인 숭배를 신앙의 중심 내용으로 삼고 있다고 해도 지나친 말이 아닐 것이다. 그러므로 일본 불교에서는 창시자인 석가나 각 종파가 유래하는 중국 불교의 명승들은 자국 안에서의 개조와 비교할 때 그다지 큰 비중을 차지하고 있지 않으며, 어떤 의미에서는 오히려 부차적이거나 주변적인 의미밖에 지니지 않는 듯이 보인다. 그것은 헤이안(平安) 시대 초기 진언종(眞言宗)의 개조인 구카이(空海. 774~835, 謚 弘法大師)나 그와 동시대의 인물로서 교토 히에이

(比叡山)을 중심으로 하는 천태종(天台宗)의 개조인 사이초(最澄) 및 그 후계자인 엔닌(圓仁)과 같은 존재에 대한 막대한 권위의 부여나, 비예산을 그 남상(濫觴)으로 하여 일본 불교사의 저명한 승려들을 많이 배출해낸 가마쿠라(鎌倉) 시대 신불교의 여러 종파들에게서도 대체로 공통되는 현상이다. 이들 각 종파는 개조에 대해 매우 큰 권위를 부여하여 그에 대한 귀의를 신앙의 중심 내용으로 삼고 있으며, 그 신도들의 신앙 형태에서는 현세 이익을 추구하는 기복적인 것이 주조를 이루어왔던 것이다.

이러한 경향은 특히 일본 불교의 조(祖)로 일러지는 쇼토쿠타이시(聖德太子)에 대한 신앙이나 '대사님(お大師樣)'으로 통칭되는 고보다이시(弘法大師) 신앙 같은 데서 매우 뚜렷한 형태로 나타나고 있다. 예컨대, 후자의 대상인 구카이는 젊어서 토속적 산악 신앙에 기울어져 있다가 불도에 들어간 사람으로서, 804년에 당나라에 유학하여 장안(長安) 청룡사(靑龍寺)의 혜과(惠果)로부터 밀교(密敎)의 정통을 이어받아 그 제8조가 되었다고 전해오고 있으며, 귀국하여서는 국가 권력의 비호 하에 적극적으로 교세를 확장한 인물이다. 그가 수선입정(修禪入定)의 장소로 택하여 관(官)에다 청하여 절을 세우고 또한 거기서 입적한 고야산(高野山)은 헤이안 중기 이후 이른바 고야산참예(高野山參詣)라고 하는 순례의 성지가 되었으며, 그의 사당인 조묘(祖廟) 주변에는 영력(靈力)의 가피(加被)를 입고자 여기에다 납골(納骨)한 역대의 묘소가 수십만 개나 들어서고, 사당 안에는 오늘날까지도 승려들에 의해 매일 산 사람에게 바치는 것과 똑같은 음식이 올려질 뿐만 아니라, 그의 출신지인 시코쿠(四國)에는 역시 그의 유덕(遺德)을 사모하여 이 섬을 일주하며 88개소를 순례하는 사람들의 발길이 무로마치(室町) 시대 이래로 끊어지지 않고 있는 것이다.

일본인들은 일반적으로 논리적 사변보다는 감각적 직관에 뛰어난 것으로 설명되고 있다. 일본에서 가장 유력한 불교 종파인 정토진종(淨土眞宗)이나 밀교인 진언종(眞言宗) 혹은 선종(禪宗)이나 관음(觀音) 신앙 같은 것들은 모두 교리의 측면에서는 단순한 것이어서,

다양한 불교의 유파들 가운데서도 심오한 사유보다는 즉물적 감수
성에 근거하는 측면이 강하다고 하겠다.

3. 사상의 습합성(習合性)

일본에서 가장 오래된 역사서인 『고사기(古事記)』 상권에 '팔백만
의 신(神)'이라는 말이 있다. 그것은 일본의 고유 종교가 다신교(多
神敎)임을 잘 보여준다. 일본의 고유 종교는 고대인의 신앙이 흔히
그러한 것처럼 자연물 및 그 속에 내재한다고 믿는 정령 혹은 위인
이나 조상신 등 신비와 경외감을 느끼게 하는 대상 일반을 숭배하는
데서 유래한 것으로서 원래 이론적 교의(敎義)를 가지지 않고 제사
의례를 주된 내용으로 한 것이었는데, 오늘날 신도(神道)라고 불리
는 것은 중세 이후에 이르러 대륙의 사상을 부회(附會)하여 성립된
것이다. 이세신도(伊勢神道) · 요시다신도(吉田神道) 등을 비롯하여
유파가 다양한데, 그 중 본격적 신도로서는 최초의 사례에 해당하는
이세신도 교의의 성립을 보여주며, 다른 유파의 교의에도 많은 영향
을 미친 『신도오부서(神道五部書)』 같은 신전(神典)은 각각 상대(上
代) 귀현 인사(貴顯人士)의 저술임을 가탁(假託)하고 있지만, 실은
중국의 유교 · 도교 · 음양설 · 불교 등으로부터 이런저런 지식을 끌
어모아서 날조한 위서(僞書)다. 신도 유파들의 이론에서 이러한 부
회나 습합은 일반적인 것이어서, 훈민정음의 창제까지도 오히려 이
른바 신대 문자(神代文字)를 모방한 것이라고 주장되고 있을 정도
다.4)

---

4) 神代 文字에는 여러 가지 별명이 있으며, 『桓檀古記』 중의 「檀君世紀」에 三世檀
君 嘉勒이 三郎乙普勒에게 명하여 만든 것이라고 소개된 加臨多文과 유사한 성격의
것으로서, 한글과 그 모양이나 구조 원리 및 발음이 대동소이한데, 일본에서는 國學
의 완성자로 일러지는 江戶 후기의 平田篤胤이 1811년에 저술한 『古史徵開題記』 및
그 중 春卷 부분을 1819년에 그의 문인들이 改題하여 간행한 『日文傳』 이래로, 漢字
가 도입되기 이전인 神代에 天兒室根命 神이 사슴의 어깨뼈를 태워서 생기는 금의
무늬를 보고서 창제한 문자로서, 이것이 후일 보급되어 조선의 훈민정음뿐만 아니라

'신대(神代)'라 함은 『일본서기(日本書紀)』 첫머리에 실린 상하 두 권의 편명(篇名)으로서 보이는 말인데, 『고사기』 상권의 내용과 마찬가지로 건국의 유래에 관련된 신화를 담고 있는 부분이다. 그러므로 서기 720년에 이루어진 관찬 정사(官撰正史)인 이 『일본서기』는 그 8년 전에 완성된 『고사기』와 더불어 중세 이래 역시 신전으로 취급되어 후세 신도 교의의 주된 근거로 되어왔다. '기기(記紀)'로 약칭되는 이들 문헌은 특히 근세 국학자들에 의해 황국 사상의 원천으로서 크게 강조되었는데, 천황가를 최고 신인 아마테라스 오미카미(天照大神)의 후예로서 신격화한 것이기 때문이다. 그리하여 왕정 복고에 의한 천황 주권 체제의 성립 이후로는 이 체제의 법률적 기둥이 된 대일본제국 헌법 제1조의 "대일본제국은 만세일계(萬世一系)의 천황이 이를 통치한다"라든가 제3조의 "천황은 신성하여 침범할 수 없다" 혹은 그 체제의 정신적 권위인 교육 칙어(勅語)의 "우리 황조황종(皇祖皇宗)이 나라를 시작함이 굉원(宏遠)하고 덕을 심음이 심후(深厚)하다" 등에서 보이는 바와 같이, 이른바 현인신(現人神)으로서의 천황에 대한 '국체 관념(國體觀念)'의 근거가 되었던 것이다. 신도는 다신교인 만치 그 신앙의 대상이 역사상의 실존 인물까지 포함하여 매우 다양하다고는 하지만, 오늘날까지도 신사에 모셔진 신들은 대체로 이러한 신대의 기록에 등장하는 존재이거나 혹은 그것과 직접·간접으로 관련되어 있는 것이므로, 신도는 궁극적으로 천황 숭배를 통한 국가 의식 고취를 그 교리의 주축으로 삼고 있는 셈이다.

일본 고유의 신지(神祇) 신앙은 불교가 전래된 이후 이와 밀접히 결합하여 고대로부터 신불 습합(神佛習合) 현상이 일반화되었다. 그리하여 나라 시대에 이르러서는 신은 불법을 수호한다 하여 사찰에

___

세계 언어의 모태가 되었다고 주장되어 왔으며, 여러 神社에서 문서의 형태로 보관되거나 祝詞에 사용되고, 그 건물의 일부분 혹은 四手라고 하는 神의 位牌 등에도 보이고 있다. 이에 관하여는 송호수, 「한글은 世宗 이전에도 있었다」(『廣場』 1, 세계평화교수협의회, 1984) ; 李觀洙, 「한글과 日本神代文字」(『홍익논총』 16, 1986) ; 金文吉, 『日本 古代 文字 硏究 — 神代 文字는 우리 한글이다』(형설출판사, 1992) ; 소, 「神代 文字에 關한 韓日 兩國間의 論爭과 그 實態」(『日本學報』 1, 경상대학교 일본문화연구소, 1994) 참조.

진수(鎭守)의 신을 모시는가 하면, 유회의 세계인 육도(六道) 중 최 상위인 천의 위치에 있는 신의 해탈을 돕는다 하여 신사 경내에 신 궁사(神宮寺)를 세워 신전독경(神前讀經)을 행한다든가, 신에게 보 살(菩薩)의 칭호를 바치는 일 등이 시작되었는데, 이러한 신불 습합 의 선두에 선 대표적인 사례가 팔번신(八幡神)이었다. 헤이안 시대 에 들어가면서 신의 지위가 점차 상승하여 마침내 보살보다 한 단계 위인 부처와 대등한 위치에 서게 되자, 신은 부처의 화신(化身)이라 고 하는 이른바 본지수적설(本地垂迹說)이 성립하게 되었다. 그것은 본바탕인 부처가 인간을 이롭게 하고 중생을 제도하기 위한 방편으 로서 여러 곳에 자취를 드리워 갖가지 신의 모습으로서 나타난다(權 現)고 하는 사상으로서, 중세를 통해 이러한 사상은 매우 보편화되 어 종교미술상에서 많은 예를 볼 수가 있고, 불교 이론에 근거한 신 도 이론도 나타나게 되었다. 혹은 그 반대로 중세 이래 신도 교의의 성립과 더불어 만물은 근본 신격으로부터 파생되었다든가, 신도가 만법의 근본이며, 불교는 화실(花實), 유교는 지엽(枝葉)이라고 하는 등 여러 가지 반본지수적설도 대두하지만, 어쨌든 이러한 이론들의 뒷받침 하에 신사 안에 중과 절이, 사원 안에 신이 존재하는 것이 보 편적인 현상이 되었다.

대체로 무로마치(室町) 막부에서 전국 시대를 거쳐 아즈치(安 土)·모모야마(桃山) 시대에 이르기까지는 선불교를 중심으로 신도 와 유교를 포섭하여 삼교 일치를 말하는 것이 시대 사상의 주류를 이루고 있었다고 할 수 있지만, 주자학이 막부의 주된 이데올로기로 되어 불교 배척의 기운이 고조된 에도(江戶) 시대에는 신불 습합의 이론이 유자(儒者)들에 의해 격렬한 공격을 받기 시작하며, 그 대신 유교와 신도의 사상적 결합을 통한 주카신도(儒家神道)가 왕성하게 일어났다. 그 선봉을 이룬 사람은 도쿠가와 이에야스(德川家康) 이 래 4대에 걸쳐 막부에 등용되어 주자학을 막부의 교학(敎學)으로 삼 는 데 핵심적 역할을 담당하였고, 그의 자손이 대대로 대학두(大學 頭)로서 막부의 유관(儒官)을 대표하는 직위를 세습하게 된 하야시 라잔(林羅山)으로서, 신도를 유교적 이성주의 입장에서 해석하여 이

당심지신도(理當心地神道)를 제창하였다. 양명학파인 나카에 도주(中江藤樹)·구마자와 반잔(熊澤蕃山)이나, 고학(古學)의 창시자인 야마가 소코(山鹿素行)를 비롯하여 고학파의 대표적 존재인 이토 진사이(伊藤仁齋)·오규 소라이(荻生徂徠)·다자이 슌다이(太宰春臺) 등도 모두 신유합일(神儒合一)의 입장에서 연구를 진행하였다. 신도 측으로서는 이세신도(伊勢神道)의 중흥조로 일러지는 와타라이 노부요시(度會延佳)의 활약이 있었으며, 요시카와 고레타리(吉川惟足)는 막부의 신노 책임사로서 여러 대명(大名)이나 무가(武家)에게 주자학과 요시다신도(吉田神道)를 융합한 이학신도(理學神道)를 보급하였다.

일본 주자학의 대가로서 안자이학파(闇齋學派)를 이룬 야마자키 안자이(山崎闇齋. 1618~1682)는 퇴계학의 영향을 많이 받은 인물로서도 알려져 있으나, 일본 성리학의 개조인 후지와라 세이카(藤原惺窩)와 마찬가지로 원래는 교토의 선승이었다가 후일 환속하여 유자(儒者)가 되었고, 또한 세이카(惺窩)가 일찍이 중국 성현의 도와 일본의 신도가 궁극적으로는 하나임을 설했던 것처럼, 50세 무렵 요시카와 고레타리와 와타라이 노부요시에게서 신도를 배워, 스스로 송유(宋儒)의 태극도설(太極圖說)과 『일본서기』 신대권의 내용을 습합하여 부회적인 신도설을 세워서 수가신도(垂加神道)라고 하는 일파(一派)를 열었다. 안자이의 경건한 종교적 태도는 신앙의 신비에 접하기 위한 천인합일적 경(敬)의 강조로 나타났고, 그의 열렬한 존황(尊皇) 사상은 스승인 유족(惟足)의 가르침을 더욱 철저화하여 막부 말기 근왕 운동(勤王運動)의 한 조류가 되었으며, 안자이의 문하에서 나온 아사미 게이사이(淺見絅齋)나 미야케 간란(三宅觀瀾)도 천황의 상징인 삼종신기(三種神器)에 대한 유교적 이론의 뒷받침을 시도하였다.

야마자키 안자이가 죽은 지 얼마 되지 않은 원록(元祿. 1688~1703) 연간 무렵부터 일본 고전의 문헌학적 연구에서 발단한 국학이 나타나, 불교나 유교와 유착된 재래의 신도설을 비판하고 '기기(記紀)' 등에 나타난 고도(古道)의 정신을 새로운 시대에 답습하고자 하는 복고주의 운동이 일어났고, 그 결과 명치유신 이후로는 국체 관념에 따른 종교 정책으로 신불 분리(神佛分離) 또는 폐불(廢佛) 운동이 전국적으로 전개되었지만, 오늘날에 이르기까지 일본에서 신불 습합은 일반 가정 안에 신단(神壇)과 불단(佛壇)이 병존하는가 하면, 성인에 이르기까지의 통과의례나 결혼식은 신도식(神道式)으로 치르고, 죽은 후에는 불교식의 법명을 받아 화장한 후 절에다 납골하는 등, 생활 방식의 여러 면에서 널리 눈에 띄는 종교 현상이라고 할 수있다. 이것은 도쿠가와 막부가 기독교 탄압 정책의 일환으로서 신분이나 직업을 막론하고 모든 국민을 호적상 사찰에 소속되게 한 사청제도(寺請制度)와도 관련되는 것이지만, 이러한 정책 자체가 주자학을 통치 이념으로 삼은 막부의 문교 정책과는 논리적으로 일관되지못한 것이라 하겠으며, 한국에서라면 도저히 생각하기 어려운 사상적 습합 현상인 것이다.

4. 자유와 비판 정신

근세 봉건 사회의 계층적 신분 질서를 뒷받침하는 이데올로기로서 주자학이 도쿠가와 막부의 지도적 교학으로 된 것은 일반적으로인정되고 있는 터이지만, 과거 제도가 존재하지 않았던 일본에서 그것이 과연 중국이나 조선에서처럼 관학(官學)이었다고 할 수 있는지에 대해서는 이론이 있는 듯하다.5) 학자에 따라서는 3대 장군(將軍)

---

5) 이 문제에 대하여는 石田一良 編, 『日本思想史概論』(東京, 吉川弘文館, 1963), 173 쪽에 보이는 今中寬司의 견해와 石田一良 編, 『日本文化史概論』(東京, 吉川弘文館, 1968), 369-371쪽에 보이는 尾藤正英의 견해를 비교해보기 바란다. 石田一良 씨 자신도 일반적인 선례에 따라 주자학을 관학으로 호칭하고 있는데, 그는 朱子學·天道思想·神君思想의 三者 — 실은 불교를 포함하여 四者 — 가 德川 前期의 幕藩 體制를 지지하는 '이데올로기 연합'을 구성하여 서로 역할을 분담하고 있었으며, 이 세사상은 독립성을 지니면서도 상호 보완적 관계를 유지하고 있었지만, 그 중 봉건 체제 내부에서 그 질서를 지탱하는 역할을 담당하고 있었던 주자학을 중심으로 점차서로 융합하여 마침내 國學 思想을 산출해낸 것으로 설명하고 있다. 石田一良, 「前

이에미츠(家光)의 집권기에 에도(江戶) 우에노(上野)의 인강(忍岡)에다 하야시 라잔의 집터를 하사한 이후, 그곳의 공자 묘인 선성전(先聖殿 : 聖堂)에 병설하여 반관반사(半官半私)의 강습소가 세워진 1634년을 주자학이 막부의 교학으로 된 시점으로 잡기도 한다. 이 무렵은 도쿠가와 막부가 안정기에 들어가 여러 제도와 법도가 제정된 시기인데, 그 이전까지는 행정부로서의 막각(幕閣)이 아직 성립되지 않고 승려·학자·호상(豪商)·이국인(異國人) 등 다채로운 문화인들이 장군 주위에 모여 측근 정치를 행하고 있었던 것이며, 라잔도 그 중 한 사람으로서 이에야스(家康)의 명에 의해 무로마치(室町) 시대 이래의 관례에 따라 문자와 관련된 직무를 분담하던 승려의 신분을 부여받아 머리를 깎고서 도춘(道春)이라는 승명을 지니고 있었다.

하야시가(林家)가 승려의 신분을 벗고서 막부의 유관(儒官)을 대표하는 지위를 세습하게 된 것은 라잔의 손자인 호코(鳳岡)의 대(代)로서, 1691년에 5대 장군 츠나요시(綱吉)의 명에 의해 인강(忍岡)으로부터 탕도대(湯島臺)로 성당(聖堂)을 확대 이건(移建)하고서 거기에 공자의 출생지로부터 유래하는 창평횡(昌平黌)이라는 이름의 국학을 세우면서, 그 책임자인 대학두의 지위가 부여되었던 것이다. 그리고 이 츠나요시의 집권기 이후로는 기노시타 주난(木下順庵)이나 그 제자인 아라이 하쿠세키(新井白石)·무로 큐소(室鳩巢) 등의 유자(儒者)들이 막각에 등용되고 있는데, 이들은 하야시 라잔과 더불어 후지사와 세이카(藤原惺窩)의 대표적 문인이었던 마츠나가 세키코(松永尺五)[6]의 계통이므로 그 사승(師承) 계열로 보아서는 넓은 의미의 주자학파에 속한다고 하겠지만, 순수한 주자학자라기보다는 오히려 중국 고전이나 한시문(漢詩文)에 대한 폭넓은 교양을 지닌 지식인에 가까운 사람들이었다. 또한 문치(文治) 정책을 실시한 장군 츠나요시 자신이 승려의 권유에 의해 '생류연민령(生類憐愍令)이

期幕藩體制のイデオロギーと朱子學派の思想」;「林羅山の思想」(『日本思想大系』 28, 岩波書店, 1975 所收) 참조.

6) 玉懸博之,「松永尺五の思想と小瀬甫庵の思想―『彝倫抄』と『童蒙先習』とをめぐって―」, (上揭『日本思想大系』 28 所收) 참조.

라는 살생 금지의 법령을 선포한 일로 후세에 널리 알려져 있는 점에서도 엿볼 수 있듯이, 1790년에 이학금지령(異學禁止令)이 선포되기 이전까지는 막부의 문교 정책 역시 주자학 이외의 학문을 배척한다는 원칙이 확립되어 있었던 것이라고는 말하기 어렵다. 이러한 이학금지령이 나오기에 이르는 데는 주자학이 막부 이데올로기로서의 지위를 구축해가고 있던 것과 거의 때를 같이 하여 그것으로부터 이탈해나가, 개인적 주체와 마음의 자발성을 강조하는 양명학파나 후대의 여러 해석들을 버리고서 곧바로 공맹(孔孟)의 원래 정신으로 복귀할 것을 지향하는 고학파(古學派) 등 주자학을 비판하는 유학의 계열들이 대두하여, 이것들이 도시 상공업자인 정인(町人) 계층의 경제적 성장과 더불어 그들의 압도적인 지지를 받아 학계를 주도하는 위치에 있었던 사정이 개재되어 있는 것이다.

그리고 고학파 계열 중 고문사학(古文辭學)으로써 일세를 풍미한 오규 소라이(荻生徂徠)가 1728년에 졸(卒)한 이후로 일본 유학은 소라이학(徂徠學)의 비판을 통해 여러 경서나 제자서(諸子書) 가운데서 어느 하나를 전문으로 하는 분업화의 경향이 나타나기 시작하였으며, 1765년에 이노우에 긴가(井上金峨)의『경의절충(經義折衷)』이 나온 이후로는 주자학·양명학·고학을 비판하고 중국 고증학의 경향도 받아들여, 그러한 의견이나 방법들을 취사 선택하고자 하는 절충 학파가 일어났고,[7] 또한 비슷한 무렵인 18세기 중엽부터 에도 말기에 걸친 약 80년 동안에는 에도 초기의 실증주의적 경향 및 청조 고증학(淸朝考證學)의 영향 하에 송명(宋明)의 유학을 반대하며 국학에도 커다란 영향을 주었던 고증학파가 성행하였다.

에도 시대의 유학은 중국 고전의 주석과 한시문의 수득(修得)을 본업으로 삼으며, 유자(儒者)가 자신의 유교철학을 표명하는 일은 여기(餘技)에 속했다. 일본은 헤이안 시대 이후로 가명 문자(假名文字)의 사용이 보편화되어 한문을 구사할 수 있는 사람은 일부 귀족이나 승려 정도에 국한되어 있었으며, 주자학도 양명학과 마찬가지

---

7) 折衷學派에 관해서는 衣笠安喜,『近世儒學思想史の硏究』(東京, 法政大學出版局, 1976) 제2부 제1장「折衷學派の歷史的性格」참조.

로 중국에 유학한 승려들에 의해 불교 수업의 일환으로서 도입되어, 중세에는 공가(公家) 중 명경가(明經家)나 선종 오산의 승려 사회에서 폐쇄적으로 연구되고 있었던 정도에 불과하였다. 그것이 막부의 교학으로 된 이후에도 일본은 한 번도 과거 제도를 실시한 적이 없었으므로 그러한 제도를 통하여 지식인의 사고를 하나의 틀 속에 묶어두거나 관료 체제를 통한 실제 행정의 이념과 결부되어 있었다고는 보기 어려우며, 더구나 구체적인 예제(禮制)를 동반하지 않고 다만 봉건적 지배 질서를 뒷받침하기 위한 이념적 장치에 불과하였으므로 일상 생활에서의 실천과는 거리가 있는 관념적인 것이었다. 그러나 어떤 의미에서는 이러한 조건들이 도리어 학문 연구에서 폭넓은 자유와 비판의 활력을 보장했다고 볼 수가 있는 것이다.

실제로 이학금지령을 포함한 개혁 정책을 주도한 막부의 노중(老中) 마츠다이라 사다노부(松平定信) 자신이 그 저술 『수신록(修身錄)』 가운데서 학문은 내용만 좋으면 유의(流儀)에 구애될 필요가 없다고 말하고 있으며, 그에게 협력했던 인물들도 주자학자라기보다는 학파나 계급을 떠난 일종의 기업적 사교장이라고 할 수 있는 문시사(文詩社)의 구성원들인 것이다. 그것은 이 무렵이 되면 유학은 하나의 학문으로서 이미 정치의 도구가 아니며, 문화나 인간의 교양은 그 자체로서 의의를 가진다고 하는 생각이 세간의 상식이 되어 있었음을 말해주는 것이다. 이러한 금령은 먼저 대학두인 하야시가에 대해 내려졌던 것이며, 이어서 노중 마츠다이라 노부아키라는 제번(諸藩)에 명을 내려 이학자(異學者)의 등용을 금하였다. 이에 대해 학문은 여러 유파가 있음으로 하여 융성해진다면서 공개적으로 반대 의견을 피력하여 세상의 갈채를 받은 유자(儒者)들도 적지 않았으나, 이후 제번에서는 이를 중시하여 주자학만을 존숭하는 곳이 많았으므로 다른 학파는 상대적으로 쇠퇴하게 되었던 것이다.

조선은 왜구 대책의 일환으로서 15세기 전반까지는 일본에 사절을 파견하여 외교적 수단과 더불어 그곳의 정보를 얻으려는 노력을 계속하고 있었지만, 세종 23년(1441) 대마도까지 갔던 경우를 마지막으로 하여 임진왜란 직전(1590년)의 통신사 황윤길(黃允吉) 일행에 이를 무렵까지 일본 본토를 방문한 조선이 사절은 없었고, 오로지 대마도나 오늘날의 야마구치현(山口縣) 일대를 본거지로 하는 호족인 오우치씨(大內氏) 등과의 관계를 통해 불충분하고도 많은 경우 왜곡된 정보를 입수하고 있었던 데 불과하였다.8) 일본 유학이 이처럼 다양한 전개를 보이고 있던 에도 시대 후기에, 당시의 조선 학자로서는 드물게도 일본에 대해 적지 않은 관심을 기울이고 있었던 정다산(丁茶山)은 임란 후 재개된 통신사를 통하여 도입된 것으로 보이는 일본 고학파 학자들의 저술을 접하고서 이를 높이 평가하여, 일본의 문화 수준이 이미 이 정도에 이르렀으며 중국과도 직접적인 무역의 통로를 확보하여 다양한 상품 및 그 생산 기술들을 도입하고 있으므로, 일본의 국력이 조선보다 훨씬 충실함에도 불구하고 임란 이후 200년 동안 다시는 과거처럼 무력으로써 타국을 침범하는 일이 없었던 것이라고 설명하고 있다.9) 다산의 이른바 수사학(洙泗學)의 이념은 기본적으로 고학파의 그것과 다르지 않거니와, 이 양자 사이에 어떠한 관계가 있는지는 앞으로 더욱 연구가 심화되기를 기다려야 할 부분이라 하겠다.10)

---

8) 村井章介, 「壬辰倭亂의 歷史的 前提 — 日朝關係史를 中心으로」(『壬辰倭亂博物館 開館 記念 國際 學術 심포지엄 資料集 — 壬辰倭亂과 晋州城 戰鬪』, 진주, 형평출판사, 1998 所收) 23쪽 참조.

9) 『與猶堂全書』第1集 第12卷, 「日本論」 1·2 참조.

10) 이와 관련된 기존의 연구로는 金彦鍾, 『丁茶山論語古今注原義總括考徵』(臺北, 學海出版社, 1987) ; 河宇鳳, 『朝鮮 後期 實學者의 日本觀 硏究』(서울, 一志社, 1989) 제3장 ; 仝, 「朝鮮 實學과 日本 古學의 比較 硏究 試論 — 교류사적 측면을 중심으로」 (『日本 近世思想의 再檢討』, 한국일본사상사학회 제2차 학술 대회 발표 논문집, 1998. 4. 所收) 참조. 하씨에 의하면, 다산은 34세가 되던 1795년 무렵에 지은 것으로 추정되는 「古詩」 및 그 이후의 「跋太宰純論語古訓外傳」에서는 주자학적 입장에서 일본 古學派를 비판하다가, 辛酉邪獄(1801)에 연루되어 귀양가기 이전에 지은 上記 「日本論」에서부터 古學派 학자들의 저술을 통해 일본 문화 전반에 대한 인식에 큰 변화가 생겼으며, 유배 기간 중 『論語古今註』를 저술할 무렵의 서신으로 보이는 「示二兒」에 이르러 당시 일본의 학문 수준이 조선을 능가하고 있다고 평가하게 되었다. 조선의 古學은 許眉叟(1595~1682)에서부터 비롯하므로 시기적으로 일본 古學派보다 빠르며, 다산은 漢宋折衷的 입장에서 古學派의 『論語』 주석들을 비판적으로 수용하였다고 한다. 眉叟의 고학에 대한 연구로는 韓永愚, 「許穆의 古學과 歷史 認識」

일본의 유학은 도쿠가와 막부를 중흥시킨 8대 장군 요시무네(吉宗)의 통치 시기(1716~1745)를 중심으로 하여 크게 전후로 나누어 볼 수가 있는데, 유교가 널리 민간에 침투되고 학자의 층이 두터워진 것은 요시무네의 교화 정책 이후의 현상이라고 할 수 있다. 이 시기에 이르러 오규 소라이의 훤원사(蘐園社)에서 볼 수 있는 바와 같이 특정 학자를 중심으로 하여 위로는 대명(大名)으로부터 무가(武家)·정인(町人)·승려 등 갖가지 계층의 사람들이 모여 한시문을 강습하며 교제를 추구하는 사숙(私塾)으로서의 문시사나, 민간에서 대중 교양의 향상을 목적으로 자발적으로 조직한 학사(學舍)의 설립이 전국적으로 널리 유행하였고, 그 외에도 공공적 교육 기관으로서의 학교는 막부가 직영하는 창평횡 외에 번학(藩學)·향학(鄕學)·사자옥(寺子屋)의 설립이 막부 말기와 명치 초기에 이르기까지 크게 증가하여,11) 유학 및 한시문에 대한 교양이 사회적 신분의 고하를 막론하고 광범위하게 보급되었던 것이다.

요시무네가 교화 정책의 일환으로서 실시한 유교 고전의 공개 강석(講釋)에는 학파에 관계없이 인재를 등용하여 매일 몇 명씩 순서에 따라 교대로 강의를 담당하게 하였고, 수강자 면에서도 사인(士人)뿐만 아니라 상인·직인(職人)·농민 등 일반 대중들도 자유로이 청강할 수가 있었다. 일본에서 원래 학문이란 서민이 입신하는 수단이었고, 근세 초기 이래 제번(諸藩)에 등용된 유자(儒者)들은 낭인(浪人)·의사·서민 출신이 많았다. 유교는 봉건적 신분 사회에서 세습적 지배 계층에 해당하는 무사에게는 단지 교양에 지나지 않는 것으로서, 그들이 세업(世業)을 버리고서 유자가 되는 예는 드물었다. 에도 막부의 후기에 이르러서는 서민 계층의 성장 및 교육의 보급과 더불어 학문의 취미화 경향이 더욱더 심화되어, 유자는 출사하

(『韓國學報』 40, 一志社, 1985)가 있다.
11) 구체적으로는, 武士를 대상으로 한 藩學은 254校, 藩學의 연장으로서 주로 藩士를 대상으로 한 鄕學은 152校, 서민 교육을 위한 鄕學은 416校, 서민을 대상으로 하여 개인이 경영하는 학교인 寺子屋은 明治 초년 전국에 1만 5530校가 존재했다는 통계 수치가 있다. 前揭, 『日本思想史槪論』, 186쪽 참조.

여 번유(藩儒)가 되는 정해진 코스를 취하지 않고 민간에서 강학히
여 생계를 마련하는 학자가 늘어나며, 딱딱한 도학(道學)·도통(道
統)에 얽매이지 않고 자유로운 학문을 추구하는 경향이 두드러지게
되었던 것이다.

5. 철학과 철학사

　필자가 교토대학에 유학해 있었던 1970~1980년대 무렵, 한국의
인문대학에 해당하는 이 대학의 문학부(文學部)는 철학과·사학
과·문학과의 세 학과로 구성되어 있었고, 그 중 철학과의 전공은 철
학·서양철학사·인도철학사·중국철학사·심리학·윤리학·미학
미술사학·사회학·종교학·불교학·기독교학의 11개 영역으로 나
뉘어 있었다. 이 명칭들을 검토해보면 짐작할 수 있는 바와 같이 여
기서 전공이라고 하는 것들이 사실상 한국 대학의 학과에 해당하는
셈인데, 대학원 문학연구과에서는 학부의 철학 영역들이 철학·종교
학·심리학·사회학·미학미술사학의 다섯 개 전공으로 구분되고,
철학 전공 안에 다시 철학·윤리학·중국철학사·인도철학사·서
양철학사의 다섯 연구실이 포함되어 있으나, 이 연구실들 역시 다른
전공처럼 서로 독립되어 있어 거의 교류가 없는 점은 학부와 마찬가
지였다. 실제로 필자는 중국철학사연구실에 소속되어 있었지만, 3년
반의 유학 기간 동안 동양사학이나 중국어문학 전공의 학생들과는
함께 공통 과목을 수강할 경우가 있었어도 철학 전공 안의 다른 연
구실 학생들과는 함께 수업할 기회가 전혀 없었다.12) 그것은 학회
활동에서도 마찬가지여서, 중국철학 분야의 전국적인 학회로서는 일
본중국학회와 동방학회의 둘을 들 수가 있는데, 전자는 철학·사상

---

12) 그것은 東京大學의 경우에도 대동소이하지 않았을까 생각되는데, 1974년도『東
京大學大學院便覽』에 의하면, 그 대학원 人文科學研究科에는 서로 독립된 專門 課
程으로서 철학·중국철학·인도철학·윤리학·종교학종교사학·미학예술학·미술
사학·심리학이 포함되어 있다. 京都大學의 제도는 1981년도『學生便覽』참조.

부와 문학·어학부로 나뉘어져 있는 중국 학자들의 모임이며, 후자는 내용상으로는 문(文)·사(史)·철(哲)을, 지역적으로는 아시아 전체와 북아프리카까지를 포괄하여 동양학 전반을 대상으로 하는 한층 광범위한 것이지만, 서양철학과는 거의 무관한 것이다.

1995연도판『교토대학 문학부 졸업생 명부』에 의하면 중국철학사 전공은 다른 대부분의 전공과 거의 비슷하게 명치 42년, 즉 1909년부터 졸업생을 배출하고 있는데, 신제(新制)가 된 전후(戰後) 시대까지를 포함하여 학부 졸업생 총수는 140명에 불과하며, 필자처럼 대학원만 졸업한 사람 16명을 포함하더라도 모두 156명이니, 어느 정도 소규모의 연구실인지 알 수가 있을 것이다.13) 필자가 있던 당시에는 정식 과정(課程) 중에 들어 있지 않은 연수원·연구생 등까지 포함하여 모두 15명 미만의 인원이 재적해 있었으며,14) 거의 모든 과목은 전공 과정에 갓 진입한 학부 3학년생으로부터 박사 후기 과정 학생까지가 공통으로 수강하고 있었고, 수업은 한두 명의 연구실 전임 교관과 조수, 인문과학연구소나 교양부로부터 출강하는 학내 비상근 강사 및 타대학으로부터 학기말 무렵에 와서 한 학기의 시수(時數)를 집중 강의를 하는 비상근 강사 등 한 해에 6~7명 정도의 교수진이 담당하고 있었다.15) 수강생이 이처럼 적고보니 다른 전공과의 공통 과목 및 강사가 담당하는 과목 외에는 교수의 연구실에서 수업하

---

13) 그 중 1943년에 학부를 졸업한 鄭鎭石 씨는 아마도 북한 과학원 역사연구소에서 1961년에 최초의『조선철학사』를 공저로 출판한 사람이 아닌가 한다. 이 명부의 中國哲學史專攻에는 竹[武]內義雄·小島祐馬·木村英一·重澤俊郞·平岡武夫·森三樹三郞 ·福永光司·本田濟·湯淺幸孫·日原利國·加地伸行·池田秀三 등이, 仝 대학원에는 戶川芳郞·坂出祥伸 등의 이름이 보인다.

14) 그 중 아직 硏修員으로서 재학하고 있는 小笠智章 군 한 사람을 제외하고서는 현재 모두 대학에 재직하고 있는데, 그들은 西脇常記(京都大)·川原秀城(東京大)·木下鐵矢(岡山大)·福島正(大阪敎育大)·林克(大東文化大)·山口久和(大阪市立大)·中西啓子(新潟大)·今倉章(德島大)·小林淸市(山口大、作故)·武田時昌(京都大)·末岡宏(京都大)·坂內榮夫(岐阜大)·中純夫(富山大)·宇佐美文理(信州大) 등이다.

15) 京都大學 文學部의 敎官은 대체로 敎授·助敎授 및 助手로 나뉘어져 있으며, 여기서 말하는 非常勤 講師는 시간 강사가 아니라 出講 교수라는 뜻이다. 助手도 학부의 한 강좌 정도를 맡는 것이 관례로 되어 있다.

는 경우가 많았으며, 가족적인 분위기여서 수업이 끝난 후 교수와 더불어 학교 부근에서 식사를 함께 하거나, 연구실의 구성원 대부분이 참가하는 콤파라고 불리는 회식 및 여행 등이 자주 있었다.

이러한 제도나 관례의 골격은 명치유신 이후 서양식 학문을 받아들여 근대적 대학이 설립된 이래 거의 그대로 유지되어온 유서 깊은 것인데, 근년에는 일본에서도 문부성(文部省) 주도 하에 대학 개혁의 물결이 크게 일어 종전과 같은 극도로 세분된 전공의 벽을 헐고 학제적·거시적 연구 방법을 지향하며, 새로운 시대적 환경에 부응하기 위한 국제화를 겨냥하여 미국을 비롯한 서양식 제도를 대폭적으로 도입하는 모양이다. 이에 따라 교토대학은 도쿄대학과 더불어 대학원 중점 대학이 되며, 종전에 학부 2학년까지의 학생들이 소속되던 교양부를 없애고 그 대신 총합인간학부를 설치하여 학년에 관계없이 교양에 속한 과목들을 이수할 수 있게 하고, 문학부를 동양문헌·서양 문헌·사상·역사·행동·현대의 여섯 개 문화학계(文化學系)로 구분하여, 철학과에 속해 있었던 철학·서양철학사·윤리학·종교학·기독교학·미학미술사학 전공은 사상문화학계에 소속되게 하고, 신설된 과학철학과학사 전공은 현대문화학계에, 심리학·사회학은 행동문화학계에, 그리고 중국철학사·인도철학사·불교학 전공은 문학과에 속해 있었던 국어국문·중어중문·산스크리트어문 전공과 더불어 동양문헌문화학계를 구성하는 등 외면적으로는 획기적인 변화와 소속의 이동이 있었지만,16) 아직 실제적인 내용에서는 예전과 그다지 달라진 것이 없다고 듣고 있다.

교토대학 철학과의 여러 세분된 전공들 중 철학 전공은 통칭 '순철(純哲)', 즉 순수철학이라고 불리는 것으로서, 니시다 기타로(西田幾太郎) 등이 그러했던 것처럼 자기 나름의 독창적인 사유 체계를 수

---

16) 東京大學의 경우는 1992년 3월 31일 현재의 단계에서, 대학원 人文科學硏究科를 문화기초학·일본 문화·아시아 문화·구미계 문화라는 네 개의 硏究 專攻群으로 구분하고, 종전의 철학 계열 전공들은 대체로 문화기초학 연구 전공군으로, 중국 및 인도철학 전공은 아시아 문화 연구 전공군 중의 동아시아 연구 전공 및 인도·동남아시아·불교 연구 전공에 각각 分屬시킬 것을 검토하고 있다. 『東京大學 現狀と課題 1 1990-1991』(東京大學出版部, 1992·1993), 182-183쪽 참조.

립함을 목표로 하는 것이며,17) 서양철학사 등 철학사라는 말이 첨부된 전공들은 하타노 세이치(波多野精一)의 희랍철학 연구와 같이 타인의 철학적 저작을 연구 대상으로 삼아 그 속에 나타난 사유 구조를 객관적, 실증적으로 분석함을 목표로 삼는 것이다.

후자의 경우는, 필자가 유학해 있던 당시 이 대학 중국철학사연구실의 주임이었던 유아사 사치마고(湯淺幸孫) 교수의 말을 빌리자면, "문헌학적 해석은 '인식된 것의 인식', 즉 원저자가 주관적으로 사고한 의미의 확정, 해석 대상이 되는 작품의 근저에 있는 원저자 사상의 확정으로 향해진다. 원저자의 의미에 관계없이 새로운 해석을 끌어내는 것은 아니다." 또한 그는 "중국철학을 서양철학의 이런저런 범주·개념·도식에 끼워 맞추어, 그럴 듯하게 그러나 틀린 해석을 하는 것은, 미니스커트나 장발과 같이 우리를 유혹하는, 아름다운 혹은 추악한 현대의 유행이다"라고도 말하고 있다.18) 중국철학사에 대한 이러한 접근 방법은 특히 '5·4신문화운동' 이후 일어난 중국의 현대신유학이 서양의 충격으로 말미암아 중국 문명이 당면한 공전(空前)의 위기 상황에 대처하기 위하여, 공자 및 유가 학설의 참 정신을 계승하면서 과학과 민주를 비롯한 서양의 철학사상을 적극적으로 소화·흡수하고 이를 원용하여, 중국 전통 사상에 대해 창조적 새 생명을 불어넣고자 하는 보수주의적 문화 의식에서 출발하고 있는 것과는 선명하게 대조되는 점이라 하겠다.19)

---

17) 그러한 의미에서의 이 대학 철학 전통은 일본 현대 철학의 흐름을 주도해왔다고 할 수 있겠는데, 이에 대하여는 山田宗睦, 『昭和の精神史—京都學派の哲學—』(京都, 人文書館, 1975) ; 家永三郎, 『田邊元の思想史的研究—戰爭と哲學者—』(東京, 法政大學出版局) 참조.

18) 湯淺幸孫 譯, 『近思錄 上』(朝日新聞社, 1972), 머리말, 2쪽. '인식된 것의 인식(Erkennen des Erkannten)'이라는 文化史的 문헌학 방법은 19세기 독일에서 아우구스트 뵈크(August Boeck. 1785~1867)에 의해 제창된 것으로서, 일본에서는 1911년에 초판이 나온 村岡典嗣의 『本居宣長』에서 國學者 宣長의 古道·古學 연구의 基底에도 존재한다고 처음 소개되었으며, 이후 村岡는 이러한 방법론을 일본사상사 연구 일반에까지 확장시켜 적용한 것이라고 한다. 丸山眞男, 『日本政治思想史硏究』, 「영어판 저자 서문」 제3절 참조.

19) 方克立·李錦全 主編, 『現代新儒家學案 上』(北京, 中國社會科學出版社, 1995),

교토대학의 학풍은 방목식 자유주의로 알려져 있다. 자유주의라함은 대학이 그 구성원인 교수나 학생에 대해 규제나 요구를 가능한한 부과하지 않고서 그들의 자발적 창의성에 맡기는 것을 의미한다. 학생의 신분으로 있었던 필자의 경험을 가지고서 말한다면, 이 대학은 출석 점검은 물론 시험도 과제물도 거의 부과하지 않는 기이한곳이었다. 필답 시험이라고는 대학원 입시가 유일한 것이었으며, 그것도 이 대학 출신자에게는 면제되는 것이다. 리포트를 제출하라는요구도 거의 없는 편이었는데, 다만 중어중문학 전공과의 공통 과목으로서 이미 10년 이상 연속으로 개설되고 있었던 단옥재(段玉裁)『설문해자주(說文解字注)』수업의 경우에는 두 반으로 나누어 각 반은 격주로 수업을 하되, 수강생 전원은 그때마다 해당 시간중에 다룰부분을 역주(譯註)한 리포트를 제출하고 그 전 시간에 제출한 리포트를 교수가 붉은 색으로 첨삭 지도한 것은 돌려받는 것이었다.[20] 과목은 1년 단위로 개설되며 한 과목은 주당 한 차례씩 두 시간 수업을 90분 정도로써 마치는 것이 일반적이며, 학내외의 스트라이크로말미암아 한 주 정도씩 중단되는 경우도 상례적으로 있는 것인데, 그나마 교수는 매 학기 정해진 학사력(學士曆)보다 반 개월쯤 늦게 수업을 시작하여 반 개월쯤 일찍 마치는 것이 관례였다.

성적은 대체로 수업중의 수시 평가에 의해 담당 교수의 주관에 따라 부여되며, 그 수업 내용은 대부분 한문 원전을 윤독(輪讀)하며 한자 한 구를 정확하게 읽고, 주로 출전을 찾아 문헌 고증의 연습을 하는 것이 위주였다. 학생은 과정 재학중 다른 직업을 가지지 못하게되어 있으며, 대학원 박사 후기 과정 학생은 1년에 한 편 정도 보고서를 제출하게 되어 있는데, 그것은 사실상 전문 학술 논문을 발표하는 것이었다. 그리고 그 논문에 대해 요구하는 기준은 "많이 밟아 다져진 평탄한 길을 걸어 정확을 기하기보다는, 처녀지에다 부월(斧

「前言」 참조.

20) 그 성과는 담당 교수와 일부 수업 참가자들의 공동 작업 형태로 尾崎雄二郎 編, 『訓讀 說文解字注』全8冊으로서 1981년 이래 東京의 東海大學出版部를 통해 逐次的으로 출판되어 왔다.

鉞)을 대는 개척자처럼, 다듬어지지 못한 것이라도 좋으니까 미개척의 분야에 연구를 구체화시키는 도전적인 의욕을 가진 것"이다.[21]

서양철학을 포함한 명치 이후의 철학 연구 일반을 설명할 만한 지식을 필자는 가지고 있지 못하나, 철학사를 비롯한 일본의 인문학 연구는 대체로 문헌학적 실증주의의 경향이 강하다고 할 수 있다. 중국학 연구에 한정하여 말한다면, 이러한 실증주의적 학풍은 직접적으로는 가노 나오키(狩野直喜)로부터 유래하는 바가 크다. 이노우에 데츠지로(井上哲次郎)를 대표적인 예로 들 수 있을 도쿄대학 철학과의 한학(漢學)이 일반적으로 도쿠가와 막부 이후 명치 절대주의 체제의 국민 도덕으로서 부활된 유교의 호교적(護敎的) 전통에 부응하여 정치와 밀접히 결합되어 있었고, 명치 시대 이후 간행되기 시작한 『지나철학사(支那哲學史)』류의 서적들은 대체로 서양철학사를 의식 혹은 모방하여 그것과 상대적으로 유사성이 많은 형이상학적 성격의 사변에 한정하여 춘추전국시대와 송명 시대만을 중시한 것이었다고 한다면,[22] 가노(狩野)는 중국철학사를 '중국 고전학 혹은 고전학 연구의 역사'로 정의하고, 그 연구 대상의 범위를 경학(漢唐訓詁學·淸朝考證學)·제자학·송명성리학으로 확대하며, 정치와 분리된 객관적 학문을 지향한 점에 특징이 있다고 할 수 있다. 가노는 중국 고전의 연구에서 훈고학과 성리학의 어느 한쪽에 편중되지 않는다는 입장을 취하고 있지만, 훈고 고증의 학문을 성리학과 동렬에 두든가 오히려 거꾸로 성리학도 경학 연구의 일파라고 봄으로써, 그 주종(主從)의 위치 관계를 역치시키고 있는 셈이다. 그것은 교토대학

---

21) 湯淺幸孫, 「序에 대신하여」(『中國思想史硏究』 1, 京都大學中國哲學史硏究室, 1977), 1쪽. 사실 이 기관지에 실린 논문들은 한국에서라면 철학 논문으로 간주되기 어려울 새로운 분야에 대한 연구가 주를 이루고 있다고 할 수 있다. 鄭玄의 禮學에 미친 緯書의 영향에 대한 필자의 논문 「六天說의 背景」은 그 제5호(1982)에 보인다.
22) 이는 대체로 현재 한국에서의 동양철학 연구 경향과도 일치하는 것이며, 역시 그러한 의미에서 홍콩의 新儒家 계열인 勞思光 같은 이는 先秦과 宋明 이외의 사상에 대해서는 적극적 가치를 인정치 않아, 漢唐代를 중국 철학의 衰亂期, 淸代는 硬化期라고 설명하고 있다. 勞思光 著, 鄭仁在 譯, 『中國哲學史(漢唐篇)』(서울, 探究堂, 1987), 머리말 참조.

중국철학사연구실의 역대 교수 대부분이 좁은 의미에서의 한학, 즉 훈고적 영역에 비중을 두고 있으며, 사변적 송학을 주된 연구 분야로 하는 이는 한 사람도 없었다는 데서 이러한 전통의 일단을 엿볼 수가 있는 것이다. 유아사 사치마고 교수의 설명에 의하면, 주자학은 "중국의 사상사가 아직 일찍이 경험한 적이 없을 정도로 완결성을 지닌 이론 체계이지만, 주자학은 이 완결성 때문에, 다시 말해서 주자 때 이미 포괄적인 체계로서 이룩되어버렸기 때문에 후세에서 발전이 없는 것이 특징이다. 명인(明人)이나 일본 에도 시대의 주자학이 요컨대 재탕, 삼탕이어서 재미가 없는 것은, 그들이 무능했기 때문이 아니라 이 완결성 때문이다."23) 가노가 연구 대상인 중국의 학술이 미분화인 채 유기적으로 서로 관련되어 있다고 하는 특질에 주목하여, 종합적·실증적인 학문 방법으로서 서양의 시놀로지에 해당하는 「지나학」을 제창하게 된 데에 청조고증학의 영향이 컸었다는 것은 널리 알려져 있지만, 그 자신 일본의 유학자 가운데서는 고학파인 이로 진사이(伊藤仁齋)·오규 소라이(荻生徂徠)를 각별히 존숭하였고, 이들 및 그 학파에 속하는 사람들에게서는 문헌 고증적 경향이 강하게 나타나 있으며, 가노의 향리인 히고(肥後. 九州 熊本 일대)에서는 에도 말기 고증학파의 대표적 존재인 마츠자키 고도(松崎慊堂. 1771～1844)가 강학하고 있었으므로,24) 이러한 일본 유학 전통의 영향 또한 간과할 수가 없는 것이다. 그리하여 1920년에는 교토대학 출신자를 중심으로 하는 지나학사(支那學社)가 설립되어, 잡지 『지나학』을 중심으로 수야의 그것을 계승하는 새로운 학풍이 대두하여, 종전의 동아학술진흥회가 다른 여러 단체들과 합동 재편하여 그 전 해에 도쿄를 중심으로 재건된 사문회(斯文會)의 보수적 경향과 대치하면서, 패전에 이르기까지 일본의 중국학 연구를 주도하게 되었던 것이다.25)

---

23) 前揭 『近思錄 上』, 머리말.
24) 吉田篤志, 「近世後期の考證學」(『近世の精神生活』, 横濱, 大倉精神文化研究所, 1996 所收) 참조.
25) 明治 이후 일본에서 중국철학 연구의 역사, 특히 東京과 京都의 학풍 차이에 관해서는 坂出祥伸, 「中國哲學硏究の回顧と展望─通史を中心として」(『東西シノロジー事情』, 東京, 東方書店, 1994 所收) 참조.

최한기의 기학(氣學)과 한국철학의 정립

허 남 진(서울대 철학과 교수)

20여 년 전, 철학과에 발을 들여놓고 처음 접한 과목들은 인식론, 윤리학, 존재론 등의 철학 과목이 아니라 서양 고대철학사, 서양 근대철학사, 중국철학사, 한국철학사와 같은 철학사 과목이었다. 여기에 불만을 품은 학생들이 "왜 철학과에서 철학사만 공부하고 철학은 안 합니까?", "철학사만 열심히 공부하면 철학은 저절로 되는 겁니까?" 등의 질문을 거의 모든 과목 첫 시간에 한 기억이 있다. 거기에 대한 선생님들의 답변도 다양했는데, 대충 기억나는 대로 간추리면 이러했던 것 같다.

"철학이라는 것이 하늘에서 툭 떨어진 것이 아니다. 인간들이 개념을 하나씩 만들어가면서 거대한 체계를 구축한 것이니 만큼, 그 시작부터 차근차근 공부해야 오늘날의 철학도 알 수 있다. 말하자면 개체 발생은 계통 발생을 반복하는 것과 같다고나 할까." 장황한 설명을 곁들인 이런 친절한 답변도 있었지만, 도저히 이해할 수 없었던 간단 명료하면서도 심오한 대답도 있었다. "현대의 철학을 포함한 모든 서양철학 전통은 플라톤의 해석에 지나지 않는다", "참된 철학자에게는 모든 철학들이 동시대적이다." 이러한 말들이 무엇을 의미하는 것인지는 시간이 지나면서 차츰 알게 되기는 했지만, 동양 내지 한국의 전통 철학 연구에는 이 말이 해당되는 것 같지 않다.

2500년 전의 희랍철학을 공부하는 사람과 250년 전의 조선 성리학을 공부하는 사람 중 누가 철학과 철학사 사이의 괴리를 더 크게 느낄까. 개인의 취향에 따라 다르겠지만 아마 조선 성리학을 연구하는 사람일 것이다. 서양의 문명이 이미 보편화된 오늘날의 한국에 살면서 동양 내지 한국의 전통 철학을 공부하는 사람이 철학과 철학사의 괴리를 느끼지 못한다면 시대착오적인 전통주의자가 될 것이고, 철학사 연구를 현재의 철학함과 완전히 분리시켜버리면 역사주의자가 되어버릴 것이기 때문이다. 길희성 교수는 "전통과 전통주의는 전혀 다른 차원에 속한다. 전통을 숭상하는 전통주의도, 전통을 단순히 역사적 연구의 대상으로 삼는 동양학도 전통을 대하는 올바른 태도는 못 된다. 양자 모두 전통을 대상화하고 물상화하는 오류를 범하기 때문"[1]이라고 하면서, 전통의 포기나 전통의 화석화 모두를 경계한다. 그는 우리가 철학함에 동서양이 있을 수 없다는 보편주의적 철학관을 가지지 않는 이상 동양의 철학사적 전통 속에서 철학을 함이 필연적이므로, 현재 우리가 당면하고 있는 시대적 문제들에 관심을 안고서 전통의 목소리에 귀를 기울이는 일이야말로 우선적으로 중요하다고 지적한다. 이어서 그는 과거 동양철학의 해석학적 전통을 계승하는 차원에서 철학적 작업을 수행하면 철학사와 철학함의 괴리도 어느 정도 극복할 수 있으리라고 한다.[2] "동양철학 운운하기 전에 우선 철학사부터 정확하게 알자"고 주장하며 사상사적 해석을 선호하는 필자로서도 공감하지 않을 수 없는 솔깃한 주장이다. 그런데 동양철학의 해석학적 전통은 과연 무엇이며, 무엇을 어떻게 해석하자는 말인가. 여기서는 우리 전통 철학의 거의 마지막 면을 장식하고 있는 최한기의 『기학(氣學)』의 내용과 배경을 살피면서 이런저런 생각을 곁들여보고자 한다.

"이렇다 해도 그만이고 저렇다 해도 그만이라. 있어나 없어나 마찬가지

---

1) 길희성, 「철학과 철학사 : 해석학적 동양철학의 길」, 한국철학회 1998년 춘계발표대회보, 6쪽.
2) 앞의 논문 12-14쪽에서 부분적으로 인용.

인 것은 성리학이니 음양학이니 하는 것이고, 화를 피하고 복을 구한다느니 재앙이니 상서니 해서 (사람을 현혹하는) 백해무익한 것은 방술학과 외도학(불교, 도교, 천주교)이다. 말로 밝혀지지 않아서 그렇지 밝혀지면 천하 사람들이 취해서 쓰고, 드러나지 않아서 그렇지 드러나기만 하면 모든 사람이 수긍하지 않을 수 없는 것이 기학이다.”

위 구절은 ‘마지막 실학자’, ‘실학과 개화 사상의 가교자’로 불리는 혜강(惠岡) 최한기(崔漢綺. 1803~1877)가 자신의 철학을 종합, 정리하기 위하여 저술한『기학』서문의 마지막 부분이다. 지금 들어도 듣는 사람에 따라서는 과격하다고 할 만한데, 개항도 되기 전인 1857년에 완성된 책에 실려 있는 글이라는 것을 감안하면 획기적이고 놀라운 발언이라는 생각이 든다.『기학』이라는 제목만 보면 최한기의 이 저술은 전통적인 기 사상 내지 요즘 유행하는 기공의 철학적 근거를 논한 책 같지만, 실제 내용은 반대로 전통적인 기 개념을 매개로 해서 서양 과학의 수용을 위한 경험주의적 인식론과 존재론적 근거를 논한 책이다. 말하자면 서양 과학과 전통 철학의 개념을 결합한 사상으로서의 ‘동도서기론(東道西器論)’인 셈이다. 사실『기학』을 비롯한 최한기의 모든 철학적인 저술의 목적이 서양 과학을 주체적으로 수용하기 위한 철학적 근거 마련 이상이 아니었다 해도 과언이 아닐 것이다.

역사에 만약이라는 가정법을 도입하기 시작하면 대개 황당무계한 결론으로 끝나기 십상이지만, 한국의 근세사를 공부하다보면 그때 조금만 잘했더라면 지금 이렇지 않을 텐데 하는 생각이 들 때가 정말 많다. 서양 과학과 사상의 도입 문제만 해도 그렇다. 17~18세기경 서양 사상(종교)과 과학을 주체적으로 수용할 수 있었던 기회가 없었던 것도 아니다. 첫번째 기회가 성호학파에 의한 천주교(기독교) 도입이었다고 생각한다. 천주학을 비판하고 마침내는 물리적인 박해를 가해마지 않았던 조선 후기의 유학자들이 조금만 더 개방적인 태도를 취하고, 천주교를 받아들였던 조선의 선비와 조선에 천주학을 전한 서양 선교사들이 조금만 더 유교적 규범을 존중해주었더라면, 그리고 그들이 충분한 대화와 토론을 나눌 수 있었더라면 어떻게 되었을까 하고 상상해본다. 그 결과 생긴 기독교적 유학자와 유교적 천주교인이 이후 한국 기독교와 유교를 주도했으면 어떻게 되었을까. 기독교는 완전히 토착화하고 유교는 현대화되었을까. 알 수 없는 일이다. 단지 이렇게도 될 수 있었을 것을 일방적인 매도와 비난, 구차한 변명, 배교, 순교 등의 단어로 한국의 천주교 수용사가 이루어질 수밖에 없음이, 그리고 아직도 전통적(유교적) 가치관과 기독교간의 갈등이 온존해 있음이 안타까워 해본 상상일 뿐이다. 기독교와 같이 수용되기 시작한 서양 과학, 서양 사상의 경우도 마찬가지다. 조선 후기 유교적 사회가 해체되어가는 과정에서 홍대용에서 최한기에 이르는 북학자들은 새로운 학문이었던 서학과 성리학을 접합시키기 위해 무던히도 노력했다. 그렇지만 당시의 학자들은 주자학만 정통이라 고집하고 거들떠보지도 않았기에 북학자들의 주체적인 서학 수용은 우리 학문의 한 부분으로 계승되지 못하고 말았다. 그 결과 서양의 학문이 보편화된 오늘날 우리의 전통적인 학문은 어떤 대접을 받게 되었나. 그렇게 고집스럽게 지키려 했던 성리학은 이제 철학이 아닌 '동양'철학의 한 부분이고 전통 의학은 의학이 아닌 '한'의학일 뿐이게 되었다. 또 가정이지만, 만약 최한기의 『기학』 같은 책이 두루 읽혀지고 그러한 방식으로 우리의 학문적 전통이 형성되었다면 오늘날처럼 철학은 없고 서양철학과 동양철학만 있는 기묘한 형상이 되지는 않았을 것이다.

비록 최한기의 기학이 정말 필요로 했던 당시 사회에서는 외면당했지만, 그래서 전통 학문과 서양 학문의 접합이라는 최한기의 목적이 달성되지는 못했지만, 그의 저서 『기학』은 여전히 명저다. 『기학』의 내용이 아직도 절실해서가 아니라 태도가 절실하기 때문이다. 서양의 문제를 가지고 서양의 방법으로 서양 학문을 그 나라에서 하듯이 하고 싶은 사람이나 아직도 조선시대인 양 착각하고 전통을 묵수하고 싶은 사람은 볼 필요가 없겠지만, 서양의 학문을 우리의 필요성에 맞게 우리 방식으로 수용하고 싶거나, 전통 학문을 공부하지만 현대의 학문이 요구하는 기준을 충족시키고 싶은 사람은 모름지기 『기학』을 한 번 읽어보기를 권하고 싶다.

이제 최한기가 어떤 학자였으며『기학』은 어떤 내용을 담고 있는지 보기로 하자. 사상사로 보면 실학과 개화 사상이 교차하던 시기에 저술 활동을 했던 최한기는 당시 유입되었던 서양 과학과 18세기 후반의 실학적 전통을 '기학'이라는 틀로 체계화했다. 그의 서양 과학 수용, 과학과 철학의 접합은 과학사나 사상사에서 대단히 중요하게 다루어야 했음에도 불구하고 그의 사후 거의 잊혀졌다가 극히 최근에야 그의 삶과 학문에 대한 본격적인 연구가 이루어지고 있다. 최근의 연구에 따르면 최한기의 선계는 최항의 양후손으로 개성 지역에 세거하면서 가업을 이루었는데, 최한기의 증조부에서부터 무관에 진출하여 양부는 무군수가 되었고 최한기는 한 걸음 더 나아가 생원이 되고 아들인 최병대에 이르러 비로소 문과에 급제하여 고종의 시종신이 됨으로써 지속적으로 사회적 신분을 높이고 있다. 그는 비교적 윤택한 가운데 평생을 독서와 저술로 일관할 수 있었는데, 이규경을 비롯한 몇몇 서얼계 학자들과 그의 아들 병대를 제외하고는 알아주는 사람도 없고 그의 책을 읽는 사람도 별로 없었는데도 불구하고 그는 엄청나게 많은 저술을 지속적으로 해나갔고 일부는 출판까지 했다. 그의 저술은 다양한 분야에 걸쳐 있지만 대부분은 서양 과학을 소개한 편저의 형태로 이루어져 있는데, 최신의 서양 과학을 어찌 그렇게 단시간에 정확하게 이해하여 소개했는지 놀라울 따름이다. 최한기가 어떤 계기에 의해 서양 과학의 정밀성과 유용성에 눈뜨게 되었는지는 자세히 알 수는 없으나, 조선이 쇄국으로 세계의 진운에 보조를 맞추지 못하고 혼자 고루한 처지에 떨어져 있음을 개탄하고 개국 통상의 필요성을 누차 강조하고 있음으로 보아, 연행사로 중국에 다녀온 것을 계기로 서양 문물에 눈뜨게 된 다른 실학자들과는 달리 상업을 통한 중국과의 접촉이 그 계기가 되지 않았나 추측해본다. 최한기는 거의 맹목적이라 싶을 정도로 서학 수용에 열심이지만, 또 한편에서는 나름대로 자신의 기준을 세우고 신중하게 취사선택하고 있다. 당시 전래된 한역 서학서들은 대부분 선교사들이 저술하거나 편집했기 때문에 거기에는 과학과 신학이 혼재되어 있었는데, 최한기는 이 두 부분이 일치하지 않음을 예리하게 간파하고 신학 대신 기학으로 서양 과학의 근거를 마련하고 전통 철학을 계승하고자 했다.

『기학』은 최한기의 이러한 노력이 총체적으로 모인 결과다. 그는 기학을 통하여 서양 과학의 타당성을 입증하고 동시에 전통 사상을 계승하고자 했다. 그 중심이 되는 개념은 물론 '기(氣)'다. 모든 존재가 기로 이루어져 있고 기의 운동 변화로 다양한 존재가 형성된다고 하는 점에서는 최한기의 기론이 전통적인 기론과 다른 점이 없다. 그렇지만 이전의 기론자, 즉 장재나 서경덕, 임성주는 기로써 이루어진 형체는 형체를 이루기 이전의 기가 지닌 맑음과 순수함을 잃어버린다고 생각했다. 이들은 바로 이 잃어버린 순순한 기를 그들의 내면에 회복함으로써 사욕에 물들지 않은 도덕적 정신에 이를 수 있다고 믿었다. 따라서 그들에게 중요한 것은 사람의 몸이나 마음, 동식물, 돌, 물 등을 이루고 있는 기가 아니라 그러한 것들이 되기 이전의 보이지 않는, 어쩌면 존재하지 않을지도 모르는 순수한 기이고, 그 순수한 기를 찾는 목적은 그것이 도덕과 수양의 근거가 되기 때문이었다. 최한기의 기학 역시 같은 기 개념이지만, 이와는 반대로 기가 형체를 이루고 여러 가지 성질로 우리의 감각과 지각에 포착된다는 점을 중시한다. 단학(丹學)이나 한의학에서 말하는 기가 비슷하기는 하지만, 『황제내경』에 나오는 오운육기(五運六氣)는 일반적인 기를 말한 것이 아니라 사람의 기를 신비화한 것에 지나지 않고, 또 검증할 수 없는 것이기에 자신이 말하는 기와는 다르다고 한다. '기학'의 기는 우리의 지각에 포착되고 검증될 수 있는 것이므로 옳고 그름을 따질수 있고, 옳고 그름을 따질 수 있을 때 비로소 올바른 지식의 축적이 있을 수 있다는 것이다. 최한기는 『기학』의 앞부분에서 전근대적인 학문들 — 성리학, 도교, 불교, 천주교 등 — 을 비판하고 그것들이 기학 내지 과학(曆算學, 物類學, 器用學)과 어떤 점에서 다른가를 여러 번에 걸쳐 설명하고 있는데, 그 요지는 전근대적인 학문에서는 무형의 것을 추구한다는 것이다. 최한기는 노장(老莊)과 불교는 무형의 도를 추구하고 심학(心學 : 양명학)과 이학(理學 : 성리학)은 무형의 이치를 추구하기 때문에 그들이 밝혀낸 진리라고 하는 것이 맞는지 틀린지도 알 수 없고, 끊임없이 같은 소리만 되풀이하기 때문에 지식의 축적도 있을 수 없어, 물리와 인사를 밝히는 데 도움이 되지 않고 민생에 이로움도 없다고 비판한다. 그리고 천주교와 회교 등의 일신교에 대해서는 "신이란 운화의 능함을 가리킬 뿐인데 마치 세계를 창조한 인격자가 따로 있는 것처럼 묘사한 것은 잘못이다. 이러한 문제는 존재 바깥의 일이므로 거론할 만한 것이 아니다. 이에 대해 아는 체하는 것은 죄를 면하고 복을 구하고자 하는 사욕에서 나온 것일 뿐이다"(『기학』 권1)라고 비판하고 있다.

그러면 최한기가 참다운 학문이라고 생각한 것은 무엇인가. 근세에 일어난 서양 과학이야말로 기의 실체와 운동 과정을 누구나 알 수 있게 설명해줄 수 있는 잠된 학문이라고 한다. 그 과정을 최한기는 다음과 같이 말한다.

> 중세와 고대의 학문은 흔히 형체 없는 이치와 형체 없는 신을 근본으로 삼아 이것을 심원하고 고매한 것으로 여기고, 반대로 형체 있는 물체와 검증할 수 있는 사실을 근본으로 삼는 것은 천박하고 보잘 것 없는 것으로 여겼다. …… 이렇게 하여 형체 있는 것과 형체 없는 것 사이에서 의문되는 것을 제 마음대로 추측하여 거론하지 않은 것이 없었다. 그 이유는 대개 기의 근본이 드러났으되 이를 보지 못했거나 근본을 밝혔다 해도 이를 미루어 활용하지 못했기 때문이다. …… 근세에 지구가 움직이고 돈다는 사실이 기구의 시험으로 이미 밝혀졌고 이로써 그 이론이 완전해졌다. 그래서 기의 실체와 작용은 누적된 사실을 통해 증험될 수 있었고 기의 운화는 모름지기 실지로 경험을 통해 분명히 보게 되었다(『기학』 서).

위 인용문에서도 볼 수 있듯이, 최한기는 기라는 유일한 실체의 모습을 실험과 관찰에 의해 수량화함으로써 누구에게나 분명하게 밝혀줄 수 있는 것이 새로이 전래된 서양 과학이기 때문에, 그것이 참된 학문이라고 본 것이다. 마치 현대의 과학지상주의자가 하는 말 같지 않은가. 그러면 물질이라는 개념까지 받아들이지 왜 기라는 애매하고 전근대적인 개념을 끌어들였을까. 추측컨대 첫째로 당시의 사람들에게 설득력을 가지려면 그들에게 익숙한 개념으로 설명하는 것이 효과적이어서 그랬을 것 같고, 둘째로 물길이라는 개념으로는 운동 및 인식 능력, 인간과 사회의 문제를 포괄하기 어려웠기 때문이 아닌가 한다. 최한기의 학문적 목적은 서양 과학이 자연을 잘 설명하고 민생에 도움이 되므로 소개하는 단순한 차원에서 그치는 것이 아니라, 전통적인 개념으로 서양 과학을 설명하고 사회적 규범과 개인의 윤리까지 일관되게 아우르는 큰 체계를 세우는 광대한 것이었다. 그 체계는 대개 이러하다.

우선 기라고 하는 것이 있다는 것을 인정하고 시작하자. 모든 사물과 작용, 인식, 변화는 기와 그 작용이 아닌 것이 없는데, 그 기능과 포괄하는 범위에 따라 다른 이름으로 불린다. 기능에 따라서는 신기(神氣), 운화기(運化氣), 형기(形氣) 등으로 나뉘고, 크기로는 천지기(天地氣 : 자연), 통민기(統民氣 : 사회나 국가), 일신기(一身氣 : 개체) 등으로 나뉜다. 『기학』에서 최한기가 심혈을 기울여 설명하고자 한 것은 주로 기의 운화를 어떻게 밝힐 수 있나 하는 것이었다.

운화는 본래 하늘과 땅의 운행과 기상의 변화 등 자연의 움직임과 변화를 총괄하여 지칭한 말로, 천지의 운화, 음양오행의 운화 등으로 쓰이다가 기로써 자연 현상을 설명하는 성리학적 세계관이 보편화됨에 따라 기의 유행 변화를 가리키는 말로 쓰이게 되었다. 최한기는 이러한 운화를 기의 근본적인 성질로 보아 활동운화(活動運化)가 바로 기의 본성이라고 하고, 크고 작은 만물이 기의 활동으로 응하고 서로 화하여 만물운화를 이루는데 이를 통합하여 운화기라 한다고 하였다. 따라서 최한기의 기학에서 운화기는 형질의 기, 신기와 더불어 기의 중요한 한 형태로 간주된다. 구체적으로는 형질의 기가 지구, 달, 태양, 별 등 만물의 형체 있는 것들을 가리키고, 운화의 기는 비, 햇볕, 바람, 구름, 추위, 더위, 건조함, 습함 등의 형체로서 파악할 수 없는 것들을 가리키기도 하지만(『기학』 권1), 형질의 기와 운화의 기가 별개의 존재로 구분된다고 보지는 않는다. 최한기는 운화기의 본성과 본능을 설명하면서 "물체가 있으면 반드시 그 물체의 본성과 능한 바가 있으니, 작은 물체는 작은 성질, 작은 작용이 있고 큰 물체는 큰 성질, 큰 작용이 있다. 대저 기라고 하는 것은 견줄 곳이 없을

만큼 커서 이 기가 쌓이면 힘이 생기고 운화하면 신령스러운 작용이
생긴다. 그러니 바로 이러한 것이 기의 본성이요 기의 능한 바다. 단
지 인간은 땅 위에서 굽어보고 우러러보아 관찰해보면 하늘의 기와
땅의 기가 서로 어울릴 때 바다와 육지의 풍물이 달라지고 산야의
풍토가 다르게 되고 만물 가운데 먼저 태어난 것은 죽어 없어지면서
그 종자를 간직하게 되고 뒤의 것은 나서 자란다. 이 또한 운화기의
본성이요 능한 바다. 운화의 기는 곧 형체 있는 신(神)이요 형체 있
는 이치(理)다"(『기학』권1)라고 하고 있다. 이 말로 미루어보면 운
화기라는 기의 일종이 따로 있는 것이 아니라 기가 모여 개별자를
이루고 있음을 지적한 개념이 형질의 기인데 반해, 그 형체 있는—
혹은 없는—기가 지니는 보편적 운행 법칙의 측면을 지적한 개념이
운화기라는 것을 알 수 있다. 따라서 운화기의 측면에서 보면 모든
기는 유행, 변화하는데 그 형체와 크기에 따라 유행의 범위와 작용을
달리하고 있을 뿐이다. 최한기는 유행의 범위와 작용의 종류, 보편성
의 정도에 따라 운화를 대기운화(大氣運化), 통민운화(統民運化), 일
신운화(一身運化)의 단계로 나눈다. 그리고 각 운화는 운화의 법칙
인 리(理)에 따라 이루어지는데, 대기운화가 통민운화와 일신운화를
포괄하고 있는 근본적이고 보편적인 운화이므로 대기운화의 법칙
(理)을 아는 것이 기학의 근본이라고 생각하였다. 운화의 법칙(流行
之理, 物理) 그 자체는 인간의 지각에 드러나는 것이 아니므로 알 수
없지만, 인간은 형체 있는 기의 작용을 통해 어느 정도 추측할 수 있
는데, 이 인간에 의해 파악된 리가 추측의 리(推測之理)이고 추측의
리는 인간의 경험과 추측이 축적될수록, 즉 후세로 갈수록 유행지리
에 점차 가까워지게 된다고 한다. 그런데 최한기의 경험적 인식론에
의하면 인간의 추측 작용은 형체를 인지하는 감각 기관을 통해 얻어
진 경험을 토대로 이루어질 때 보편적인 지식을 획득할 수 있다고
하므로 운화기의 인식도 결국 형체를 매개로 해서만 가능하게 된다.
그리고 형체화, 수량화를 통한 운화지기 내지 유행지리의 인식은 온
도계(冷熱器)와 습도계(燥濕器), 음청의(陰晴儀) 등의 기구를 사용하
여 기의 드러난 성질인 차고, 뜨겁고, 마르고, 습한(寒熱燥濕) 정도를

객관적으로 재기, 기의 배포 범위, 대소, 경중, 인근, 고지 등을 헤아림으로써 비로소 가능한데, 이를 다루는 학문이 서양 과학(曆數學, 物類學, 器用學)이므로 역산물리(曆算物理)의 학이야말로 운화기의 실체에 접근할 수 있는 유일하고 근본적인 학문 분야라고 한다. 이처럼 역산물리의 학에 의해 경험적으로 밝혀진 운화지기는 종래의 학문에서 지고의 진리로 간주된, 시험할 수도 검증할 수도 없는 형체 없는 리, 어디에 있는지 알 수 없는 신이 아니라 수로 표시될 수 있는 유형의 리, 잴 수 있는 유형의 작용으로 파악된다. 결국 최한기는 형질을 이루는 기, 작용하는 기와 더불어 운화하는 기라는 개념으로 기의 한 측면을 규정함으로써 천지자연의 운행과 변화의 원인을 기의 바깥에서 구하지 않아도 되는 기학의 틀을 마련했고, 또 대기운화와 통민운화를 구분하고 대기운화를 우위에 둠으로써 자연의 질서와 법칙을 인간의 가치로 해석하던 전통적 학문 방법론에서 벗어나 경험적·수학적 방법으로 자연과 인간을 해석하는 근대적인 역산물리학의 철학적 기초를 놓았다 할 수 있을 것이다. 또 대기운화의 하위에 통민운화와 일신운화라는 단계를 설정함으로써 유교적 규범이 지닌 절대성을 부정하기는 했지만, 수천 년간의 경험으로 미루어 보아 유교만큼 통민운화의 리에 근접한 것은 없다고 하여 유교 윤리가 여전히 유효함을 강조함으로써 동도서기(東道西器)의 입장을 재확인한다.

　이상에서 최한기의 『기학』이 담고 있는 내용을 간단히 요약해보았다. 오늘날의 우리가 이러한 내용 자체를 받아들일 수는 없을 것이다. 그렇지만 그가 서양 과학을 받아들이는 태도와 전통 학문을 비판하고 계승하는 자세는 이 책을 통하여 충분히 공감할 수 있다. 동양에서도 이미 서양의 학문이 보편학으로 확고히 자리잡은 이제 아직도 전통적인 학문에 미련이 있는 사람이라면 혹은 동양의 전통 사상에는 정말 아무것도 없었을까 하는 의심이 드는 사람이 있다면, 이 책이 어떤 암시를 줄지 모르겠다. 그리고 성리학이나 유학, 도교 등의 동양철학을 공부하면서 또는 기공이나 한의학에 매력을 느끼고 신비한 기를 추구하는 사람이 있다면, 이미 150년 전에 여기에 대해

진지하게 생각하고 비판한 사람이 있었다는 것을 알았으면 좋겠다. 『기학』이 저술된 지 100년도 훨씬 지난 오늘날 최한기의 저술을 읽고 약간의 통찰이라도 얻는 철학자가 있다면 ─ 아마도 그 사람은 한국철학 전공자가 아닐 것이다 ─ 그것으로 최한기의 사상이라는 한국 전통 철학의 한 부분은 철학사가 아닌 철학으로서 우리에게 다가오게 된다. 철학사와 철학은 이렇게 만나는 게 아닐까.

제 4 부
서양철학의 패러다임과 역사적 맥락

.

.

.

.

.

중세 말기 유명론과 영국철학의 전통 : 말씀이 빛이 되어

박 우 석(한국과학기술원 철학 교수)

1. 서론 : 영국철학? — 14세기 중세 유명론자들과 18세기 영국 경험론자들[1]

레셔는 라이프니츠에 관한 그의 책 마지막 문단에서 데카르트주의에 대한 라이프니츠의 관계와 논리실증주의에 대한 자신의 처지 사이에서 공통점을 찾으면서 파괴적 선배들에 의해 단절된 전통의 복원이 이 시대 철학자들의 사명이라고 갈파한 바 있다.[2] 파편을 주워모아 망령들에 숨결을 불어넣는 일의 도로를 스스로에게 부과하

---

1) 이 제목에 부합되는 최선의 글은 J. R. Weiberg, *Abstraction, Relation, and Induction* (Madison and Wisconsin: The University of Wisconsin, 1965)의 제1장, "The Nominalism of Berkely and Hume"이다. 발표자는 그의 글을 능가할 만한 논문을 쓸 역량도 또 그럴 의도도 없다. 또 좋은 참고가 될 내용이 같은 저자의 논문들 "The Problem of Sensory Cognition", "Fourteenth and Twentieth Century Positivism"에서 발견되며, 이 글들은 그의 유고 논문집 *Ockham, Descartes, and Hume*에 실려 있다. 같은 맥락에서 E. A. Moody, "Empiricism and Metaphysics in Medieval Philosophy", in his *Studies in Medieval Philosophy, Science, and Logic*, (Berkeley: University of California Press, 1975), pp.287-304 참조.

2) N. Rescher, *Leibniz's Metaphysics of Nature*, Dordrecht, Holland: D. Reidel, 1981, p.120.

는 무모함은 어쩌면 이러한 배경 하에서만 연민의 눈길이나마 받을
수 있을지 모르겠다.

역사의 철칙을 간파했다는 환상조차 얻지 못한 처지에 도도한 철
학사의 흐름의 한 갈래로서의 영국철학의 전통을 운위하는 데 따르
는 양심의 가책도 이미 오래 전 퍼스가 영국에서의 철학의 연속성에
주목했다는 데 견강부회함으로써만 다소 달랠 수 있다. 그에 따르면,
영국의 철학사는 프랑스나 독일의 경우와 달리 중세 사상과 근대 사
상의 연속성을 통해 그 자체의 단일성과 총체성을 지니고 있다.[3] 그
유명한 그의 『버클리 리뷰』의 전문을 통독함으로써 우리는 그러한
탁견의 근거를 확인할 수 있을 것이고, 나아가서 언어철학과 심리철
학을 축으로 하여 전개되어 온 20세기 영미철학의 성과를 보태어 그
의 혜안에 찬사를 바칠 수도 있을 법하다.

오늘 발표자가 시도하고자 하는 바는 한편으로는 지극히 겸손한
작업으로서 퍼스가 이야기한 내용에 부합될 만한 단서들을 중세말
영국의 유명론자들과 17~18세기 영국 경험론자들에게 찾아보는 일
이다. 그러나 다른 한편으로 발표자는 시각 이론과 언어 이론을 실타
래로 삼아 인식론과 형이상학을 논의의 맥락으로 잡는 통상적 접근
법에서 다소나마 벗어나보고자 한다. 이야기가 전개됨에 따라 백일
하에 드러나게 될 터이지만, 착안점은 이미 산발적으로 여러 학자들
에 의해 주어져 있던 것이고, 발표자가 하고자 하는 일은 쓰레기를
긁어모아 장미꽃을 피우는 일에 불과하다. 따라서 차 한 잔 마실 시
간이 지난 후 강호제현의 마음에 장미의 이름이나마 남게 된다면, 최
후의 술잔에는 발표자의 사랑이 흘러넘쳐 무방하리라.

논리실증주의자들에 의해 영국 경험론자들, 특히 버클리와 흄이
그들의 선배격으로 크게 부각된 것은 주지의 사실이고, 그들이 영국

---

3) C. S. Peirce, "Critical Review of Berkeley's Idealism", in his *Selected Writings*,
edited by P. Wiener, pp.75-76.

철학의 전통을 그러한 맥락에서 찾았다고 볼 때, 중세말 유명론자들을 논의에 도입하는 일은 그 관점의 자연스런 연장선 위에 놓여 있다.4) 그러나 발표자는 그러한 관점을 지지하고 입증하려는 목적에서 중세말 유명론자들과 18세기 영국 경험론자들을 논의의 중심에 세우고 있지 않다. 논의가 전개되어감에 따라 자연스레 드러나리라 기대하는 터이지만, 발표자는 어떤 특정의 유파나 사조가 영국철학을 특징지운다고 믿지 않으며, 설사 그런 특징지움이 가능하다 하더라도, 그것은 차라리 문제의 영역이나 문제에 접근하는 자세 내지 태도에서 찾아지리라고 여긴다.

2. 중세말 유명론5)의 과녁으로서의 종의 이론

"중세말 유명론"으로 의미하는 바가 무엇일까? 우리는 우선 12세기초 로스첼린이 극단적 유명론을 주장했다가 안셀무스 등의 신랄한 비판을 받고 중앙 무대에서 자리를 감췄다고 들으며, 또 12세기 문헌들에서 발견되는 "nominales"의 견해들이 온건 유명론 내지 개념론으로 기술될 법한 아벨라르의 특징적 견해들을 공통적 요소로 보유한다는 것을 알고 있다. 13세기에는 "유명론자"라 불리거나 자처한 이들이 전무한 것으로 여겨지고, 15세기 문헌들에서 열거하고 있는 14세기 유명론자들은 Ockham, Buridan, Pierre d'Ailly, Albert

---

4) 예컨대, A. J. Ayer와 R. Winch 공편의 *British Empirical Philosophers*, London: Routledge and Kegan Paul, 1952의 편제를 참조.
5) Kluge는 로스첼린의 유명론에 대한 논문에서 유명론과 결부된 주장들을 다음과 같이 열거했다 : (1) 보편자는 세계 안의 실재적 존재자가 아니라 한갓 flatus vocis에 불과하다 ; (2) 색깔은 채색된 물체와 구별되는 어떤 것이 아니다 ; (3) 한 인간의 지혜는 그의 영혼에 다름 아니다 ; (4) 구별되는 인간들은 종에 있어 한 인간일 수 없다; (5) 삼위일체의 세 위격은 구별되는 실체임에 틀림없다 ; (6) 삼위일체[의 위격들] 간에는 관계가 존재하지 않는다 ; (7) 어떤 것이 인간이라는 것은 그것이 한 개체라는 것이다 ; (8) 어떤 것도 부분들로 이루어지지 않는다. Eike-Henner W. Kluge, "Roscelin and the Medieval Problem of Universals", *Journal of the History of Philosophy*, 14 (1976), pp.406-407.

of Saxony, Marsilius of Inghen 등이다.[6]

근대 과학 혁명으로의 길의 예비하는 데 이들 중세말 영국의 유명 론자들이 큰 역할을 했으리라고 보는 막연한 추측은 아마도 상당한 정도로 가치 있는 통찰을 담고 있을 것이다. 그러나 그러한 추측을 테스트하기에 앞서 필수적인 일이 그들의 과녁이 무엇이었느냐를 확정짓는 일이라는 점 또한 분명하다. 그 작업의 일환으로 13세기의 중세 사상가들이 거의 공유하다시피 했던 개념적 틀 내지 연구 프로 그램을 정리해보자. 트위데일이 지적했듯, 13세기 후반의 대부분의 주요 사상가들은 능동 지성과 phantasm이 협력하여 가능 지성 안에 가지적 종(Intelligible species)을 산출하고, 이 가지적 종은 지성으로 하여금 phantasm이 상상력에게 그것의 상상 행위의 대상을 갖게 해 주는 것과 유사한 방식으로 그것의 인지 행위를 가능하게 해준다는 견해를 받아들였다.[7] 우선 대표적 사상가인 아퀴나스의 예를 보도록 하자.

2-1. 아퀴나스의 추상 이론[8]

아퀴나스에 따르면, 사물들이 가감적 종(sensible species)들을 신 호로 보내게 되면 신체 기관들로 대표되는 외적 감각들을 통로로 하 여 내적 감각이 이 신호들을 받게 되고 그것들을 phantasm으로 변형 하여 지성에게 메시지로 보내게 된다. 여기서 전달되는 가감적 종들은 사물들의 기호이고 그들의 기원으로서의 사물들이 지닌 물질적 본성 들에 그대로 묶여 있다. 내적 감각에는 공통 감각, 상상력, 기억, 평가

---

6) C. Normore, "The Tradition of Medieval Nominalism", *Studies in Medieval Philosophy*, edited by J. F. Wippel, (Washington, D.C.: The Catholic University of America Press, 1987), pp.201-218 참조.
7) M. Tweedale, "Mental Representations in Later Medieval Scholasticism", J. C. Smith(ed.), *Historical Foundations of Cognitive Science*, p.35f.
8) 아퀴나스의 인식론과 심리학의 개요는 *Summa theologiae*, Ia 75-89에서 찾아볼 수 있다.

력(estimative power) 등이 있는데, 신체 기관들로부터 처음 가감적 종들을 전달받는 것은 공통 감각이다. 공통 감각은 다양한 감각 소여들을 결합하여 통일하는 일을 하며, 나아가서 다른 내적 감각들에 가감적 종들에 전달한다. 내적 감각들, 특히 상상력은 가감적 종들을 받아들여 사물들을 표상하는 또 다른 유형의 상, 즉 phantasm으로 변형한다. 영혼 안에서 가감적 대상들을 표상하는 상사물인 phantasm은 추상적이고 비물질적인 존재자다. 이제 phantasm은 능동 지성의 작용에 의해 또다시 변형되어 가능 지성에게 전달된다. 이성적 영혼은 물질적이고 감각적인 표상으로부터 직접 영향을 받을 수 없기 때문에 보편자 또는 가지적 종이 능동 지성에 의해 추상될 필요가 있는 것이다. 수동 지성이 가지적 종을 받아들임으로써 그것 안에는 각인된 종이 생기고, 그것은 보편적 개념, 표현된 종, 정신의 말이다. 능동 지성 앞에서 phantasm은 가감적 종들을 내용으로 갖는 표현이고, 또 그 가감적 종들은 가지적 종들을 내용으로 갖는 표현이다. 능동 지성에서 가능 지성으로의 전달 과정에서 가지적 종은 사물들의 본질의 표현이다.

2-2. 로저 베이큰의 광학과 기호론9)

13세기 주요 사상가들에 의해 공유된 것으로서 우리가 위에서 아퀴나스를 통해 확인한 견해는 그러나 베이큰의 종의 증가(multiplication of species)의10) 이론 안에서 광학, 심리학, 인식론, 논리학을 통합하려는 시도에서 더욱 확연히 그것의 함축과 적용력을 드러낸다. 우선 우리

9) 여기서 발표자는 타바로니와 태코에 크게 의존하였다. 그러나 로저 베이큰에 대한 가장 심도 있는 연구는 Linberg의 평생에 걸친 연구 업적에서 찾아야 한다. D. C. Lindberg, *Roger Bacon and the Origins of Perspectiva in the Middle Ages*, (Oxford : Clarendon, 1996) ; Lindberg, (ed. and trans.), *Roger Bacon's Philosophy of Nature*, (Oxford: Clarendon, 1983) 참고.
10) 베이큰은 "우리는 여기서 '종'으로 포오퓌리우스의 다섯 번째 보편자를 의미하는 것이 아니다 ; 차라리 이 이름은 어떤 것이든 자연적으로 행위하는 사물의 첫째 결과를 가리킨다"라고 쓰고 있다. D. Lindberg, op. cit., p.3.

는 베이큰에게서 지식 획득의 과정이 알 하젠을 통해 중세 광학 연구가들에게 전승된 시각 이론을 모델로 하여 설명되었다는 데 주목한다.11) 베이큰의 이론에 따르면, 한 가시적 대상은 빛과 색의 종을 인접한 투명한 매체 안에 생성 또는 증가시킨다. 이 종들은 또 힘, 형상, 이미지, 유사성(similitude), phantasm, simiracrum, intentio 등으로도 불린다.12) 이 종들은 또 그들과 가까운 매체에 종들을 증가시키며, 결국 대상의 표면의 모든 점들로부터 방해받지 않는 한 모든 방향으로 진행하는 광선들을 따라 연속적으로 종을 증가시키게 된다. 그리고 이 가시적 종들은 실체 역할을 하는 매체를 통해 대상의 우유성들을 보는 이의 눈으로 전달하며, 눈 위에 각인된다. 감각 기관에 일단 받아들여지면, 각 종은 시신경을 따라 내적 감각의 거처인 두뇌의 공터로 계속 증가된다.13)

여기서 주목해야 할 것은 외계 대상들의 도상적(iconic) 표상으로서의 개념 형성이 일종의 동화(assimilation) 과정이자 추상의 과정이라는 점이다. 또한 베이큰은 그것들의 도상적 성격으로 인해 종들이 그들의 대상들의 자연적 기호들(signa naturalia)로 파악될 수 있다고 주장했다. 이런 식으로 베이큰에게서 시각 이론이 개념과 외계 실재의 대응을 보장해주는 연결 고리가 되었다는 점은 우리가 단순히 인식론, 심리학, 시각 이론 등의 문제 영역만 다루고 있는 것이 아니라 언어 이론까지 대상으로 하고 있다는 사실을 깨닫게 해준다는 대단한 중요성을 지닌다.

---

11) Andrea Tabarroni, "Mental Signs and Representation in Ockham", in U. Eco and C. Marmo (eds.), *On the Medieval Theory of Signs*, Amsterdam: John Bejamins, p.206; K. Tachau, *Vision and Certitude in the Age of Ochkam*, (Leiden: E. J. Brill, 1988), p.3f.

12) Lindberg, op. cit., p.7.

13) R. Bacon, *The Opus maius of Roger Bacon*, trans. by R. Burke, (Philadelphis: University of Pennsylvania Press, 1928), Vol. II, pt. 5, 5th dist., ch. 2, pp.450-451 참조.

애냐 하면 "낱말들은 사물들을 직접적으로 의미하는가, 그렇지 않으면 우선 개념들을 의미하고 개념들의 매개를 통해 사물들에 도달하는가?" 하는 오랜 물음에 대해서 보에티우스가 『아리스토텔레스의 명제론 주석』에서 후자에 낙점한 이래 이 견해는 아퀴나스에 이르기까지 중세 논리학에서 주도적인 입장이었기 때문이다.14) 이 입장에서는 언어의 의사 전달 기능이 강조되며, 단적으로 의사 전달 없는 언어란 없게 되고, 따라서 타자나 자기 자신에게 의사 표명을 하려는 의지가 없는 한, 개념은 언어적 기호로 취급될 수 없다.

베이큰은 자연적 기호들이 사물들의 본성 자체가 기호들과 그것들이 가리키는 것간에 확립하는 추론적 연관 관계에 토대한다고 본다. 동물의 이동 경로를 보여주는 발자취와 그것이 표상하는 바를 생각하게끔 하는 심상이 대표적인 예다. 이 추론적 관계는 지성에 의해 확립된 것이 아닌 실재적 관계로서 발자취의 경우와 같이 인과적 관계이거나 심상의 경우처럼 유사성의 관계다. 이런 점에서 자연적 기호는 임의적으로 부과된 협약적 기호들과 다르며, 자연적 기호와 그것이 의미하는 대상간의 이 추론적 관계가 앎과 의미의 연결점이 된다. 물론 수탉의 울음이 새벽의 기호이고, 여명이 일출이 임박했음을 알리는 기호이듯, 습관 또는 한결 같은 공접의 경우처럼 연관 관계가 덜 확정적일 수도 있다.15)

베이큰은 추론의 메커니즘에 토대하지 않는 협약적 언어 기호들에서는 그것들의 상징적 성격을 강조한다. 이름을 부여하는 원초적 행위에서 중요한 것은 명명자가 이름을 부여하기로 결정한 것을 지칭하려는 의도가 중요하다. 그 반면 어떤 낱말과 화자의 마음에 항상

---

14) Tabarroni 외에 N. Kretzmann, "Aristotle on Spoken Sound Significant by Convention", in J. Corcoran(ed.), *Ancient Logic and Its Modern Interpretations*, pp.3-21 참조.

15) Bacon, *De signis*, in Fredborg, K. M., et al. (eds.), "An Unedited Part of Roger Bacon's 'Opus Maius' : 'De Signis'", *Traditio* 34, (1978), pp.82-83.

함께 떠오르는 개념의 관계는 그 낱말의 발화와 그 낱말에 대응하는 개념의 발생이라는 두 사건의 공존에 토대한 추론에 의해 성립하는 징후적 관계다. 그리하여 베이큰은 낱말들이 사물들을 직접적으로 상징적으로 의미하는 반면, 개념들의 경우는 자연적 기호로서 단지 징후적으로 의미한다고 결론짓는다.16) Tabarroni는 이러한 분석을 통해 베이큰이 진리 개념에 초점을 맞추기 위해 낱말의 의미를 언어의 의사 전달적 차원에서 해방시키는 결과를 낳았다고 본다.

3. 종의 배제

3-1. Henry of Ghent의 가지적 종 배제17)

가지적 종을 상정하는 이러한 주도적 전통에 대해 최초로 반기를 든 것은 1277년 대정죄에서 대단한 영향력을 행사한 Henry of Ghent였다. 감각적 지각에 관한 한 그는 베이큰의 종의 증가의 모델을 군말 없이 받아들였다.18) 그러나 그에 의하면, 능동 지성에 의해 일단 조명된 phantasm은 지성에게 그것의 대상을 제시할 수 있는 까닭에 지성적 인지 행위에 앞서 다른 어떤 특별한 가지적 종이 필요하지 않다고 한다.19) 헨리는 물리적 현상으로서의 phantasm이 지성 안의 비물질적인 종의 부분적 원인이라고 말하는 것조차 터무니없지 않은가 의심했다. 그의 생각으로는 가지적 종 따위가 있다면, 그것은 지성적 인지 행위 자체에 의해 창조되어야 마땅했다. 종을 외부로부터 받아들이는 일은 매체를 통해 물리적 대상이 신체 기관에

---

16) Ibid., pp.132-135, Tabarroni, op. cit., p.199로부터 참조함.
17) 이 부분은 태코에 의존하였다.
18) 태코는 Henry of Ghent, SQQ, a. 58, q. 2[II: 130r-v, G-H]를 전거로 들었다. Henricus Gandavensis, *Summa Quaestionem Ordinarium*, 2 Vols, (Paris 1520; repr. St. Bonaventure, N.Y., 1953).
19) 태코는 Quodlibeta, V, q. 14[I: 174rV]를 전거로 들었다. Quodlibeta, in R. Macken et al. (eds.), *Henrici de Gandavo Opera Omnia*, (Leuven: Leiden, 1979-).

작용할 때 그에 의해 영향을 받을 수 있는 인지 능력에나 적합한 것인데, 지성은 결코 그런 부류의 능력이 아니다.

3-2. 스코투스의 헨리 비판[20]

그러나 스코투스에 따르면, phantasm은 그것이 표상하는 바를 단일자로서 표상하는 까닭에 그것을 보편자로서 표상할 수가 없다. 동일한 표상이 어떤 것을 상반된 측면에서 표상할 수 없기 때문이다. 그러나 지성은 보편자로서의 보편자를 대상으로 갖는다. 따라서 보편자로서 보편자를 표상하는 어떤 다른 종이 필요하다.

스코투스는 상상력 안의 phantasm과 능동 지성이 협력하여 가능 지성 안에 추상적 하성(何性)의 표상을 산출한다고 주장한다. 이 과정은 지성이 그 하성을 파악하는 행위에 관여하기에 앞서 발생하며, 따라서 의당 하성들의 복합체로서의 명제들에 관해 어떤 행위를 하기에 앞서 일어난다. 지식은 명제들의 참됨을 파악하는 행위에서 결과되는 습관이다. 그러나 그 지식은 잠재적으로 이미 하성들이 지성 안에 표상되었을 때 현전한다. 기본적인 인지 작업은 감각 능력들의 산물에 대한 무의식적인 작용들에 의해 수행된다. 지성의 의식적 활동은 이 표상된 대상들을 파악하고, 그것들을 명제로 결합하며, 그 명제들의 참됨에 관해 판단을 내리는 일이다.

3-3. 아퀴나스에게서의 단일자에 관한 지식

또한 아퀴나스의 『신학대전』 제1부, 제86문, 제1조는 13세기말에서 14세기초에 걸친 시기의 인식론과 심리학을 이해하는 데 대단히 유효한 전력적 요충점이라 생각된다. 여기서 아퀴나스는 인간의 지

---

20) 이 부분은 트위데일, 태코, 타바로니에 의존하였다. 관련되는 텍스트는 Duns Scotus, *Philosophical Writings*, edited and translated by A. Wolter, (Indianapolis: Hackett, 1987), p.97f에서 찾을 수 있다.

성이 물질적 개별자들에 대해 지식을 지닌다고 하는 경험적 사실과 "보편적인 것은 지성에 의하여 인식되고, 개별적인 것은 감각에 의해 인식된다"는 아리스토텔레스의 격률 사이에서 진퇴양난에 직면한다. 그리고 이 딜레마를 벗어나기 위한 그의 궁여지책이 널리 알려진 그의 심상으로의 회귀 이론이다.21) 그는 "우리들의 지성이 물질적 사물 안에 있는 개별적인 것을 직접 그리고 일차적으로 인식할 수 없다"는 점을 분명히 하는 한편, "그러나 간접적으로, 일종의 반성에 의하여 개별적인 것을 인식할 수 있다"고 주장하였다.22)

중세 인식론의 쟁점들 중 가장 많은 논쟁을 불러일으킨 이 문제를 가리켜 루돌프 알러스(Rudolf Allers)는 "토미스트 철학의 가장 심각한 걸림돌이 될 수도 있다"고 했고,23) 세바스찬 데이(Sebastian Day)는 한 술 더 떠서 그것이 이미 후기 스콜라철학자들에게 너무도 심각한 걸림돌로 입증되었기 때문에 토미스트 이론의 원리들에 충실하면서도 그것이 설명할 수 없는 것을 설명하기 위해 새로운 이론이 생겨나게 되었었다고 주장했다.24) 여기서 데이가 염두에 두고 있는 것이 다름 아닌 스코투스와 오캄의 개별자에 대한 직관적 인지의 이론이다.

3-4. 스코투스의 직관적 인지와 추상적 인지의 구별

그러나 스코투스가 직관적 인지의 이론을 개발한 동기는 단지 아퀴나스의 단일자에 대한 지식의 문제를 해결하려는 데에만 있지 않

---

21) "reflexio ad phantasmata"라는 표현에서 "reflexio"가 의미하는 바에 대해서는 논란의 여지가 있다. 박전규 교수는 이를 "반성"으로 옮겼고, 더 나은 대안을 찾기는 어려우나, 더 심층적인 논의의 소지는 있다고 여겨진다. conversio ad phantasmata 와의 차이가 무엇인지도 중요한 쟁점 중의 하나다.
22) 토마스 아퀴나스, 『인간의 사고』, 박전규 역(서울 : 서광사, 1984), p.69 이하.
23) R. Allers, "The Intuitive Cognition of Particulars", *The Thomist*, 3 (1941), p.95.
24) S. Day, *Intuitive Cognition: A Key to the Significance of the Later Scholastics*, (St. Bonaventure: The Franciscan Institute, 1947), p.15.

았다. Tabarroni가 지적했듯, 그 동기는 너 일반적으로 종을 중심으로 한 시각 이론을 지식 이론의 모델로 삼은 베이큰 등 당시의 과학적 패러다임이 야기한 문제들을 해결하려는 맥락에서 찾을 수 있다.25) 예를 들어 이 패러다임은 만일 종이 시간적으로 지속하는 인상을 산출한다면, 주어진 순간에 우리가 보는 것이 지금 여기 있는 대상이요 그것이 부재중인 채 우리에게 남아 있는 인상에 불과하지 않다고 어떻게 확신할 수 있는가 하는 문제, 그리고 종이 대상과 동일한 본성을 지닌다면 따뜻한 대상의 지식 또한 따뜻해야만 하지 않는가 하는 문제들을 야기한다.

이 문제들을 해결하는 한 가지 방법은 Henry of Ghent등과 같이 종의 배제를 모색하는 것이다. 그러나 스코투스의 경우는 종의 필요성을 확신했고, 종의 이론을 직관적 인지의 이론을 도입함으로써 정교하게 가다듬으려 한 것이라 볼 수 있다. 직관적 인지는 인식 주체가 대상이 현전하고 현존한다는 것을 인식하는 방식으로 외부의 대상이 인식 능력에 영향을 미칠 때 일어난다. 추상적 인지는 외부의 대상 자체는 인식을 야기하지 않고, 인식 주체가 그 대상의 현존을 깨닫지 못하는 방식으로 일어난다. 직관적 인지에서와 달리 추상적 인지에서는 인식 능력 안의 종의 현전이 필수적이라고 스코투스는 생각했다. 또 설사 이 세상에서는 사용이 방해되더라도 지성의 본성상 감각 능력과 마찬가지로 직관적 인지가 가능하다고 생각했다. 다시 말해서 단일자에 대한 직관적 지식은 지성의 본성상 가능하다. 단지 이 세상에서는 사용할 수 없을 뿐이다.26)

---

25) Tabarroni, op. cit., p.199
26) A. Wolter, "Duns Scotus on Intuition, Memory, and Our Knowledge of Individuals", in his *The Philosophical Theology of John Duns Scotus*, (Ithaca: Cornell University Press, 1990), pp.98-124.

3-5. 오캄에게서의 직관적 인지와 추상적 인지[27)]

스코투스가 종 이론을 정교화하기 위해 직관적 인지의 이론을 도입한 데 반해, 오캄은 추상의 메커니즘을 배제하기 위해 스코투스의 직관적 인지와 추상적 인지의 구별을 받아들였다. 지성은 일차적으로 단일자들을 인식하며, 이 경우 그것은 직관적일 수도 추상적일 수 있다. 가감적 단일자들에 대한 지적 직관은 감각의 소산들을 통해 이루어진다 해도 여전히 지성적이다. 이 직관적 인식들을 즉각적으로 같은 단일자들에 대한 추상적 인식을 야기한다. 그리고 그것은 다시 인식 행위가 끝난 다음에도 지성 속에 남는 습관을 낳는다. 지성이 직관적 인식과 그것의 대상이 없는 상태에서 마음대로 추상적 인식을 갱신할 수 있게 해주는 것이 바로 이 습관이다. 다시 말해서 오캄에게서는 추상적 지식도 종에 의해 인과지워지는 것이 아니라 간접적인 방식으로, 직관적 인지 행위의 반복에 의하여 대상 자체에 의해 인과지워지는 것이다. 또 오캄은 스코투스의 경우와 달리 직관적 인지가 대상의 현전을 반드시 필요로 하지는 않는다고 주장했다.

3-6. 오캄의 종 배제

오캄은 인지에 관한 설명에서 매체에서나 감각에서나 지성 안에서나 막론하고 모든 종들을 배제했다. 그에 의하면, 종들은 경험적으로 알려지지 않는다. 우리가 가시적 대상을 보고 그것을 알아차릴 때, 우리는 그것으로부터 우리에게로 전해져오는 어떤 것도 알아차리지 못한다. 종을 상정하는 잘못은 시각을 전형적인 감각으로 취급하지 않는다면 범해지지 않을 것이며, 심지어 시각에서조차도 종은 필요치 않은데, 왜냐 하면 직관적 인지는 대상의 표상이나 이미지를 필요로 하지 않기 때문이다. 그뿐만 아니라 오캄은 표상을 통해서는 인지가 일어날 수 없다고까지 주장한다. 표상되는 것은 그것이 표상

---

27) 오캄에 관해서는 타바로니와 트위데일 외에 C. Normore, "Ockham on Mental Language"가 크게 도움이 된다. J.-C. Smith, op. cit, pp.53-70 참조.

되기에 앞서 알려져야 하기 때문이다. 시각을 위해서는 가감직 종이나 그것으로부터 추출되는 phantasm이나 가지적 종이 필요하지 않다. 필요한 것은 오직 인각된 성질(qualitas impressa)뿐이다.[28)]

이제 우리는 오캄의 기호 이론을 간략히 살펴봄으로써 그의 종 배제가 지니는 철학적 함축들을 더욱 깊이 이해할 수 있다. 프란치스코회의 선배, 베이큰과 스코투스의 전통을 이어 오캄은 낱말들은 개념들을 의미하는 것이 아니라고 보며, 나아가서 낱말들은 개념들에 대해 종속적인 기호들이며, 개념들이 직접적으로 그리고 자연적으로 의미하는 것과 동일한 것을 의미하도록 부과되었다고 주장한다.[29)] 개념들을 자연적 기호로 보는 입장은 아리스토텔레스를 따라 개념들이 모두에게 동일하다는 — 즉 그것들의 올바른 해석이 모든 사람에게 공통된다는 — 이유에서 지지되거나 베이큰을 따라 개념들이 그것들과 사물들간의 유사성 관계 덕에 사물들을 의미한다는 이유에서 지지되어 왔다. 이 두 관점간의 간격을 메우기 위해 베이큰은 한편으로 자연적인 반면, 다른 한편으로 비-자연적인 기호들의 범주 (voces naturaliter significative)를 생각했었다. 예를 들어 개의 짖음이나 환자의 신음 따위가 이 범주에 속한다. 타바로니(Tabarroni)는 오캄 역시 양 관점의 간격을 메꾸기 위해 베이큰이 생각한 이러한 범주에 속한 기호들을 고려함에 의하여 자연적 기호로서의 심적 기호에 관한 새로운 개념을 확보하고자 했다고 주장한다.[30)]

이 새로운 기호의 개념에서 무엇보다도 가장 중요한 것이 그의 표상적(repraesentativa) 기호와 언어적 기호의 구별이다. 표상적 기호는 단순히 지식의 재생자로서 일차적 지식으로 인도되지 못하고 이미 습관의 형식으로 소유된 지식을 현실적인 것으로 만들 따름이다. 다시 말해서 그것은 연상의 메커니즘에 의해 기억을 돕는 자극 역할

---

28) 이 문단은 태코의 설명에 의존했다. 태코, op. cit., pp.130-131.
29) Tabarroni, op.cit., p.199; Ockham, *Summa logicae* I, 1, 11, 26-34, pp.7-8.
30) Ibid., pp.200-201.

을 할 따름이다. 그 반면 언어적 기호는 단순한 지식의 재생자가 아니고, "명제"라는 복합 기호 안에서 동일한 유형의 다른 기호들과 더불어 대입되는 기능을 행사한다.[31]

　이 표상적 기호와 언어적 기호의 구별을 배경으로 할 때, 우리는 오캄의 종의 배제가 종, 유사물 따위의 도상적 기호가 기껏해야 표상적 기호로서 지식의 산출자가 아니라 재생자에 불과하다는 점을 지적한 것임을 알 수 있다. 지성 앞에서 대상을 대신할 표상을 상정하는 것이 필수적이지 않으며, 직관적 지식과 최초의 추상적 인지 행위를 위해 대상 자체로서 충분한 것이다. 나아가서 후속적 추상적 인지들도 최초의 추상적 인지 행위에 의해 생성된 습관에 의해 인과지워지게 된다. 그리하여 지각과 지식의 분야에서 오캄은 여하한 추론이나 영상의 과정도 배제할 수 있었다.[32]

　오캄이 광학 연구가들의 논의의 맥락에서는 완전히 동떨어져 작업했다는 타바로니의 지적은 간과할 수 없는 중요한 점을 건드리고 있다.[33] 위에서 보았듯, 베이큰에게서 광학 내지 시각 이론과 기호론이 혼연일체가 됨으로써 지식과 의미의 문제가 연결점을 얻었던 사실을 상기할 때, 이 점은 상당한 함축을 지닐 것이 명백하다. 왜 오캄은 광학과 시각 이론을 그의 지식론과 기호론과 연결시켜 논의하지 않았는가? 나아가서 왜 그의 지식론과 기호론은 서로 잘 맞아들어가지 않는 것처럼 여겨질까? 왜 그는 표상적 기호를 포함하는 언어 이론을 표방하는 한편 지식 획득에서 표상의 지위를 격하시킨 것일까? 이러한 의문은 자연스레 오캄의 정신 언어 이론에 대한 심층적 연구로 이어지게 되고, 특히 정신적 논리어(mental syncategoremata)의 문제가 중심 쟁점으로 부각될 것이다. 그러나 이 문제들에 대한 논의는 다음 기회로 미루도록 하자.

---

31) Ibid., pp.201-206.
32) Ibid., p.209.
33) Ibid., p.208.

4. 영국 경험론에서 찾아보는 과거의 유산과 새로운 시도들

4-1. 로크의 빛 설명

플라톤의 입장은 중세 철학자들에게서도 이미 배척된 바 아리스토텔레스의 온건 실재론적 입장에 대한 로크의 비판을 살펴보는 것이 의미가 있을 것이다. 로크는 아리스토텔레스류 이론들이 상정하는 소위 실체적 형상은 인간 오성의 약함 속에서 인간의 무지를 일시 완화하고 그들의 오류를 덮어주는 데 너무나도 잘 봉사하는 횡설수설이라고 비난한다.[34] 그에 따르면, 그 이론을 비판하는 것은 너무도 쉬운데, 왜냐 하면 조금만 반성해보면 인간이란 종의 모든 구성원들에게 공통되는 실체적 형상 따위의 실재적 본질을 알지 못하기 때문이다. 우선 만일 이런 실재적 본질을 우리가 안다면, 우리는 그것을 경험하기에 앞서 알아야만 할 것이다. 또 만일 우리가 실재적 본질을 안다면, 우리는 경계선상의 사례들이 난점을 일으키지 않는 각각의 종들의 경계를 정확하게 알아야 할 것이다.[35]

로크는 소위 보편자란 우리가 만들어낸 것이라 생각한다. 그것은 우리의 오성이 그 자신의 용도를 위해 만든 발명품 내지 창조물이고, 그것은 낱말이든 관념이든 오직 어떤 기호들에만 관계된다. 애런이 지적했듯, 이 점에서 우리는 로크가 오캄의 철학을 재천명하고 있다고 볼 수 있고, 특히 논리학이 기호의 이론이라 본 점에서 오캄과의 연계성에 주목하게 된다.[36] 이런 의미의 보편자의 기능은 무엇인가? 이에 대한 로크의 해답은 주지하듯 그의 명목적 본질의 이론에서 찾을 수 있다. 그에 의하면 우리가 명목적 본질을 실재적 본질로 오인하는 실수를 범한다. 명목적 본질은 정신에 의해 발견된 것이 아니라

---

34) Locke, *An Essay Concerning Human Understanding*, Bk.4, Ch. X, 14.
35) R. I. Aaron, *The Theory of Universals*, (Oxford: Clarendon, 1952), p.24f.
36) Ibid., p.27.

그것에 의해 만들어진 것으로, 실재하는 세계의 본질이 아니라 우리의 담론의 세계 안의 본질이고, 우리의 담화와 사고의 방식들에 속하는 것이다. 그러나 그는 그것을 낱말과 동일시하지 않음으로써 유명론과도 거리를 취한다. 그에게서 일반적 낱말은 항상 일반적 관념을 나타낸다.[37]

명목적 본질의 기원을 이해하기 위한 단서로 애런은 다음 세 가지 요소를 꼽는다.[38] 첫째, 일반화할 때 우리 정신 앞에 현실적으로 있는 것은 대표적 성격을 지니는 특수자다. 그 특수자는 같은 종류의 모든 특수자들을 대표한다. 둘째, 정신이 종류를 만드는 방식을 핵심적 성질들을 특수자들간의 차이점들을 연속적으로 사상함으로써 궁극적으로 그것들 모두에 공통적인 것을 추상해내는 과정으로 설명한다. 셋째, 보편자는 고정되고 불변적인 의미로 파악된다. 명목적 본질에서 우리는 그것의 내용, 그것의 내포에만 관심을 둔다. 낱말들의 사용에 관심을 갖지만, 그것들의 사용은 의미를 지니며, 그것들이 의미하는 바는 일반적 관념 내지 개념이다.

과학사가들의 보고에 따르면, 뉴턴의 『광학』으로 대변되는 당대의 주도적 이론은 투사 이론으로서, 이 이론에 따르면 발광체로부터 방사된 작은 물질의 입자들에 의해 광학적 현상이 설명된다고 한다.[39] 여기서 중요한 점은 뉴턴의 이론이 로크적 미립자설의 언어로 표현되었다는 사실이다. 주지하듯, 색은 고체성, 연장성, 형태, 운동, 수 등의 제1성질들처럼 물체 자체에 있지 않은 제2성질이며, 시각적 감각을 제1성질들을 지닌 대상들에 의해 설명하는 이 프로그램을 로크

---

37) Ibid.
38) Ibid., p.28f.
39) G. Cantor, "Light and Enlightenment: An Exploration of Mid-Eighteenth-Century Modes of Discourse", in D. Lindberg and G. Cantor, *The Discourse of Light from the Middle Ages to the Enlightenment*, (LA: William Andrews Clark Memorial Library, UCLA, 1985), pp.69-70; 조지 버클리, 『하일라스와 필로누스가 나눈 대화 세 마당』, 한석환 역(서울 : 철학과현실사, 1997), p.104 참조.

는 그의 마음 이론 안에 위치시키고 지식론과 결합시켰다. 그리고 Kretzmann이 로크의 의미론의 주요 테제라 부른 "낱말들은 관념을 의미한다"는 생각이 그의 경험주의적 심리 이론과 결합되었다는 점을 우리는 주목한다.40)

주지하듯, 표상적 실재론자로서 로크는 우리 관념의 궁극적 원천은 외계라 주장한다. 그에 의하면, 관념은 낱말들에 의해 표현되고 또 정신은 추상적 관념을 만들 능력을 지닌다. 낱말들은 그 자체로는 공허한 기호들이고, 그것들은 관습에 의해 특정 관념들에 결부됨으로써만 의미를 획득한다. 한마디로 낱말과 관념의 관계는 협약이고, 만일 화자와 청자가 같은 협약을 공유한다면 그리고 공통의 경험을 지닌다면, 화자의 마음 안에서 특정의 관념을 의미하는 낱말은 유사한 관념을 청자의 마음 속에 불러일으킨다. 나아가서 로크는 언어의 주된 기능을 의사 전달에서 찾았다.

로크는 감각에 의해 우리가 받아들인 관념들이 종종 성인들의 경우 판단에 의해 변한다는 주제를 다루는 맥락에서 몰리뉴가 그의 광학 저술에서 제기한 문제를 논의하였다. 날 때부터 맹인으로 이제는 성인이 되었고, 그의 촉각에 의해 같은 금속으로 만들어졌고 크기도 같은 정육면체와 구체에 대해 어느 것이 정육면체이고 어느 것이 구체인지를 가려내는 법을 배웠다고 가정하자. 그리고 또 그가 갑자기 시각을 찾았다고 가정하자. 이제 책상 위에 정육면체와 구체를 올려놓고 그에게 보게끔 했다고 가정하자. 만져보기에 앞서 그가 시각에 의해 어느 것이 어느 것인지 가려낼 수 있겠는가? 몰리뉴와 로크는 모두 한결같이 "아니오"라고 답했다.41)

---

40) N. Kretzmann, "The Main Thesis of Locle's Semantic Theory", in *Locke on Human Understanding*, edited by I. C. Tipton, (Oxford: Oxford University Press, 1977), pp.123-140.
41) Locke, op. cit., 2.9.8.

이 몰리뉴 문제의 의미와 중요성에 대해서는 다양한 해석이 가능할 법하다. 그러나 어떤 해석을 부과하든간에 이 문제를 흥미롭게 하는 까닭은 그것이 우선 형태라고 하는 소위 제1성질과 관계되고 있고, 로크는 모든 외관을 미립자들의 운동으로 설명하는 프로그램을 일관되게 견지해야 하며, 그런 형편에서 지식의 기원과 원리 사이에 괴리가 생겼음직하다는 데서 찾을 수 있을 법하다. 미립자들의 운동과 충돌을 우리는 감각을 통해 경험했다고 할 수 있는가? 몰리뉴 문제의 인간이 구체를 볼 때 그가 갖는 관념과 구체 사이에는 유사성이 존재해야 한다. 또 그가 촉각으로 구체를 인지할 때 그가 갖는 관념과 구체 사이에도 유사성이 존재해야 한다. 그러나 그러한 유사성을 보장해주어야 할 미립자들의 형태에 대해 우리는 아무런 판명한 관념도 지닐 수 없지 않은가?

4-2. 버클리의 시각 언어와 추상 비판

버클리는 일반적 낱말이 일반적 관념을 나타낸다는 로크의 언어 이론을 비판하는 데서 출발한다.[42] 로크는 언어의 목적과 기능을 무시했다는 것이다. 언어는 기술적, 의사 전달만을 목적으로 하지 않는다. 나아가서 언어의 목적이 전적으로 기술적 목적에 있다 해도 로크는 여전히 오류를 범하고 있다. 로크는 일반적 낱말이 사용될 때마다 정신 안에 확정된 관념이 있다고 가정했다. 버클리는 바로 그 점을 부인한다. 인간은 일반적 사고와 의사 전달에서 일반적 낱말을 사용하지만, 그것들과 연결되는 확정된 관념을 갖고서 그리하는 것은 아니다. 낱말들은 모호하게 사용된다. 일반적 낱말들은 하나의 명확한 관념을 의미하는 것이 아니라 모호하게 다수의 특수자들을 의미한다.[43]

주지하듯, 버클리의 유물론 비판에서 최대의 무기로 사용된 것이 물질이란 단지 추상에 불과하다는 그의 주장이다.[44] 그의 esse est

---

42) Aaron, op. cit., p.42.
43) Berkeley, "Introduction" to *A Treatise Concerning the Principles of Human Knowledge*, Luce and Jesssop, Vol. 2, section 10f.

percipi 원리가 채택된 후 특히 연장, 계기, 운동 등의 추상적 관념들을 논의하면서 버클리는 이것들을 구체적으로 생각할 필요를 강조했다. 우리가 아는 유일한 연장은 보여진 형태와 느껴진 형태뿐이다. 즉 경험된 연장, 과학자들의 연장은 경험되지 않은 것이고, 따라서 존재하지 않는다. 그러므로 연장 자체, 절대 공간, 계기 자체, 순수 시간, 이상적 삼각형, 절대 운동 따위는 모두 철학자들이 만들어낸 허구에 불과하다.45)

그의 관념들에 대해 보편적 기호들을 사용할 기회를 얻지 못하는 그러한 환경에서 나서 양육된 외로운 인간을 상정해 보자.46) 그의 정신 속에 일련의 특수한 관념들이 있을 것이다. 그가 여가를 얻어 명상하고 지식을 얻게 되었다고 가정하자. 그런 사람은 학교에서 정상적 교육을 받은 사람들보다 아직까지 알려지지 않은 위대하고 탁월한 진리들의 발견에 더 가까이 접근하리라고 버클리는 생각한다. 그의 지식이 그다지 광범하지 못할 수도 있다는 점은 인정한다. 그러나 설사 그의 지식의 양이 적다 할지라도, 다른 사람들보다 오류를 적게 범할 법하다고 한다. 이 사고 실험의 교훈은 일반화하고 추상하기 시작하는 순간 우리는 스스로 난점들을 만들고 있다는 점이다. 아울러 지식의 증대에 추상 관념들이 필수적이지 않으며 모든 참된 지식은 특수자들에 관한 것이라고 버클리는 생각한다. 아이러니컬하게도 버클리가 수학적 사유 때문에 결국은 추상 관념을 인정했다는 것은 사실이고, 또 대단히 중요한 쟁점이다. 그러나 이 문제를 다루는 것은 본 발표문의 범위를 넘어선다.47)

---

44) 우리의 관심이 버클리의 유명론에만 집중되었더라면, R. G. Muehlmann, *Berkeley's Ontology*, (Indianapolis: Hackett, 1992)가 출발점이 되어 마땅하다. 그가 G. Bergmann류의 아이오아학파 출신이라는 점에도 주목해야 한다.
45) Ibid., p.45.
46) Ibid., p.46 ; *First Draft of the Introduction to the Principles*, The Works of George Berkeley, edited by A. A. Luce and T. E. Jessop, Vol. 2, p.141.
47) D. M. Jesseph, *Berkeley's Philosophy of Mathematics*, (Chicago: The University of Chicago Press, 1993) 참조.

앞서 중세말 철학자들이 광학, 기호론, 인식론, 심리학이 혼연일체를 이루는 맥락에서 작업했다는 점을 주목한 바 있는 까닭에, 우리는 버클리가 최소한 두 편의 저서를 — 즉, *An Essay Towards a New Theory of Vision*과 *The Theory of Vision or Visual Language shewing the immediate Presence and Providence of a Deity Vindicated and Explained* — 시각 이론의 문제에 바쳤다는 사실에, 그리고 특히 그가 데카르트, 말브랑슈 등을 위시하여 광학 저술가들을 신랄하게 비판한 데 대해 특별한 관심을 갖게 된다. 그러나 버클리가 광학 저술가들을 비판한 것은 기학학적, 광학적 사실들 때문이 아니라 그들이 채택하는 심리학적 모델 때문이었다. 그들은 측량 기사가 거리를 측정하듯 우리가 거리를 지각한다고 주장하고 있다. 그것은 우리가 다양한 각도들의 크기에 관해 명확한 관념을 갖고 이 정보를 이용하여 적절한 기하학의 공식을 통해 거리를 계산한다는 이야기가 된다. 그럴 경우 주어진 데이터는 공간적 척도의 추상 관념들이 되고, 계산 공식들은 감각적, 경험적 규칙성이 아니라 관념들 간의 필연적 연관성을 반영하는 기하학의 정리들이 된다. 나아가서 이 계산들로부터 도출된 거리의 관념은 감각적 기원과 내용을 갖는 것이 아니라 그 자체가 하나의 추상 관념이 될 것이다.[48]

버클리는 이러한 거리 지각의 모델이 비현실적인 심리학적 처리 과정을 전제한다고 본다. 특히 그는 그의 논적들이 기하 광학의 명제들과 지각에서 일어나는 일에 대한 심리학적 해명을 혼동하고 있다고 생각한다. 기하 광학자들이 계산과 추리에 의지하는 데 반해, 버클리의 모델은 오직 감각 경험과 한 관념이 다른 관념을 시사하는 연상의 과정에만 호소한다. 이러한 이론의 한 가지 흥미로운 적용 사례가 거리 지각의 문제에서 찾아진다.

버클리에 의하면, 통념과는 달리 거리와는 무관한 비시각적인 감

---

48) R. Schwartz, *Vision: Variations on Some Berkeleian Themes*, (Oxford: Blackwell, 1994), p.18.

각 경험들이 중간적 심리 단계들을 거쳐 거리에 대한 시각적 관념들을 생기게 한다. 따라서 버클리는 거리는 직접적으로 보이지 않는다고 하는 충격적이고 논쟁의 여지가 많은 주장을 펴기에 이른다. 우리는 직접적으로 시각에 의해 거리를 지각하는 것이 아니라 다만 우리의 시각적 경험과 다양한 거리의 관념들을 연관짓는 법을 배울 뿐이라는 것이다. 그는 이 감각들과 그것들이 방아쇠를 당기는 거리의 관념들간에 어떤 필연적 연관도 없으며, 그것들간에 어떠한 유사성도 없다고 본다.49) 그럴 경우, 그 신호 내지 단서들은 단어들과 마찬가지로 우리가 그것들의 의미를 해석해야 하는 기호들이 되고 만다.50) 그러나 버클리는 이 주장을 떠받치는 직접적이고 설득력 있는 논변을 제시했다기보다는 그의 형이상학 이론에서 핵심적인 "어떤 유의미한 추상 관념도 없다는 주장"에 입각하여, 그의 경험론과 반-추상주의에 반대하는 견해들, 즉 우리가 이성에 의해 거리의 관념들을 도출할 수 있다는 광학 저술가들의 주장과 우리가 촉각적 경험과 시각적 경험에 의해 공유되는 공간의 관념을 갖는다는 주장에 대한 비판에 치중했다고 할 수 있다. 그는 그의 인식론과 형이상학에 부합되는 동시에 경험적으로 적합한 대안적 시각 이론을 모색하는 연구 프로그램을 짜고 있었던 것이다.51)

우리의 직접적 시각 경험들이 공간적 거리의 관념들의 기호로 구실함으로써 우리는 공간적 거리를 지각한다는 버클리의 이론에서 이 이질적인 관념들은 학습에 의해 연결 고리가 만들어진다. 과거의 연합에 의해 형성된 습관이 우리의 시각과 눈의 근육 운동의 신호를 운동과 접촉에 의해 얻은 공간에 대한 우리의 촉각적 관념들을 연결해준다. 우리의 시각 경험에 공간적 의미를 부여하는 것은 이 촉각적 관념들이다. 기호 해석의 과정에서 기호와 그것이 나타내는 바 사이에는 필연적 연관이 없다. 우리는 기호의 의미를 배워야 한다. 그러

---

49) Ibid.
50) Ibid., p.23.
51) Ibid., p.51.

나 일단 그것들간의 연결이 확립되고나면 우리는 실제 기호들과 맞닥뜨렸을 때, 그것들에 거의 주목하지 않는다. 우리의 마음은 그 기호가 방아쇠를 당기는 의미 또는 해석으로 비약한다. 또한 그는 지각에 대한 지성주의자들을 비판했다. 버클리는 "추리(inference)"라는 단어를 그 자신의 모델과 광학자들의 모델 모두를 기술하는 데 쓰고 있다. 그러나 『시각 이론 또는 신성의 직접적 현전과 섭리를 보여주는 시각적 언어의 옹호와 설명』 및 다른 저작들에서 그는 그런 용법이 그릇되었음을 시인한다. 그리하여 "추리"는 기하학에서의 연역과 같은 사유 과정에 국한된다. 그 자신의 모델, 즉 한 관념이 다른 관념에 의해 방아쇠가 당겨지는 연상의 메커니즘에 대해서 버클리는 "시사(suggestion)"라는 단어를 사용했다. 이 시사의 과정은 감각과 습관의 작용으로서 지성의 일이 아니라고 한다.52)

버클리의 시각의 언어 이론에서는 시각적 기호들과 그것들의 지시체들간의 관계는 법칙적이지 않다. 이 연관 관계는 인간의 고안물이 아니고, 시각 언어는 자연 또는 신의 언어라는 것이다.53) 언어 유비를 통해 무엇이 무엇과 연결되는지 우리는 선험적으로 이성을 통해서나 유사성에 의해서 말할 수 없다. 버클리는 시각 관념들의 표상적 기능을 언어와의 유비를 통해 이해했고, 그럴 경우, 발화된 음성이 마음에 임의적으로 그러나 습관적으로 그것과 연합된 의미들을 불러일으키듯 시각적 관념들은 임의적으로 그러나 습관적으로 연결된 다른 관념들을 마음에 불러일으킴으로써 표상한다.54)

몰리뉴 문제에 관해 버클리는 만일 로크와 몰리뉴가 옳다면, 이 해답은 거리, 형태 그리고 운동이 공통적 감각 가능자라는 입장과 일관되지 않다는 점을 보이고자 했다. 왜냐 하면, 만일 어떤 구형의 물체에 대한 시각적 경험이 그 물체에 대한 촉각적 경험과 같은 종류

---

52) Ibid., pp.85-86.
53) Ibid., pp.144-145.
54) M. Atherton, *Berkeley's Revolution in Vision*, Ithaca: Cornell University Press, p.215.

의 것이라면, 각각의 관념은 같은 이름으로 불리는 것이 정당화해줄 어떤 공통 요소를 지녀야만 할 것이고, 따라서 몰리뉴 문제의 인간은 그 물체에 대한 시각적 경험과 촉각적 경험에 공통되는 이 요소 덕에 한 눈에 — 즉 시각에 의해 — 이 구형의 물체를 인식할 것이기 때문이다.55)

4-3. 흄의 인상과 관념의 이론

흄은 버클리의 추상 비판을 학계에서 최근 이루어진 가장 위대하고 가장 가치 있는 발견들 중 하나로 기술하고 있다.56) 표상에서 제아무리 일반적인 것이 된다 해도 추상 관념들은 그 자체로 개별자들이라고 그는 주장한다. 마음 속의 심상은 사유에 적용될 때 마치 그것이 보편자인 것처럼 동일하게 여러 대상을 의미하더라도 그 자체는 특수한 대상에 대한 것일 따름이라는 것이다. 일반 관념들은 특정 명사에 결부된 특수한 관념들로서 그 특정 명사가 그것들에 더 광범한 의미를 주고 그것들과 유사한 다른 개체들을 만났을 때 그것들을 상기시키는 것이다.

이 이론이 흄에게 중요했던 까닭은 "우리의 모든 관념들은 우리의 인상들로부터 모사된다"는 그의 원리를 생각할 때 자못 쉽게 이해할 수 있다. 일반 관념들도 예외 없이 우리의 인상들로부터 모사된 것이어야만 한다. 그리고 그것들은 이성에 의해 인지되는 지성적 관념일 수 없다. 그의 경험주의 원칙의 귀결로 흄은 결국 다른 특수자들의 대표 기능을 하는 특수 관념들이 아닌 한 추상 관념을 인정하지 않는다. 정신은 각각의 정도에 대한 정확한 관념 없이는 그 어떠한 양이나 질의 관념도 형성할 수 없다는 그의 이론을 떠받치기 위해 흄

---

55) Essay, 2.9.8; Atherton, p.191; 조지 버클리, 『하일라스와 필로누스가 나눈 대화 세 마당』, p.130 참조.

56) D. Hume, *A Treatise of Human Nature*, edited by L. A. Selby-Bigge, 2nd ed. by P. H. Nidditch, (Oxford: Clarendon, 1978), p.17.

은 다음과 같은 논거들을 제시한다. 첫째, 순수 직선, 순수 연장 따위
의 추상들에 관해 이야기하는 것은 한 사물의 본질적 부분을 그 사
물 자체로부터 추상하는 터무니없음을 포함한다. 둘째, 모든 관념들
은 인상들의 모사물들이고 인상은 확정적이므로, 추상 관념을 포함
한 모든 관념들은 마찬가지로 확정적이어야만 한다. 셋째, 자연 안의
모든 것은 개체, 즉 정확하게 확정된 특수자다. 실재하는 어떤 사물
이 확정적이지 않다고 상정하는 일이 터무니없는 것처럼, 관념이 확
정적이지 않다고 하는 것도 마찬가지로 터무니없는 일이다.57)

유사성을 중심으로 하는 실재론자와 유명론자들간의 논쟁은 으레
실재론자가 유사성이란 결국 어느 한 특정 측면에서의 유사성이고,
그것은 보편자에 다름 아니라는 논거를 통해 공세를 취할 때 유명론
자가 어떻게 절묘하게 방어하느냐 하는 점에서 클라이맥스에 달하
곤 한다. 이 점에서 기본적으로 흄이 가까이는 오캄, 멀리는 아벨라
르에게서 발견되는 것과 동일한 논거에 의해 유명론을 옹호했다는
와인버그의 관찰은 정확하다고 생각된다.58) 이제 흄에게서도 나름
대로의 새로운 요소가 발견되는데, 그것은 사물들간에 공통적 요소
가 전혀 없더라도 그것들간에 유사성이 성립할 수 있다는 주장이다.
로크가 이미 지적했듯, 특히 단순자들간의 공통적 특징을 찾는 문제
는 유명론자가 고심하지 않을 수 없는 문제다. 흄은 비록 그것들의
완벽한 단순성이 분리나 구별의 모든 가능성을 배제하더라도, 파랑
과 초록은 다른 단순 관념들이지만, 파랑과 주홍보다는 더 유사하다
고 주장한다.59)

---

57) Ibid., pp.18~21.
58) Weinberg, *Abstraction, Relation, and Induction*, p.35, 37. 여기서 와인버그는
매우 적절하게 아벨라르와 오캄으로부터의 인용문들을 병치하고 있다: "secundum
quod ipsi ad invicem conveniunt"(아벨라르); "non debet concedi quod Sortes et
Plato in aliquo conveniunt nec in aliquibus, sed ...... conveniunt aliquibus quia
seipsis"(오캄).
59) Aaron, op. cit. p.637 ; Weinberg, *Abstraction, Relation, and Induction*, p.37.

애럽이 지적하듯 흄에게서 중요한 또 다른 요소는 그의 성향 이론이다. 흄에 의하면 여러 대상들에서 일단 유사성을 발견하고나면 우리는 흔히 생각하듯 그 유사성에 입각하여 공통성을 추상할 필요 없이 같은 이름을 그것들에 적용한다. 그것들간에 여하한 차이가 보이든지 같은 이름을 적용하는 습관을 획득하고나면, 그 이름을 듣게 될 경우 이 대상들 중 하나의 관념을 되살리게 된다고 한다.60)

이제 주목해야 할 것은 그의 유사성 이론과 성향 이론에 바탕을 두고 흄이 그 자신의 프로젝트를 사변적 형이상학자와 독단적 회의론자 양자에 모두 반대하는 해부학자의 프로젝트로 파악했다는 점이다. 뉴턴이 자연과학에서 성취한 바를 인간학에서 성취하겠다는 흄의 야심은 어쩌면 오늘날 인지 과학의 이념을 오래전에 선취한 것일지 모른다.61) 이런 관점에서 흄의 공간의 관념에 관한 논의, Missing shade of blue 문제62) 그리고 그의 자연주의적 의미론63) 등을 논의하는 것이 절실히 요구된다.

5. 맺음말

주마간산격으로 중세 말기 유명론과 18세기 영국 경험론을 훑어본 결과 무엇이 얻어졌는가? 처음부터 실증주의, 자연주의, 과학주의, 유명론, 경험론 따위의 이름에 얽매여 선결 문제 요구의 오류를 범하지 않겠다고 내심 다짐하기는 했었지만, 그러한 것들의 매개가 없을 경우, 본 발표문의 내용처럼 너무도 방향 없이 오리무중 상태에 내던져지게 되는 것 같다. 그러나 아무 문제가 없는 것처럼, 아니면

---

60) Ibid., p.20.
61) Hume, *Treatise*, xviii; J. Biro, "Hume and Cognitive Science", J-C. Smith, op. cit, p.120.
62) Biro, op. cit. 참조.
63) J. Perry, *The Problem of the Essential Indexical*, (Oxford: Oxford University Press, 1993), pp.285-287.

모든 문제가 명쾌하게 해결된 것처럼 깔끔한 글의 구색을 갖추는 것보다는 현재의 처지를 있는 그대로 드러내고 신음을 발하는 것이 더 의미 있는 일이리라 자위해본다. 물론 오캄을 기점으로 해서 오늘날의 분석철학자들의 작업과 흡사한 논리학과 언어철학의 문제들에 관한 논의가 자연과학적 탐구들로부터 분리되어 논의되는 경향이 짙어진 듯하다든가 하는 막연한 느낌을 받지만, 거기에 의존해서 그 문제들에만 집중하여 과거와 현대의 철학자들을 단순 비교하는 일은 별 의미가 없어보인다. 예를 들어, 위에서 우리는 고래의 철학자들이 언어의 기능과 관련하여 진리의 표상이나 의사 전달 그리고 감정 표현 등등의 선언지들을 놓고 고심하며 갈팡질팡한 것을 보았는데, 사정은 20세기말에도 매한가지임을 알 수 있다. 더밋은 여전히 언어가 의사 전달의 도구와 사고의 탈 것이라는 두 가지 주된 기능을 가진다고 보면서 이것들 중 어느 것이 더 일차적 기능인지 집요하게 묻고 있는 것이다.64) 이 문제를 통해 과거와 현재의 교류가 진정으로 이루어지려면, 위에서 논의된 옛 철학자들의 이론과 개념들의 온갖 주름들이 고려되어야 마땅할 터인데, 그러한 친절한 대접을 더밋 등에게서 기대하기는 현실적으로 불가능하다고 여겨진다.

주어진 시간도 유한하고, 능력도 유한한 까닭에 오늘 다룰 수는 없으나 위의 논의를 통해 발표자에게 가장 시급하게 절실하게 요구되는 연구 과제라 여겨지는 바는 (1) 왜 표상에서 흄이 로크와 달리 (또는 로크보다 더) 유사성의 요소를 (다시금) 도입하게 되는가? ; (2) 제리 포더의 연구 결과와65) 오캄의 정신 언어 사이에는 어느 정도의 유사성이 존재하는가? ; (3) 자연화된 의미론과 정신주의간에는 여하한 상관 관계가 있는가 등이다.

오늘날 표상의 문제를 논함에 다른 여러 라이벌 이론들의 존재에도 불구하고 논의의 초점은 결국 포더의 이론인 것으로 보이며,66)

---

64) M. Dummett, *The Seas of Language*, (Oxford: Clarendon Press, 1993), p.166.
65) 포더, *Psychosemantics*, (Cambridge: MIT Press, 1987) 등 참조.

촘스키가 데카르트에까지 소급한 전통의 맥을 오캄을 통해 중세 사상가들에게까지 소급시킬 수 있다고 한다면,[67] 우리는 문제의 역사, 개념의 역사를 써야 할 만한 한 가지 좋은 과제를 얻은 셈이다.

예컨대 정성호 교수의 논문 「포도어의 심적 표상론」은 그의 논쟁적 스타일로 인해 난해하기 짝이 없는 포더 이론의 본질적 요소들을 대단히 명쾌하게 드러내 보여주었을 뿐만 아니라 영국 경험론자들에 대한 철학사적 언급까지 곁들인 훌륭한 글이다.[68] 발표자는 이 글에서 포더의 이론에 대한 평가를 시도할 여력이 없으므로, 정교수의 글에서 철학사적 논의가 담겨진 두 단락을 인용하고 이들에 대해 간략히 논평함으로써 지금까지 논의된 바들이 홀연히 심각한 중대성을 획득하게 되기만을 기원한다.

전통적으로, 표상주의자들은 마음이 직접으로 포착할 수 있는 것은 추상적인 어떤 것, 즉 속성 혹은 관념뿐이며, 그것들이 외부 세계 속의 성질 혹은 사물을 표상함으로써 세계에 대한 인식이 가능하다고 주장했다. 그러나 그들 가운데서 누구도 마음이 어떻게 추상적인 것을 사고의 대상으로 포착하는가에 대한 설명을 적절하게 한 일은 없었다. 그들은 대부분 플라톤과 아리스토텔레스를 따라서 속성과 관념은 "직접으로(directly)", "매개를 거치지 않고(immediately)", "즉자적으로(immanently)", 마음에 "주어진다(given)"라고만 말했을 뿐이었다. 포더는 아마도 이 "포착", "직접성", "주어짐"의 행위를 소위 "신비"로 남겨두지 않고 구체적인 설명을 시도한 최초의 철학자일 것이다[각주 : 표상에 대한 최초의 자연주의적 설명을 로크의 인과적 지각론에서 찾는 것은 적절하다 ……].[69]

그런데 우리는 지향성에 대한 로크의 경험주의적 설명이 버클리와 흄에

---

66) Biro, op. cit., p.120; S. Silvers(ed.), *Rerepresentation* (Boston: Kluwer, 1989)에 수록된 논문들 참조.

67) Normore, op. cit., p.67.

68) 정성호, 「포도어의 심적 표상론」, 『철학』 53(1997, 겨울), pp.237-284.

69) Ibid., pp.243-244 ; 여기서 정교수는 R. Cummins, "Representations and Covariation", S. Silvers, *Rerepresentation*, (Boston: Kluwer, 1989), pp.19-37에 크게 의존하고 있다.

의해서 심각한 도전에 직면함을 철학사에서 발견한다. 사실, 지향성에 대한 최초의 그리고 가장 강력한 비판은 버클리에 의해서 제시되었다. 버클리에 의하면, 우리 마음이 직접적으로 포착할 수 있는 것은 관념뿐이므로, 그 관념이 마음 외부의 세계와 어떤 관계에 있는지 알 방도가 없을 뿐만 아니라 현상과 실재를 구별하여 말하는 것도 이치에 맞지 않는다. "우리는 우리 자신의 관념을 벗어날 수 없다"는 버클리의 선언만큼 지향성의 가능성에 대한 부정을 극명하게 표현한 경우가 없다.70)

둘째 인용문에 뒤이어 정교수는 포더가 지향성을 규명하면서 인과성과 더불어 강건성을 첨가한 것을 버클리의 비판을 극복하기 위한 하나의 시도로 간주해도 무방하리라고 주장하며, 이 점은 현대 첨단 심리철학의 논의가 여전히 18세기 철학자로부터 도움을 얻고 있음을 단적으로 보여준다. 그런데 그 정도로 탁월한 철학사적 안목을 지니고 있는 정교수가 첫째 인용문에서 가정하고 있는 바는 최소한 지극히 의심스럽다고 하지 않을 수 없다. 플라톤과 아리스토텔레스에 대한 정교수의 주장을 평가하는 일은 서양 고대철학 전공자들에게 맡겨두고, 발표자는 위에서 거론한 바에 의해 중세 사상가들 중 상당수가 소위 자연주의적 설명을 시도한 선각자라는 점이 분명해졌기만을 기대한다.

조금 더 욕심을 부린다면, 정교수로부터의 첫째 인용문에서 그가 개념 형성의 문제와 형성된 개념을 어떻게 받아들이는가의 문제를 구별하지 않았다는 점을 지적할 수 있을 것이다. 만일 정교수가 후자를 염두에 두고 있다면 — 다시 말해서 이미 형성된 보편자를 지각하는 것이 문제라면 — 그의 본문에서의 주장은 정당화될 소지를 갖는 반면, 각주에서 로크의 인과적 지각론에서 최초의 자연주의적 설명을 찾은 것은 앞뒤가 맞지 않는 처사로 보인다. 그 반면, 전자를 염두에 두고 있는 것이라면, 고대와 중세의 자연주의적 감각 이론을 모두 무시하는 결과를 빚을 것이다.

---

70) Ibid., p.268.

이와 연관하여 러셀에 이해 유명해진 숙지에 외한 지식괴 기술에 의한 지식의 구별이 생각만큼 분명하지 않으며, 위에서 거론된 중세의 단일자에 대한 지식과 보편자에 대한 지식 그리고 근세의 notion과 idea의 구별[71] 등과 연관하여 더욱 세련될 필요가 있다는 점을 지적하고 싶다.

혹자는 허여된 시간을 다 쓰고 물러가야 할 처지에 있는 자가 왜 느닷없이 정교수를 헐뜯는가 하고 의아하게 생각할지 모르겠다. 물론 이유가 있다. 발표문의 초고를 논평자에게 보내고나서야 표상의 문제, 특히 표상의 문제에 관한 포더의 견해를 조망점으로 하여 이 글 전체를 썼더라면, 훨씬 짜임새 있고도 내용 있는 글이 되었으리라는 점을 깨달았기 때문이다. 이미 소 잃고 외양간 고치는 격이 되었기에 장차의 연구자들에게 참고라도 될까 하는 마음에서 사족을 달고 있는 것이다. 고백하거니와 제법 오랫동안 강단에서 철학을 강의하면서 내심 콤플렉스를 지녔던 점 중 하나가 "명제 태도", "지향성", "표상" 등의 문제를 실상 이해하지 못하고 있다는 사실이었다. 그러나 정교수에 따르면, 심지어 포더 같은 대가도 명제 태도의 문제가 궁극적으로 브렌타노의 지향성의 문제, 즉 심적 표상의 문제라는 점을 비교적 뒤늦게 인식한 듯하다고 한다.[72] 나아가서 정교수는 많은 언어철학자들이 명제 태도에 대한 언어-논리적 분석에 몰두하여 명제태도론이 갖는 그 본래의 취지를 소홀히 했다고 주장한다.[73]

어쨌거나 Normore처럼 오캄의 정신 언어가 포더 같은 심성의미론자에게 내적이고 표상적이고 계산적인 언어를 제공할 뿐만 아니라 경험주의적이고 자연주의적인 정신도 보존하고 있다는 사실에 열광하는 것이[74] 일리 있다면, 발표자의 사족도 무의미하지만은 않을 듯하다. 같은 맥락에서 애당초 포더가 그의 *The Language of Thought* 서문에

---

71) M. Crimmins, *Talk About Beliefs*, (Cambridge: MIT Press, 1992), p.76f.
72) 정성호, op. cit., pp.247-248.
73) Ibid., p.247.
74) Normore, op. cit. p.68.

서 그가 하려는 바를 "사변심리학(speculative ps'ychology)"이라고 분명히 선언했다는 점을 상기하는 것도 의미 있는 일일 터다.[75]

결과적으로 발표자가 부각시키고 싶은 것은 단 하나다. 오늘날 "인지 과학"이라는 이름 아래 언어학, 심리학, 논리학, 심리철학, 전산학, 인공 지능, 인류학, 사회학, 뇌과학 등의 개별 학문 분과들간에 활발한 학제간 연구가 추진되고 있는 것으로 보인다. 그러나 인지 과학 관련 학회에 참석하거나 인지 과학 관련 학술지들을 읽을 경우, 우리가 받는 인상은 학제간 연구로서의 진정한 인지 과학은 아직 이루어지지 못했고, "인지 과학"은 아직 구호에 머물고 있다는 것이다. 그런데 오늘 보았듯, 중세말 철학자들은 세부에 이르기까지 연관된 관심 분야의 이론과 개념들이 한데 얽혀 혼연일체를 이루는 그러한 방식으로 마음, 인식, 언어의 문제들에 접근했었다. 그뿐만 아니라 오늘날의 자연과학과 인문사회과학의 기괴한 분리 현상과는 대조적으로 광학의 문제와 인식 및 언어의 문제가 상호 밀접한 영향을 주고받으며 연구되었다. 그리고 영국 경험론자들에게서도 ― 중세 철학자들만은 못해도 ― 여전히 그러한 통합적 연구(과학과 형이상학, 심리학과 인식론, 심리학과 언어학)들이 수행된 것을 알 수 있었다. 우리의 선배 철학자들은 의연하게 여러 과학들을 총괄하는 진정한 철학함의 모범을 보인 데 비해 오늘 우리의 모습은 너무나도 왜소하고 초라한 듯하다.

---

75) 포더, *The Language of Thought*, (Cambridge: Harvard University Press, 1975), viii.

멘느 드 비랑과 프랑스철학의 전통 : 데카르트와 프랑스 유심론

차 건 희(서울시립대 철학과 교수)

1. 19세기 프랑스철학

'프랑스철학사'를 무심히 들여다보면 17세기에는 데카르트(Descartes, René. 1596~1650)라는 거인이 있어서 비단 프랑스철학뿐만 아니라 근세 철학의 아버지로 자리매김되고 있음을 쉽게 발견한다. 장을 바꿔서 18세기는 소위 백과전서파의 시대 아니면 계몽주의의 시대로 기록하며 반계몽적 사상가로 루소(Rousseau, Jean-Jacques. 1712~1778)를 언급해놓고 있다. 19세기말부터 20세기 중엽까지, 다시 말해 제2차 세계대전 이후 이른바 '실존주의'가 육각형(l'Hexagone) 땅 위를 풍미할 때까지 적어도 사변 철학의 영역에서 만큼은 유태계 프랑스철학자 베르그송(Bergson, Henri. 1859~1941)에게 상당한 지면을 할애하고 있음을 볼 수 있다. 이 글에서 다룰 '프랑스철학' 이야기의 한계를 대충 여기까지로 정해놓고 보면, 금세 다음과 같은 의문이 생긴다. 도대체 19세기 프랑스에서는 이렇다 할 큰 철학자나 사상이 전무했단 말인가?

17세기의 처음 절반을 살다간 데카르트는 생전에 지식인 사회와 학계, 심지어 교회의 세력으로 대표되는 종교계에 이르기까지 범유

럽적으로 인정을 받았다. 그는 서신 교환을 통한 토론과 논쟁의 중심에 서 있었으며, 물론 그의 사후 데카르트주의가 겪게 될 영고성쇠는 차치하고도 생시에 자신의 철학을 널리 유행시킨 최초의 철학자로 기록된다. 18세기에 이르면 철학은 국제화 — 엄밀히 말하면 유럽화가 되어서 영(英)·불(佛)·독(獨)을 넘나들고 있었으며 특히 칸트(Kant. 1724~1804)를 마지막 18세기 철학자로 볼 때 계몽주의 사상과 루소가 그에게 끼친 영향은 가히 절대적이라 할 수 있다. 시선을 이제 20세기로 돌려보면 금세기초에 베르그송이 누린 인기는 비로소 대서양을 넘었고 이는 곧이어 사르트르(Sartes, Jean-Paul. 1905~1980)가 해방된 파리의 생 제르맹 데 프레(Saint-Germain-des-Près)가(街)에서 얻게 될 명성을 능가하는 것이었다. 카페 플로르(Café Flore)에서 무엇인가 끄적거리고 있는 사르트르가 지구의 반대편에서부터 실존주의의 메카를 찾아온 여행객에게 관광과 숭배의 대상이 되었듯이, 베르그송이 생명의 비약과 정신적 에너지에 대하여 강의하는 것을 오로지 보기 위해 도불(渡佛)하였다가 만당(滿堂)한 콜레쥬 드 프랑스(Collège de France)의 강의실 창문만을 기웃거리다 돌아가는 사람들도 있었다지 않은가!

그렇다면 프랑스철학의 화려함을 유독 19세기에서만은 발견할 수 없는 이유는 무엇일까? 사실은 혁명의 와중에서 철학이 겉으로는 황폐해졌을지 몰라도 바로 이때가 너무나도 '프랑스적인' 철학이 소중히 간직되어 발효되고 있던 시기다.[1] 형이상학자 베르그송은 갑자기 데카르트에 뒤이어서, 아니 멀게는 플로티누스(Plotinus. 205~270)를 잇기 위해 나타난 것이 아니다. 베르그송을 통해 한껏 드러난 '프랑스 유심론'이라는 열매는 분명 19세기라는 맥락이 없었다면 불가능했을 것이다. 프랑스의 19세기가 철학사적으로 잘 알려져 있지 않

---

1) '프랑스철학'을 지역(프랑스)이나 언어(프랑스어)에 의한 구분의 결과로 보지 않고 '프랑스적' 또는 '프랑스式 철학(philosophie à la française)'으로 이해한다면 그 구체적인 특징으로서 무엇보다도 체계를 거부하여 소여(所與. data)로부터 출발한다거나 '안(l'intérieur)'과 '밖(l'extérieur)'을 엄격히 구별하는 등 다분히 이원적인 사고로 나타난다는 점들을 지적할 수 있다.

다는 것과 그 기간이 철학적으로 별반 활동이 없었던 시기라고 말하는 것은 전혀 다른 이야기다. 데카르트와 말브랑쉬(Malebranche. 1638~1715) 이래 프랑스가 낳은 최고의 형이상학자는 바로 멘느 드 비랑(Maine de Biran. 1766~1824)이며 자신은 그가 열어놓은 길을 가고 있다고 베르그송 스스로 말하고 있지 않는가? 또 흔히 멘느 드 비랑을 두고 낙향한 후 고독하게 사유에만 함몰하여 자신의 글들을 발표조차 못한 소심한 철학자로 표상하고 있지만, 사실 그의 주위에는 '철학 모임(la société philosophique)'이라 하여 형이상학자들을 포함한 당대의 지식인들의 집단이 형성되었고 멘느 드 비랑은 그 중심에 서 있었다.

그러나 한국적 맥락에서 영·미나 독일에서 만들어진 철학사 그 한 구석을 차지하고 있는 간략한 소개를 통해서 우리가 갖게 되는 멘느 드 비랑에 대한 이해는 편협하고 왜곡된 것일 수밖에 없다. 또 하나의 굴절된 상을 만들지 않기 위해서 미리 말해 둔다면 멘느 비랑은 칸트와는 결론과 방법에서 근본적으로 다르다. 멘느 드 비랑은 칸트의 관념론적 입장에 반하여 실재론적 결론에 도달하였으며, 칸트의 비판적 반성의 방법이 아닌, 실재를 있는 그대로의 상태로 받아들여 실재의 그 복잡한 굴곡을 따라가는 경험의 방법을 취하였다. 그럼에도 불구하고 라슐리에(Lachelier. 1832~1918)가 했다고 하는 "멘느 드 비랑, 그는 우리의 칸트다"라는 이 말을 우리는 프랑스철학사에서 멘느 드 비랑이 차지하는 위치를 형식적으로 설명하기 위해서 잠시 사용하고자 한다 ― 칸트를 뺀 독일 근세 철학사를 생각할 수 없듯이 '프랑스 칸트'가 없는 프랑스철학사는 씌어질 수 없다.

여기서 한 걸음 더 나아가 우리는 데카르트와 칸트 사이만을 오가던 근세 철학사는 '데카르트-멘 느 비랑'이라는 엄연히 상존하는 축을 새로이 통합시킴으로써 다시 씌어져야만 한다고 감히 주장한다. 이를 이론적으로 뒷받침하기 위해서는 멘느 드 비랑과 칸트의 철저한 비교 연구를 통해 두 철학자가 근세 철학사에서 차지해야 할 정확한 비중을 재어봐야 하겠다.2) 하지만 우선 이 글에서는 무엇보다

---

2) 이미 레이몽 방쿠르(Raymond Vancourt)는 그의 책 『멘 느 비랑의 인식론 ― 비

도 데카르트의 코기토에 주목하여 그것의 함의(含意)가 결코 관념적인 것에 국한되지 않음을 보이고자 한다. 이때 시금석의 역할은 물론 멘 느 비랑이 맡게 된다. 그는 데카르트가 정초한 철학의 출발로서의 코기토를 그 본래의 의도대로 가장 실재적인 상태로 간직하고자 했으며 이 실재적 코기토는 프랑스철학의 한 징표가 되었다. 결국 멘 느 비랑은 프랑스철학을 가장 프랑스적이게끔 보전한 철학자다.

'프랑스철학'이 이렇게 내용적으로 규정될 수 있는가 하면 그것의 외적 구성 요소들로 분석될 수도 있다. 우리는 데카르트와 멘느 드 비랑을 거쳐 베르그송에 이르는 프랑스철학의 전통을 통상 '프랑스 유심론(le spiritualisme français)'이라 부르고 있다. 그러나 이 명칭은 그 유래를 살펴보면 19세기 제도권 철학자들 집단이 자신의 입장을 단적으로 드러내기 위한 목적으로 만들어냈다. 그런데 이들이 내세운 '프랑스 유심론'이라는 기치 하에서는 '데카르트'나 '멘느 드 비랑'이라는 이름이 그 어떤 정치적 의미를 갖는다.

그러므로 이 글에서는 먼저 프랑스적으로 계승된 코기토인 실재적 코기토를 살펴보고 그 창시자와 계승자가 19세기 '프랑스 유심론'에서 담당하였던 정치적 역할이 무엇이었는지를 밝혀보고자 한다.

2. 프랑스 코기토

멘느 드 비랑의 철학적 사유는 데카르트와 본질적인 관계를 갖고 있다. 우선 데카르트주의는 '비랑주의(le biranisme)'의 모체가 된다고 말할 수 있다. 그러나 비랑은 여러 가지 근본적인 부분에서 데카르트를 극복해야 할 필요성을 느꼈다. 우리는 비랑의 모든 중요 저서에서 그가 데카르트와 대면하고 있음을 발견한다. 그러나 비단 데카르트뿐만 아니라 루소 그리고 콩디약(Condillac. 1715~1780)과 보네

랑적 실재론과 관념론(*La théorie de la connaissance chez Maine de Biran — Réalisme biranien et idéalisme*)』(Aubier, 1944)에서 멘 느 비랑의 이론을 칸트의 관념론과 대립시켜 심도 있게 논의한 바 있다.

(Bonnet, Charles. 1720 - 1793), 카바니스(Cabanis. 1757~1808)와 데스튀트 드 트라시(Destutt de Tracy. 1754~1836) 등과 같은 프랑스 사상가들과의 대화 결과가 비랑주의를 구성하며 여기서 머물지 않고 라이프니츠(Leibniz. 1646~1716)와 칸트와 같은 독일 철학자들과의 대화를 통해 심리학에 머물렀던 비랑주의가 '절대의 철학'으로 이행하게 된다.

멘느 드 비랑이 특히 데카르트와 같은 방식으로 철학적 문제를 제기했다는 것은 이미 잘 알려진 바다. 그 어떤 의심의 그림자도 드리워질 수 없는 원초적 인식의 필요성으로부터 그들의 철학은 출발한다. 멘느 드 비랑의 표현대로 하면 '의식의 원초적 사실(le fait primitif de conscience)'과 데카르트의 '코기토(cogito)'는 거기서 원초적 확실성이 길러진다는 점에서 같은 것의 다른 이름일 뿐이다.

두 프랑스철학자들은 모두 인간의 내부에서부터 아르키메데스의 점을 찾는다. 외적 관찰로 허송 세월하지 말고 곧장 우리의 내부로 들어가는 이유는 '내감의 사실(le fait du sens intime)'이 그 자체로 명증하기 때문이다: "내감의 근저에서 볼 때 동일한 사실의 두 요소들이며 동일한 관계의 두 항들인 힘과 저항에 거부될 수 없는 명증성이 부여된다."[3] 멘느 드 비랑이 보기에 데카르트의 코기토, 즉 '나는 생각하며 있다'야말로 철학의 출발로 삼기에 합당했다. 왜냐 하면 코기토는 그 자체로 명증하고 또한 모든 명증성의 원천이 되기 때문이다. 결국 두 프랑스철학자들 모두 인식의 장(場) 내부로 절대적 확실성의 영역을 한정시킴으로써 철학에 확고한 출발점을 확보한 것이다.

그러나 문제가 되는 것은 "데카르트의 의심은 사고가 존속하는 동안 육체는 없는 것으로 상정하고 있으므로" 멘느 드 비랑이 보기에 자신의 "원초적 사실과는 완전히 반대된다"는 데에 있다.[4] 결국 비

---

3) Maine de Biran, *Essai sur les fondements de la psychologie*, Tisserand 판본, t. VIII, p.216. 비록 내용적으로는 '未完의 종합'에 그쳤지만 형태상으로 체계적 완성도가 가장 높기 때문에 흔히 멘느 드 비랑의 주 저서로 알려져 있는 이『심리학 시론』에 대해서는『철학과 현실』(1995년, 가을호)에 실린「명저 탐방」(pp.304-314)을 참조.
4) Ibid.

랑이 그의 저서의 도처에서 경의를 표함에 주저하지 않는 코기토는 '철저한 시작'이라는 그 발상의 참신함과 치밀함에도 불구하고 사실은 불구(不具)의 출발이었다는 점에서 이렇듯이 비판의 여지를 갖는 원리로, 따라서 극복해야 할 것으로 간주되는 것이다.

'원초적 사실'은 주체로서의 자아의 출현을 뜻한다. 이는 주체가 자기 의식을 가지는 최초의 순간이라는 점에서 데카르트의 코기토의 상황과 같으나, '기관적 저항', 다시 말해 신체가 필히 '저항'이라는 형태로 참여함으로써 발생하는 운동의 역동적 상황이라는 특이성을 갖는다. 요컨대 자아는 순수 사유의 상태에서가 아닌 정신과 육체가 공동으로 만들어내는 행위 속에서 비로소 대자적(對自的)으로 그 모습을 드러내는 것이다.5)

멘느 드 비랑이 말하는 '직접적 통각'으로 주어지는 자아는 사유, 즉 '의식적 자아'로 파악될 뿐만 아니라 그와 동시에 '의지적 자아'로 스스로에게 알려진다. 이와 같은 사태는 단번에 '원초적 사실'로 주어진다. 이것은 엄연한 사실이며 이 사실을 부인할 때 터무니없는 결과를 초래하게 된다. 데카르트에게서만 해도 그의 코기토라고 하는 철학적 직관 속에는 사실에 바탕을 둔 것만이 갖는 독특한 생명력이 남아 있었지만, 그 생명력이 사라지고난 후의 잔해(殘骸)를 바탕으로 소위 데카르트주의자들의 철학 체계가 세워졌을 때는 사정이 악화된다.

예를 들어 말브랑쉬는 영혼을 '선천적으로' 사유로 정의한다. 이렇게 규정된 이상 영혼은 행위로 연결되어 실제로 결과를 발생시킬 수 없으므로 다만 그렇게 되기를 바랄 뿐이고 오직 신만이 생산적인 힘을 실제로 가지고 있다. 본질에 대한 선천적인 사변이 형이상학이라면 데카르트주의자들은 훌륭한 형이상학자들임에 틀림이 없다. 그러나 멘느 드 비랑이 보기에 이들은 "모든 실재적 명증성의 원천"이 되는 "원초적 사실의 선(la ligne des faits primitifs)"을 벗어난 탈선 형이상학자들이다.6)

---

5) 멘느 드 비랑의 '원초적 사실'에 대해서는 拙稿, 「멘느 드 비랑의 자아 존재」, 『고전 형이상학의 전개』(소광희 외, 철학과현실사, 1995), pp.382-388 참고.

훗날 베르그송이 자신의 철학하는 맥락에서 그렇게 '사실의 선 (ligne de fait)'을 따라가야 됨을 강조한 것은 결국 또 한 명의 탈선 형이상학자가 되지 않기 위해서다.[7] 형이상학자가 탈선하기는 너무 쉽다. 왜냐 하면 베르그송이 지적했듯이 인간 정신은 실제적인 탐구 보다는 선천적인 주장과 그것의 논리적인 적용만으로 그럴 듯한 체 계를 만들려는 경향을 본래 갖고 있기 때문이다. 탈선을 막기 위해서 는 사실에 근거하여 끊임없이 스스로를 수정하면서 변화무쌍한 실 재의 윤곽을 좇아가며 본뜨려는 노력을 경주하는 방도 외에는 달리 길이 없다. 형이상학이 인간에게 부여된 운명이라면 거기서 빠져나 가기 위해서 붙잡아야 할 것은 오직 '사실의 선'밖에는 없다는 생각 이 멘느 드 비랑과 베르그송을 함께 묶을 수 있게 해준다.

멘느 드 비랑의 '사실의 선'은 무엇보다도 자아가 '의지' 또는 '힘' 임을 말해준다. 데카르트는 "나는 생각한다 그러므로 나는 생각하는 사물 또는 실체로 있다"라고 말함으로써 모든 학문의 제1원리를 확 립하였다고 믿었지만, 멘느 드 비랑은 이 공식의 미흡함을 지적하고 이를 "나는 원한다 그러므로 나는 힘으로서 실재한다"로 고쳐놓았 다. 여기서 멘느 드 비랑이 발견한 미흡함이란 과연 무엇인가? 생각 하든지 원하든지간에 그러고 있는 행위 가운데 드러나는 자아의 실 재성을 출발로 삼는다는 점에서는 두 철학자 사이에 차이가 없으나 데카르트는 실재적 자아를 곧장 '생각하는 사물 내지 실체'로 규정함 으로써 자아를 사물화 내지 실체화하고 말았다는 것이다.

이렇듯이 멘느 드 비랑의 데카르트 비판은 대개의 경우 데카르트 가 자아를 실체화하였다는 데 집중되었으며, 자신의 실재적 코기토 와 비교해볼 때 데카르트의 코기토가 다분히 관념적 성격을 갖고 있 음에도 이에 대한 비판은 정작 하지 않는 것처럼 보인다. 그러나 코 기토의 표현으로 '나는 생각한다' 대신 '나는 원한다', 즉 '볼로(volo)' 를 말했다면 여기에서 이미 문제의 비판을 재구성해낼 수 있는 맥락

---

6) Maine de Biran, *OEuvres*, t. IV, p.90.

7) 베르그송이 말하는 '事實의 線'은 拙稿 「베르그송의 철학관(I)」, 『과학과 철학』(제 4집, 1993), pp.106-109 참조.

을 발견할 수 있다. 원한다고 하는 것은 행위와 곧바로 연결됨을 전제로 하며 이런 능동적 행위가 결여된 데카르트의 '사유'는 분명 수동적이다. 원초적 사실은 수동적일 수 없다는 주장이 바로 '비랑주의'의 요체(要諦)를 이루고 있다고 한다면 벌써 수동적 코기토에 대한 비판의 강도가 최고의 수준임은 쉽게 추측할 수 있다. 또한 사유에 활동성을 제거해버린다는 것은 결국 사유를 그 자신 안에 가두어 자기 충족적이게 만듦을 의미하며, 결과적으로 '선천적 관념'을 이야기하지 않을 수 없게 만든다. 멘느 드 비랑은 바로 이와 같은 선천성을 주장하는 철학자들을 통해서 그리고 그들의 과오의 원천으로서 데카르트의 소위 '실체주의(le substantialisme)'를 접하였던 것이다. 데카르트의 실체화된 사유는 이미 라이프니츠의 단자(單子. monade)를 예고하고 있는 것이어서, 신의 개입이 없이는 외부 세계로 넘어갈 수 없게 된다.

다시 한 번 멘느 드 비랑의 '원초적 사실'을 들여다보면 이때 드러나는 자아란 '사물'이 아니라 일종의 '관계'로서 구성됨을 볼 수 있다. 의식의 이른바 '직접적 통각'은 그 상황이 '관계적(relationnel)'임을 증언해주고 있다.8) 사실 모든 실체는 다른 것과 관계를 맺고 있지 않는 독립된 사물이기 때문에 '실체로서의 자아'는 모든 관계로부터 절연된 자아, 즉 초월적 존재로서의 영혼이지, 관계로부터 형성되는 내재성 바로 그 속에서 확인되는 실재적 자아와는 거리가 있다. 그 거리는 실재적인 것과 관념적인 것 사이의 거리 외에 다른 것이 아니다.

이상의 논의에서 충분히 짐작할 수 있듯이 코기토가 그 어떤 실재적인 것일 수 있는가 하면 또 모든 인식의 선천적 조건으로서 관념적인 것일 수도 있다. 코기토가 이렇게 두 가지 방식으로 해석될 수 있는 여지가 데카르트에서부터 발견된다는 견해는 일반적인 것이다. 만약 코기토가 사유의 현재적 운동으로서 현시(顯示)된다면 분명 주체의 실재성을 보장할 수 있겠지만, 이와 반대로 코기토가 단지 사유의 내용만

---

8) 멘느 드 비랑은 이와 같은 상황을 '상대적(relatif)'이라 말하고 있지만 그 통상의 철학적 의미가 아닌 '관계를 맺고 있음'으로 이해해야 한다.

을 가리키는 것이라면 칸트식의 선험적 주체와 같은 관념적 주체의 근거가 될 뿐이다. 사실 데카르트의 코기토는 애초에 실재적인 주체로 의도되었지만 그의 '과장된 의심(le doute hyperbolique)'으로부터 코기토를 분리시키기 위해서는 거기에 관념적 성격을 부여해야 할 것처럼 보였고 결국 칸트나 피히테류(類)의 자아, 다시 말해 논리적 또는 관념적 자아와 혼동될 여지를 남기고 말았다.

외부와 내부의 구분은 실재적 존재와 관념적 존재의 구분의 부차적인 구분임에도 불구하고 그것을 가장 근본적인 것으로 판단한 데카르트로서는 '과장된 의심'이 외부 실재에만 영향력을 행사할 것으로 보았으나 자아의 외부적인 초월적 행위에 영향을 미친 의심이 동시에 내재적 행위, 즉 코기토에도 영향을 끼침으로써 결과적으로는 역동성이 제거된 사유의 내용, 즉 관념적 코기토만이 남겨지게 되었다. 실재적 자아는 사라지고 자아의 관념만이 남았다는 것은 데카르트가 자신의 처음 의도와는 달리 관념론에 빠졌음을 뜻하며, 의심을 포함한 그 어떤 '사유를 하기 위해서는 존재하고 있어야 한다(pour penser il faut être)'는 그의 제1원리는 실재적 관계의 확인이 아니라 관념간의 관계만을 의미하게 된 것이다.

멘느 드 비랑의 코기토는 실재성을 유지하고자 하는 반면 데카르트의 코기토는 그것의 모태이자 사실 그 자체이기도 한 '의심'이 갖는 성격으로 인하여 실재성에 위협을 받게 되었다. 이렇게 데카르트의 코기토가 실재적인 코기토가 되지 못한 이유가 과도한 '의심' 때문이라면 멘느 드 비랑의 경우는 어떠한가? 한마디로 말해 베르제락(Bergerac)의 철학자에게서는 '의심'이 필요하지도 또 가능하지도 않다. 왜냐 하면 직접적이며 원초적인 소여는 모든 숙고에 선행하는 것이며 따라서 모든 의심의 가능성도 배제되기 때문이다.[9] '원초적 사실'은 이른바 '인식의 질서(ratio cognoscendi)'와 '존재의 질서(ratio essendi)' 두 질서에서 공히 최초의 것이기 때문에 그것에 선행하는 의심이란 생각할 수 없다. 요컨대 멘느 드 비랑은 의심으로부터 출발하지 않았다. 물론 출발하기 위해 의심하지도 않았다. 그가 단번에 확실성으로

---

9) Maine de Biran, *OEuvres*, t. XI-1, p.33.

부터 출발할 수 있었던 이유는 직접적으로 주어진 분명한 사실이 절대적 단초의 역할을 했기 때문이며, 이로써 그의 코기토에는 그 실재성이 정당하게 부여된다.

또한 이때 단초로서의 원초적 사실에는 외적 실재가 내적 실재와 동전의 양면과 같은 이원적 관계를 유지하고 있기 때문에 그 실재성의 정당화를 더욱 뒷받침해주고 있다. 사유를 마주하여 물질이 처해 있으며 주관성 속에 이미 이에 대항하고 있는 객관성이 길어지는 사태인 원초적 사실은 존재가 전부 사유 작용으로 환원될 수 없음을 보여주고 있기 때문에 그에 대한 관념론적 해석을 근본적으로 거부한다. 그러므로 '원초적 사실'에서 확인되는 멘느 드 비랑의 코기토는 데카르트의 코기토와는 달리 논리적이지도 선험적이지도 않는 실재적 자아의 코기토다.

이제 데카르트의 코기토에 대하여 멘느 드 비랑이 취하는 태도를 정리해보면 크게 두 가지로 요약될 수 있으며 그것은 단지 철학사를 보는 멘느 드 비랑의 입장을 넘어서 비랑주의의 근간을 이루고 있음을 알 수 있다. 그 첫번째 태도로부터 멘느 드 비랑은 결국 데카르트주의자로 간주될 수 있으며 아니면 적어도 그가 개량되고 보완된 코기토의 데카르트주의를 따르고 있다고 말할 수 있다. 앞서 보았듯이 멘느 드 비랑에게서 데카르트는 원초적 사실의 가능성을 훌륭하게 보여준 최초의 철학자다. 이런 관점에서 본다면 데카르트주의자 멘느 드 비랑이 코기토를 위해 기여한 점은 원초적 사실로서의 코기토의 그 사실성을 가능한 한 생생한 채로 유지시켜서 원초적으로 자아는 '순수 사유'도 '실체'도 아닌 '사실 관계'임을 보여준 것이다.

멘느 드 비랑이 취하는 또 하나의 태도는 코기토의 존재론적 구조에 대한 입장의 차이에서 비롯된 비판적 태도다. 멘느 드 비랑은 데카르트의 코기토가 갖고 있는 관념적 요소를 비판하고 있다. 데카르트의 코기토가 두 종류의 관념론의 근원이 되었다는 것쯤은 이미 철학사의 상식이다. 코기토에 외부 대상 세계를 배제함으로써 버클리(Berkeley, George. 1685~1753)류의 '주관적 관념론', 다시 말해 '유아론(唯我論. le solipsisme)'을 낳았는가 하면 또 한편에서는 이 '나는 생각한다'가 관념적 구조를 갖게 됨으로써 칸트식의 '선험적 관념론'으로 발전하게 되었다. 우리는 특히 이 두 번째 관념론에 주목했던 것이다.

결론적으로 말하면 관념적 코기토는 칸트의 선험적 주체로 맥이 닿는 소위 독일식 코기토며 이 코기토를 실로 하여 데카르트와 칸트를 한 줄로 꿰는 근세 철학사가 만들어졌던 반면, 실재적 코기토는 라인강을 넘지 않고 프랑스에 머물러 있었던 것이다. 이제 '데카르트주의자' 멘느 드 비랑의 '실재적 코기토'가 '프랑스 코기토'로서 '프랑스 유심론'이라는 철학 전통에 어떠한 정치적 역할을 담당하게 되는지 살펴보고자 한다.

3. 데카르트의 의의

'데카르트'라는 인명(人名)에 도대체 무슨 뜻이 담겨져 있단 말인가? 연전에 『데카르트는 프랑스다』라는 제목의 책이 나와서 화제가 된 적이 있었던 것처럼 비단 19세기에서 뿐만 아니라 현대에서도 '데카르트'라는 이름이 갖고 있는 의의는 무엇보다도 '프랑스'다.10)

19세기에 소위 '프랑스 유심론' 전통은 형성되기 시작하는 시점에서 그 소임을 구시대 철학을 대체함에 두었고 영국 철학자 로크(Locke. 1632~1704)에 그 기원을 둔 18세기 '프랑스 감각주의(le sensualisme français)'와 맞서서 '신철학(新哲學. la philosophie nouvelle)'을 표방하였다. 대학에서 강의될 수 있는 전혀 새로운 철학이 필요하게 되었고 이와 같은 '강단 철학'은 국립 소르본(Sorbonne)의 제1세대 철학 교수인 로와에-콜라르(Royer-Collard, Pierre-Paul. 1763~1845)에 의해서 만들어졌다. 너무나 유명해서 당연시되고 있는 텐느(Taine, Hippolyte. 1828~1893)의 조롱 섞인 농담을 전부 믿을 수는 없다 하더라도 스코틀랜드철학이 이른바 '신철학'에 주춧돌 역할을 했음은 명백한 사실이다.11) 이런 스코틀랜드철학의 기초 위에서 로와에-콜라르

---

10) Glucksmann, André, *Descartes, c'est la France*, Flammarion, 1987.

11) Taine, Hippolyte, *Les philosophes classiques du XIXe siècle en France*,

는 3년 동안을 강의하면서 "반(半)-유심론(demi-spiritual- isme)"을 형성하였고 그의 후배 교수들에 의해서 '강단 철학'으로서의 유심론이 세워지게 된다.12)

그러나 유심론이 철학적 국수주의 또는 국수주의적 철학이 되어 일종의 '절충주의(l'éclectisme)'를 내세우는 단계에 이르면 모든 위대한 유럽 철학들 속에 흩어져 있는 철학적 진리들을 수집하고 연구해야 하는 이유가 오로지 프랑스를 위해서고 프랑스가 모든 인식과 판단의 기준이 되야 하다는 애국적 철학으로 자리잡게 되며 이때 그 외국 기원이 문제시되었다.

이런 맥락에서 '프랑스 유심론'은 바로 데카르트로 눈을 돌리게 된다. 철학 교수가 스코틀랜드, 영국, 독일의 철학 체계를 차례로 살펴볼 때 그 철학사 작업은 전적으로 데카르트주의자로서 수행하는 것이며 '절충'의 기준이 있다면 그것은 다름 아닌 "진정한 프랑스철학의 아버지"가 되야 한다는 것이다.13)

데카르트의 완전한 복권은 그와 감각주의 전통과의 철저한 구별로 완성된다. 만약 로크가 데카르트주의자로 간주된다면 데카르트철학 안에 프랑스 감각주의의 싹을 배태하고 있는 셈이 되므로 데카르트의 이름은 더 이상 로크나 보네(Bonnet), 카바니스(Cabanis) 등과

Hachette, 1923(12e éd.). 텐느는 당시 일반에 회자되던 일화를 소개함으로써 프랑스 혁명 후 프랑스 사상계의 황폐함과 감각주의에 대항하는 유심론 전통은 급조된 것임을 꼬집고 있는데 그 내용은 이렇다. 이제 막 소르본의 철학 교수로 임명된 정치가 출신의 로와에-콜라르는 1811년 어느 날 아침 매우 난처해하면서 세느(la Seine) 강변을 산책하고 있었다. 그가 난감했던 이유는 철학에 신참인 그가 자신의 고유한 학설을 갖고 있지 못한 상태에서 울며 겨자 먹기로 무언가를 강의해야 했기 때문이다. 바로 그때 중고 책장사의 서가에서 아무도 거들떠보지 않은 채 버려져 있던 책을 발견하고 펼쳐보니 바로 '감각주의'를 비판하는 내용이 가득한 것이었다(Reid, Thomas, *Recherches sur l'entendement humain d'après les principes du sens commun*). 로와에-콜라르는 30수(sou)를 주고 얼른 그 책을 샀고 곧 프랑스에는 '신철학'이 형성되었다는 줄거리다(pp.21-22).

12) Félix Ravaisson, *La philosophie en France au XIXe siècle*, (1904, 5e éd.) Paris, Vrin-Reprise, 1983, p.21.

13) *OEuvres de Descartes*, t. I, Paris, Levrault, 1824, p. de la dédicace.

같은 계열에 두지 않게 되다 따라서 프랑스 유심론 철학 초기에 데카르트적인 이론으로 간주되었던 '감각의 철학'은 이제부터 오로지 로크의 이론으로 정리된다. 물론 프랑스 유심론에서 '데카르트'의 이름이 갖는 의의 내지 이점은 그가 비단 '프랑스인'이라거나 '반(反)감각주의'라는 데만 있지 않다. 데카르트에게는 또 다른 이미지가 투사될 수 있으며 그것은 '반(反)범신론자' 혹은 '비(非)범신론자'의 모습이다.

18세기에 와서는 더 이상 '사유의 스승(maître à penser)'로서 대우받지 못하던 데카르트가 혁명의 소용돌이가 지난 후 이처럼 다시금 그 위용을 드러낸 이유는 비단 그가 프랑스 사람이기 때문만이 아니라 위험스런 혁명적 경향을 가진 이데올로그(Idéologue)들에 의해 위협받고 있는 군주제(君主制)와 교회의 권위를 강화하기 위해서다. 1815년의 왕정 복고 체제는 정치적인 이유로 철학적 대응책이 필요했기 때문에 '과격왕정주의(l'ultra-royalisme)'와 '공포 정치(le terrorisme)'의 '중도(le juste-milieu)'로서 '데카르트의 유심론(le spiritualisme cartésien)'을 선택한 것이다. 이런 맥락을 조르주 귀스도르프(Georges Gusdorf)는 다음과 같이 정확하게 묘사하고 있다 — "이렇게 복권된 데카르트는 코기토와 신 존재 증명의 형이상학자로서 교회에 의해 허용되면서도 비(非)-성직자들에게 인정받을 수 있는 존재론의 창시자다."[14] 귀스도르프가 지적하고 있듯이 데카르트의 반성적 성찰은 "관념의 하늘"에서, 다시 말해 순수 사변적으로 이루어졌지만 거기에 대학이라는 기구의 권위와 시험 제도나 교과 과정 같은 교육 장치의 지지가 가해져서 당시 점점 위협적이 되어가던 경험론, 실증주의 그리고 과학만능주의를 궁지에 몰아넣는 역할을 담당할 수 있었다.

여기서 먼저 지적해야 할 점은 프랑스 유심론의 진영에서 데카르트를 이용했을 때는 단일한 용도로 사용하지 않았다는 사실이다. 철학이 정치적 목적으로 쓰여질 때 그것을 '철학 정치'라고 부를 수 있다면 '철학 정치적' 관점에서 볼 때 데카르트는 외국에 그 기원을 둔 감각주의로부터 프랑스철학을 구해낼 진정한 프랑스철학의 아버지

---

14) Gusdorf, Georges, *Introduction aux sciences humaines*, Strasbourg, 1960, p.81.

일 뿐만 아니라 범신론적인 경향을 가진 유심론자들과는 철저히 구분되는 정통 유심론자인 것이다. 특히 범신론이 우리가 앞에서 확인한 데카르트의 관념론적 경향으로부터 유래한다는 점에서 데카르트의 이 두 번째 모습은 주목할 만하다.

이와 같은 정치적 목적을 가지고 프랑스 유심론의 진영에서 철학사적으로 부각시킨 '데카르트'의 두 가지 이미지는 '심리학자 데카르트'와 '의지주의자(volontariste) 데카르트'다. 데카르트 형이상학 전체의 원리가 되는 코기토를 일종의 심리학적 소여라고 보아 데카르트를 심리학자로 보려는 입장이나, 그가 인간의 의지 기능을 간과하지 않았다는 주장의 의도는 데카르트와 스피노자의 구별, 다시 말해 프랑스 유심론에서 범신론의 흔적을 말끔히 제거하기 위함이다.

여기가 바로 '멘느 드 비랑'의 의의 내지 가치가 발휘되는 맥락인 까닭은 그가 데카르트의 명예를 회복해줄 수 있는 충분한 자격을 갖추고 있었기 때문이다. 데카르트적인 전통의 심리학자로서 멘느 드 비랑보다 더 좋은 시금석은 없을 것이다. 무엇보다도 멘느 드 비랑은 데카르트와 마찬가지로 프랑스 사람이다. 이 프랑스철학자는 영불해협 너머나 라인강 너머 그 어떤 외국의 영향도 받지 않고 오로지 데카르트의 전통에서만 사유함으로써 파리 근교 오퇴이유(Auteuil)를 중심으로 형성된 이론, 즉 '이데올로지(l'Idéologie)'와는 정반대의 철학을 낳을 수 있었다.

멘느 드 비랑은 데카르트의 약점을 보완해줄 수 있는 또 하나의 장점을 갖고 있었다. 이 '볼로(volo)'와 '노력(l'effort)'의 형이상학자는 데카르트가 비록 그것에 대해 무지하지는 않았지만, 주로 사유하는 주체의 정신성을 부각시키기 위해 그의 '성찰'의 전면에 부각시키지 않았던 면을 특히 강조했다는 것이다. 만약 '진정한 프랑스철학의 아버지'가 멘느 드 비랑처럼 사유로서 연장과 구별될 뿐만 아니라 신의 개입에 호소치 않고도 그의 모든 사유와 개념화 작용을 설명할 수 있는 일종의 에너지를 갖고 있는 능동적 자아를 그의 철학의 단초로 삼았다면 데카르트주의가 신비주의나 범신론으로 기울어져 비판받는 유심론의 신세를 면했을 것이라고 당시 멘느 드 비랑 저서의

편집자는 보고 있는 것이다 15)

앞에서도 언급하였듯이 이것은 일종의 분리 작전이며, 여기에 동원되는 또 한 명의 철학자는 라이프니츠다. 프랑스 유심론자의 전형인 데카르트와 유태계 범신론자 스피노자를 분리하는 이 작업은 데카르트주의에 대한 라이프니츠의 비판의 엄호를 받고 있다. 데카르트의 관념론이 이미 스피노자의 범신론을 준비하고 있다는 비판에 대하여 또 다른 데카르트주의자인 라이프니츠에 주목하고 바로 멘느 드 비랑에서 '유익한' 라이프니츠를 발견한다. 라이프니츠에 대한 멘느 드 비랑의 역동적이며 실재론적인 해석으로 말미암아 두 철학자는 프랑스 유심론 전통 속에서 제휴하게 된다.

물론 19세기 프랑스 사상계에서는 철학사적으로 라이프니츠를 말브랑쉬의 후계자로 보고 칸트는 라이프니츠를 잇는 철학자로 보는 시각도 역시 없지 않았다. 이와 같이 단순화된 철학사 공식은 분명 순수 이론적인 차원을 벗어난 그 어떤 의도를 갖고 있었다. 19세기초 혁명의 소용돌이 속에서 새롭게 근대 입헌 국가의 모습을 갖추는 프랑스에 소위 '국가 철학(la philosophie nationale)'이 필요하게 되었는데, 이는 나폴레옹에 의해 세워진 국립대학(la Sorbonne)의 교육 지표가 되어 '프랑스철학'이라는 새로운 전통을 만들기 위함이었다. 이와 같은 '신철학'을 구성하기 위해서는 특히 독일 형이상학의 수입이 요구되었으며 그 수입 전략의 공식이 바로 '말브랑쉬-라이프니츠-칸트'라는 계통도(系統圖)인 것이다. 18세기의 이른바 '감각주의(le sensualisme)'의 굴레로부터 벗어나 말브랑쉬, 즉 데카르트주의와 당시 새롭게 형성되고 있는 프랑스철학을 연결시켜주는 하나의 징검다리 역할을 독일 형이상학이 맡게된 것이다.

데카르트와 신철학을 잇는 또 다른 중개자의 역할을 맡게 될 멘느 드 비랑도 나름대로 라이프니츠를 즐겨 읽었고 라이프니츠철학에서 자신의 이론의 원형을 발견한다. 데카르트와는 달리 라이프니츠는 모든 창조된 실체의 활동성(l'activité)을 인정한다. 그러므로 각각의 단자는 그 자신 안에 자신의 모든 변화의 원리를 갖고 있어서 전우

---

15) *OEuvres philosophiques de Maine de Biran*, Paris, Ladrange, t. IV, p.XVIII.

주의 다양성을 설명한다. 이렇게 라이프니츠는 '실체' 개념을 대신하여 '힘'의 개념을 도입한 최초의 철학자로 멘느 드 비랑에 의해 주목받게 된다. 1819년 5월과 6월에 멘느 드 비랑은 평소 그가 지닌 철학함의 독특한 양식인 '일기 쓰기'를 거를 정도로 라이프니츠에 관한 논문 작성에 매달렸다.16) 멘느 드 비랑이 스스로 자신의 일기에 요약해놓은 입장을 보면 라이프니츠에 대한 그의 해석이 명료해진다. "라이프니츠 철학의 모체가 되는 개념은 활동성(l'activité)과 힘(la force)의 개념이다. 바로 이 점에서 이 이론이 지성적 존재자들의 개체성을 구해내어 실체들의 단일성과 혼동되지 않게, 다시 말해 스피노자의 범신론에 빠지지 않게 되었다."17) 노력의 철학자 멘느 드 비랑이 그의 논문에서 밝히고자 하는 라이프니츠 해석의 요체는 바로 '비(非)범신론자 라이프니츠'에 있으며 이 '라이프니츠'가 '신철학'에 유익한 쓰임새가 있었던 것이다.

물론 멘느 드 비랑에게서 라이프니츠나 스피노자는 모두 기하학자 겸 형이상학자다. 그리고 단자론(單子論)과 범신론은 결국 동일한 전제 — 관념들 사이의 질서는 자연의 사물들, 즉 실재 존재자들의 질서와 완벽하게 대응한다는 전제 위에 서 있다는 것이다. 물론 라이프니츠의 논리주의는 우리를 더욱 높은 곳으로 인도하여 자연의 절대적인 성격을 플라톤의 이데아와 흡사한 것으로 이해될 수 있는 원리들로부터 도출해내긴 하지만, 단자론과 범신론은 공통적으로 추상적 개념들의 실재성을 믿는다는 점에서는 매한가지다. 그러나 그럼에도 불구하고 멘느 드 비랑이 보기에 라이프니츠가 스피노자와 비교하여 우위에 서 있다면 그것은 라이프니츠가 그의 형이상학 체계를 다른 한 원리 위에 세웠다는 점이다. 그 원리란 하나의 보편적이고 절대적인 관념의 가치를 획득하기 이전에 "자아 실존의 원초적 사실로서의" 개체적 원리를 말한다.18) 이 원리에 힘입어 라이프니츠는 "모든 개체적 실존이 흡수되어버리는 게걸스러운 심연으로

---

16) *Journal*, t. II, p.225, pp.229-230.
17) *Journal*, t. II, p.225.
18) Maine de Biran, *OEuvres*, t. XI-1, Paris, Vrin, p.140.

서 '큰 전체' 또는 신적인 '무(無)'와 같은 공허한 개념"에 빠져들지 않았고, 결과적으로 그는 "우리 정신에게서 모든 인간 학문의 두 축, 즉 출발점이 되는 '개체로서의 자아(la personne Moi)'와 종착점인 '개체로서의 신(la personne Dieu)'을 고정할 수 있었다."[19]

라이프니츠와 멘느 드 비랑에게서 우리의 실존은 무엇보다도 그 활동성에 있는 데 반하여 데카르트주의자들에게서는 그 어떤 행위도 피조물에게는 속하지 않으며, 따라서 모든 실체는 본질적으로 수동적이 된다. 스피노자의 철학이란 피조물, 즉 창조된 실체에게 모든 행위의 힘을 제거한다는 원리의 극단적인 결과일 뿐이며, 이때 오직 신만이 행위의 능력을 갖고 있기에 진정 유일한 실체가 되는 것이다. 근세 철학사에서 이미 상식이 된 바대로 이와 같은 극단성 때문에 라이프니츠가 데카르트주의를 개혁하려 시도한 것이며, 바로 이 개혁가의 이미지가 멘느 드 비랑의 역동설적 해석에 의해서 두드러지게 된 것이다. 데카르트와 스피노자를 떼어놓는 작전에 라이프니츠와 멘느 드 비랑이 동원되고 있는 형국이다.

끝으로 철학자들의 저서를 출판하는 작업도 역시 소위 '철학 정치'의 한 전략이 될 수 있음을 지적해야 하겠다. 이미 살펴보았듯이 당시에 프랑스 유심론 진영은 감각주의와 또 한편 교회의 세력이 가하는 범신론 비판과 맞서고 있었고, 이렇게 이중화된 전선(戰線)에서 그 방어 무기는 데카르트, 멘느 드 비랑, 라이프니츠 그리고 또 한 철학자를 더 꼽자면 플라톤이었다. 여기서 플라톤은 주로 신의 문제와 도덕의 문제에 관하여 또 한 명의 훌륭한 유심론자로서 그 역할을 다하였던 것이다.[20] 바로 이 시기에 프랑스 유심론 진영의 주도하에 이들 네 명의 유심론자들의 전집이 처음으로 출간되었다는 점은 프랑스 유심론의 철학 정치적 전략이라는 시각으로밖에는 달리 이해될 수 없다. 이들이 각각 고대, 근세, 현대(19세기)를 맡아 유심론의 적들을 물리치게 하는 전략을 구사하여 프랑스 유심론 철학은 철학의 모든 분야에서 자신의 고유한 입장을 갖출 때까지 그들을 대

---

19) Ibid.
20) *OEuvres de Platon*, Paris, Bossange, 1822-1840.

신 이용하였다.

'프랑스'와 '유심론'을 위해 봉사한 데카르트와 멘느 드 비랑, 그 중에서도 특히 멘느 드 비랑에 대해서는 데카르트와는 달리 그를 그 자체로서 이해하는 작업이 아직 미흡하다. 그러므로 우리는 가장 프랑스적인 철학자의 사유의 생명력이 느껴지기까지, 일목요연하게 정리되지 않는 철학과 무능한 철학을 구별해야만 하겠다.

독일 관념론과 나르시시즘의 변천

김 상 봉(그리스도신학대 종교철학과 교수)

1. 독일 관념론의 본질적 성격에 대한 물음

1-1. 서양철학의 본질론인 독일 관념론

독일 관념론(der deutsche Idealismus)은 — 헤겔(G. W. F. Hegel) 식으로 표현하자면 — 서양철학의 본질론(本質論)이다. 왜냐 하면 독일 관념론을 통해 비로소 서양철학은 자기 자신에게로 복귀하기 때문이다. 칸트(I. Kant)에 의해 철학적 고찰의 대상이 바깥 세계에서 철학하는 이성 자신으로 바뀐 이래, 그 이후 피히테(J. G. Fichte)와 셸링(F. W. J. Schelling)을 거쳐 헤겔에 이르기까지 독일 관념론은 자기에게로 복귀한 서양 정신의 자기 반성이었다. 여기서는 철학하는 정신이 더 이상 그가 바라보는 대상 속에서 자기 자신을 망각한 채, 이 대상에서 저 대상으로 덧없이 방황하지 않는다. 도리어 정신은 그가 경험하는 대상 속에서 이제 자기 자신을 회상하고 상기한다. 이것을 칸트는 "선험론적 연역(transzendentale Deduktion)"의 저 유명한 명제 속에서 명료하게 정식화하였다. "'내가 생각한다'라는 것은 나의 모든 표상에 동반될 수 있어야만 한다(Das : Ich denke muß

alle meine Vorstellungen begleiten können)."1) 다시 말해 내가 무엇
을 보고 무엇을 생각하든지간에, 다른 누구가 아니라 바로 나 자신이
생각한다는 사실이 언제나 회상되고 상기될 수 있어,야만 한다. 이런
자각 속에서 세계는 진리의 자립적 주체와 주인의 자격을 상실한다.
도리어 세계는 이제 그 속에서 정신이 자신을 회상하게 되는 거울로
서 이해된다. 정신이 찾아 헤맨 존재의 진리는 바깥 세계에서 발견되
지 않는다. 세계는 단지 진리를 상기하고 회상하기 위한 매개물에 지
나지 않는다. 그러나 우리가 회상해야 할 존재의 진리, 존재의 이데
아는 바로 우리 자신 속에 있다. 그리하여 우리는 생각하는 나와 철
학하는 정신 그 자체의 진리를 파악하기 전에는 결코 존재의 진리를
움켜쥘 수 없다. 이처럼 자기 자신에 대한 회상과 반성 속에서 존재
의 진리를 찾아가는 정신의 운동, 그것이 바로 독일 관념론이다.

　　독일 관념론이 서양철학의 본질론이라는 것은 무엇보다 서양철학
이 독일 관념론에 이르러 자기 자신에게로 되돌아오기 때문이다. 그
이전까지 서양철학은 철학하는 정신의 활동 그 자체 속에서 자기를
이해하기보다는, 철학이 탐구하는 대상을 통해 이해되었다. 마치 개
별 과학들이 그 다루는 대상의 차이에 따라 서로 구별되듯이, 철학의
경우에도 다루는 대상의 차이에 따라 분야가 나뉘고, 또 대상적 관심
의 변천에 따라 철학의 시대적 성격이 다르게 규정되었던 것이다. 이
렇게 철학이 자신을 잊고 대상에만 골몰할 때, 아직도 철학은 자기
자신을 그 자체로서 파악하지는 못한다. 아니 여기서 철학 자신은 문
제조차 되지 않는다. 철학은 질문하고 탐구하는 자일 뿐, 질문되고
탐구되는 대상이 아니다. 그리하여 여기서 문제는 대상이 무엇이냐
하는 것이지, 그렇게 질문하는 철학 자신이 무엇이냐 하는 것이 아니
다. 따라서 분명히 철학이 현존하는 활동으로서 주어져 있음에도 불
구하고 철학 그 자체의 정체성, 즉 철학의 본질적 진리는 한없이 다
양한 대상적 관심 속에서 잊혀질 수밖에 없었던 것이다.

　　그러나 칸트의 비판철학은 철학이 무엇을 대상으로 다루든지간에,
철학이 문제 삼는 모든 것이 결국에는 마음의 일이라는 것을 깨우쳐주

---

1) I. Kant, *Kritik der reinen Vernunft*, B 131.

있다. 그때까지 철학이 추구해왔던 근원적 대상들, 존재와 진리, 선과 아름다움은 모두 철학하는 이성 자신 속에서 그 뿌리를 두고 있는 것들이다. 그리하여 철학의 과제는 이제 철학하는 이성 자신의 비판이 되었다. 존재론은 '순수한 이성의 비판(Kritik der reinen Vernunft)'이 되었고 윤리학은 '실천 이성의 비판(Kritik der praktischen Vernunft)'이 되었으며, 미학과 예술철학은 '판단력의 비판(Kritik der Urteilskraft)'으로 전환되었다. 칸트를 통해 철학은 "자기 인식(Selbsterkenntnis)"[2]이 되었다. 지혜에 대한 사랑과 동경(philosophia)이 이제는 자기 자신에 대한 사랑과 그리움으로 변모한 것이다.

이렇게 하여 처음으로 철학이 그것의 대상을 통해서가 아니라 철학함의 활동 그 자체로서 반성될 수 있게 되었다. 그런 한에서 서양철학은 독일 관념론을 통해 자기 자신에게로 되돌아온 것이다. 그리고 모든 것의 본질적 진리가 사물의 자기 복귀와 자기 일치에 존립한다면, 서양철학은 독일 관념론을 통해 자신의 본질적 진리에 복귀한 것이라 하겠다.

1-2. 독일 관념론과 서양철학의 나르시시즘

그러나 독일 관념론이 서양철학의 본질론이라는 것은 단지 독일 관념론 속에서 그 이전까지의 서양철학이 자신의 활동 그 자체를 회상하고 반성하게 되었다는 것만을 뜻하지 않는다. 다시 말해 독일 관념론은 이전의 서양철학을 단지 이미 지나가버린 자기의 과거로서 회상하는 것이 아니다. 그런 경우라면 독일철학에서 수행된 서양 정신의 자기 복귀란 자기의 지나온 과거를 또 하나의 타자(他者)로서 대상적으로 회상하는 것에 지나지 않을 것이다. 이에 반해 참된 의미에서 정신의 자기 반성은 정신의 자기 회상이 동시에 정신의 자기 정립(Selbstsetzung)일 때 온전히 발생한다. 반성 속에서 정신은 자기 자신을 회상하고 자기에게로 되돌아간다. 그리고 이러한 회상 속

---

2) 같은 책, A XI.

에서 정신은 자기 거리 속에서 펼쳐지고 또 그 거리 속에서 지속한다. 정신이 자기 반성 속에서 이렇게 펼쳐지고 머무르는 것, 바로 그것이 정신의 있음이다. 그러므로 정신은 오직 회상 속에서 자기 자신에게로 되돌아감으로써 자기 자신의 존재 그 자체를 정립한다. 이런 한에서 정신의 자기 반성은 이제는 죽어버린 자기의 과거를 타자적으로 관찰하고 대상적으로 표현하는 것이 아니라, 동시에 자기 자신을 근원적으로 실현하는 것이기도 하다. 그리고 이렇게 반성이 자기의 표현인 동시에 실현으로 발생할 때 그것이 참된 의미에서 정신의 자기 반성이며, 또한 이처럼 자기의 표현과 실현의 일치로서 발생하는 반성만이 본질적인 진리일 수 있는 것이다.

이런 사정은 독일 관념론이 서양철학의 본질론이라 말할 때도 마찬가지다. 서양철학은 독일 관념론 속에서 단순히 지나간 과거로서 회상(즉, 표현)되는 것이 아니라 동시에 '본질적으로' 실현된다. 다시 말해 그 이전까지 서양철학은 타자적 대상과의 관계 속에서 전개되어 왔다. 그러나 독일 관념론을 통해 서양철학은 자기 관계 속에서 실현된다. 그런 한에서 서양철학은 독일 관념론에 이르러 '본질적으로(wesentlich)' 실현된다. 왜냐 하면 반성 속에서 자기 자신에게로 복귀하는 것이야말로 정신의 본질이기 때문이다.

한마디로 말하자면, 독일 관념론을 통해 수행되는 철학하는 정신의 자기 반성 그 자체가 서양철학의 본질적 실현이다. 여기서는 철학의 자기 반성이 곧 그 자체로서 철학의 내용인 것이다. 그리하여 독일 관념론이 서양철학의 본질론이란 말의 의미는 이제 이것이다. 즉, 모든 서양철학의 본질적 진리는 정신의 자기 반성이다.

우리가 서양철학의 외면적 전개 과정에 주목할 때, 우리는 그것을 존재의 객관적 진리로서의 지혜에 도달하려는 정신의 여행으로 이해한다. 그런 한에서 철학은 어떤 대상적 존재자에 대한 동경으로 나타난다. 그것은 그리스 자연철학자들이 추구했던 사물적 시원(始源. arche)일 수도 있고 헤라클레이토스의 로고스일 수도 있으며, 플라톤의 이데아일 수도 있고 기독교 철학의 신일 수도 있다. 그러나 무엇이든 이 모든 것들은 철학하는 정신에게 자립적인 타자로서 마주

선다. 이 모든 깃들은 정신 밖의 실체로서 설정된다. 그러나 이것은 우리가 서양철학을 그것의 외적인 전개 과정에서 관찰하는 한에서만 타당한 판단이다. 왜냐 하면 본질적인 면에서 보자면 서양철학이 추구해왔던 실체란 철학하는 주체 자신에 다름 아니었기 때문이다.

헤겔이 말했듯이 "실체는 본질적으로 주체다(die Substanz wesentlich Subjekt ist)."[3] 그리고 철학이 찾아 헤맸던 절대자는 바로 철학하는 정신 자신이다. 우리가 이것을 깨달을 때, 이전에 우리가 정신 밖의 실체라고 믿었던 모든 것들은 이제 주체로서의 정신의 자기 전개와 자기 인식의 계기로서 이해된다. 그것이 물이든 이데아든 아니면 신이든, 그 모든 것들은 "본질적으로는" 객체가 아니라 주체 자신의 여러 모습인 것이다. 따라서 지혜에 대한 사랑인 철학은 "본질적으로는" 정신의 자기 자신에 대한 사랑이다. 그것은 정신의 자기 자신에 대한 동경과 그리움이다. 바로 이것을 깨달을 때, 철학하는 정신은 자기 자신의 본질적 진리를 깨닫게 된다. 그가 지금까지 붙잡으려 하고 입맞추려 했던 그 얼굴은 바로 물 위에 비친 자기 자신의 얼굴이었던 것이다.

서양철학이 독일 관념론에 이르러 이와 같은 자기 자신의 본질적 진리에 도달했을 때, 철학의 자기 반성이 곧 철학의 자기 실현이 된 것은 조금도 이상한 일이 아니다. 다시 말해 정신의 자기 반성이 철학의 내용이 된 것은 조금도 이상한 일이 아니다. 왜냐 하면 진리는 생각하는 나 속에 있으며, 생각하는 나 밖에는 철학이 말을 건넬 수 있는 아무 것도 존재하지 않기 때문이다. 칸트의 『순수이성비판(Kritik der reinen Vernunft)』은 그 이전까지 존재론이 문제 삼아왔던 모든 대상들이 "본질적으로는" 자립적 대상이 아니라 생각하는 나 자신의 계기들에 지나지 않음을 보여주었다. 모든 질료, 모든 물질의 본질인 시간과 공간부터가 인식의 양태에 지나지 않는다. 그렇다면 다른 것들이야 더 말해 무엇하겠는가? 플라톤주의자들의 '하나(unum)', 아리스토텔레스(Aristoteles)의 범주(categoria), 뉴턴(I. Newton)

---

3) G. W. F. Hegel, *Phänomenologie des Geistes* (Werke, red. Moldenhauer/Michel, Bd. 3) 28쪽.

의 자연법칙 그리고 아리스토텔레스로부터 토마스(Thomas Aquinas)를 거쳐 라이프니츠(G. W. Leibniz)와 볼프(C. Wolff)에 이르기까지 모든 형이상학자들이 타자적 실체로 상정했던 신의 이념까지, 그 모든 것들이 바로 생각하는 나 자신의 다양한 모습에 지나지 않는 것이다.

그런데 비판기(批判期)의 칸트는 그 이전까지 존재론이 다루어왔던 모든 대상들을 생각하는 나의 계기로 환원시키기는 하였으나, 거꾸로 정신의 자기 반성 그 자체로부터 존재의 모든 계기들을 연역해 내려는 시도를 하지는 않았다. 그러나 철학이 마주하고 있는 대상이 결국은 모두 물 위에 비친 생각하는 나 자신의 영상이라면, 이제 철학이 해명해야 할 본질적 진리는 단지 물 위에 비친 영상이 생각하는 나 자신의 얼굴이라는 것을 확인하는 데 있는 것이 아니라, 생각하는 나의 반성 운동 그 자체를 해명하고 서술하는 일이 아닐 수 없다. 어떻게 하여 나는 자연이라는 거울 속에서 나 자신을 외화(外化)시키고, 그 자연 속에서 다시 자기 자신에게로 복귀하는가? 바로 이것이 이제 철학이 해명해야만 할 본질적 과제가 되었다. 지금까지 내가 잡으려 했던 대상은 실은 물 위에 비친 나 자신의 영상이었다. 그런 한에서 철학의 본질적 대상은 생각하는 나 자신이다. 나 밖에는 어떤 대상도 존재하지 않기 때문이다. 그러나 나는 무엇인가? 그것은 물 위에 비친 영상도 아니고 그것을 바라보는 나 자신도 아니다. 나는 물 위에 비친 영상이기도 하고 그것을 바라보는 나 자신이기도 하다. 왜냐 하면 나는 반성되는 나이기도 하고 반성하는 나이기도 하기 때문이다. 그렇다면 나는 무엇인가? 정확하게 말하자면 이제 나는 자기를 반성하는 운동 그 자체로서 존립한다. 또한 그런 까닭에 반성하는 나와 반성되는 내가 실체적으로 구분될 수 없는 것이다. 따라서 철학이 본질적으로 자기 인식이라면, 이제 그것은 정신의 자기 반성의 운동 그 자체를 기술하고 해명하는 것이어야만 한다.

이렇게 하여 피히테 이후 독일 관념론은 정신의 자기 반성의 운동 그 자체를 서술하고 해명하는 것을 철학 그 자체를 수행으로 받아들였다. 그리고 헤겔에 이르러 독일 관념론은 그 정점에 이르러 자기를 반성하는 정신 속에서 무제약적인 절대자를 만나게 된다. 다시 말해 헤겔에게 와서 존재의 절대적 진리가 정신이 자기 반성 속에서 자기를 남김없이 드러내고 또 실현하였던 것이다.

그렇다면 이런 종류의 철학에 대하여 우리가 부여할 수 있는 가장 적절한 이름이 무엇이겠는가? 그것은 "나르시시즘(narcissism)" 이외에는 아무 것도 아니다. 철학이 자기 자신에 대한 동경과 그리움, 요컨대 자기 자신에 대한 사랑으로 발생할 때, 그런 철학이 나르시스적 자기 도취 이외에 무엇일 수 있겠는가?

돌이켜보면 서양철학은 이미 호메로스(Homeros)에게서부터 서양정신의 나르시시즘의 표현이었다.4) 물론 독일 관념론을 통해 서양철학이 자기 자신의 본질적 진리로 되돌아오기 전까지 서양철학의 나르시시즘은 반성적으로 인식되지 못한 채 은폐되어 있었다. 그러나 비록 반성적으로 의식되지 않았을 뿐, 서양철학은 언제나 나르시시즘의 전개요 변모였다. 호메로스에게서 신들이 실상은 "영원한 인간(anthropoi aidioi)"5)에 지나지 않았던 것처럼, 그 이후 모든 서양철학자들이 추구했던 존재의 진리는 어떤 형상을 띠고 나타나든지간에 생각하는 주체의 반영에 지나지 않았다. 그런 한에서 서양철학은 처음부터 "그 자체로서(an sich)" 나르시스적이었다. 독일 관념론의 역사적 의의는 서양철학의 나르시시즘을 철학하는 정신이 "자기 자신에 대하여(für sich)" 반성적으로 의식하게 되었다는 데 있다. 그런데 앞에서 말했듯이 독일 관념론은 나르시스적인 정신의 자기 반성 그 자체를 철학의 수행으로 받아들였다. 다시 말해 서양철학의 나르시시즘은 이제 그 자체로서 철학의 본질적 진리가 된다. 서양철학은 본질적으로 나르시시즘인 것이다. 이리하여 독일 관념론에 이르러 서양철학의 나르시시즘은 "그 자체로서 자기 자신에 대하여 있는 상태(An-und-für-sich-Sein)"에 도달하게 된다. 이런 의미에서 독일 관념론은 서양철학의 정점이요 완성인 것이다.

따라서 독일 관념론의 본질적 성격을 묻는다는 것은 서양철학의

---

4) 이에 대해서는, 김상봉, 「공간과 질서 : 고대 그리스 신화의 세계 이해 방법」, 『서양 고전학 연구』(1997년 제11집, 1-26쪽) 참고.

5) Aristoteles, *Meataphysica* 997 b 12.

나르시시즘의 본질을 묻는 것 이외에 아무 것도 아니다. 서양 정신의 나르시시즘이란 무엇인가? 이것이 독일 관념론과 더불어 이제 우리가 물어야 할 과제인 것이다.

2. 나르시스의 전설과 나르시시즘의 본질 규정

2-1. 나르시스의 전설

나르시스, 정확히는 나르키소스(Narkissos)의 기이하고도 비극적인 사랑에 얽힌 이야기는 원래 고대 그리스에서 보이오티아(Boiotia) 지방의 도시 테스피아이(Thespiai)를 중심으로 널리 퍼져 있었던 수선화에 얽힌 전설이었다. 나르키소스는 그리스말로 수선화를 뜻하기도 하고, 같은 이름의 꽃으로 변해버린 전설 속의 미소년 나르키소스를 뜻하기도 한다. 이에 얽힌 전설의 줄거리는 잘 알려진 대로, 아름다운 소년 나르시스가 물 속에 비친 자기 모습을 보고 사랑에 빠져, 이룰 수 없는 사랑의 괴로움에 점점 더 야위어가다가 끝내 숨을 거두었는데, 그가 변하여 같은 이름의 꽃, 수선화가 되었다는 내용이다.

고대 그리스와 로마에서는 이러한 기본 줄거리에 바탕을 둔 여러 가지 종류의 변형된 이야기들이 나르시스의 사랑과 죽음에 대하여 전해 내려오고 있었지만, 지금 우리에게까지 전승된 문헌들 가운데서 나르시스에 얽힌 이야기를 가장 충실하게 전해주는 것은 역시 로마의 시인 오비디우스(P. Ovidius Naso)의 『변신 이야기(*Metamorphoses*)』[6]다.

그에 따르면 나르시스는 강의 신 케피소스(Kephissos)와 요정 레이리오페(Leiriope) 사이에서 태어난 아들이었다. 그는 태어날 때부터 너무도 아름다웠던 고로 이미 그때부터 사람들의 사랑을 받았을 정도였다. 그래서 레이리오페는 아들의 이름을 나르키소스라 불렀는

---

6) P. Ovidius Naso, *Metamorphoses*, ed. W. S. Anderson, Stuttgart & Leipzig, 1991.

데, 이 이름은 나르케(ναρκη)라는 말에서 유래한 것으로 굳이 뜻풀이를 하자면 '마비(마취)시키는 자'를 뜻한다. 추측컨대 수선화의 강렬한 향기 때문에 이런 이름을 얻었으리라 생각되지만, 오비디우스는 나르시스의 아름다움이 사람들을 사랑으로 마비시킬 정도로 뛰어났기 때문에 이런 이름을 얻었다는 투로 말하고 있다. 그런데 레이리오페가 눈먼 예언자 테이레시아스(Teiresias)에게 나르시스가 자라서 천수를 누리겠는지 그 운명을 물었을 때, 그는 이렇게 대답했다고 한다. "'그럴 것이오', 만약 그가 자기를 알게 되지 않는다면(si se non noverit)."[7] 그러나 나르시스는 자신의 아름다움을 모르지 않았다. 그럴 수밖에 없었던 것이 수많은 소년 소녀들이 나르시스를 연모했기 때문이다. 그러나 그는 자신의 아름다움에 대하여 너무도 큰 자부심을 가지고 있었던 까닭에 누구도 자기를 건드리지 못하게 하였다. 누군가 타인을 사랑하기에는 나르시스는 자기 자신이 너무도 아름답고 너무도 고귀한 사람이라고 생각했던 것이다. 그리하여 많은 사람들이 그를 사랑하였으나, 그는 그들의 사랑을 도리어 역겨워하고 멸시하였다.

그러던 어느 날 나르시스를 사랑하였으나 도리어 그에게 "멸시받은 어떤 사람(aliquis despectus)"[8]이 하늘을 향해 손을 벌려서 이렇게 저주하였다. "그도 사랑하게 하소서. 그러나 결코 사랑을 얻지 못하게 하소서!(sic amet ipse licet, sic non potiatur amato!)"[9] 복수의 여신은 이 기도를 들어주었다.

숲 속에는 은빛으로 빛나는 맑고 깨끗한 샘이 있었다. 그것은 일찍이 어떤 목동도 어떤 가축도 건드린 적이 없는, 아니 나뭇잎 하나도 떨어진 적이 없는 깨끗한 샘이었다. 나르시스는 사냥을 하다 더위에 지친 끝에 쉴 곳을 찾아 이 샘으로 오게 되었다. 그런데 그가 물가 풀밭에 엎드려 목마름을 가라앉히기 위해 물 위로 얼굴을 가져갔을 때, 전혀 다른 종류의 목마름이 그에게 찾아왔다. 그가 물을 마실

---

7) *Metamorphoses*, III 348.
8) *Metamorphoses*, III 404.
9) *Metamorphoses*, III 405.

때, 그는 물 위에 비친 자기의 영상에 반해버린 것이다. 그는 물 위에 비친 영상이 신체를 가진 존재라 믿고 그를 사랑하게 되었다. 그 까닭은 그의 모습이 너무도 아름다웠기 때문이다.

"자기도 모르는 사이에 그는 자기 자신을 갈망하고 있었으니, 사랑하는 자가 곧 사랑받는 자였다. / 그는 연모하면서 연모받았으니, 같은 방식으로 '사랑의' 불을 붙이고 또 스스로 '사랑에' 불탔던 것이라."10)

불타는 사랑과 욕망에 사로잡힌 나르시스는 물 위에 비친 얼굴에 입을 맞추기 위해 입을 갖다 대기도 하고, 그의 목을 어루만지기 위해 물 속에 손을 넣기도 하였다. 그러나 그 모든 일이 무슨 쓸모가 있겠는가?

"어리석은 자여, 왜 너는 덧없는 영상(simulacra)을 헛되이 붙잡으려 하느냐? / 네가 갈망하는 것은 어디에도 없으니, 네가 사랑하는 것은 네가 고개를 돌리면 사라지는 것이라. / 네가 보는 것은 '물에' 반사된 영상의 (repercussae imaginis) 그림자일 뿐 / 그것은 아무런 실체도 없는 것이라. 그것은 너와 함께 와서 머무르다, / 너와 함께 떠나는 것, 만약 네가 떠날 수만 있다면."11)

그러나 나르시스는 끝내 연못을 떠날 수가 없었다. 배고픔도 졸음도 잊고 그는 자기 자신에 대한 사랑에 불타고 있었던 것이다. 그렇게 자기 자신에 대한 사랑이 깊어질 대로 깊어져 더 이상 돌이킬 수 없이 되었을 때, 그는 비로소 자기가 사랑하고 있는 것이 바로 자기 자신이라는 것을 깨닫는다.

---

10) *Metamorphoses*, III 425 아래. "se cupit inprudens et, qui probat, ipse probatur, / dumque petit, petitur pariterque accendit et ardet."
11) *Metamorphoses*, III 432. "credule, quid frustra simulacra fugacia captas? / quod petis, est nusquam; quod amas, avertere perdes. / ista repercussae, quam cernis, imaginis umbra est: / nil habet ista sui: tecum venitque manetque, / tecum discedet, si tu discedere possis."

"이 사람은 바로 너로구나! 그렇구나 너 또한 너의 모습을 모르지 않도다. / 나는 나에 대한 사랑에 빠졌구나. 내가 사랑의 불꽃을 피우고 또 그 불에 타는구나. / 어찌 해야 하는가? 나는 사랑받는 자인가, 아니면 사랑하는 자인가? 그렇다면 무엇 때문에 사랑한단 말인가? / 내가 갈망하는 것이 이미 나에게 있는 것을. '나의' 풍요가 나를 가난하게 하는구나."[12]

그러나 나르시스는 자기가 사랑하는 사람이 바로 자기 자신이라는 것을 깨달은 뒤에도 자기에 대한 사랑과 갈망으로부터 벗어나지 못한다. 그리고 이루어질 수 없는 사랑의 불꽃은 아침 햇살이 가을의 서리를 이슬로 녹이듯, 그의 지친 육신을 사위어가게 만들었다. 이윽고 죽음이 그의 영혼을 하데스(Hades)로 데려갔을 때, 땅 위에는 더 이상 그의 육신은 흔적도 남아 있지 않았다. 나르시스의 누이인 물의 요정들이 장례를 치르기 위해 그의 시신을 찾았을 때, 물가에는 하얀 꽃잎이 황금빛 꽃봉오리를 둘러싸고 있는 수선화가 피어 있을 뿐이었다.

그렇게 한 송이 수선화로 변모하여 세상을 떠난 나르시스는 하데스에 간 뒤에도 지하 세계를 흐르는 스틱스(Styx) 강가에 앉아 하염없이 물 위에 비친 자기 자신의 모습을 바라보고 있다고 전해진다.

2-2. 나르시시즘의 본질 규정

나르시시즘이란 무엇인가? 근원적으로 보자면, 그것은 서양 정신의 자기 인식(se noscere) 그 자체다. 나르시스가 자기를 알게 되었을 때, 그는 자기 자신에 대한 사랑에 빠져들었다. 그리하여 여기서 자기 인식은 자기에 대한 사랑과 같은 말이다. 그러니까 반성적 자기의식이 곧 자기 자신에 대한 탐닉과 사랑으로 발생하는 정신, 그것이 곧 서양 정신인 것이다.

---

12) *Metamorphoses*, III 463. "iste ego sum! sensi; nec me mea fallit imago: / uror amor mei, flammas moveoque feroque. / quid faciam? roger, anne rogem? quid deinde rogabo? / quod cupio, mecum est: inopem me copia fecit.

그런데 이렇게 서양 정신이 자기 자신에 대한 사랑에 빠져드는 것은 까닭 없이 일어나는 병리적 현상은 아니다. 나르시스의 자기 사랑은 그의 비길 데 없는 아름다움에 대한 "확고한 긍지(dura superbia)"[13]에서 비롯되었다. 그리고 바로 이러한 자기 자신에 대한 확고한 긍지야말로 나르시시즘의 첫번째 본질 규정이다. 그리스인들은 자신들의 삶의 형식이 주변의 어떤 야만인들(barbaroi)의 삶과 비교해서도 비길 데 없이 아름답고 탁월하다는 확신을 가지고 있었다. 왜 아니겠는 가? 오리엔트에서 모든 사람들이 전제 군주의 지배 아래 노예로서 살고 있을 때, 그들은 누구에게도 머리 숙이지 않는 자유인의 삶을 살았던 것이다. 그들이 스스로에 대해 가졌던 긍지(superbia)가 얼마나 큰 것이었던가 하는 것은 다른 무엇보다 그들의 신화가 증명해준다. 그들의 신화에서 신들은 영원한 인간에 다름 아니었다. 인간은 신들과 형상적으로 같은 종류의 존재였다. 그리하여 그들의 신화란 신들에 대한 이야기의 형식을 취하고 있으나 본질적으로는 인간성에 대한 찬가였던 것이다.

긍지는 "위에 있음"의 의식이다. 그리고 자신이 위에 있음을 의식하고 있는 나르시스는 결코 자기보다 아래에 있는 사람을 사랑하려하지 않는다. 오비디우스는 나르시스를 열렬히 사모했던 여인으로서 에코(Echo)를 소개하는데, 이 불행한 요정은 헤라 여신의 노여움을 사서, 남이 먼저 말하기 전에는 단 한마디도 먼저 말을 할 수 없도록 말의 능력을 빼앗기고 말았다. 그리고 에코는 남이 말을 먼저 하면 오직 마지막 말만을 반복할 수 있을 뿐이었다.[14] 오비디우스가 하필 이런 메아리의 요정을 자존심 강한 나르시스의 상대역으로 선택한 것은 서양 정신의 운명에 대한 의미심장한 암시다. 나르시스를 사랑하는 에코는 철저히 수동적이고 모방적인 메아리에 지나지 않는다. 그는 분명히 나르시스의 타자(他者)이기는 하지만, 그렇다고 해서 자립적인 타자, 자립적인 주체는 아니다. 그는 단지 나르시스의 메아리, 나르시스의 되울림으로서 존재할 뿐이기 때문이다.

---

13) *Metamorphoses*, Ⅲ 354.
14) *Metamorphoses*, Ⅲ 356 아래.

따라서 나르시스는 에코가 자기를 사랑하는 것을 알아차리기는 하지만, 자기가 사랑할 수 있는 참된 타자로서 에코를 인정하지 않는다. 즉 에코는 나르시스가 그 속에서 자기 자신을 상실할 수 있는 그런 타자적 주체일 수는 없다. 왜냐 하면 그녀 속에서 나르시스는 끊임없이 자기 자신만을 발견할 뿐이기 때문이다. 따라서 나르시스와 에코의 만남은 서로 주체적 대화로 이어지지 못하고 나르시스의 독백, 나르시스의 자기 확인으로 끝나버린다. 다시 말해 에코와의 만남은 타자와의 만남, 타자의 인식이 아니라 결과적으로는 나르시스의 자기 확인, 자기 인식에 지나지 않았던 것이다.

바로 이것이 서양적 나르시시즘의 두 번째 본질 규정이다. 즉 서양 정신은 진정한 타자를 갖지 않는다. 타자는 그에게서 자기 자신의 메아리일 뿐이다. 그리하여 그에게서 세계는 자기 자신을 반영하는 객체로서만 타자적 의미를 가질 뿐, 더불어 대화하고 사랑을 나누며, 그 속에서 자기 자신을 상실할 수 있는 그런 타자적 주체로서 다가오지 않는다. 언제나 타자 속에서 자신의 메아리만을 발견하는 나르시스는 단절되지 않는 자기동일성 속에 머문다. 그리하여 타자적 주체 없는 홀로 주체의 자기동일성, 이것이 서양적 나르시시즘의 두 번째 본질 규정인 것이다.

그러나 나르시시즘의 자기동일성은 매개 없는 점적(點的)인 단순성을 뜻하지 않는다. 여기서 나르시스의 자기동일성은 언제나 반성된 자기동일성이다. 다시 말해 그것은 반성 없이 지속하는 사물적 같음이 아니라 대상과의 관계 속에서 반성되고 의식된 자기동일성이다. 이런 의미에서 그것은 반성적 자기동일성인 것이다. 그런데 나르시스는 에코를 통해 반영되는 자기와의 관계에서 물러나, 순수하고 투명한 물 위에 비친 자기 자신에 탐닉함을 통해, 반성적 자기 관계의 본질적 순수성으로 되돌아온다. 즉 나르시스가 세계로부터 물러나 자기 자신의 내면 세계로 되돌아온 것은 그가 자기 자신의 본질적 진리에 되돌아온 것에 다름 아니다. 왜냐 하면 바깥 세계 그리고 타인들과 관계를 맺고 있었을 때도 나르시스는 실은 자기 자신과 반성적으로 관계한 것에 지나지 않았기 때문이다. 그 모든 것이 결국은 나르시스 자신의 메아리(에코)에 지나지 않았던 것이다. 나르시스적 정신은 이것을 깨닫는 순간에 세계로부터 자기 자신에게로 되돌아 온다. 그리고 타자 속에서 자기(의 메아리)를 발견하기보다는 자기 자신의 참모습을 자기 반성 속에서 직접 직관하고 파악하려 한다. 즉 그는 타자 속에서 불완전하게 반영되는 자기의 모습에 만족하지 못 하고, 이제 자기를 도리어 타자화시키고 그것을 생생히 보고 만지려 한다. 이리하여 연못가에 엎드린 나르시스는 자기 자신의 얼굴을 물 위에 비추어보며(자기의 타자화), 자신을 만지고 붙잡기 위해(즉, 자 기를 파악하기 위해) 필사적인 노력을 기울이는 것이다.

이것이 나르시시즘의 세 번째 본질적 계기다. 나르시스적 정신은 자 기에게로 되돌아와 머무르는데, 그러나 이것은 프로이트(S. Freud)가 "절대적 나르시시즘"이라 불렸던 잠의 상태가 아니라[15] 도리어 반성 적 자기 의식의 상태다. 이때 정신은 반성 속에서 자기 자신을 타자 화시킨다. 나는 나 자신에게 자립적인 타자가 된다. 자기 밖에 살아 있는 타자를 너로 만났던 적이 한 번도 없는 나르시스적 정신은 도 리어 자기 자신 속에서 자립적 타자를 추구한다. 이리하여 나르시시 즘의 자기동일성은 여기서 홀로 주체의 자기부정성으로 탈바꿈한다. 왜냐 하면 나르시시즘의 자기 반성 속에서 주체는 스스로에게 객체 가 되고 나는 나 자신에게 나 아닌 너로서 마주서기 때문이다. 이러 한 정신의 자기부정성과 자기 거리, 바로 이것이 나르시시즘의 세 번 째 본질 규정이다.

그러나 정신이 자기 자신을 타자로서 거리 속에서 체험한다는 것 은, 정신이 자기 자신과 분열되고 불화한다는 것을 뜻하는 것이기도 하다. 그리하여 나르시스적 정신의 자기 반성은 여기서 자기 자신과 분열된 정신의 고통으로 발생한다. 이런 자기 분열의 고통 속에서 정 신은 자기 자신과 하나 되기를 갈망한다. 이것이 나르시스적 정신의 자기 자신에 대한 동경과 그리움의 정체다. 타자적 주체가 아니라 바 로 나 자신과 거리 속에 있기 때문에 발생하는 괴로움, 그것이 나르

---

15) 프로이트 지음, 윤희기 옮김, 『무의식에 관하여』 중 「꿈-이론과 초심리학」 (*Metapsychologische Ergänzung zur Traumlehre*), 열린책들, 1997, 228쪽.

시시즘이 만들어내는 어둠이다.

돌이켜보면, 이것은 해소할 수 없는 이율배반적 상황이다. 나르시스는 수면(水面)으로부터 얼굴을 돌려서 반성 없는 직접성, 즉 자신의 "그 자체로서 있음(An-sich-Sein)"으로 복귀하지 못한다. 왜냐하면 그가 수면에서 얼굴을 돌리는 순간에 그는 사랑의 대상인 타자적 자기를 상실해버릴 것이기 때문이다. 자기 자신에게 탐닉하기 위해 그는 어쩔 수 없이 물 위에 비치는 자기 자신의 영상과 대면하고 있어야만 한다. 즉 그는 "자기에 대하여 있음(Für-sich-Sein)" 속에 머물 수밖에 없는 것이다. 그러나 "자기에 대하여 있음" 속에서 조성되는 자기 거리는 지양되고 극복되지 않으면 안 된다. 사랑의 대상과 거리를 좁혀 하나가 되려는 욕구는 모든 사랑의 본질적 욕구일 뿐더러, 게다가 여기서 거리 속에 마주선 사랑과 동경의 대상은 사랑의 주체인 바로 나 자신이기 때문이다.

그리하여 나르시시즘 속에는 자기 자신을 끊임없이 대상화시키고 바라보려는 욕구와, 자기 자신과의 반성적 거리를 뛰어넘어 자기와의 절대적 합일에 도달하려는 이율배반적 욕구가 공존한다. 그리하여 나르시시즘적 철학의 과제는 이제 자기 거리와 자기부정성 속에서 근원적 자기동일성을 실현하고 보존하는 것이다. 혹은 같은 말이지만, 근원적인 자기동일성 속에서 자기 거리를 정립하는 것이 나르시시즘적 철학의 과제가 된다. 어떤 의미에서 정신은 그 자체로서 자기 자신에 대하여 있는가? 이것을 해명하는 것, 즉 정신의 "그 자체로서 자기에 대하여 있음(An-und-für-sich-Sein)"을 해명하는 것이 문제인 것이다.

그러나 고립된 홀로 주체의 자기 반성 속에 머무르면서 자기 자신하고만 대화함으로써 자신의 순수성을 지키려는 나르시스의 시도는 성공을 거두지 못한다. 나는 타자를 상실할 때, 나 자신도 상실할 수밖에 없기 때문이다. 그리하여 세계와 타인을 등지고 오직 자기 자신의 절대적인 홀로 주체성에 집착하는 나르시스를 기다리는 운명은 자기와의 진정한 합일이 아니라 총체적 자기 상실로서의 죽음이었던 것이다.

바로 이것이 나르시시즘의 네 번째인 마지막 본질 규정이다. 타자를 외면하고 자기 자신의 홀로 주체성 속에서 자기의 절대적 순수성에 집착하는 정신이 도달하는 마지막 종착점은 주체의 죽음과 정신의 자기 상실일 뿐이다. 나는 오직 너 속에서 나를 상실하고 너에게 나를 양도할 수 있을 때만 나를 보존할 수도 있다. 너 없는 나, 너 속에서 결코 자기를 상실하지 않으려는 나, 그리하여 누구를 통해서도 나의 자기동일성을 상실하지 않으려는 나는 결국에는 나 자신을 상실하는 데 이를 수밖에 없다. 이것이 타자를 알지 못하는 정신의 비극적 운명인 것이다.

3. 독일 관념론과 나르시시즘의 변모

3-1. 칸트와 정신의 자기 복귀

　나르시시즘에 빠진 정신에게 철학적 동경과 그리움의 대상은 바로 자기 자신이다. 그러나 정신의 나르시시즘이 반성적으로 의식되기 전에는, 정신은 아직 사유 주체 자신이 아니라 객관적 대상 속에서 자기 자신을 발견하려 한다. 그러나 여기서 객관적 대상 속에 반영되는 자기는 사유하는 나의 주체성 그 자체일 수는 없다. 왜냐 하면 나의 주체성은 언제나 1인칭으로서의 나 속에서만 존립하는 것이므로, 3인칭의 대상으로 고착되어 주어질 수 없기 때문이다. 따라서 사유하는 정신이 대상 속에서 자기를 발견하려 할 때, 그때 정신은 대상 속에서 생각하는 나의 주체성 그 자체를 발견할 수는 없다. 이 경우 정신이 대상 속에서 발견할 수 있는 자기 자신의 모습은 사유의 주체성이 아니라 사유 활동의 객관적 결과뿐이다. 그리하여 정신은 아직 자기 자신의 주체성으로 복귀하지 못한 채, 대상 세계에 미친 사유 활동의 객관적 형상에 사로잡혀 거기에 탐닉함으로써 자기 자신에 대한 그리움을 달래는 것이다.
　그런데 생각의 일은 다른 무엇보다 대상을 개념적으로 규정하는 데 있다. 그런 까닭에 정신이 대상 속에서 자기 자신의 반영을 보려 할 때, 정신이 발견하는 자기는 무엇보다 대상의 규정으로 객관화된 생각, 즉 개념이다. 따라서 나르시시즘적 철학은 첫번째 단계에서는 생각의 존재론과 개념의 존재론으로 나타난다. 여기서는 존재의 진리가 생각의 진리 속에서 파악되며, 객관적 존재의 본질이 생각의 객관적 형상인 개념으로 이해되는 것이다.

우리는 이런 사정을 고대 그리스 철학의 전개 과정을 통해 확인할 수 있다. 파르메니데스(Parmenides)가 "생각함과 있음은 같은 것"이라고 말했을 때, 이 말을 통해 그는 존재의 객관적 진리를 생각의 진리 속에서 찾으려는 생각의 존재론의 근본 공리를 정식화한 것이었다. 우리가 피타고라스학파의 수(數) 개념으로부터 헤라클레이토스(Herakleitos)의 로고스(logos)를 거쳐 아낙사고라스(Anaxagoras)의 누우스(nous)에 이르는 자연철학적 사유의 발전 과정을 생각한다면, 파르메니데스의 명제가 아무런 문맥 없이 나타난 것이 아니라, 그리스 철학의 일관된 경향성을 적절하게 표현하고 있는 것임을 인정하지 않을 수 없다. 정신은 존재의 객관적 진리를 파악하기 위하여 신화의 세계를 떠나 타자적 자연으로 나아갔으나, 거기서 정신이 발견한 것은 참된 타자성이 아니라 다시 변모된 자기 자신의 모습이었던 것이다.

이것은 플라톤에 이르러 서양 형이상학의 돌이킬 수 없는 토대로 정착된다. 존재의 본질은 이데아(idea)다. 그러나 이데아란 무엇인가? 한마디로 말하자면 그것은 객관화된 보편자, 곧 실체화된 개념이다. 따라서 플라톤이 존재의 진리를 이데아의 빛 아래서 보았을 때, 그는 존재를 사유의 빛 아래서 본 것에 다름 아니었다. 플라톤은 사물적 존재자에 대한 경험을 통해 존재의 진리를 회상하고 거기로 되돌아가려 하였다. 그러나 그가 회상하고 동경했던 이데아의 세계는 사실은 사유하는 정신 자신이었던 것이다.

물론 플라톤 자신은 이것을 반성적으로 의식하지 못하였다. 그리고 칸트가 나타나 "이 사람은 바로 나 자신이다(iste ego sum)"[16]라

---

16) *Metamorphoses*, Ⅲ 463.

고 선언하기 전까지, 서양 형이상학은 자신이 추구하는 존재의 진리가 사유의 주체성과는 아무런 상관도 없는 객관적 실체라고 믿어왔다. 그리하여 신플라톤주의자들이 모든 이데아의 보편적 본질로서 "하나(unum)"를 말하고 기독교 철학자들이 한층 더 노골적인 방식으로 인격적 존재인 신을 절대자의 자리에 놓았을 때도 사람들은 그 모든 것이 생각하는 나와는 아무런 상관도 없는 객관적 실체라고 소박하게 믿었던 것이다.

그러나 서양 형이상학의 이러한 무의식적 나르시시즘은, 칸트와 더불어 형이상학이 자기 자신에 대한 반성으로 탈바꿈함으로써 반성적 의식의 단계로 옮아가게 된다. 칸트의 『순수이성비판』 "머리말(Vorrede)"의 첫 마디는 "인간의 이성은(die menschliche Vernunft)"이라는 말로 시작된다.17) 요컨대 여기서 문제가 되는 것은 더 이상 바깥의 세계가 아니라 인간 이성의 "특수한 운명(das besondere Schicksal)"이다. 그런데 칸트가 문제 삼는 이성의 특수한 운명은 다른 것이 아니라 이성이 세계에 대하여 던지는 "물음(Frage)"에 관련된 것이다. 칸트에 따르면 우리의 이성은 어떤 종류의 물음 때문에 괴로움을 당해야 하는 운명에 처해 있다는 것이다. 그런데 칸트가 여기서 이성이 던지는 물음을 문제 삼았다는 것은 그가 더 이상 자연으로부터 주어지는 대답이 아니라 자연에 대한 이성의 말 건넴 그 자체에 관심을 가졌음을 의미한다. 그리고 이것은 우리가 자연으로부터 이끌어내는 이른바 객관적 진리가 사실은 우리 자신이 자연에게 건네는 말의 메아리에 지나지 않음을 칸트가 꿰뚫어보고 있었음을 말하는 것이기도 하다.

"이성은 그가 자신의 계획에 따라 스스로 산출한 것만을 통찰한다(die Vernunft nur das einsieht, was sie selbst nach ihrem

---

17) I. Kant, *Kritik der reinen Vernunft*, A VII. "Die menschlich Vernunft hat das besondere Schicksal in einer Gattung ihrer Erkenntnisse: daß si durch Fragen belästigt wird, die sie nicht abweisen kann; denn sie sind ihr durch die Natur der Vernunft selbst aufgegeben, die sie aber auch nicht beantworten kann; denn sie übersteigen alles Vermögen der menschlichen Vernunft."

Entwurfe hervorbringt)",[18] "우리가 사물들 속에 스스로 집어넣은 것만을 우리는 사물들에 관하여 선험적으로 인식할 수 있다(wir nämlich von den Dingen nur das a priori erkennen, was wir selbst in sie legen)"[19] 같은 말을 『최후 유고(*Opus postumum*)』의 용어법에 따라 표현하자면, 우리가 자연에서 이끌어내는 것은 모두 우리 자신이 미리 집어넣은 것이다.[20] 이것은 비단 자연과학적 인식에만 국한된 것이 아니라, 모든 종류의 형이상학적 순수 인식에 보편적으로 적용될 수 있는 말이기도 하다. 그리하여 존재 일반에 대한 보편적인 진리를 문제 삼는 형이상학에 관해서 볼 때도 사정은 마찬가지다. 여기서도 이성은 자기 자신의 학생이어야만 하는 것이다(wo also Vernunft selbst ihr eigener Schüler sein soll).[21]

따라서 우리는 철학이 추구하는 지혜를 더 이상 대상의 세계에서 찾을 수 없다. 우리가 대상 세계에서 경험하는 모든 보편적 진리는 사실은 우리 자신의 이성이 자연에 건네는 물음의 메아리(echo)에 지나지 않기 때문이다. 그리하여 지혜가 문제라면 우리는 그것을 우리 자신의 이성 속에서 찾지 않으면 안 된다. 이러한 통찰과 더불어 이성의 학문적 "사용(usus)" 그 자체가 칸트철학의 주제가 되었다. 구체적으로 말하자면, "어떻게 순수 수학이 가능한가", "어떻게 순수 자연과학이 가능한가" 그리고 "어떻게 학문으로서의 형이상학이 가능한가"[22] 하는 따위의 물음은 이런 문맥에서 비롯되었다. 이 모든 물음이 이성의 학문적 사용을 문제 삼는 것이다.

그러나 이런 물음 속에서 칸트가 노리는 것은 통속적인 의미의 논리학이나 인식론을 추구하는 것이 아니다. 이런 종류의 학문에서 우

---

18) I. Kant, *Kritik der reinen Vernunft*, B XIII.
19) I. Kant, *Kritik der reinen Vernunft*, B XVIII.
20) I. Kant, *Opus postumum* Bd. II 319쪽. "Wir können aus den Sinnenvorstellungen welche die Materie der Erkenntnis ausmachen nichts herausheben als was wir selbst hineingelegt haben nach dem formalen Pricip der Zusammensetzung des Empirischen an den bewegenden Kräften."
21) I. Kant, *Kritik der reinen Vernunft*, B XIV.
22) I. Kant, *Prolegomena* (Akademie Ausgabe Bd. IV) 280.

리는 존재의 진리 그 자체를 문제 삼지는 않는다. 그러나 칸트가 이성의 여러 가지 사용을 문제 삼았을 때, 그가 해명하려 한 것은 한갓 주관적, 심리적 능력으로서의 이성이나 존재의 반영으로 이해된 학문의 본질이 아니라, 도리어 이런 학문에서 물어지고 있는 대상적 존재자의 존재의 진리 그 자체였다.

"있음(Sein)"이란 무엇인가? 칸트적 통찰에 따르면 그것은 "의식되어 있음(Bewußt-sein)"이다. 따라서 철학은 이제 존재의 진리를 의식의 진리 속에서 찾지 않으면 안 된다. 물론 칸트에게서는 여전히 의식되어 있음 밖의 절대적 존재로서 존재 그 자체(An-sich-Sein)가 아직 인정되고 있었다. 그러나 존재 그 자체는 더 이상 물음과 인식의 대상이 아니라 경험적 세계의 "한계 개념(Grenzbegriff)"으로서만 승인될 수 있을 뿐이다. 그렇지 않고 우리가 말 건넬 수 있는 대상적 존재자가 문제라면, 그런 존재자의 존재의 진리는 오직 사유하는 이성 속에서 찾아져야만 한다. 왜냐 하면 우리가 말 건넬 수 있는 모든 존재자의 있음이 의식되어 있음인 한에서 모든 존재자의 존재의 진리는 이제 의식의 진리에 다름 아니기 때문이다.

칸트철학에서 존재의 의식적 성격은 다른 무엇보다 시간과 공간 그 자체가 우리의 표상 능력의 형식이라는 데 존립한다. 칸트에 따르면 시간과 공간은 우리의 의식 밖에 스스로 존재하는 객관적 실체도 아니고 객관적 실체 자체에 귀속하는 객관적 관계도 아니며, 오직 우리가 대상을 직관하는 주관적 형식에 지나지 않는다. 그러나 이것은 무엇을 뜻하는가? 시간과 공간은 자연적 사물의 질료적 지평이다. 감성적 존재자가 문제라면, 시간과 공간은 그것의 실재성의 바탕이기도 하다. 시간과 공간 중에 있지 않은 존재자야말로 공허한 관념물인 것이다. 그리하여 칸트에 이르러 시간과 공간이 주관화되었다는 것은 자연적 존재자 일반의 질료적 토대가 주관화되었다는 것을 뜻한다. 우리가 경험하는 세계는 이미 그것의 질료적 바탕에서부터 주관적인 것이다.

물론 어떤 사물도 질료적 계기만으로 존립할 수는 없다. 모든 자연적 사물은 동시에 규정된 형상을 통해서만 자신의 존재를 실현할 수 있기 때문이다. 그러나 사물의 규정된 형상이란 무엇인가? 물론 그것은 — 아리스토텔레스적 용어법에 따라 말하자면 — 사물의 로고스(logos)다. 그러나 로고스란 또 무엇인가? 칸트에 따르면 그것은, 본질적으로 고찰하자면, 직관적 표상들을 결합하고 통일하는 사유의 근원적 활동이다. 즉 그것은 여럿을 불러모아 하나로 만드는 정신의 활동인 것이다. 이런 의미에서 로고스는 종합(Synthesis)의 힘이다. 칸트는 이처럼 사물의 형상적 본질을 종합에서 찾음으로써, 로고스의 근원적 의미로 복귀한다. 로고스란 레게인(legein / versammeln)의 힘이다. 그것은 흩어진 표상들을 불러모아 그것을 하나되게 한다. 이 하나됨 속에서 표상들은 머무르는데, 그 머무름이 곧 사물의 있음인 것이다.

이렇게 하여 사물의 존재는 형상적인 면에서나 질료적인 면에서 모두 본질적으로는 의식의 지평 속에서 근거지워진다. 그러나 주체의 존재 경험은 대상적 존재자들이 개별적 통일을 얻는 것만으로 완결되지는 않는다. 모든 개별적 존재자는 하나의 총체적 체계의 부분으로서 규정되지 않으면 안 된다. 다시 말해 모든 개별자는 존재하는 모든 것들의 근원적 통일과 총체성의 빛 아래서 사유될 수 있어야만 하는 것이다. 모든 것을 하나의 원리 아래 파악하려는 것이야말로 철학하는 이성의 근원적 요구이기 때문이다. 칸트에 따르면 신의 개념은 바로 이러한 이성의 요구가 만들어낸 이념이다. 그것은 주체의 존재 경험의 최종적 완성을 위해 요구되는 아치 꼭대기의 쐐기돌이다. 그리하여 자연 철학자들의 질료든 플라톤 이래 모든 그리스 형이상학자들이 존재의 근본 원리로 이해했던 '하나(unum)'든 중세 기독교 철학자들이 존재의 궁극적 근거라고 상정했던 신이든, 그 모든 것들이 칸트에 따르면 사유하는 정신의 외적 투사에 지나지 않는 것이다.

따라서 우리가 존재 일반의 근본 원리를 탐구하기 원한다면, 우리는 더 이상 대상의 경험적 규정 속에서 그것을 찾을 것이 아니라 존재를 향해 말 건네는 이성의 물음과 이성의 활동 그 자체의 본질적 진리를 탐구하지 않으면 안 된다. 이런 의미에서 칸트는 "존재론(Ontologie)"이란 이름은 "순수 오성의 분석론(Analytik des reinen Verstandes)"에 자리를 양보하여야만 한다고 말한다.[23] 존재의 진리는 더 이상 대상적 존재자에서 발견되어야 할 것이 아니라 생각하는 나 속에서 반성되어야만 할 것이다. 이러한 자각과 더불어 철학하는 정신은 자기 자신에게로 되돌아왔다. 그리고 이렇게 자기 자신에게로 복귀한 뒤에 나르시스적 정신은 다시는 자기 이외의 다른 것에 대하여 관심을 가지려 하지 않았다. 지금까지 정신이 추구해왔던 모든 것이 바로 자기 자신 속에 있다는 것을 정신이 깨달았기 때문이다. 이처럼 그 이전까지의 대상적 존재 사유를 반성적 자기 의식으로 바꾸어놓은 사람, 그가 바로 칸트였던 것이다.

3-2. 독일 관념론과 자유의 이념

칸트와 더불어 생각하는 나 자신이 철학적 반성의 대상이 된다. 이런 점에서 서양 정신의 나르시시즘은 칸트를 통해 자기 자신의 본래성에 복귀한다. 정신의 자기 자신에 대한 사랑이 이제 그 자체로서 철학의 수행이 되었다. 그리고 이것을 통해 철학하는 정신은 비로소 자기 자신의 본질적 진리에 되돌아오게 되었다. 왜냐 하면 서양철학이 객관적 진리를 찾아 이 대상에서 저 대상으로 방황하며 다닐 때도 그것은 본질적으로는 자기 자신에 대한 그리움에 의해 추동(推動)되고 있었기 때문이다. 칸트철학은 서양철학의 감추어져 있었던 나르시스적 욕구를 은폐와 억압의 상태에서 해방시키고, 이 욕구에 정당한 권리를 부여한다. 즉 칸트와 더불어 철학하는 정신의 나르시시즘이 철학의 본질적 진리로 인정되기에 이른 것이다.

그러나 칸트를 통해 서양철학의 나르시시즘이 그것의 본질적 진리에 복귀한다고 말할 수 있는 까닭은 단지 칸트를 통해 그 이전의 객관적인 지혜에 대한 사랑이 자기에 대한 사랑으로 탈바꿈했기 때문만은 아니다. 어쩌면 그보다 더 중요한 일은 칸트를 통해 단지 나르시스적 관심과 욕구 그 자체가 아니라 나르시시즘의 근원적 뿌리가 그 자체로서 자기 자신에 대하여 명료하게 의식되었다는 데 있다.

---

23) I. Kant, *Kritik der reinen Vernunft*, B 303.

그것은 모든 서양 문명의 "확고한 자부심(dura superbia)"의 뿌리에 놓여 있는 자유의 의식이다. 서양 정신의 나르시시즘은 그것의 긍지와 자부심에서 출발한다. 그러나 그들의 자부심은 무엇에 근거하는가? 그것은 그들이 추구하고 실현했던 인간의 자유다. 오리엔트에서 사람이 사람에게 머리를 숙이고 복종하는 것이 자명한 일로 여겨지고 있던 시대에 그리스인들은 신에게 기도할 때조차 무릎을 꿇지 않았을 정도로 타자에 대한 비굴한 예속을 혐오하였다. 그리고 그리스가 페르시아전쟁에서 승리한 이래 서양 문명은 한 번도 이질적인 문명에 의해 정복당한 적이 없었다. 그리하여 서양 문명은 한 번도 타자에 의해 자기를 상실하거나 타자에 의해 부정되지 않은 채, 자기 자신의 고유성을 유지할 수 있었던 것이다.

이러한 자유와 주체성에 대한 자각이 서양적 나르시시즘의 근원적 토양이 되었음은 의심의 여지가 없다. 처음에 그리스에서 자유(eleutheros)는 노예 상태(doulos)의 반대 개념으로 이해되었다. 이때 노예란 전쟁에서 패배하여 자기의 나라와 땅을 잃고 타향에서 남의 지배 아래 예속되어 사는 사람을 뜻하였다. 또 사실 이것이 노예 제도의 기원이기도 하였다. 이에 반해 자유인은 누구의 지배에도 예속되지 않은 채 자기의 땅에서 사는 사람을 뜻하였다. 그런데 이러한 자유의 근원적 의미는 그리스 사회에서 시민적 폴리스(polis)가 발전함에 따라 특수하게 그리스적 삶의 방식을 의미하는 것으로 바뀌게 된다. 즉 누구의 지배에도 예속되지 않고 동료 시민들과 평등하게 어울려 사는 그리스 도시국가 시민의 삶이야말로 참된 자유의 표현이자 실현이라 생각되었던 것이다. 이 시기에 와서는 자유인의 반대말이 단순히 노예가 아니라 비(非)그리스인, 즉 전제 군주의 지배 아래 사는 모든 이방인(barbaroi)이 되었다.24) 이렇게 하여 자유는 이방인의 삶에 대비하여 그리스적 삶의 정체성을 나타내는 가장 본질적인 특징이 되었던 것이다. 그리고 그리스인들이 이방인의 예속된 삶이 아니라 자기들의 자유로운 삶에 더욱 우월한 가치를 부여했으리라는 것은 두말할 나위도 없는 일이다. 이런 확신은 특히 페르시아전쟁

---

24) *Historisches Wörterbuch*, Bd. 2, 1065쪽.

을 통해 돌이킬 수 없이 그리스적 자기 의식의 실체적 내용이 되었다. 헤로도토스(Herodotos)는 그의 『역사(*Historiai*)』에서 오리엔트적 삶을 노예적 예속의 삶으로 그리스적 삶을 자유인의 삶으로 규정한 다음 자유로운 삶을 추구하는 문화가 노예적 예속의 문화를 이겨낸 것에서 전쟁의 의미를 찾았다.25) 그리고 아리스토텔레스에게 오면, 우리는 이방인들이 당연히 그리스인들에 의해 지배되어야 하다는 말을 듣게 된다. 왜냐 하면 이방인과 노예는 본질적으로 동일한까닭에 그들에겐 본성적으로 지배자적 요소가 존재하지 않기 때문이라는 것이다.26) 이처럼 그리스적 자유는 그리스인들의 이방인에 대한 우월감의 가장 중요한 근거였다. 그리고 이들의 우월감, 즉 위에 있음의 의식이야말로 그들의 확고한 자부심의 근거였다. 그러니까 자유의 의식은 서양 정신의 나르시시즘의 가장 중요한 토양이요 자양분이었던 것이다.

그러나 자유의 의식이 이처럼 서양적 나르시시즘의 토양이었음에도 불구하고 그리스적 사유 속에서 자유는 아직 그 자체로서 철학적 탐구의 대상이 될 수는 없었다. 자유가 인간의 보편적 본질이 아니라 소수의 사람들에게만 허락된 우연적 현상이었기 때문에, 다시 말해 자유가 지극히 드문 것이었기 때문에, 그리스인들은 자유의 희소 가치로 인해 이방인들에 대해 우월감을 느낄 수 있었다. 그러나 똑같은 이유로 인해 자유는 철학적 탐구의 대상으로 정립될 수도 없었다. 왜냐 하면 철학은 존재의 보편적 진리에 관계하는데, 자유는 특수하고 우연적인 현상에 지나지 않는 것이기 때문이다. 그런 까닭에 그리스의 역사가 실제로 자유의 의식에 의해 지배되었고 또 많은 사람들이 자유에 대하여 말했음에도 불구하고 그리스에서도 로마에서도 자유가 삶의 보편적 이념으로서 탐구되고 논의될 수는 없었다. 그 대신

---

25) 김상봉, 「자기와 타자 — 헤로도토스와 그리스적 자기 의식」, 『신인문』 창간호, 한길사, 1997년, 50-77쪽.

26) Aristoteles, *Politika* 1252 b 5. e)n de\ toi=j barba/roij to\ qh=lu kai\ to\ d th\n au)th\n e)/xei ta/cin. ai)/tion d' o(/ti to\ fu/sei a)/rxon ou)k e)/xousin h(koinwni/a au)tw=n dou/lhj kai\ dou/lou. dio/ fasin oi(poihtai\ "barba/r (/Ellhnaj a)/rxein ei)ko/j", w(j tau)to\ fu/sei ba/rbaron kai\ dou=lon o)/n

고대의 철학자들은 자유인에게든 노예에게든 혹은 남자에게든 여자에게든 똑같이 추구될 수 있는 행복(eudaimonia)을 삶의 보편적 이상으로 논했던 것이다. 그리하여 자유란 이미 그리스와 로마에서부터 서양적 삶의 본질적 내용이었음에도 불구하고 고대 철학은 그것을 그 자체로서 타자적으로 반성하지 않은 채, 언제나 구체적인 상황을 매개로 해서만 자유에 대하여 산발적으로 언급하는 데 그치고 말았다. 그런 한에서 그리스 철학은 자신의 본질적 진리를 그 자체로서 반성할 수 없었던 것이다.

그러나 독일 관념론은 자유를 더 이상 제한적이고 국지적인 삶의 영역에 방치해두지 않았다. 자유는 여기서 인간 존재의 보편적 본질이며, 역사의 궁극적 이념으로 이해되었다. 그것은 특별히 탁월한 소질을 부여받은 소수의 고귀한 인간이나 종족의 전유물이 아니라 모든 인간의 보편적 본질이다. 그리하여 헤겔의 표현을 빌리자면 "모든 인간은 그 자체로서, 다시 말해 인간은 '단적으로' 인간으로서 자유롭다."[27] 따라서 인간에 대해 철학적으로 말한다는 것은 곧 자유에 대하여 말하는 것과 같은 일이 되었다. 이렇게 하여 독일 관념론은 서양적 삶과 서양 사유의 본질적 실체였으면서도 도리어 주제화되지 못하고 있었던 자유의 개념으로 되돌아갔으며, 이를 통해 또한 서양적 나르시시즘의 본질에 복귀하였던 것이다.

그런데 독일 관념론이 자유의 철학이라는 것은 단지 그것이 자유를 인간성의 본질적 진리로 본 데 있는 것만은 아니다. 만약 독일 관념론의 의미가 한 사람이나 여러 사람의 자유를 말하던 것에서 모든 사람의 자유를 말하게 된 것에 있다면, 그것의 의미는 자유의 양적인 확장에 있는 것에 다름 아닐 수도 있겠다. 그러나 여기서 문제는 몇몇이냐 아니면 모두이냐에 있는 것은 아니다. 그리고 더 나아가 자유의 개념이 인간 이해에 어떤 변화를 가져왔는가 하는 것조차도 사실은 중요한 문제가 아니다. 독일 관념론이 자유의 문제와 관련해서 이

---

27) G. W. F. Hegel, *Vorlesungen über die Philosophie der Geschichte* (*Werke* red. Moldenhauer/Michel, Bd. 12) 32 쪽. "alle Menschen an sich, das heißt der Mensch als Mensch sei frei."

룩한 참으로 독보적인 성취는 그것이 자유를 존재 그 자체의 본질로 이해했다는 데 있다. 다시 말해 독일 관념론에서 자유란 한갓 인간학적인 개념이 아니라 존재론적 개념이었다. 존재 그 자체가 자유다. 바로 이러한 통찰 속에 독일 관념론의 고유성이 있는 것이다.

돌이켜보면 존재 그 자체가 자유라는 통찰은 독일 관념론이 존재의 진리를 정신 속에서 보았을 때부터 예정된 필연적 귀결이었다. "정신의 본질은 자유다."28) 따라서 철학이 존재의 진리를 정신의 지평 속에서 찾는다는 것은 존재를 자유의 빛 아래서 이해하는 것에 다름 아니다. 그런 까닭에 자유는 이미 피히테에게서부터 존재의 근본 원리였던 것이다.

독일 관념론의 나르시시즘의 본질로 복귀한다는 것은 이처럼 복합적인 의미로 이해되어야만 한다. 그것은 의식의 자기 복귀라는 점에서 나르시시즘의 본질적 진리의 실현이다. 그러나 의식의 자기 복귀가 단지 의식이 철학적 탐구의 대상이 되었다는 것을 뜻한다면, 그것은 나르시시즘적 자기 복귀의 첫번째 단계에 지나지 않는다. 자기에게 복귀한 정신은 이제 자기 속에서 존재의 보편적이고도 근원적인 진리를 파악하려 한다. 세계는 더 이상 자립적인 실체가 아니다. 존재의 객관적 진리는 사실은 주체의 정신 속에서 표현되고 실현된다. 그런데 바로 그 정신의 본질이 다름 아닌 자유다. 자유야말로 존재의 가장 근원적인 원리다. 이리하여 독일 관념론은 서양 정신의 나르시시즘의 뿌리와 토양으로 되돌아갔다. 왜냐 하면 서양 정신의 나르시스적 긍지(superbia)는 다름 아닌 자유의 의식에 뿌리박고 있기 때문이다.

3-3. 주체의 자발성과 자족성

그러나 독일 관념론자들이 이해한 자유란 무엇인가? 자유의 개념이 한갓 인간학적인 개념이나 윤리학적 개념이 아니라 존재론의 근

---

28) 같은 책, 33 쪽. "Wie die Substanz der Materie die Schwere ist, so, müssen wir sagen, ist die Substanz, das Wesen des Geistes die Freiheit."

본 개념인 한에서, 이 물음은 독일 관념론의 존재 사유의 본질적 성격에 관한 물음이기도 하다. 그리고 자유가 반성적 정신, 다시 말해 주체의 자기 의식의 본질적 진리를 표현하는 한에서, 자유의 의미에 대한 물음은 독일 관념론이 이해한 주체의 자기 의식의 본질적 성격에 관한 물음이기도 한 것이다.

칸트는 『순수이성비판』에서 자유를 선험론적 의미에서 "행위의 절대적 자발성(absolute Spontaneität der Handlung)"[29]으로 이해한다. 이것은 자기 밖의 타자적 원인에 의해 강제되지 않은 채, 하나의 '새로운 존재' 상태를 단적으로 시작할 수 있는 능력(ein Vermögen, einen Zustand, mithin auch eine Reihe von Folgen desselben, schlechthin anzufangen)[30]을 뜻한다. 그러니까 자유는 자기를 규정하는 타자적 원인 없이 다른 것의 원인이 되는 절대적으로 자발적인 원인성을 뜻하는 것이다. 이런 의미에서 칸트는 자유를 "원인들의 절대적 자발성(absolute Spontaneität der Ursachen)"[31]이라 부르기도 한다.

같은 것을 부정적인 방식으로 표현한다면, 자유는 자연 법칙에 예속되지 않은 상태를 뜻한다. 그것은 자연적 강제와 필연성으로부터의 독립인 것이다.[32] 이런 의미에서 자유는 정신이 어떤 타율적 강제에도 예속되지 않은 상태에 있는 것을 뜻한다. 칸트는 윤리적 의미의 자유를 논할 때, 이런 타율로부터의 독립을 자유의 본질적 계기로서 매우 중요시하였는데, 특히 감성적 욕구와 충동에 의해 의지가 타율적으로 규정되는 것으로부터 벗어나는 것을 실천적 자유의 요체로 보았다. 그런 의미에서 칸트는 『순수이성비판』에서 "자유는 실천적 의미에서는 의지가 감성의 충동을 통한 강제로부터 독립해 있는 상태다"[33]라고 말하기도 한다.

---

29) I. Kant, *Kritik der reinen Vernunft*, A 448=B 476.
30) I. Kant, *Kritik der reinen Vernunft*, A 445=B 473.
31) I. Kant, *Kritik der reinen Vernunft*, A 446=B 474.
32) I. Kant, *Kritik der reinen Vernunft*, B XXVIII.
33) I. Kant, *Kritik der reinen Vernunft*, A 534=B 562. "Die Freiheit im praktischen Verstande ist die Unabhängigkeit der Willkür von der Nötigung durch Aantriebe

그런데 독일 관념론자들이 이런 식으로 자유를 이해하려 할 때 그들의 관심은 주체의 활동 영역으로부터 타자를 철저히 배제하는 데 있었다. 간단히 말하자면 정신이 어떤 종류든지간에 타자적 영향 아래 있게 되면 정신의 자유는 침해된다. 따라서 정신의 자유는 그것이 타자적 영향으로부터 벗어나 오직 "나의 곁에" 있을 때 실현된다. 이것을 헤겔은 다음과 같이 표현한다.

"물질은 그것의 실체를 자기 밖에 가진다. 정신은 자기 자신의 곁에 있음(das Bei-sich-selbst-Sein)이다. 바로 이것이 자유다. 왜냐 하면 내가 예속되어 있을 경우에, 나는 나 아닌 다른 것에 관계하기 때문이다. '이 경우' 나는 어떤 외적인 것(ein Äußeres) 없이는 있을 수 없다. '그러나' 내가 나 자신 곁에 있을 때 나는 자유롭다. 정신의 이러한 자기 자신 곁에 있음이 자기 의식, 즉 자기 자신에 대한 의식이다."34)

여기서 보듯이 자유는 타자(ein Anderes)와의 관계 자체를 거부한다. 진정한 자유는 타자에 대한 예속은 물론이거니와 타자에 대한 관계조차 배제한 채, 절대적인 자족성과 자립성으로서 실현된다. 이런 사정은 셸링의 경우에도 마찬가지다. "나의 본질은 자유다(Das Wesen des Ichs ist Freiheit)." 그런데 여기서 자유는 내가 나를 타자가 아니라 바로 나로서 정립하는 데 존립한다.

"나의 본질은 자유다. 즉 그것은 내가 절대적인 자기 능력으로부터 자기[=나]를 어떤 무엇이 아니라 단적인 나로서 정립하는 한에서가 아니라면 달리 생각될 수 없다."35)

---

der Sinnlichkeit."
34) G. W. F. Hegel, *Vorlesungen über die Philosophie der Geschichte*, 30쪽. "Die Materie hat ihre Substanz außer ihr; der Geist ist das Bei-sich-selbst-Sein. Dies ist die Freiheit, denn wenn ich abhängig bin, so beziehe ich mich auf ein Anderes, das ich nicht bin; ich kann nicht sein ohne ein Äußeres; frei bin ich, wenn ich bei mir selbst bin. Dieses Beisichselbstsein des Geistes ist Selbstbewußtsein, das Bewußtsein von sich selbst."
35) F. W. J. Schelling, *Vom Ich als Princip der Philosophie oder über das*

자유는 내가 나 속에서 오직 나를 정립하는 것이다. 여기서 타사
적인 "어떤 무엇(irgend Etwas)"은 철저히 배제되어야 한다. 왜냐 하
면 "자유는 오직 자기 자신을 통해서이기(Freiheit ist nur durch
sich selbst)"36) 때문이다. 이런 의미에서 자유는 모든 타자로부터의
"전적인 독립(gänzliche Unabhängigkeit)"37)을 뜻한다. 다시 말해 자
유는 "모든 나-아닌 것과의 전적인 양립 불가능성(Unverträglichkeit
mit allem Nicht-Ich)"38)인 것이다.

　이렇게 하여 독일 관념론은 그리스적 자유의 이념인 자족성(autarkia)
의 이상으로 되돌아갔다. 자유는 자기 스스로 충분한 것, 즉 자기 자신
의 무한한 풍요(copia)에 존립한다. 부정적으로 표현하자면 자족적
정신은 타자를 필요로 하지 않는 정신이다. 그리하여 자유란 정신의
타자 속에서 자기를 상실하지 않는 것을 뜻한다. 이것이 정신의 자기
동일성(Selbstidentität)의 부정적 본질이다. 독일 관념론은 정신의
자유에 대한 열망에 사로잡혀 정신을 자기 밖에 어떤 타자도 허용하
지 않는 절대적 실체, 절대적 홀로 주체로 고양시켜갔다. "존재하는
모든 것은 나 속에 있다. 그리고 나 밖에는 아무 것도 없다."39) 그리
고 나는 유일한 실체며, 그 이외의 모든 것은 나의 속성에 지나지 않
는다.40) 요컨대 나는 이제 모든 존재하는 것의 절대적 총체성인 "하
나인 모두(hen kai pan)"41)다.

Unbedingte im menschlichen Wissen (Schriften von 1794~1798, Darmstadt, 1980),
59 쪽. "Das Wesen des Ichs ist Freiheit, d. h. es ist nicht anders denkbar, denn
nur insofern es aus absoluter Selbstmacht sich, nicht als irgend Etwas, sondern
als bloßes Ich setzt."
36) 같은 곳.
37) 같은 곳.
38) 같은 곳.
39) 같은 책, 72쪽. "Demnach ist alles, was ist, im Ich, und außer dem Ich ist
nichts."
40) 같은 책, 73쪽. "Ist das Ich die einzige Substanz, so ist alles, was ist, bloßes
Accidens des Ichs."
41) 같은 곳. "Alles ist nur im Ich und für das Ich. Im Ich hat die Philosophie ihr
Hen Kai Pan gefunden."

그러나 돌이켜보면 정신의 자유를 모든 타자성의 부정에서 찾는 독일 관념론은 타자 속에서 자기 자신을 상실하지 않을까 두려워하는 서양적 나르시시즘의 전형적 표현이다. 모든 타자로부터 돌아와 자기 자신 곁에 머무르는 것, 이것이야말로 나르시스적 자기 도취의 요체다. 독일 관념론은 이러한 정신의 자기 복귀와 자기 탐닉의 극단적 형태를 보여준다. 주체는 타자 속에서 자기를 상실하지 않기 위해 모든 실재적 타자를 제거해나간다. 그리고 오직 자기 자신과의 반성적 관계 속에서 정신은 자기를 실현하는 것이다.

3-4. 자기 상실 없는 자기 부정

독일 관념론이 정신에 대하여 실재적인 타자를 제거해나가는 과정은 다른 무엇보다 칸트의 사물 자체(Ding an sich)가 제거되어가는 과정을 통해 두드러지게 드러난다. 이미 칸트에게서도 사물 자체는 의식의 실재적 대응물로 상정되어 있기는 하지만, 우리의 경험과 인식에 대하여 실질적 영향력을 행사할 수 있는 것은 아니었다. 그런 까닭에 칸트 자신이 이 개념을 상정하면서도 그것을 소극적 의미의 "한계 개념(Grenzbegriff)"으로 간주하였다. 즉 사물 자체는 우리의 경험과 인식에 대하여 적극적 영향력을 행사할 수 있는 것이 아니므로 인식에 대해 적극적 의미를 갖는 것은 아니지만, 우리의 인식의 대상이 존재 그 자체의 절대적 현실성이 아니라 단지 우리에게 "주어져 있음"으로서의 현상(Erscheinung)에 지나지 않는다는 것을 표시하기 위해 "있음 그 자체"로서 상정될 뿐이라는 것이다.

그러나 그 이후의 독일 관념론자들은 이런 종류의 실재적 타자조차 용납하려 하지 않았다. 어떤 형태로든 의식 밖에 자립적으로 실재하는 타자를 남겨둘 경우 있을 수 있는, 타자로부터의 자기에 대한 충격을 두려워했기 때문이다. "사물 자체란 모든 나에 앞서서 정립된 나 아닌 것이다(Das Ding an sich ist das vor allem Ich gesetzte Nicht-Ich)."[42] 그러나 나 밖에 존재하는 그런 타자가 인정된다면 나는 나 아닌 타자에 의해 근원적으로 제약되지 않을 수 없으며 나의 자유와 동일성은 파괴되고 말 것이다.[43] 따라서 내가 타자 속에서 나 자신을 상실하지 않고 나의 동일성과 자유를 보존할 수 있으려면, 어떤 종류의 자립적 타자도 인정되어서는 안 된다. 따라서 셸링은 칸트식의 사물 자체에 대하여 다음과 같은 양자 택일을 강요하게 된다.

"그것은 나에 대해 단적으로[=절대적으로] 대립되는 것으로서 절대적인 나-아닌 것, 즉 절대적인 무(無. Nichts)이거나, 아니라면 그것은 어떤 것, 즉 사물이 된다. 즉 그것은 더 이상 절대적으로 대립된 것이 아니라 제한적으로(bedingt) 나 속에 정립된다. 즉 그것은 사물 자체이기를 그치는 것이다."[44]

간단히 말하자면 "존재하는 모든 것은 나 속에 있고 나 밖에는 아무 것도 없다". 따라서 만약 사람들이 사물 자체라는 것을 통해 나 밖에 근원적으로 정립되는 타자를 뜻한다면, 이때 그런 타자는 어떤 존재, 어떤 실재성도 가질 수 없는, 존재 그 자체의 절대적 부정태, 즉 절대적 무를 뜻하는 것일 수밖에 없다. 반대로 사람들이 사물 자체를 어떤 것, 즉 어떤 존재자로서 이해한다면, 그것은 더 이상 나의 밖에 자립하는 것일 수 없다. 모든 존재하는 것은 나 속에서만 정립되고 나 속에서만 존재할 수 있기 때문에, 만약 사물 자체가 존재하는 어떤 것으로 이해되어야 한다며, 그것은 이제 오직 나 속에서만 존재하는 상대적 의미의 타자, 내재적 의미의 타자일 수밖에 없는 것이다.

---

42) 같은 책, 52쪽.

43) 같은 책, 53쪽. "Soll nun das Princip aller Philosophie eine Thatsache, und das Princip dieser ein Din an sich sein, so ist eben dadurch alles Ich aufgehoben, es gibt kein reines Ich mehr, keine Freiheit, keine Realität - nichts als Negation im Ich."

44) 같은 책, 68-69쪽. "Entweder ist es nämlich dem Ich schlechthin entge-gengesetzt, also absolutes Nicht-Ich, d. h. absolutes Nichts, oder es wird zum Etwas, zum Ding, d. i. es wird nicht mehr schlechthin entgegengesetzt, sondern bedingt, ins Ich gesetzt, d. h. es hört auf, Ding an sich zu sein."

"근원적으로 대립된 나-아닌 것(Nicht-Ich)은 절대적으로 어떠한 실재성도 갖지 못하는 한갓 부정에 지나지 않으며, 순수 존재도 경험적 존재도, 아니 어떤 존재도 부여될 수 없기 때문에 (절대적 비존재), 만약 그것이 실재성을 얻으려 한다면, 그것은 나에 대해 절대적으로 대립해서가 아니라 나 자신 속에서 정립되어야만 한다."[45]

여기서 셸링은 나 밖에 정립되는 실재적 타자를 어떤 것도 인정하려 하지 않는다. 나 밖에는 오직 절대적 무(無)가 있을 뿐이다. 모든 의미 있는 존재는 이제 나 속에서 정립된다. 그리고 그런 한에서 나는 어떤 타자적 힘에 의해서도 침해되지 않는 절대적 힘과 자유의 주체로서 군림하는 것이다.

그런데 독일 관념론이 여기서 보듯 나 밖의 모든 타자를 제거하려 했다 해서, 그들이 타자성 그 자체를 절대적으로 무화(無化)시키려 했던 것은 아니다. 바로 위에서 인용한 셸링의 말이 암시해주는 것처럼 독일 관념론은 나 밖에 자립하는 타자적 존재를 제거하는 대신 존재의 타자성 일반을 정신의 내재적 지평 속으로, 다시 말해 절대적 나의 의식 속으로 이끌어들였다. 그리하여 경험적 의식의 입장에서 볼 때, 나 밖에 자립하는 실체로 여겨지는 사물 자체는 철학적 눈으로 보았을 때는 나의 근원적 활동이 외화(外化)되고 실체화된 것에 지나지 않는다. 그리하여 사물 자체란 이제 나에게 마주선 또 다른 나 자신의 얼굴에 다름 아니다. 경험적 의미의 주체로서의 나와 그에 외적으로 대립하는 사물 자체는 실은 나의 자기 의식의 "근원적 이중성(ursprüngliche Duplizität)"에서 비롯된 것이다.[46] 셸링은 이것을 다음과 같이 구체적으로 설명한다.

---

45) 같은 책, 69쪽. "Da nämlich dem ursprünglich entgegengestzten Nicht-Ich schlechterdings keine Realität, sondern bloße Negation, weder reines noch empirisches Sein, sondern gar kein Sein (absolutes Nichtsein) zukömmt, so muß es, wenn es Realität bekommen soll, dem Ich nicht schlechthin entgegen, sondern in ihm selbst gesetzt sein."
46) 같은 이, *System des transcendentalen Idealismus* (*Schriften von 1799~1801*), 423쪽. "Die ursprüngliche Duplicität des Selbstbewußtseins ist jetzt zwischen dem Ich und dem Ding an sich gleichsam getheilt."

"'근원적 나의' 관념적 활동은 사물 자체로 변화되고, 실재적 활동은 동일한 행위를 통해 사물 자체에 대립된 것, 즉 나 자체로 변화된다. 나는 지금까지는 언제나 주체인 동시에 객체였으나, 이제 처음으로 어떤 것 자체가 된다. 나의 근원적으로 주체적인 면은 한계를 넘어 옮겨져 거기서 사물 자체로서 직관된다. 한계 속에 남은 것은 나의 순수하게 객체적인 면이다."[47]

여기서 보듯 사물 자체는 더 이상 절대적 의미에서 '나' 밖에 정립되는 타자가 아니다. 이런 점에서 나는 이제 유일한 실체며 유일한 주체다. 그러나 셸링은 존재의 타자성 그 자체를 부정하지는 않는다. 어떻든 정신은 언제나 어떤 타자적 대상과의 관계를 통해 발생하기 때문이다. 나는 때로는 인식하기 위하여, 때로는 사랑하기 위하여, 그리고 때로는 부정하고 극복하기 위하여 어떤 타자적인 대상을 필요로 한다. 그런데 독일 관념론은 그런 타자를 절대자로서의 나 속에 정립한다. 다시 말해 내가 인식하는 대상, 내가 사랑하고 내가 부정하며 극복하는 대상은 이제 모두 나 자신의 외화된 모습일 뿐이다. 칸트식으로 말하자면, 내가 부정하고 극복해야 할 것은 나 자신의 감성적 정념과 욕망이다. 도덕은 바로 이러한 자기 부정에 존립한다. 또한 내가 사랑하는 아름다움은 더 이상 대상 자체에 있는 것이 아니라 인식 능력의 조화에 있을 뿐이다. 그리고 마지막으로 내가 인식하는 객관적 대상 그 자체도 더 이상 나의 밖에 자립하는 사물 자체가 아니라 "단지 우리들 자신의 관념적 활동이 사물 자체로 실체화된 것(unsere eigene ideelle, zum Ding an sich nur hypostasierte Tätigkeit)"[48]에 지나지 않는 것이다.

---

47) 같은 곳, "Die ideelle Thätigkeit hat sich in das Ding an sich verwandelt, die reelle also wird durch dieselbe Handlung sich in das dem Ding an sich Entgegengesetzte, d. h. in das Ich an sich verwandeln. Das Ich, was bisher immer Subject und Object zugleich war, ist jetzt zuerst etwas an sich; das ursprünglich Subjective des Ichs ist hinübergetragen über die Grenze, und wird dort angeschaut als Ding an sich; was innerhalb der Grenze zurückbleibt, ist das rein Objective des Ichs."
48) 같은 책, 461쪽.

바로 이것이 독일 관념론이 이해한 존재의 부정성과 타자성의 본질이다. 그것은 존재의 본질 그리고 같은 말이지만 정신의 본질을 매개 없는 단순성에서 찾지는 않는다. 존재의 첫번째 본질 규정은 분명히 동일성(Identität)이다. 그러나 동일성은 언제나 부정성(Negativität)을 함의한다. 그러나 이 근원적 부정성은 자기 아닌 타자에 대한 부정성이 아니라 "자기 자신에게 관계하는 부정성(sich auf sich beziehende Negativität)"49)이다. 그것은 비존재(Nichtsein)를 표시하는 것이기는 하지만, 여기서 비존재란 "자신의 비존재를 어떤 타자에게서가 아니라 바로 자기 자신에게서 갖는 그런 비존재(ein Nichtsein, das sein Nichtsein nicht an einem andern, sondern an sich selbst hat)"50)인 것이다.

서양 정신의 나르시시즘은 여기서 더 이상 오를 곳이 없는 그 꼭대기에 도달한다. 세계로부터 등을 돌리고 자기 자신에게로 돌아온 정신은 자기 밖의 모든 자립적 타자를 제거하고 무화(無化)시킨다. 그렇게 모든 자립적 타자가 사라져버린 세상에서 정신은 이제 절대자로서 그리고 유일한 주체로서 군림한다. 그러나 서양적 주체는 자기 밖에 아무런 타자적 주체가 존재하지 않는다 하더라도 결코 고독해 하지 않는다. 왜냐 하면 그것은 이제 자기 자신과 타자적으로 관계하기 때문이다. 나는 자기를 대상으로 인식하고, 자기를 도덕적으로 부정하고 또한 자기를 심미적으로 사랑하고 자기에게 탐닉한다. 그렇게 홀로 있어도 풍요한 주체, 그리하여 어떤 타자에게도 의존할 필요 없는 신적인 자족성을 실현한 정신, 간단히 말하자면 절대자요 신이 된 나를 그리는 철학, 그것이 더 이상 오를 곳이 없는 봉우리에 도달한 서양적 나르시시즘의 완성으로서의 독일 관념론인 것이다.

---

49) G. W. F. Hegel, *Wissenschaft der Logik* Bd. II (Werke, red. Moldenhauer /Michel, Bd. 6), 40쪽.
50) 같은 곳.

미국철학의 지적 연원 :
수입 철학에서 고유 브랜드 생산에 이르기까지

김 혜 숙(이화여대 철학과 교수)

1. 역사성의 결여

미국철학의 형성은 우리의 관점에서 보면 흥미로운 시사점을 준다. 그것은 미국철학이 갖는 비역사성 혹은 무역사성 때문에 그러하며, 황무지나 다름없었던 초기 개척 시대의 철학적 상황으로부터 오늘날 우리가 보는 바와 같은 활발한 철학적 집단과 전통을 만들어내었기 때문이다. 우리의 철학 또한 적어도 서양철학의 분야에서는 역사성을 결여하고 있으며, 미국철학이 초기에 유럽철학을 수입하여 그 소비자 역할을 담당했던 것처럼 서구의 철학을 수입하여 소화하기에 급급한 것이 현실이다.

한국에서 연구되고 생산되는 대개의 철학이 역사성이 결여되어 있다는 것은 그것이 오랜 철학의 역사적 전통이나 전통적 삶의 양식과 단절된 채로 이루어지고 있다는 점에서 뿐만 아니라 그것이 수입에 전적으로 의존하고 있어 고유한 지식의 축적과 역사가 생성될 수 없다는 점에서 그러하다. 즉 우리가 철학의 생산을 담당하고 통제하는 것이 아니기 때문에 생산에 필요한 기술적 지식(know-how)이 축적될 수가 없으며 어떤 고정된 모델의 지속성을 고집할 수가 없다.

설사 그것을 고집할 수 있다고 하더라도 시간의 흐름 안에서 구식화되는 그 모델을 교정 내지 수정할 만한 공장이 변변치가 못하기 때문에 그 고집은 자칫 시대착오적 아집이나 나태함의 표현이 될 뿐이다. 그러나 다른 한편으로 보면, 새로운 모델이 자꾸 개발되어 유입되기 때문에 굳이 수선 공장을 세울 필요를 느끼지 않게 되는 것이고, 또 공장을 세워 가동하는 비용보다 수입해서 쓰는 것이 경제적 효용 면에서 더 높다면(최신의 모델이 사회적 가치를 더 많이 인정받고 그것을 찾는 이들이 더 많다면), 어떤 한 모델이 계속 변형을 거치면서 지속성을 갖고 소비되기는 어려울 것이다. 이것이 한국철학이 역사성을 갖기 힘든 이유다.

우리에게 철학은 언제나 현재의, 동시대의 철학이며 또한 망각의 철학이다. 우리 철학계에서 10년 전이나 20년 전의 한국 논문들이 인용되는 경우는 매우 드물며 대개의 참고 문헌들은 서구의 실적물들이다. 우리의 철학 공동체의 성원은 우리들 자신이 아니며 우리는 서로에게 낯선 상태로 남아 있다. 우리는 서로 마주 보지만 서로의 눈을 바라보지는 않는다. 우리의 논쟁에는 절대로 진짜 피가 흘려지는 법이 없다. 우리가 우리 자신을 성원으로 끼워넣는 서구 철학 공동체는 안타깝게도 우리의 존재를 보지 못하고 우리는 마치 투명 인간처럼 소리 없는 웃음, 반향 없는 주먹질을 하면서 헛되이 행복해하고 불행해한다. 깨어나고 싶지만 깰 수 없는 나쁜 꿈처럼 이 투명 인간의 이미지는 한국에서 철학하는 모든 이들, 아니 어쩌면 이 땅에서 학문하는 모든 이들을 괴롭히는 망령일 것이다.

역사성을 결여한 한국철학이 그 패러다임을 모색하기 위해서 비슷하게 역사성을 결여하고 있었던 미국철학의 형성에서 보아야 할 것은 무엇일까? 나는 그것을 자국어 중심이라는 특성과 프래그머티즘이라는 작은 씨앗, 어쩌면 하찮을 수도 있었던 씨앗을 소중하게 키워낸 상호 인정의 철학적 전통이라고 하고 싶다. 그리고 이러한 특성의 배경을 이룬 것은 철저하게 자신들의 관심과 문제 의식의 관점에서 모든 문제를 접근했던 실용적 합리성이라고 생각한다. 개척자들에게 삶은 끊임없는 문제 해결의 과정이었고 철학 또한 사변의 문제라기보다는 문제 해결을 위한 실험과 탐구 그리고 실행 또는 실천의 문제였다. 독일 관념론과 영국의 경험론은 미국인들의 실용적 관심 하에 철저한 변형을 거치게 되었고 그것은 미국 실용주의라는 이름 의 철학적 전통으로 자리잡게 되었다. 이 전통은 퍼스로부터 오늘날 데이빗슨에 이르기까지 미국철학자들 사상의 저변을 면면히 흐르고 있다. 이 글은 독일 관념론과 실증주의, 경험주의의 맥락으로부터 미 국철학이 형성된 과정을 관념론과 경험론의 맥락 하에 살피면서, 유 럽으로부터 이입된 수입 철학에서 실용주의적 전통이 생기는 철학 적 논의의 과정을 살펴볼 것이다.

초기 신대륙 정착자들이 대서양을 건너오면서 가지고 온 것은 통 치 관리 기술과 종교와 철학이었다. 핫손(Charles Hartshorne)은 "철 학함의 행위는 우리에게는 종교처럼 거의 타고난 것이었다. 더구나 개척자들 사이에서의 종교의 다양성은 철학적 반성을 꽃피게 했고, 일반적으로 서구 문명에서 이례적일 정도로 사상의 자유를 일찍 확 립시켰다"[1]고 말하고 있다. 그러나 이러한 사상적 자유는 그들이 당 면했던 현실적 과제 앞에서 불가피하게 실용적 관심과 연계되었다. 기존의 지식을 적용하여 광야를 농장, 거주지, 도로, 철로로 만들고, 여러 소통 수단을 개발해야 하는 필요성이 순수 과학적 이론에 대한 탐구욕이나 필요를 압도했다. 과학에서 기초과학적 반성보다 실험과 적용으로 에너지가 집중되었다면, 철학에서 실용적 관심은 과학에 대한 관심으로 나타났다. 맥스 피쉬(Max Fisch)가 '6명의 고전적 미 국철학자'라고 이름 붙였던, 철학자들[2] 중 산타야나만을 제외한 다 섯 명의 철학자가 모두 하나 또는 그 이상의 과학의 분야와 연관을 맺고 있었고 때때로 그 분야에서 탁월한 업적을 남기기도 하였다. 퍼

---

1) C. Hartshorne, *Creativity in American Philosophy* (State University of New York Press: Albany, 1984), 1쪽.
2) 퍼스(C. S. Peirce), 제임스(W. James), 로이스(J. Royce), 듀이(J. Dewey), 화이트 헤드(A. N. Whitehead), 산타야나(G. Santayana). 이 중 화이트헤드는 주로 영국에 서 활동했지만 중요 철학적 작업은 그가 63세의 나이에 와서 철학을 가르쳤던 미국 에서 이루어졌다는 점에서 미국 철학자로 간주된다. 앞의 책 2-3쪽 참조.

스는 천문학, 물리학, 수학, 기호논리학, 실험 심리학 분야의 작업을 했고, 제임스와 듀이는 심리학, 로이스는 기호논리, 화이트헤드는 수학, 논리학, 물리학 분야의 작업을 했다. 철학은 과학을 넘어서고 초월한 먼 영역의 작업이 아니라 과학과의 연속성 안에서 생각되었고, 실용주의 철학자들은 과학의 실험적, 경험적 방법을 철학 안에 적극 수용하려 하였다. 실용주의자들의 이러한 과학과의 연관은 과학을 모든 학문의 패러다임으로 놓았던 실증주의와의 친화성을 구성하는 것이었고, 이는 제2차 세계대전 이후 논리실증주의자들이 미국으로 건너와 미국철학의 모습을 바꾸어놓았음에도 불구하고 실용주의가 지속적으로 미국철학의 기저를 형성할 수 있었던 이유가 된다. 실증주의와 실용주의의 절묘한 결합을 우리는 콰인과 같은 철학자 안에서 보게 된다.

2. 자(自)국어 · 자(自)문화중심주의

분석철학의 커다란 특징 중의 하나는 그것이 철학사에 비교적 무관심하다는 것이다. 그리고 그것은 영국에서보다 미국에서 더욱 그러하다. 철학사와의 단절은 분석철학이 고색창연한 깊이를 가질 수 없게 한 요인이기도 하지만 또한 과거 철학 언어들의 감옥으로부터 벗어나 새로운 언어로써 마음껏 자유로운 사유 경지를 개척할 수 있게 한 요인이기도 하다. 철학의 역사에 대한 탈신비화가 가능했던 것은 독일 관념론(퍼스는 칸트, 듀이와 로이스는 헤겔) 및 기타 유럽철학(화이트헤드는 베르그송철학)의 강력한 영향을 받았던 초기 철학자들이 현란한 외국어 철학 개념들의 숲에 빠져서 헤매지 않고 자신들의 언어로 자신들의 이야기를 했기 때문이었다.

이러한 태도는 이후 전통적 형이상학적 작업에 철퇴를 가한 논리실증주의의 맥락과 자연스럽게 이어진다. 만일 초기의 철학자들이 그리스, 라틴어 원전 및 독어, 프랑스어 원전을 고집하고 유럽 대륙철학과의 연속선상에서 작업을 했었다면 제2차 세계대전 이후 논리실증주의기 미국에 주도적인 영향력을 행사할 수 없었을 것이다. 논리실증주의는 지적 허영과 수사를 사상(?)한 미국 아카데미의 실용적 합리성의 기반 위에서 수용될 수 있었던 것이다. 20세기초까지만 하더라도 미국의 중산층은 유럽 문화에 대한 강한 동경을 갖고 있었고 부자들은 자식들을 허울만 남은 귀족이라도 유럽의 귀족과 결혼시키는 것이 하나의 유행이기도 했으며 많은 경우 유럽으로 어린 시절부터 유학을 보내기도 했다. 할아버지대에 부를 축적한 윌리엄 제임스가 영국, 독일, 프랑스, 스위스 등지에서 교육을 받았던 데서도 이러한 모습을 볼 수 있다. 유럽 문화에 대한 미국의 친화성을 생각해볼 때 학문에서 그리고 학문 언어에서 미국이 유럽으로부터 독자성을 확보할 수 있었다는 것은 의아하게 느껴진다. 그러나 자국어 중심이 자리잡을 수 있었던 것은 이들의 언어가 나름대로의 학문의 역사를 지닌 영국의 언어였기 때문에 유럽 문화와의 친화성을 간직한 채 독자성을 추구할 수 있었다고 생각된다. 그리고 영국 경험주의 전통의 미국내 계승은 철학사에 대한 신비화를 촉진하기보다는 탈신비화를 촉진하는 데 기여했고, 이것은 대륙 철학의 사변적, 형이상학적 경향으로부터 거리를 유지하게 했다. 흄과 밀은 초기 미국철학자들에게 강한 영향을 미쳤고(제임스와 라이트 'Chauncey Wright'), 사유의 명확성과 절제라는 일반적 특성을 미국철학자들에게 갖게 했다. 대륙의 철학사와 일반적 형이상학의 역사로부터 자유로움을 획득한 것은 미국 역사의 유럽 역사로부터의 단절, 그리고 자기의 사회 문화에서 배태된 철학 문제와 자국어를 중심으로 한 철학적 사유 전통의 형성이 결과한 것이었다.

자국어로 철학을 한다는 것은 자국어로 철학적 글이 씌어지는 것은 물론 그 글이 철학 서클 안에서 유통됨을 의미한다. 즉 자국어로 씌어진 글 혹은 번역된 글을 바탕으로 철학 논의와 의사 소통의 맥락이 형성된다는 것을 의미한다. 그리고 이것은 철학적 사유가 그 사유 주체들의 삶으로부터 소외되어 있지 않다는 것을 의미한다. 철학 언어는 그들이 기쁨과 슬픔을 표현하면서 일상을 이루는 언어와 다르지 않으며 일상의 삶 속에서 이루어지는 그 의미 생성의 풍요한 맥락을 제공받게 됨으로써 철학 사유의 깊이와 독창성을 더해갈 수가 있는 것이다. 미국철학이 철저하게 미국 경험을 바탕으로 하고 있다는 것과 자신의 언어로부터 소외되어 있지 않았다는 점이 그것이 창조적으로 자랄 수 있는 토양을 형성한 것이다. 만일 미국철학자들이 철학의 고전 언어들에 매달려 학문 언어와 일상 언어를 구분했었다면 미국의 철학은 오늘날 우리나라에서 진행되고 있는 서양철학의 모습과 별반 다를 것이 없었을 것이다. 사실상 독일철학이 생성될 수 있었던 것도 토마시우스(Christian Thomasius. 1655~1728)와 같은 사람이 대학에서 쫓겨나는 것을 무릅쓰고 독일어로 강의하고 출판했던 각고의 노력을 통해, 그리고 볼프(Christian Wolff. 1679~1754)가 치밀한 라틴어/독일어 번역 작업을 통해 독일어를 철학 언어로 자리잡게 한 노력의 결과다. 인간의 내면, 삶의 양식과 긴밀한 연관 속에 있는 문학과 철학에서 자국어 사용이 갖는 의미는 지대한 것이며 이것은 미국철학의 형성에서도 마찬가지다.

초기 미국철학자들에게 철학적 사유의 바탕을 제공한 것은 유럽철학이었지만 그것은 그들이 지켜야 할 전통도 또 경배하고 신비화시켜야 할 역사도 아니었다. 그들의 주요 관심은 애초에 그들을 신대륙으로 오게 만든 종교적 이상을 어떻게 과학과 기술의 진보 그리고 새로운 정치적 질서(유럽의 구질서와 구분되는) 안에 융합시킬 것인가였다. 그들에게는 유럽철학 자체에서 제기되었던 문제가 중요했던 것이 아니라 자신들이 당면한 문제, 즉 어떻게 통합된 가치와 사회를 이루어나갈 것인가가 중요했던 것이다. 당시 실용주의 철학자들에게 사회나 공동체(과학 공동체건 정치 공동체건) 그리고 과학적 혹은 객관적 가치와 의사 결정 과정은 직접적인 삶의 문제였으며, 그들의 철학적 관심과 논의는 철저하게 그러한 자신들의 문제를 중심으로 한 것이었다. 실용주의자로서는 사변적 특성을 가장 강하게 갖고 있는 퍼스도 진리를 이상화된 과학자들 집단에서의 궁극적 합의로 보았으며, 관념이 객관적으로 확인되는 검증의 과정과 결과에 의거해 그 의미를 말하고자 하였다. 그것이 개념의 의미를 명료화하는 길이라고 생각했던 것이다. 퍼스나 제임스, 듀이가 인간의 지식 문제를 접근하는 데에 특징적인 것은 내면주의(mentalism)적 접근이 결여되어 있다는 것이다. 특히 듀이는 인간의 개인적 지각 모델에 기초한 전통 인식론의 방법을 통렬히 비판하였고 인식의 주체는 개인이 아니라 사회임을 강하게 주장하였다. 과학이 진보인 이유는 사회적 관점의 개인적 관점에 대한 승리라는 점에서 그러하다고 생각했다.

신대륙 개척이라는 특이한 미국적 경험을 바탕으로 자신들의 문제를 가지고 자신들의 언어로 철학을 시작했다는 것은 미국철학으로서는 축복을 받은 출발이었다. 그리고 바로 그 이유 때문에 미국철학은 역사적 깊이, 따라서 철학적 깊이 — 철학적 깊이는 결국 철학적 개념이나 문제의, 혹은 철학적 문제에 관한 논의의 역사가 갖는 깊이가 될 것이다 — 가 없는 천박한 철학으로 치부되었고 실용주의는 여전히 지역성(provincialism)을 특징으로 하고 있는 것으로 규정된다.[3] 실용주의는 아직껏 서양철학의 못난 오리새끼인 셈이다. 로티가 "미국주의를 실용주의로 보는 미국 해석은 여전히 형이상학 영역 바깥에 남아 있다"는 하이데거의 말을 미국철학의 원시성을 가리키는 것으로 보는 것도 이와 같은 맥락일 것이다. 미국철학은 철학이 갖추어야 할 적절한 형태(즉 형이상학의 형태)를 갖고 있지 못함을 하이데거의 말이 암시하고 있다는 것이다. 그러나 미국철학이 소위 원시성을 가지면서 그리고 비사변적이고 비형이상학적인 특성을 가지면서 우리에게 보여주고 있는 것은 철저한 문제 중심적 사유 방식이다. 철학이 기댈 역사가 없다면, 기댈 것은 자신밖에는 없을 것이

---

3) 로티는 실용주의의 지역성에 대해, "실용주의에는 여전히 지역적인 분위기가 풍긴다. 퍼스, 제임스와 듀이는 주로 그들 조국인 미국에서나 연구가 되고 있고, 영국의 철학자들은 흔히 『서양철학사』에서 제임스와 듀이의 사상을 경멸적으로 취급한 버트란트 러셀에 의존하고 있다. 프랑스와 독일의 철학자들은 퍼스를 기호학 창시자의 하나로 논의하고는 있지만 더 나아가 퍼스에게서 발견되는 제임스와 듀이에게로는 이르지 않는다. 거의 모든 나라들에서 철학자들이 콰인과 데이빗슨을 연구하지만 이 현대 언어철학자들이 소위 언어적 전회 이전에 글을 썼던 미국철학자들과 기본적 전망을 공유하고 있다는 암시는 털어버리는 경향이 있다"고 쓰고 있다. "Pragmatism as Anti-Representationalism", *Pragmatism : From Peirce to Davidson*, J. P. Murphy (Westview Press, 1990), introduction, 1쪽.

다. 그리고 그것은 철학적 문제와 방법을 스스로 만들어내고 자신 안에 논의의 다양한 차원을 창출해내는 끊임없는 정신의 움직임이며, 이것은 곧 철학함의 행위라 할 수 있을 것이다. 미국철학은 생성된 철학에 대한 것도 아니고 생성된 철학도 아니며 여전히 생성중의 과정에 놓인 철학이라고 할 수 있을 것이다. 그리고 이 과정은 자신이 기대고 안주할 역사다운 역사가 생길 때까지는 지속될 것이다. 이제 미국철학이 실용주의와 논리실증주의의 두 갈래를 꼬아 오늘에 이르게 된 논의의 과정을 한 번 추려보기로 하자.

3. 실용주의 철학의 형성과 특성

로티는 실용주의의 가장 큰 특징을 '반(反)표상주의(anti-represen-tationalism)'로 꼽고 있다. "재앙적인 현상 / 실재 구분"4)을 하지 않고 있다는 것이다. 그러나 나는 실용주의의 가장 큰 특징은 모든 것, 예컨대 진리, 지식, 도덕적 선과 가치 등을 철저하게 인간의 이해 (interest)와 관심 그리고 구체적 삶과의 연관 속에서 파악하는 점이라고 생각한다. 여기서 초월적 관점은 강하게 배제되며 지식에 관한 이론은 전체론적 성격을 갖는다. 이것을 반실재론적 경향5)이라고 해도 좋을 것이다. 제임스의 다음의 말은 이를 잘 보여준다 : "어떤 의식이 그것을 좋다고 느끼거나 옳다고 생각하는 한에서만 그 어떤 것도 좋거나 옳다."6) 머피는 이를 "제임스적 휴머니즘"7)이라고 표현하

---

4) 앞의 글, 2쪽.
5) 물론 어떤 실용주의자도 자신을 반실재론자 혹은 관념론자라고 생각하지 않을 것이다. 퍼스는 비교적 분명하게 실재론 — 그는 보편자의 실재성을 믿었다 — 적 프로그램을 갖고 있었고 현대의 콰인이나 퍼트남, 데이빗슨 모두 자신들을 실재론자라고 칭한다는 점에서 반실재론으로 실용주의를 규정하는 것에는 무리가 있을지 모른다. 그러나 이들 모두 인간의 인식과 독립한 실재나 절대적 객관성에 대한 어떤 적극적 관여도 회피하고 있으며 과학, 이론, 언어, 해석의 틀 안에서의 진리 개념을 받아들이고 있다는 점에서 반실재론자라고 볼 수 있을 것이다.
6) W. James, *The Writings of William James*, ed. John J. Mcdermott (Chicago and

고 있지만 이러한 휴머니즘은 실용주의자들에게 일반화된 태도다. 인간과 독립해서 존재하는 진리나 실재 혹은 가치란 존재하지 않는다. 이러한 생각은 초기의 실용주의 철학자인 퍼스나 제임스, 듀이에게서 모두 보여지며 이들 이후 현대의 대표적 미국 철학자들인 퍼트남(후기)이나 콰인, 데이빗슨에게서도 두드러지는 특성이다. 후자 진영의 철학자들의 반실재론적 경향이 이론 철학 안의 실재론 / 관념론의 이분법적 문제 구도 안에서 생겨나는 것인 반면, 전자 진영의 철학자들의 반실재론적 경향은 이론과 실천, 과학과 도덕, 사실과 가치의 이분법이 거부되고 있는 상황에서 드러나는 특징이다. 현대 미국 철학자들은 과학과 도덕, 사실과 가치의 절대적 구분을 믿었던 논리 실증주의의 영향 하에 있었던 이유로 퍼트남을 제외하고는 이런 이분법을 명시적으로 거부하고 있는 것으로 보이지는 않는다.

인간의 이해와 관심과의 연관 속에서 진리를 보았을 때 진리 개념은 인식적으로 된다. 그러나 실용주의자들의 또 하나의 특색이 있다면 진리를 인간의 사유나 탐구 행위와 연관시키면서도 주관주의를 배격한다는 것이다. 이것이 로티가 실용주의의 특징을 반표상주의라 규정하는 이유다. 퍼스의 경우를 보자. 퍼스가 1878년의 글 "How to Make Our Ideas Clear"에서 검증주의 의미론을 실용주의 의미론으로 내세우면서 의미를 실험적, 감각적 검증 조건에 의해 규정하고 있지만 후에 그것이 "유명론의 방향으로 너무 나아갔"(8.208)[8]음을 인정하고 일반 명제에 대한 실재론적 해석을 한다. 검증은 궁극적으로 감각적 지각에 의존하는데, 이때 지각은 귀추법(abductive inference)의 특별한 형태로서 우리는 그로부터 한 법칙을 이끌어낼 수 있다(이것은 지각이 개인에게서 발생하지만 어떠한 지각 판단도 일반성을 지닐 수밖에 없다는 사실 때문에 가능하다)(5.156 참조). 따라서 지각 판

London: The University of Chicago Press, 1977), 616 쪽. 재인용, 앞의 책, 36쪽.
7) 앞의 책, 36쪽.
8) C. Peirce, *Collected Papers of Charles Sanders Peirce*, vol. 1-6, eds. C. Hartshorne & P. Weiss (1933-1935), vol. 7 & 8, Arthur W. Burks (1958) (Cambridge, Mass.: Harvard University Press, 1931-1958).

단에 의한 검증은 이러한 보편 법칙에 대한 검증과 연관되고 이를 위해서는 집단적 탐구가 필요하게 된다. 보편 법칙이 포괄하는 경우는 무한하기 때문에 검증의 과정은 무한하게 되고 이 때문에 퍼스는 진리를 과학자 집단의 이상화된 궁극적 합의로 보았던 것이다.

과학자들은 어떤 지점에서 임의로 탐구를 중단해서는 안 되며(과학자들이 진리를 추구해야 한다는 것은 퍼스에게는 절대적 당위성을 갖는 윤리적 명제다), 과학자들이 지니는 이 윤리적 당위가 논리학을 규범적으로 만든다. 개인의 탐구는 과학자 공동체의 탐구와 연결되고 과학자들의 탐구에 필수적인 귀납 논리나 가설의 논리 등은 진리를 추구해야 한다는 당위에 기초해서 의미 있게 사용될 수 있는 것이다. 여기서 사실과 가치, 과학과 도덕, 이론과 실천의 구분은 불분명해지며, 진리는 언제나 실험과 실행의 과정에서 확인된다. 그리고 인식론적 확실성의 차원에서 우리는 언제나 잠정적이고 유동적인 상태에 놓이게 된다. 확실한 것은 과학적 탐구가 진행될 것이라는 것과 그것이 언젠가는 우리를 진리로 이르게 하리라는 것뿐이다. 과학은 퍼스에게는 사회적, 윤리적 기도(企圖)로 받아들여졌으며 이것이 그를 편협한 실증주의자로의 길에서 비켜서게 한 요인이기도 하다. 과학과 사회, 과학과 정치, 과학과 윤리의 연결은 민주주의를 위해서 과학이 필요하고 과학을 위해 민주주의가 필요하다고 보았던 듀이에게서도 두드러지게 나타나는 특성이다.

퍼스의 철학은 칸트와 헤겔에서 제기되었던 문제로부터 자유롭지 못하지만 그 문제에 답하는 방식은 외연론적이다. 퍼스는 실재를 반영하는 것이 믿음의 본질이라고 하는 표상주의를 받아들이는 대신 믿음을 하나의 삶의 방편으로 보았다 : "믿음의 본질은 습관의 확립이며 상이한 믿음들은 그것이 초래하는 상이한 행동 양식들로 구분된다"(5.398). 이러한 태도는 인간의 지성이나 이성조차도 환경에 대한 인간의 적응으로 놓는 다원주의의 영향이라 할 수 있으며, 제임스의 급진적 경험주의와 듀이의 도구주의에 가서 더욱 심화된다.

비너(P. Wiener)는 *Evolution and the Founders of Pragmatism*에서 제임스가 칸트적 철학의 목적을 경험적 방식으로 달성하려 했

다고 말한다. 신앙에 자리를 마련하기 위해 지식을 제한하려 했고, 경험을 넘어서는 알 수 없는 것에 대한 형이상학적 믿음을 버리고 인간성의 희망을 개인에 대한 명료한 실용적 믿음 안에서 구하려 했다는 것이다.9) 그러나 제임스가 자신을 동질화시켰던 전통은 영국의 경험주의, 특히 밀의 철학이었다 :

　삶에서 어떤 차이를 만들어내는지 물음으로써 개념의 의미를 해석하는 관습을 처음 소개한 것은 영국 철학자들임을 나는 기쁜 마음으로 말한다. 퍼스 씨는 실재에 대한 그들의 감각이 그들 모두로 하여금 본능적으로 하게 한 것을 명확한 준칙의 형태로 표현한 것뿐이다. 한 개념을 탐구하는 위대한 영국적인 방식은 즉각 당신 자신에게 '**무엇으로** 그것은 알려지는 가?'를 묻는 것이다. 어떤 사실로 그것은 결과하는가? 특정한 경험으로 표시되는 그 액면가가 얼마나 되나? 그리고 그것이 참이거나 거짓이 됨에 따라 어떤 특정한 차이가 세계 안에 생기게 될 것인가?10)

　실험실 안의 과학자와 같은 태도로 진리의 문제에 접근했던 퍼스와는 달리 심리학에 대한 관심에서 출발한 제임스는 진리를 좀더 주관적이고 개인적 차원에서 바라보았다. 제임스는 진리는 우리의 관념(ideas)과 실재(reality)와의 일치라는 것은 실용주의자든 누구든 받아들일 수 있는 것이지만 문제는 '일치'나 '실재'가 무엇인가라고 묻는다.11) 그는 실재를 "구체적 실재(concrete reality)"라고 해석함으로써 진리를 개인의 실제 삶 안에서 발생하는 현실적, 경험적 가치로 보았다 : "참된 관념들의 실제적(practical) 가치는 그 대상들이 우리에 대해 갖는 실제적 중요성으로부터 주로 이끌어진다"(90쪽). 그러나 제임스가 나에게 한 진술이 갖는 의미를 나의 미래의 실제적 경험 안에 나타나는 특정한 결과 안에서 찾는다는 점에서 제임스의

9) P. Wiener, *Evolution and the Founders of Pragmatism* (Philadelphia: University of Pennsylvania Press, 1972), 99쪽.

10) W. James, *The Writings of William James*, 360쪽. 재인용, Murphy, 47쪽.

11) W. James, *Pragmatism and Other Essays* (Washington Square Press, 1963), 87쪽. 이후 이 책 중 인용 쪽수는 본문 중 표기.

의미나 진리 규정이 주관적, 개인적이라고 할 수 있지만, 감각 경험의 인지적 의미만을 주목하지 않았다는 점에서 표상주의로부터는 벗어나 있다. 그에게서는 관념의 감각적 결과들, 반응과 여러 행위들, 우리 삶 안에 그것이 초래하는 실용적 이득(profit), 유용성, 선 등이 문제가 될 뿐 우리의 의식 내면에 발생하는 감각 경험이 검증 기준이 되는 것이 아니다.

　제임스가 표상주의로부터 벗어나 있는 것은 그의 급진적 경험주의가 전통 경험주의에서의 경험에 대한 원자론적 접근을 거부하고 있는 데에서 생기는 특성이다. 그의 경험주의의 주요 명제는 그가 공리(postulate), 사실, 일반화된 결론이라고 하고 있는 다음의 세 가지다. 1) 철학자들 사이에서 논의될 수 있는 유일한 것들은 경험으로부터 이끌어진 것에 의해 정의될 수 있다. 2) 사물들간의 선언적 관계뿐만 아니라 연언적 관계도 사물들 자체와 마찬가지로 직접적인 특정 경험의 문제들이다. 3) 경험의 부분들은 그것들 자체가 경험의 부분들인 관계에 의해 줄줄이 연결되어 있다(138쪽). 여기서 특징은 관계조차도 경험의 기본적 요소로 보고 있다는 것이며(이는 퍼스가 보편적 실재와 지각의 일반성을 믿었던 것과 유사하다), 이러한 "경험론적 전체주의"[12]는 감각 자료들을 경험의 기초 단위로 삼고 있는 전통적 경험주의와도 구분되고, 관계는 직접적 경험의 요소가 아니라 칸트의 범주처럼 사유의 요소라고 보았던 합리주의적 접근과도 구분된다. 이러한 '경험'의 개념을 갖는 경우 경험에 의한 검증의 과정은 전통 경험주의에서의 검증과는 다를 수밖에 없다. 여기서 실재와의 일치(진리)는 단편적 경험에 의해 확인되는 것이 아니라 여러 경험들의 연관과 잘 어우러지는 것, 그래서 지적이거나 현실적인 문제들을 좀더 만족스럽게 다룰 수 있게 하는 것(expediency)의 관점에서 확인된다 :

　　진리란 아주 간단히 말해서, 우리 사고를 잘 굴러가게 하는 방편일 뿐이다. 마치 옳음이 우리의 행위를 잘 굴러가게 하는 방편일 뿐인 것처럼. 물

---

12) G. Bird, *William James*, (London: Routledge & Kegan Paul, 1986), 72쪽.

른 기의 모든 방식으로 방편적이며 결국에는 그리고 대체로 방편적이다. 왜냐 하면 현재의 모든 경험을 방편적으로 만족시키는 것이 앞으로의 모든 경험을 동일하게 필히 만족시킬 것은 아니기 때문이다. 우리가 아는 바와 같이 경험은 돌발적으로 넘쳐나기도 하고 우리의 현재의 공식(公式)들을 교정하기도 한다(136쪽).

이러한 실용주의의 전체론적 태도는 이후 미국철학, 특히 콰인이나 데이빗슨이 논리실증주의의 환원주의적, 토대론적 방법과 거리를 유지하는 데 일조하게 된다. 실용주의자들에게 진리는 저 바깥에 영원불변한 모습으로 서 있는 그 무엇이 아니라, 인간의 경험과 이 세계 안에서 인간의 생존의 문제와 연결된 것으로서 문제 해결에 직접 작동하는 것(what works)이다. 진리는 경험과 그것을 넘어서는 것 사이의 관계가 아니라 경험된 것들 사이의 관계라는 듀이의 생각은 이를 잘 반영한다. 문제 상황 하에서 갖게 되는 하나의 실험적 가설, 잠정적 방법으로서의 믿음을 받아들임으로써 좋은 결과와 만족감이 발생했다면 그것이 진리의 보장이다. 듀이에게 경험이나 믿음은 어떤 내적 상태를 의미하는 것이 아니다. 경험은 행위하고, 고통받고, 욕망하고, 즐기고, 보고, 믿고, 상상하는 방식들 모두를 포괄하는 경험의 과정(processes of experiencing)13)이며, 믿음은 문제 상황에 대처하게 하는 실험적 가설, 행동의 계획이다. 그것은 문제에 부딪쳐 맹목적으로 더듬거리다 지쳐 떨어지거나 우연히 출구를 찾도록 만드는 대신 행동을 위한 지침의 역할을 한다(MW 4:84). 의식이나 자각, 반성의 기능은 실재 일반(reality at large)을 모사(copy)하는 것이 아니라 주어진 상황에서 어떤 위기나 장애를 표시하고 유기체로 하여금 그것을 효과적으로 해결할 수 있도록 환경간의 관계를 잘 설정하게 돕는 것이다(MW 4:138-39쪽 참조).14) 지성이나 사유의 힘은

---

13) J. Dewey, *John Dewey: The Later Works*, vol. 1, ed. Jo Ann Boydston (Southern Illinois University Press, 1977), 18쪽 참조. 이후 인용 표시는 'LW 1 : 18' 와 같은 식으로 본문 중에서 함. Middle Works는 'MW'로 표기함.

14) J. Dewey, *John Dewey: The Middle Works*, 1899-1924, vol. 4, ed. Jo Ann Boydston (Southern Illinois University Press, 1977), 138-139쪽 참조. 이후 인용 표

인간의 어떤 신비한 초월적 능력이라기보다는 유기체가 그 기능을 성공적으로 수행하기 위해 애쓰는 과정에서 진화된 능력이다. 그러나 이것은 단순한 진화의 결과라기보다는 생명체가 환경을 자신에게로 종속시킴으로써 자신의 기능을 가장 효율적으로 달성하기 위해 애쓰는 과정(진화를 유도해내는 과정) 안에서 발전된 것이다. 그것은 "성공적 행동의 도구"(MW 4:180쪽)인 것이다. 눈이나 손의 가치가 환경 안에 이미 존재하는 어떤 것을 모사하는 데 있지 않듯이, 지식이나 정확성, 진리의 가치 또한 환경을 모사하는 데 있는 것이 아니라 유기체의 환경 안에서의 활동을 성공적으로 만드는 데 있다. 듀이는 실용주의에 대한 오해는 이러한 도구주의적 생각을 진리의 기준이나 증거로 차용하는 데 있다고 주장한다. 잘 "작동한다(working)는 것은 진리의 원인도 증거도 아닌 진리의 본성일 뿐"(MW 4:68쪽)이라는 것이다. 듀이의 논점은 실용주의는 지식에 대한 어떤 이론적 정당화의 문제와 관련된 철학이 아니라는 것으로 이해될 수 있을 것이다. 이것은 철학은 철학자들의 문제를 다루는 기구가 되어서는 안 되고 인간의 문제를 다루기 위해 철학자들에 의해 다듬어진 방법이 되어야 한다는 듀이의 생각을 반영한다.

듀이가 헤겔철학의 영향을 젊은 시절 많이 받긴 했지만 다위니즘의 영향은 헤겔철학을 철저하게 자연화시키는 방향으로 전환되며 진리에 대한 도구주의적 생각은 이를 잘 보여준다. 진리는 불변의 무엇이 아니며 탐구의 과정 안에서 맥락적으로 가장 만족스러운 것으로 정당화된 것으로서 헤겔의 현상지처럼 그 단계에서 의식과 대상이 일치(유기체와 환경간의 최적의 상태)된 상태와도 같다. 그리고 그것은 탐구의 과정이 변화함에 따라 (마치 현상지가 절대지로 나아가는 과정 안에서 변화하는 것처럼) 변화하는 것이다.

실용주의자들에게 공통적인 것은 지속적 탐구에 대한 신념이다. 진리는 끊임없는 실험적 탐구의 과정(퍼스, 듀이)이나 경험의 과정(제임스) 안에서 확인되는 것으로서 전체 인간 삶의 맥락 안에서 실험과 검증의 결과로 주어진다. 명백한 것으로 보이는 기존의 대상의

시는 'MW 4 : 138-139'와 같은 식으로 본문 중에서 함.

싱질과 가치는 딥으로 받아들여지지 않고 알려져야 하는 것으로, 우리의 사유에 도전을 보내는 것으로 받아들여진다. 기존의 것을 비판할 수 있는 것은 종교도 법도 아니며 오직 과학일 뿐이다. 실험과 검증으로 이루어지는 과학은 앎과 행동의 상호 작용(실험 과정은 행위를 필수적으로 놓으며, 실험과 검증이라는 적극적 통제에 의해 확보되는 보장이 이론적 확실성보다 더 가치가 있다 — 실천의 이론에 대한 우위)으로 이루어져 있으며 과학에서의 이러한 실험적 방법은 우리의 가치 판단에 유용하게 이용될 수가 있다.15) 사실상 과학과 민주주의는 긴밀한 연관 속에 있다. 과학적 탐구 안에 권위주의나 타율, 인간의 수단화 등이 자리잡으면 과학적 탐구는 죽게 되고, 민주주의 사회 안에 실험적 탐구 방법, 즉 실험과 검증의 공적인 결과를 진리로 수용하는 한편 모든 것을 잠정적인 것(따라서 오류 가능한 것)으로 받아들이는 태도가 없으면 민주주의는 죽을 수밖에 없게 된다. 이것이 듀이에게서 과학과 가치가 분리될 수 없는 이유며 과학이 규범적이 되는 이유다.16) 이러한 실용주의자들의 과학에 대한 적극적 사고와 인간의 인식, 의식의 문제에 대한 외연론적 접근 방식이 논리실증주의가 실용주의의 바탕 위에서 받아들여지는 기반을 이룬다.

4. 논리실증주의와 실용주의의 만남 : 카르납에서 콰인으로

논리실증주의의 형성과 해체 그리고 일부 논리실증주의자(카르납, 파이글, 헴펠, 괴델 등)들의 미국으로의 이주와 그 이후의 상황에 대한 고찰은 여기서는 피하기로 한다.17) 미국 철학의 형성과 관련하여 여기서 생각해보고자 하는 것은 카르납과 콰인, 콰인과 데이빗슨의

---

15) J. Dewey, *The Quest for Certainty* (G. P. Putnam's Sons : New York, 1960), 36, 37, 42, 103쪽 참조.
16) 이에 관한 Putnam의 논의는 흥미롭다. H. Putnam, *Pragmatism* (Blackwell Publishers Ltd., 1995), 70-74쪽 참조.
17) 졸고 「로티와 후기 분석철학의 전개」, 『철학과 현실』 1991년 여름(철학문화연구소), 266-283쪽 참조.

철학적 관계다. 논리실증주의의 가장 큰 특색은 형이상학의 배격과 (경험주의에 입각한) 과학적 방법에 대한 존경 그리고 논리적 분석에 대한 신뢰라고 할 수 있다. 앞의 두 특성은 실용주의도 공유하는 것이다. 논리학에 대한 태도는 실용주의자들이 탐구의 논리에 주목했다면 논리실증주의자들은 형식 논리에 주목했다는 것이 차이일 것이다. 그리고 논리적 진리의 성격을 둘러싼 카르납과 콰인과의 논쟁은 논리실증주의 안에 실용주의의 전체론적, 맥락주의적 특성을 접목시키는 계기를 이룬다.

카르납 및 논리실증주의자들은 칸트가 실패한 데서 성공할 수 있다고 생각했다. "학으로서의 안전한 길"에 철학을 들어서게 하려 했던 칸트는 결국 정당화될 수 없는 선험주의라는 2차 담론의 형성으로 실패하고 말았지만 칸트의 작업을 과학과 논리학의 맥락 안에서 좀더 철저화시키면 오래된 철학의 이상(엄밀학)을 달성할 수 있으리라고 생각했다. 이들은 칸트의 선험 논리적 작업을 형식 논리적 작업으로 대치하려 했다. 모든 것을 검증 가능성에 의해 의미 부여를 하려 했던 실증주의자들은 그러나 이를 위해서 논리적 진리가 갖는 성격을 해명해야 했다.

모든 지식은 경험에서 비롯된다고 생각하는 철저한 경험주의 안에서 논리와 수학적 지식의 성격을 설명하는 것은 언제나 부담이었다. 카르납이 실증적 경험주의의 명제도 살리면서 논리와 수학적 지식을 설명하는 방식은 분석적/종합적 명제의 구분을 통해서였다. 이 구분은 비트겐슈타인의 논리적 진술에 대한 생각, 즉 논리적 진술은 생각할 수 있는 모든 경우에서 참이며, 세계의 우연적 사실로부터 독립적이고 어떠한 사실적 내용도 갖지 않는 것으로서 세계에 대해 아무 것도 말하고 있지 않다는 생각에 의해 영향받았다.[18] 언어적 맥락에서 비트겐슈타인의 생각을 받아들이면 논리적 진리는 논리적 술어에 부여된 의미 이상의 어떤 내용도 갖지 않는 진술이 된다. 분석 명제는 의미에 의해 참이 되는 넓은 의미의 논리적 진술이라고

---

18) R. Carnap, "Intellectual Autobiography", *The Philosophy of Rudolf Carnap* (1963, La Salle), 25쪽.

카르납은 생각했다. 분석 명제("어떤 결혼하지 않은 사람노 설혼하지 않았다"와 같은 논리적 명제나 동의어를 대입함으로써 논리적 명제로 만들어질 수 있는 "어떤 총각도 결혼하지 않았다"와 같은 명제)의 필연성이나 확실성은 단어와 논리적 술어들의 의미가 언어적 관행이나 규약에 의해 확정되면 저절로 따라나오는 것으로, 이 경우 의미가 주어지면 그 진리는 변할 수 없는 것이 된다. 어떤 언어 외적 요인도 그 진리치를 변화시킬 수가 없는 것이다. 이런 관행에 의한 진리 개념을 받아들이면 경험주의의 근본 명제를 수용하면서도 논리나 수학의 명제가 갖는 필연성을 설명하기 위해 굳이 이성 능력(흄의 경우에서처럼)과 같은 것을 설정하지 않아도 될 것이다.

분석적 / 종합적 명제의 구분을 통해 카르납은 합리성의 기준 — 어떤 개념, 진술, 추론의 규칙을 받아들일 것인가, 어떤 증거와 계산의 원칙을 정할 것인가 — 을 확립할 수 있으리라고 생각했다. 어떤 하나의 언어 체계에는 그것의 경계 — 그 안에서만 합리적 탐구자들간의 논쟁이 무의미한 말싸움으로 전락하지 않는 — 를 정하는 한계 명제[의미 공리(meaning postulate)나 규약]들이 있고 그것이 분석 명제라는 것이다. 이런 명제들은 세계와의 관계 속에서 의미를 확보하고 진리를 확인받는 것이 아니라, 우리의 그들에 대한 선택에 의해 의미가 규정되고 그 의미에 의해서만 진리는 결정된다. 카르납은 보편 논리를 믿었던 프레게나 초기 비트겐슈타인과는 달리 다수의 언어 체계의 존재를 받아들였으며 분석 명제를 그 체계에 상대화시켰다.

콰인은 카르납의 분석적 / 종합적 명제의 구분을 반박하면서 경험과학도 조작을 통해 상당 부분을 관행적으로 참인 것으로 만들 수 있기 때문에 관행성은 논리학을 경험과학과 구분하는 기준이 될 수 없다고 주장한다. 즉 경험과학 안에 되도록 많은 정의(definition)들을 구성한 뒤 그것을 논리학과 수학 명제의 관행들에 덧붙임으로써 관행적으로 참인 '경험적' 원초자들을 우리가 원하는 한껏 만들 수가 있다는 것이다.[19] 관행성은 "과학의 이동 전선에서는 중요하지만 그

---

19) W. V. O. Quine, "Truth By Convention", *The Ways of Paradox and other essays* (Harvard University Press, 1966), 100쪽.

전선 뒤의 문장들을 해명하는 데는 쓸모 없는 덧없는 성질이다. 그것은 사건의 성질이지 문장의 성질이 아니다."[20] 그것은 역사적 사실이 갖는 우연적 성질일 뿐 논리와 수학 명제에 지속적으로 남아 있는 성질이 아니다. 언어적 관행성에 의존하여 분석적 / 종합적 명제의 구분을 시도하는 것은 따라서 정당화될 수 없다. 두 명제들의 차이는 받아들이는 정도의 확고함에서의 차이일 뿐이다. 이렇게 되면 언어 체계 안의 과학적, 경험적 탐구와 논쟁을 의미 있게 하면서 그것과는 독립해 있는 합리성의 규범과 같은 것이 있다는 것도 정당화될 수가 없게 된다. 콰인에게는 존재론적 문제를 포함하는 체계 외적 문제들 — '합리성의 규범이 참인가'와 같은 문제 — 은 임의적 선택의 문제라기보다는 자연과학의 문제와 같은 위치에 놓이게 된다.[21]

콰인의 비판에 직면하여 카르납은 동의어와 분석성을 내연(intension) 개념에 의해 정의하려 한다 : "두 술어들은 동일한 내연을 가진 경우 그리고 그 경우에만 동의어다. 한 문장은 그 안에서 발생하는 표현들의 내연에 의해서만 참인 경우 그리고 그 경우에만 분석적이다."[22] 행동주의적 기준에 입각하여 내연을 설명하고 있는 카르납의 논의나 내연이 결정 가능함을 주장하는 카르납을 반박하고 있는 콰인의 번역 불확정성 논의의 자세한 내용은 여기서는 생략한다. 단지 논리실증주의와 연관하여 여기서 보고자 하는 것은 콰인이 '분석적 / 종합적'의 이분법을 비판하면서 모든 것을 과학적, 경험적 탐구의 영역 안에 두고자 한다는 점이다. 콰인에게서 어떤 믿음 체계를 떠받치는 그 자체로 독립적인 궁극의 근거나 토대 혹은 형식과 같은 것은 없다. 논리실증주의자들이 기존의 형이상학을 비판했지만 그들에게 전통 형이상학적 이상은 논리학적 이상으로 옮겨졌다고 할 수 있다. 그러나 콰인에게는 그러한 초월적인 혹은 선험적인 (비록 그 초월성이나 선험성이 절대적인 것이 아니라 규약과 실용적 선택에 의한 것이

20) W. V. O. Quine, "Carnap and Logical Truth", 앞의 책, 119쪽.
21) W. V. O. Quine, "Carnap's View on Ontology", 앞의 책, 211쪽.
22) R. Carnap, "Meaning and Synonymy in Natural Languages", *Meaning and Necessity* (University of Chicago Press, 1947), 233쪽.

기는 해도) 철학의 기점은 존재하지 않는다. 모든 것은 과학 안에 포괄되어 있으며 과학은 진리의 마지막 잣대다. 그러나 이러한 과학주의를 받아들이면서도 그는 전통 경험론자들의 토대론적, 환원론적 지식론은 거부한다. 이러한 콰인의 반(反)선험주의와 전체론적 태도가 그를 실용주의의 전통과 이어주는 요소라고 생각한다. 콰인은 "Two Dogmas of Empiricism"에서 카르납이 과학이나 언어 체계의 선택에서 실용적 입장을 견지하긴 했지만 자신이 분석적인 것과 종합적인 것의 구분을 거부함으로써 좀더 철저한 실용주의를 구사했다고 말하고 있다. 그러나 콰인의 실용주의에 대한 태도는 애매하다. 콰인 스스로는 자신을 실용주의자로서보다는 경험주의자로 부르기를 선호하는 듯하지만("나는 실용주의로 지시되어 왔지만 실용주의자가 된다는 것이 무엇인지 내게는 불분명했다. 내 글에서 나는 내가 경험주의자로서 받아들이고 있는 일련의 敎義와 연관하여 정통 실용주의자들을 고찰했다."23)), 그를 논리실증주의의 전통으로부터 비켜서게 한 것은 철학에 대한 실용주의의 탈신비화 경향과 현실적 태도라고 생각한다.

5. 콰인에서 데이빗슨으로

콰인이 인식의 문제를 논하는 데에 인식 주체나 의식의 문제를 배제한다든가, 이론적 정당화 작업을 의도적으로 경시한다든가(과학의 성공이라는 실용적 결과를 내세우면서), 감각적 자극의 차원을 추적하기보다 행동주의적 기준과 상호 주관성에 의존하여 의미의 객관성을 정하려는 태도에서 우리는 그의 실용주의자로서의 면모를 강하게 볼 수 있지만, 그의 경험주의(진리론으로서가 아닌 증거 이론으로서이긴 하지만)적 기반에 대한 집착과 지식에 대한 인과적 모델의 고집은 또한 실용주의 방향에서의 비판을 초래했다. 그것은 "On

---

23) W. V. O. Quine, *The Time of My Life: an Autobiography* (The MIT Press, 1985), 415쪽.

the Very Idea of a Conceptual Scheme"에서 데이빗슨에 의해 이루어졌고 데이빗슨은 현존하는 미국철학자 중 가장 강하게 실용주의적 면모를 지니고 있다고 말할 수 있을 것이다. 데이빗슨의 철학은 콰인이 채 못 이룬 논리실증주의로부터의 독립을 성취하고 있다고 해도 과언이 아닐 것이다. 물론 그의 진리 조건적 의미 이론은 논리실증주의의 검증주의 원리를 떠올리게 하지만, 데이빗슨에게서 진리 조건에 대한 검증은 개별적, 인과적 감각 경험에 의존해서 이루어지는 것이 아니라 자비의 원리에 기초한 외연론적, 전체론적 해석의 문제로 귀착되기 때문에 실증주의의 방향과는 거리가 있다.

로티는 데이빗슨이 다음과 같은 의미에서의 실용주의자라고 한다.

(1) '진리'는 어떤 설명적인 효용도 갖지 못한다.

(2) 믿음이 세계와 지닌 인과적 관계를 이해할 때 우리는 믿음과 세계와의 관계에 대해 이해해야 하는 바 모두를 이해한 것이다. '~에 대한'과 '~에 대해 참이다'와 같은 술어를 어떻게 적용해야 하는지에 관한 우리의 지식은 언어적 행위에 대한 '자연주의적' 설명에는 불필요하다.

(3) 믿음과 세계 사이에 성립하는 '참이 됨'의 관계란 없다.

(4) 믿음이 '참이 됨'이라는 공허하고 오도적인 개념을 가정하기 때문에 실재론과 반실재론간의 논쟁은 의미가 없다.[24]

데이빗슨은 그러나 진리에 관해 어떤 흥미로운 이론도 가능하지 않다는 것이 진리에 관한 실용주의 입장이라고 하는 로티의 주장을 반(半)만 사고 있다. 듀이는 진리들이 일반적으로 철학의 특별한 영역이 아니라고 말하기는 했지만 또한 진리는 '작동하는 것(what works)'이라고 했음을 상기시키면서 듀이는 오히려 작동하는 것에 관해 흥미롭게 말할 수 있는 것이 많다고 생각했다는 것이다. 로티가 자신의 입장을 비교적 잘 드러내주고 있기는 하지만 자신 또한 진리

---

24) R. Rorty, "Pragmatism, Davidson and Truth", *Truth and Interpretation*, ed. Ernest LePore (Basil Blackwell, 1986), 335쪽.

에 관해 할 말이 많다고 한나 : "일단 진리가 땅으로 끌어내려지면 진리와 인간 태도와의 연관 ─ 부분적으로 진리 개념을 구성하는 것이기도 한 연관 ─ 에 대해 철학적으로 중요하고 교시적인 것들을 말할 수 있다고 듀이는 생각했다. 듀이가 이 연관을 제대로 드러냈다고는 생각지 않지만 이것이 또한 나의 생각이기도 하다."[25] 진리는 (언어와 세계와의 연관을 설정하는 하나의 명목상의 형식으로서) 언어가 갖는 원초적 성질이기는 하지만, "' '에 대해 참이다"의 ' '항에 대한 아무런 설명이나 정보도 주지 않는다. 하나의 언어적 진술이 어떻게 참인지 알 수 있는가의 문제는 그래서 의사 소통과 해석의 맥락 안에서 정해지는 문제가 되며, 해석은 말해진 단일한 하나의 언어적 문장의 단위에서 이루어지는 것이 아니라 화자의 다른 믿음과 욕구에 대한 고려를 요구한다. 진리는 이렇게 합리적 존재의 태도와 연관되고 이러한 연관은 인간이 언어를 통해 끊임없는 상호적 이해(interpersonal understanding)의 구조 속에 있기 때문에 생겨난다. 듀이에게서 진리와 인간의 태도와의 연관은 인간의 사회적 관계와 그가 경험이라고 부르는 여러 사회·정치·문화적 행위의 맥락에서 발생한다. 이 점에서 데이빗슨은 듀이보다 관념적이고 이론적이라 할 수 있을 것이다. 그러나 이들 모두 진리를 고유한 인간적 삶의 맥락(언어적 존재로서의 인간과 사회적 행위자로서의 인간이 각각 만들어내는 고유한 삶의 맥락)과의 연관 속에서 파악하고 있다는 점에서는 공통점을 갖는다. 이것이 데이빗슨을 듀이와 같은 실용주의의 대열에 놓게 하는 이유가 된다. 데이빗슨 자신은 자신이 실용주의자로 명명되는 것을 거부하는 듯이 보이지만("경험주의에 대한 나의 논박이 나의 친구들이나 비판자들이 다양하게 암시하듯이 필히 나를 실용주의자나 선험적 관념론자 혹은 '내재적' 실재론자로 만들어 놓는 것은 아니라고 생각한다. 이 모든 입장은 …… 이해하기 힘든 상대주의의 형태들이다."[26]) 그는 대체로 대표적인 반실재론자로 구

---

25) D. Davidson, "The Structure and Content of Truth", *The Journal of Philosophy* 87 (1990), 281쪽.
26) D. Davidson, *Truth & Interpretation* (Oxford University Press, 1984), intro-

분27)되며 앞에서 보았듯이 강하게 실용주의 철학의 정신을 계승하고 있다.

이 글에서 다루지 않은 실용주의 전통의 대표적 미국철학자로 퍼트남과 로티를 꼽을 수 있겠으나, 퍼트남의 경우 그의 입장이 변화해왔고 또 카르납-콰인-데이빗슨 선상의 공유된 문제 의식이나 논의의 연속성을 결여하고 있어 다루지 않았다. 로티의 경우는 후기 분석철학의 전개와 연관하여 필자가 이미 논의한 바가 있고 미국철학의 주류를 형성하는 것으로 보기는 힘들 것 같기에 역시 이 글에서는 다루지 않았다.

6. 글을 맺으며

미국철학의 형성과 전개를 보면서 타산지석으로 삼을 것은 무엇인가? 그것은 앞서도 말한 바처럼 자신들의 삶과 언어로부터 유리되지 않은 철학을 해야 한다는 것이다. 미국철학자들은 자신들이 만들지 않은 전통과 자신들이 사용하지 않는 언어에 집착하지도 않았고 그것을 지켜나가야 할 필요성도 느끼지 않았다. 그들은 자신들의 문제의 관점에서 철학적 작업을 수행했으며 유럽철학이나 철학자에 대한 여하한의 신비화나 영웅화의 경향 없이 철저하게 자신의 땅에 뿌리 박힌(down to earth) 태도로 자신의 문제에 임했다고 볼 수 있다.

미국철학은 미국 문화 안에서 배태된 신생 철학이며 그것은 그들이 거대한 대륙을 자신들의 노력과 의지로 개척했던 것처럼(물론 거대한 노동력 확보를 위해 이루어졌던 노예 사냥이나 후발 이민족의 유입과 그에 따른 인종 차별의 문제가 그림자로 남아 있지만), 그들의 집중적인 철학적 노력의 결과로 이루어진 산물이다. 사유와 철학적 논리의 힘은 그것의 모태를 이루는 인간의 삶과의 연관 속에서만

---

duction, xviii쪽.
27) Ernest Sosa, ″Epistemology, Realism, and Truth″, 1992. 8월 분석철학회 발표문. 여기서 소자는 중요한 반실재론자로 데이빗슨과 퍼트남(후기)을 언급하고 있다.

만들이질 수 있으며 우리가 기뻐하고 슬퍼하고 증오하고 욕구하고 의지(意志)하고 사유하는 일상적 주변 안에서만이 철학적 문제 의식의 깊이와 철학적 고뇌의 강도는 얻어질 수 있는 것이다. 나 혹은 우리의 문제에 대한 새로운 각성 그리고 세부적 개념의 저 깊고 신비한 골짜기까지 더듬어 내려갈 수 있도록 나의 언어를 중심에 놓는 사유의 전개, 그것의 자유로운 상호적 소통과 상호 인정의 전통을 확립하는 일은 전적으로 우리에게 달린 문제일 것이다. 그것은 다른 문화 전통의 철학에서 얻어질 수 있는 것이 아니다. 다른 것은 다 수입 가능한 것이어도 삶 자체는 우리가 만들어가야 하는 것이며, 그 안에서 발생하는 철학적 물음 또한 우리만이 던질 수 있는 것이다. 수입된 문제로 철학적 고뇌가 생겨날 수는 없다. 우리는 남이 고통스럽게 간 길을 '고통스럽게'(왜냐 하면 나는 그만큼 괴롭지 않으며 그의 고통은 다른 언어로 표현된 낯선 것으로서 나는 언제나 그 고통의 실체와 근원으로부터 소외되어 있기 때문에) 더듬어볼 수 있을 뿐이다. 그 고통에 대한 우리의 처방은 따라서 가짜며 처방을 흉내내고 있는 것에 불과하다.

　　그래서 우리의 철학은 한글을 중심으로 모여야 하며, 동양철학 전공자들도 서양철학 한글 번역서를 읽고 서양철학 전공자들과 함께 토론하고 역으로 서양철학 전공자들도 동양철학 번역서를 읽고 동양철학 전공자들과 눈을 마주보며 토론할 수 있어야 한다. 중요한 문제는 우리가 어떤 문제와 씨름하는가이지 어떤 언어와 씨름하는가가 아니다. 우리는 어쨌거나 어떤 외국어 혹은 먼 시대의 텍스트를 읽더라도 현재 우리의 언어로 이해할 수밖에 없으며 외국어의 그 근원에는 도달할 수가 없다. 그 근원은 그 언어로 삶을 사는 사람에게나 열려 있는 공간이기 때문이다. 우리의 삶의 언어를 중심으로 모두 모여 철학의 광장을 만들 수 있을 때 우리에게 진정한 철학 공동체가 생겨나는 것이며, 그 같은 철학적 공동체가 있을 때 한국철학의 패러다임이 마련될 수 있는 기반이 만들어지는 것이다. 우리의 물음과 우리의 언어를 중심으로 서로에게 옷을 입혀줄 때 우리는 비로소 투명 인간에서 벗어나 서로에게 보이는 존재들이 될 것이다. 퍼스에서 데이빗슨에 이르는 과정을 위에서 살펴보았던 것도 결국은 그들이 어떻게 상호적 존재들로서 철학적 전통을 이루어왔는지를 보고자 한 의도였다.

제 5 부
현대 철학과 철학사

.

.

.

.

.

하이데거에게서의 철학사와 존재론의 재구성

염 재 철(서울대 미학과 강사)

1. 들어가는 말

철학이 무엇인가에 관한 규정은 철학자들 사이에서도 일치하지 않는다. 그러나 철학을 전문으로 연구하는 사람이든 또는 상식의 차원에서 철학을 대하는 사람이든 철학적 물음의 보편성과 근원성에 관해서는 큰 이의를 달지 않을 것이다. 전통적으로 철학은 모든 존재자를 물음의 대상으로 삼아왔다. 그리고 그 존재자가 관념적 존재자든 현실적 존재자든, 자연 존재자든 인공 존재자든 그것은 크게 문제가 되지 않는다. 적어도 그것이 인간의 삶과 관련하여 물을 만한 가치가 있는 것이면 그것은 언제나 철학적 물음의 대상이 되어왔고 또 그 사실은 지금도 변함이 없다. 특정한 존재자 영역을 주제 대상으로 삼는 여타의 개별 학문들에 비해 철학적 물음이 두드러지게 갖는 이 같은 보편성은, 철학적 물음이 갖는 또 다른 특성인 근원성과 함께 철학을 타학문으로부터 구분하는 데 기여해왔다. 전통적으로 철학은 존재자를 향해 우선 그들의 변화무쌍한 현상들에 주목했다. 그러나 철학의 눈은 결코 현상적인 것에 만족하지 않았으며 대개는 존재자의 불변하는 어떤 근원을 찾아나섰다. 그리하여 철학은 존재자의 깊숙한 핵심이나 또는 존재자를 초월해 있는 규정자들을 생각해내었고, 그것들로서 존재자의 존재자다움을 규정하는 데 익숙해 있었다. 그리고 여기서 그들이 '본질'이란 이름으로 불려지든 '초월자'로 불려지든 이들 근원을 향하는 철학적 물음의 경향에는 변함이 없다.

하이데거가 철학 그것도 특히 전통 철학을 생각할 때 언제나 그것을 형이상학의 이름으로 떠올리는 것[1]은 철학적 물음의 이 같은 성격과 무관하지 않다. 하이데거에게 철학은 존재자를 그 "보편성과 궁극성"에서 물어가는 존재-신학(Onto-Theologie)이었으며, 존재-신학적 본질을 지니는 철학은 곧 형이상학의 다른 이름에 지나지 않았다.[2] '형이상학으로서의 철학'이라는 하이데거의 이러한 시각은 비록 그 규정이 그의 사상 후반기에나 명시적으로 나타나는 것이긴 하지만, 사실 그러한 발상은 기본적으로 그의 초기 사상길에서부터 일관되게 나타나는 것이라 할 수 있다. 하이데거는 60여 년에 걸친 그의 존재론의 전개 과정에서 형이상학사로서의 철학사와 끊임없이 대화하면서 거기로부터의 자기 구분을 시도한다. 아래에서 우리는 하이데거가 어떤 존재 경험들을 해나며 또 그 존재 경험에 입각해서 형이상학을 어떻게 규정하고 받아들이는지, 그리고 형이상학과 구분된 그의 존재론이 실질적으로 어떻게 수행되어 가는지를 간략히 살펴볼 것이다.

그 과정에서 우리는 하이데거 자신의 철학함이 어떤 것이며, — 사실 하이데거는 사상길의 후반기에 들어 자신의 사상을 '철학'이란 이름으로 부르기를 거부한다. 이것은 '철학'이 그가 결별하고자 시도하는 '형이상학'의 또 다른 이름이라고 보는 입장에서는 당연한 귀결일 것이다 — 그리고 형이상학과의 자기 구분을 시도하면서도 하이데거는 왜 그처럼 끈질기게 형이상학사로서의 철학사와 대화를 시도하는지 그 이유를 자연스럽게 알게 될 것이다. 그 이유에 관해서는 이 논문의 맺음말에서 좀더 부각시켜볼 것이다.

---

1) Heidegger, *Wegmarken*, 364
2) Heidegger, *Wegmarken*, 379 / *Identität und Differenz*, 45

2. 초기의 "존재론적 차이"의 경험과 형이상학의 징초

　존재자란 무엇이며 그리고 그 존재 의미는 무엇인가? 이 같은 물음은 비단 하이데거뿐만 아니라 철학사를 빛낸 위대한 철학자들에게도 가장 오래되고 중요한 물음 중 하나였다. 그런데 존재를 둘러싼 거장들의 이 해묵은 전장에서 젊은 하이데거를 사상사의 한 새로운 자리에 위치할 수 있도록 터를 닦아준 것은 그의 존재론적 차이(ontologische Differenz)의 경험이었다. 존재론적 차이의 경험이란 존재는 존재자와 다르다는 경험을 말한다. 우선 문자상으로만 보아도 존재자와 존재는 명백히 다르다. 존재자가 '있는 것'이라면 존재는 '있음'이다. 예컨대 염재철이라는 이 자는 지금 펜을 들고 종이에 글을 쓰고 있는 놈이다. 염재철이는 그렇게 '있는 놈', 즉 존재자다. 그렇다면 나의 존재, 즉 있음은? 있음은 어디에 있는가? 나의 안에 있는가? 아니면 나를 넘어선 그 어딘가에 있는가? 그렇게 물으면서 나는 나를 더듬어보거나 뚫어지게 바라보기도 하지만 그 어디에도 나의 있음을 확인할 수 없다. 그런데 여기서 잠시 호흡을 가다듬고 한 번 생각을 해보자. 도대체 '있음'이 이런 방식으로 확인될 수 있는 것일까? 더 나아가 "있음은 어디에 있는가"라는 저 같은 물음 자체가 도무지 가능한 것일까? 있을 수 있는 것은 도대체 존재자뿐이며 있음은 존재자가 아니지 않는가?

　비록 짧막한 물음들이지만 이 같은 물음놀이를 통해 조금 분명해지는 것은 존재자와 존재는 사태상으로 서로 다르다는 사실이며, 존재는 존재자와는 달리 만지거나 볼 수 있는 어떤 감각적 대상이 아니라는 점이다. 그런데 우리들 인간은 오랫동안 감각에 적잖이 속아왔음에도 불구하고 감각되는 것만이 확실하다는 착각에 빠져, 감각되지 않는 저 같은 존재는 확실한 것이 아니라는 생각에 젖어 있다. 그렇지만 앞서 나를 두고 분명 '있는 놈'이라고 말했던 것은 나의 '있음'이 확연하다는 사실을 이미 인정했던 것이 아닌가? 혹시 이런 감각적 착각의 질곡에서 이미 벗어난 사람들 중에는 감각되지 않는 것 중에도 확실한 것이 있다는 생각을 하고 그와 같은 어떤 것을 떠올릴지도 모른다. 철학자들에게 대체로 익숙한 그런 것을 꼽으라면 '본질'과 같은 것을 들 수 있겠다. 본질은 감각되지 않고 단지 '관념'될 뿐이지만 그럼에도 확실하다(그렇다고 철학자들은 믿는다). 적어도 나의 정체성이 실제로 지속하고 그리고 나의 본질만이 그런 정체성을 보장해주는 것이라면 본질이야말로 확실한 그 무엇이 아닌가 말이다. 만에 하나 그것이 진실이라고 한다면, 그렇다면 존재는 본질과 같은 것이라고 해도 좋은가? 이 같은 물음에 선뜻 아니오라는 답변을 못 내리는 것은 아마도 우리의 오래된 사유의 습관 탓일 게다. 철학은 예부터 존재자의 여러 현상적 성질들의 덧없음을 목격해왔고 또 그것이 존재자의 참됨일 수는 없다는 생각 아래, '관념'된 본질이야말로 저 존재자의 불변하는 참됨이자 존재로 믿은 적이 많았기 때문이다.

그러나 존재는 감관에서의 부정할 수 없는 감각적 실재를 가리키는 것도 아니요, '관념'된 어떤 보편 타당한 본질을 가리키는 것도 아니다. 존재론적 차이에서 경험된 존재는 그때마다의 존재자를 바로 그 존재자이게 해주는 가장 생생한 현실성이다. 이 말은 무슨 뜻인가? 다시 우리의 예로 돌아가보자. 나는 지금 '펜을 들고 종이 위에 하이데거의 존재론적 차이에 관해 기술하면서' 있다. 바로 생생한 그 러그러함이 나의 '있음', 곧 존재요, 나라는 존재자는 그렇게 구체적으로 '있는' 놈이다. 두 시간 전 나는 '어느 대학에서 강의를 마치고 지하철에 실려 흔들거리면서 집으로 향하고' 있었다. 나는 그렇게 구체적으로 '있는' 놈이었다. 나라는 존재자의 생생한 현실성은 바로 그러한 '있음', 곧 실존에 담겨 있는 것이지, 이른바 감각이라는 것을 매개로 여러분이 나에게서 뽑아내는 이런저런 감각적 특질에 담겨 있는 것이 아니다. 더욱이 나의 구체적 현실성은 기나긴 세월 동안 인간의 본질로서 익숙하게 받아들여져 왔던 저 고귀한 '이성'에 담겨 있는 것도 아니다. 존재는 바로 그것을 통해 존재자가 그 존재자가 되고 또 그것으로 보여지게 되는 바 그것이다. 존재자가 어떻든 그런 방식과 그런 모습으로 있게 되는 것은 존재자를 그렇게 해주는 생생한 '있음' 때문이다. 하이데거는 존재자를 존재자이게 하는 존재의 이 일차적 생생학이야말로 존재자에 관한 앎을 기반으로 하는 모든 실증 과학이나 또 특정 존재자의 존재 영역을 탐구 대상으로 하는 영역 존재론 그리고 더 나아가 전통적으로 스스로 존재에 대한 이론이라 해석해왔던 형이상학이 그 자신 근원적이기 위해서 우선적으로 철저히 물어야만 할 것으로 간주한다.

그러나 존재의 근원성을 절절히 경험한 젊은 하이데거에게 존재에 대한 이론으로서의 전통 형이상학은 결코 만족스럽지 못한 것이었다. 여기서 잠시 초기의 하이데거가 생각했던 형이상학에 관해 살펴보자. "'형이상학'이란 이름은 희랍어 'meta ta physika'에서 유래한다. 이 놀랄 만한 명칭은 그후 존재자 자체를 넘어서 진행해가는 물음을 가리키는 것으로 의미되었다. 형이상학은 존재자를 넘어서 물어가면서, 그후 그 존재자를 다시금 그 자체면서도 전체에서 다시 파악해들이는 작업을 말한다."[3] 형이상학에 대한 하이데거의 이러한 이름풀이는 이미 널리 받아들여졌던 이름풀이와 별로 다를 게 없다.(형이상학이란 이름의 유래와 그 뜻에 묻어 있는 역사적 우연에 관해서는 여기서 자세히 논할 바 아니다.) 그러나 하이데거는 형이상학이 사유의 비상을 통해 천착해낸 존재자 자체와 전체라는 것에는 예컨대 idea, Gott, absoluter Geist 등이 있으며, 이들 '관념'들은 그 스스로 넘어왔던 저 무상한 존재자를 다시금 부여잡고 본질이란 이름 아래 묶어내면서 정체성을 지니는 '실체'로 규정해내는 마술과도 같은 규정자들이라고 해석한다. 형이상학자들에게는 오직 저 규정자들과 그를 통해 규정된 것들만이 존재 내지는 참된 존재자로 파악될 뿐 그 나머지는 '무'일 뿐이다.[4] 존재론적 차이에서의 존재 역시 그들에게는 그들이 생각하는 존재 — 그러나 하이데거가 보기에 표상된 것에 불과한 — 의 대립 개념, 즉 무에 지나지 않았으며, 이 때문에 2000여 년에 걸친 형이상학학의 역사 그 어디에서도 존재자의 일차적 현실성인 존재는 뚜렷한 주제로 부각되지 못했다. 그러한 사실은 초기의 하이데거에게는 존재자의 근원을 물어야 하는 형이

3) Heidegger, *Wegmarken*, 118.
4) 같은 책, 119.

상학적 고유 임무의 방기와도 같은 것이었으며, 그 때문에 하이데거는 형이상학으로서의 철학을 그 역사 전체에서 새롭게 정초되어야 할 것으로 파악한다.

그리하여 하이데거는 '있음'을 그저 자명한 것으로 방치해두었던 전통 형이상학의 존재 개념을 비판하면서,[5] 그들의 눈에 그저 '무'로 보였던 '있음'을 다시금 주제화해낸다.[6] 그리고 주저 『존재와 시간』에서 하이데거는 존재론적 차이에 입각한 존재론의 재구성을 실질적으로 수행하며, 그 작업이 다름 아닌 "형이상학의 정초(Grundlegung der Metaphysik)"에 해당하는 것이었음을 이어 나온 『칸트와 형이상학의 문제』에서 고백한다. 그렇다면 그의 정초 작업은 실제 어떤 내용으로 수행되는지 알아보자. 형이상학의 정초를 위해 그가 눈을 돌리는 존재자는 최고의 존재자도 또 보편적 존재자로서의 존재자 일반도 아니다. 그의 눈은 전반적으로 인간이란 존재자에 주목하면서 인간을 그의 존재와 관련지어 물어나간다. 왜 그런가? 인간은 그 존재에서 바로 이 존재 자체를 문제 삼고 그리고 어떠한 경우에도 그에게는 존재와 그것의 의미가 개시되고 드러나(da) 있다. 어떤 형태로든 존재가 드러나 있고 따라서 존재 이해를 필연적으로 가질 수밖에 없는 인간! 인간 자신의 바로 이러한 존재 내지 실존의 두드러짐 때문에 하이데거는 이 같은 인간을 '이성의 주체'로서의 인간과는 구별되게 현존재(Dasein)라고 명명하고 또 그 현존재의 존재, 곧 실존을 철저히 분석해나간다. 하이데거에게 형이상학의 정초 작업이란 실존의 철저한 분석에 다름 아니다. 하이데거는 현존재의 실존론적 분석 작업의 정점 ─『존재와 시간』─ 에서 자신의 철학적 정초 작업을 다음과 같이 정식화한다 : "철학은 현존재의 해석학에서 시작하는 보편적인 현상학적 존재론이다. 현존재의 해석학이란 실존의 분석론으로서 모든 철학적 물음의 끝마무리를 그곳에서 매듭지으며 또 바로 그곳에서 모든 철학적 물음이 생겨나오고 또 거기로 되돌아간다."[7]

---

5) Heidegger, *Sein und Zeit*, & 1.
6) 참고. Heidegger, *Was ist Metaphysik*.
7) Heidegger, *Sein und Zeit*, 51.

실존의 분석론은 근본적으로 이해(Verstehen)라는 성격을 지닌 존재 사유에 의해 수행된다. 하이데거가 뜻하는 이해는 모든 종류의 '의식적 인식'과는 구분되는, 요컨대 '실존의 한 근본 양상으로서의' 이해다. 실존적 이해라는 것은, 자기 앞에 주어져 있는 가능성으로 자신을 '던짐'으로써만 그때그때 '있음 가능'한 고유한 실존 방식이요, 또 그 같은 실존 방식 속에서 존재 연관 전체를 '아는' 그 나름의 고유한 앎의 방식이다. 실존 이해에서는 삶과 앎이 서로 여의치 않는다. 한편, 그렇게 기투하면서 이해해가는 현존재는, 그때마다 이미 이러저러한 존재 형편에 '던져져 있으며', 또 언제나 그 같은 형편에서 연유하는 어떤 '기분'을 가지고 살아 갈 수밖에 없다. 그리고 그 기분을 통해서 현존재는 (기투적 이해에 앞서) 세계 안에 던져져 있는 그때그때의 자신의 존재 형편을 이미 안다. 그런 점에서 볼 때 기투해가면서 아는 이른바 기투적 이해는, 언제나 기분적 앎에 의해 선규정되어 있다는 측면에서 기분적 이해다. 기분적 이해라는 말 자체 속에는 기투적 이해와 기분적 앎 사이에 근원적으로 성립하는 순환이 담겨 있다. 기분적 이해의 순환은 동시에 그 속에서 드러난 전체적인 존재 형편을 보다 명료하게 분절하고 '해석'해나가면서 이해를 심화해나가는 이른바 해석적 이해로 수행된다.

이해는 바로 이처럼 기분과 해석 사이의 순환 속에서 실존과 존재 일반의 이해를 심화해가면서 이해 자신도 풍부히 해나간다. 그 과정은 실존론적 이해와 또 그와 함께 현존재 자신에 본질적으로 속한 존재 망각적 경향 — 하이데거의 술어로 표현하자면 퇴락(Verfallen) — 과의 끊임없는 자기 투쟁이자 또한 동시에 우선 대체로 두루뭉실하고 애매모호한 존재 이해, 곧 '선존재론적' 존재 이해의 깊어가는 자기 명료화다. 그 순환 속에서 실존론적 이해는 현존재의 존재, 즉 실존을 처음에는 내존재(In-Sein)로, 그 다음에는 마음씀(Sorge)으로 그리고 마침내는 실존의 근원적 전체성과 관련하여 실존을 죽음에의 존재(Sein zum Tode)로 파악한다. 죽음에의 존재라는 현존재의 근원적 전체성으로부터 바로 현존재의 존재 의미인 시간 — 그러나 철저히 실존론적인 시간 — 이 드러난다. 그리고 이 실존론적 시간의 규명을 발판으로 해서 하이데거는 존재 일반의 근원적 의미를 개진하고자 한다. 이것이 초기 하이데거에서의 존재론적 재구성의 기본 요강이다.

3. 중기의 "존재의 자기 숨김"의 경험과 형이상학의 극복

그러나 존재에의 순환적인 실존론적 이해와 실존론적 시간을 바탕으로 한 존재 의미의 규명은 존재의 더욱 근본적인 경험, 곧 "존재의 자기 숨김(Sichverbergung des Seins)"의 경험에 의해 좌절된다. 이 경험은 다름 아닌 존재의 시원적인 참모습은 그 '드러남'에 있는 것이 아니라 오히려 '자기 숨김'에 있고, 따라서 존재는 기투하는 이해의 측면에서 볼 때 "존재자의 유희가 연출되는 언제나 막이 올려져 있는 고정된 무대"8)처럼 언제나 드러나 있는 터가 아니라 "그 자신 전회적인 생김(das in sich kehrige Ereignis)"9)으로서 '드러나면서 숨음'이라는 것이다. "존재 물음 자체의 깊어가는 심연에서 발생하는" 이 경험은, '현존재로부터 존재로'라는 초기 존재 물음의 초월적 입장을 근본적으로 뒤집어놓고, 하이데거로 하여금 존재 물음의 새로운 길목으로 접어들게 한다.

하이데거의 이러한 독특한 존재 경험은 존재와 등근원적(等根源的)인 것으로 파악되는 초기 희랍의 퓌시스와 알레테이아에 관한 그의 통찰과 깊은 관련이 있다. 이 통찰은 다른 어느 통찰보다도 중기 하이데거의 존재 경험에 결정적이고 또한 우리의 측면에서도 그와 존재 경험을 같이 하는 데 중요한 지점이 될 수 있기에 잠시 살펴보기로 한다. 우선 퓌시스에 관한 그의 통찰이다. 잘 알려져 있듯이 하이데거는 우선 초기 희랍의 퓌시스를 오늘날 우리들이 자연(Natur. nature)이라는 번역어을 통해 머릿속에 그리는 여러 표상들, 특히 수학적 물리학적인 근대 자연 과학의 자연 해석과 엄격히 분리시킨다.

---

8) Heidegger, *Holzwege*, 41.
9) Heidegger, *Beiträge zur Philosophie*, 185.

그가 읽어내는 초기 희랍의 퓌시스는 "스스로 피어오름[예컨대 장미의 피어오름], 스스로를 열치면서 펼침, 그러한 펼침 속에서 현현하게 됨, 그리고 그러한 펼침 속에서 스스로를 유지하면서 머무름, 짧게 말한다면 피어오르면서 머무르는 압도적 주재"10)다. 초기 희랍인들은 이러한 뜻의 퓌시스를 곧 존재로 파악했다.11) 퓌시스로서의 존재는 스스로 피어오르고 전개하는 '밝음(Lichtung)'이요, 그 밝음의 머무름이다. 그러나 그 밝음 자체는 밝음을 통해 보이는 것들과는 달리 우리에게 좀체 보이지 않는다. 더 나아가 설혹 그 밝음으로 향한다 하더라도 밝음 자체는 우리의 머물음을 물리친다. 예컨대 장미꽃을 그렇게 있게 해주는 '있음' 자체, 즉 퓌시스는 장미꽃을 그렇게 밝혀 보여주면서도 막상 밝음으로서의 자기 자신은 쉽게 보여주지 않는다. 그리하여 우리는 밝음 자체보다는 장미꽃의 색깔과 향기에 취하거나 꽃잎의 조화로움에 주목할 뿐이며, 몇 걸음 더 나아가 장미꽃의 조화로운 아름다움을 형식이나 주관과 관련지어 미학적으로 생각해보기도 한다. 왜 '있음의 밝음'은 그처럼 향하기도 또 향한다 하더라도 머물기가 힘든가? 왜 그리하여 우리로 하여금 우선적으로는 '있는 것'에 주목케 하고 결과적으로는 끝없는 존재 망각 속에서 저 고고한 철학적 추상에 노닐게 하는가? 우리는 이 물음에의 답변을 퓌시스의 통찰과 같이 하는 하이데거의 또 다른 희랍적 이름에의 통찰에서 찾는다.

퓌시스와 마찬가지로 하이데거가 존재와 등근원적인 것으로 통찰하는 초기 희랍의 또 다른 이름은 알레테이아(aletheia)다. 퓌시스의 통찰에서처럼 여기서도 그는 우선 초기 희랍적 알레테이아를, 오늘날 우리가 진리(Wahrheit. truth)라는 번역어를 통해 통상적으로 머릿속에 그리는 '일치(Uebereinstimmung. correspondence)'라는 개념의 진리로부터 철저히 구분한다. 하이데거가 읽어내는 초기 희랍의 알레테이아는 다름 아닌 '숨겨짐으로부터 열쳐나옴(a-letheia)'이며 그래서 '숨어 있지 않고 드러남(Unverborgenheit)이자 밝음'이다. 하

---

10) Heidegger, *Einführung in die Metaphysik*, 16.
11) 앞의 책, 17ff.

이데거에 의하면 이 '드러남 내지 밝음'이 진리의 고유한 뜻이며 존재가 곧 그러한 것에 다름 아니라는 것이다. 그런데 문자적으로 읽혀진 이 진리는 여기에 머물지 않고 곧 아주 새로운 진리 경험으로 나아간다. 그 경험을 우리는 다음과 같은 물음으로 전개해보자. 진리가 '숨겨짐으로부터 열쳐나와 드러나고 밝음'이라면, '드러남 내지 밝음'으로서의 진리보다 더 시원적인 것은 '숨겨짐' 자체, 즉 비진리 자체가 아니겠는가?12) 그리고 '숨겨짐'이 '밝음'보다 더 시원적이라면 '드러남 내지 밝음'으로서의 진리에는 본질적으로 자신의 시원으로 되돌아가려는 경향이 담겨 있지 않겠는가? 하이데거는 이 수수께끼 같은 물음에 대한 답을 헤라클레이토스의 잘 알려진 한 구절13)에서 찾는다. 그 구절을 하이데거는 다음과 같이 해석한다. "존재는 그 자체로 숨기고자 하는 경향이 있다. 왜냐 하면 존재는 숨겨짐으로부터 나섬이요 피어오르면서 현현함이기에, 존재에는 본질적으로 숨겨짐이 속하고 그것으로부터의 유래가 담겨 있다."14) 말하자면 존재는 현현함보다는 숨겨짐이 시원이며 그래서 거기로 되돌아가려는 경향이 있다는 것이다. 우리는 이와 동일한 경험을 이어 씌어진 그의 또 다른 저술에서도 확인한다. "숨김이야말로 존재가 최초로 주는 최고의 선사이자 존재의 시원적인 참모습이다."15) '드러남'으로서의 진리의 본질은 '숨겨짐'으로서의 비진리며 그 때문에 존재는 숨기기를 좋아한다. 우리가 존재에 향하기도 또 그곳에 머물기도 어려운 것은 그런 연유에서다.

진리의 본질은 비진리, 존재는 드러남이자 동시에 숨김이라는 이 충격적인 경험은, 하이데거로 하여금 형이상학과 그 역사에 대한 새로운 입장 전환으로 이어진다. 이점을 파악하기 위해서는 우선 존재의 숨김과 존재자의 관계에 관해 좀더 자세히 살펴볼 필요가 있다. 존재의 진리가 '숨김 속의 빛남'이란 것은 존재가 언제나 빛나는 열

---

12) 참고. Heidegger, *Vom wesen der Wahrheit*.
13) "physis kripthesthai philei". Diels, *Vorsokratiker*, Frag. 123.
14) Heidegger, *Einführung in die Metaphysik*, 122.
15) Heidegger, *Beiträge zur Philosophie*, 241.

려져 있음이 아니라 끊임없이 스스로를 숨긴다는 뜻이다. 그러나 이 숨김은 한갓 숨김이 아니라 존재자와 관련해서 볼 때는 "존재자를 개시하면서 존재가 스스로를 숨김"이다. 존재의 숨김은 오직 존재자를 개시함 속에서의 자기 숨김, 달리 말한다면 "존재(가 존재자를) 떠남(Seinsverlassenheit)"이다. 인간이 존재보다 존재자에 더 쉽게 몰두하게 되는 것은 존재 숨김이 지니는 그 같은 존재자의 개시적 성격에 기인한다. 그리하여 인간은 숨기는 존재보다는 숨김 속에 개시된 존재자에 주목함으로써 존재 망각의 깊은 골에 빠져든다. 사정이 이렇다면 '숨기는 빛남'으로서의 존재는 사유와의 관계에서는, '스스로를 사유로부터 빼어냄'이라 할 수 있다. 존재의 '자기 숨김'과 '존재(가 존재자를) 떠남'은 동일한 하나요, 이것은 곧 존재자에 관해서는 스스로를 '숨기는 빛남' 속에서 존재자를 개시함이요, 사유에 관해서는 스스로를 사유에서 빼어냄이자 동시에 그렇게 개시된 존재자로 사유를 떼밀음이다. 그리고 그 결과가 어떤 것인지는 하이데거의 다음 말에서 명료해진다. "오직 자기를 숨기는 존재가 스스로를 빼어내는 곳에서만 존재자가 두드러지게 부각되고, 그리하여 존재자가 모든 것을 지배하는 것처럼 보이며 무(無)에 대한 유일한 방벽처럼 설정된다. 그러나 그 경우 가장 가까운 유일한 결과는 존재를 숨겨짐 속에 그대로 내버려두는 일이고 심지어 존재를 전적으로 망각해버리는 일이다."[16] 굳이 말하자면 "숨김이 망각 속에 함몰"하는 셈인데, 이 함몰은 현실적으로는 우리로 하여금 존재에의 결단 없이 우리 자신을 '주관'으로 고집케 하면서, '우리의' 세계 속에서 오로지 손쉽고 흔한 것들(Gängigen) ― 이런저런 존재자들 ― 에만 매달리게 하고, 인간 고유의 '척도'만을 고집케 하면서 그 속에서 안도감을 느끼게 한다. 인간은 존재가 망각된 것 ― 하이데거는 이를 '고향 상실'이라 부르기도 한다 ― 조차도 망각한 극도의 궁핍(die hoechste Not als die Not der Notlosigkeit) 가운데서 오로지 인간이 쌓아올린 성(Menschentum) 속에 안주한다. 그런데 이 모든 것은 하이데거에 의하면 한마디로 '숨김'으로서의 존재의 "잘못(Irre)"이 쌓아올린 성

16) 앞의 책, 255.

(Irrtum)이다.

하이데거는 존재의 '숨김'에서 연유하는 이상과 같은 잘못의 역사적 장소를 무엇보다도 형이상학의 역사에서 발견한다. 그렇다면 어떤 점에서 전통 형이상학이 잘못의 역사적 장소란 말인가? 이 물음의 해명을 위해 우리는 다음의 두 문장을 실마리로 선택해본다. 그 한 문장은 그의 『형이상학 입문』에 나오는 대목이다 : "형이상학은 존재자에서 시작해서 존재자로 돌아온다."17) 또 다른 하나는 『철학에의 기여』에 나오는 다음의 대목이다 : "형이상학은 존재가 존재자에 입각해서 발견될 수 있다고 믿고, 그것도 사유가 존재자를 넘어서는 방식을 통해서 그럴 수 있다고 생각한다."18) 이 두 문장이 뜻하는 바는 이런 것이다. 형이상학은 여타의 사유와 마찬가지로 존재가 숨기면서 드러내 준 존재자, 즉 이런저런 '있는 것'에서부터 일단 출발한다. 그러나 형이상학은 여타의 일반 사유와는 달리 이런저런 '있는 것' 자체를 결코 참된 것으로 생각하지 않는다. 형이상학자들에게서 존재자의 참됨은 가변적인 존재자 내부 깊숙한 곳에 있는 불변하는 '기체'로서의 그 무엇이거나 또는 무상한 저 존재자를 넘어 그것을 규제하는 그 어떤 항상적이면서 초월적인 것이었다. 그러나 하이데거가 보기에 이것이나 저것이나 모두가 사유의 관념적 표상이 고안해낸 결과물에 지나지 않는다. 말하자면 형이상학적 사유가 관념의 날개를 달고 존재자를 넘어 — 저 깊숙한 곳으로든 혹은 저 높은 곳으로든 — 힘들게 그렇지만 자유롭게 비상해 도달한 발명품(Erfindung)에 불과하다는 것이다. 그럼에도 형이상학은 저것을 모든 '있는 것'의 참된 본질로, 또는 최고로 존재자다운 것으로 또는 "존재자의 존재자성(die Seiendheit des Seienden)"으로 '신앙'하고, 그 빛나는 발명품(예컨대 to agathon, ousia, Gott, Ding an sich, absoluter Geist 등)으로 무장한 채 다시 존재자의 곁으로 돌아온다. 바로 저 고안 된 '본질'에 입각해서 — 이제는 '참된 존재(ontos on!)'의 이름으로 — 모든 '있는 것'을 '본질적'으로 해설해내기 위해.

---

17) Heidegger, *Einführung in die Metaphysik*, 91.
18) Heidegger, *Beiträge zur Philosophie*, 170.

형이상학은 존재자의 존재자성에 대한 물음을 통해 짐짓 그 스스로 '존재'의 물음인 체하나, 실상 형이상학은 진실로 존재에서 시작한 적이 없으며 또 존재의 개시성이 지니는 저 물어야만 할 것에 다가간 적도 없다. 형이상학에는 오직 '존재자에서부터, 존재자를 넘어서서 그리고 존재자의 고안된 존재자성과 함께 다시 존재자로'[19]라는 주관주의적인 방식만이 있을 뿐이다. 그 속에서 존재는 이미 존재자로부터 철저히 떠나버렸고, 거기에 지배적으로 남는 것은 오직 '존재와 사유' — 하이데거적 어법으로 말하면 '존재자성과 표상(Seiendheit und Vorstellen)' — 라는 형이상학적 틀뿐이다. 그 틀 속에서는 존재의 이름을 뒤집어쓴 데 불과한 '존재자성'과 그를 낳는 강력한 '표상적 사유'의 분리가 진행되며, 바로 이러한 분리가 하이데거에 의하면 서구 형이상학의 전 역사를 규정한다 : "'존재와 사유'의 분리야말로 서방 정신의 근본 태도를 일컫는 명칭이다. 그 이후 존재는 사유 또는 이성의 시각에서 규정되었다."[20] 이것이 하이데거가 뜻하는 형이상학적 잘못의 역사요 그의 표현을 빌리자면 "존재의 탈고유화의 역사(Enteignungsgeschichte des Seins)"다.

이 잘못됨의 장소에서 이제 형이상학은 초기 사상길에서처럼 더 이상 쇄신하고 정초해야 할 것이 아니라 오히려 '결별하고 극복해야 할 것'으로 나타난다. 그렇다면 그의 극복 의지는 실질적으로 어떤 방식으로 진행되는가? 만약 '숨김 속의 빛남'으로서의 존재의 진리가 사유에 우선적으로 자신의 숨겨짐을 안겨주고 그럼으로써 전반적인 존재 망각을 일으키는 잘못의 측면으로 남아 있다면, 존재 사유는 그러한 우선적인 '숨겨짐으로부터 존재의 진리를 떼어내는(Der-Verborgenheit-Entreissen der Wahrheit des Seins)' 방식으로 수행되어야 한다. 동시에 존재 진리의 숨김의 측면이 역사적으로 형이상학적인 '탈고유화의 역사'로 남아 있다면, 저 '떼어냄'의 존재 사유는 형이상학과의 '존재사적 대결'을 통하여 형이상학적으로 사유되어 말해진 것들 곳곳에 파묻혀 잊혀져 있는 존재의 진리를 들춰내야 한

---

19) "vom Seienden aus, ueber das Seiende hinaus und mit der erfundenen Seiendheit des Seienden auf dieses zu".
20) Heidegger, *Einführung in die Metaphysik*, 154.

다. 이 작업은 구체적으로는 곧 저 위대한 철학의 대가들이 옹호해왔던 각각의 '존재자성'들이 선천적인 것이라기보다는 차후적인 것임을 밝히고, 그리고 거기에는 '존재자에서부터 출발하여 존재자를 넘어서서 그리고 존재자의 고안된 존재자성과 함께 다시 존재자로'라는 각종 각양의 주관주의적 사유의 월권이 행사되고 있으며, 또한 그 월권은 근원적으로는 존재의 자기 숨김에서 싹터왔음을 밝히며, 마지막으로 이 모든 '존재 탈고유화의 역사'에 시원으로 자리잡고 있으면서 숨겨져 있는 존재의 진리를 들추어내는 일일 것이다. 그리고 이 일은 곧 저 기나긴 왜곡과 퇴락의 형이상학적 역사 속에 파묻혀 잊혀져버린 존재의 진리를 쟁취해서 그 기반을 다지는 작업과 맞닿아 있다.21) 사유의 이러한 작업은 하이데거에게는 존재의 진리를 수립(Stiften)하는, 다시 말하면 작품 속으로의 정립(Das Ins-Werk-setzen)이라는 특성을 지니는 예술적 사유에 의해 수행된다.

4. 후기의 "규정적 존재-언어"의 경험과 형이상학의 감내

그러나 사상길의 마지막 단계에서 하이데거는 이제까지 존재 사유에 남아 있었던 모든 형태의 '알고자 원함'을 포기한다. "알고자 원함(Wissenwollen), 그것은 언제나 이미 자기 의식의 숨겨진 월권이요 …… 사유되어야 할 것 앞에 [진정으로] 서기를 원하지 않는 것이다."22) 인간에게 그러한 알고자 원함은 밝음터 앞에서는 "가장 타락한 것"이요, 그러기에 그것은 저 밝음터가 보내는 "눈짓을 알아채기가 드물고 어렵다. [그렇다.] 많이 알면 많이 알수록 더욱 드물고, 단지 알려고 원하면 원할수록 더욱 어렵다."23) 그러니 전적으로 밝음터에 '내맡기자', "어떠한 욕구도 버린 채(Nicht-Wollen)."24) 하이데

---

21) Heidegger, *Einführung in die Metaphysik*, 16 / *Beiträge*, 177, 178, 185, 307
22) Heidegger, *Unterwegs zur Sprache*, 95.
23) Heidegger, *Was heißt Denken?*, 91.
24) Heidegger, *Gelassenheit*, 30.

거는 이러한 경험을 1949년의 어느 늦은 밤, 기나긴 산책에서 돌아오는 '들길(Feldweg)'에서 처음으로 내비친다. 그 독백을 들어보자. "단순한 것이 한층 더 단순해져버렸다. 언제나 똑같은 저것이 낯설어지면서 우리에게서 멀어져간다. 이제야말로 들길이 건네는 말이 완전히 분명해진다. 영혼이 말하는가? 세계가 말하는가? 신이 말하는가? 모든 것은 저 똑같은 것에의 체념을 말할 뿐이다. 체념은 받으려 하지 않는다. 체념은 주고자 한다. 체념은 저 단순한 것이 지니는 고갈되지 않는 힘을 [그대로] 준다. [그리하여] 건넨 말은 [그의] 기나긴 유래 가운데 안식한다."25)

모든 알고자 원함의 포기, 사유가 지니는 모든 형태의 자력성과 자의성의 체념은, 존재가 사유에 전적으로 선행하는 규정성으로 주재하며 유일하게 사유를 규정하는 구속성이라는 경험에 기인한다 : "존재는 모든 사유 거리를 구속하는 규정성"이요,26) 사유가 사유되어야 할 것의 지시에 순응하는 한, 그때그때의 모든 사유를 묶는 "구속성"이다. 이렇듯 사유를 지시하는 압도적 규정성의 존재 경험에 입각해서 이제 존재 사유는, 그때까지 존재 사유가 지녀왔던 최소한의 자발성과 자의성마저 끊고 오로지 지시하는 저 규정성에 자신을 내맡기면서 그 구속적 지시를 듣는 태도를 띤다. 그런데 존재의 압도적 규정성에 관한 하이데거의 존재 경험은 존재-언어(Sein-Sprache)에 관한 그의 근원적 경험과 같이 한다. 그에 의하면 언어는 그 근원에서 모든 존재하는 것을 그것 자체로 보이게 해주는 "보여줌(Zeige)" 이외의 다른 것이 아니다. 말하자면 존재자를 그 참 모습에서 보여주는 밝힘으로서의 '보여줌'이 존재라면, 존재가 곧 언어라는 것이다.27) 압도적 규정성을 지닌 존재-언어에의 이 같은 근원적 경험이 바로 후기 사상길을 중기 사상길로부터 결정적으로 가르는 길목이며, 이 경험은 하이데거의 후반기 존재 사유를 철저히 존재-언어적으로 특징지우면서 그로

---

25) Heidegger, *Aus der Erfahrung des Denkens*, 90.
26) 참고, Heidegger, *Wegmarken*의 Vorbemerkung. *Zur Frage nach der Bestimmung der Sache des Denkens*.
27) Heidegger, *Unterwegs zur Sprache*, 251.

하여금 "언어에의 도중"에 머물게 한다. 물론 여기서 길을 닦는 자는 존재-언어 자신이다. 존재-언어 자신이 바로 길(Weg)이며, 그것이 스스로 길을 닦고 우리로 하여금 길을 가게 한다. 그런 점에서 존재-언어에 귀의하고 자신을 내맡기는 존재 사유는 "존재-언어에 따라 말하기(Das Entsprechen der Sein-Sprache)"라는 성격을 띤다.

'존재-언어의 규정성'에 관한 경험과 존재-언어에 '따라 말하기'로 전환된 존재 사유는 형이상학에 대한 이제까지의 자세에 다시 한 번 변화를 가져온다. 즉 형이상학에 대한 극복의 자세에서 형이상학에의 감내(Verwindung) 자세로 바뀌게 되는 것이다. 물론 이러한 변화 역시 그의 존재 경험에 입각한 것임은 분명하다. 사유를 구속하는 압도적 규정자로서의 존재-언어는 형이상학적 사유의 역사 속에서 "빠짐의 역운(歷運)(Geschick des Entzugs)"으로 말해왔다. 빠짐의 역운이란, 존재-언어가 스스로를 빼어내고 그 자신에 머물면서 동시에 또한 압도적 보냄(Schicken)이라는 뜻이다.[28] 형이상학의 모든 근본 개념들, 예컨대 Idea, Energeia, Gott, Substanzialität, objektivität, Subjektivität, Wille 등 그 모두가 존재-언어의 자기 빠짐이 역사적으로 진행시켜온 운명(Geschick)에 불과하다.[29] — 그 점에서 하이데거는 형이상학의 모든 운명과 잘못은 형이상학자들 개개인의 잘못이 아니며, 그들은 단지 존재-언어의 저 숙명적 보내기에 따라 말했을 뿐이라고까지 말한다.[30] — 존재는 그 스스로를 숨기면서 자신을 빼어낸다. 그리고 그러한 자기 빠짐은 사유로 하여금 추상의 날개를 펴게 하고 저 근본 개념들을 '존재'의 이름으로 잉태케 했다. 형이상학의 다양한 시대적 "존재 주조물들(Seinsprägungen)"은 하이데거에 의하면 빠지면서 주는 존재-언어의 소산(Gabe)이다.

이렇듯 형이상학의 역사 속에서 존재-언어의 역운적 빠짐은, 존재자 전체를 지배하면서 언제나 존재자와는 다르게 그것에 앞선(apriori) '존재'라는 '차이의 주장말(Anspruch der Differenz)'로 말해왔다. 그러나

---

28) Heidegger, *Zur Sache des Denkens*, 8.
29) Heidegger, *Die onto-theologische Verfassung der Metaphysik*, 58.
30) *Zur Frage nach der Bestimmung der Sache des Denkens*. 특히 13쪽 참고.

그 같은 주장말보다 더 오래된 것은 스스로를 빼내면서 머물러 있는 말, 다시 말하면 주장말 속에서 '자신을 유보하면서 틀고 머물러 있는 건넴말(Zuspruch des Vor- und Aufbehaltenen)'이다. 이 건넴말이 바로 형이상학의 역사 속에서 사유되지 않은 채 남아 있는 것이요, 하이데거는 형이상학적 역사와의 모든 대화에서 그 건넴말을 듣고자 애쓴다. 따라서 형이상학과의 역사적 대화에서 수행되는 존재-언어에의 '따라 말하기'는 다음과 같이 성격지울 수 있겠다. 즉 그것은 한편으로는 형이상학의 다양한 시대적 존재 주조물들 속에 담긴 존재의 주장말을 '회상(Andenken)'하면서, 동시에 그 주장말로부터의 '되걸음질(Schritt zurueck)' 가운데 주장말 속에 유보된 채 머물러 있는 존재의 건넴말을 '선사유(Vordenken)'하는 것이다.

'회상적 선사유'라는 성격의 사유에 의해 수행되는 형이상학에의 감내는 주로 형이상학의 주장말이 두드러지게 담지되어 있는 전통 논리학과의 대화에서 나타난다.31) 논리학과의 대화에서 하이데거는 전통 논리학의 역사에서 근거(Grund), 정체성(Identität) 등으로 파악되어왔던 형이상학적 근본 개념들의 존재론적 '역운'을 읽고 그들이 어떤 맥락에서 존재의 지시적 '보내기'였는가를 듣는다. 한편으로 하이데거의 형이상학적 감내는 전통 형이상학의 끝마무리이자 동시에 완성(Vollendung) 지점이라고 그가 간주하는 현대 기술공학과의 대화로 이어진다.32) 하지만 이들 형이상학과의 대화는 '빠짐의 역운'이 두드러지게 담겨 있는 형이상학의 특성상 건넴말을 들어내기가 언제나 우회적으로 수행될 뿐이다. 반면 건넴말이 "순수히 말해진 곳"인 시작품들은 그 경우가 다르다. 그곳에서는 자신을 유보하면서 틀고 머무르는 존재-언어가 두드러지게 말을 건네온다. 그래서 하이데거는 휠더린, 트라클, 게오르그 등의 시작품에 즐겨 귀기울이며 그곳에서 존재-언어의 건넴말을 듣는다.

---

31) 참고. Heidegger, *Der Satz vom Grund. Der Satz der Identitaet / Die onto-theologische Verfassung der Metaphysik.*
32) 참고. Heidegger, *Die Frage nach der Technik.*

5. 맺음말

존재자를 그 보편성과 궁극성에서 물어가는 형이상학에 대한 하이데거의 입장은 그의 존재론에 입각하여 '정초'와 '극복'과 '감내'로 변해간다. 우리는 하이데거가 걸어갔던 그 길을 따라 걸으면서 그가 바라보는 형이상학이 어떠한 것인가를 감지할 수 있었다. 첫째, 형이상학은 존재자(das Seiende) 지향적이다. 어느 철학자든 자신의 사상을 전개해나가는 데에 우선 사물의 있는 그대로에서부터 출발하겠다고 다짐한다. 그러나 있는 그대로의 '사물'과 사물의 그대로의 '있음'은 다르다. 그들은 이러한 존재론적 차이를 구분하지 못했기 때문에 오직 존재를 통해 규정된 존재자만을 주목했을 뿐이다. 그 점에서 그들은 존재 망각에 빠져 있었다. 둘째, 형이상학은 실체 중심적이다. 존재자에서 출발하는 형이상학은 가변적인 존재자에서 존재자의 근원을 찾는 데 만족하지 않는다. 그들은 존재자로부터의 출발과 함께 곧장 무상한 존재자를 넘어 그것의 근원적 본질을 찾아나선다. 그 본질이 최상의 근본 개념— 이 역시 표상된 것에 불과하지만— 에 의해 연역된 것이든 또는 사물 자체의 깊숙한 핵심으로 있는 어떤 것으로 파악되든간에 그 근원적 본질을 통해 가변적인 존재자는 자기동일성을 갖는 실체로 파악된다. 셋째, 형이상학은 주관주의적이다. 형이상학의 그 어떤 본질이나 상위 개념도 하이데거가 보기에는 주관의 고안물에 지나지 않는다. 그것은 존재자를 초월해가는 주관의 표상적 사유가 빚어낸 작업의 결과물이다. 그런 점에서 하이데거는 후설의 선험적 현상학도 형이상학의 연장선상에서 파악한다.33) 마지막으로, 모든 형이상학적 근본 개념들은 스스로 숨기는 존재의 '보내기'에 '따라 말한' 결과다. 형이상학의 모든 운명은 존재의 운명과 같이 한다. 하이데거에 따르면 기나긴 서구 역사의 진행에서 존재는 여태껏 '빠짐의 역운'으로 머물러왔다. 그리고 그 빠짐은 형이상학의 끝마무리이자 완성 지점인 현대의 기술공학에서 극도의

---

33) 참고. Heidegger, *Das Ende der Philosophie und die Aufgabe des Denkens.* 특히 70쪽.

위험으로 나타난다. 물론 하이데거는 현대의 첨예한 존재사적 위험 속에서도 존재의 숙명적 회귀(Umkehr)를, 다시 말하면 저 오랜 빠짐의 유래 속에 유보되었던 존재의 자기 빛남을 예견한다.

하이데거는 이상과 같이 파악된 형이상학적 기조를 철학의 전분야의 밑바닥에서 읽어낸다. 모든 존재자의 존재 의미를 묻는 존재론은 물론이거니와,34) 존재자에 대한 앎의 방식을 탐구하는 인식론 역시 존재자 지향적 실체주의와 주관주의에 빠져 있으며,35) 인식된 것들을 오류 없이 연결해나가는 사고의 법칙을 다루는 논리학36)과 올바른 판단에 따른 바람직한 행위 규범을 다룬다는 윤리학37)도 형이상학적 사고를 바닥에 깔고 있다고 그는 본다. 더 나아가 이성과 오성 중심의 철학이 소홀히 남겨둔 감성적 인식의 영역을 다루면서 미적 현상과 예술 현상을 주제적으로 탐구하는 미학마저도 뿌리 깊은 형이상학의 영향을 벗어나지 못한 것으로 하이데거의 눈에는 비친다.38)

그렇다면 하이데거는 왜 60여 년에 걸친 그의 사상길에서 형이상학사로서의 철학사와 끊임없이 대화를 시도하는 것일까? 널리 인정되듯이 그는 존재론자다. 이 말은 곧 그가 세상 만사를 존재의 입장에서 또 그것과 더불어 살펴보았음을 의미한다. 초기의 하이데거에게 형이상학사로서의 철학사는 존재가 망각의 형태로 머물러 있는, 그래서 자신의 기초 존재론에 의해 쇄신되고 정초되어야 할 역사였다. 중기의 하이데거에게 형이상학사로서의 철학사는 존재의 자기 숨김이 일구어낸 존재 왜곡의 역사요, 그래서 자신의 존재사적 사유에 의해 극복되어야 할 역사였다. 후기의 하이데거에게 형이상학사로서의 철학사는 '빠짐'으로서의 존재가 지시한 숙명적 역사였고 그래서 어쩔 수 없이 참고 겪어야만 하는 존재사였다. 그러나 존재 망

---

34) 참고. Heidegger, *Einführung in die Metaphysik*, 4tes Kapitel.
35) 참고. Heidegger, *Sein und Zeit*. § 13, 19, 20.
36) 참고. Heidegger, *Einführung in die Metaphysik*, 4tes Kapitel. 특히 C. Sein und Denken. / *Der Satz vom Grund* / *Der Satz der Identität*.
37) 참고. Heidegger, *Brief über den 'Humanismus'*, 특히 352 ff.
38) 참고. Heidegger, *Der Ursprung des Kunstwerkes* 속의 첫번째 논문 "Das Ding und das Werk". 특히 24쪽.

각의 역사든 왜곡의 역사든 또는 존재 '빠짐'의 숙명적 역사든 형이상학사로서의 철학사 전체는 존재론자인 하이데거에게는 존재의 소리가 파묻혀 있는 거대한 산맥과도 같은 것이었다. 그리고 그 점에서 철학사는 그에게 언제나 존재론적으로 의미 있는 지평이었다. 하이데거가 자신의 존재론적 사상길에서 철학사와 끊임없이 대화하는 이유는 바로 거기에 있다.

그러나 그는 그 자신의 고유한 존재 경험에 입각해서 철학사와의 대화를 시도했으며, 그의 이러한 독창적 관점 때문에 그의 철학사 읽기는 헤겔의 정신사 기술의 경우에서처럼 때로 많은 비판을 받아온 것도 사실이다. 말하자면 하이데거의 철학사 읽기는 형이상학사로서의 철학사에서 실제로 사유된 것에 맞아떨어지지 않는다는 것이다. 하지만 자신의 독창적인 근원 경험을 갖고 철학사와 만나는 경우에는 언제나 그렇듯이 하이데거 역시 철학사에서 실제 사유되었던 그것에 단순히 머무는 일에는 만족하지 않았다. 그는 형이상학적으로 사유된 것 속에 사유되지 않은 채로 남아 있었던 존재의 소리를 듣고자 했고 또 존재야말로 철학사 전체를 실질적으로 끌어온 근원적인 힘이라고 생각했다. 물론 형이상학사로서의 철학사가 하이데거의 관심을 일관되게 끌어온 의미 있는 지평이었다고 해서 이 말이 곧 존재론적으로 의미 있는 다른 지평을 배제하는 것은 아니다. 하이데거에게는 형이상학으로서의 철학의 역사뿐만 아니라 현대의 기술공학적 세계 역시 그리고 예술 작품 또한 존재의 소리가 담긴 존재론적으로 의미 있는 지평이었다. 그럼에도 하이데거가 다른 지평과는 달리 그의 초기 사상길에서부터 지속적으로 형이상학의 역사와 대화를 시도했던 것은 그러한 역사 속에서 비록 왜곡의 형태이긴 하지만 존재가 '차이'의 말로 머물고 있고 그래서 다른 어떤 지평보다도 존재의 오래된 유래처로 간주되었기 때문이다.

하지만 하이데거가 그토록 자신으로부터 구분해내고 싶어했던 형이상학적 기조가 그 자신이 전개한 존재 사상 자체에는 담겨 있지 않은 것일까? 이러한 의문은 그의 존재론을 구성하는 내용이 일상 쉽게 이해되지 않으면 않을수록 증폭되어가는 것이 사실이다. 하이데서 자신 이미 그의 초기 존재 사유가 초월적 형이상학—'현존재로부터 존재로'—에 빠져 있었다고 하여 사상길의 후반기에 자기 비판을 수행한 적도 있지만, 그러나 하이데거에 대한 형이상학적 혐의는 무엇보다도 그의 존재 개념이 지니는 비밀스러운 근원성으로 향한다고 보아야 할 것이다. 즉 형이상학자들이 존재자의 근원을 특정한 근본 개념에서 찾아 거기로부터 모든 존재자의 근본 의미를 도출해내는 방식이나 하이데거가 모든 존재자의 근원을 존재에서 찾고 존재로부터 모든 존재자의 의미를 읽어내는 것은, 양자 모두 만물의 특정한 근원을 찾고자하는 해묵은 형이상학적 사유의 근친성에 해당하는 것이 아니냐 하는 것이다. 그럴 듯하게 보이는 이 혐의는 그러나 우리가 하이데거가 뜻하는 존재를 좀더 깊이 살펴보면 어느 정도 해명이 된다. 형이상학의 모든 근본 개념들은 단적으로 주관의 표상적 사유가 고안해낸 것에 불과하다. 반면 하이데거가 밝히는 존재는 주관적 표상이 아니라 존재자의 구체적 현실성이며 그러기에 존재자를 초월해가는 사유의 관념적 비상이 필요 없다. 그럼에도 형이상학적 근본 개념들과의 이러한 구분에도 불구하고 존재가 주관적 표상으로 보이는 것은, 아마도 일반인들의 사유가 지녀온 오래된 존재자 지향적 습관과 거기에 따른 비감각적 대상에 대한 불신감 때문일 게다.

그러나 하이데거가 밝히는 존재의 영역이 아무리 현사실적 영역이라 하더라도, 만물의 근원 또는 시원을 상정해놓고—형이상학으로서의 철학은 만물의 '시원(arche)'이라는 이름을 만든 이래로 그 이름에 동반하는 신비스러운 사유 경험을 오랫동안 공유해왔다— 그것을 찾아나가는 형이상학적 사유의 경향은 하이데거에게서 여전히 불식되지 않는 것이 아닌가? 계속되는 이 같은 의문에 대해 우리는 다시금 하이데거가 뜻하는 존재의 실상을 명료히 함으로써 하이데거 바깥으로부터 오는 혐의를 부분적으로 씻을 수 있을지도 모른다. 이를테면 언제나 자기동일성에 머무르는 저들 형이상학적 근본 개념들과는 달리 존재는 매순간 자신을 달리해가는 '달라짐' 자체라고 말이다. 존재는 '언제나 같음'이 아니다.—혹자는 이 같은 주장에 대해 절대 정신과 같이 변증법적으로 운동해가면서 자신을 달리 실현해가는 근본 개념을 반증으로 제시하면서 반박할 수도 있겠다. 그러나 절대 정신도 표상적 관념의 산물이라면 그 문제는 이미 바로 앞에서 해결되었다. — 더 나아가 존재는 한 순간도 자기 동일적으로 머물지 않을 뿐만 아니라 매순간 자신을 없애가는 그래서 자신의 흔적을 지워가기도 한다. 그 점에서 존재는 실체나 존재자의 측면에서 보면 마치 무와도 같다. 그러나 이 같은 말들에서 생기는 감각적 불확실성의 동요는 차치하고라도 존재의 '달라짐'과 '숨김'의 해명만으로는 하이데거 사유의 형이상학적 혐의는 풀리지 않는다. 만 보를 양보하여 존재는 '달라짐' 자체요 그리하여 '달라지는 근원'이라는 궁핍한 표현이 성립된다 하더라도, 왜 그는 만물에 어떤 근원이 있다는 생각을 버리지 못하는가?

게다가 하이데거에의 형이상학적 혐의는 이제 다음과 같은 의문과 결합되면 더 한층 짙어진다. 그 의문은 하이데거의 사유가 완숙기에 도달했을 때 그가 한 존재 경험에 관한 것이다. 이미 살폈듯이 하이데거는 생의 후반기에 존재의 압도적 규정성을 깨닫는다. 그 깨달음에 의하면 지나간 모든 형이상학사뿐만 아니라 심지어 현대의 기술공학까지도 '존재의 숙명적 보내기의 소산'이다. 그 말이 진실이라고 한다면 기나긴 인간의 역사 속에서 인간이 자체적으로 수행한 몫은 어디에 있단 말인가? 사상길의 후반기에 그가 즐겨 사용했던 한 중요한 용어를 떠올리면 이 물음에 관한 답변은 자명하다. 인간은 존재의 규정적 지시에 "따라 말했을" 뿐이다. 그렇다면 모든 세상사를 그의 뜻대로 '역사'한다는 기독교적 하느님과 하이데거적 존재의 관계는 어떤 것인가? 혹 이런 물음으로 기독교적 하느님과 하이데거적 존재의 친족성에 주목하고자 하는 사람도 있을 것이다. 그러나 그런 식으로 하이데거의 존재를 왜곡하지는 말자. 하이데거의 존재는 존재자를 넘어 하늘에 있는 것도 그리고 언제나 영광으로 빛나기만 하는 것도 아니다. 존재는 매순간 자신을 없애고 숨기면서 존재자를 존재자 그것으로 규정해주는 존재자의 '밝음터'다. 그렇다. 우리는 이 '밝음터'에 머물면서 존재의 '숙명적 보내기'라는 하이데거적 화두를 다시 생각해보기로 하자.

모든 존재하는 것은 존재의 빛 속에서만 존재자 그것으로 드러난다. 도대체 존재자를 우리가 만날 수 있는 것은 존재의 빛 속에 들어섬으로써 뿐이다. 그럼에도 이 확연한 사실은 존재의 자기 숨김으로인해 쉽사리 주목받지 못한다. 더욱이 존재의 자기 숨김은 우리를 존재자로 내몰아 존재자 곁에 머물게 하기에 더욱 그렇다. 물론 여기에한 몫 더하는 것은 우리의 감각적 일차성과 그에 대한 확실성의 착각이지만, 어쨌든 여기까지는 전반적으로 존재의 밝음터가 일구는몫이요 그 점에서 우리는 존재의 저 '숙명적 보내기'를 인정할 수 있다. 그러나 이제 그 어느 누가 있어 가변적인 존재자의 사물적 특징들을 부여잡고 고집스럽게 이런저런 '억견'에 머물거나 또는 추상과표상의 날개를 펴서 고귀한 '관상'에 머물고는 마침내는 '신'과 '절대정신' 같은 것을 표상한다거나, 아니면 만물의 운동 법칙을 고안해서자연을 이용하고 지배하여 마침내는 DNA 코드라는 것을 고안하여생명의 창조자로 새롭게 태어난다고 하자. 이 모두는 잘됐든 못됐든우리들 인간이 저지른 일들이 아닌가? 그런데도 이런 일들마저도 존재의 저 '숙명적 보내기'란 말인가? 이 세계는 우리가 그 책임을 떠맡아야 할 '우리'의 세계가 아닌가? 하이데거 자신도 이 평범한 의문에 대해서는 일찍이 알고 있었지만[39] 존재의 압도적 규정성 앞에 그같은 의문은 언제나 무력하게 남아 있을 수밖에 없었다. 여하튼 존재의 압도적 규정성과 '숙명적 보내기'에 관한 수수께끼가 풀리지 않는한 그의 형이상학적 혐의는 더욱 짙어만 갈 것이고, 그와 함께 우리는 하이데거 사상이 결코 완전히 떠나지 못하는 형이상학적 전통의끈질긴 힘을 새삼 확인한다.

그렇다면 사유의 이 같은 형이상학적 근원성은 서구 철학자들만이 벗어나지 못하는 굴레인가 아니면 인간 일반이 도대체 벗어날 수없는 원초적 굴레인가? 이도 저도 아니라면 먼 옛날 어느 서양 현인이 한 순간 떠올린 생각이 퍼뜨린 인간의 오래된 착각 놀음인가? 이

---

39) 참고. Heidegger, *Wegmarken*, 195.

문제에 대한 답변은 여기서는 일단 열린 채로 놓아두자. 그 심각한 문제는 따로 자리를 마련해야 할 것 같다. 지금 우리는 하이데거가 그토록 벗어나려고 하면서도 벗어나지 못하는 전통의 끈질긴 힘을 목격하면서 역설적으로 한 사상이 잉태되어 숙성되기까지에는 전통의 역할이 얼마나 큰 것인가 하는 점에 주목하고자 한다. 하이데거의 독창적인 존재론은 전통 형이상학으로부터의 자기 구분을 통해서 이루어진다. 하지만 그것이 비록 결별의 수순 속에서의 만남이라고 하더라도 형이상학적 전통과의 만남이 하이데거의 독창적 존재론에 끼친 영향은 실로 지대하다 할 것이다. 만약 하이데거에게 플라톤과 아리스토텔레스와의 자기 구분적 만남이 없었다면 그의 존재론이 그처럼 풍부한 모습을 가꾸어나갈 수 있었겠는가. 만약 그에게 칸트와 헤겔과의 자기 구분적 만남이 없었다면 그토록 철저한 존재 기투적 사유가 나타날 수 있었겠는가. 그 무엇을 부정하고 나오는 자는 반드시 부정의 형태로나마 자신이 떨쳐나온 그것의 영향을 받는 법이다. 긍정적으로 만나든 부정적으로 만나든 전통의 힘이 이렇게 크다면, '한국철학의 패러다임의 형성을 위해' 무엇보다도 중요한 것 중의 하나는 전통과의 대화요 다듬기다. 이 점에서 원효에서 다산에 이르기까지의 우리 철학사를 다듬고 학습하는 노력이 탈레스에서 하이데거에 이르기까지의 철학사를 다듬고 학습하는 노력에 뒤처진다면 한국철학의 패러다임 형성은 기대 난망이다. 그러니 전통의 다듬기라는 이 말을 한갓 상투적 주장으로만 내팽개치지는 말자.

하지만 전통과의 대화와 다듬기는 한국철학의 패러다임 형성을 위한 한 필요 조건일 뿐이다. 전통과 대화하고 그것을 다듬는다 — 이 과정에서 우리는 사유의 폭넓은 가능성과 만나면서 동시에 사물을 보는 다양한 사유력을 배양할 수 있다 — 고 해서 한국철학의 고유한 패러다임이 절로 형성되는 것은 아니다. 여기서 다시 한 번 하이데거의 경우를 생각해보자. 하이데거 자신은 전통과의 대화에서 언제나 그 자신의 고유한 문제 의식을 가졌고 또 그때마다의 대화를 통해 자신의 문제 의식을 더욱더 풍요롭게 가꾸어나갔다. 그는 수많은 철학사적 대결을 거쳤고 마치 비온 뒤에 땅이 더 굳어지듯 그때

마나 그의 문제 의식도 너 난난하고 풍요로워졌나. 그리고 그것은 지금 '독일철학의 한 패러다임'이 되었다. 따라서 전통과의 대화와 다듬기 못지 않게 중요한 것은 고유한 문제 의식을 심고 가꾸어나가는 일이다. 그렇다면 어디까지의 문제 의식이 고유하게 '한국적'일 수 있을까? 그것을 정밀히 잴 수 있는 잣대를 발견하기는 아마 아무리 정밀한 사유를 하는 철학자라 하더라도 쉽게 발견될 수 있을 것 같지 않다. 게다가 철학적 물음의 대상 자체가 닫혀 있는 것이 아니라 열려져 있는 것이라면 오직 한국철학적 물음의 대상을 발견한다는 것은 자가당착인 것 같기도 하다. 하이데거의 예를 보더라도 그가 지녔던 "존재 물음"이 어디 그 자신만의 '독창적' 문제 의식이요 오로지 '독일적'이라고 자신 있게 말할 수 있는가? 하여 철학적 물음의 대상과 방식이 지니는 이 같은 개방성을 인정할 때, 우리가 지금 말할 수 있는 것은 단지 '이 땅의 풍토와 환경에서 더불어 살아가면서 우리의 삶에 거듭 중요하게 다가오는 문제 의식이면 일단 한국철학의 문제 의식이 될 후보 자격이 있다'는 정도다. 물론 이 말들의 외연과 내포가 얼마나 고무줄처럼 신축적인가는 불문가지다. 그래서 이 정도로는 아무런 규정도 될 수 없다는 비난도 충분히 감수해야 한다. 하지만 살아가면서 절절하게 다가오는 문제 의식과 그와는 달리 나의 삶의 고민과는 헛바퀴 돌듯 따로 도는 문제 의식이 분명 있다. 따라서 한국철학의 패러다임 형성을 위해 지금 생산적인 것은 우리 고유의 문제 의식을 재는 정밀한 잣대를 발견하려고 하는 것보다는 일단 나의 삶에 절절히 부딪쳐오는 문제 의식을 꼭 부여잡고 그것을 철저히 가꾸어나가는 일이다. 그러한 노력이 점철될 때 어느덧 한국철학의 패러다임이 그 성과로서 우리 앞에 주어지게 될 것이다.

문제 의식과 그 문제 의식이 향하는 사태와의 만남이 끈질기게 진행되면 될수록 사태로부터 거절당하는 좌절의 고통은 커지고 생산의 기쁨은 드물게 나타나겠지만, 본시 사유는 고통스러운 것이고 또 그것을 통해서만 생산의 기쁨이 있는 것 아닌가? 적어도 내가 기꺼이 감수하고 싶은 고통이요 또 그런 고통이 묻어 있는 사태와의 직접적 만남일 때 바로 거기서 사태에 적합한 언어도 고통 속에 탄생한다. 그때 그 언어는 한국철학의 언어요 그렇게 씌어진 철학은 한국철학이다. 물론 지금의 나는 어디까지가 한국철학적 언어인가를 재는 정밀한 잣대도 제시할 수 없다. 그러나 외국의 철학을 전공하는 사람은 그 철학의 사태와 언어에 아무리 친숙하다 하더라도, 그것이 자기 자신의 생생한 삶의 고민이 아니라면 바로 여기에서 맞추어낸 언어의 친숙함보다는 못하다는 것을 잘 안다. 하물며 철학을, 그것도 '한국철학'을 만나고 싶어하는 일반인들에게는 사정이 어떻겠는가. 아마도 그들이 이 논문의 본문을 읽는다면 고개를 설레설레 저을 것이 분명하다. 하이데거를 전공하지 않은 다른 철학자들도 그들보다야 낫겠지만 개중에는 뭐 이런 '철학적' 글이 다 있느냐는 식으로 고개를 돌릴 사람도 있을 것이다. 철학적 내용은 어렵다. 철학은 상식적 견해의 밑바닥을 훑는 작업이기에 그럴 수 있을 것이다. 그러나 내용의 어려움에 앞서 그 언어가 '한국(철학)의 언어'가 아니어서 나오는 어려움이라면 그것은 능히 쓰디쓴 비웃음을 받을 만하다.

□ 참고 문헌

Aus der Erfahrung des Denkens, Heidegger Gesamtausgabe. Frankfurt a.M. Bd. 13.

Beiträge zur Philosophie, GA Bd. 65.

Das Ende der Philosophie und die Aufgabe des Denkens, in : *Zur Sache des Denkens.*

Der Satz der Identitaet in : *Identität und Differenz.*

Der Satz vom Grund, 4te Aufl. Pfullingen, 1971.

Der Ursprung des Kunswerkes, in : *Holzwege.*

Die Frage nach der Technik in : *Wegmarken.*

Die onto-theologische Verfassung der Metaphysik, in : *Identität und Differenz.*

Die Technik und die Kehre, 4te Aufl. Pfullingen, 1978.

Einführung in die Metaphysik, GA Bd. 4.

Gelassenheit, 3te Aufl. Pfullingen, 1959.

Holzwege, GA Bd. 5.

Identitaet und Differenz, 6te Aufl. Pfullingen, 1978.

Kant und das Problem der Metaphysik, 4te Aufl. Frankfurt a.M.
        1973.

Sein und Zeit, GA Bd. 2.

Unterwegs zur Sprache, GA Bd. 12.

Vom wesen der Wahrheit in : *Wegmarken*.

Was heißt Denken? 3te Aufl. Tübingen, 1971.

Was ist Metaphysik in : *Wegmarken*.

Wegmarken, GA Bd. 9.

Zur Frage nach der Bestimmung der Sache des Denkens, St. Gallen,
        1984.

Zur Sache des Denkens, 2te Aufl. Tübingen, 1976..

철학(사)의 안과 밖 :
다시 해체론이란 무엇인가?

김 상 환(서울대 철학과 교수)

1. 예비적 성찰 : 철학과 철학사의 상호 구속성

서문은 철학 책에 대하여 부록이 아니다. 그것은 본론의 필수 불가결한 구성 요소이고, 밖이면서 안이라는 이중성을 띠고 있다. 이는 책에 대한 서문의 불필요성을 말하는 철학의 테제가 해체된 결과다.1) 그러나 그 테제를 가장 명확하게 언명한 헤겔에 따르면, 철학사만큼은 반드시 서문을 거느려야 한다.2) 헤겔의 이 주장에서 고전적 형태의 철학과 해체론은 행복하게 만난다. 그 말은 이쪽에서도 옳고 저쪽에서도 옳다. 왜 그런가? 그 이유는 철학과 철학사 사이의 상호 구속적 관계에 있다. 철학이 달라지면 철학사가 달라진다. 역으로 철학사에 대한 시각 교정은 철학의 개념 자체의 변화로 귀결된다. 이는 철학사로부터 자유로운 철학의 개념이 없다는 것을, 그리고 철학의 개념을 전제하지 않는 철학사는 철학사가 될 수 없다는 것을 말한다.

---

1) J. Derrida, "Hors livres: préface", *La dissémination* (Paris: Seuil, 1972), pp.7-67 참조.
2) G. W. F. Hegel, *Vorlesungen über die Geschichte der Philosophie I*, Werke in zwanzig Bänden 제18권 (Frankfurt am Main: Suhrkamp, 1971), p.15. 본문내 약칭 GPh.

철학사적 회상은 철학의 예비적 단계이자 완성의 국면이다. 철학이 자기 의식은 철학사적 회상의 출발인 동시에 귀결점이다.

철학과 철학사 사이의 이런 순환적 규정 관계를 생각할 때, 양자 간의 관계를 묻는 것은 철학 자체의 정체성을 묻는 것과 같다. 어떤 철학이든 자신의 본성을 노출하지 않으면서 철학사에 대해 말하기는 어려울 것이다. 그것은 철학이 감추는 내면으로 육박해들어가는 물음, 철학의 사생활을 침범하는 물음일 수 있다. 때문에 그 물음이 심각하게, 피할 수 없는 물음으로서 제기되는 경우는 제한되어 있다. 철학과 철학사의 관계가 공적 논쟁의 주제로서 성립하는 경우는 언제인가? 그것은 철학의 정체성이 위기에 이르는 시기, 철학이 자신의 본성을 다시 점검해야 하고 그 이념을 재정립해야 하는 시기일 것이다. 이 위기의 순간은 당연히 새로운 개념의 철학이 탄생할 수 있는 기회다. 이 위기이자 기회의 순간은 최후의 판단을 위한 유예와 '에포케'의 순간, 기존의 모든 태도와 결정을 괄호 안에 넣는 미결정의 순간이다. 철학에 대하여 그런 미결정의 사태를 초래하는 것, 따라서 철학이 내려야 하는 최고의 수행적 판단과 결정을 요구하는 것은 그것의 본성을 향해서 던져지는 물음이다 ― 철학이란 무엇인가?

해체론자는 이 물음을 자신의 본성을 규정하는 일차적 주제로서 설정하고 있다. 철학적 사유의 기원과 한계, 그 가능 조건 등에 대한 물음을 공론화하고 과격화하는 가운데 해체론은 기존의 철학에 대하여 위기를 일상화하고 편재화시키고 있다. 이는 물론 기존의 철학과 다른 유형의 철학, 다른 유형의 사고 방식을 말하기 위해서다. 철학이 철학사와 상호 규정적 관계에 있다면, 철학의 정체성에 대한 물음은 철학사에 대한 물음과 분리할 수 없다. 따라서 철학사에 대한 물음은 철학의 정체성에 대한 물음 못지 않게 해체론의 정체성을 구성한다. 하지만 정체성의 문제를 제기할 수 있는 것은 해체론만의 특권이 아니다. 그것은 모든 종류의 철학이 공통으로 나누어갖고 있는 권리다. 사실 해체론이 등장한 지 수십 년이 되었지만, 아직 그 사생활은 충분히 공개되지 않았다. 그래서 사람들은 묻는다 ― 해체론이란 무엇인가? 해체론은 왜 그리 야단인가? 철학을 심판하겠다는 해체론은 어떤 자격에서 철학의 공적 삶을 위기에 빠뜨리는가? 도대체 이 탕아는 누구의 자식이며 족보나 혈통을 갖추고 있기나 한 것인가?

해체론이 철학의 본성을 물을 때 철학이 또한 해체론의 본성에 대하여 질문을 던질 수 있다는 것, 이 양방향의 문제 제기 가능성이 아래에서 시작될 논의의 출발 상황이다. 또 그 양방향의 물음에 답하는 것이 이 글의 과제다. 이 과제를 효과적으로 감당하기 위해서 먼저 고려해야 할 것이 있다면, 그것은 다시 철학이 철학사에 관계하는 방식 일반이다. 철학은 어떻게 철학사에 관계하는가? 이 관계에 대한 물음은 이중적이다. 그것은 한편으로 한 철학이 철학사에 대해서 가질 수 있는 계승 관계 혹은 특정 전통에 대한 소속 관계에 대한 물음일 수 있다. 다른 한편으로 그것은 한 철학이 철학사를 취급하고 재구성하는 방법적 태도에 관한 물음일 수 있다. 해체론이 철학의 본성에 대하여 물을 때 또는 철학이 해체론의 본성에 대하여 물을 때, 그 물음은 언제나 이렇게 이중화된다. 이는 철학과 철학사 사이의 상호 규정적 순환 관계가 일으키는 이중성이다. 어떤 철학이든 철학사를 방법적으로 대상화하고 재구성할 수 있지만, 그 방법적 태도는 이미 그것이 계승하는 철학사적 전통에 의해서 이미 지배되는 운명을 피할 수 없다.

해체론 또한 2000년의 서양철학사 전통 전체에 단절의 운동을 일으키는 철학사 방법론을 실천하고 있지만, 여전히 그것이 해체하는 철학사적 전통으로부터 완전히 자유로운 것은 아니다. 단절의 작업으로서의 해체론은 의식적으로든 무의식적으로든 계승의 작업이고, 따라서 우리는 해체론을 어느 정도까지는 철학사적 연역의 대상으로 삼을 수 있다. 우리는 게다가 이런 철학사적 연역이 해체론 자체를 계승하기 위한 필수적 조건임을 알게 될 것이다. 하지만 마지막에 가서 중요한 것은 해체론적 의미의 계승이다. 해체론적 의미에서 해체론을 계승한다는 것은 무엇을 말하는가? 해체론이 한국철학사에 접목될 가능성을 평가하고자 한다면, 우리는 이 점에 대한 논의에서부터 출발하여야 할 것이다.

2. 철학사 수용의 두 태도 : 데카르트와 헤겔 사이

얼마간 단순화시켜서 구분하자면, 철학이 철학사를 수용하는 태도는 대개 두 가지다. 하나는 철학사적 회상을 철학함의 외면에 두는 경우이고, 다른 하나는 내면에 두는 경우다. 우리가 철학적 진리 개념에 충실할수록 철학사는 비철학화한다. 철학함의 외면에 놓이는 것이다. 반면 고전적 진리 개념을 극복하려는 해체론의 관점에서 철학사는 철학화한다. 철학함의 바탕이 되는 것이다. 이 두 경우에 대한 모범적 사례를 철학사에서 선택하자면 데카르트와 헤겔을 거명할 수 있을 것이다.

데카르트는 확실하고 회의 불가능한 진리를 추구했다. 이를 위하여 자신이 배운 학문, 자신을 가르친 스승, 나아가서 관습을 부정했다. 또한 어린 시절 이성의 검열 없이 수용된 모든 견해를 편견으로 치부했다. 전통과 계승의 내용, 역사에 속하는 모든 것을 진리 부재의 현상으로 경험한다는 것이 데카르트적 진리 체험의 중요한 일면이다. 주지하는 바와 같이, 데카르트는 진리를 명증성에 두었다. 명증성이란 진리 자체의 성질이라기보다 그것에 직접적으로 관계할 때 정신이 갖는 경험의 성질이다. 명증성은 진리와 정신 사이의 비매개적 관계에서만 체험될 수 있다. 그것은 이성의 순수하고 독자적인 판단 능력을 전제한다. 반면 과거로부터 전승되는 것, 타인이 가르쳐 주는 것은 이성의 자율적 사용의 기회를 가로막는다. 그것은 이성의 독자적 입견을 대신하는 선입견이다. 데카르트가 과거적인 모든 것에 부정적인 것은 이 때문이다. 모든 이유는 그것이 진리에 대한 정신의 자발적 혹은 직접적 대면을 가로막는다는 데 있다.

데카르트에게서 뿐만 아니라, 철학이 확실하고 영구적인 진리를 추구할수록 역사는 결여의 사태로 평가된다. 철학적 진리는 단일하고 초역사적이므로, 그 진리를 대상으로 하는 철학적 사유는 비역사적이어야 한다. 반면 철학사란 다양한 이론들이 상충하고 배타적으로 공존하는 무대다. 데카르트는 철학사에서 다른 이론에 의하여 반박되지 않는 이론을 하나도 발견할 수 없음을 탄식하였다. '진리는 하나'라는 견지에서 볼 때, 이론의 역사적 다양성은 철학의 풍요를 말하는 것이 아니라 빈곤을 말해주는 징표다. 그 빈곤은 아직 진리가 어떤 이론에 의해서도 발견된 바 없다는, 그래서 아직 참다운 철학이 정초되지 못했다는 '아직'의 모자람이다. 그러므로 데카르트는 스스로 철학자의 길을 걷고자 결심했을 때, 서재의 모든 책들을 대신해서 '세상이라는 큰 책'과 '나 자신'이라는 책을 선택했다.3) 또 어떠한 반대 논변으로도 무너지지 않는 철학 체계를 구축했다고 확신했을 때, 자신의 독자가 차라리 철학사 교육을 받지 않은 무지한 사람이기를 바랐다.4) 철학사적 지식이란 상대적 견해들로 가득 찬 기억이며, 이성 내재적 잠재력의 실현을 가로막는 장애물에 불과하다는 생각 때문이다. 요컨대 철학사적 지식은 이성의 선천적 판단 능력을 대신하는 편견이자 선입견일 뿐이다.

헤겔은 데카르트처럼 진리의 자기동일성을 확신하고 또 이 진리의 동일성이 철학사의 이론적 다양성과 모순 관계에 있다는 것을 인식한다. 그러나 데카르트와 전적으로 반대되는 결론에 도달한다. 철학사가 다양성과 차이를 내용으로 한다는 사실로부터 기존 철학사 전체의 무가치성을 말한다거나 기존 이론들의 일반적 무근거성을 외치지 않는 것이다. 헤겔에게서 철학사적 내용의 다양성과 차이는 참된 철학의 내용을 구성하는 필수적 요소들로서 인정된다. 철학사는 단순히 기억 저편으로 사라져간 상이한 이론들을 회고하는 전시 무대도 아니고, 현재와 무관한 이론들의 우연한 집적도 아니다. 철학사에 등장하던 이론들은 여전히 현재의 철학 속에 지양된 형태로 보존되어 있을 뿐만 아니라, 그 이론들의 등장 순서는 참된 철학의 내용이 구성되는 논리적 순서 자체다. "철학사에 등장하는 철학 체계들의 연속적 이행 과정은 [진리의] 개념적 규정성이 논리적으로 연역되어가는 연속적 전개 과정과 같다"(GPh, 49). 역사는 논리적이고

---

3) R. Descartes, *Discours de la méthode*, A.T.판 전집 제VI권(Paris : J. Vrin, 1982), 제1부 여기저기.

4) R. Descartes, *Principes de la philosophie*, A.T.판 전집 제IX-2권 (Paris : J. Vrin, 1971), 서문, p.18.

체계적이며, 이는 헤겔에게서 이성적이라는 것과 같다. 이는 다시 참되다는 것, 그래서 철학적이라는 것과 같다. 여기서부터 헤겔이 자신의 철학사 강의의 최고 주안점이자 '근본 개념'(GPh, 47)으로 제시하는 테제가 귀결된다. 그것은 곧 철학사와 철학은 단일성을 띠고 있다는 것이다. "철학사와 철학의 관계는 (……) 그 자체가 철학에 속하고, 철학사는 그 자체가 학적이며 게다가 일반적으로 말하자면 철학이 되어버린다"(GPh, 18-19).

철학과 철학사의 상호 동일성에 대한 이 테제는 헤겔철학이 진리의 근거이자 사유의 관점으로 설정하는 '정신'의 개념을 통하여 증명된다. 이 정신은 역사적 현실의 실체로서 스스로에게 소외와 분열을 초래하고 그 자기 외출을 우회하여 다시 자기로 복귀하는 원환적 전개 운동의 주체다. 그 자기 전개 운동은 즉자적이고 잠재적인 것이 대자적이고 현실적인 것으로, 직접적 추상성에서 매개적 구체성으로 이행하는 과정이다. 이 정신의 원환적 전개 과정의 각 단계는 역사의 각 단계에서 등장하는 철학 이론에 반영된다. 철학의 역사는 정신이 매개적 구체성을 획득하는 과정이다. 철학사는 정신의 자기 운동의 과정이고, 그 과정이 곧 철학 체계의 점진적 구성 과정이다. 물론 이러한 등식이 성립하기 위해서 덧붙여야 하는 조건이 있다. 그것은 철학사의 각 단계에 등장하는 철학적 이론들이 동시대의 한계 안에서 정신에 가장 부합하는 내용을 담고 있어야 한다는 것이다. 철학은 역사적 현실의 절대적 필요에 부응해야 한다. 각각의 이론은 동시대의 정신적 실체를 논리적으로 사유한다는 조건에서만 참된 것이고, 참된 한에서만 최후의 철학을 구성하는 일부분이 될 수 있다.

이로부터 헤겔의 철학사 인식을 특징짓는 또 하나의 주목할 만한 테제가 뒤따른다. 그것은 철학사가 단지 철학적 이론의 역사로서만 파악되어서는 안 된다는 것이다. 철학사는 오히려 철학이 역사적 현실과 관계하는 방식의 역사가 되어야 한다. 철학은 역사적 현실의 절대적 필요에 부응하는 한에서 참될 수 있다. 이 역사적 현실은 오로지 철학만이 주인인 그런 독과점화된 현실이 아니다. 이 역사적 현실의 실체가 정신이라면, 이 정신을 사유하거나 표상하는 것은 철학만

이 아니다. 종교와 예술이 철학과 마찬가지로 정신을 표상하고 있으며 역사적 현실의 근거를 사유하고 있다. 또한 오성적 진리를 다루는 과학은 이성적 진리로 향하기 위한 예비적 단계를 이룬다. 나아가서 철학이 역사적 현실의 시대적 한계 안에 놓여 있고 그 한계 안에서 참될 수 있다면, 이는 철학이 그 시대의 정치적 조건을 초과할 수 없다는 것을 말한다(GPh, 116-117). 따라서 철학사는 "철학이 인접 영역들, 종교, 예술, 여타 과학들, 나아가서 정치적 현실의 역사와 유지하는 밀접한 상관 관계"(GPh, 19) 안에서 파악되어야 한다.

해체론이 철학사에 접근하는 방식은 데카르트적이며 또한 헤겔적이다. 해체론은 그리스 시대 이래의 서양철학사 전체에 대한 단절과 새로운 시작을 추구한다. 이런 목적에 비추어볼 때, 해체론은 데카르트적 성찰과 많은 것을 공유한다. 해체론이란 데카르트의 방법적 회의의 정신을 과격화하는 철학사 방법론이다. 사실 '해체'라는 말은 하이데거의 '탈구축(Abbau)'과 번역 관계에 있고, 이 탈구축은 후설의 현상학적 '환원(Reduktion)'에 대한 존재론적 관점의 주석에서, 그리고 이 환원은 데카르트의 방법적 회의에 대한 현대적 계승에서 유래한다. 데카르트의 방법적 회의는 철학이 현재에 대한 과거의 지배력을 자각하고 극복하는 고전적 사례다. 다만 그 절차에서 철학사적 과거는 개인적 교양의 역사로 변환되어 재구성되고 있을 뿐이다. 데리다가 데카르트로부터 멀어지는 것은 이런 절차상의 차이, 그 절차가 전제하는 철학사 인식의 차이 때문이다. 철학사에 접근하는 방식에서 데리다는 오히려 헤겔과 많은 것을 공유한다. 데리다는 철학사를 해체 작업 안으로 철저히 내면화하는 가운데 그 밖으로 향한 탈출을 시도한다. 이 점이 데리다를 헤겔과 가까이 위치시킬 수 있는 이유다.

해체론이 데카르트의 방법적 회의를 급진화하고 있다면, 여전히 마찬가지로 헤겔의 내면화의 방법을 방법 이상의 과제로 승격시키고 있다. 철학사적 회상은 해체론을 지도하는 이념이자 의무다. 데리다는 이를 "기억 앞에서의 무한한 책임, 따라서 필연적으로 과도할 수밖에 없고 계산 불가능할 수밖에 없는 책임"5)이라는 말로 표현했다. 해체론이 행하는 모든 일들은 이론적 사유의 개념적 요소들이 지닌 "역사, 기원 그리고 의미, 따라서 그 한계를 회상하는 '과제'"로 수렴된다. 다시 말해서 "그 역사적이고 해석적인 기억의 '과제'가 해체론의 중심에 자리하고 있다"(FL, 44). 이성의 순수한 사용을 위해서 서재의 책들을 떠났던 데카르트와 달리 데리다는 그러므로 철학사의 고전들을 절대적으로 존중한다. 타인을 수단으로가 아니라 목적으로 대하라는 정언 명법적 의무를 고전 해석의 수준에서 실천하고 있는 것이 해체론이다. 해체론이 적용되고 펼쳐지는 현실적 공간은 대부분의 경우 고전적 문헌들 안에 제약되어 있다. 그런 자기 제약적 의무를 이행하는 가운데 해체론은 고전적 사유의 한계를 상대화할 수 있는 출구를 모색한다. 해체론이 구하는 철학적 사유의 밖은 언제나 철학적 고전 안에 있다. 해체론이 일으키는 철학사적 단절은 철학적 문헌에 대한 해석학적 내면화의 끝에서, 혹은 해석학적 계승의 마지막 단계로서 사건화된다.

철학사에 대한 헤겔의 해석학적 태도는 전통에 대한 그의 인식에서 분명하게 드러난다. 그에 따르면, 역사적 현실에 속하는 모든 것은 "인류의 모든 과거 세대가 남긴 유산이고 더 정확히 말해서 과거 세대의 노동이 남긴 결과"다. 마찬가지로 학문이나 철학의 현상태는 자기 이전 시대의 유산을 계승하고 보존하는 전통에 빚진다(GPh, 21). 철학적 현재는 과거로부터 육화되어나오는 현실이다. 따라서 "역사의 진행 과정은 우리에게 '이방적' 사태의 생성 과정을 보여주는 것이 아니라 '우리의 생성 과정', '우리 학문의 생성 과정'을 표현한다"(GPh, 22). 그런 의미에서 철학사는 현재적 철학의 생성 경위 자체이고, 때문에 "철학사 연구는 철학의 연구 자체다"(GPh, 49). 이때 연구란 내면화를 통한 생산의 노동이다. 이 잉여 산출적 노동을 통해서만 과거는 현재화하고 철학사는 철학이 된다. 그 잉여 가치는 철학사적 기억이 전통의 기원으로 소급할수록 커진다. 과거의 노동을 재소유하는 그런 소급적 내면화를 통해서만 현재의 철학은 "과거

---

5) J. Derrida, *Force de loi: le fondement mystique de l'autorité* (Paris: Galilée, 1994), p.44. 본문내 약칭 FL.

의 철학에 반하는 고유한 어떤 것(etwas Eigenes gegen das, was sie voher war)을 만들어낼 수 있다"(GPh, 22).

해체론이 과거의 철학에 반대하는 운동을 산출하는 것도 철학적 전통의 유산을 자기화하는 노동을 통해서다. 해체론은 철학사의 기원으로 소급해가고 거기서 철학사의 새로운 시작의 가능성을 모색한다. 그러나 해체론이 산출하는 것은 과거에 없던 어떤 새로운 고유성이 아니다. 다만 모든 종류의 철학적 노동이 스스로 내면화하거나 산출할 수 없는 바깥, 따라서 모든 종류의 철학적 회상이 기억할 수 없는 절대적 바깥, 그러나 모든 철학적 현재가 반드시 빛지는 그런 바깥의 흔적에 대한 경험의 기회를 산출할 뿐이다. 그리고 그런 기회의 산출이 해체론적 의미의 철학함 자체가 시작하는 출발점을 이룬다.

3. 철학(사)의 이중적 총체성과 그 바깥 : 울타리 그리기 로서의 해체론

데리다는 이 점을 이렇게 표현했다. "우리는 로고스 중심주의 시대 전체에 대하여 어떤 특정한 외면성의 지점(le point d'une certaine extériorité par rapport à la totalité de l'époque logocentrique)에 도달하고자 한다. 이 외면성의 지점에서부터, 이 총체성에 대하여 특정한 해체가 비로소 시작될 수 있을 것이다".6) 이 언명은 헤겔의 철학사 인식에 무한히 가깝게 다가서는 가운데 멀어지고 있다. 이 근접과 이탈에 대한 주석은 해체론의 철학사 인식 및 철학사 방법론을 동시에 해설하는 효과를 가져다줄 것이다.

먼저 근접의 구도에서 주석해보자. 이 해체론의 자기 규정이 헤겔의 철학사 인식에 다가서는 것은 '총체성'을 언급할 때다. 즉 해체론이 해체하는 것은 언제나 총체성이다. 어떤 총체성인가? 그것은 철학사 전체, 동시에 그 철학사를 통해서 계승·보존·재산출되는 어

---

6) J. Derrida, *De la grammatologie* (Paris: Minuit, 1967), p.231. 본문내 약칭 G.

떤 동일한 구조 전체, 나아가서 ㄱ 재산출을 위해서 철학이 동원하는 모든 방법적 전략이다. 그래서 해체론적 의미의 해체는 "서양의 모든 분석, 설명, 독서 혹은 해석의 방법들 전체가 (……) 그 안에서 생산되는 최대한의 총체성 ― 에피스테메의 개념과 로고스 중심주의적 형이상학 ― 에 대한 해체"(G, 68)로서 풀이될 수 있다.

이런 해체론적 의미의 총체성은 여전히 헤겔적이다. 이를 확인하기 위해서 철학 체계와 철학사가 동일하다는 헤겔의 테제를 다시 생각해보자. 헤겔에게서 진리('정신')는 자기 원환적 운동 속에 있는 전체이고, 그 운동의 과정이 철학사인 동시에 철학 체계다. 진리는 다시 말해서 역사적인 동시에 체계적인 전체다. 해체론이 해체하고자 하는 것도 마찬가지로 그런 이중적 의미의 총체성이다. 헤겔에게서와 같이 데리다에게서 철학사는 지나간 이론들의 전시장에 불과한 것도, 다양한 이론들이 우연히 생성 소멸하는 무대도 아니다. 철학사에 등장하는 그 다양한 이론들은 어떤 동일한 사유의 논리와 잠재력이 실현되는 여러 가지 방식에 불과하다. 그 다양성은 어떤 유사 보편적 이념, 어떤 동일한 심층적 문법의 한계 안에서 성립하고 있다. 위의 인용에서 볼 수 있는 것처럼, 데리다가 서양철학사 전체를 로고스 중심주의라는 하나의 이름으로 지칭하는 것은 그런 전제 위에서다. 즉 서양철학사는 "플라톤으로부터 (라이프니츠를 지나) 헤겔에 이르는 '형이상학의 역사' 그리고 그 [역사의] 외양적 한계를 넘어서 소크라테스 이전의 철학자들로부터 하이데거에 이르는 '형이상학의 역사'[다]. 이 역사는 모든 차이에도 불구하고 진리 일반의 기원을 언제나 공통적으로 로고스에 두어왔다"(G, 11-12).

'언제나 공통적으로 ……', 바로 이 말에 해체론적 의미의 이중적 총체성이 함축되어 있다. 해체론은 서양철학(사) 전체가 언제나 동일한 진리 이해, 나아가서 언제나 동일한 존재 이해의 한계 안에서 성립해왔음을 주장한다. 해체론의 철학사 방법론은 그래서 "만일 형이상학의 역사가 존재를 현전(présence)으로서 규정해온 역사라면, 만일 그 역사적 모험이 로고스 중심주의의 모험과 하나라면, 만일 그 역사 전체가 예외 없이 흔적의 환원으로서 산출되고 있다면(……)"

(G, 145) 등등의 전제에서 출발한다. 해체론자에게 철학사 전체는 그것이 담고 있는 다양성과 차이에도 불구하고 로고스 중심주의라는 동일한 진리 이해, 현전성이라는 동일한 존재 이해에 의하여 지배되고 있다. 그런 공통의 진리 이해와 존재 이해에 바탕한 서양철학(사)은 언제나 '흔적의 환원'이라는 구조적 특성을 지니고 있다.(이 말의 의미는 잠시 후 논의될 것이다.)

해체론적 의미의 총체성이 역사적이자 체계적(구조적)이라는 이중의 성격을 띠고 있다면, 그것에 접근하는 해체론의 전략 또한 이중적 측면을 지닐 수밖에 없다. 해체론의 철학사 인식은 곧 해체론의 전략 자체의 본성으로 귀결되고 있고(여기서 철학과 철학사가 상호 규정적 관계에 있다는 공리적 사태를 다시 상기하자), 따라서 데리다는 해체론을 이렇게 서술한다. "일반적으로 말해서 해체론은 두 가지 스타일에 따라 실행되며, 대부분의 경우 그 둘을 서로 접목시킨다. 하나는 논리·형식적 역설에 관계하고, 논증적인 동시에 표면상 비역사적 행보를 취한다. 다른 하나는 좀더 역사적이고 회상적인 것으로서, 문헌 해독, 미시적 해석 그리고 계보학을 통하여 진행되는 것같이 보인다"(FL, 48). 비역사적 행보와 역사적 행보, 그 이중적 전략이 행사되는 장소는 언제나 철학사의 고전적 이정표에 속하는 문헌들이다. 해체론은 개별 문헌에 대한 미시적 해석을 통하여, 또 그 문헌이 다루는 특수한 주제들에 대한 논리적 재구성을 통하여 간접적으로 철학사 전체와 관계한다. 그리고 이때 철학사는 그 문헌과 주제를 필연적 효과처럼 파생시키는 어떤 공시적 체계나 구조로서 설정된다.

따라서 데리다가 해체론을 설명할 때 종종 구조주의를 준거점으로 삼는 것은 자연스러운 일이다. 가령 이런 구절이 좋은 예다. "해체한다는 것, 그것은 역시 구조주의적 제스처였다. (……) 그러나 그것은 또한 반구조주의적 제스처였다. 그리고 그것의 행운은 부분적으로 이 이중성에 인연을 두고 있다."7) 해체론이 처음 등장할 무렵 유럽은 구조주의적 담론에 의해서 장악되고 있었다. 이 때문에 해체

---

7) J. Derrida, *Psyché: inventions de l'autre* (Paris: Galilée, 1987), p.389.

론은 구조주의적 어법을 차용하면서 당대의 논쟁 상황에 늘어서야 했고, 또한 구조주의에 대한 개입을 통해서 폭넓은 주목을 끌게 되었다. 이것이 해체론이 겪어야 했던 역사적 우연이다. 그러나 해체론은 본성상 탈구조주의적이다. 해체론의 관점에서 볼 때, 구조주의는 과학적 엄밀성을 추구한다는 점에서 과학 일반과 마찬가지로 여러 가지 형이상학적 전제 위에 서 있다. 반면 해체론의 과제는 탈형이상학적 사유의 가능성에 대한 모색에 있다. 그러므로 해체론이 자신의 전략의 일면을 구조주의적 어휘를 통해서 번역할 때는 항상 '임시적'이라는 꼬리표를 덧붙인다. 가령 데리다는 이렇게 말한다. "만일 철학적 혹은 문학적 유형의 문헌에 주목하면서 우리가 임시적으로 이 역사적 구조를 다루는 데 주저하지 않는다면, 이는 거기서 그 구조의 기원, 원인이나 균형 관계를 재발견하기 위해서가 아니다. 우리는 게다가 이 문헌들이 사람들이 이해하는 특정 의미에서 그 구조의 단순한 결과라고 생각하지 않는다. 우리가 생각하기에, 하나의 담론과 어떤 역사적 총체성을 절도 있게 반성하기 위해서 이제까지 제시했던 모든 개념들은 우리가 여기서 문제 삼는 형이상학적 울타리(clôture métaphysique) 안에 사로잡혀 있다. 이 울타리가 우리의 담론의 마지막을 장식하는 한에서, 우리는 그것 이외에 다른 것을 알지 못하며 그것 이외에 다른 것을 생산하지 않는다"(G, 148). 해체론이 마지막에 가서 구하는 것은 그러므로 구조가 아니라 울타리다.

헤겔의 말을 다시 상기하자면, 철학은 철학사적 전통을 내면화하는 노동을 통하여 과거의 철학에 없는 고유한 잉여 가치를 생산할 수 있다. 그 가치가 보다 확장된 체계의 내용을 이룬다. 위의 구절에 따르면, 해체론이 철학사적 회상을 통하여 산출하는 잉여 가치, 그래서 해체론적 담론의 맨 나중에 오는 것은 '형이상학적 울타리'다. 이 해체론적 의미의 울타리는 헤겔적 의미의 체계와 같으면서 다르다. 양자는 철학(사)의 총체적 범위를 구획하고 재조직한다는 점에서, 또한 그 범위는 역사적 범위이자 논리적 가능성의 범위라는 점에서 유사하다. 그러나 울타리는 체계가 담는 총체성을 넘어서는 바깥, 그래서 변증법적 사유가 회상하거나 내면화하지 못하는 절대적 외면을 구획한다는 점에서 양자는 구분되어야 한다. 양자는 앞으로 점진적으로 드러날 것처럼 여러 가지 점에서 차이를 보여주지만, 그 모든 차이는 해체론과 철학 일반 사이의 위상학적 차이 뒤에 온다. 즉 해체론은 어떤 철학이 아니라 어떤 메타 철학이다. 철학이 과학적 인식의 가능 조건과 범위를 묻는 것처럼, 메타 철학으로서의 해체론은 철학적 사유의 가능 조건과 한계를 역사적이자 구조적 관점에서 '비판'한다. 해체론이 말하는 울타리는 그런 메타 철학적 비판의 결과로서 주어지는 것이고, 철학적 체계의 안과 밖 그리고 그 양쪽의 관계를 표시하는 어떤 것이다. 따라서 해체론은 울타리 그리기 작업으로서 '정의'될 수 있다.8)

해체론이 고전적 문헌의 논리·역사적 구조를 먼저 확인하고 재구성하는 것은 이 울타리를 그려내기 위해서다. 이때 구조와 울타리의 관계는 여전히 위상학적이다. 구조가 해당 문헌을 총체적으로 재조직하는 질서라면, 울타리는 그 구조를 낳고 지배하는 형이상학적 사유의 질서, 나아가서 그 질서를 낳고 그 안의 형성에 개입하는 바깥을 표시한다. 이 울타리를 그리기 위해서 해체론은 스스로 해체할 구조를 먼저 파악해야 한다. 따라서 위의 인용은 이렇게 이어진다. "이러한 [울타리 개념을 중심으로 하는] 문제 의식의 전개 과정 안에서 [볼 때], 사실상 그리고 권리상 초보적이자 필요 불가결한 국면은 징후로서의 이 문헌들이 지닌 내재적 구조에 대하여 묻는 것이다. 이것은 그 문헌들의 형이상학적 귀속 관계의 전체 안에서 그 문헌들 자체를 규정하기 위한 유일한 조건이다"(G, 148).

해당 문헌의 내재적 구조에 대해서 묻는 것이 해체론의 필수 불가결한 초보적 절차가 되어야 한다면, 이는 문헌에 대한 최대의 이론적

---

8) 데리다의 해체론에 대하여 '울타리'가 차지하는 중요성에 대하여, S. Critchley, *The Ethics of Deconstruction* (Oxford : Blakwell, 1992) 전반부 참조. 다시 강조하기 위해서 묻자면, 왜 '울타리'는 공간적(논리·구조적)이며 시간적(역사적)일 수밖에 없는가? 왜 원환적이거나 단선적이지 않으며, 왜 그 안은 동질적이지 않은가? 보충을 위한 초보적 논의를 위하여, 졸저『해체론 시대의 철학』(문학과 지성사, 1996), pp.186-199 참조. 데리다에게서 이 '울타리'는 어떻게 구조주의적 구조뿐만 아니라 '텍스트'와 구별되는가? 이에 대해서, 이 글의 각주 10) 참조.

엄밀성과 해석학적 책임 의식을 만족시키는 절차에 해당한다. 해체론이 보여주는 구조주의적 행보는 과학성과 논리성을 구현하는 모습이며 해석학을 실천하는 과정이다. 해체론은 이론적 사유에 대한 단순한 반발과 도피가 아니다. 이론보다 더 이론적인 가운데 그 이론의 모태인 형이상학을 극복하는 전략이 해체론이다. 다시 데리다의 말을 빌리면, 어떤 것을 해체한다는 것은 "그것을 그 총체성 안에서 반복하면서 그리고 그것을 가장 확실시된 명증성 안에서 뒤흔들면서"(G, 107) 해체한다는 것이다. 비록 역사적 우연에 빚질지라도 해체론이 구조주의를 계승하고 발전적으로 극복하는 듯한 인상을 준다면, 그것은 해체론이 결코 포기하지 않는, 오히려 극단적으로 존중하고 실천하는 이론적 엄밀성에서 비롯된다.

구조 분석은 그러나 형이상학적 울타리를 그리기 위한 예비 단계에 불과하다. 해체론적 해석학이 그런 예비적 절차를 통하여 생산하는 결과는 울타리다. 해체론에 따르면, 철학의 진정한 유래는 철학이 의식하지 못하는 곳에 있다. 철학이 의식하지 못하는 그 유래는 동시에 철학이 불가능해지는 지점이다. 그런 이중적 의미의 한계를 그리는 것이 울타리 그리기다. 이는 곧 "철학이 [울타리라는] 이 이름 밑에서 표상할 수 있는 것, 즉 어떤 동질적 공간을 둘러싸는 직선이나 원환을 통해서 표상할 수 있는 것과 어떠한 유비성도 공유하지 않는 울타리의 형식을 한정하는 것이다. 또는 새로운 방식들에 따라 각인되는 접경적 위반을 통하여, 철학을 구성하는 모든 요소들에 대항하여, 이 요소들로 하여금 자신의 여백을 계산하지 못하도록 방해하는 취급 불가능자(l'intraitable)를 규정하는 것이다."[9]

해체론이 그 모든 해석적 절차 뒤에서 구하는 울타리는 이 '취급 불가능자'가 등장하는 지점들에 따라 그려진다. 취급 불가능자란 형이상학이 계산하거나 결정할 수 없는 것('결정 불가능자'), 기억하거나 내면화할 수 없는 것('비동일자'), 따라서 구성하거나 파괴할 수 없는 것('해체 불가능자')을 말한다. 가령 코라·파르마콘·파에르곤

---

9) J. Derrida, *Marges de la philosophie* (Paris: Minuit, 1972), pp.XX-XXI. 본문내 약칭 M.

등과 같이 데리다가 철학의 고전에서 해체의 실마리로 발견했던 여러 가지 용어들이 그에 대한 구체적 사례들이다. 차연·흔적·유령·정의 등과 같이 데리다가 특수한 의미로 활용하는 기술적 용어들도 여전히 그 취급 불가능자를 번역하는 이름들이다. 우리는 이미 위에서 '흔적'이란 명칭과 조우했다. 해체론이 울타리 그리기의 작업이라면, 그 작업은 철학이 취급하거나 통제할 수 없는 이 흔적의 운동이 남기는 자국, 다시 말해서 흔적의 흔적을 뒤쫓는 작업이다. 따라서 해체론의 철학사 인식과 그 접근 방식, 뿐만 아니라 해체론의 역사적 계보와 혈통 관계도 이 흔적의 '의미'에서부터 설명되어야 할 것이다.

4. 흔적과 텍스트 : 초월론으로서의 해체론

일반적 의미에서 흔적이란 어떤 것이 남긴 자취다. 그 자취를 남긴 어떤 것은 이미 그 자취에 없다. 흔적은 (지금) 부재하는 어떤 것이 남긴 자국이고 따라서 없는 것의 있(었)음을, 부재자의 현전을 나타내는 징표다. 앞에서 언급했던 것처럼, 데리다가 자신의 해체론을 "기억 앞에서의 무한한 책임, 따라서 필연적으로 과도할 수밖에 없고 계산 불가능할 수밖에 없는 책임"(FL, 44)에 귀속시키고 있다면, 이는 그런 흔적을 통하여 자신을 알리는 어떤 것에 대한 회상의 의무를 말하고 있다. 이때 그 어떤 것이란 무엇인가? 그것은 형이상학의 사유 능력을 초과하는 어떤 무한자, 그러나 그 사유 능력의 가능 조건으로서 설정해야 하는 어떤 유사 선험적 초월자, 따라서 형이상학적 회상을 통하여 내면화되지 않는 비표상적 타자, 그러나 그 안에 끊임없이 흔적을 남기는 절대적 외면성이다.10) 데리다의 말을 직접

---

10) 이 절대적 외면성으로서의 무한자와 형이상학적 체계(혹은 구조주의적 구조)에 담기는 총체성(내면성) 사이에는 하이데거적 의미의 '존재론적 차이'가 성립한다. 후자가 개념적 및 언어적 구성체라면 전자는 그것을 초과하는 차원이다(그러므로 해체론이 '언어적 관념론' 혹은 '텍스트적 관념론'에 불과하다는 몇몇 논자의 비판은

빌리자면, "흔적은 [비표상적] 타자와의 관계가 표시되는 곳이다. 흔적은 존재자의 영역 전체에 대하여 그 가능성의 꼴을 짓는다. 그 흔적의 비밀스런 운동이 있은 후에야 형이상학은 존재자를 '현전하는 것(étant-présent)'으로 규정하였다. 우리는 흔적을 존재자 이전에 생각해야 한다. 그러나 흔적의 운동은 필연적으로 비밀스럽고, 자기 은폐로서 성립한다. 타자가 그렇게 비밀스러운 것으로서 자신을 알릴 때, 그것은 자기를 감추면서 현전한다. (……) 이러한 공식은 신학적이 아니다. '신학적인 것'은 흔적의 운동 전체 안에서 규정되는 어떤 하나의 계기다. 존재자의 영역은, 현전성의 영역으로서 규정되기 이전에, 흔적의 다양한 가능성들 ― 발생적이고 구조적인 가능성들 ― 에 따라 구조화되고 있다. 그러한 본연의 타자(l'autre comme tel)의 등장은, 다시 말해서 그것의 '본연'의 은폐는 이미 언제나 시작되고 있었고, 어떠한 존재자의 구조도 그것으로부터 벗어나지 못한다"(G, 69).

이 인용문은 하이데거가 존재와 존재자 사이의 존재론적 차이에 대하여 말할 때 취하는 어법이나 제스처를 환기시키고 있다. 데리다

논점을 벗어나고 있다. 해체론은 플라톤 이래의 서양철학이 지닌 관념론적 편향을 극복하려는 노력에서 나온 산물이다). 이 안과 밖의 차이 관계, 바로 이것이 데리다 해체론의 지속적 탐구 과제이고, 이는 하이데거가 '존재'와 존재자 일반 사이의 차이 관계를 말할 때 제기된 문제와 다르지 않다. 데리다는 이 차이 관계를 차연으로 혹은 흔적(운동)으로 번역했다. 이 차연 혹은 흔적은 총체성의 안과 밖 사이에서 일어나는 접경적 사태며, 그 나름의 구조성을 띠고 있다(데리다는 이 '근원적 구조'를 종종 '경제'라는 말로 표기한다). 이 차연적 구조를 구조주의적 구조와 혼동하지 말아야 한다. 차연적 구조(흔적)는 구조주의적 구조에 대하여 생성의 기원이자 변형과 소멸의 기원이다(상세한 논의를 위하여, 졸고 「해체론에서 초월론으로 : 데리다의 구조주의 비판 소고」, 『철학과 현실』 제38호(1998, 가을), pp.13-39 참조). 이 두 가지 의미의 구조를 구별할 수 있을 때만 우리는 데리다의 '울타리'나 '텍스트'를 무난하게 이해할 수 있다. 차연적 구조가 추상된 것이 구조주의적 구조라면, 울타리는 이 추상적 구조의 닫힘과 열림, 그 안과 밖의 접경적 경제에 대한 이름이다. 반면 텍스트는 이 차연적 구조에 의해서 조형되거나 탈조형되고 있는 존재자 일반을 염두에 둔 명칭이다. 여기서 해체 대상으로서의 추상적 구조나 '안과 밖'이라는 개념쌍은 이미 주변화되어 있다. "텍스트의 바깥은 없다"는 데리다의 명제는 이런 문맥에서 해석되어야 한다(이상의 보론과 몇몇 각주는 이 글에 대한 논평문을 염두에 두고 추가되었다).

또한 흔적에 대한 자신의 사유가(G, 38), 나아가서 자신의 차연론(M, 10)이 하이데거의 존재론적 차이를 발전적으로 계승하고 있음을 공공연히 지적하고 있다. 하이데거에게서 '존재'는 그것이 비로소 존재하게 하는 존재자에 대한 관계 안에서, 다시 말해서 존재론적 차이를 통해서 비로소 사건화한다. 이 사건은 존재가 존재자를 개방하는 탈은폐의 사건이자 동시에 그렇게 개방된 존재자를 통해서 자신을 감추는 은폐의 사건이다. 데리다에게서 그런 이중적 사건으로서의 존재의 '생기'와 존재론적 차이는 흔적의 운동으로서 번역되고 있다. 타자와의 관계가 비로소 표시되는 이 흔적은 존재자 전체의 존재론적 가능성, 구조, 생성과 소멸을 조건짓는 최초의 사태다. 이 최초의 사태는 비밀스럽고, 비현전과 부재의 방식으로 현전한다. 그것이 어디서인가 자신을 알린다면, 우리는 그것을 오로지 간접적으로 혹은 우회적으로 알 수 있을 뿐이다(M, VI). 그것은 직접적으로 대상화할 수 없고 표상할 수 없다. 따라서 개념화할 수 없고 분석하거나 구성할 수 없다. 그러므로 그것은 또한 파괴하거나 해체할 수 없다. 그것은 개념적으로 환원 불가능한 탈이론적 사태며, 유령적 효과를 닮았다. 그러나 이론적 사유와 신학적 사유는 이 신비한 흔적의 운동에서 비롯하는 여러 가지 가능성들 중의 하나다.

해체론이 그리는 형이상학적 울타리는 오로지 간접적으로 현상하는 이 흔적의 운동에 대한 경험으로부터 추정할 수 있는 어떤 경계다. 우리는 이 울타리가 고전적 의미의 체계를 대신하는 해체론적 총체성임을, 이론적(철학적 혹은 변증법적) 총체성을 포괄하면서 초과하는 탈이론적 총체성임을 말하였다. 또한 그것이 논리·구조적 가능성과 시간·역사적 가능성을 동시에 담는 이중적 총체성임을 강조했고, 이를 위해서 그것을 헤겔의 '정신' 개념과 비교하였다.[11] 그

11) 헤겔의 '정신'과 데리다의 '울타리' 사이의 역사적 친족 관계는 하이데거의 '존재의 집', 즉 '얼개(Gefüge)'를 사이에 두고 이어진다. 체계(구조) 개념에 역사 개념이 결합하여 헤겔의 '정신'을 낳았고, 이를 보다 개방화하고 시간화한 것이 하이데거의 '얼개'다. 데리다의 '울타리', 나아가서 '텍스트'는 다시 이를 해체론적 관점에서 계승하고 있다. 체계의 역사에 해체론이 개입하는 방식에 대하여, 졸고 「해체론과 철학적 건축술의 역사」, 『창작과 비평』 제96호(1997, 여름), pp.304-331 참조.

러나 그런 역사적 관련성이나 계승 관계를 통해서 울타리의 이중적 성격을 필연적으로 연역할 수는 없다. 그 이중적 성격은 울타리가 지시하는 한계적 사태, 즉 흔적의 성격으로부터 비로소 필연적으로 이해될 수 있다. 위의 인용문에서 데리다는 존재자의 영역 전체를 구조화하는 흔적의 다양한 가능성들을 '발생적이고 구조적인 가능성'으로서 파악하고 있다. 해체론적 총체성의 이중성은 그것이 포괄하는 형이상학적 총체성의 이중성과 마찬가지로 이 흔적의 이중적 가능성에서 처음, 그리고 필연적으로 유래한다. 해체론이 철학(사)에 접근하는 방법적 절차가 논리·형식적 (탈)구성과 역사·계보학적 회상을 병행한다면, 그런 절차상의 이중성도 또한 해체론이 이해하는 이 초월적 사태의 이중성으로부터 설명되어야 할 것이다.

이 흔적은 해체론이 지니고 있는 또 하나의 절차적 특성을 강요하고 있다. 그것은 해체론의 장소적 제약성이다. 이를 설명하자면 이렇게 된다. 흔적은 타자와의 관계가 표시되는 곳이다. 그 관계란 해체 가능한 어떤 것과 거기에 개입하는 외면 사이의 관계다. 이 흔적의 운동이 일어나는 장소는 해체 대상으로서의 형이상학적인 것 혹은 이론적인 것 자체에 있다. 바깥의 개입을 알리는 흔적은 어떤 고립된 장소에서 존재하는 것이 아니다. 흔적은 자신이 스스로 구조화하는 동시에 탈구조화(역사화)의 운동에 빠뜨리는 형이상학적 체계의 안쪽에 자리한다. 따라서 이 흔적으로 소급하여 형이상학의 유래와 구조를 해설하는 해체론의 장소는 그것이 해체하는 대상 안으로 제약된다. 즉 "해체의 운동은 바깥으로부터 그 구조를 움직여놓지 않는다. 그 운동은 오로지 그 구조 안에 거주하는 한에서 가능하고 힘을 발휘할 수 있으며, 또 그런 한에서 정확히 충격을 가할 수 있다"(G, 39). 해체론은 구조를 분해하고 조립하면서, 또 구조에 내재하는 전복의 수단과 전략들을 차용하면서 그것이 환원하고 있는 바깥의 흔적, 해체 불가능한 흔적을 구한다. 그렇게 간접적으로 경험되는 바깥은 그 구조의 안에 있으면서 그 구조가 동화하지 못한 채 남겨두는 바깥, 안쪽의 안으로서의 바깥이다.

흔적(차연)은 그러므로 철학(사)에 대한 해체론의 인식과 접근 방법 그리고 그 장소 의식을 제약하는 최초의 조건이다. 그러나 해체론의 절차상의 특징과 그 배후의 자기 의식은 오로지 이 존재론적 원사태에 대한 반성에서만 비롯하는 것은 아니다. 그것은 해체의 궁극적 대상인 형이상학의 본성에 대한 반성에서 비롯하는 측면을 지니고 있다. 사람들은 해체론이 어렵다고 말한다. 그러나 해체론이 환기시키고자 노력하는 난해성은 그것이 해체하고자 하는 형이상학에 있다. 그것은 형이상학적 사유가 지닌 그 자기 방어 기제의 면역 효과에서 비롯하는 것일 수 있다. 해체론은 흔적과 차연이라는 비표상적 사태로 향하는 초월론이다. 이 탈개념적 사태를 표시하거나 서술한다는 것은 당연히 쉬운 일이 아니다. 그러나 그 흔적과 차연에 대한 사유를 어렵게 하는 것은 이것들이 지닌 비표상적이고 탈개념적인 성격보다 오히려 해체에 저항하는 철학 자체의 본성에 있다. 적어도 이것이 해체론의 자기 의식을 규정하는 진상이다. "해체에 반하는 철학적 담론 특유의 저항이란 무엇인가? 그것은 고유성(être propre)의 심급이 보장해주는 무한한 제압(maîtrise infinie)이다. 이를 통하여 철학적 담론은 모든 경계[즉 타자]를 '존재자'로서 혹은 자신의 고유한 자산으로서 내면화한다"(M, XIII-XIV).

철학은 본성상 타자 환원적이자 타자 동화적인 동일성의 사유다. 체계는 그 동화 작용을 통하여 내면성을 유지·확장하는 유기체다. 그러므로 철학에게 타자나 외면성 혹은 경계나 반정립을 말한다는 것은 하등의 놀라움도 일으킬 수 없다. 철학은 이미 경이감에서 시작하였고, 그 경이감의 극복으로서 추구되었다. 플라톤이나 헤겔에게서 명확하게 표명되고 있는 것처럼, 모든 철학적 정립은 반정립의 정립을 통한 재정립이다. 철학적 물음이란 곧 그런 반정립의 정립이고, 철학적 답변이란 그렇게 정립된 반정립에 대한 반정립이다. 철학은 큰 물음을 던지는 만큼 커다란 답변을 얻고 반정립의 높이만큼 멀리 이른다. 철학은 스스로 설정하는 외면의 크기에 따라 그 자신의 내면을 갖는다. 철학의 내면이란 극복되고 제압된 외면이기 때문이다. 철학의 개념적 내용은 그렇게 스스로 정립한 타자, 그러나 다시 내면화하고 마침내 자신에 동화해버린 타자다. 거꾸로 보자면, 철학이 어떤 동질적 내용을 확장하기 위해서 타자가, ㄱ것이 만드는 경계가, 그리고 그 경계 밖의 외면이 먼저 있어야 한다. 타자란 매개의 노동으로서의 철학이 성립하기 위해서 전제해야 하는 필수적 요소다. 따라서 철학은 노동 이전의 타자와 그 이후의 동일자, 그 이전의 비고유성과 그 이후의 고유성을 이항 대립적 짝으로 갖는다. 철학의 거의 모든 구분법은 이 이항 대립의 연속이며 연장이다.(가령 의미·무의미, 일자·다자, 이성·감성, 필연·우연, 보편·특수, 가상·실재, 정신·물질, 남·여 등을 말할 수 있고 그 열거는 생각보다 길게 이어진다.)

이미 타자 정립을 자기 정립의 필수적 계기로 갖는 철학에 대하여 다시 그 타자를, 그리고 외면을 대립시킨다는 것은 어려운 일이다. 그러나 해체론은 그런 이항 대립의 구도를 초과하는 철학의 외면, 그것이 사유(계산)할 수 없는 여백을 보여주고자 한다. 철학이 반정립의 대상으로 개념화할 수 없는 그 절대적 외면에서부터 철학적 사유의 가능 조건과 한계를 보여주고자 하는 것이다. 바로 거기에 해체론이 스스로 설정한 과제가 있다. "철학으로부터 ─ 멀어지기, 그것의 법칙을 서술하고 헐뜯기 위해서, 또 다른 장소인 절대적 외면성을 향하여 멀어지기. 그러나 외면성, 타자성은 이들 혼자로는 결코 철학적 담론을 놀라게 한 적이 없는 개념들이다. 이 담론은 이들 개념들을 언제나 자기 것으로 차지하고 있었다"(M, V). 따라서 "아무리 엄밀히 한다 해도, 우리가 아직도 철학을 [대상처럼] 다룰 수 있는 출발점으로서 어떤 비철학적 장소, 외면성이나 타자성의 장소를 제공한다는 것은 가능한 일일까?"(M, III) 해체론적 전략이 감당해야 하는 세밀성과 주도면밀한 주의력, 그것이 조급한 결론과 소박한 반대에 보여주는 경멸, 그것이 부추기는 해석학적 책임 의식은 이러한 난해성에 대한 자각에서 온다.

철학의 매개적 노동과 그 경제의 본성을 동일자(고유성)의 확대재생산을 위한 타자 정립으로서 파악할 때, 해체론은 역사에 관련된 중요한 테제를 발견한다. 그것은 곧 철학의 체계가 이미 어떤 역사 개념을 필연적으로 수반한다는 것이다. 데리다는 철학 체계와 역사 간의 상호 공속성을 이렇게 설명한다. "역사와 지식, '히스토리아'와

'에피스테메'는 언제나 (……) 현전의 재자기화를 위한(en vue de la réappropriation de la présence) 우회 과정으로서 규정되어왔다"(G, 20). 헤겔의 역사 개념에서 극단적으로 표현되고 있는 것처럼, 철학의 역사는 종종 진리의 역사다. 진리의 역사란 진리가 처음의 잠재력을 실현하여 완성된 형체를 획득하는 과정, 그 가운데 결실을 선물하는 과정이다. 이러한 진리의 실현은 부재와 오류와 반정립의 극복을 통해서 성취된다. 진리의 현전적 자기 일치는 자기 불일치, 자기 상실로부터의 회복이다. 그런 의미에서 진리는 이미 우회적이고 역사적이다. 철학은 이 진리의 생성에 내재한 이 '재자기화'의 여정을 역사 자체로서 혹은 역사의 근거이자 의미로서 이해했다.

철학 혹은 형이상학이 이해하는 역사가 진리 혹은 의미의 자기 복귀 운동에 근거한다는 것은, 그 형이상학적 역사가 의미 차제의 역사라는 것과 같다. 이 의미의 역사는 필연적으로 목적론적이고 종말론적이다. "반복하자면, 무엇보다 경계해야 하는 것은 역사에 대한 '형이상학적' 개념이다. 이는 곧 역사를 의미의 역사로 파악하는 개념을 말한다. (……) 즉 자기 자신을 전개하고 완성해가는 역사, (……) 단선적인 그래서 직선적이거나 원환적인 역사다. (……) 역사 개념의 형이상학적 성격은 단선성에만 연계되어 있는 것이 아니라 의미 함축의 체계 전체(목적론, 종말론, 의미를 지양하고 내면화하는 축적 과정, 특정한 유형의 전통성, 연속성과 진리에 대한 특정한 개념 등)와 관련되어 있다."12) 이런 말로써 데리다가 강조하고자 하는 것은 "역사의 개념이 (……) 형이상학에 의해서 언제나 재자기화될 수 있다"(P, 79)는 사실이다. 역사에서 의미를 구할 때, 의미뿐만 아니라 목적과 계시를 구할 때, 혹은 역사를 개념적으로 파악하고 이론화할 때, 또는 거기서 어떤 구조적 질서를 보고자 할 때, 역사는 형이상학화된다. 의미 있는 역사란 언제나 형이상학적 사유 체계를 통하여 동화되고 소화된 역사, 나아가서 의미 자체의 역사다. 다만 그 역사의 의미를 생산하는 그 사유의 체계가 많은 경우 의식적으로 혹은 세부적으로 자각되지 않은 채 남아 있을 뿐이다. 역사의 개념은 이미 어

---

12) J. Derrida, *Positions* (Paris: Minuit, 1972), p.77. 본문내 약칭 P.

떤 체계를, 체계는 이미 어떤 역사의 개념을 전제한다. 철학과 철학사의 상호 규정적 관계는 그렇게 성립한다.

그렇다면 이성에 반하여, 이성의 형이상학적 폭력을 고발하기 위해서 역사를 기술한다는 것은 가능한 일일까? 가령 '광기의 역사'를 쓴다는 것은 가능한 일일까? 이것이 데리다가 푸코에게 던진 질문이었다. 데리다에 따르면, 광기의 역사란 이성이 파악한 광기 개념의 역사일 수밖에 없다. 그리고 그 역사 또한 이미 이성이 생각하는 역사, 즉 이미 형이상학적으로 조형된 개념이다. 역사란 언제나 이미 이성적 사유에 의해서 생산된 개념이고, 그런 한에서 이성적 사유의 지배 영토 안쪽에 있다.13) 이성적 사유를 고발하기 위해서 어떤 의미 있는 역사를 재구성한다는 것은 다시 이성적 사유가 감추고 있는 형이상학적 체계로 다시 전락할 수 있는 위험성을 안고 있다. 이성에 반대하기 위한 역사적 논변은 이러저러한 매개의 절차를 거쳐 다시 이성에 의하여 정복될 수 있다. 그런 자가당착적 결론을 피하면서 이성적 사유를 고발하기 위해서는 역사를 그런 형이상학적 동화 작용의 영향권으로부터 벗어나게 만들어야 한다. 그러나 어떻게? 데리다에 따르면, 역사를 철학적 사유 체계로부터 해방하기 위해서는 "한편으로는 역사에 대한 전통적 개념을 '전도'시켜야 하고 또 동시에 그 전도의 '간격'을 표시해야 하며, 그 전도된 개념이 재동화될 수 없도록 감시해야 한다. 물론 [역사에 대하여] 새로운 개념화를 창출해야 한다. 그러나 이는 개념화 자체가 그 혼자만으로는 우리가 '비판'하고자 하던 것을 다시 끌어들일 수 있다는 점을 충분히 고려하면서 그렇게 해야 한다. 이 [해체의] 작업이 순전히 '이론적' 혹은 '개념적' 혹은 '담론적'일 수 없는 (……) 이유는 여기에 있다. 내가 '텍스트'라 부르는 것은 그러한 담론의 한계를 '실제로' 기록하면서 동시에 넘어서는 것이다. 이 담론과 그 질서(……)가 초과되는 모든 곳에는 그런

---

13) J. Derrida, "Cogito et histoire de la folie", *L'écriture et la différence* (Paris: Seuil, 1967), pp.51-97 참조. 이 책의 본문내 약칭은 ED. 데리다의 철학적 역사 개념 비판에 대한 초보적 논의를 위하여, J. E. Harvey, *Derrida and the Economy of Différance* (Bloomington: Indiana University Press, 1986), pp.7-9, pp.102-117 참조.

일반적 텍스트가 있다"(P, 81-82).

니체와 하이데거 그리고 데리다의 해체론이 일관적으로 추구하는 것, 해체론이 그 모든 비난과 저항에도 불구하고 확신을 가지고 밀고 나가는 과제는 이론적 문화의 극복이다. 이것은 이론·개념화·체계화가 특정한 종류의 편견과 이데올로기의 생산 기제라는 확신에서부터, 혹은 로고스가 존재론적 원사태를 변형한다는 직관으로부터 출발한다. 위의 인용문은 이론에 갇힌 역사의 해방에 대하여 말하고 있다. 그러나 해체론이 의미 생산을 본성으로 하는 이론적 경제로부터 해방하고자 하는 것은 역사만이 아니다. 그것은 예술이고 종교며, '참된' 존재론적 사태다. 이성적 질서로 환원되기 이전의 존재란 무엇인가? 이론 안에 길들여지기 이전의 종교나 예술이란 무엇인가? 개념적 체계 안으로 동화되기 이전의 문학, 이론적으로 정돈되기 이전의 정치란 무엇인가? 이런 물음은 그 동안 철학이 개념적으로 다루는 모든 주제들, 가령 시간·공간·인간·기호·언어·자연 등으로 이어진다. 그리고 문제는 언제나 개념으로 매개·동화되기 이전의 사태, 이론적으로 소유·조직되기 이전의 원사태로 돌아가는 것이다. 이렇게 볼 때 해체론은 데카르트-후설의 철학 이념인 '사태 자체로!'와 그렇게 멀리 떨어져 있지 않다. 다만 해체론이 이해하는 사태 자체는 비현전적인 것(이론화 불가능한 것)을 포함한다는 데 그 차이가 있을 뿐이다.(물론 이것은 작은 차이만은 아닐 것이다.) 직접적으로 표상하거나 대상화할 수 없는 것, 다만 대상을 통하여 간접적이고 우회적으로만 경험할 수 있는 것이 해체론적 의미의 사태다. 이는 그것이 초월적 사태라는 것과 같다.

위의 인용문에서 데리다는 '텍스트'에 대하여 언급하고 있다. 이는 역사가 — 그 밖에 철학이 규정하고 정의해온 모든 개념적 내용들이 — 이론적 사유의 지배 구조로부터 해방되어 그 자체로서 드러나는 사태에 대한 해체론적 명칭이다. 이론적 사유는 다양한 사물들을 하나의 이념 아래에서, 동질적 공간을 바탕으로, 총체적이자 위계적으로 사유한다. 그것을 집약하는 것이 '체계'다. 체계는 개념들이 태어나고 거주하는 집이자 모든 외면성의 유혹으로부터 벗어나서 다시 돌아가는 고향이다. 이 체계가 해체되었을 때 다양한 것들은 국지적이고 상호 이질적인 공간을 이룬다. 모든 내면은 타지역과 끊임없는 원격 통신 관계에 있다. 텍스트는 다양한 것들 사이에 일어나는 그런 원격 통신 관계를 말한다. 좀더 어원에 충실하자면 그것은 다양한 것들이 상호 교직하는 방식 일반이다. 이 '일반적 텍스트'는 흔적(차연)의 운동 전체에 대한 이름이고, 따라서 형이상학의 안과 밖을 표시하는 '울타리'보다 넓은 외연을 지닌다. 그것은 즉 궁극적 형태의 해체론적 총체성에 대한 이름이다. 물론 이것은 감추어져 있는 흔적을 통해서만 드러난다. 역사는 해체론적 초월이 시작되는 흔적과 그 흔적으로부터 예감되는 마지막 사태인 이 텍스트의 관점에서 재서술되어야 한다.[14)

5. 해체론의 정치성 : 현실에 대한 철학의 재정위

위의 인용문에서 데리다는 '텍스트'에 대하여 말하기 전에 해체론의 전략적 절차에 대하여 간단히 언급하고 있다. 지적 사항은 두 가지다. 하나는 해체론이 기존 개념의 '전도'에 그치지 않고 어떤 '새로운 개념화'의 작업에 이를 수 있어야 한다는 것이다. 다른 하나는 해체론이 '순전히 개념적 혹은 이론적 혹은 담론적일 수 없다'는 점이다. 이 두 가지 사항은 모순을 일으키는 것처럼 보일 수 있다. 왜냐하면 탈개념적 개념, 탈이론적 이론, 탈담론적 담론을 구한다는 것을 말하기 때문이다. 데리다는 이것을 형이상학적 언어를 증폭시키고 이를 통하여 형이상학의 '고막'을 변형시키는 것으로, 혹은 형이상학의 '진동판'을 두들겨서 새로운 청각 작용을 일으키는 것으로 설명했

---

14) 텍스트 개념을 중심으로 하는 데리다의 역사론은 하이데거의 '역운(Geschick)'과 '전송(Schikung)'에 대한 해체에서부터 '일탈적 도착과 반복'으로, 또한 벤야민의 역사철학에 대한 해체론적 재해석에서부터 신메시아론으로 이어진다. 이에 대하여, 졸고 「정보화 시대의 해체론적 이해」, 김상환 외, 『매체의 철학』(서울 : 나남출판, 1998), 제2장 제3절 참조.

다(M, VI 이하). 그것은 곧 형이상학적 언어가 고집하는 일의적 의미 지시를 다의적 의미 작용으로 탈바꿈시킨다는 것과 같다. 일의성과 고유성이 형이상학적 언어의 의미론적 한계라면, 흔적을 통하여 드러나는 텍스트의 세계는 다의적이고 다성적이다. 거기에는 의미의 고정성이 없다. 탈개념적 개념화, 탈담론적 담론이란 그런 텍스트의 다의성과 다성성을 형이상학적 개념과 담론 속에 울리게 하는 언어 행위다. 그러나 이를 위해서 해체론 또한 자신의 작업이 전적으로 구조 내재적이어야 한다는 예전의 강박 관념을 깨뜨릴 수 있어야 하지 않을까? 탈개념적, 탈이론적, 탈담론적 수준의 개념화는 해체론이 처음에 스스로에게 부과했던 장소적 제약을 해제하도록 요구하는 것이 아닐까?

데리다는 이 점을 부인하지 않는다. 오히려 긍정하고 있으며, 이는 그가 해체론을 두 유형으로 구분하고 양자의 상호 보완적 관계에 대하여 말할 때다. "체계의 힘과 작용력은 정확히 말해서 모든 위반을 규칙에 따라 '가짜의 출구'로 변형시켜버린다. 이 체계의 효과들을 고려하자면, 우리가 서 있는 안쪽에서 선택은 두 가지 전략 사이에 있다. 1) 영토를 바꾸지 않고서 출구를 만들고 해체하기. 이는 기본적 개념들과 최초의 문제 제기 방식들의 묵시적 함축을 반복하면서, 건축물에 반하여 집안에서 동원 가능한 도구와 돌들을 사용하면서 이루어진다. (……) 2) 영토 변경을 결정하기. 이는 비연속적이고 돌발적인 방식으로, 급작스럽게 밖에 자리잡으면서, 그리고 단절과 절대적 차이들을 언명하면서 이루어진다. (……) 이 두 가지 형태의 해체론 사이의 선택이 단순하고 단일할 수 없다는 것은 자명하다. 새로운 글쓰기는 양자를 피륙처럼 엮어가야 하고, 그 두 가지 동기를 얽히게 만들어야 한다. 이는 복수적 언어를 동시에 말해야 하고 복수적 문헌을 동시에 산출해야 한다는 것과 같다"(M, 162).

이상 두 가지 전략이 상호 보충되어야 하는 것은 양자가 각기 어떤 단점을 지니기 때문이다. 그 단점은 다같이 체계의 재동화 운동에 사로잡힐 수 있다는 데 있다. 체계 내재적 요소 개념들의 묵시적 함축을 심화시키는 첫번째 전략은 여전히 체계의 깊이 안으로 가라앉을 수 있다. 반면 세계 외적 토양을 체계 내적 영토에 이식하는 두 번째 전략은 체계의 타자 동화 능력에 맹목적이고 그래서 순진한 작업에 그칠 수 있다. 이런 각각의 단점은 두 전략이 동시에 진행될 때야 극복될 수 있다. 물론 이것은 차연적 흔적이라는 원초적 사태에 부합하는 언어 행위, 즉 다의적이고 다성적인 목소리를 울리게 하는 탈형이상학적 언어 행위를 실현하기 위해서 계획되어야 한다.

해체론적 전략의 장소적 이중성을 요청하는 이 데리다의 언급은 몇 가지 점에서 주목할 만하다. 먼저 해체론에 대한 규정이 변경·보완되었다는 것, 그리고 이는 철학(사)의 안과 밖이 동시에 모두 해체론이 서야 하는 입지여야 한다는 생각에서부터 비롯한다는 것, 마지막으로 이 해체론에 대한 재규정은 — 앞으로 확인하게 될 것처럼 — 어떤 특정한 역사적 소속 의식에 바탕한다는 것 등이 그것이다. 이 세 가지 사항을 차례로 부각시켜가면서 해체론을 한국 철학사에 접목할 수 있는 가능성을 생각해보자. 이는 우리나라의 전통 안에서 해체론을 변용시킬 수 있는 가능성을 묻는다는 것과 같다. 이는 곧 해체론의 안(밖)에 서면서 동시에 해체론의 밖(안)에 설 수 있는 가능성을 구하는 것이다.

1) 먼저 이렇게 물어보자. 위에서 제시된 재규정은 해체론에 대한 최종적 정의인가? 해체론은 마지막에 가서 어떤 형태를 띠는가? 그러나 서둘러 답하자면 해체론에 대하여 그것이 취할 수 있는 마지막 형태는 없다. 이는 해체론이 언제나 선택된 문헌과 주제에 따라서, 그리고 그것들이 가지고 있는 국지적이고 우연한 상황을 내면화하는 가운데 진행되기 때문이다. 데리다에 따르면, "보편적이고 유일한 해체란 없다(Il n'y a pas La ou une seule Déconstruction)." 다시 말해서 "해체는 그것이 스스로 참여하는 갈등적이고 차별성을 띤 문맥들 밖의 어느 다른 곳에 순수하고 본래적이고 자기 동일적인 방식으로 존재하지 않는다. 그것은 오로지 그것이 행하는 것, 그것으로부터 행해지는 것일 뿐이고, 그것이 [사건으로서] 일어나는 곳에 있다."15)

---

15) J. Derrida, *Limited Inc.* (Paris: Galilée, 1990), pp.260-261. 본문내 약칭 LI.

사실 정의한다는 것은 의미를 부여하고 고정시킨다는 것을 말한다. 그리고 이는 새로운 의미를 매개·동화·소유·확대 재생산하기 위한 출발점을 마련하기 위해서다. 해체론은 자신이 극복하고자 하는 이론 중심적 사고, 로고스 중심의 철학을 바로 그런 의미 생산의 경제와 동일시한다. 철학은 즉 '제한 경제'다. 해체론은 반면 탈자기화·탈축적·탈소유의 경제, 즉 '일반 경제'를 추구한다. 다만 이 일반 경제가 제한 경제의 심층적 가능 조건이자 바탕이고, 따라서 그 흔적이 제한 경제의 안쪽에서 필연적으로 확인될 수 있음을 보여주는 절차를 지날 뿐이다. 해체론적 의미의 '텍스트'는 이 일반 경제와 상호 번역적 관계에 있다. 일반 경제로서의 텍스트는 회집과 보존의 논리가 분산과 탈구의 논리와 교직되는 아포리아의 사태다. 해체론은 직접적으로 드러나지 않는 이 탈형이상학적 사태를 그것이 형이상학적 언어 안에 남기는 흔적을 통하여 번역한다는 불가능한 과제를 추구한다.(이것이 불가능해보이는 것은 흔적 자체가 비표상적이고 비개념적이며 따라서 탈언어적이기 때문이다.) 이런 과제에 비추어 굳이 해체론을 정의한다면, 그 최후의 공식은 이렇게 된다. "해체는 모두 (……) '탈자기화(ex-appropriation)'의 운동들이다"(LI, 261).

이론적으로 정형화된 사실 안에서 탈자기화와 탈축적 혹은 분산과 탈구의 흔적을 경험하는 해체론은 고정된 자기동일성에 대한 집착을 버리라 한다. 이는 어떤 도덕적 당위이기에 앞서 사태 자체의 명령이다. 데리다의 실천론을 인도하는 주도적 용어를 빌려 말하자면, 그것은 사실과 당위의 대립을 넘어서는 '정의' 자체다. 해체론의 최종적 정의(定義)는 이 정의(正義)에 있다. "해체는 그 자체가 무한한 '정의의 이념'을 따라 움직인다. (……) 모든 회의주의에 대하여 극복할 수 없는 (……) 이 '정의의 이념'은 (……) 교환·회전·증서·경제학적 순환·계산·규칙·이유 등이 없는 증여(don), 또는 통제적 지배라는 의미의 이론적 합리성이 없는 증여를 요구한다는 점에서 해체 불가능한 것으로 나타난다. 사람들은 그러므로 여기서 어떤 광기를 알아차리고 게다가 고발까지 할 것이다. 그리고 아마도 또 다른 종류의 신비성을 지적하고 비난할 것이다. 사실 해체는 바로 위에서 말한 정의에 미처 있나. (……) 그 정의는 학계에서 또는 '해체주의(déconstructionisme)'라는 우리 시대의 문화 안에서 (……) 담론으로서 제시되기 전에, 이미 법률 안에서, 법률의 역사 안에서, 정치적 역사와 나아가서 역사 일반 안에서 작용하고 있는 해체의 운동 자체다"(FL, 55-56). 정의는 해체의 운동 자체이고, 이는 역사가 있기 위해서 역사보다 먼저 있었던 존재론적 사태다. 이 사태는 탈개념적이고 탈언어적이다. 해체론은 이 탈언어적 사태의 경험이자 번역이고, 이 번역은 문맥에 따라 환원 불가능한 특수성을 띠고 있다.

2) 해체의 운동을 정의로서 규정하는 이런 등식을 이해하기 위해서 실천 철학에 관련된 데리다의 후기 저작들에 대한 충분한 해설이 필요할 것이지만, 여기서는 한 가지만 언급하기로 하자. 데리다적 의미의 정의란 개념·이론·법률·형식·담론이 계산·구성·분해·연역할 수 없는 것, 그래서 어떤 결정 불가능자·취급 불가능자·해체 불가능자 등에 해당한다. 그리고 이것들은 우리가 위에서 말한 흔적과 차연의 운동 자체에 대한 번역어들이다. 데리다는 결정 불가능자로서의 흔적과 차연이 모든 이론적 구조의 구성 조건일 뿐만 아니라 모든 실천적 결단의 가능성을 조건짓는 '원리'임을 증명하면서 자신의 실천론에 이른다. 가령 데리다는 이렇게 말한다. "이 결정 불가능자는 결정을 윤리·정치적 책임의 질서 안으로 불러들인다. 해체 불가능자는 결단의 필수적 조건이다. 하나의 결단은 오로지 계산 가능한 프로그램의 저편에서나 성립할 수 있다. 계산 가능한 프로그램은 책임을 규정된 원인들에서 비롯하는 예상 가능한 결과로 변형시킴으로써 책임 자체를 파괴하게 될 것이다"(LI, 209-210). 즉 결정 불가능자로서의 흔적은 책임의 궁극 원리라는 점에서 정의다.

여기서 '프로그램'은 앞에서 언급되었던 '흔적의 환원 구조'와 크게 다르지 않다. 해체론이 해체하는 것은 이론적 사유의 모태이자 그 암묵적 체계인 형이상학이다. 그러나 왜 해체하는가? 그것은 타자 환원적 지배 구조로서의 형이상학이 초래하는 폐해 때문이다. 우리는 앞에서 해체론이 이론적 사유에 종속된 역사를 주제화하고 있음을 보았다. 여기서 주제화되는 역사적 현실은 이론적 사유에 종속된 윤리·정치적 현실이다. 형이상학적으로 동화된 실천적 현실의 질서, 이론적으로 규정된 실천적 법칙을 지칭하기 위해서 데리다가 사용하는 말이 프로그램이다. 이 프로그램에서 사상되는 것은 결정(표상) 불가능자로서의 흔적, 즉 정의다. 이론화된 실천적 세계, 이 프로그램화된 질서는 그 흔적의 배제를 통해서 성립한다. 그러나 이 흔적의 배제와 망각이 심화될수록 거기서 책임을 말한다는 것은 형식적인 것에 지나지 않는다. 형식적 계산이 정의와 의무, 그 밖의 모든 책임 의식의 조건들을 대신하게 된다. 역사적 현실과 유리된 형식적 프로그램의 폐해는 언제나 크다. 형식적 질서는 역사적 현실에 부합하기 위해서 당연히 수정되거나 파기되어야 한다. 실천적 법칙은 그 형식적 질서 안에서 망각된 정의를 재회상하는 가운데 새롭게 설정되어야 한다. 물론 기존의 질서의 저항은 크고, 그만큼 그 회상의 과제 또한 커질 수밖에 없다. 그러나 그 회상의 과제가 커지는 것은, 그 회상하여야 할 정의의 흔적이 표상 불가능하고 결정 불가능한 것이기 때문이다. 실천적 법칙의 최초 유래는 법칙 이전, 언어 이전의 차원, 계산 가능성을 넘어서는 초월적 차원에 있다. 이 차원의 판단은 어떤 절대적 유보의 순간을 지나며, '순수한 수행적 행위(un acte performatif pur)'로서 경험된다. "이 법률에 대한 유보의 순간, 이 에포케, 이 창시적이고 혁명적인 순간은 법률 안의 비법률적 계기다. 그러나 그것이 법률의 모든 역사다. '이 순간은 현전 속에 언제나 일어났고 동시에 결코 일어나지 않았다.' 그것은 법률의 창립이 공허 속에 혹은 심연 위에 매달려 있는 순간이고 (……) 어떤 순수한 수행적 행위에 내맡겨진 순간이다"(FL, 89).

해체론의 이런 실천학적 전환이 우리에게 의미하는 것은 무엇인가? 해체론이 철학(사)을 해체하고 이론적 사유에 종속되기 이전의 역사적 현실, 형이상학적으로 프로그램화되기 이전의 윤리·정치적 상황을 지시할 때, 이것이 철학사 인식이나 철학사 방법론의 차원에 미치는 함축은 무엇인가? 아마 그것은 우리가 철학사에 대한 헤겔의 두 번째 테제로서 지칭했던 것과 유사한 것을 말하고 있을 것이다.

헤겔은 철학사를 단순히 철학적 이론들간의 관계사에 국한하지 않았디. 철학이 주변 영역들(예술, 종교, 과학) 그리고 각 시대의 정치적 현실과 유지하는 관계를 철학사 안에 포함시켜야 한다는 것이 헤겔의 테제였다. 헤겔의 미학 강의 서론을 통하여 이 테제를 우회적으로 해석하자면, 이는 철학사가 다양한 초월적 사유들간의 관계사임을 말한다. 헤겔적 의미의 초월이란 역사적 현실의 실체이자 근거인 '정신(무한자, 신적인 것)'을 표상하는 데 있다. 헤겔은 이 정신을 표상하는 세 가지 유형을 구분했고, 그것들을 각기 예술, 종교, 철학에 배당했다. 나아가서 이 세 유형의 초월이 교대로 시대의 역사적 동일성을 조형하는 과정을 형이상학적 시대 구분(예술의 시대, 종교의 시대, 철학의 시대) 자체로, 혹은 '정신'의 역사 자체로 간주했다.16) 우리가 헤겔에게서 높이 사고 계승해야 하는 것은 그의 철학사 서술에서 암시되는 이런 초월론적 유형학이자 이 유형학이 전제하는 초월의 다양성이다. 그러나 해체론 이후 우리가 피해야 할 것은 헤겔처럼 다양한 초월성을 하나의 척도와 기준에 따라 위계화하는 것이다. 헤겔은 철학적 초월의 관점에서 역사적 현실을 조형하는 데 참여하는 여타의 초월적 사유를 환원적으로 재구성했다. 이는 곧 처음에 철학 바깥에 설정했던 철학의 주변 영역과 실천학적 조건을 다시 철학 안으로 내재화한다는 것을 말한다. 헤겔은 철학을 문화적 현실 전체 안에서, 그와 다른 유형의 사유에 대한 관계 안에서 파악하자는 처음의 주장을 다시 역전시켜서 문화적 현실과 거기에 속한 모든 것을 철학 안에서, 철학을 중심으로 파악하도록 요구한다.

해체론이 철학사 발전에 기여하는 것이 있다면, 그것은 무엇보다 철학의 특권 의식 혹은 철학의 자기중심주의를 반성하는 계기를 가져다주었다는 데 있을 것이다. 해체론은 철학적 사유의 지배 구조를 체계적으로 가시화시키고, 그 안에 종속된 비이론적 사유 혹은 비철학적 초월성들을 구제하고 있다. 곧 역사적 현실의 생성을 이론적 사유의 절대적 헤게모니로부터 해방시키고, 나아가서 철학과 비철학 사이의 관계를 재설정할 수 있는 가능성을 열어놓은 것이다. 이는 철

---

16) G. W. F. Hegel, *Vorlesungen über die Äesthetik*, Werke in zwanzig Bänden 제13권(Frankfurt am Main: Suhrkamp, 1977), pp.127-144 참조.

학적 사유와 다른 유형의 사유들 사이의 관계를 정치적으로 해석한다는 것을 의미한다. 그러나 그것은 이들 사이에 어떤 새로운 위계적 질서를 고정시키기 위한 것이 아니다. 다만 철학을 역사적 현실 자체의 무한한 역동성 안에 재위치시키는 가운데 철학적 초월성과 비철학적 초월성 사이의 관계를 평등한 공존 관계로 되돌려놓기 위한 것일 뿐이다. 풍요로운 문화는 단순히 이론적인 문화도 단순히 예술적인 문화도 그리고 또한 단순히 종교적인 문화도 아닐 것이다. 역사는 진·선·미가 어느 하나의 가치에 의하여 압도되거나 획일화될 때의 위험성을 이미 경고하고 있다. 해체론은 여러 가지 유형의 가치, 여러 가지 종류의 초월이 그 다양성을 유지하고 상호 교통할 수 있는 가능성에 대하여 긍정적 대안을 이루고 있다. 이 대안은 우리가 과거의 한국철학사를 재기술할 때뿐만 아니라 한국의 역사적 현실을 반영하는 철학을 구상할 때도 필수 불가결한 준거점이 되어야 할 것이다.

6. 해체론의 혈통과 그 미래적 계승 : 한국철학사를 위하여

초월론적 정치학을 열어놓는 해체론은 데리다에게서 처음 시작된 것은 아니다. 데리다는 어떤 전통에 대한 어떤 소속 의식 안에서 해체론을 펼쳐갔다. 이 점을 확인하기 위해서 데리다가 해체론의 장소적 이중성에 대해서 말하던 대목으로 다시 돌아가보자. 여기서 데리다는 두 유형의 해체론적 전략을 구분했고, 그에 이어 이 두 전략이 각기 유래하는 역사적 계보를 이렇게 지적하고 있다. "해체 작업의 한 유형은 하이데거적 물음의 방식에서 오는 점이 많고, 다른 것은 크게 보아서 오늘날 프랑스에서 주도적인 유형이다"(M, 136). '하이데거적 물음의 방식'에 대하여 말할 때 데리다는 헤겔적 철학사 인식과 해석학적 철학사 이해를 더불어 염두에 두고 있는 것 같다. 또 '프랑스에서 주도적인 유형'을 말할 때는 바타이유나 푸코 그리고 들뢰즈를 염두에 두고 있는 것 같다. 이들은 데리다가 덧붙이고 있는 것처럼 니체의 수용을 통해서 독특한 유형의 해석학과 문헌 강독 방식을 발전시켰다.[17] 데리다가 이 두 계보의 해체론적 전략을 동시에 취하고 상호 교직시켜야 한다고 말할 때, 그는 그러므로 독일식과 프랑스식을 합쳐놓고 있는 것일까? 그러나 사람들은 이렇게 말할 것이다. 사실은 니체나 하이데거와 같은 독일철학자들이 철학사에 대한 데리다의 소속감을 결정하고 있는 것이 아닐까?

해체론적 관점에서 이런 물음은 사소하다. 그러나 데리다의 해체론이 학교의 철학 분류법을 불편하게 만든다는 것은 사실이다. 데리다는 프랑스인이지만, 그리고 플라톤·아리스토텔레스 같은 그리스 철학자들은 물론이고 루소·소쉬르·레비 스트로스와 같은 프랑스어권 저자들을 많이 다루고 있지만, 칸트·헤겔·니체·후설·하이데거와 같은 독일철학자들을 더 많이 취급하고 있다. 데리다의 해체론이 보여주는 철학사 인식과 주요 문제 설정 방식을 프랑스 고유의 철학사 전통으로부터 — 가령 빅토르 쿠쟁의 절충주의식 철학사 기술의 전통으로부터 — 연역한다는 것은 더욱 어려운 일이다. 그러나 데리다의 해체론을 독일 고유의 철학사 전통으로부터 연역하는 것은 용이한 일인가?

데리다가 학교 철학의 분류법에 어려움을 주는 이유는 궁극적으로 그의 해체론이 근대적 학문 개념의 유래 자체를 해체의 주제로 설정한다는 데 있다. 근대적 학문 개념, 나아가서 학문 일반은 해체론이 극복하고자 하는 이론 중심적 사유, 인식론적 가치관의 당연하고 필연적인 귀결이다. 해체론은 학문에 기초한 이론 중심의 문화를 그 기원으로 소급시켜 재반성한다. 해체론이 이해하는 그 역사적 기원은 플라톤에게서 정점에 이르는 그리스적 사유의 전통에 있다. 해체론적 관점의 철학사 구분은 로고스 중심주의가 처음 태어난 그리스 시대 이전과 이후로 대별되고, 플라톤 전후에서부터 오늘날의 테크놀러지 시대에 이르는 역사는 어떤 체계적이고 인과적인 연속성

---

17) 이에 대한 입문적 해설로서 A. D. Schrift, *Nietzsche and the Question of Interpretation: Between Hermeneutics and Deconstruction* (New York: Routledge, 1990), 제2부 참조.

을 이루는 단일한 전체를 이룬다. 이런 관점에서 볼 때, 근대 이후 영국·독일·프랑스의 철학적 전통이 보여주는 차이, 나아가서 고대·중세·근대라는 시대 구분은 여전히 형이상학적 울타리 안에 파생한 부수물에 불과하다. 따라서 그 차이와 구분을 고집한다는 것은 해체되어야 할 편견이다.

하버마스적 관점에서 해설하자면, 그 분류의 탄생과 세분화 및 고착화는 분업화와 전문화(그리고 이것이 전제하는 '영역들간의 자율화')를 바탕으로 하는 근대적 합리성에 이어져 있다. 그리고 이 근대적 합리성은 효율성을 최고의 가치로 하는 도구적 이성의 합리성이다. 이 도구적 합리성의 폐해는 이성을 다른 유형의 이성으로, 가령 의사 소통적 이성으로 변형시킬 때 치유될 수 있는 것일까? 계몽주의가 초래하는 폐해, 즉 전문가 문화와 역사적 현실 사이의 유리는 여전히 계몽주의의 계획 안에서 극복될 수 있는 것일까? 그러나 해체론의 관점에서 이성은 변증법적 이성이나 여타 유형의 이성과 마찬가지로 이론적 사유 형식이며, 그런 한에서 언제나 형이상학의 울타리 안에 머물러 있다. 덧붙이자면, 해체론은 니체나 하이데거 이래 '형이상학적', '철학적', '이론적'이라는 말을 통해서 '서양적인 것'을 이해하고 번역해왔다. 이는 철학과 학문 혹은 이론적 삶을 그리스 이래의 서양적 현상과 동일시한 헤겔적 철학사 인식의 유산이다(GPh, 121-122 참조). 해체론적 의미의 로고스 중심주의란 과학과 기술 문명을 탄생시킨 서양 문명의 일반적 헤게모니와 그 속성이다. 그것이 초래하는 폐단을 치료하기 위해서 형이상학을 해체한다는 것은 존재론적 차원에서 그 서양적 사유가 자신의 성격을 확립하고 확장시켜오기까지 잃어버리거나 망각해야만 했던 것을 중심으로 그 사유의 유래와 한계를 재구성한다는 것을 말한다. 해체론적 의미의 타자 혹은 외면은 서양적 사유의 타자며 그 바깥이다.

해체론은 서양적 사유의 존재론적 결함을 비판하고 보완하기 위해서 서양적인 것이 아직 형태를 갖추기 이전의 어떤 미분화 상태를 회상한다. 이것이 해체론적 철학사 인식과 접근 태도를 포괄적으로 규정하는 배후다. 이런 해체론을 어떤 사상사적 전통에 편입시키기 위해서는 국적 구분을 위시한 근대적 분류법 일반을 초과하는 범주가 필요하다. 적어도 서양적인 것 전체를 상대화할 수 있는 범주가 요구된다. 그것은 동양적인 것일 수 있다. 그러나 서양적 사유가 자신의 외면으로서 설정해온 동양적 세계는 유태·이슬람의 전통이다. 여기서 당연히 환기되는 것은 데리다의 핏줄이다. 데리다는 알제리 땅에서 태어났고 모친으로부터 아랍계 유태인의 피를 물려받은 프랑스인이다. 데리다가 유태적 전통의 유산을 계승하는 듯한 인상을 주는 대목은 이런 혈통 관계를 되돌아보도록 한다. 특히 실천론에 바쳐진 후기 저작들에서 두드러진 것처럼, 데리다는 실제로 해체론적 타자 개념과 그에 바탕한 역사론(신메시아론)을 레비나스·벤야민·카프카 등과 같은 유태 저자들을 읽으면서 펼쳐가고 있다. 그러므로 데리다의 사상사적 위치는 히브리즘으로의 복귀를 통한 헬레니즘의 극복으로 자리매김될 수 있는가?

우리는 이러한 평가가 지닐 수 있는 타당성을 완전히 부정할 수 없다. 그러나 다음과 같은 데리다의 언급을 통해서 그러한 평가를 재평가해야 할 것이다. "해체 불가능자[흔적·차연·유령·정의 등]에 대한 해체론적 담론은 오히려 유태적(또는 유태·기독교·이슬람적)인가 아니면 오히려 그리스적인가? 내가 이런 형태의 질문에 답하지 않는다면, 이는 어떤 고정 불변의 단일한 해체론과 같은 것이 있다거나 가능하다는 것을 확신하지 못하기 때문만은 아니다. 이는 또한 환원 불가능한 복수적 다양성을 띠고 등장하는 바의 해체론적 담론들은 불순하고 오염적이며 협상적인 방식으로 또 잡되고 난폭한 방식으로 (……) 이 모든 혈통들에 — 시간을 절약하기 위해서 유태·그리스적 혈통이라 하자 — 참여하기 때문이다. (……) 그리고 마지막으로 앞으로 도래할 해체론들에 대해 말하자면, 그들의 혈관에는 아마, 아무런 혈족 관계없는, 전혀 다른 종류의 피가 흐를 것이고 (……) 오히려 피와는 전혀 다른 것이 흐르리라 믿는다"(FL, 131-132). 데리다는 그러므로 여전히 손쉬운 분류법을 거부하고 있다. 어떤 국적이나 민족적 계보 혹은 어떤 단일한 문화적 전통에 일방적으로 편입되기를 거부하는 이런 태도는 해체론 자체의 내재적 논리에 따르고 있다. 이 점을 좀더 생각해보자.

앞에서 충분히 지적된 바와 같이 해체론의 복수적 다양성과 개별성은 그에 대한 모든 분류를 무력하게 만든다. 이 다양성과 개별성은 해체론이 추적하는 '흔적'의 운동 자체에서 온다. 흔적이란 본질 안의 탈본질, 동일성 안의 차이, 회집 안의 탈구와 분산, 고유성 안의 비고유성의 징후다. 그것은 개념적 규정성을 갖지 않는 결정 불가능자다. 이 결정 불가능자는 그것을 감추고 있는, 그래서 해체론적 해석과 번역의 대상이 되는 문헌과 주제에 따라서 서로 다르게 사건화한다. 데리다는 하이데거의 정신 개념을 해체하면서 그 흔적의 사건을 "숙명적 오염"으로 번역하였고,[18] 후에 "차연적 오염"(FL, 94)이라 하기도 했다. 해체론적 의미의 이 차연적 오염은 모든 분류와 구분 이전의 존재론적 사건('텍스트')이 지니고 있는 역동성을 간접적으로 지시한다. 모든 분류와 구분을 그 기원에서부터 무산시키는 이 숙명적 오염은 모든 분류와 구분 안에서 일어나고 있으며, 동시에 모든 분류와 구분이 새롭게 설정될 가능성을 열어놓는다. 그것은 즉 모든 순수성(고유성)의 범주 안에 남아 있는 그 기원적 사건이며 동시에 그 안에서 다양한 이합집산의 기회를 가져오는 종말의 사건이다. 해체론적 의미의 피는 순수의 생성과 혼잡의 도래를 동시에 조건짓는 그런 오염의 요소다. 그것은 모든 분류 가능한 피들의 유래로서 그 피들 안에 남아 있는 피, 그러나 분류할 수 없고 따라서 피라 할 수 없는 피, 하지만 순수한 피들간의 이종 교배와 혼혈적 생성을 일으키는 피다. 그런 숙명적 오염을 혈액으로 하는 해체론은 따라서 어떤 단일한 혈통이나 계보를 지닐 수 없다. 위의 인용문이 말하는 것처럼 그것을 계승하는 미래의 해체론은 더욱 그럴 것이다. 해체론을 해체론적으로 계승한다는 것은 흔적의 사유를 이어간다는 것이고, 이는 동일한 것을 반복적으로 재생산하거나 순수화의 미명 아래 고착화한다는 것이 아니기 때문이다. 그것은 무한한 이종 교배와 혼혈적 생성을 실천한다는 것을 말하고 있을 뿐이다.

이 이종 교배와 혼혈적 생성은 생물학적 사실, 즉 개체의 생성은

---

18) J. Derrida, *De l'esprit: Heidegger et la question* (Paris: Galilée, 1987), p.26.

종의 생성 과정 전체를 반복한다는 사실을 위반하지 않는다. 해체론은 그 사실을 방법론적 규칙인 양 존중한다. 위의 인용문에서 그 생물학적 반복은 '참여'로서 표현되고 있다.('모든 혈통들에 ― 시간을 절약하기 위해서 유태·그리스적 혈통이라 하자 ― 참여하기 때문이다'.) 해체론적 의미의 참여란 반복이고, 그 반복은 헤겔적 의미의 계승에 무한히 가까우면서도 멀다. 헤겔적 의미의 계승은 회상과 내면화를 통한 극복이고, 이 극복은 다시 지양(Aufheben)이다. 어떤 것을 해체한다는 것은 언제나 이 지양의 절차를 반복한다는 것을 말한다. 하지만 그것은 또한 그 지양적 회상의 노동을 그 마지막 국면에까지, 그래서 그 지양의 노동 자체가 불가능해지는 지점으로까지 끌고 간다는 것을 말한다. 헤겔적 의미의 계승이 지양이라면, 해체론적 의미의 계승은 탈지양적 지양이다. 데리다가 해체론을 그리스적 전통과 유태적 전통 그 어디에도 일방적으로 귀속시키는 것에 반대한다면, 이는 해체론이 그 두 전통을 외면하기 때문이 아니다. 오히려 그 두 전통을 철저히 계승하기 때문이며, 탈지양적 지양을 통해서 극복하기 때문이다.

데리다는 해체론을 구상하던 초기 시절에서부터 그리스와 유태의 전통을 동시에 계승하고 극복하는 것을 중요한 과제로 설정하고 있었다. 이는 데리다가 레비나스의 타자론을 보완해야 한다는 다음과 같은 언급을 통해서 분명히 드러나고 있다. "우리는 그리스인인가? 우리는 유태인인가? 그러나 도대체 우리는 누구란 말인가? 우리는 (……) '먼저' 유태인인가 '먼저' 그리스인인가? 그리고 유태인과 그리스인 사이의 기묘한 대화, 그 화해 자체는 헤겔의 절대 사변적 논리의 형식(……)을 띠고 있는가? 그 화해는 반대로 [레비나스가 말하는] 무한한 분리의 형식 그리고 타자의 사유 불가능하고 언표 불가능한 초월의 형식을 띠는가? 이러한 물음을 던지는 언어는 어떤 화해의 지평에 속하는가? (……) 그 언어는 유태주의와 헬레니즘의 역사적 '교미'를 제대로 생각하고 있는가? (……) 현대 소설가들 중에서 아마 가장 헤겔적이라 할 수 있는 저자[조이스]의 말, 즉 '유태그리스적인 것은 그리스유태적이다. 극단은 서로 만난다(Jewgreeks is greekjew. Extremes meet)'(『율리시즈』 중)라는 명제 안에서 그 결합의 정당성, 그 결합의 의미는 무엇인가?"(ED, 227-228).

이런 물음에 대한 최종적 답변은 해체론이 흔적(차연·정의·유령·오염)에 대한 경험에 머물 때 주어진다. 유태와 그리스의 두 전통의 결합과 혼혈적 교배는 '숙명적 오염'을 본성으로 하는 흔적의 논리 안에서 비로소 정당화되고 그 의미를 얻는다. 이 흔적은 해체 불가능하다. 이는 이론적 사유에 대하여 회상 불가능하거나 내면화 불가능하다는 것을, 그래서 계승 불가능하다는 것을 뜻한다. 해체론은 이 계승 불가능한 것이 모든 계승과 지양적 결합의 조건이며, 그 계승과 결합 속에서 잊혀진 채 남아 있게 마련인 조건임을 말한다. 모든 전승은 이 유사 선험적 조건의 논리와 한계 안에서 성립한다. 흔적은 모든 계승과 극복의 가능 조건이자 불가능 조건이다. 모든 계승과 단절은 존재론적 원사태인 이 흔적의 숙명적 오염과 차연적 생성에서부터 비롯한다. 그리스적 전통과 유태적 전통의 지양적 계승과 극복은 따라서 존재론적 필연성을 지니고 있다. 그 필연성은 차연적 이질화와 새로운 혼혈적 생성의 필연성이다. 모든 회집에는 분산과 탈구가 이미 시작되고 있음으로, 그 두 전통의 지양적 통일은 임시적이고 유한할 수밖에 없다. 그 통일을 가능하게 했던 지양 불가능자로서의 흔적이 다시 그 안에서 새로운 이종 교배와 차연적 오염의 운동을 시작하고 있기 때문이다. 물론 이 흔적의 운동은 다시 회상과 지양의 과제를 제기한다. 해체론은 그러므로 다시 "기억 앞에서의 무한한 책임, 따라서 필연적으로 과도할 수밖에 없고 계산 불가능할 수밖에 없는 책임"(FL, 44) 앞에 서야 한다.

데카르트는 회의 불가능자를 구하기 위해서 회의 가능한 모든 것을 회의했다. 마찬가지로 데리다는 해체 불가능자를 말하기 위하여 해체 가능한 모든 것을 해체하고자 했다. 회상 가능하고 내면화 가능한 모든 것, 언표 가능하고 표상 가능한 모든 것을 환원적 관점에서 정리했을 때 남는 최후의 존재론적 사태가 '흔적'이다. 이 환원 불가능한 흔적의 '본성'은 차연적 오염에 있다. 데리다가 그리스적 사유의 전통과 유태적 사유 전통 안에서 다같이 그러나 서로 다른 방식으로 — 발견하는 이 흔적은 자신의 본성을 통하여 그 두 전통의 혼혈적 결합과 무한한 이종 교배를, 나아가서 서양철학의 변종을 명령하고 있다. 그러나 그 명령의 힘은 어디에까지 미치는가? 해체론이 계승하는 전통들에 대하여 절대적 이방으로 남아 있는 동아시아적 전통 속에서도 데리다가 발견했던 것과 유사한 해체 불가능자가 전승과 계승의 숨겨진 비밀로서, 혹은 역사적 연속과 단절의 '원인'으로서 살아 숨쉬는 것일까? 만일 그런 것이 확인되거나 경험될 수 있다면, 그것은 어떤 이름으로 전해져 내려오고 있는가? 그것은 어떤 이름을 통해서 번역할 수 있는가? 그리고 해체론이 발견하는 흔적은 그것이 계승하는 전통들을 다시 이 동아시아의 전통과 뒤섞는 매개적 감염자일 수 있는가? 그런 일이 가능하다면, 그 매개적 감염은 어떤 방식으로 일어나는가?

해체론의 한국적 수용과 변용에 관련된 이러한 물음들은 그러나 가장 초보적인 물음을 남겨두고 있다. 그것은 곧 우리가 동아시아인 혹은 한국인으로서 가지고 있는 정체성에 대한 물음이다. 우리는 누구인가? 우리 안에 흐르는 피는, 그 피가 전하는 전통과 유산은 무엇인가? '한국적'이란 무엇이고 '동아시아적'이란 무엇인가? 이런 물음은 아직도 물음으로서 남아 있다. 이것은 우리에게 새로운 철학이 시작될 수 있는 그 출발의 조건이 아직 준비되지 않았다는 것을 말하고 있다. 그러나 미래의 한국철학사는 그 출발의 조건에 대한 물음을 던졌던 경험들을 계승하는 가운데 비로소 태어날 수 있을 것이다. 가령 박종홍 선생 이후 박동환 교수는 "2500년 동안 중국 및 한국 사상사 (또는 역사) 전개에 그렇게 큰 영향을 끼친 그 논리적 구조란 어떤 것인가를 논리학적으로 명백히 형식화하는 일을" 자신의 과제로서 설정했었다. 그리고 이러한 과제의 해결을 위해서 "2500년 동안의 서양 과학 및 철학 사상사 전개에 결정적 역할을 해온 논리적 구조는 무엇인가를 밝히고 형식화해서 앞의 것과 대조 또는 모순을 이루는 논리적 관계의 진상을 검토해보아야 할 것으로 생각"했다.[19]

19) 박동환, 「禮의 논리적 근원」, 『인문과학』 제43집(연세대 인문과학연구소, 1980),

이렇게 설정된 과제는 해체론을 한국철학사에 접목할 수 있는 장소가 될 수 있다. 그 과제는 우리의 전통에 대한 논리학적 과제이자 무한한 회상의 과제를 말하기 때문이다. 이 과제는 해체론이 보여준 바와 같은 독서, 우리가 계승하는 문헌과 기호 현상들에 대한 정밀하고 포괄적인 읽기의 작업을 통해서만 감당할 수 있는 성질의 것이다. 이 지난한 논리·회상적 과제가 요구하는 탐색의 시간은 한국적 사유의 미래적 정체성이 태어나기까지 우리가 지날 수밖에 없는 묵시록적 시간일 것이다. 미래를 준비하는 이 묵시록적 시간 안에서 철학적 탐구가 지녀야 하는 위상은 메타 철학적이어야 하고 메타 논리적이어야 할 것이다. 또한 메타 역사적일 필요가 있을 것이다. 먼 과거에서 먼 미래로 이어지는 우리의 전통 안에서 철학은 무엇이며 사유란 무엇인가? 역사란 무엇인가? 우리의 철학, 사유, 역사를 각기 한계짓는 동시에 그 내면의 논리·역사적 가능성을 조건짓는 바깥은 무엇인가? 우리는 아직 이런 물음을 던져본 경험이 없다. 그러나 그런 물음이야말로 더 이상 피할 수 없는 것이 되었고, 이는 그만큼 그것이 우리에게 약속하는 것이 많아졌기 때문이다. 이런 물음을 생략한 채 탄생할 철학은 많은 것을 결여하고 있을 것이고, 특히 역사적 현실의 절대적 필요에 부응하는 능력을 갖추고 있기 어려울 것이다. 현재의 역사적 현실에 대하여 오늘의 한국철학이 보여주고 있는 무능력도 현재적 현실의 역사적 규정성 혹은 그 문화적 정체성 자체가 현실적으로든 개념적으로든 아직 구체적으로 조형화되지 않았다는 데서 비롯할 것이다. 우리는 우리가 속한 사상사적 체계, 우리가 거주하는 집을 아직 알지 못한다. 그러나 철학은 그 체계와 집에 대한 물음을 자기 이외의 다른 영역에 의존해야 하는가? 아닐 것이다. 왜냐 하면 역사적 현실을 조형한다는 것이야말로 철학이 다른 유형의 초월적 사유와 더불어 다투어왔던 최후의 권리이기 때문이다. 철학은 그런 권리를 자각할 때 비로소 철학 밖의 주변 영역에 기여할 수 있는 명예로운 철학이 될 수 있다. 그런 권리를 자각하고 행사할 수 있기까지 한국의 철학이 견디어야 하는 묵시록적 시간 안에서 우리

---

p.171.

가 체득해야 할 것은 무엇보다 회상 불가능자에 이르는 히산의 기술, 기원의 기원으로 소급하는 시작의 기술, 그래서 과거 속에 미래를 수태시키는 시간의 기술일 것이다. 한마디로 이 시대는 해체론적 영감의 시대여야 할 것이다.

비트겐슈타인과 철학의 미래

노 양 진(전남대 철학과 교수)

1. 머리말

철학사는 비트겐슈타인(L. Wittgenstein)과 함께 새로운 국면을 맞게 되었다. 그것은 철학사라는 커다란 흐름에서 하나의 '단절'을 의미한다. 이러한 단절은 비트겐슈타인의 전·후기 사상을 관통해서 드러나는 '철학의 기능과 역할'에 관한 독특한 철학 개념에서 비롯된다. 비트겐슈타인은 철학이 '이론화'라는 목표를 포기해야 하며, 대신에 우리의 그릇된 사고 방식에 대한 자기 비판으로서 전통적인 철학적 방법의 허구성을 드러내는 하나의 '활동(activity)'이 되어야 한다고 주장한다. 그는 철학적 이론들에 의한 혼동이 마치 질병처럼 과거의 철학자들을 사로잡고 있었으며, 이제 새로운 철학자는 마치 의사처럼 언어에 의해 발생한 그 질병을 치유해야 한다고 말한다. 그래서 비트겐슈타인의 이러한 철학 개념을 우리는 흔히 '치유적 철학(therapeutic philosophy)'이라고 부른다.

전통 철학에 대한 비트겐슈타인의 강한 불신과 회의는 철학적 방법에 대한 금세기의 반성적 논의에 심중한 영향을 미쳤다. 그러나 철학이 더 이상 이론화를 목표로 삼지 않아야 한다는 그의 주장은 분명히 급진적이며, 이러한 철학 개념을 받아들였을 때 우리의 철학적 탐구가 과연 어떤 방식으로 지속될 수 있는지에 관해 심각한 물음이 제기된다. 필자는 이 글에서 비트겐슈타인의 '치유' 개념이 담고 있는 문제 의식을 '이론의 크기'라는 맥락에서 해명하고, 나아가 철학적 탐구의 방향과 관련된 그의 제안을 검토할 것이다. 이러한 논의를 바탕으로 비트겐슈타인이 철학의 '종언'을 선언하고 있는 것이 아니라 과거의 철학적 환상들을 제거함으로써 우리에게 새로운 철학적 '그림'을 제시하고 있음을 드러낼 것이다.

비트겐슈타인은 전통적 철학이 추구했던 환상들을 제거함으로써, 그것에 의해 가려졌던 '일상성'이라는 우리의 지반을 다시 볼 수 있을 것이라고 말한다. 말하자면 그가 제안하는 전환의 요체는 우리의 지반으로부터 지나치게 멀리 나아간 철학을 다시 우리 곁으로 되돌려놓으려는 것이다. 이러한 반성적 복귀는 자연스럽게 우리의 조건에 대한 진지한 탐구의 방향을 새롭게 제시해줄 수 있을 것이다.

2. 철학적 환상과 치유

비트겐슈타인이 바라보는 철학의 역사는 '혼동'의 역사다. 그 '혼동'의 내용과 방식은 그의 전기와 후기 사상에서 상이한 형태로 설명된다. 『논리철학논고』[1]에서 이 혼동의 핵심은 언어의 논리적 구조에 대한 오해에서 비롯되는 것으로 간주되지만 후기의 『철학적 탐구』[2]에서는 오히려 『논고』가 제시하는 대안적 언어관을 포함한 '철학적 열망'이 혼동의 주된 원인으로 간주된다. 그러나 적어도 철학의 역할

---

1) L. 비트겐슈타인, 『논리 철학 논고』, 이영철 역, 수정판(서울: 서광사, 1994). 영어본은 *Tractatus Logico-Philosophicus*, trans. by C. K. Ogden (London: Routledge & Kegan Paul, 1922) 참조. 이하 『논고』로 약함. 이 글의 초고를 읽고 중요한 지적과 논평을 해주신 이영철, 안세권, 이승종 교수님께 감사드린다.
2) 비트겐슈타인, 『철학적 탐구』, 이영철 역(서울: 서광사, 1994). 영어본은 *Philosophical Investigations*, trans. G. E. M. Anscombe, 3rd ed. (Oxford: Basil Blackwell, 1968) 참조. 이하 『탐구』로 약함.

이 이러한 혼동의 교정을 위한 활동이어야 한다는 측면에서는 전기와 후기 사상은 구별되지 않는다.

그는 전통적으로 제기된 철학적 물음들이 언어적 오해의 산물이라고 본다. 따라서 그는 자신의 철학적 작업을 "언어의 논리에 대한 오해"(『논고』 서문)를 해소시키려는 노력이라고 규정한다. 『논고』의 중심적 주제의 하나인 의미 / 무의미 구분의 주된 목표는 바로 '말할 수 없는 것'이 '말할 수 있는 것'과 동일한 형태로 표현됨으로써 초래되는 오해를 제거하려는 것이다. 그는 이러한 언어적 표현에 의한 논리적 구조의 은폐를 본성적인 현상으로 보며, 이것을 마치 발성이 어떻게 해서 발생하는지를 모르면서도 우리가 일상적으로 발성하는 것에 비유한다. 따라서 그는 우리의 언어에 은폐된 논리적 구조를 **직접적으로 드러내는 것**이 인간에게 불가능하다고 본다(『논고』 4.002). 철학자는 바로 이러한 숨겨진 언어의 본성을 드러내 보여줌으로써 우리의 오해를 제거해주어야 한다고 주장한다.

> 언어는 사고를 위장한다. 의복의 외적 형식으로부터 그 바탕에 놓여 있는 사고의 형식을 추론하는 것은 그만큼 불가능하다. 왜냐 하면 의복의 외적 형식은 몸의 형식을 드러내도록 의도된 것이 아니라 전혀 다른 목적을 위해서 의도된 것이기 때문이다(『논고』 4.002).

일상적 언어의 문법적 구조가 그 근저에 놓여 있는 논리적 구조를 적절하게 드러내지 못한다는 생각은 비트겐슈타인이 러셀(B. Russell)로부터 배운 것이다. 러셀은 "모든 철학적 문제는 필연적 분석과 정화를 거치면 전혀 참된 철학적 문제도 …… 논리적 문제도 아니라는 것이 드러난다"[3]고 말한다. 예를 들면 "연구실 한가운데에 책상이 **있다**"와 "초월적 세계에 절대자가 **있다**"라는 두 주장은 '있다'라는 동일한 말로 표현된다. 그러나 이 문장이 둘 다 참이라 하더라도 과연 책상과 절대자가 동일한 방식으로 **있는가?** 만약 그렇지 않다면 그

---

[3] Bertrand Russell, *Our Knowledge of the External World*, reprinted with a new Introduction by John Slater (London: Routledge, 1993), p.42.

방식의 차이는 무엇인가? 비트겐슈타인은 자신의 철학적 과제가 이러한 물음에 명료하게 답하는 것이라고 생각했다.

그러나 비트겐슈타인이 러셀과 함께 이러한 생각을 철학적 사유의 계기로 공유하고 있었던 것은 사실이지만, 철학적 결론에서 그들은 방향을 달리 하게 된다. 말하자면 러셀은 논리적 원자론자로서 여전히 자신의 철학적 작업이 세계의 기본 구조를 해명하는 체계적 작업의 하나라고 생각했지만, 비트겐슈타인은 그러한 체계를 거부하고 자신의 탐구를 하나의 '활동'으로 규정하는 것이다. 그래서 비트겐슈타인에게 '철학적 명제'란 존재하지 않는다. 철학은 논리적 구조 또는 그 무엇에 관한 하나의 이론이 아니다. 철학이 추구해야 할 것은 체계 건설도 이론 구성도 지식 획득도 아니다. 철학은 다만 언어가 숨기고 있는 논리적 구조를 드러내는 '논리적 명료화'라는 하나의 활동일 뿐이다. 그리고 그 활동의 내용은 '언어 비판'(『논고』 4.0031)이다.

『논고』와 함께 비트겐슈타인은 더 이상 해결해야 할 철학적 문제가 남아 있지 않다고 생각했고, 그래서 철학을 떠났다. 그는 『논고』를 통해 모든 철학적 문제들이 근원적으로 '해소'되었다고 생각했다. 그러나 그는 은둔기를 통해 『논고』에서의 자신을 포함한 철학자들의 문제들을 새롭게 다루어야 할 필요를 느꼈을 것이다. 그는 '해소'를 위해 그가 건설했던 것들이 또 하나의 철학적 환상의 산물이라는 것을 깨달았던 것이다. 그러나 이러한 시각의 전환에도 불구하고 비트겐슈타인은 여전히 철학적 사색의 계기를 언어적 혼동에서 비롯되는 '당혹(puzzlement)'에서 찾는다. 그래서 그는 철학적 문제들을 일종의 질병에 비유한다(『탐구』 255).

비트겐슈타인이 생각하는 언어의 본성은 무엇일까? 그는 언어를 우리의 삶의 중심적 도구로 간주한다. 따라서 언어는 우리와 독립적으로 존재하는 '실체'가 아니며, 따라서 우리의 삶의 연관 속에서만 그 본성을 드러낸다. 이러한 맥락에서 비트겐슈타인이 강조하는 것은 언어의 '사용(use)'이다(『탐구』 43). 즉 언어는 우리의 일상적 삶의 다양한 맥락에서 구체적 용도를 가질 때 비로소 그 의미를 얻는다. 그것은 『논고』가 추구했던 것처럼 언어가 정교한 논리적 분석을 통해 해명될 수 있는 추상적 실재들의 구성물이 아니라 우리의 삶의 현실적 도구의 하나이기 때문이다. 그래서 언어가 삶의 구체적 사실들의 지반을 떠나 헛돌고 있을 때 불필요한 철학적 문제들을 불러온다(『탐구』38, 132).

철학적 문제라는 질병의 징후는 당혹과 혼동이다. 비트겐슈타인은 이러한 질병의 원인으로 철학자들의 '일반성에의 열망(craving for generality)'[4]을 든다. 이러한 열망에 의해 철학자들은 세계, 존재, 선, 진리, 옳음 등의 철학적 문제들을 하나의 기준에 의한 하나의 이론으로 설명하려고 한다. 그러나 중요한 것은 그 이론들이 단순히 '일반성'을 추구한다는 데 있는 것이 아니라 '열망'에 의해 구성된 이론을 낳는다는 점이다. 그리고 그 열망의 산물은 '이상들(ideals)'이다. 이상은 물론 그 자체로 유용성을 갖는다. 그것은 우리의 삶의 방향성을 제시할 뿐만 아니라 삶의 척도가 되기도 하지만 그것이 그러한 본성을 넘어서 우리에게 부과될 때 하나의 혼동을 초래한다. 이것은 '우리가 원하는 것'과 '우리의 것'의 혼동이다.

말하자면 우리의 '열망'을 표출하는 이론이 그 본성을 넘어서 하나의 독단으로 자리잡고, 나아가 그것이 우리 자신과 세계를 '기술'하는 이론을 자임하게 되면서부터 오히려 우리 자신을 왜곡하고 억압하게 된다는 것이다. 비트겐슈타인은 언어가 그 혼동의 구조를 제공하고 있다는 사실을 보았다. 언어의 사용이 우리에게 자연스러운 것처럼, 언어를 통한 우리의 본성의 발현도 그만큼 자연스러운 것이다. 비트겐슈타인은 이러한 자연스러움에 의해 가려진 혼동이라는 함정들을 보았으며, 그러한 함정들을 드러내는 것이 철학자의 작업이 되어야 한다고 보았다.

철학적 이론의 본성에 관한 비트겐슈타인의 이러한 진단은 분명히 진지하게 경청할 만한 중요한 메시지를 담고 있다. 그는 우리가 종종 철학적 문제들 앞에서 경험하는 답답하고 혼미한 '사유의 체증'의 소재를 드러내주고 있기 때문이다. 그러나 우리를 곤혹스럽게 하

---

4) Wittgenstein, *The Blue and Brown Books* (New York: Harper & Row, 1965), p.17; 『탐구』: 104 참조.

는 것은 철학이 더 이상 이론화의 작업이 아니며, 또 그래야 할 이유도 없다는 그의 급진적 주장이다. 그것은 전통적으로 철학적 작업의 핵심적 줄기로 이해되어 왔던 '비판'과 '대안적 이론 건설'이라는 이중적 목표의 하나를 포기할 것을 요구한다. 이제 비트겐슈타인의 손에 의해 철학의 미래는 박탈되었는가? 만약 그렇다면 우리는 비트겐슈타인으로부터 무엇을 배울 수 있으며, 그렇지 않다면 그가 우리에게 남겨둔 것은 무엇인가?

3. 일상성과 이론의 크기

이제 비트겐슈타인을 따라 철학적 열망의 산물들인 '이론들'은 제거되어야 하는가? 우리는 이 물음에 대해 비트겐슈타인으로부터 직접적으로 긍정 또는 부정의 답을 얻어낼 수는 없을 것이다. 대신에 우리는 이 물음과 관련해서 좀더 신중하게 비트겐슈타인의 생각들을 음미할 필요가 있다.

비트겐슈타인이 철학적 열망을 우리의 조건으로부터 비롯되는 본성의 하나라고 간주하는 한, 그것을 부정하는 것은 우리의 본성을 부정하는 것이 된다. 따라서 우리가 거부해야 할 것은 이론화라는 본성이 아니라, 그 산물인 철학적 이론들이 제시하는 '환영'들이다. 그래서 비트겐슈타인의 작업은 "단어들을 형이상학적 사용으로부터 일상적 사용으로 되돌리려는 것"(『탐구』116)일 뿐이다. 즉 그는 철학적 이론화에 의해 오염된 우리의 언어를 본래 고향인 언어 게임으로 되돌리려는 것이다. 이러한 비트겐슈타인에게 '모든 이론화의 거부'라는 급진적 해석은 적절하지 않다. 그가 추방하려는 이론은 **우리를 넘어서는, 그래서 우리의 일상적 언어 게임을 벗어난 초월적 이론**들이다. 그래서 『탐구』로의 전환과 함께 철학은 우리와 전적으로 독립된 대상의 세계를 추구하려는 철학의 '자기 유배'를 벗어나 우리 삶의 일상적 양상들로 되돌아오게 된다.5) 그렇다면 비트겐슈타인을 따라 우리가 복귀해야 할 '일상성'은 어디쯤이며, 그곳에서 우리의 철학적 작업은 어떤 것일까?

　　그리고 우리는 어떠한 이론도 세워서는 안 될 것이다. 우리의 고찰에는
어떤 가설적인 것도 있어서는 안 된다. 모든 **설명**은 사라져야 하고, 오직
기술(記述)만이 그 자리에 들어서야 한다. 그리고 이 기술은 그것의 빛, 즉
그것의 목적을 철학적 문제들로부터 받는다. 그것들은 물론 경험적 문제
들이 아니다. 그것들은 오히려 우리 언어의 작용을 살펴봄으로써, 나아가
그 작용을 오해하려는 충동에 **대항해서** 우리로 하여금 그 작용을 인식하
게 하는 방식에 의해서 풀린다. 이러한 문제들은 새로운 정보에 의해서가
아니라 우리가 항상 알고 있는 것들을 정돈함으로써 풀린다. 철학은 언어
에 의한 우리 지성(知性)의 미혹에 대한 투쟁이다(『탐구』 109, 고딕은 원
문의 강조).

　이처럼 비트겐슈타인에게서 철학은 우리의 지적 작업의 근거를
마련하려는 선결적 활동이며, 그것은 새로운 지식의 확장을 목표로
삼는 것이 아니라 이미 우리에게 주어진 것들의 기술을 목표로 삼는
다. 그는 "우리가 파괴하는 것은 사상누각(砂上樓閣)일 뿐이며 우리
는 그것들이 서 있는 언어의 대지를 청소하고 있다"(『탐구』 118)고
말한다. 비트겐슈타인은 아마도 그릇된 허상의 건물들을 무너뜨림으
로써 말끔하게 청소된 대지를 보여주는 것이 철학자의 주된 임무라
고 생각했을 것이다. 페어스는 이러한 비트겐슈타인의 철학을 다음
과 같이 서술한다.

　　새로운 철학은 새로운 메시지와 함께 사막으로부터 돌아왔다. 낯익은
것들을 바르게 기술하라. 그리하여 우리는 그것을 이해하게 될 것이다.[6]

　이러한 철학은 더 이상 우리를 넘어선 불변의 진리를 추구하지 않
는다. 철학의 목표는 단일한 '그림'을 건설하려는 것이 아니라 우리

---

5) David Pears, *The False Prison: A Study of the Development of Wittgenstein's
Philosophy, Vol. 1* (Oxford: Clarendon Press, 1987), p.17.
6) 같은 책, p.19.

의 일상적인 것들을 우리에게 주어진 재료 기술하는 것이다. 이러한 기술은 아마도 체계적일 수 있으며, 이론의 형태를 가질 수도 있을 것이다. 그러나 그것이 과거의 이론들과 다른 점은 우리 앞에 놓인 것들을 우리를 넘어서는 방식으로 기술하려고 하지 않는다는 점이다. 철학은 모든 것을 그대로 둔다(『탐구』124). 그래서 비트겐슈타인이 제안하는 이러한 새로운 기술은 듀이적인 의미에서 자연주의적이며, 동시에 메를로 퐁티적인 의미에서 현상학적이 될 것이다. 여기에서는 이러한 비트겐슈타인의 제안을 '이론의 크기'라는 측면에서 고찰할 것이다.

3-1. 이론의 크기

'개념화(conceptualization)'의 크기는 무한정 다양한 방식으로 가능하다. 그것은 마치 하나의 도형을 쪼개어 나누는 방법만큼이나 다양하다. 그리고 개념들의 크기는 곧 그 개념들을 포함하는 이론의 크기를 결정한다. 나는 내가 '책상'이라고 부르는 것과 '꽃병'이라고 부르는 것을 한데 묶어 '책병' 또는 다른 어떤 이름으로 부를 수도 있다. 무등산이 보이는 찻집에 앉은 여자의 코와 무등산을 한데 묶어 '무등코'라고 부를 수도 있다.7) 이것은 우리가 강과 산[江山]을 묶으며, 때로는 하늘과 땅만큼 차이가 있는 하늘과 땅[天地]을 함께 묶는 것과 다르지 않다. 그 반대로 일상적으로 하나의 대상으로 주어진 것을 더 작은 대상으로 나누는 것도 항상 가능하다. 우리가 신체의 부분들을 손톱, 손가락, 손마디, 손등, 손바닥, 손목 등으로 나누어 부르든 한꺼번에 묶어 '손'이라고 부르든 어느 쪽도 이론적으로 가능하다. '책병'이나 '무등코'는 일상적이지는 않지만 이러한 개념화 방식에 문제가 있는 것은 아니다. 사실상 우리의 모든 개념화는 이와 유사한 과정을 거쳐 이루어지기 때문이다. 그리고 새롭게 주어진 대상을 무엇이라고 부르든 그것은 중요하지 않다. 적어도 '명명식(baptism)' 단계에서 이

7) Hilary Putnam, *Realism with a Human Face*, ed. James Conant (Cambridge, Mass.: Harvard University Press, 1990), pp.98-99 참조.

름은 '자의적 기호'라는 것이 분명하기 때문이다. 중요한 것은 일상적으로 두 개 또는 그 이상의 대상이라고 생각되는 것을 하나로 '대상화'할 수 있다는 사실이다.

개념의 크기는 그것을 포함하는 이론의 크기를 결정한다. 앞서의 개념화 방식이 가능하다면 나는 아주 쉽게 세계에 관한 단일한 기술을 할 수 있다. 그러기 위해서는 이 세계 안의 모든 존재를 아우르는 단어가 필요하다. 그것을 '전물(全物)'이라고 부르기로 하자. 그리고 전물이 존재하는 모든 방식을 한데 묶어 '전재(全在)하다'라는 동사를 만들면 다음과 같은 문장이 가능하다.

① 전물이 전재한다.

이제 ①은 이 세계의 모든 것을 포괄하는 폭넓은 기술이 된다. "한국의 대통령은 표준말을 못한다", "담배는 마약이다", "철학은 활동이다"와 같은 무수히 많은 문장들의 주장 내용이 사실은 ①의 주장 내용의 부분 집합에 불과하다. 우리는 너무나 쉽게 이 세계 전부에 관해 기술한 것이다. 이러한 기술은 '일상적'이지 않다는 점을 제외하면 아무런 논리적 문제도 없어보인다.

그렇다면 이처럼 이론적으로 동등하게 가능한 개념화들 중에 실제적으로 어떤 개념화는 수용되는 반면 어떤 개념화는 거부되는 것일까?[8] 이 물음에 대한 답변을 위해서 우리는 이러한 선택에 논리적 분석을 넘어서는, 또는 논리적 분석을 거부하는 다양한 요소들이 개입된다는 사실에 주목할 필요가 있다. 예를 들어 비트겐슈타인이 말하는 '명료성(clarity)'을 살펴보자(『탐구』 329 / 영어본 221). 즉 "갓난아이는 이빨이 없다", "거위는 이빨이 없다", "장미는 이빨이 없다"라는 문장들은 모두 참이다. 마지막 문장은 사실상 앞의 어느 것

---

8) '귀납법의 새로운 수수께끼'라는 굿맨(N. Goodman)의 논의는 근원적으로 이 문제와 관련되어 있는 것으로 보인다. 굿맨은 이 선택의 문제를 '투사(projection)'와 '고착(entrenchment)'이라는 개념으로 설명한다. Nelson Goodman, *Fact, Fiction, and Forecast*, 2nd ed. (Indianapolis: Bobbs-Merrill, 1965), 특히 3장 참조.

보다도 더 명백한 침일 수 있지만 그 의미가 '명료'하지 않다. 이 모든 문장은 문법적으로든 경험적으로든 가능하다. 그러나 이 문장이 의미 있게 사용될 수 있는 구체적 상황이 어떤 것일지가 우리에게 분명하지 않은 것이다. 적어도 우리의 경험적 삶의 조건 안에서는 장미는 이빨이 없으며, '이빨이 있는 장미'를 상상한다는 것이 익숙하지 않기 때문이다. 이것은 문장 자체보다는 그 문장 내용의 배경에 해당되는 부분이 우리의 의미 결정에 불가결한 역할을 한다는 것을 말해 준다.

나아가 기술(記述)은 본성적으로 무엇인가를 '부각(highlighting)' 시키며, 이러한 부각은 상대적으로 자연스럽게 '은폐(hiding)'되는 배경적인 요소들과 항상 밀접한 관련을 갖는다.9) 어떤 기술의 의미는 금세기의 분석철학자들이 가정했던 것처럼 '문장 자체'만으로 결정되지 않는다.10) 언어 표현은 너무나 자연스럽게 배경적 요소들을 은폐하고 있으며, 이것이 언어의 본성의 하나이기도 하다. 철학적 문제는 바로 언어의 이러한 본성과 밀접하게 관련되어 있으며, 그것이 비트겐슈타인의 전철학적 탐구를 사로잡은 문제이기도 했다. 비트겐슈타인은 이 문제를 '일상성 안에서의 구체적 사용'이라는 기준으로 대처한다. 말하자면 앞의 문장들은 우리의 일상적 사용을 벗어나는 것들이며, 따라서 그만큼 의미의 계기를 잃고 있다. 다이아몬드(C. Diamond)의 표현을 빌면 이러한 문장들은 '우리 자신과의 합치(agreement with ourselves)'를 벗어난 것들이다.11)

---

9) G. 레이코프 · M. 존슨, 『삶으로서의 은유』, 노양진 · 나익주 역(서울 : 서광사, 1995), 특히 p.211 참조.

10) 여기에서 '문장 자체'는 반드시 기호적 조합의 측면만을 말하는 것은 아니다. 예를 들어 의미에 관한 중요한 이론의 하나인 '지칭(reference)' 이론은 한 단어의 지칭체가 그 단어의 의미이거나, 적어도 의미 결정에 궁극적으로 중요한 역할을 한다고 본다. 이러한 입장에서 '문장 자체'는 '언어와 세계의 대응'이라는 관계를 자연스럽게 가정하게 된다. 아무튼 이러한 구도 안에서의 의미 이론은 언어 사용자의 상황을 포함한 복합적 요소들을 전적으로 배제하며, 그 귀결로 드러나는 것은 지극히 제한된 언어관이다. 이 문제에 관한 좀더 상세한 논의는 노양진, 「지칭에서 의미로」(1998년 분석철학회 겨울 세미나 발표문) 참조.

11) Cora Diamond, *The Realistic Spirit: Wittgenstein, Philosophy, and the Mind*

아마도 앞의 문장 ①은 비트겐슈타인의 통찰을 따른다면 '철학적 열망들'의 추동력에 의해 쉽사리 고양(高揚)될 수도 있을 것이다. 그러나 철학적 열망에 의한 그러한 상승은 항상 우리의 일상성으로부터의 그만큼의 거리를 의미한다. 『논고』(6.54)에서의 비트겐슈타인의 '사다리'의 비유는 이제 새로운 맥락에서 사용될 수 있을 것이다. 말하자면 그러한 상승을 시도했던 철학자들은 자신들이 사용했던 사다리를 던져버렸기 때문에 우리는 그 출발점을 찾는 데 어려움을 겪게 된다. 비트겐슈타인은 우리가 의미 있게 선택할 수 있는 크기의 개념과 이론이 있다는 것을 말해준다. 그리고 우리의 선택이 그러한 크기를 벗어났을 때 우리에게 되돌아오는 것은 '철학적 혼동'이다. 우리가 추구하는 것과 우리의 것 사이에 존재하는 괴리는 우리의 기본적 조건에 속하는 부분이다. 그러나 언어는 본성적으로 그러한 괴리를 은폐하는 구조를 갖고 있으며, 그러한 언어의 무비판적 사용은 우리를 혼동으로 이끌어간다. 그리고 이것이 전통적 철학 이론들이 낳은 질병들이다.

3-2. 인간의 조건

이론의 크기는 인간의 조건과 불가분의 관계에 있다. 따라서 크기의 문제를 논의하는 데 인간의 조건에 대한 반성적 탐구는 불가결한 과정이다. 비트겐슈타인은 우리의 '원초적(primitive)' 조건들에 관심을 돌린다. 인간은 분명히 신체적인 유기체다. 그리고 이러한 유기체의 존재 방식에는 필요 충분 조건은 아니라 하더라도 '원초적'이라고 간주할 만한 요소들이 있다.[12] 그리고 이러한 요소들은 그 자체로 '철학적'이 아니며, 매우 소박한 삶의 차원에서 이해될 수 있는 것들

(Cambridge, Mass.: MIT Press, 1991), p.36 참조. 다이아몬드는 이 표현에 대비되는 것으로 프레게나 전기 비트겐슈타인의 언어가 '그 자체와의 합치'를 추구한다고 말한다.

12) 안세권 교수의 지적처럼 여기에서 '원초적'이라는 말은 단순히 우리의 신체적·물리적 차원만을 가리키는 것이 아니라, 우리가 사고의 지반으로 간주할 수 있는 일상적인 차원의 정신 활동과 그 산물도 포함하는 것으로 해석되어야 할 것이다.

이디. 우리의 개념과 사고는 이러한 지반 위에서 이해되고 해명되어야 한다. 그 지반을 떠나버린 개념과 이론들은 마치 실이 끊긴 연처럼 아무런 제약도 없이 허공을 자유롭게 날 수는 있겠지만 그것은 더 이상 우리의 연이 아니다. 가장 높이 나는 화려한 연이 우월한 연일 수 있지만, 그것은 여전히 가느다란 한 오라기라 할지라도 연실에 매달려 있기 때문에 '연'일 수 있다. 비트겐슈타인의 말처럼 우리가 걷기 위해서는 마찰이 있는 거친 땅이 필요하다(『탐구』107).

아마도 이러한 지반을 염두에 둔다면 우리는 우리에게 필요한 '크기'에 관해 좀더 실제적으로 이야기할 수 있을 것이다. 그리고 그 지반의 중요한 부분은 우리 자신의 원초적 조건이다. 말하자면 시·공간적으로 제약되어 있으며 신체화되어 있다는 사실 등이 그러한 조건에 속하며, 우리의 모든 개념과 사고는 이러한 지반 위에서만 그 '의미'를 얻는다. 즉 우리 자신의 크기는 우리가 **현재 주어진 대로의 조건으로** 존재하게 되었기 때문에 갖게 된 것이다. 말하자면 명확한 근거가 있는 것은 아니지만 무당벌레나 지렁이 또는 망치머리박쥐가 우리와 동일한 크기의 사물을 갖는다 — 즉 개념화한다 — 고 믿는 것은 어리석은 일처럼 보인다. 그리고 그것이 어리석다고 생각하는 일차적인 근거는 그것들과 우리가 갖는 원초적 조건의 차이다. 비트겐슈타인의 생각처럼 원초적 조건의 유사성이 전혀 낯선 언어를 동화하는 데 준거가 될 수 있다면(『탐구』206), 그것은 동시에 언어의 상이성을 확인하는 데에도 준거가 되는 것이다.

예를 들어 회의주의, 특히 '보편적 회의주의(global scepticism)'라고 불리는 철학적 괴물은 성공적으로 논파되지는 않는다 하더라도 이론의 크기라는 관점에서 적절하게 대처될 수 있을 것이다. 특히 보편적 회의주의자는 항상 '앎'의 기준인 확실성을 우리를 넘어선 지점에 설정하고 있으며, 이 때문에 우리는 원천적으로 그 회의주의에 대한 답변의 가능성을 봉쇄당하고 있다. 따라서 우리는 이러한 회의주의에 직접적으로 답하기보다는 오히려 회의주의자가 설정하는 기준을 거부함으로써 적절하게 대처할 수 있을 것이다. 그리고 그러한 대처에 핵심이 되는 것은 그 회의주의자의 기준이 '우리의 크기'를 넘어서고 있다는 점을 보여주는 것이다.

퍼트남이 제기한 '통 속의 두뇌(Brains in a Vat)'라는 사고 실험을 살펴보자. 통 속에 두뇌가 있고 이 두뇌는 통 밖의 슈퍼컴퓨터와 연결되어 있어서 그 컴퓨터로부터 모든 자극을 공급받는다. 그래서 그 두뇌는 마치 자신이 실제 글을 쓰고 식사를 하는 것 같은 환각을 갖는다. 퍼트남의 이 사고 실험은 물론 회의주의 문제를 다룰 목적으로 제시된 것은 아니지만 데카르트의 '사악한 사탄' 논증을 연상하게 한다.13) 이제 물음을 바꾸어 그 두뇌가 갖는 '의미 있는 경험의 영역'이 어디까지인지 묻기로 하자.

퍼트남의 사고 실험의 전제 조건은 그 두뇌가 통 속에만 있어야 하며, 따라서 그 두뇌가 근원적으로 통 밖의 슈퍼컴퓨터의 존재를 **알 수 없다**는 조건 아래서만 가능하다. 그리고 만약 어떤 경로로든 그 두뇌가 슈퍼컴퓨터의 존재를 알 수 있게 된다면 그것은 이미 처음 출발했던 구도 안에서의 두뇌가 아니다. 회의주의의 문제에 직면해서 우리 인간의 위치가 마치 통 속의 두뇌와 같은 처지라면 우리는 우선 우리의 주어진 조건을 넘어서서 슈퍼컴퓨터의 세계를 알 수 없다. 즉 우리가 통 속의 두뇌라는 사실을 알기 위해서는 우리는 '슈퍼컴퓨터'와 '통'을 동시에 관찰할 수 있는 위치를 가져야 하지만, 우리에게 그러한 관점이 주어지지 않는다. 그러한 관점을 설정한다는 자체가 이미 이 사고 실험의 조건을 넘어서기 때문이다.

인간의 조건이 마치 통 속의 두뇌와 같은 것이라면 적어도 우리에게서 '슈퍼컴퓨터와 연결된 통 속의 두뇌' 이야기는 '우리'의 조건을 넘어서는 이야기다. 그렇다면 우리가 도달할 수 없는 관점을 설정하고, 그것에 도달하지 못한다는 이유 때문에 회의주의자가 되는 것은 무엇을 의미할 수 있는가? 오히려 그러한 관점을 거부하고 우리의 세계 안에서 의미를 발견하는 것이 인간인 우리에게 온당한 일이 아

---

13) 힐러리 퍼트남, 『이성, 진리, 역사』, 김효명 역(서울 : 민음사, 1987), 1장 참조. 퍼트남은 이 실험을 통해 통 속의 두뇌가 과연 통 속의 두뇌다라는 사실을 의미 있게 말하거나 생각할 수 있는지의 물음을 제기한다. 퍼트남의 답은 부정적이다. 그는 인과적 지칭의 고리가 형성되지 않은 의미 관계가 가능하지 않다고 본다.

닐까? 이러한 맥락에서 카벨(S. Cavell)은 회의주의에 대해 다음과 같이 말한다.

> 자신의 인간성(humanity)을 부인하려는, 또는 다른 것들을 포기하고서도 그것을 주장하려는 희망처럼 인간적인 것은 없다. 그러나 만약에 그것이 회의주의가 수반하는 것이라면 그것은 단순한 '논박'을 통해서는 대처될 수 없을 것이다.14)

우리는 '인간' 모두에게 철학적 사유가 필요한 것이라고 말하지만 갓난아이가 규범성의 근원에 대해 탐색할 수 있을 것으로 기대하지 않는다. 그 아기가 그처럼 고차원적 사고를 한다면 오히려 기이하게 여길 것이다. 더구나 붉은 점박이 무당벌레가 자신이 속한 세계의 '아르케(arche)'에 관심을 가져야 한다고 주장하려고 들지 않는다. 나아가 이러한 '신적 관점(God's-Eye view)'의 추구와 하찮은 딱정벌레의 관점의 추구는 과연 무슨 차이가 있는 것일까? 왜 철학자들은 신의 관점을 추구하면서도 딱정벌레의 관점을 추구하지 않으며, 딱정벌레의 관점이 우리에게 주어지지 않으리라는 것에 대해서 한 점의 의심도 갖지 않을 많은 사람들이 신적 관점은 주어질 수 있을 것이라고 가정하는 것일까? 아마도 이것은 이론적 설명보다도 우리 자신의 원초적 한계로부터 비롯되는 근원적 욕구와 열망에 의해서만 가장 적절하게 설명될 수 있을 것이다. 그리고 이것은 우리의 한계와 조건에 관해 중요한 사실을 알려준다. 즉 우리는 '제한된 존재'라는 것이다.

비트겐슈타인은 우리의 확실성이 우리의 근원적 조건을 넘어서서 설정될 수 없다고 본다. 그러한 조건은 '받아들여져야 할 것, 주어진 것'(『탐구』 p.336 / 226)으로서 '삶의 형식들(forms of life)'이다. 따라서 삶의 형식은 나의 논거들이 더 이상 거슬러 올라갈 수 없는 암반이다(『탐구』 217). 삶의 형식은 우리 언어의 한계며 동시에 의미의

---

14) Stanley Cavell, *The Claim of Reason: Wittgenstein, Skepticism, Morality, and Tragedy* (Oxford: Oxford University Press, 1979), p.109.

한계다. 바꾸어 말하면 삶의 형식은 우리의 의미, 즉 의미 있는 언어 게임을 가능하게 하는 **포괄적** 지반이며, 동시에 한계이기도 하다.15) "만약 사자가 말을 할 수 있다 하더라도 우리는 그를 이해할 수 없을 것"(『탐구』 p.332/223)이라는 비트겐슈타인의 말은 삶의 형식이 공유되지 않는 우리와 사자 사이에는 동일한 기호의 의미가 적절하게 교환되지 않는다는 것을 말해준다. 다시 말해서 사자가 말을 한다고 해도 그 말의 의미 지반인 삶의 조건이 적절히 공유되지 않았을 때 그 말의 사용은 사자에게 쓸모가 없거나, 아니면 우리에게 쓸모가 없다. 이러한 관점에서 '개념화의 크기'는 바로 이러한 삶의 형식 안에서의 쓸모라는 측면에서 적절하게 해명되어야 하며, 또 해명될 수 있을 것이다.

이것은 우리에게 적정한 크기의 이론들, 즉 우리에게 구체적인 의미 산출이 가능한 크기의 개념들과 이론들이 존재한다는 것을 말한다. 그러나 그 크기는 단일한 방식으로 정해지지 않는다. 왜냐 하면 그것은 '인간의 조건'에 대한 이해 방식에 의해 달라질 것이기 때문이다. 그리고 그 이해는 다시 특정한 관점에 의해 영향받기 때문이다. 이러한 상황은 '순환성'이라는 난점을 초래하는 것으로 보인다.

---

15) 필자는 비트겐슈타인이 말하는 '삶의 형식'이 자연적 차원의 조건뿐만 아니라 문화적 차원을 **포괄하는** 개념이라고 본다. 반면에 가버(N. Garver)와 이승종은 삶의 형식이 자연적 조건만을 포함한다고 해석한다. 이러한 해석은 비트겐슈타인을 전적인 '문화 상대주의자'로 간주하는 해석에 강력한 반론이 되며, 그러한 범위에서 매우 중요하며 또 옳은 것으로 보인다. 그러나 이러한 해석은 '낯선 나라의 언어를 숙달한다 하더라도 공통 지반의 상이성으로 인해 타인을 끝내 이해하지 못할 수 있다'(『탐구』, p.223)는 요지의 비트겐슈타인의 언급을 해명하는 데 새로운 난점을 안게 될 것이다. Newton Garver, *This Complicated Form of Life: Essays on Wittgenstein* (Chicago, Ill.: Open Court, 1994), 특히 15장 참조. 한편, 삶의 형식에 대한 이러한 해석을 바탕으로 이승종은 비트겐슈타인을 자연주의자로 간주한다. 그러나 이러한 견해는 문화적 요소를 단순히 이차적이고 파생적인 것으로 간주함으로써 비트겐슈타인을 맥도웰(J. McDowell)이 말하는 '과격한 자연주의자(bold naturalist)'로 몰아갈 우려가 있다. 또한 언어 게임과 삶의 형식을 동전의 양면으로 비유하는 이승종으로서는 다양한 언어 게임의 상이성을 해명해야 하는 새로운 과제를 안게 될 것이다. 이승종, 「비트겐슈타인과 로티 : 자연주의와 해체주의」, 김동식 편, 『로티와 철학과 과학』(서울 : 철학과현실사, 1997).

왜냐 하면 '석설한' 이해라는 밀이 또 다른 해명을 요구히기 때문이다. 그리고 역설적이게도 이러한 극복할 수 없는 순환성이 우리 모두의 철학적 탐구의 계기를 이루고 있다.

이러한 순환성을 피하는 확고한 방법은 절대적 기준을 찾아내는 일이며, 그것을 위해 과거의 철학은 우리의 경험 영역을 넘어서는 길을 택했다. 그러나 이 순환성을 피하기 위해 우리를 넘어선 절대적 기준을 추구하기보다는 오히려 이러한 순환성과 공존하는 더 나은 방식을 탐색하는 것이 우리의 삶의 모습에 훨씬 부합할 것이다. 절대적 기준을 선택하기에는 우리가 치러야 할 대가가 너무 크기 때문이다. 그리고 그것이 '우리가 원하는 것'과 '우리의 것'이 다르다는 사실을 진지하게 되돌아보도록 권고하는 비트겐슈타인의 진의일 것이다.

4. 해체에서 재건으로

비트겐슈타인은 전통 철학에 의해 제기된 일련의 문제들이 마치 '거짓 감옥(false prison)'처럼 철학자들을 사로잡고 있다고 보았다. 그는 철학적 문제에 사로잡힌 사람들을 파리병에 갇힌 파리에 비유함으로써 자신의 방법을 통해 그들을 해방시키려고 했다. 그는 철학자들을 둘러싸고 있는 견고해보이는 감옥이 사실상 '사상누각'일 뿐이라는 점을 보여줌으로써 스스로 그것을 벗어나게 하려고 한다. 비트겐슈타인은 거짓 감옥의 허상을 드러내줄 뿐, 그 자리에 새로운 감옥을 건설하려고 하지 않는다. 그는 치유적 활동을 자신의 주된 작업으로 간주한다. 이러한 비트겐슈타인의 철학 개념은 오늘날 '포스트모던'이라고 불리는 일단의 급진적 철학자들에 의해 극적인 형태로 수용되거나 확장되어 나타난다.16)

---

16) 치유적 철학 개념을 가장 적극적이고 직접적인 방식으로 옹호하고 나서는 철학자는 로티(R. Rorty)일 것이다. 그러나 우리는 푸코(M. Foucault)나 데리다(J. Derrida), 리요타르(J-P. Lyotard)에게서도 이러한 철학적 태도를 쉽게 찾아볼 수 있다. 이들은 공통적으로 전통적 사유를 비판하면서도 의도적으로 대안적 이론을 제시

실제로 비트겐슈타인의 철학 개념에는 분명히 해체적 요소들이 있다. 그럼에도 불구하고 그를 급진적인 '해체론자들'과 구분해주는 것은 무엇일까? 그것은 비트겐슈타인이 자신의 치유를 통해 분명히 복귀해야 할 지반을 제시하고 있다는 점이다. 그러나 그 지반은 치유 이후에 새롭게 제시되는 대안적 구성물이 아니라 **치유 이전부터 우리에게 엄존하는 우리의 기본적 조건**이다. 비트겐슈타인은 이러한 조건을 '일상성'이라고 생각했으며, 우리에게 이러한 지반으로 복귀할 것을 권고한다. 그리고 이러한 복귀에 필요한 것은 퍼트남이 말하는 '의도적 순수성(deliberate naiveté)'[17]일 것이다. 그 지반은 미흡하고 거친 토양으로 구성되어 있지만 과도한 이론에 물들지 않은, 우리가 직접적으로 경험하고 소유하는 삶의 본래적 터전이다. 그는 자신의 치유를 통해 우리로 하여금 스스로 그 지반을 보게 하려고 한다.

아마도 비트겐슈타인의 급진적인 철학 개념은 데리다(J. Derrida)의 '해체'라는 철학적 태도와 몇몇 유사성을 찾을 수 있을 것이다. 데리다는 서구 지성사를 통해 굳건하게 자리잡아온 '존재', '진리', '옳음' 등이 사실상 '은유(metaphor)'를 통해 형성된 이성 중심주의적 사유의 허구라고 본다. 철학적 은유는 감성적이고 물질적인 이 세계의 것을 넘어서 추상적이고 절대적인 세계로 이행해가는 과정에서 자신의 출생지를 망각하고 새로운 집에 안주하게 된 역사다. 그래서 데리다는 철학이 "스스로를 잃어버린 은유화의 과정"[18]이라고 말한다. 데리다는 고유성을 가장한 철학적 개념들이 은유의 산물이라는 이유 때문에 쉽사리 해체될 수 있다고 본다.[19]

데리다의 은유 이론을 받아들인다면 우리가 의미 있게 물을 수 있으며 또 물어야 할 것은 이러한 은유를 가능하게 해주는 우리의 인

하지 않으며, 그 필요성도 거부한다.

17) Putnam, *Words and Life*, edited by James Conant (Cambridge, Mass.: Harvard University Press, 1994), p.284.

18) Jacques Derrida, *Margins of Philosophy*, trans. by Alan Bass (Chicago: University of Chicago Press, 1982), p.211.

19) 해체의 전략으로서 데리다의 은유론에 관한 탁월한 해명은 김상환, 『해체론 시대의 철학』(서울 : 문학과 지성사, 1996), 특히 2부 4장 참조.

식의 구조가 무엇인지다. 은유가 이론화될 수 없는, 나만 사의직이고 무법칙적인 자유로운 환상의 유영이라면 우리는 데리다와 함께 다만 해체에서 만족할 수도 있다. 그러나 그가 해체의 이유로 삼았던 은유는 실제의 우리의 삶과 사고와 행위에 너무나 중요한 역할을 한다.[20] 그래서 데리다는 의도적이든 아니든 여기에서 중요한 두 가지 문제를 답하지 않은 채로 남겨둔다. 즉 그 은유들이 왜 우리에게 불가피한지, 그리고 은유에 의해 건설된 그것들이 우리의 삶에서 어떤 방식으로 여전히 중요한 역할을 하는지의 물음이 그것이다.

직접적인 것은 아니라 하더라도 비트겐슈타인은 이 문제에 대해 훨씬 더 많은 논의의 여지를 남겨둔다. 말하자면 되돌아와야 할 지점으로서 '일상성'은 허상처럼 벗겨지는 은유들의 출발점뿐만 아니라 그 출발점에 대한 탐구의 방향을 강력하게 제안한다. 데리다의 지적처럼 '형이상학'은 그 제약을 의도적으로 망각하고 제거하려는 이유를 갖는다. 그렇게 함으로써 스스로의 위상을 고양시킬 수 있기 때문이다. '위주르(usure)'라는 단어의 분석이 비유적으로 보여주는 것처럼 동전은 스스로의 출처를 마모시키고 지워버림으로써 골동품이라는 중요성을 얻게 된다.[21] 형이상학은 마치 동전과 같은 본성을 갖는다. 나아가 데리다는 니이체의 말을 빌어 모든 표면이 지워져버린 동전은 한낱 쇠붙이에 불과한 것이 되고 말 것이라고 지적한다.[22] 형이상학은 그러한 위험성을 안고서도 이카로스의 날개처럼 우리를 이끌어간다. 아마도 비트겐슈타인과 데리다는 철학적 이론의 이러한 본성을 함께 보았을 것이다. 그러나 그들은 유사한 통찰을 바탕으로 전혀 다른 철학적 방향을 암시하고 있다. 즉 의도적이든 아니든 데리다는 그의 해체 이후에 철학자가 되돌아가야 할 지점에 대해 아무런 제안도 하지 않는 것으로 보인다.

데리다의 해체는 급진적이다. 그는 단순히 특정한 개념, 특정한 이

---

20) G. 레이코프 · M. 존슨, 『삶으로서의 은유』, 노양진 · 나익주 역(서울 : 서광사, 1995) 참조.
21) Derrida, *Margins of Philosophy*, pp.211-212 참조.
22) 같은 책, p.217.

론을 비판하는 것이 아니라, 그 이론의 바탕을 이루고 있는 우리의 개념화 방식, 즉 사유의 지반 자체를 무너뜨린다. 그러나 사실상 그가 해체하는 것은 우리의 사고 방식들일 뿐이다. 그의 해체가 아무리 급진적이라 하더라도 결국 그는 우리의 개념들을 부수고 있는 것일 뿐이며 **우리의 자연적 세계와 그 안에 존재하는 신체화된 우리 자신**을 해체하지는 못한다. 아마도 데리다의 해체에 의해 완전히 깨뜨려지는 것은 라일(G. Ryle)이 '기계 속의 유령(ghost in the machine)'이라고 불렀던 '데카르트적 인간'뿐이다.[23] 그러나 우리는 '기계 속의 유령'이 아니라 신체를 통해 직접적으로 물리적 세계와 지속적으로 상호 작용하는 유기체다. 비트겐슈타인은 해체에 의해 깨어지지 않는 삶의 원초적 지반의 중요성과 근원성에 우리의 탐구의 관심을 돌리려고 시도하는 반면, 데리다는 이 문제에 관해 아무런 중요한 제안도 하지 않는 것이다.[24] 이 때문에 퍼트남은 이러한 데리다의 해체가 허무주의로의 전향이라고 보며, 그의 난점을 다음과 같이 기술한다.

> 듀이와 비트겐슈타인은 각각 최선을 다해 어떻게 전적으로 진실한 철학적 성찰이 진리 자체 또는 세계 자체의 '해체'라는 화려한 주장 없이도 우리의 편견과 집착적(pet) 신념들과 우리의 맹점들을 와해시킬 수 있는지 보여준다. 만약 **모든 것**이 해체될 수 있다는 것이 해체의 교훈이라면 해체에는 아무런 교훈도 없다.[25]

여기에서 퍼트남은 비트겐슈타인이 듀이와 함께 '자연주의(naturalism)'

---

23) Gilbert Ryle, *The Concept of Mind* (Chicago: University of Chicago Press, 1984), 2장 참조.

24) 가버(N. Garver)와 이승종은 이러한 차이에 관해 비트겐슈타인과 데리다가 데카르트적 인식론의 거부라는 동일한 지점에서 출발하면서도 "비트겐슈타인은 실재를 재건하는 한편, 데리다는 그 [실재의] 가정된 작용을 해체한다"고 말한다. Newton Garver and Seung-Chong Lee, *Derrida and Wittgenstein* (Philadelphia: Temple University Press, 1994), p.ix.

25) Putnam, *Renewing Philosophy* (Cambridge, Mass.: Harvard University Press, 1992), p.200.

를 공유함으로써 해체라는 딜레마의 극복이 가능하다고 본다.26) 말하자면 우리는 우리를 넘어선 초월적 관점을 설정하지 않고서도 우리 자신과 세계에 관해 적절한 이론을 가질 수 있으며, 이것이 과거의 이론들과의 결별을 통해 도달될 수 있는 철학적 성과가 되어야 한다는 것이다. '일상성'에의 복귀라는 비트겐슈타인의 권고는 바로 우리를 넘어선 과도한 이론들이 초래했던 오해와 왜곡에 대한 거부로 이해될 수 있으며, 그것은 듀이의 '자연주의적 형이상학(naturalistic metaphysics)'과 합일점을 이루는 철학적 태도이기도 하다. 이러한 자연주의적 태도는 인간의 이상을 제시하는 것으로서 초월과 당위를 무너뜨림으로써 인간을 현실적 바탕으로 끌어내리는 것이 아니라, 오히려 초월과 당위의 근거를 인간 자신에게서 발견함으로써 인간성의 고양의 가능성을 우리 안에서 찾으려는 '인간주의적(humanistic)' 태도다.

아마도 자연주의에 대한 가장 악의적인 오해의 하나는 그것이 '과학주의(scientism)' 또는 '물리주의(physicalism)'와 다르지 않다는 생각일 것이다. 그러나 비트겐슈타인으로부터 모든 것이 과학적 지식으로 환원되어야 한다는 메시지를 읽을 수 없다. 그는 오히려 과학과 구별되어야 할 철학적 사고의 영역이 존재한다고 말하며, 그 출발점이 되는 터전이 우리의 일상적 사실이라는 것을 알려준다. 필자는 이것이 비트겐슈타인이 우리에게 권고하는 자연주의적 태도라고 본다. 비트겐슈타인이 "생각하지 말고 **보라!**"(『탐구』 66)고 당부했던 그것은 사실은 우리와 가장 가까운, 그 때문에 우리의 관심을 벗어나 있었던 일상성의 세계다(『탐구』 415). 우리가 비트겐슈타인의 권고를 진지하게 받아들인다면 이제 우리의 철학적 탐구는 이 익숙한 세계에 대한 자연주의적 관심을 따라 지속될 수 있을 것이다.

---

26) 같은 책, p.175.

5. 맺음말

비트겐슈타인의 철학 비판은 급진적이다. 역설적으로 그의 이러한 급진성은 아마도 전통적인 철학적 문제와 방법에 의해 정향(定向)되지 않았던 그의 지적 배경에서 비롯된 것인지도 모른다. 그는 '이론화'라는 전통적 철학의 목표를 거부하고 언어에 의해 초래된 지적 질병의 치료가 철학의 목적이 되어야 한다고 주장한다. 그는 철학의 본령이 자기 비판이라고 생각했으며, 이러한 비판은 체계적 이론 건설의 일부가 아니라 다만 하나의 활동이라고 보았다.

비트겐슈타인은 우리에게 이미 주어진 것들을 재구성하는 것이 철학의 주된 과제라고 생각했다. 그러나 우리에게 이미 주어진 것은 무엇이며 그것은 우리에게 어떻게 알려지는 것일까? 그는 이러한 철학적 활동의 출발점과 회귀점을 '일상성'에서 찾는다. 그는 우리에게 원초적으로 주어진 삶의 조건이 있다고 생각하며 그의 철학 비판은 이러한 상태로의 복귀를 제안하고 있다. 여기에서 우리는 비트겐슈타인의 해체적 비판의 급진성에도 불구하고 해체되지 않은 부분에 관한 새로운 이야기의 가능성을 찾을 수 있다. 그러나 그 이야기는 더 이상 과거의 철학자들이 건설하려고 했던 '이론들'이 아니다. 이제 비트겐슈타인을 따른다면 우리의 철학사는 '이론들' 대신에 철학자들의 '활동의 증언록'이라는 관점에서 씌어질 것이다.

비트겐슈타인이 제시하는 '일상성'은 **모든 철학적 여행의 출발점이자 동시에 회귀점**이다. 그는 길을 잃은 수많은 여행자들에게 되돌아가야 할 길을 일러준다. 과거의 여행자들은 '철학적 이론'이라는 일정표를 버리고 돌아오는 것이 아니라 그것과 함께 자신의 출발지로 되돌아옴으로써 비로소 그 출발지를 새로운 시각에서 '보게' 될 것이다. 그리고 그것은 과거의 것을 넘어선 새롭고 풍성한 '기술'을 가능하게 해줄 것이다. 그 출발지는 **우리 자신**과, 우리가 항상 서 있으며 또한 항상 대면하고 있는 바로 **우리의 세계**다. 비트겐슈타인과 함께 우리는 하나의 철학사적 단절을 겪는다. 그러나 그것은 '철학적 탐구'의 종결이 아니라 '철학적 시각'의 전환을 뜻한다.

풍우란(馮友蘭)의 철학사와 신리학(新理學)

황 희 경(성균관대 유학과 강사)

1. 들어가는 말

중국 현대사의 서막을 장식했던 5·4운동은 중국의 '철학'을 일거에 철학사로 전락시켜버렸다. 중국인들에게 살아 있는 세계관인 동시에 안신입명(安身立命)의 인생관이었던 경학(經學)1)을 중심으로 한 중국의 '철학'은 사실 이미 그 이전에 낡은 '전통'으로 격하되었다. 다시 말하면 '문사철이 한 집안'이었던 전통 사상은 '서양의 충격'으로 야기된 정체성의 위기로 말미암아 서양철학의 눈으로 재해석될 수밖에 없었다.

일반적으로 철학사를 연구하고 서술하는 작업은 현재(今) 작자의

---

1) 經學은 일반적으로 훈고를 중시하는 漢學과 의리적 이해를 중시하는 宋學으로 나눌 수 있다. 한학은 다시 금문학과 고문학, 송학은 心學과 理學으로 나눌 수 있다. 한대에 유학이 선포된 이후 유가 경전의 의미를 천발하는 작업, 즉 경학은 봉건 시대의 국가의 통치 학설의 기능을 했던 만큼 정치 사상과 분리될 수 없었다. 따라서 경학은 단순히 경전에 대한 훈고적 주석만을 가하는 것으로 한정하는 것은 경학에 대한 편협한 이해다. 송대의 주자가 四書에 자기 사상을 개진하면서 주를 단 것이 경학이 아니고 무엇인가. 왕조에 따라 경을 해석하는 경향이 차이가 있기 하지만 이러한 사정에 본질적인 변화가 없었다.

혹은 작자 자신이 동의하는 철학관을 기초로 하여 과거(古) 철학에 대해 비판하고 대화하는 것이라고 할 수 있지만 당시 중국의 경우 — 사실 이는 비단 중국의 경우만이 아니라 동양 전체가 다 그러하였다 — 애초에 '철학'[2]이라는 '물건' 자체가 매우 생소한 것이었다. 서양에서조차 지금까지도 철학에 대한 정의가 분분한 것을 고려한다면 처음에 중국철학사를 기술하려고 할 때의 난점을 짐작할 수 있을 것이다. 거기에는 앞서 말한 고금(古今)의 문제만이 아니라 중서(中西. 혹은 東西)의 문제가 다시 중첩되어 있다. 풍우란(馮友蘭)의 『중국철학사』에 대한 심사보고서에서 김악림(金岳霖)의 다음과 같은 말은 이 점을 잘 지적하고 있다.

   "'중국철학'이라는 이 명칭에는 곤란한 문제가 숨겨 있다. 이른바 중국철학사는 '중국철학'의 역사인가 아니면 중국에서의 '철학'사인가 …… 중국철학사를 쓰는 데는 근본적 태도의 문제가 있다. 이 근본적 태도는 적어도 두 가지가 있는데, 하나의 태도는 중국철학을 중국 국학 가운데 일종의 특별한 학문으로 여기는 것이다. 이렇게 되면 보편철학과 이동(異同)의 정도 문제가 발생할 필요가 없다. 다른 하나의 태도는 중국철학을 중국에서 발현한 철학으로 보는 것이다."[3]

   여기서 그가 말한 '철학'이란 서양철학이 아니고 '보편 철학'이지만 그것은 실질적으로 서양의 근대 철학일 수밖에 없었다. 이러한 철학과 중국철학간의 '곤란한 문제'는 아직도 잘 정리되지 않고 있다. 이와 관련하여 최근에 중국에서는 그 동안의 중국사상사나 철학사가 일반 지식이나 사상 혹은 신앙 세계의 본래 면목과 거리가 있었다고 반성하면서 중국사상사를 다시 써야 한다는 논의가 제기되고

---

2) philosophy에 대한 번역어로서 철학이라는 말은 일본의 니시 아마네(西周)가 동방의 儒家 思想과 구별하기 위해 사용한 용어다. 중국에서는 1902년 『신민총보』라는 잡지의 한 문장에서 중국의 전통 사상을 지칭하기 위해 사용되었다. 張汝倫,「哲學的生命」『讀書』, 1996년 1기.
3) 金岳霖,「馮友蘭中國哲學史審査報告」, 1930년. 馮友蘭, 『中國哲學史』(中華書局, 1992년 3판)의 부록에 실려 있다.

있기도 하다.4) 우리 학계의 중국철학의 연구 경향을 볼 때도 여전히 서양과 다른 중국철학의 독자성을 완고하게 고집하거나 서양의 어떤 개념을 동양 사상에 억지로 짜맞추는 식이나 어떤 철학 사조의 단초를 중국철학사에서 발굴하느냐에 따라 일희일비하는 수동적 태도를 크게 벗어나지 못하고 있다. 어찌 되었든간에 철학사를 학습하는 수준을 크게 벗어나지 못하고 있다. 그러나 새로운 철학 체계를 구축하기 위해서는 어떠한 방식으로든지 철학사에 대한 반성적 파악이 전제될 수밖에 없다는 점에서 이 점 너무 비관적으로 볼 것만은 아니다. 문제는 중국철학을 실상을 반영하면서도 이른바 논리적인 것과 역사적인 것을 어떻게 잘 통일적으로 파악하는 데 있을 것이다.

철학과 철학사의 관계와 관련하여 거의 한 세기에 달하는 풍우란 (1895~1990)의 철학적 역정은 우리에게 참고 자료를 제시하고 있다. 일반적으로 잘 알려진 것처럼 풍우란은 세 종류의 중국철학사를 저술한 철학사가다. 1930년대초에 발간된 『중국철학사』(상·하권)와 미국의 펜실바니아대학에서의 중국철학사 강의안을 정리하여 1948년에 미국의 맥밀란출판사에서 발행한 『중국철학간사(中國哲學簡史)』,5) 그리고 신중국 성립 이후에 마르크시즘의 관점에서 저술한 『중국철학사신편(中國哲學史新編)』 7권이 그것이다. 그러나 그는 철학사 기술에 만족하지 않고 1940년대에 야심차게도 '신리학(新理學)'이라고 하는 자신의 철학을 건립하기도 한 철학자였다. 중일전쟁 시기에 저술한 『신리학』(1939년 출판), 『신사론(新事論)』(1940), 『신세훈(新世訓)』(1940), 『신원인(新原人)』(1943), 『신원도(新原道)』(1944), 『신지언(新知

---

4) 葛兆光, 「思想史的寫法」, 『讀書』, 1998년, 1, 2, 3기. 北京三聯.
5) 우리나라에서는 『중국철학사』라는 제목을 달고 鄭仁在의 번역으로 형성출판사에서 1979년에 번역되었다. 원래 제목인 A short History of Chinese Philosophy를 번역하면 『中國哲學小史』라고 해야 정확하지만 『簡史』라는 제목을 단 것은 1943년 1월에 商務印書館의 『백과소총서』의 하나로 출판된 『中國哲學小史』라는 馮友蘭의 또 다른 철학사가 있기 때문이다. 『간사』는 1985년에야 비로소 북경대학출판사에서 중역본이 출판되어 마르크시즘에 대한 신념의 위기에 직면한 당시 상황과 결합되어 매우 신선한 반향을 불러일으켰다고 한다.

言)』(1946) 등 이른바 정원육서(貞元六書)가 그것이다.

그런데 그가 중국철학사를 처음 저술할 때 취한 태도는 후자였다. 따라서 보편 철학으로서의 서양철학과 중국 국학으로서의 '철학'과 이동(異同)의 정도 문제가 발생하였다. 시기에 따른 철학관의 차이 혹은 강조점의 전환 때문에 철학사의 풍모도 약간씩 차이가 있지만 이러한 사정은 일관되게 드러나고 있다. 그리고 신리학이라고 하는 풍우란철학의 심도나 성공 여부를 떠나 그는 자기 철학을 분명히 가지고 있었던 철학사가였다. 그럼 이제 그의 철학사에 대한 간략한 검토를 통해 풍우란의 철학관의 변화가 중국철학사에 어떻게 반영되고 관철되었는지 살펴보도록 하자.

2.『중국철학사』: 호적(胡適) 철학사의 영향과 극복

5·4 시기 이전에 중국철학사의 연구는 기본적으로 '경학'의 형식을 탈피하지 못하고 있었다. 서양의 진화론이나 실증주의를 비롯한 여러 가지 근대적 서양 사조들이 수입되어 중국의 사상계에 활력을 불어넣고 있었지만, 중국철학사의 영역에서는 여전히 전근대적 수준을 탈피하지 못하고 있었다. 그는 5·4 전야에 대학 시절을 보냈는데 그의 회고에 따르면, 당시에 일반인들이 이해한 철학은 기본적으로 전통적인 '의리지학(義理之學)'의 틀을 크게 벗어난 것은 아니었다. 당시 북경대학 철학과의 중국철학 전공 과정은 세 개의 주요한 교과 과정으로 이루어져 있었는데, 그것은 중국철학사, 제자학(諸子學) 그리고 송학(宋學) 과정이었다. 당시 행해졌던 중국철학사 강의의 구체적 모습과 관련하여 풍우란이 전하고 있는 일화는 무척 흥미롭다. 당시 중국철학사를 담당한 선생은 진한장(陳漢章 : 伯弢. 1849~1938)이라는 인물이었는데, 그는 삼황오제(三皇五帝)로부터 강의를 시작하여 반 년이 지나서야 주공(周公)을 강의하였다는 것이다. 답답한 학생들이 이런 속도로 강의를 하게 되면 언제 강의가 끝나느냐고 묻자 그 선생은 중국철학사 강의에 무슨 시작과 끝이 있느냐고

하면서, 만약 강의를 끝내고자 하면 한마디로서도 강의를 마칠 수 있으며 끝이 없다는 측면에서 말하면 영원히 끝마칠 수 없다고 답했다는 것이다.6)

이런 상황을 고려해볼 때 1919년 발표된 호적(胡適)의 『중국철학사대강(中國哲學史大綱)』7)은 가히 획기적인 것이었다. 호적의 철학사는 풍우란의 철학사에 하나의 중요한 선례로 작용하였다. 호적의 철학사는 채원배(蔡元培)가 잘 평가하고 있는 것처럼 '증명의 방법(證明的 方法)', '핵심을 파악한 수단(扼要手段)', '평등한 안목(平等的 眼光)', '계통적 연구(系統的 硏究)'와 같은 방법론이 돋보이는 저작이었다.8) 그는 증명의 방법을 통해 삼황오제를 철학사의 영역에서 제거하였으며, 요령 있는 수단을 통해 철학사를 노자, 공자로부터 시작하였고, 평등한 안목이 있었기에 소위 정통과 이단의 구분을 벗어날 수 있었으며, 계통적 방법에 따라 발전적 관점에서 철학 사상 유파의 맥락을 파악할 수 있었던 것이다. 근대적 면모를 갖춘 철학사가 없는 상황에서 한 호적의 선행적 작업은 가히 획기적이라고 할 수 있다.9) 한학의 전통을 이어온 적계(績溪) 호씨(胡氏) 집안 출신이면서 미국에서 서양철학을 공부한 호적은 이러한 난제를 해결할 수 있는 좋은 위치에 있었다. 호적은 "내가 육경에 주석하는(我注六經)" 식이나, '학안(學案)'식의 전근대적 철학사 연구를 타파하고 근대적

---

6) 馮友蘭, 『三松堂自序』, 北京 三聯書店, 1984년. 202쪽. 주왕조 이전의 철학에 대해 강의할 내용이 어떻게 그렇게 많을 수 있을까 하는 의문이 생기는데 그 내용은 『周易』이었다고 한다. 金克木, 『文化厄言』, 上海文藝出版社, 1996년. 8쪽.

7) 이 책은 『중국고대철학사』(민두기 외 역, 문교부, 1962년)라는 책명으로 번역되어 있다.

8) 胡適, 『中國哲學史大綱』, 민두기 외역, 『중국고대철학사』, 문교부, 1962년. 蔡元培의 서문 참고. 이른바 '대담한 가설과 세심한 고증'이라는 방법론적 핵심에 의해 씌어진 胡適의 저작에 대해 馮友蘭은 한 걸음 더 나아가 앞서 말한 이러한 장점 이외에도 이 책의 경전에 주석을 다는 방식에서 탈피하여 자신의 말을 正文을 삼고나서 고인의 말을 인용하는 형식적 측면에서 봉건 시대를 탈피하려고 하였던 혁명 정신이 무의식적으로 표출된 것이라고 평가하고 있다. 위의 책, 217-8쪽 참고.

9) 馮友蘭도 "5·4 시기 신문화 운동 중에 중국철학사에 관한 획기적인 저작"이라고 높이 평가하고 있다. 『자서』, 215쪽.

인 역사학적 방법으로 철학사를 기술한 최초의 인물이었다. 특히 내용적으로 "선진 묵가와 명가 그리고 청대 한학의 치학(治學) 방법에 공력을 기울여 서방 철학과 과학의 최신의 성과를 이식할 수 있는 적당한 토양을 찾으려 한"10) 점은 주목할 만한 것이다.

호적의 철학사는 출판된 지 3년 반이 못 되어서 일곱 차례나 중판(重版)을 찍는 등 당시 커다란 환영을 받았다.11) 그러나 상권 선생이라는 비판이 있는 것처럼 호적은『중국철학사대강』하권을 끝내 저술하지 못해서 선진 시대의 철학을 서술하는 데 그치고 있고, 전목(錢穆)의 비판처럼 "각 가(家)의 이상(異相)을 지나치게 중시한 나머지 각 가의 공상(共相)을 회통하지 못하였고", 장자에서 진화론을 찾는다든지『중용』,『대학』을 선진 시대의 저작으로 확정하는 등 문제점도 많았다.12) 이러한 '대담한 가설' 때문에 당시에도 '담이 크고 얼굴이 두껍다(膽大臉厚)'는 비판도 만만치 않았다.13) 무엇보다 큰 문제점은 호적의 중국철학사는 '중국 사상을 연구하는 미국인이 쓴 것' 같은 인상을 준다는 데에 있었다.14) 이는 호적이 실용주의적 관점을 중국철학사에 과도하게 적용했기 때문이다. 특히 그의 실용주의는 미국의 실용주의와 달리 정치의 작용과 의의를 강조하였다. 그리하여 가령 노자의 철학을 다루면서 문헌 고증의 문제를 제외하고는 제일 먼저 정치철학을 언급하고 있는 것이다. 그렇기 때문에 전반적으로 철학은 정치적 입장과 주장의 간단하고도 직접적인 반영에 불과한 것으로 변질되어버렸다.15) 이렇게 된 원인은 그가 철학사의 저술

---

10) 馮契,『中國近代哲學的革命進程』, 上海人民出版社, 1989년. 310쪽.
11) 沈衛威,『胡適傳』, 上海文藝出版社, 1994년, 62쪽. 馮友蘭도 이 책이 출판된 바로 그해 미국에 유학가기 전에 상해의 한 서점에서 재판을 구한다. 蔡仲德,『馮友蘭先生年譜初編』, 河南人民出版社, 1994년. 31쪽.
12) 胡適,『中國哲學史大綱』, 민두기 외역,『중국고대철학사』, 문교부, 1962년. 민두기 역자 서문 참고.
13) 馮友蘭,『자서』, 218쪽.
14) 胡適의 철학사를 두고 金岳霖이 평한 말이다. 金岳霖,「馮友蘭中國哲學史審査報告」, 馮友蘭,『中國哲學史』, 中華書局, 1992년 3판. 馮友蘭도『자서』에서 재차 인용하고 있다. 229쪽.
15) 金春峰,「馮友蘭中國哲學史硏究的啓示 ― 兼論哲學與哲學史」,『馮友蘭先生紀念

작업을 신분화 '운농'의 일환으로 생각했기 때문일 것이다.

풍우란이 중국철학사를 저술하는 과정은 이러한 호적의 성과와 한계를 계승, 비판하는 과정이었다. 본래 논리학에 흥미를 느껴 철학을 공부하게 된 그는 미국에서 동서의 인생관에 관한 비교 연구를 통해 박사 학위를 받고 귀국하기 이전에는 그는 본래 서양철학을 소개하고 자신의 철학 체계를 세울 준비를 하고 있었다.16) 그가 중국철학사를 집필하게 된 것은 호적이 그러했던 것처럼 대학에서 철학사 강의를 담당하게 되었기 때문이었다. 그가 중국철학사 강의를 시작한 것은 1926년에 연경대학에서였지만, 그 이듬해부터 중국철학사에 대한 체계적인 연구와 교학에 몰두하기 시작하였다.17) 1928년에 청화대학(淸華大學)으로 옮기면서 본격적으로 철학사 연구에 매달리게 된다. 이 사이에 『연경학보(燕京學報)』, 『청화주간(淸華周刊)』, 『청화학보(淸華學報)』, 『철학평론(哲學評論)』 그리고 『천진익세보(天津益世報)』의 부간(副刊)에 철학사 관련 논문을 발표한다. 이러한 작업이 모태가 되어 1931년에 『중국철학사』 상권, 1934년에 하권이 출판되기에 이른 것이다.

이러한 풍우란의 철학사는 논리적이고 이성적인 방법을 특히 중시하였다. 그는 철학의 영역에서 직관이나 돈오(頓悟) 혹은 신비한 경험의 가치를 부인한 것은 아니지만, 그것의 정당성을 주장하기 위해서는 논리적이고 이성적인 방법을 사용하지 않을 수 없다는 점에서 철학의 방법은 논리적이고 이성적이어야 한다고 주장하였다.18) 여기서 이성적이라고 하는 것은 하나의 주장에 대해 사실 여부와 상관없이 기초로 하고 있는 전제와 결론에 이르는 추론 과정을 논리적으로 설명함을 말한다. 풍우란의 철학사가 이러한 면모를 가지게 된 것은 일차적으로 호적의 영향이라고 할 수 있지만, 1928년에 부임한 청화대학 국학원의 동서 회통과 '석고(釋古)'의 분위기에 힘입은 바

文集』, 北京大學出版社, 1993년. 105쪽 참고.
16) 馮友蘭, 『三松堂自序』, 219쪽. 殷鼎, 『馮友蘭』, 東大圖書公司, 1991년. 42-43쪽 참고.
17) 蔡仲德, 『馮友蘭先生年譜初編』, 河南人民出版社, 1994년. 67쪽.
18) 馮友蘭, 『中國哲學史』 商務印書館, 上冊, 1931, 4-5쪽.

크다고 하겠다. 풍우란의 철학사는 다음과 같은 다섯 가지 점에서 호적의 그것과 차이가 있다.[19)

첫째, 시대 구분에 관한 문제다. 그는 중국 역사에는 두 번의 사회적 대전환의 시기가 있었는데, 한 번은 춘추 전국 시대이고 다른 한 번은 청조 말년의 시기라고 파악한다. 이 시기는 중국 사회가 노예제 사회에서 봉건 사회로, 다시 봉건 사회에서 반식민지 반봉건 사회로 이행하는 과도적인 시기다. 풍우란은 중국 통사의 발전과 중국철학 사의 발전 과정은 상응하는 것이라고 보았기 때문에, 중국 역사의 시대 구분에 따라 철학사도 "춘추 시대로부터 한초의 시기"와 "한대 중엽부터 청조 말기" 그리고 "청조 말기부터 현재"까지 세 시기로 나누었지만, 앞의 두 시기를 '자학 시대(子學時代)'와 '경학 시대(經學時代)'라는 용어로 개괄하여 서술하고 있다. 세 번째 시기를 서술 하지 않은 점에 대해 풍우란은 자서전에서, 그것은 현재 창조중에 있기 때문에, 다시 말하면 현재와의 거리가 멀지 않기 때문에 쓰지 않았다고 회고하고 있지만,『철학사』에서는 "최근에 이르기까지 중국은 어떤 방면이든지간에 모두 아직도 중고(中古) 시대에 머물러 있다. 중국은 여러 방면에서 서양만 못한데 중국 역사에서 근고(近古) 시대가 결여되어 있기 때문일 것이다. 철학 방면은 그 하나의 예에 불과하다. 요사이 이른바 동서 문화의 차이라고 하는 것은 사실 여러 가지 면에서 중고 문화와 근고 문화의 차이다"라고 하면서 "중국에는 상고, 중고 철학만 있지 근고 철학은 아직 없다"고 파악하고 있다.[20)

둘째, '자학 시대'와 '경학 시대'라는 용어를 통해 사상계의 시대 상황을 집약적으로 나타내려고 했던 점이다. 자학이나 경학 시대라는 용어는 역사를 서술하는 일반적인 관례가 아니라는 것을 자각하고 있었지만 자학 시대는 춘추 전국 시대 사상계가 매우 생기발랄하고

---

19) 馮友蘭,『자서』, 220-225쪽.
20) 馮友蘭,『중국철학사』하책, 495, 491쪽.『중국철학간사』(1948)에서는 서양철학의 유입이나 현대 중국철학을 서술하면서 이 점을 보완한다. 또한 자신의 新理學을 근대적 형식의 철학으로 파악하여 이에 포함시키고 있다.

자유로운 상태에서 학술 문화가 가장 발달하였음을, 성학 시내는 사상계가 정체되고 경색되었음을 말해주고 있는 것이다.

셋째, 이전의 사회 제도가 무너짐에 따라 자신이 가지고 있는 지식에 의지해 생계를 유지하는 '사(士)' 계층의 출현에 주목하면서 공자로부터 철학사를 시작한 점이다. 공자는 최초로 사인강학(私人講學)을 시작했으며, 자기 학설을 세워 최초의 학파를 창립한 인물이라는 점을 높이 평가했던 것이다. 호적의 철학사가 노자로부터 시작한 것과 대조를 이룬다.[21]

넷째, 전통 사상에 대해서 '석고(釋古)'적 태도를 견지한 점에 있다. 호적의 철학사가 이전의 사료에 대해 의심의 태도(疑古)를 가지고 있는 점과 대비된다. 당시 사회적 진보를 전통 문화가 가로막고 있다는 의식과 뒤얽혀 전통적 경전의 사료적 정확성에 대한 강한 의심이 제기되는 등 의고의 분위기가 상당히 지배적이었다. 그는 사료에 대한 진위 판별의 문제가 중요하다는 점을 부인하지 않지만, 고증의 문제에만 매달리다보면 각 시대 사상의 진면목을 파악할 수 없다는 점에서, 사상사에서 영향력을 끼쳤던 사상은 그것이 과연 누구의 것이었든지간에 그만한 영향력을 행사한 데에는 나름대로의 이유가 있었다고 보았다.[22] 전통적인 논법, 즉 신고(信古)가 정(正)이라면 의고(疑古)는 반(反)이고 자신의 석고(釋古)는 이러한 부정을 극복, 지양한 합(合)이라는 것을 자임하고 있다.

다섯째, 호적의 철학사가 중국의 한학의 전통을 계승한 것이라면

---

21) 胡適은 만년에 馮友蘭이 노자가 공자보다 앞선다는 자신의 논단을 부정하고 공자를 중국철학의 시조로 여기고, 유가학설을 중국철학의 정통으로 삼은 것은 완전히 일종의 신앙에서 결정되었다고 하면서, "이삼십 년이 흘러갔다. 그 동안 밥도 더 먹고 경험도 좀더 쌓았다. 어느 날 나는 홀연히 크게 깨달았다. 저 노자의 연대를 확정하는 문제는 본래 고증 방법의 문제가 아니고 본래 종교 신앙의 문제였을 따름이라는 사실을 홀연히 알게 되었다. 풍선생과 같은 학자들은 진정으로 중국철학사는 당연히 공자를 비조로 삼아야 하고 공자를 만세 사표로 삼아야 한다는 것을 믿었다. 이러한 종교적 신앙 속에서 공자의 앞에 노자가 있어서는 안 되었다. 이러한 진실한 신앙 속에서는 당연히 老聃에게 禮를 배운 공자가 있어서는 안 되었다." 胡適, 『中國哲學史大綱』 부록, 中華書局, 1987년(重印本).
22) 馮友蘭, 『중국철학사』 상책, 自序 二.

그의 것은 송학의 전통을 계승하였다는 점에서 다르다. 이 점에 대해 호적은 풍우란의 철학사가 '정통파적'이라고 평가하였다. 풍우란은 이를 인정하면서도 자신의 철학사는 비평의 태도를 거친 정통파적인 것이라고 하여, 전통적인 정통파와 다르다고 밝히고 있다. 한학적 전통은 문자의 고증이나 훈고에서 장점을 지니고 있지만 문자가 표현하고 있는 의리(義理)의 측면에 대한 이해나 체험이 부족한 단점이 있고, 송학은 이와 상반되는 문제를 안고 있기는 하다. 호적은 자료의 진위나 문자의 고증에 더욱 중점을 두었지만 풍우란은 각 사상가들의 철학 사상에 대한 이해와 체험에 더욱 많은 주의를 기울였다. 그렇기 때문에 진인각(陳寅恪)으로부터 "억지로 갖다붙이는 악습을 바로 잡고 고인(古人)의 학설에 대해 동정적 이해에 도달했다"23)는 긍정적 평가를 받을 수 있었고, '중국 사상을 연구하는 미국인'이 중국철학사를 쓴 것 같은 인상을 주지 않을 수 있었다.24)

이상에서 서술한 것은 풍우란의 입장에서 자신의 철학사와 호적의 그것과의 차별점을 개괄한 것이기는 하지만, 대체로 상당히 객관적인 평가라고 할 수 있다. 이 가운데 여기서 특히 강조하고 싶은 것은 맨 마지막에 지적한 한학과 송학의 차이점이다. 채원배가 호적의 철학사 서문에서 호적이 적계 호씨 가문 출신임을 언급하고 있는 것은 보수파의 반대를 억누르기 위해 호적 가문의 '한학의 유전성'을 강조함으로써 호적의 성가를 높여주고 있는 것이지만, 이는 명백한 사실이었다. 여기서 말하는 한학이란 "송학과 당학(唐學)을 부정하고 가규(賈逵), 마융(馬融), 복건(服虔), 정현(鄭玄) 계열의 동한경학(東漢經學)을 회복하려는 학문"25) 경향을 말한다. 이에 반해 풍우란은 어릴 적에 『동성오씨고문독본(桐城吳氏古文讀本)』(桐城派 吳汝倫 編) 등을 교재로 고전에 대한 풍부한 교양을 쌓는 등 동성파(桐城派)26)의 영향을 받았다. 이른바 동성파는 청대의 산문류파(散文流

23) 陳寅恪, 「馮友蘭中國哲學史上冊審查報告」 馮友蘭, 『中國哲學史』, 中華書局, 1992년 3판. 부록 참고.
24) 胡適의 철학사를 두고 金岳霖이 평한 말이다. 馮友蘭, 『자서』, 229쪽.
25) 朱維錚, 『求索眞文明: 晩淸學術史論』, 上海古籍出版社, 1996년. 35쪽.
26) 桐城派라는 용어는 姚鼐의 『古文辭類纂』에서 처음 등장하는 말로 漢學家와 상

派)를 이르는 말로 강희(康熙) 때 방포(方苞)가 개창하고 그 이후에 유대괴(劉大櫆), 요내(姚鼐) 등이 발전시켰는데, 그들 모두 안휘성(安徽省) 동성인(桐城人)이었기 때문에 이러한 이름이 붙게 되었다.[27] 특히 요내는 정주학(程朱學)의 도통을 보위하는 지주(砥柱)임을 자임하여 한학 공격에 앞장섰으며, 청대 '정학(正學)'의 집대성자임을 자임하였다.[28] 따라서 동성파의 영향을 받은 풍우란이 송학의 입장에 서는 것은 자연스러운 귀결이며 호적에 의해 정통파적이라는 비판을 받은 것도 이 때문이다. 또한 호적의 철학사가 역사가의 철학사라고 한다면 풍우란의 철학사는 철학자의 철학사라고 말할 수 있는 것도 상당 부분 경(經)을 보는 태도가 서로 차이가 나기 때문이라고 할 수 있다. 이렇게 볼 때 경전 해석을 둘러싸고 벌어진 청대의 한송(漢宋) 논쟁은 근대에 들어와서도 형태를 바꾸어 호적과 풍우란 철학사 서술의 이면에 뿌리 깊게 자리잡고 있다고 할 수 있다. 이 문제는 현대 문화 보수주의파 내부에서 현재 사학과 철학의 형태로도 지속되고 있다.[29]

이상에서 서술한 것이 풍우란 초기 철학사를 주로 형식적인 측면에서 호적 철학사와 비교 고찰한 것이라면, 이제는 내용적인 측면으로 들어가 어떤 점에서 호적을 극복하였는가를 살펴보자.

호적의 『중국철학사대강』은 고증과 훈고를 매우 중시했는데, 풍우란도 마찬가지로 이를 중시하여 『노자』의 연대 고증에서 호적과 다른 독창적인 견해를 제기한 점을 들 수 있다.[30] 그는 『노자』가 맹자 이후의 작품이며 노담(老聃)의 책이 아니라고 결론지었는데, 적지 않은 학자가 지금 이러한 견해를 받아들이고 있다는 점에서 풍우란

대적 의미로 사용된다. 朱維錚, 『求索眞文明: 晩淸學術史論』, 「漢學與反漢學」 주 38 참고.

27) 『辭海』, 上海辭書出版社, 桐城派 條 참고.

28) 朱維錚, 『求索眞文明: 晩淸學術史論』, 上海古籍出版社, 1996년. 24쪽 참고.

29) 高瑞泉 主編, 『中國近代社會思潮』, 華東師範大學出版社, 1996년. 제8장 「漢宋學術與文化保守主義思潮」를 참고할 것.

30) 傅偉勳, 「馮友蘭的學思歷程與生命坎坷」, 『文化中國與中國文化』, (「哲學與宗教」 3집), 東大圖書出版公司, 1988년. 126쪽.

의 고증에 대한 공부가 상당한 수준이라는 것을 알 수 있다. 한편 풍우란은 자신의 철학사에 대해 두 가지 점을 자부하고 있다.[31] 첫째는 이전의 학자들이 선진 시대 명학(名學)은 "'단단함(堅)'과 '흼(白)', '같음(同)'과 '다름(異)'에 관한 궤변"이라고 파악한 데 비해서 그는 전국 시대의 변자(辯者)들 가운데는 공통점과 차이점을 무화시키려는(合同異) 학파가 있었고, 단단함과 흰 것이 다르다는 것을 주장하는(離堅白) 서로 다른 학파가 있었다고 하여 양자 사이의 차이를 명확히 한 점이다. 전자는 개체 사물에 주의한 혜시(惠施)의 주장이고, 후자는 보편(共相)을 주목한 공손룡(公孫龍)의 주장이라는 것을 논증하였다.[32] 풍우란은 『장자』 「천하편」에 나오는 변자들의 21개의 명제(장자에서는 이것을 환단과 공손룡의 명제로 보고 있다)를 분류하여 "알에도 털이 있다" 등 8개의 명제는 개체(의 변화)에 주목한 혜시학파의 설이고, "닭은 발이 세 개다", "불은 뜨겁지 않다" 등 13개의 명제는 보편(의 불변)에 주목한 공손룡학파의 설로 확정지었다. 둘째는 정자(程子) 사상에서 정명도(程明道)와 정이천(程伊川)의 차이를 구분한 점을 들고 있다.[33] 『이정유서(二程遺書)』에 단순히 '이선생(二先生)의 말'이라고 되어 있는 천리(天理)나 이(理)에 관한 언급을 잘 분석해보면, 어떤 언급은 이를 영구적이어서 증가함도 없고 감소함도 없다고 한 것과 자연적 추세(천리 만물의 이는 따로 존재하는 것이 아니라 반드시 짝이 있다. 모두 저절로 그러한 것이다 등)로 파악한 것으로 나눌 수 있다는 것이다. 이를 이름이 밝혀진 언급과 비교하여 전자는 정이천의 말이고 후자는 정명도의 말로 확정한 것이다. 그리하여 그는 "명도는 이후에 심학(心學)의 선구가 되었고 이천은 이후에 이학(理學)의 선구가 되었다. 두 형제는 한 시대 사상의 양대 학파를 열었다"[34]고 양자의 차이를 분명히 하였다. 풍우란의 이러한 주장은 이후에 학계에서 거의 정론으로 받아들여지

---

31) 馮友蘭, 『자서』, 226쪽.
32) 馮友蘭, 『중국철학사』 상책, 267-268쪽.
33) 馮友蘭, 『자서』, 226-227쪽. 참고.
34) 『중국철학사』, 하책, 876쪽.

고 있다는 점에서 자신의 자부와 크게 어긋나지 않고 있다.

3. 중국학술사에서 '철학' 찾기

풍우란의 이『중국철학사』는 오늘날 다시 돌이켜보면 뚜렷한 철학관이 밑바탕에 깔린 유기적인 저작이라기보다는 자료집의 성격이 강했다고 말할 수 있다. 앞서도 언급하였듯이 풍우란이 근대적 안목의『중국철학사』를 집필하려고 할 때 어쩔 수 없이 참고해야 할 것은 서양철학이었다. 따라서 이른바 '철학적인' 자료를 선택, 추출하는 것조차 간단한 일은 아니었다. 그런데 위와 같은 성과를 거둘 수 있었던 것은 의심할 나위 없이 그가 미국 유학 시절 스승이었던 몽테규의 신실재론 철학의 영향이 컸다. 좀더 구체적으로 말하면 개별적인 사물 속에서 특수와 그것이 의지하여 자신의 본질로 삼고 있는 보편을 나누는 신실재론 철학의 논리 분석 방법을 중국철학사에 잘 적용했기 때문일 것이다. 물론 중국에 나름의 철학사 서술의 전통이 없었던 것은 아니다.『장자』「천하편」,『순자』「비십이자편」,『한비자』「현학편」, 사마담의 「논육가요지(論六家要旨)」 등과 같이 비록 소략하기는 하지만 그들만의 정곡을 찌르는 방식의 일종의 철학사라고 할 수 있는 전통이 있었다. 그뿐만 아니라『송유학안(宋儒學案)』,『명유학안(明儒學案)』과 같이 사승(師承) 관계에 초점을 맞춰 철학 유파를 서술한 전통도 있다. 그러나 그것들은 모두 근대적인 의미에서의 철학사는 아니었다.

서양에서 발전해온 철학을 하나의 보편으로 인정할 때 이택후(李澤厚)가 명쾌하게 말하고 있는 것처럼 이른바 중국철학은 반철학(半哲學)이라고 말할 수 있다.35) 따라서 현대의 여명기에 중국철학사를 서술하려면 자연히 문사철이 뒤섞여 있는 반철학을 철학의 이름으로 다시 재정리할 수밖에 없었다. 다시 말하면 중국의 인문학에서 서

---

35) 金克木, 「閑話哲學」, 『末班車』, 中央飜譯出版社, 1996년. 참고.

양적 의미에서 철학이라고 할 만한 것은 무엇인가를 우선 해결해야 했다. 비유적으로 말하면 이는 포크를 사용하여 중국의 국수를 먹는 것과 같이 어색하고도 난처한 일이다. 도대체 '포크'로서의 철학은 무엇인가. 당시 풍우란이 이해한 바에 따르면 서양에서는 희랍의 전통을 이어받아 철학을 대략 우주론, 인생론, 지식론으로 삼분하고 있었다.36) 그리고 우주론은 존재론과 우주론(좁은 의미의)으로, 인생론은 심리학과 윤리학으로, 지식론은 인식론(좁은 의미의)과 논리학으로 다시 세분될 수 있다. 이러한 서양의 철학을 중국의 인문학에 적용해볼 때 풍우란은 서양적 의미의 철학에 해당하는 것은 위진 시대의 현학(玄學), 송명 시대의 도학(道學), 청대의 의리지학(義理之學)이라고 파악한다. 또한 서양철학의 분류 기준에 따라 철학을 우주론, 인생론, 지식론37)으로 나눌 때 『논어』의 "선생님께서 성(性)과 천도(天道)를 말하는 것은 들을 수 없다"라는 구절의 천도와 성에 관한 훗날의 진술은 각각 우주론과 인생론에 상당하는 부분이라고 할 수 있으며, 지식론에 관한 부분은 자학 시대에 논의되었지만 송명 시대 이후에는 단절되었다고 파악한다. 중국철학에 대한 이러한 총체적인 파악은 나중에 『신원도』에서 "중국철학의 발전은 한대에 일단 역전된 후 삼사백 년이 경과한 위진 시대의 현학에 의해 바른 길에 접어들었는데, 청대에 와서 재역전된 후 다시 이삼백 년이 경과한 지금에 이르러서야 다시 바른 길에 접어들었다"38)고 파악하고 있는 데에서 알 수 있는 것처럼 더욱 구체화된다.

사실 전체적으로 볼 때 중국'철학'은 서양철학에 비해 커다란 차이점이 있다고 할 수 있는데, 논증이나 설명의 측면이 취약한 것이 바로 그것이다. 이는 중국철학자들이 사변적 지식 자체를 부차적인 문제로 보았기 때문이었다. 그들에게 중요한 것은 사변적 지식의 체계를 세우는 것이 아니라 덕을 쌓는 일이었으며, 내성(內聖)을 통한 외

---

36) 馮友蘭, 『중국철학사』 상책, 1-4쪽.
37) 馮友蘭의 스승인 신실재론자 몽테규(W.P. Montague)는 철학을 방법론, 형이상학, 가치론으로 삼분한다. 그에게는 방법론이 곧 인식론이다. 위의 책, 4쪽.
38) 馮友蘭, 『新原道』, 곽신환 역, 『중국철학의 정신』, 숭전대출판사, 224쪽.

왕(外王)의 실현이었다. 그러나 근대적 의미에서 볼 때 이러한 내용 뿐만 아니라 형식이나 방법이 중요했다. 풍우란은 미국 유학 시절에 신실재론뿐만 아니라 실용주의의 영향도 받았다. 그러나 실용주의의 진리관이 절대적 진리를 말해줄 수 없다는 이유 때문에 신실재론적인 것을 '철학적인 것'으로 받아들이게 되었다. 일반적으로 실재론이라는 용어는 두 가지 의미가 있다. 하나는 보편자가 실재하느냐의 문제와 관련하여 보편자가 실재한다고 보는 입장을 말하는데 서양 중세 철학사에 등장하는 유명론(唯名論)과 대치되는 입장이 그것이다. 다른 하나의 의미는 경험적 대상 등 비관념적 존재들이 실재하며, 실재의 기준은 지각이 아니라는 입장을 말한다. 그러니까 관념론에 대비된 의미다. 풍우란의 스승이었던 몽테규와 같은 학자들이 자신들의 학설을 신실재론(New Realism)이라고 칭했던 것은 소박한 실재론과 자신들의 입장을 구별짓기 위해서였다. 풍우란이 1927년에 번역 소개한 몽테규의 입장은 다음과 같이 개괄할 수 있다.[39] 첫째, 매 특수한 사물은 모두 공상(共相. 보편)을 자신의 성질로 삼고 있다. 그런데 이러한 공상은 특수한 사물에 앞서 독립적으로 암존(暗存)한다. 둘째, 공상은 비록 암존하지만 결코 시공 속에서 수상(殊相)과 함께 존재하는 것은 아니다. 셋째, 그렇다고 공상이 단지 인간의 마음 속의 사상이라는 말은 아니다. 넷째, 공상이 복합한 것이 자체가 존재하는 사물을 구성하는 것은 아니다. 풍우란이 이러한 신실재론에 경도되었던 것은 앞서 말한 이유 외에도 몽테규의 암존(subsist) 개념이 희랍의 플라톤 철학의 이원론을 극복할 수 있는 좋은 방법이라고 생각했기 때문이었다.[40] 또한 신실재론은 실증주의의 전통에 서 있기 때문에 보편과 구체, 개념의 내포와 외연을 명확히 나누는 등의 형식 논리적인 분석을 특별히 강조한다.

풍우란이 선진명학(先秦名學)의 이론을 인식론에 관한 것이라고 파악, 공손룡 철학 중의 "지(指)"라는 개념의 의미를 이름이 가리키는 대상, 즉 사물의 보편(共相)이라고 하고, 공손룡이 「견백론(堅白

---

39) 풍우란, 「孟特叩論共相」『삼송당전집』11권 173쪽.
40) 殷鼎, 『馮友蘭』, 東大圖書公司, 51쪽.

論)」, 「지물론(指物論)」, 「통변론(通變論)」에서 다룬 내용은 주로 사물의 보편성과 개별성의 관계라고 새롭게 해석할 수 있었던 것은 신실재론에 입각한 논리적 분석을 가한 결과였다. 또한 위진현학에 대해서는 곽상(郭象)의 『장자주(莊子注)』가 향수(向秀)의 설을 도용했다는 설에 대해서 "두 사람의 혼합 작품"이라고 하여 곽상과 향수의 저작에 대해서 비교적 객관적 태도를 취하는 등 논리 분석 방법을 사용하여 많은 성과를 거두었다.[41) 그는 전반적으로 중국철학의 전통에서 방법론적 측면은 확실히 발달하지 않았지만 신실재론이 관심을 기울이는 공상과 수상, 보편과 특수의 문제는 공통적으로 존재하였다고 보았다. 특히 정이천과 주자의 '철학'은 이 점을 증명해주고 있다고 파악한다. 이와 연관하여 김악림은 중국철학의 하나의 큰 특징으로 "논리와 인식론의 의식이 발달하지 않았다"[42)고 하면서 그렇지만 "우리들이 생물학을 의식해야만 생물성이 있고 물리학을 의식해야 비로소 물리성이 있다고 할 수는 없다. 중국철학가에게는 논리 의식이 발달하지 않았지만 일을 논리에 맞게 자연스럽게 처리할 수는 있었다. 그들의 철학은 비록 발달한 논리 의식을 결여하고 있었지만 과거에 획득한 인식 위에 설 수는 있었다"[43)는 논법을 제시하고 있는데, 이 점에 대해 풍우란은 줄곧 동의하였던 것이다. 따라서 풍우란이 송명이학에 가장 관심을 집중한 것은 신실재론적 견지에서 볼 때 정주이학이 가장 철학적이라고 보았기 때문이다. 그리하여 이 방면의 연구에 많은 노력을 기울였으며 당시로서는 상당히 정치하게 분석, 많은 성과를 거둘 수 있었다. '국학대사(國學大師)' 진인각(陳寅恪)이 풍우란의 철학사에 대한 심사보고서에서 내린 평가는 이 점을 권위 있게 증명해주고 있다. "이 책은 주자학에 대해 새롭게 발명한 점이 많다. 과거 청나라 초기에 염백시(閻百詩)가 변

---

41) 『중국철학사』 하권, 632-634쪽 참고바람. 여기서 논리 분석 방법이란 다른 특별한 방법이라기보다 『晉書』의 「向秀傳」과 「郭象傳」 그리고 『열자』의 張湛 注 등의 기재에 대한 정합적인 분석을 말한다.

42) 馮友蘭, 「懷念金岳霖先生」, 『金岳霖學術思想硏究』, 中國社會科學院 哲學硏究所 편, 四川人民出版社. 1987년. 참고.

43) 위의 책, 27-28쪽. 인용.

위(辨僞) 관념으로, 청말에 진난보(陳蘭甫)가 고거(考據) 관념으로 주자학을 연구하여 모두 독창적으로 얻은 바가 있었다. 지금 이 책의 작자는 서양철학의 관념을 가지고 자양학(紫陽學 : 주자학 — 필자 주)을 천명하였는데, 체계를 이룬 것이 적당하고 새롭게 해석한 것이 많다."[44] 진인각은 중국사상사에서 송명 시대의 유학, 즉 신유학이 외래 문화로서의 불교의 학술 사상을 중국적으로 소화시킨 공을 특히 높이 평가하고 있는데, 그가 풍우란의 철학사에 대해 이렇게 높은 평가를 하게 된 것도 풍우란의 철학사가 중국학술사에서 신유학이 행한 역할에 버금가는 작업이라고 보았기 때문이다.

사실 풍우란은 철학사를 서술하면서 정주이학에 관한 부분에 가장 많은 지면을 할애하여 다루고 있다. 특히 주자철학에 대해서는 1) 이 태극(理 太極) 2) 기(氣) 3) 천지 생물의 생성 4) 인물지성(人物之性) 5) 도덕과 수양의 방법 6) 정치철학으로 나누어 당시로서는 아주 상세하고도 체계 있게 다루고 있다. 정주이학은 선진유가의 전통을 이어받아 인생 윤리에 관한 이론을 중시했을 뿐만 아니라 우주론의 이론에도 상당한 관심을 가지고 있었다. 따라서 중국철학사에서 가장 풍부하고도 치밀한 한 체계를 형성한 철학이라고 할 수 있다. 바로 이 점이 앞서 밝힌 것처럼 신실재론의 입장에 있던 풍우란의 흥미를 끌기에 충분하였던 것이다. 신실재론의 철학적 입장이 옳고 그름을 떠나 풍우란이 미국에서 배운 것이 만약 신실재론이 아니고 실용주의나 다른 서양의 근대 철학의 유파였다면 과연『중국철학사』를 쓸 수 있었는지 상당히 회의스럽다는 진래(陳來)의 주장처럼, 정주이학과 신실재론은 상당히 유사한 점이 있다.[45] 풍우란은 신실재론의 술어를 가지고 주희 사상을 분석한다. 이는 주희의 "이른바 도(道)는 추상적 원리 혹은 개념이며 이른바 기(器)는 구체적 사물을 가리킨다. …… 현재 철학의 술어로 말하면 이른바 형이상자는 시공을 초월한 잠존자(潛存者. Subsistent)며 이른바 형이하자는 시공에

44) 陳寅恪,「馮友蘭中國哲學史下冊審査報告」馮友蘭,『中國哲學史』부록, 中華書局, 1992년 3판.
45) 陳來,「默默而觀馮友蘭」,『讀書』, 1990. 1기.

존재하는 것(Existent)이다"46)라고 해석한다든지 "형이상학적이 이 (理) 세계에는 이만이 있다. 그러나 형이하학의 구체적 세계를 구성하려면 기(氣)가 필요하다. 이는 희랍철학에서 말하는 형식(Form. 우리나라에서는 일반적으로 형상으로 번역한다)이고 기는 희랍철학에서 말하는 재질(Matter. 일반적으로 질료라고 번역한다)이다"47)라고 설명하는 데에서 잘 드러나고 있다. 정주학의 이기 개념이 과연 풍우란이 말한 대로 희랍철학의 형상과 질료로 해석할 수 있는지에 관해서는 별도의 논의를 필요로 하겠지만, 이러한 '번역'이 당시로서는 중국철학의 현대화 혹은 서양 사상의 중국화에 하나의 진전이었음은 부인할 수는 없을 것이다. 풍우란은 주자의 철학을 총괄적으로 평가하면서 "주자의 철학은 보통 일반적으로 얘기하는 이른바 유심론이 아니고 현대의 신실재론에 가깝다"48)고 지적하였다. 그러나 동시에 신실재론의 입장에서 주자의 한계를 지적하는 것도 잊지 않는다. 가령 예를 들면 이(理) 개념은 논리적인 것인데 주자에게서는 윤리적인 의미가 혼재되어 있다는 것이다. 그는 주자의 사상이 신실재론과 유사하고 전통 사상의 주류였기 때문에 이에 대해 상당한 흥미를 갖고 있었던 것이다. 『중국철학사』에서의 주자철학에 대한 이러한 고찰은 나중에 신리학의 형성에 커다란 기여를 한다. 정주이학과 신실재론은 모두 객관적 관념론이며 이성을 중시한다는 점에서 공통점이 있었던 것이다.

한편, 청대의 철학을 다루면서도 「청대 도학(道學)의 계승」(15장)에서 주로 송명이학들이 토론했던 이(理), 기(氣), 성(性), 명(命) 등의 의리지학을 계승 발전시킨 측면에 강조점을 두고 당시 흥성했던 문헌 고증을 중시한 한학가들의 철학은 거의 다루지 않았다. 이는 그가 "한학가의 공헌은 송명이학가들의 문제에 대해서 비교적 이전과 다른 해답을 제시하고 송명도학가들이 의거한 경전에 대해 비교적 다른 해석을 내놓은 점에 있다"49)고 평가한 데서 확인할 수 있다. 특

---

46) 馮友蘭, 『중국철학사』 하책, 896쪽.
47) 위의 책, 903쪽.
48) 馮友蘭, 『중국철학사』, 하책, 927쪽.

히 송명이학의 공소함에 반대하여 실제적 증거를 중시했던 대진(戴震)을 다루면서도 그의 철학의 근대성50)이나 비판적 면모에 초점을 맞추기보다는 오히려 유즙산(劉蕺山)이나 황종희(黃宗義)의 심학과 유사하다는 평가를 하고 있다. 또한 「청대의 금문경학」(16장)에서 강유위(康有爲), 담사동(譚嗣同), 요평(廖平) 등 청대 금문학파를 다루었지만, 사학적 경향이 농후한 고문경학파에 관해서는 무시하였다. 이는 그들이 고문학파에 비해 상대적으로 철학적이라고 보았기 때문이다.

풍우란의 『중국철학사』의 주된 특징은 근대 철학의 방법과 관점을 적용하여 선진 시대의 공자로부터 근대의 요평에 이르기까지의 전통 철학을 다룬, 기본적으로 정연한 체계를 갖춘 최초의 중국철학사였다는 점이다. 이는 호적의 『중국철학사대강』이 고대 부분에서 그치고 끝내 완성을 보지 못한 것과 대조된다. 그는 논리적 분석 방법을 적용하여 중국철학사의 모호하고 불분명하며 직관적인 개념이나 범주, 명제 및 복잡한 철학 체계를 정리했다. 가령 예를 들면 천(天) 개념에 관해서 물질적 천, 주재자로서의 천, 운명으로서의 천, 자연으로서의 천, 의리로서의 천 등으로 구분한 것이 그것이다. 또한 풍우란의 『중국철학사』는 한학의 특수 분과로서의 '중국철학'의 역사[史]가 아니라 중국에서 생성된 '보편적' 혹은 서구적 의미의 '철학'의 역사였다. 다시 말하면 중국 고유의 한학적 전통에 충실한 철학사라기보다 철학적 색채가 농후가 철학사였다는 점이다. 그가 세운 철학사의 기본 골격이나 다룬 인물 등은 이후 철학사를 쓰는 사람에게 하나의 모범을 제시하였다.

---

49) 馮友蘭, 『中國哲學史』下冊, 中華書局, 1992년 3판. 975쪽.
50) 陳樂民 資中筠, 『學海岸邊』, 遼寧敎育出版社, 1995년. 진낙민은 대진과 데카르트를 비교한 글에서 두 사람은 철학사에 미친 영향을 측면에서 볼 때 유사성이 있다고 보고 있다. 즉 理를 객관적 법칙성으로 파악한다든지 人欲을 긍정한다는 점에서 대진을 중국 근대 철학의 비조로 볼 수 있다는 관점을 피력하고 있다. 다만 중국의 경우는 이러한 흐름은 서양과 달리 계승되지 못했다는 점에서 차이가 있다고 보고 있다. 148-151쪽 참고.

4.『중국철학간사』: 철학의 민족성의 중시

그러나 최초의 중국철학사에 대한 통사인 만큼 많은 한계를 안고 있었다. 풍우란 스스로도 내용적인 측면에서 다음 두 가지 한계를 인정하고 있다.[51] 첫째, 불교에 관한 부분에 깊이가 없다는 점이다. 불교의 형성과 발전 과정에 대해서 비교적 자세히 서술했지만 여러 유파들의 내적인 연관을 장악하지 못한 점을 스스로 인정하고 있다. 둘째, 명청 시대에 관한 부분이 상당히 소략하다. 가령 왕부지(王夫之)와 같은 대사상가에 관한 서술은 극히 소략하고 황종희는 언급조차 되지 않고 있다.

방법적인 측면에서 말하면 첫째, 철학자 개인의 기질이나 성격 등 주관적인 요소를 과장한 관념론적 역사관을 띠고 있다. 그는 철학의 유파를 나누는 기준을 '부드러운 마음'과 '강한 마음'에 두고 '부드러운 마음을 가진 철학가[軟心. tender mind]'의 철학(인문학적 경향의 철학)은 관념론적, 종교적, 자유 의지론적, 일원론적이고, '강한 마음을 가진 철학가[硬心. tough mind]'의 철학(철저한 과학주의나 실증주의적 경향의 철학)은 유물론적, 비종교적, 운명론적, 다원론적이라고 한 것이 그것이다.[52] 둘째, 도통사관을 완전히 벗어나지 못하고 있다는 점이다. 이는 이후에『신리학』을 저술하여 송명이학(의 정신)을 '계승하여 말한다(接着講)'고 하고『신원도』에서「신통(新統)」장을 두어 자기 철학의 철학사적 위치를 밝힌 곳에서 더욱 극명하게 드러나고 있지만, 바로 이 점 때문에 경학적 사고를 완전히 탈피하지 못하는 한계를 가지고 있는 것이다. 경학 시대를 총결하면서 내린 다음과 같은 평가는 이 점을 역설적으로 증언하고 있다.

> 기존의 사상이 만약 환경의 수요에 계속 적응할 수 있다면 사람들도 자연히 그것을 계속 견지할 것이다. 설령 때때로 새로운 견해가 있다 하더라

---

51) 馮友蘭,『自序』, 227쪽.
52) 馮友蘭,『中國哲學史』상책, 14-15쪽. 참고. 이는 본래 윌리암 제임스의 분류에 따른 것이다.

도 옛 체계에 갖다붙일 것이다. 헌 병이 아직 깨지시 않았으니 새 술은 마땅히 헌 병에 담아야 할 것이다. 환경이 크게 변해서 옛 사상이 시세의 수요에 적응하지 못하고 시세에 맞춰 일어난 새로운 사상이 매우 많고도 새로워 헌 병에 담을 수 없게 되면 헌 병을 깨고 새로운 병으로 갈아치운다. 중국과 서양이 서로 내왕한 이후 정치·사회·경제·학술 각 방면에 모두 근본적인 변화가 일어났다. 그러나 서양의 학설이 처음 중국에 전래되었을 때 중국인 중에 강유위와 같은 무리들은 여전히 경학에 갖다붙여 해석했고 여전히 헌 병으로 이 새로운 술을 담으려고 하였다. 그러나 헌 병의 범위가 이미 극에 달할 정도로 매우 확장되었고 새 술 또한 너무도 많고 새로웠기 때문에 마침내 깨지게 되었다. 경학이라는 헌 병은 깨어지고 철학사에서 경학의 시기도 끝나게 되었다.53)

그러나 여기서 필자가 특히 강조하고 싶은 풍우란의 『중국철학사』의 문제점은 중국철학을 지나치게 서양의 근대 철학의 틀에 짜맞추려고 한 점이다. 중국철학을 중국의 국학의 일종의 특별한 학문으로 본다면 단지 술이부작(述而不作)의 해석만이 문제가 되고 보편철학(즉 서양철학)과의 모순 문제는 발생하지 않을 것이다. 그러나 풍우란의 철학사는 앞서 살펴본 것처럼 중국에서 발현한 철학의 역사를 기술한 것이었다. 호적의 철학사도 이 점에서는 마찬가지였다. 다만 호적이 실용주의의 입장 내지 선입견(成見)을 가지고 중국 고유의 철학을 비평한 것에 비해 풍우란은 상대적으로 신실재론의 입장을 강하게 내세우지는 않았다. 그렇기 때문에 진인각으로부터 선인들의 사상에 대해 '동정적으로 이해'하고 있다는 평가를 받을 수 있었고 김악림으로부터는 "실재주의의 관점으로 중국 고유의 철학을 비판하지 않았다"는 비교적 높은 평가를 받을 수 있었던 것이다. 그러나 이러한 평가는 어디까지나 호적의 철학사에 대한 상대적 평가에 지나지 않는 것이다. 풍우란의 『중국철학사』는 여전히 서양철학이라는 '신발'에다가 중국철학이라는 '발'을 맞추려고 한 것이었기 때문에 중국철학 나름의 '민족적' 특색이나 차이를 개괄해낼 수 없었다. 다시 말하면 살아 있는 철학 사상 혹은 사조로서의 중국철학의

---

53) 馮友蘭, 『중국철학사』 하책, 496쪽.

지속과 발전의 과정이나 발전의 법칙성을 파악할 수 없었다. 따라서 각각의 시대에 처한 중국 민족의 '특수한 시대 정신의 표현으로서의 철학'에 구현된 민족적 특질을 파악할 수 없었다.[54]

1948년에 미국의 맥밀란출판사에서 발행한 『중국철학간사(*The Short History of Chinese Philosophy*)』는 이러한 한계를 상당히 극복한 철학사였다. 이 책은 풍우란으로 하여금 중국철학사가로서 세계적인 명성을 가져다주었다. 영어로 씌어진 이 책은 현재 10개국에 가까운 언어로 번역되어 중국철학사의 입문서로서 세계적인 영향력을 미치고 있다.[55] 『중국철학간사』(이하 『간사』로 약칭)는 당연히 『중국철학사』의 기초 위에서 씌어진 것이지만 그렇다고 상하권으로 된 『중국철학사』의 축약본에 불과한 책이 아니다. 양자의 차이를 검토해보자.[56]

우선 『간사』는 『중국철학사』의 역사 구분법을 없애는 대신 중국철학의 발전 논리와 시대 변화에 대해 기술함으로써 중국철학의 발전 맥락과 전후 사상의 계승 관계를 한층 더 분명하고 명확하게 파악할 수 있도록 하였다. 두 번째로, 『철학사』에는 다루지 않았던 내용을 보충하였는데, 그렇게 함으로써 중국철학에 대한 전체적 조망이 가능하게 하였다. 중국철학의 정신을 개괄한 제1장과 중국철학의 배경을 설명한 제2장, 그리고 서방 철학의 전래를 소개한 제27장과 자신의 신리학을 포함한 현대 중국철학을 밝힌 제28장이 바로 그것이다. 이는 단순한 내용의 보충에 그치는 것이 아니라 당시 시대의 반영이며 중국철학에 대한 풍우란의 총체적인 파악을 반영하고 있

---

54) 金春峰, 「馮友蘭中國哲學史硏究的啓示--兼論哲學與哲學史」, 『馮友蘭先生紀念文集』, 北京大學出版社, 1993년. 참고.

55) Derk Bodde, 「馮友蘭與西方」, 『馮友蘭先生紀念文集』, 北京大學出版社, 1993년. 참고로 말하면 1997년 서울에서 열린 세계중국학회에 참가한 중국의 현대신유가 연구자인 鄭家棟 교수는 필자와 개인적으로 나눈 대화를 통해 이 책이 한국에 1979년에 이미 번역되어 많은 대학에서 중국철학사의 교재로 쓰이고 있다는 말을 듣고 매우 다행스러운 일이라고 평한 적이 있다. 그는 馮友蘭의 三史 가운데서 이 책을 가장 높이 평가하고 있으며 이런 견해는 현재 대부분의 중국 학자들이 동의하고 있다.

56) 양자의 차이점에 대한 개괄은 李中華의 「中國哲學與中國文化的超越性詮釋」(王中江 外編, 『馮友蘭學記』, 北京 三聯書店, 1995년)을 참고하였다.

는 깃이다.

양자의 이러한 차이에서 가장 중요한 것은 이른바 '중국철학의 정신'을 밝힌 점이다. 다시 말하면『중국철학사』가 '중국에서의 철학사'에 초점을 맞추었다면『간사』는 '중국철학의 역사'를 서술하려고 했다는 점이다.『간사』는 이미 신리학57)이라는 자신의 철학 체계를 구축한 이후에 특히 간략한 중국철학사라고 할 수 있는『신원도』를 저술한 이후에 씌어진 것이다. 그런데 '중국에서의 철학사'에서 '중국철학의 역사'로의 전회(轉回)의 싹을『신원도』에서 이미 볼 수 있다. 신리학은 이(理)의 독립성이나 선재성을 강하게 주장한다는 점에서 여전히 이학(理學)이지만, 그것은 분석에 의해 도출된 그리하여 실제에 대해 전혀 관여하지 않는 순수한 사변의 철학이었다. 그것은 '분석적 형이상학(玄學)'이었다. 그러나 이러한 신리학은 비엔나학파의 학설을 중국에 소개한 홍겸(洪謙)에 의해 다음과 같이 신랄하게 비판된 적이 있다.

신리학의 철학적 명제가 비록 순수 논리, 순수 수학(數學)의 형식 명제와 다르기는 하지만 그러나 이와 마찬가지로 내용이 없으며 의미도 없다. 현학(玄學)의 입장에서 말하면 (新理學은 필자주) 도리어 전통적 현학이 풍부한 시의(詩意)를 가지고 있어서 사람의 마음을 감동시키는 것만도 못하다. 그리하여 만약 비엔나학파가 현학을 '취소'하고자 했다면 풍선생의 신리학적 현학은 장차 취소될 것이지만 그러나 전통적 현학은 여전히 철학상의 지위를 가지고 있을 것이다.58)

철학사 서술에서 중국철학의 특질을 강조하는 측면으로의 전회는 이러한 홍겸의 비판에 영향을 받은 바 크다고 하겠다. 그리하여 이제 그는 좀더 철학의 '민족성'을 강조하게 된다.59)『신원인』에서 다시금

---

57) 新理學에 관해서는 필자의 박사 학위 논문 4장을 참고바람.『馮友蘭 哲學思想에 관한 硏究』, 성균관대. 1997.

58) 1944년 중국철학회 昆明分會 2차 토론회에서 있었던 비판이다. 蔡仲德,『馮友蘭先生年譜初編』, 河南人民出版社, 1994년. 275-276쪽 인용.

59) 풍우란이 이 저작에서 중국철학의 '민족성'을 강조했다고 해서 철학의 보편성의

'각해(覺解)'나 '경계(境界)'를 강조한 인생 철학을 구축하고, 철학사에서는 중국 전통 철학의 주된 흐름을 '극고명이도중용(極高明而道中庸)'의 추구로 개괄한 것이 바로 그것이다. 그러나『신원도』를 저술한 진정한 목적은 이 책의 마지막 장인 제10장을 「신통」으로 명명하고 있는 데서 명확히 드러나고 있는 것처럼, 자신의『신리학』체계가 유구한 중국철학에서 차지하는 위치를 밝히는 데 있었다.

풍우란은『간사』의 첫 장인 「중국철학의 정신」에서 '중국철학'의 특수성 혹은 민족적 특색을 밝히기 위해 우선 철학이란 "인생에 대한 체계적인 반성"[60]이라고 정의한다. 철학에 대한 이러한 정의는 인간과 인생에 주목했던 중국철학의 특수성을 강조하기 위한 것이다. 그는 이제『중국철학사』에서 그랬던 것처럼 중서의 '시대성'에 주목하기보다 '민족성'의 차이에 더욱 역점을 두었다. 그는『신리학』에서 철학이란 "순수한 사변적 관점에서 경험에 대해 이성적 분석, 총괄 및 해설을 내려 언어로써 표현해낸 것"[61]이라고 한 정의에서도 상당히 멀리 떨어져 있는 것이다.

그는 중국철학의 정신을 드러내기에 앞서 중국 문화에서 유불도 삼교 철학이 차지한 위치나 역할이 서양의 종교와 유사하지만 유학은 결코 종교가 아님을 천명한다.[62] 그러고나서 중국철학의 정신이 '즉세간이출세간(卽世間而出世間)', '극고명이도중용(極高明而道中庸)' 혹은 '내성외왕(內聖外王)'의 도에 있음을 밝히고 있다. 이는 그가 입세적 태도를 견지했던 유가와 출세간에 기울었던 도가나 불가의 관점을 회통한 '유도호보(儒道互補)'의 관점, 즉 곽상의 신도가나 송명 시대의 신유가의 관점에서 중국철학사를 파악하고 있음을 말하는 것이다. 이 외에도 함축성과 상징성을 중시하였던 중국철학자

원칙을 저버렸다는 것은 아니다. 이는 어디까지나 상대적인 의미에서 그렇다는 것이다. 이성과 보편에 대한 강조와 중국 철학의 민족적 특질간의 긴장은 그의 일생을 두고 계속되었다고 보는 것이 옳다. 그럼에도 불구하고 이러한 전회는 상당히 의미 있는 것이다.

60) 馮友蘭,『中國哲學簡史』, 北京大學出版社, 1994년. 2쪽.
61) 馮友蘭,『新理學』,『三松堂全集』제4권, 河南人民出版社, 1986. 7쪽 인용.
62) 馮友蘭,『中國哲學簡史』, 1-6쪽 참고.

들의 사상 표현 방식, 중국어의 특색에서 오는 번역의 어려움 등을
서술하고 있다. 한편 제2장에서는 이러한 중국철학을 낳은 중국 사
회의 지리적 배경과 경제적 배경을 설명하였다. 이는 모두 중국철학
의 특징을 드러내기 위한 고심의 산물이었다.

5. 『중국철학사신편』

　1949년에 중국 공산당이 국민당과의 내전에서 승리를 거두고 정
권을 장악하게 된 역사적 사실은 대만으로 '남도(南渡)'하기를 포기
하고 대륙에 남기로 결심한 풍우란에게 학술적 명망을 누리던 과거
의 삶과 전혀 다른 만년을 예고하는 것이었다. 중국철학사가로서의
풍우란에게 그것은 일차적으로 철학사 서술에서 과거 자신의 견지
하던 입장에서 벗어나 새로운 입장을 받아들일 수밖에 없다는 사실
을 의미한다. 그것은 다름 아닌 마르크시즘의 역사유물론의 수용이
었다. 신중국 성립 이전의 저작인 『신사론』에서도 역사유물론의 영
향을 읽을 수는 있다. 그러나 그것은 어디까지나 그의 독립적 사고의
결과였다는 점에서 신중국 이후의 정치적 지형의 변화에 따른 마르
크시즘의 수용과 다르다.
　지명도가 높은 지식인들이 당시 행했던 방식대로 풍우란은 모택
동에게 마르크시즘을 학습하여 5년 이내에 마르크시즘의 관점과 방
법에 따라 중국철학사를 새롭게 쓰겠다는 편지를 쓴다.[63] 지금의 시
점에서 돌이켜보면 5년 이내에 중국철학사를 쓰겠다는 그의 말에는
거짓 없는 간절함과 함께 과장이 들어 있었다. 이는 당시 그가 얼마
나 자신의 처지에 대해 초조하였는지 알 수 있다. 당시에 그는 자신
에 대한 공산당 하위 간부들의 무시에 심한 적막감을 느끼고 있었
다.[64] 그야말로 "염라대왕은 사귀기 쉬워도 졸개 귀신은 다루기 어
렵다(閻王易交 小鬼難纏)"는 중국 속담의 의미를 절실히 경험하고

---

63) 馮友蘭, 『三松堂自序』, 157쪽.
64) 程偉禮, 『信念的旅程: 馮友蘭傳』, 212-214쪽 참고.

있었던 것이다. 그는 단순히 순수 학술적 연구에 만족하지 않고 '왕의 스승이 되겠다(爲王者師)'는 전통적 사대부의 포부를 가진 학자였다.

풍우란은 과거 자신의 입장에 대한 '참회'와 자기 비판을 행하고, 비판에 이은 재비판을 받는 등 여러 가지 곡절을 겪는다. 1957년에 이른바 '추상계승법'을 제기한 이후에 반우파 투쟁의 와중에서 격렬한 비판을 받고 과거 자신의 입장을 완전히 포기하기에 이른다.[65] 풍우란은 1962년에 이르러서야 비로소 『중국철학사신편』 1권(先秦 부분)을 출판하게 된다. 이 철학사의 기본적 입장은 서문에 잘 나타나 있다.

> 항전 시기에 나는 본래 전쟁 승리 이후에 다시 한 번 많은 자료를 수집하여 『중국철학사』를 다시 쓰려는 계획을 가지고 있었다. 현재 나는 과연 그것을 다시 썼으므로 축하할 만한 일이라고 생각한다. 현재 사회는 하나의 대학교다. 당(黨)과 모주석은 위대한 교사다. 마르크스, 레닌주의, 경전과 모주석의 저작은 매우 수준 높은 수업 과목이다. 이러한 교육 하에서 나의 『중국철학사신편』은 정확한 방향을 얻을 수 있었다. 나의 주관적 기도는 마르크스, 레닌주의, 모택동 사상을 기준으로 삼은 중국철학사를 쓰고자 한 것이다. 유물론과 유심론 …… 두 개의 대립면 사이에는 필연적으로 투쟁이 있고 통일이 있다. …… 필연적으로 상호 투쟁하고 상호 전화(轉化)한다. 이 책은 이러한 인식을 기본으로 하여 쓴 것이다. …… 나의 기도의 다른 한 측면은 중국철학사를 쓰려고 한 것이다. …… 철학사가 말해주는 것은 철학 전선상의 유물론과 유심론의 투쟁, 변증법과 형이상학간의 투쟁이다.[66]

이 철학사는 2권(秦漢 부분)까지 출판되었지만 문혁이 발생하여 중단되고 문혁 기간중에 유법투쟁사관을 수용하여 다시 고쳐 쓰는 등 다시 한 번 곡절을 겪는다. 그러다가 1982년에 수정본 1권이 출판

---

65) 추상계승법에 관한 좀더 자세한 논의는 졸고 「馮友蘭의 抽象繼承法 小攷」 大東文化研究, 제29집, 1994년. 참고바람.

66) 蔡仲德, 『馮友蘭先生年譜初編』, 河南人民出版社, 1994년. 464쪽에서 재인용.

된다. 수정본 서문에서 그는 그간의 '두 차례의 곡절'에 대해 다음과 같이 언급하고 있다.

　…… 해방 이후에 소련을 배우자는 구호가 제창되었다. 나도 소련의 '학술 권위'를 학습하여 그들이 서양철학사를 어떻게 연구하는가를 보았다. 그렇게 해서 배운 방법은 마르크스주의의 어구(語句)를 찾아 구구절절 중국철학사에 억지로 갖다붙이는 것이었다. 이렇게 한 것이 『중국철학사신편』을 쓴 것이라고 여겼다. 제2권까지 출판되었지만 '문화대혁명'이 시작되어 나의 작업도 멈추게 되었다.

　1970년대 초기에 나는 다시 작업을 시작하였다. 이때는 소련을 통해 배우지 않았다. 중국철학사의 어떤 문제에 대해서, 특히 인물 평가의 문제에 대해서 나는 '평법비유(評法批儒)'의 방식에 따랐다. 나의 작업은 또다시 기로에 빠지게 되었다.67)

　이러한 곡절을 통해 그는 두 가지 중요한 일을 '체회(體會)'하게 된다.68) 첫번째로, 그것은 마르크스주의의 관점과 방법을 사용하는 것이 마르크스주의를 모방[依傍]하는 것이 아니며 마르크스주의를 따다 베끼는 것[抄寫]은 더더욱 아니라는 사실이다. 두 번째는, 한 철학자의 정치 사회적 환경이 그의 철학 사상의 발전과 변화에 커다란 영향을 미친다는 사실이다. 격동의 중국 현대사를 살아오면서 풍우란은 이 점을 매우 뼈저리게 체험할 수 있었던 것이다. 개혁 개방의 시대를 맞아 이제 어떠한 정치적 외압으로부터 벗어나 "단지 자신이 이해한 마르크시즘의 수준에서 중국철학과 문화에 대한 체회를 직접 써내려갔던 것이다."69) 따라서 수정본 『중국철학사신편』에서 풍우란이 철학사를 수놓았던 여러 가지 사조나 인물들의 철학 사상에 내린 평가는 그의 '만년정론(晩年定論)'인 셈이다.

　그가 이해한 마르크시즘은 과연 어떤 내용을 가지고 있으며 그것

---

67) 馮友蘭, 『中國哲學史新編』, 人民出版社, 1쪽.
68) 陳樂民, 「哲學家的足迹和沈思--馮友蘭先生的兩個自序和一個總結」, 『學海岸邊』, 遼寧敎育出版社, 1995년. 140-141쪽. 참고.
69) 馮友蘭, 『中國哲學史新編』, 人民出版社, 2쪽.

은 과연 올바른 것이었는지에 관해서는 많은 논란을 필요로 하기 때문에 생략하고, 여기서는 그것이 과거 신리학의 입장과 조화 가능한 것으로 보고 있다는 점만을 지적하고자 한다. 다음과 같은 언급은 이 점을 잘 말해주고 있다.

보편(일반)과 특수의 관계는 중국철학사 중에서 하나의 전통적인 문제였다. 선진철학(先秦哲學)에서의 명실(名實) 문제, 위진현학(魏晉玄學)에서의 유무(有無) 문제, 송명도학(宋明道學)에서의 이기(理氣) 문제는 모두 이 문제를 둘러싸고 발생한 것이다. 이 문제는 중국철학사의 발전 과정 속에서 한 가닥의 선처럼 일관되게 관철되어 있는데, 왕부지(王夫之)에 와서야 비로소 정확한 해결을 얻게 되었던 것이다.[70]

다른 한편, 『중국철학사신편』 전권은 하나의 주된 선율에 의해 관통되어 있는데, 그것은 바로 민족 정신의 고양이다.[71] 전체적으로 그는 공자와 유가가 중국 민족을 단결시키는 데 미친 작용을 높이 평가하고 있다. 이와 함께 그는 중국의 근대화 과정의 역사적 총결에 특별히 주목하고 있다.[72] 6권의 서문에 잘 드러나 있는 것처럼, 그는 홍수전(洪秀全)과 태평천국 운동을 낮게 평가하고 있다. 이러한 관점은 자연히 이 운동을 진압하였던 증국번(曾國藩)에 대한 높은 평가로 이어진다. 이 점은 중국 사학계의 권위인 후외려(侯外廬)의 『중국사상통사』나 대학 교재로 널리 채택되고 있는 임계유(任繼愈)의 『중국철학사』의 관점과 상당한 차이가 있는 것이다. 그는 '근대화'라는 기준으로 그들을 평가하고 있는 것이다. 이러한 관점은 『신사론』에서 견지했던 관점과 상당히 유사한 것이다.

마지막으로 개혁 개방 이후의 시기에 씌어진 『중국철학사신편』 총결 부분을 잠시 살펴볼 필요가 있다.[73] 이 부분은 크게 두 부분,

---

70) 馮友蘭, 『중국철학사신편』 5권, 283쪽.
71) 程偉禮, 『信念的旅程: 馮友蘭傳』, 265쪽.
72) 앞의 책, 270쪽.
73) 馮友蘭, 『中國現代哲學史』, 홍콩 中華書局, 1992년. 244-262쪽. 신편 철학사 7권에 해당하는 이 책은 대륙에서 출판되지 못하고 홍콩에서 단행본으로 출판되었다.

즉 중국철학사의 전통에서 철학의 성질과 작용을 논한 부분과 중국 철학의 진통에서 세계 철학의 미래를 논한 부분으로 나눌 수 있다. 먼저 첫번째 문제와 관련해서 그는 철학에 대해 초급 단계의 과학이라는 견해와 태상과학(太上科學. 자연과학과 사회과학의 성과를 바탕으로 한 과학)이라는 견해(毛澤東을 필두로 한 중국 공산당의 견해)를 비판하면서 실재에 대해 아무런 긍정도 하지 않는 자신의 '가장 철학적인 철학'으로 되돌아간다. 그것은 바로 『신원인』에서 말한 실제에 대한 아무런 지식도 증진시켜주지 않지만 인간의 정신 경계를 제고시키는 철학이다. 이와 관련하여 자신이 말한 대전(大全) 개념을 다시 강조하고 있다. 그는 자신의 대전 개념이 '자아의 동굴'에서 벗어나와 우주와 하나가 되는(自同於大全) 정신 경계에 도달할 수 있는 작용을 할 수 있음을 중국의 전통 철학자들이 말한 세계를 열거하면서 거듭 강조하고 있다. 그가 대전 개념을 제기한 것에 그토록 자부하는 것은 그것이 개념이면서 동시에 직관이기 때문이다. 따라서 철학사적으로는 개념을 강조하였던 이학과 직관을 강조하였던 심학의 단점을 극복할 수 있다고 보았기 때문이다. 이러한 서술은 마치 득도한 선사가 오도송(悟道頌)을 노래하듯 거침없고 유장하다.

두 번째 부분에서는 객관변증법에 관한 부분이다. 그는 객관변증법은 하나이지만 이에 대한 인식은 조건에 따라 차이에 존재했음을 밝히면서, 이제까지 마르크스주의 변증법에서는 모순 투쟁의 측면은 절대적이고 무조건적인 것이며 통일의 측면은 상대적이고 조건적인 것으로 보아왔지만 중국의 전통 철학은 그렇게 보지 않았다는 것이다. 그것은 바로 장재(張載)가 말한 '원수는 반드시 화해한다(仇必和而解)'는 관점이다. 이 점이 바로 객관변증법이고 이러한 관점이 세계 철학의 미래에 기여할 수 있는 중국철학의 장점이라는 것이다. 그에 따르면 인간은 가장 총명하고 가장 이성적인 동물이기 때문에 결

그렇게 된 연유에 대해서는 자세히 알 수 없지만, 서문에서 "만약 이 책이 출판되지 못하면 나는 王船山이 될 것이다"라고 친구에게 말한 적이 있다는 사실을 적고 있는 데서 알 수 있는 것처럼, 그는 이 책을 쓰는 동안에는 이 책의 출판이 어려울 것으로 보았던 것 같다.

국은 장기간에 걸친 투쟁에서 벗어나 인류 공영의 길로 나아갈 것이
라고 낙관하고 있다.

6. 결 론

이제까지 살펴본 것처럼 풍우란은 초기에 중국의 국학에서 '철학'
적인 것을 찾아 근대적 면모를 갖춘 중국철학사를 저술하였다. 그리
고 송명이학을 이은 신리학이라는 자신의 철학을 구축함에 따라 그
리고 그 문제점에 대한 비판에 직면하여 중국철학의 민족적 특질을
강조하는 방향으로 전회한다. 그것은 바로 중국철학의 정신은 '고명
을 극하였지만 중용으로부터 말미암은 것(極高明而道中庸)'이라는
개괄을 통한 중국철학사의 다시 쓰기였다. 그리고 신중국 성립이라
는 급격한 정치 지형의 변화로 말미암아 여러 가지 우여곡절 끝에
근대의 한 극으로서의 마르크시즘의 입장에서 다시 양자를 종합한
철학사를 서술하였다. 이러한 풍우란의 철학적 작업의 의의는 서양
은 물질, 동양은 정신 혹은 서양은 이성, 동양은 직관이라는 단순한
이분법에 기초해 중국철학에서 비이성적인 부분을 강조하기보다는,
서양철학의 '정종'이라고 할 수 있는 이성적 정신을 중국철학사에서
끊임없이 정리, 발굴하려고 했다는 점이다. 바로 이러한 점 때문에
비판자들의 눈에 그는 중국철학의 진면모를 파악하지 못했다고 비
친다. 그러나 서양철학 가운데 중국철학을 '복권'해줄 수 있는 부분
을 가져다가 중국철학의 강점을 드러내려는 방식은 얼른 보면 중국
철학의 화려한 승리로 보이지만, 그것은 '무릎 꿇고 항거하는 식'의
서양철학에 대한 열등감에서 비롯된 소극적 태도다. 물론 풍우란의
이성적 안목으로 해석된 중국철학사가 중국철학의 본래 면목을 잘
드러냈다고 말할 수 있는 사람은 아무도 없을 것이다. 철학사는 영원
히 다시 씌어져야 한다는 말이다. 철학사는 비록 과거의 철학에 대해
말하는 것이지만 철학사가 그것을 통해 하고자 하는 것은 결국 현재
에 대해 발언하려는 것이다. 그가 철학사를 통해 강조하고자 했던 것

은 이성과 이성을 통해 도달한 보편이었다. 그것은 의심힐 나위 없이 근대 정신의 핵심이었다.

돌이켜보면 풍우란의 이러한 태도는 이른바 포스트모던의 시대에 많은 문제점을 드러내고 있는 것도 사실이다. 이성과 보편에 대한 지나친 강조는 권력에의 의지와 연계될 수 있거나 도구적으로 떨어질 위험성이 폭로되고 있기 때문이다. 그의 일생을 돌이켜보아도 이 점은 부인하기 어렵다. 또한 이택후가 해석하는 것처럼 중국의 현대사가 구국(救國)이 계몽을 억누른 것이었다면 풍우란이 강조한 이성은 계몽에 기여하기보다는 구국에 지배된 경향이 강하다.

철학사는 언제나 다시 씌어질 수 있는 것이고 또 씌어져야 한다. 글의 첫머리에서 최근에 중국에서는 그 동안의 중국사상사나 철학사가 일반 지식이나 사상 혹은 신앙 세계의 본래 면목과 거리가 있었다고 반성하면서 중국사상사를 다시 써야 한다는 논의가 제기되고 있다는 점을 소개하였지만, 이에 덧붙여 필자는 공자가 말한 '나를 위하는 공부(爲己之學)'[74]나 양주의 이른바 '위아주의(爲我主義)'와 같이 개인이나 개체에 응시한 사상에 주목해야 한다고 생각한다. 동양에는 개인에 대한 자각이 투철하지 못했다는 견해가 일반적이다. 중국에서 개인에 주목한 사상은 줄곧 무시되거나 억압, 왜곡되어 왔다. 특히 양주의 경우처럼 "천하를 들어 내 한 몸을 봉양한다고 해도 나는 그것을 취하지 않겠다(悉天下以奉一身 不取也)"라고 한 측면은 무시되고 다만 "정강이의 털 하나를 뽑아 천하를 구제한다고 해도 하지 않겠다(損一毫以濟天下 不爲也)"는 일면만 강조되어 극단적 이기주의로 매도되어 왔다. 그러나 우리가 사회 역사를 공부하면서 조화로운 공동체를 꿈꾸는 것도, 자연 법칙에 대한 지식을 쌓는

---

74) 주지하는 바와 같이 爲己之學이란 『논어』 「憲問편」에 나오는, "공자가 말하기를 예전의 학자들은 자기를 위했는데 지금의 학자는 남을 위한다(子曰古之學者 爲己 今之學者 爲人)"라는 말에서 인용한 것이다. 일반적으로 자신을 위하는 공부라는 것은 명망 등과 같이 외적인 것을 얻기 위해 노심초사하는 공부와 대비된 자신의 몸과 마음에 절실한 진정한 공부를 말하는 것이다. 이는 개인의 실존이나 생존에 주목하고 있다는 점에서 양주의 爲我와 배치되는 것은 아니라고 본다. 양주에 대한 맹자의 비판에 사로잡혀 양자를 꼭 분리시켜볼 필요가 없다.

것도, 예술이나 종교에 대해 관심을 가지는 것도 모두 자신을 위한 것이 아니겠는가? 개인이 곧 '천하'임을 설파하였던 철학에 주목하여 중국철학사가 다시 씌어져야 하는 이유가 바로 여기에 있다.

■『철학』별책 시리즈 논문 위촉 및 게재 원칙

1. 한국철학회 춘계 학술 대회의 발표문은 규정된 절차를
   거쳐『철학』별책 시리즈로 발간한다.
2. 춘계 학술 대회의 발표 원고(초고)는 연구위원회에서
   해당 주제에 관해 가장 정통한 전문가를 필자로 선정하여
   위촉하도록 한다.
3. 발표자는 제출된 원고(초고)를 정기 학술 대회에서 발표하며
   지정 토론과 자유 토론을 거친다.
4. 발표자는 학술 대회에서 토론된 내용을 바탕으로 논문을
   수정·보완하여 최종 논문을 연구위원회에 제출한다.
5. 편집위원장과 연구위원회의 연석회의에서 최종 제출된
   논문 가운데 게재 수준에 합당하다고 판정한 논문만이
   『철학』별책에 게재·출간된다.

▣ 필자 소개
(논문 게재 순)

▪ 김남두
서울대 철학과 교수. 서울대학교 철학과 및 동 대학원을 졸업하고 독일 프라이부르그대학교에서 철학 박사 학위를 받았다. 주요 저서로 *Die Gerechtigkeit und das Gute in Platon's Politeia*(1984)가 있으며, 「사유재산권과 삶의 평등한 기회」, 「플라톤의 전기 변증론」, 「좋음의 이데아와 앎의 성격」 등의 논문이 있다.

▪ 길희성
서강대학교 종교학과 교수. 서울대학교 철학과를 졸업하고 미국 예일대학교 신학부를 거쳐 하버드대학교 대학원에서 비교종교학을 전공하여 박사 학위를 받았다. 『인도철학사』, 『지눌 : 한국 선 전통의 정초자』(영문) 등의 저서와, 『성스러움의 의미』, 『종교의 의미와 목적』, 『바가바드 기타』 등의 역서가 있다.

▪ 이태수
서울대학교 철학과 교수. 서울대학교 철학과를 졸업하고 독일 괴팅

겐대학교에서 철학 박사 학위를 받았다. 주요 논문으로 「학문 체계 안에서 인문학의 위치에 관한 고찰」, 「역사 속의 철학」, 「호메로스의 인간관」 외에 다수가 있다.

■ 이종철

한국정신문화연구원 교수. 서울대 철학과를 졸업하고 일본 동경대학교에서 석사와 박사 학위(인도 불교 전공)를 받았다. 박사 논문: (제1권) 世親思想の研究 ―『釋軌論』(Vyākhyāyukti)を中心として(日文), (제2권) The Tibetan Text of the Vyākhyāyukti of Vasubandhu ― Critically edited from the Cone, Derge, Narthang and Peking editions(英文). 국내 논문으로 「와수반두의 언어관」, 「梵藏漢韓合璧 譯註 俱舍論」, 「역주 연구 ―『니야야쑤뜨라』제일장」 등이 있으며, 현재 인도 불교와 동아시아 불교의 사상적 차이 비교에 대해 연구를 하고 있다.

■ 정병석

영남대학교 철학과 부교수. 영남대학교 철학과 및 동 대학원을 졸업하고, 대만 숭국문화대학 철학연구소에서 박사 학위를 받았으며, 계명대학교 철학과 조교수를 지냈다.

■ 박희영

한국외국어대학교 교수. 서울대학교 철학과 및 동 대학원 철학과를 졸업하고, 프랑스 소르본느대학교에서 철학 박사(고대철학 전공) 학위를 받았다. 주요 논문으로 「철학과 문화」, 「스파르타의 아테네 교육에 관한 고찰」, 「Polis 형성과 Aletheia의 개념」, 「희랍철학에서의 Einai · To on · Ousia의 의미」, 「고대 원자론의 형이상학적 사고」, 「그리스 정신이 인류 지성사에 끼친 영향과 그 한계」, 「엘레우시스 종교 의식의 철학적 의미」, 「철학적 작품을 통해서 본 프랑스인의 의식 구조 ― 근세까지의 철학적 작품을 중심으로」 등이 있다.

■ 임홍빈

고려대학교 철학과 교수. 고려대학교 철학과를 졸업하고 독일 프랑크푸르트대학교에서 철학, 사회학, 교육학 등을 연구한 뒤 동 대학원에서 철학 석사와 철학 박사 학위를 받았다. 주요 저서로는 *Absoluter Unterschied und Begriff in der Philosophie Hegels*(Frankfurt, 1990), 『기술 문명과 철학』, 『근대적 이성과 헤겔철학』 등이 있으며, 실천철학, 기술철학, 독일고전철학 등에 관한 수십 편의 논문을 발표했다.

■ 이지수

동국대학교 불교학부 인도철학과(인도논리학, 유식불교) 교수. 동국대학교 불교대학 인도철학과 및 동 대학원을 졸업하고, 1978년부터 1983년까지 인도 뿌나(Poona)대학교 대학원 철학과 및 범어과에서 인도철학, 불교논리학 원전을 연구하였다.

■ 유초하

충북대학교 철학과 교수. 서울대학교 문리대 정치학과를 졸업하고 고려대학교 대학원 철학과에서 석사 및 박사 학위를 받았다. 저서로 『정약용의 존재관』, 『한국사상사의 인식』 등이 있고, 주요 논문으로 「동서양의 철학적 전통과 실천적 비판」, 「동양의 철학적 전통에 나타난 몸과 마음의 존재론적 위치」, 「인간 해방의 철학적 기초」 외에 다수가 있다.

■ 오이환

경상대학교 인문대학 철학과 교수. 서울대학교 인문대학 철학과를 졸업하고 동 대학원 철학과에서 수학한 뒤, 타이완대학교 철학연구소에서 수학하였으며, 일본 쿄토대학교 문학연구과에서 중국철학사를 전공, 박사 전기 과정을 졸업하였고 쿄토대학교에서 문학 박사 학위를 받았다.

■ 허남진

서울대학교 철학과 교수. 서울대학교 철학과 및 동 대학원을 졸업한
뒤 철학 박사를 받았다. 주요 논문으로 「혜강 과학 사상의 철학적 기
초」, 「조선 후기 기철학 연구」, 「실학과 서구 사상」, 「홍대용의 과학
사상과 이기론」 등이 있다.

■ 박우석

한국과학기술원 철학 교수. 연세대학교 철학과를 졸업하고 미국 뉴욕주
립대학교(버팔로)에서 박사 학위를 받았다. 주요 논문으로 "Haecceitas
and the Bare Particular : A Study of Duns Scotus' Theory of
Individuation"(박사 학위 논문), "Scotus, Frege, and Bergmann",
"The Problem of Individuation for Scotus", "Common Nature and
Haecceitas", "Haecceitas and the Bare Particular" 등이 있다.

■ 차건희

서울시립대학교 철학과 조교수. 서울대학교 철학과를 졸업하고 프랑
스 파리 제1대학에서 철학 박사 학위를 받았다. 주요 논문으로 「생의
철학적 생명관 — 서양 18세기의 생기론」, 「오해의 철학과 철학적 오
해 — 사르트르와 하이데거」, 「라캉의 주체 이론과 아버지의 은유」,
「베르그송의 시간관과 생명의 드라마」 등이 있다.

■ 김상봉

전그리스도신학대학교 종교철학과 교수. 연세대학교 철학과 및 동
대학원을 졸업하고 독일 괴팅겐·프라이부르크·마인츠대학교에서
철학과 고전문헌학, 신학을 공부하였으며, 칸트의 『최후 유고(*opus
postumum*)』에 대한 연구로 1992년에 마인츠대학교에서 박사 학위
를 받았다. 저서로 『세 학교 이야기』(공저)가 있으며, 옮긴 책으로
『칸트 순수이성비판 입문』 등이 있다. 논문으로 「칸트와 숭고의 개
념」, 「독일 관념론과 나르시시즘의 변모」, 「자기와 타자 — 헤로도토
스와 그리스적 자기 의식」 등이 있다.

■ 김혜숙

이화여자대학교 철학과 교수. 이화여대 영어영문학과를 졸업하고 동
대학원 기독교학과에서 철학 전공으로 석사 학위, 미국 시카고대학
교에서 박사 학위를 받았다. 주요 논문으로「선험 논변의 두 형태」,
「제일철학으로서의 인식론의 가능성」,「선험적 연역의 구조」,「콰인
의 경험주의와 전체주의」등이 있다.

■ 염재철

서울대학교 미학과 강사. 서울대학교 미학과 및 동 대학원을 졸업하
고 독일 오스나브릭대학교에서 철학 박사 학위를 받았다. 저서로는
Heideggers Verwandlung des Denkens(K&N Verlag)가 있으며,
주요 논문으로는「하이데거의 존재-언어 경험」등 다수가 있다.

■ 김상환

서울대학교 철학과 조교수. 연세대학교 철학과 및 동 대학원을 졸업
하고 프랑스 파리 제4대학에서 철학 박사 학위를 받았다. 주요 저서로
는『해체론 시대의 철학』이 있으며,「데카르트적 코기토와 비데카르
트적 코기토」,「데카르트의 ‘형이상학’」,「시와 현명한 관념론의 길」
외에 다수의 논문이 있다.

■ 노양진

전남대학교 철학과 조교수. 전남대학교 철학과 및 동 대학원을 졸업
하고 미국 남일리노이대학교(카본데일) 철학과에서 박사 학위를 받
았다. 역서로는『삶으로서의 은유』(공역)가 있고, 주요 논문으로는
"Relativism without Confrontation : Putnam, Rorty, and Beyond"(박
사 학위 논문),「데이빗슨과 개념 체계의 문제」, "Rorty's Critiques of
Philosophy",「퍼트남의 내재적 실재론과 상대주의의 문제」,「체험주
의의 철학적 전개」,「로티의 듀이 해석」,「번역은 비결정적인가」,「지
칭에서 의미로」등이 있다.

■ 항희경

성균관대학교 강사. 성균관대학교 유학과를 졸업하고 동 대학원 동양철
학과 대학원에서 철학 박사 학위를 받았다. 공저로『현대 중국의 모색』,
『우리들의 동양철학』등이 있으며, 공역서로『중국철학 문답』,『중국의
학과 철학』,『동양의학은 서양 과학을 뒤엎을까』등이 있다. 주요 논문
으로는「馮友蘭 철학 사상에 관한 연구」(박사 학위 논문),「1990년대 중
국 학술계의 동향」,「풍우란의 추상계승법 소고」등이 있다.

철학사와 철학
— 한국철학의 패러다임 형성을 위하여

―――― ☯ ――――

초판 1쇄 인쇄 / 1999년 8월 25일
초판 1쇄 발행 / 1999년 8월 30일

•

편저자 / 한국철학회 편
펴낸이 / 전 춘 호
펴낸곳 / 철학과현실사
서울특별시 서초구 양재동 338의 10호
전화 579―5908~9

•

등록일자 / 1987년 12월 15일 (등록번호 : 제1―583호)

•

값 20,000원
ISBN 89-7775-252-3 03100

―――――――――――――